普通高等教育"十一五"国家级规划教材

电　机　学

（第二版）

周顺荣　编著

科学出版社

北　京

内 容 简 介

本书根据从特殊到一般的认识规律，逐一论述变压器、异步电机、同步电机和直流电机四种典型电机的工作原理、基本结构、电磁过程、理论分析方法、运行特性和参数；并且总结各种电机在电、磁、力各方面的共同特点，使读者对电机的内在联系和机电能量转换的实质有一个完整的、由感性到理性的认识和思考。书中有例题、习题及答案，最后还附有模拟试卷及解答。

本书可作为电机电器及其控制专业、高电压专业、电力系统及其自动化专业、自动控制等电类专业本科生电机学课程的教材，也可供有关工程技术人员参考。

图书在版编目(CIP)数据

电机学/周顺荣编著. —2 版. —北京：科学出版社，2007.8
(普通高等教育"十一五"国家级规划教材)
ISBN 978-7-03-019139-7

Ⅰ. 电…　Ⅱ. 周…　Ⅲ. 电机学-高等学校-教材　Ⅳ. TM3

中国版本图书馆 CIP 数据核字(2007)第 113996 号

责任编辑：余　江/责任校对：陈玉凤
责任印制：吴兆东/封面设计：陈　敬

科学出版社出版
北京东黄城根北街 16 号
邮政编码：100717
http://www.sciencep.com
北京中石油彩色印刷有限责任公司印刷
科学出版社发行　各地新华书店经销
*
2002 年 8 月第　一　版　开本：B5（720×1000）
2007 年 8 月第　二　版　印张：29 3/4
2023 年 2 月第十二次印刷　字数：564 000

定价：98.00 元

（如有印装质量问题，我社负责调换）

第二版前言

本书自 2002 年 8 月出版以来，为众多读者所欢迎，曾获 2003 年度上海市优秀教材奖，2006 年被教育部列入“普通高等教育‘十一五’国家级规划教材”。

在多年教学使用的基础上，作者对本书进行了修订。本书的修订本着更有利于教学和拓展知识及应用面的精神，除了增加部分章节外，在叙述的内容上也作了修改和补充，包括增加了新技术、新材料的应用。同时，为了更便于读者理解，增添了许多插图。增加的第十三章第四节“自整角机”仅意于介绍电机原理的一种应用。机电一体化、电力电子技术的应用对电机原理及其应用的发展起着重要的推动作用。因此，本次修订对第二十五章第一节“无刷直流电动机”增添了部分新的研究成果。

本书修订仍由上海交通大学谭茀娃教授担任主审，谭茀娃教授对修订稿作了认真和仔细的审阅，并提出了很多宝贵意见。在此，作者对谭茀娃教授表示真诚的感谢。同时，作者还要向许多关心、帮助、提过宝贵意见和用过本书的人士表示衷心的感谢。

由于作者的经验和水平有限，本次修订难免有不妥甚至错误之处，恳请读者批评指正。

周顺荣

2007 年 2 月于上海交通大学

第一版前言

本书是作为“创新人才培养体系建设”（985工程）的子项目编写的。

随着我国高等教育改革的深化，本科“电气工程及自动化”大专业覆盖了原来的电机电器及其控制专业、高电压专业、电力系统及自动化等专业，这对电机学课程的教学要求和学时都产生了影响。本教材正是适应这一变化编写的。本教材着眼于适应我国国民经济发展需要和世界科技发展综合化、高新化趋势的需要，突出强化基础知识，拓宽专业口径的指导思想，本着注重能力培养和综合素质提高的精神，力求强调深入浅出、循循诱导，培养和提高学生思考及解决问题的能力，且具有与当代学科发展相适应的特色。

本书由上海交通大学谭茀娃教授担任主审，上海交通大学李仁定教授、林闰汤副教授对书稿也进行了认真的审阅。在本书的编写过程中，还得到上海交通大学陈洪亮教授、张焰教授、金如麟教授、赵继敏副教授、谢宝昌副教授的关心和支持。谭茀娃教授、李仁定教授、金如麟教授、林闰汤副教授对本书的编写提出了许多宝贵的意见，在此编者表示衷心的感谢。另外，在初期的文字计算机输入等工作中，陈芳、李姝、周颖丽、吴其昌等提供了大量的帮助，编者在此表示衷心的感谢。

由于编者的经验和水平有限，加之时间紧迫，书中难免有不妥甚至错误之处，恳请读者批评指正。

周顺荣

2002年5月于上海交通大学

本书主要符号表

A 线负载（线负荷）；面积
a 直流电枢绕组并联支路对数；交流电枢绕组每相并联支路数
B 磁通密度（磁感应强度）
B_{ad} 直轴（d 轴）电枢反应磁通密度
B_{ad1} 直轴（d 轴）电枢反应基波磁通密度
B_{aq} 交轴（q 轴）电枢反应磁通密度
B_{aq1} 交轴（q 轴）电枢反应基波磁通密度
B_{av} 平均磁通密度
B_{a1} 电枢反应基波磁通密度
B_f 励磁磁通密度
B_{f1} 励磁基波磁通密度
B_k 换向区域的气隙磁通密度
B_m 磁通密度最大值（幅值）
B_{m1} 基波磁通密度最大值（幅值）
B_δ 气隙磁通密度
b 宽度；弧长
b_p 主磁极实际极弧长度
b_t 主磁极计算极弧长度
b_k 换向片宽度
C 常数；电容
C_E 电势常数
C_T 转矩常数
D 直径
D_a 电枢外径
D_k 换向器外径
D_i 电枢内径
E 感应电势（交流为有效值）；电枢反应电势
E_a 电枢反应电势（交流为有效值）
E_m 电势最大值
E_δ 合成电势（有效值）
E_0 空载电势（有效值）；励磁电势
E_1、E_2 一次侧、二次侧电势（有效值）
$E_{1\sigma}$、$E_{2\sigma}$ 一次侧、二次侧漏电势（有效值）
e 电势的瞬时值
e_k 换向元件的旋转电势
e_L 自感电势
e_M 互感电势
e_r 换向元件的电抗电势
F 磁势；力
F_a 电枢磁势（幅值）
F_{ad} 直轴电枢磁势（幅值）
F_{aq} 交轴电枢磁势（幅值）
F_δ 气隙合成磁势（幅值）
f 频率；力；磁势的瞬时值
f_N 额定频率
H 磁场强度
I 电流（交流表示有效值）；同步电机的电枢电流；直流电机的线路电流
I_a 电枢电流
I_f 直流励磁电流
I_N 额定电流
I_k 短路电流
I_{st} 起动电流
i 电流的瞬时值
J 机组转动惯量
j 电流密度
K 换相片数
k 变压器电压比（变比）
k_μ 饱和系数
L 自感
L_σ 漏磁电感
l 导体有效长度
m 相数
N 每相串联匝数

N_1、N_2　变压器一次侧、二次侧绕组匝数
n　转子转速
P　功率
P_{em}　电磁功率
P_{mec}　机械功率
P_N　额定功率
P_0　空载功率（空载损耗）
P_1　输入功率
P_2　输出功率
p　极对数；损耗
p_{Cu}　铜损耗（电阻损耗）
p_{Fe}　铁损耗
p_{mec}　机械损耗
p_{ad}　杂散损耗（附加损耗）
Q　无功功率
R_a　电枢回路总内电阻
R_f　励磁回路总电阻
R_L　负载电阻
S　视在功率
S_N　额定容量（额定视在功率）
T　转矩；周期
T_{em}　电磁转矩
T_N　额定转矩
T_0　空载转矩
U　电压（交流为有效值）
U_N　额定电压（交流为有效值）
U_f　励磁电压
u　电压瞬时值
x　电抗
$x_{1\sigma}$、$x_{2\sigma}$　一次侧、二次侧绕组漏电抗
x_k　短路电抗
y　绕组合成节距
y_1　第一节距
y_2　第二节距
Z　阻抗（复量）；电枢槽数
Z_i　虚槽数
Z_k　短路阻抗（复量）
Z_L　负载阻抗（复量）
Z_m　励磁阻抗（复量）
Z_1、Z_2　变压器一次、二次绕组（或异步电机定子、转子）的漏阻抗（复量）
Z_L　负载阻抗（复量）
Z_+　正序阻抗（复量）
Z_-　负序阻抗（复量）
Z_0　零序阻抗（复量）
η　效率
η_N　额定效率
η_{max}　最大效率
λ　比漏磁导
μ　磁导率
τ　极距
ϕ　磁通量
ϕ_m　变压器或异步电机的主磁通
ϕ_σ　漏磁通
ϕ_1　基波磁通
ϕ_ν　ν次谐波磁通
ϕ_a　电枢反应磁通
ϕ_{ad}　直轴电枢反应磁通
ϕ_{aq}　交磁电枢反应磁通
ϕ_0　励磁磁通
$\Phi_{1\sigma}$、$\Phi_{2\sigma}$　变压器一次侧、二次侧漏磁通
φ　功率因数角
ψ　磁链
Ω　机械角速度
Ω_1　同步角速度
ω　角频率

目　录

第二篇　交流电机的绕组、磁势和电势

第三篇　异 步 电 机

第五篇 直流电机

绪　论

第一节　电机的概况

电机及其驱动控制系统是电气传动的基础。电气传动系统特别是电机及其驱动控制系统在国民经济的发展以及国民生活中发挥着越来越重要的作用。电能是当代最主要的、应用最广泛的能源。电机及其驱动控制系统是实现电能的生产、传输和电气传动、机械运动控制等应用的装置。

绝大部分电机的工作原理都基于电磁感应定律和电磁力定律。因此，其构造的一般原则是应用有效的导磁和导电材料构成能互相发生电磁感应的磁路和电路，以产生电磁功率和电磁转矩，实现能量形式的转换。

电机的分类方法很多，按其功能分有下列几类：

(1) 发电机。由机械能转变为电能。

(2) 电动机。由电能转变为机械能。

(3) 变压器、变频机、变流机、移相器。分别用于改变电压、频率、电流类型及相位。

(4) 控制电机。用作控制系统中的元件。

应该指出，在基本原理上，发电机和电动机只是电机的两种运行方式，它们是可逆的。

电机按其容量(功率)大小也可划分为大电机、中小型电机、小功率电机、微电机等。其中，小功率电动机又称分马力电动机。根据 IEC 的有关文件，GB/T 2900.27—1995《电工术语 小功率电动机》将小功率电动机定义为：折算到 1500r/min 时，最大连续额定功率不超过 1.1kW 的电动机。而“分马力”则来自英文 fraction horsepower，分马力电动机表示输出功率不大于 1 马力(750W)或为真分数马力的电动机。图 0-1 为钢铁厂用于轧钢的电动机；图 0-2 为新型电梯曳引电动机及驱动系统；图 0-3 为电动自行车驱动用电动机及其驱动控制器；图 0-4 为录音设备用微电机。

按一次能源形态的不同，发电机有不同的种类。利用水力资源并与水轮机组合的为水轮发电机，利用煤、石油等热能资源并与汽轮机组合的为汽轮发电机，还有利用原子能、风力、地热等资源的各类发电机。图 0-5 为风力发电机。

此外，电机又分为变压器、异步电机、同步电机和直流电机四个机种。其中变压器是静止的电气设备，其余常见的均为旋转电机(也有直线电机)。异步电机和同步电机均为交流电机。本书将按此分类逐一论述。

图 0-1　轧钢用电动机

图 0-2　电梯曳引电动机及驱动系统

(a)　　　　　　　　　　　　　　(b)

图 0-3　电动自行车驱动用电动机及其驱动控制器

(a)电动机;(b)驱动控制器

图 0-4　录音设备用微电机

图 0-5　风力发电机

第二节　电路的有关概念

一、电路参数的正方向

常用的电路元件有电阻、电感和电容。由于电阻数值的大小随温度的改变而变化,本书中未作特别注明的电阻均指在温度为 75℃时的电阻值。电路中主要的物理量有电压、电势、电流、功率。表征电路特性的数学表达式都与电压、电流等物理量的参考方向的规定有关。对于受电端，通常规定电压和电流的正方向一致，如图 0-6 和图 0-7 所示，即假定电压的正方向是从 A 指向 X，则电流的正方向也是从 A 经过 R 流向 X。电势的正方向在变压器中往往取为和电流正方向一致。

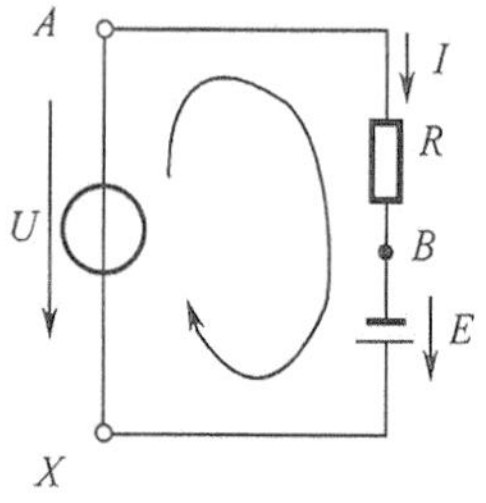

图 0-6　电路物理量的正方向

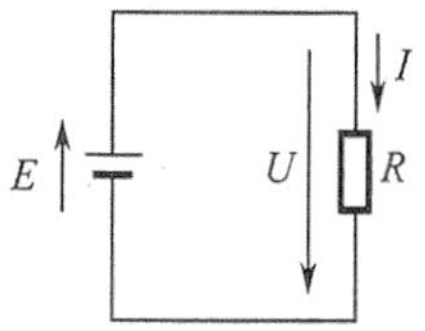

图 0-7　回路电压

二、基尔霍夫定律

基尔霍夫电流定律　电路中的任意节点在任意时刻流入与流出电流之代数和恒等于零。其数学表达式为

$$\sum i = 0 \tag{0-1}$$

式中，各 i 的正方向均可取为流入方向，即 i 为正值时，实际电流为流向该节点；i 为负值时，实际电流为流出该节点。

基尔霍夫电压定律　电路中的任一回路在任意时刻沿着回路循行方向所有支路的电位降之和恒为零。其数学表达式为

$$\sum u = 0 \tag{0-2}$$

对于图 0-6 所示的电路，其回路方程为

$$IR - E - U = 0$$

即

$$U = -E + IR \tag{0-3}$$

该电压平衡方程式也可看作：加在 AX 两端的端电压 U 由两部分组成，一部分为电阻 R 上的端电压（$U_{AB} = IR$），另一部分为和电势 E 相对应的端电压（$U_{BX} = -E$）。

第三节　电磁感应的有关概念

一、磁路的基尔霍夫定律和全电流定律

在通电导线周围存在着磁场。通常，磁力线的正方向与产生该磁力线的电流

的正方向按符合右螺旋关系选取。

图 0-8 为带有并联分支的铁心磁路。中间的铁心柱上绕有 N 匝励磁绕组，绕组内通过的励磁电流为 i，则励磁绕组周围匝链磁通。若在铁心的分支部位作一个闭合面 S，如图所示。假设穿入闭合面 S 的磁通有 ϕ，穿出闭合面 S 的磁通有 ϕ_1 和 ϕ_2，则

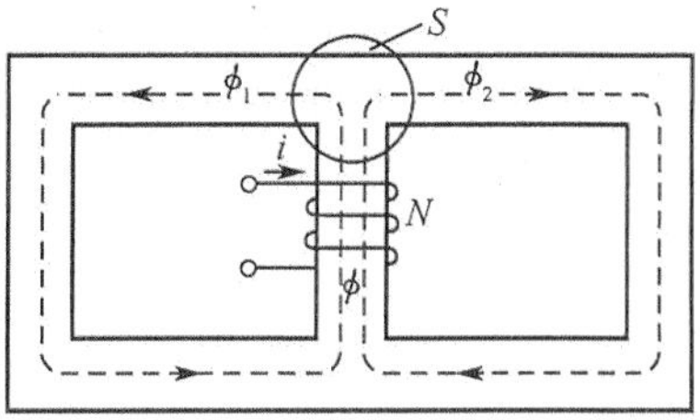

图 0-8　磁路的基尔霍夫第一定律

$$\phi = \phi_1 + \phi_2$$

即

$$\phi - \phi_1 - \phi_2 = 0$$

或

$$\sum \phi = 0 \qquad (0-4)$$

式中，磁通的正方向可取穿入闭合面的方向，即穿入闭合面的磁通为正值，穿出闭合面的磁通为负值。

式(0-4)表明：穿入(或穿出)任意一个闭合面的总磁通量恒等于零(或者说，穿入任意一个闭合面的磁通量恒等于穿出该闭合面的磁通量)。这就是磁通的连续性定律，类比电路的基尔霍夫第一定律(基尔霍夫电流定律)，可称该定律为磁路的基尔霍夫第一定律。

全电流定律指出，沿着磁力线闭合积分等于该闭合回路内所包围的导体的电流的代数和。按上述正方向规定时，全电流定律的数学表达式为路径磁场强度 $\boldsymbol{H}$ 的线积分：

$$\oint_l \boldsymbol{H} \cdot \mathrm{d}\boldsymbol{l} = \sum i \qquad (0-5)$$

把全电流定律用于电机和变压器的磁路时，可将该闭合的磁回路分为 n 段磁路，则式(0-5)简化为

$$\sum_{i=1}^{n} H_i l_i = Ni \qquad (0-6)$$

式中，H_i——第 i 段磁路磁场强度(A/m)；

l_i——第 i 段磁路的平均长度(m)；

Ni——磁势 (A 或安匝)，通常用符号 F 来表示，即 $F=Ni$；

N——流过电流 i 的导体数。

在式(0-6)中，$H_i l_i$ 为第 i 段磁路的磁位降(或称磁压降)。式(0-6)表明：沿任何一条闭合磁路的总磁势恒等于该闭合磁路中各段磁位降的代数和。类比电路中的基尔霍夫第二定律，可称之为磁路的基尔霍夫第二定律。

磁场强度 H 与磁感应强度 B 的关系为

$$H = \frac{B}{\mu} \qquad (0-7)$$

式中，μ 为介质的磁导率。

真空的磁导率为一常数，记作

$$\mu_0 = 4\pi \times 10^{-7}\,\mathrm{H/m}$$

各种气体、非金属材料、非铁磁金属和合金，以及高镍不锈钢等，其磁导率都接近 μ_0，工程上认为它们与真空的磁介质特性相同。

如果 n 段磁路中的磁场强度 H 均处处相等，则公式(0-6)又简化为

$$Hl = Ni \tag{0-8}$$

图 0-9(a)所示为一绕有 N 匝线圈的无分支铁心磁路，铁心的截面积为 S，铁心的平均长度为 l，铁心材料的磁导率为 μ。在铁心磁路中磁场强度 H 处处相等，通过各截面上的磁通密度 B 为均匀且垂直于各截面，则铁心中的磁通量 ϕ 等于磁通密度 B 乘以截面积 S，即

$$\phi = \int_S \boldsymbol{B} \cdot \mathrm{d}\boldsymbol{S} = BS \tag{0-9}$$

依据磁场强度 H 与磁通密度 B 的关系式(0-7)，则式(0-8)可写成

$$Ni = Hl = \frac{B}{\mu}l = \phi\frac{l}{\mu S} \tag{0-10}$$

或

$$F = \phi\frac{l}{\mu S} = \phi R_m = \frac{\phi}{\lambda} \tag{0-11}$$

式中，R_m——磁路的磁阻，其值取决于磁路的尺寸和构成磁路所用材料的磁导率，其单位为 A/Wb；

$$R_m = \frac{l}{\mu S}$$

λ——磁路的磁导，单位为 Wb/A，它是磁阻的倒数，即

$$\lambda = \frac{1}{R_m}$$

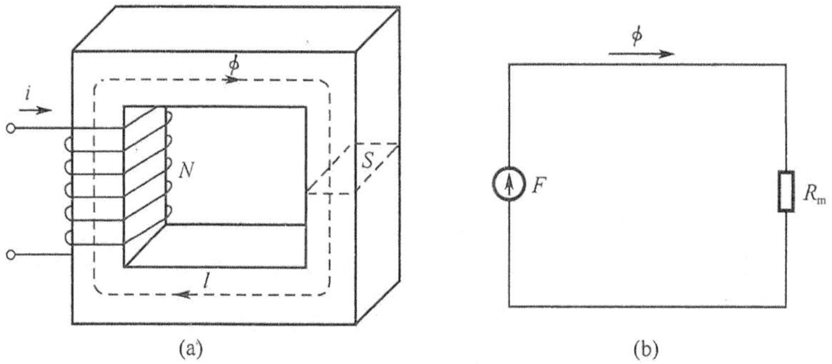

图 0-9　铁心磁路

(a)铁心磁路；(b)模拟电路

式(0-11)在形式上与电路中的欧姆定律十分相似,故亦称磁路的欧姆定律。图 0-9(b)为式(0-11)的模拟电路。

原则上,磁路分析与电路的相似。但是,由于铁磁物质的磁化特性具有明显的非线性,铁磁材料的磁导率 μ 不是一个常数,因此磁路的计算比电路要困难得多。

磁路与电路之间的相似性如表 0-1 所示。

表 0-1　磁路与电路之间的相似性

磁　路		电　路	
磁势	F	电势	E
磁通	ϕ	电流	I
磁阻	R_m	电阻	R
磁导	λ	电导	G
磁导率	μ	电导系数	σ
磁路欧姆定律	$F=\phi R_m$	电路欧姆定律	$E=IR$
基尔霍夫第一定律	$\sum\phi=0$	基尔霍夫第一定律	$\sum i=0$
基尔霍夫第二定律	$\sum Hl=\sum Ni=\sum\phi R_m$	基尔霍夫第二定律	$\sum e=\sum iR$

必须指出,磁路与电路之间的相似性仅是在数学形式上的相似,并非是物理本质的相似。

二、电磁感应定律

导线在交变磁场中感应电势。感应电势的正方向与该交变磁场磁力线的正方向通常取成右螺旋关系,如图 0-10 所示。

按此正方向规定,感应电势为

$$e=-\frac{d\psi}{dt}=-N\frac{d\phi}{dt} \tag{0-12}$$

式中,e——线圈中的感应电势(V);

ψ——线圈所匝链的磁链,$\psi=N\phi$;

ϕ——线圈所匝链的磁通。

导线与磁力线发生相对切割运动时,导线中感应电势

$$e=BlV \tag{0-13}$$

式中,B——导体所处位置的磁通密度(Wb/m^2 或 T);

V——导体相对磁场垂直运动的线速度(m/s);

l——导体切割磁力线的有效长度(m)。

感应电势的方向可用右手定则,即发电机定则来确定,如图 0-11 所示。

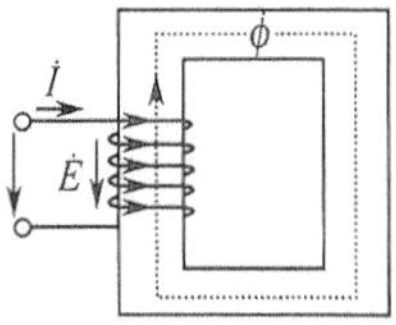

图 0-10　感应电势的正方向

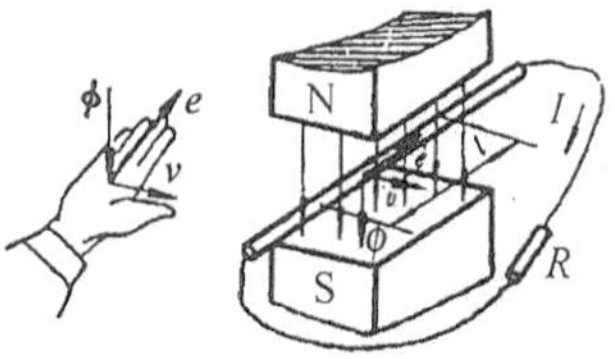

图 0-11　右手定则

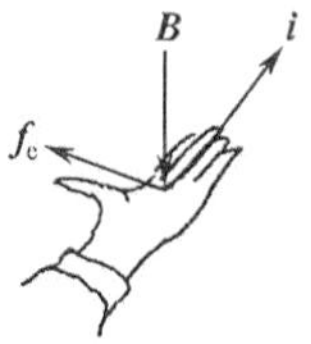

图 0-12　左手定则

三、电磁力定律

载流导体在磁场中受到电磁力的作用。该电磁力为

$$f_e = Bli \tag{0-14}$$

式中，f_e——电磁力(N)；

l——导体位于磁场中的有效长度(m)；

i——导体中的电流(A)。

电磁力的方向可用左手定则，即电动机定则来确定，如图 0-12 所示。

例 0-1　有一矩形铁心，尺寸如图 0-13 所示，铁心截面积 $S=30\text{cm}^2$，铁心材料的磁化曲线如表 0-2 所示。铁心上绕有线圈，当线圈中电流为 12A 时，在铁心中产生的磁通为 0.005Wb，试求线圈应有的匝数。

表 0-2

H/(A/m)	500	1000	2000	3000	4000	5000	6000	8000	11000	14000	18000	25000
B/T	0.55	1.1	1.36	1.48	1.55	1.60	1.64	1.72	1.78	1.83	1.88	1.95

解　铁心中的平均密度为

$$B = \frac{\phi}{S} = \frac{0.005}{30 \times 10^{-4}} = 1.67(\text{T})$$

由磁化曲线求出磁场强度为

$$H = 6000 + \frac{1.67 - 1.64}{1.72 - 1.64} \times (8000 - 6000) = 6750(\text{A/m})$$

磁路平均长度为

$$l = 2 \times (10 + 6) \times 10^{-2} = 0.32(\text{m})$$

磁势

$$F = Hl = 6750 \times 0.32 = 2160(\text{A})$$

线圈匝数为

$$N = \frac{F}{I} = \frac{2160}{12} = 180(\text{匝})$$

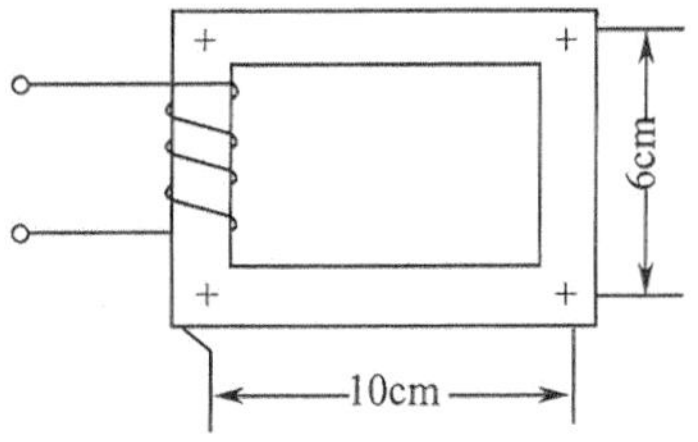

图 0-13　铁心尺寸

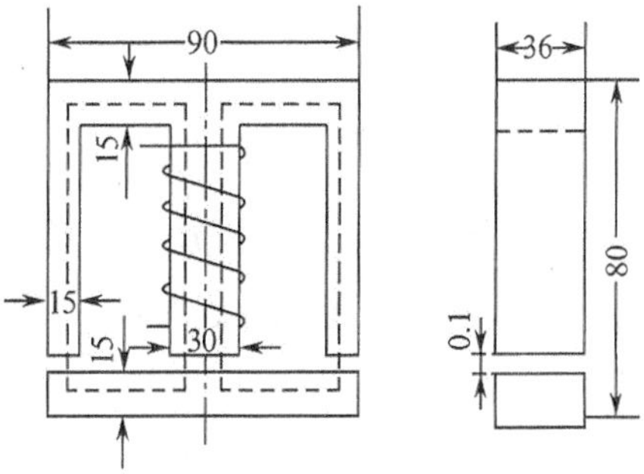

图 0-14　有分支磁路(尺寸单位:cm)

例 0-2　一对称分支磁路如图 0-14 所示。铁心材料的磁化曲线如表 0-2 所列。若要在中间支路产生磁通 ϕ=0.15Wb,求应有多大的磁动势? 如果线圈中电流为 6A,则应绕多少匝?

解　由于磁路对称,所以可沿磁路对称轴线分成两半,取其一半进行计算。在一半回路中各段截面积相等,故只需分铁心和气隙两段。

各段磁路截面积为

$$S = S_\delta = 36 \times 15 \times 10^{-4} = 0.054(\mathrm{m}^2)$$

铁心长度为

$$l = 2 \times [(80 - 15 - 0.1) + (45 - 15)] \times 10^{-2} = 1.898(\mathrm{m})$$

气隙长度为

$$l_\delta = 2 \times 0.1 \times 10^{-2} = 0.002(\mathrm{m})$$

磁路中各段的磁通密度相等,其值为

$$B = B_\delta = \frac{\phi}{2S} = \frac{0.15}{2 \times 540 \times 10^{-4}} = 1.39(\mathrm{T})$$

气隙中的磁场强度为

$$H_\delta = \frac{B}{\mu_0} = \frac{1.39}{1.257 \times 10^{-6}} = 1105807(\mathrm{H/m})$$

铁心中的磁场强度为

$$H = 20 + \frac{1.39 - 1.36}{1.48 - 1.36} \times (30 - 20) = 22.5(\mathrm{H/cm}) = 2250(\mathrm{H/m})$$

需要的磁动势为

$$F = \sum Hl = Hl + H_\delta l_\delta = 22.5 \times 189.8 + 1.106 \times 10^4 \times 0.2 = 6482.5(\mathrm{A})$$

若电流 I=6A,则线圈的匝数应为

$$N = \frac{F}{I} = \frac{6482}{6} = 1080(\text{匝})$$

第四节　三相交流电路的有关概念

一、正弦交流电路

在交流电路中，随时间按正弦规率变化的电压、电流和电势等，统称为正弦交流量或正弦量。正弦时间函数的一般形式为

$$y = A\sin(\omega t + \theta)$$

式中，A 为正弦量的幅值，ω 为正弦量的角频率，θ 为正弦量的初相角，这是正弦交流量的三要素。其中，角频率 ω 的基本单位是 rad/s(弧度/秒)，它与频率 f 有固定的比例关系

$$\omega = 2\pi f$$

确定一个正弦量必须知道它的三要素，比较和区别正弦量也必须从幅值、频率和初相角这三个方面分别进行。

两个正弦量在幅值和频率上的差异容易理解，这里着重要说明正弦量在相位角上的差异。设 y_1 与 y_2 为幅值和频率都相等，仅初相角不等的两个正弦量

$$\left.\begin{aligned} y_1 &= A\sin(\omega t + \theta_1) \\ y_2 &= A\sin(\omega t + \theta_2) \end{aligned}\right\} \tag{0-15}$$

这两个正弦量的相位差角为 φ，则

$$\varphi = (\omega t + \theta_1) - (\omega t + \theta_2) = \theta_1 - \theta_2$$

可见，相位差角是与时间无关的常量，它等于这两个正弦量的初相角之差。

对于不同的相位差角，正弦量之间的相位关系有以下几种情况：

(1) 同相。

当 $\varphi=0$，即 $\theta_1=\theta_2$ 时，称两个正弦量 y_1、y_2 有同相关系。同相时，两个正弦量的瞬时值将始终有相同的正负号。在波形图上两者同时过零点，同时达到正负峰值。

(2) 反相。

当 $|\varphi|=180°$时，称两个正弦量 y_1、y_2 有反相关系。反相时，两个正弦量的瞬时值总是正负相反。

(3) 超前和滞后。

当 $|\varphi|<180°$时，$\varphi_{12}=\theta_1-\theta_2>0$ 时，称正弦量 y_1 超前正弦量 y_2，或正弦量 y_2 滞后正弦量 y_1。

对于周期交变的电压和电流，瞬时值只能作逐点的描述，峰值表示交变范围，它们都未能表示出在一周期内所能产生的实现功能转换能力的整体效果。对这个整体效果最简单的考察方法是观测电阻上的热效应。

直流电流 I 流过电阻 R 时，在时间 T 内产生的总热量为

$$Q_0 = 0.24I^2RT$$

时变电流 i 流过同样的电阻 R 时，在同样的时间 T 内产生的总热量为

$$Q_v = 0.24\int_0^T i^2 R\mathrm{d}t$$

若这两个热量相等，则认为在时间 T 内，时变电流 i 与直流电流 I 的效果是相同的。

周期电流具有重现性，因此只需在一周期内进行上述比较。于是，从功能转换的角度看，当直流电流 I 与周期电流 i 满足关系式

$$I = \sqrt{\frac{1}{T}\int_0^T i^2\mathrm{d}t} \tag{0-16}$$

直流电流 I 与周期电流 i 有相同的效果。这个直流电流 I 的数值称为周期电流 i 的有效值。

将正弦电流的一般表达式代入式(0-16)，可得

$$I = \sqrt{\frac{1}{T}\int_0^T [I_m \sin(\omega t + \theta)]^2\mathrm{d}t} = \frac{I_m}{\sqrt{2}} \tag{0-17}$$

可见，正弦量的有效值等于其幅值的$\frac{1}{\sqrt{2}}$。正弦电流的一般表达式可写成

$$i = \sqrt{2}I\sin(\omega t + \theta) \tag{0-18}$$

同理，对周期变化的电压和电势等，也可得到类似的结果。

二、三相交流电

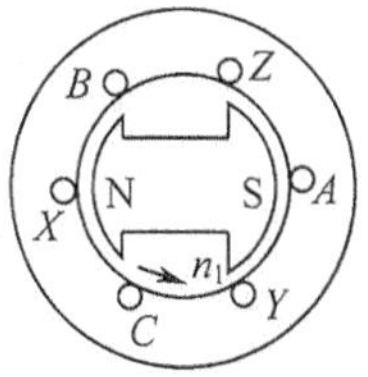

图 0-15　三相交流电

如图 0-15 所示，一个二极三相绕组在空间作对称分布，它们互差 120°。当适当形状的磁极沿逆时针方向旋转时，在三相交流绕组内分别感应出在时间相位上为三相对称的感应电势。以 A 相为参考相量，三相对称的正弦波感应电势瞬时值表达式为

$$\left.\begin{aligned} e_A &= E_m\sin\omega t \\ e_B &= E_m\sin(\omega t - 120°) \\ e_C &= E_m\sin(\omega t - 240°) \end{aligned}\right\} \tag{0-19}$$

此时 B 相电势落后于 A 相 120°，C 相落后于 B 相 120°。通常依 A、B、C 次序称为顺相序。

对应的相量分别为

$$\left.\begin{aligned} \dot{E}_A &= E\angle 0° \\ \dot{E}_B &= E\angle -120° \\ \dot{E}_C &= E\angle -240° \end{aligned}\right\} \tag{0-20}$$

对于三相对称的电网电压，同样有

$$\left.\begin{aligned} u_A &= U_m \sin\omega t \\ u_B &= U_m \sin(\omega t - 120°) \\ u_C &= U_m \sin(\omega t - 240°) \end{aligned}\right\} \tag{0-21}$$

对应的相量分别为

$$\left.\begin{aligned} \dot{U}_A &= U \angle 0° \\ \dot{U}_B &= U \angle -120° \\ \dot{U}_C &= U \angle -240° \end{aligned}\right\} \tag{0-22}$$

式中，E_m、U_m——每相感应电势和电压的幅值；

　E、U——每相感应电势和电压的有效值。

对于三相对称负载的电流，以 A 相为参考相量时，其数学表达式为

$$\left.\begin{aligned} i_A &= I_m \sin\omega t \\ i_B &= I_m \sin(\omega t - 120°) \\ i_C &= I_m \sin(\omega t - 240°) \end{aligned}\right\} \tag{0-23}$$

对应的相量分别为

$$\left.\begin{aligned} \dot{I}_A &= I \angle 0° \\ \dot{I}_B &= I \angle -120° \\ \dot{I}_C &= I \angle -240° \end{aligned}\right\} \tag{0-24}$$

式中，I_m——每相电流的幅值；

　I——每相电流的有效值。

三、三相绕组的连接

三相绕组有 Y 连接和△连接（或称 D 连接）两种，如图 0-16 所示。

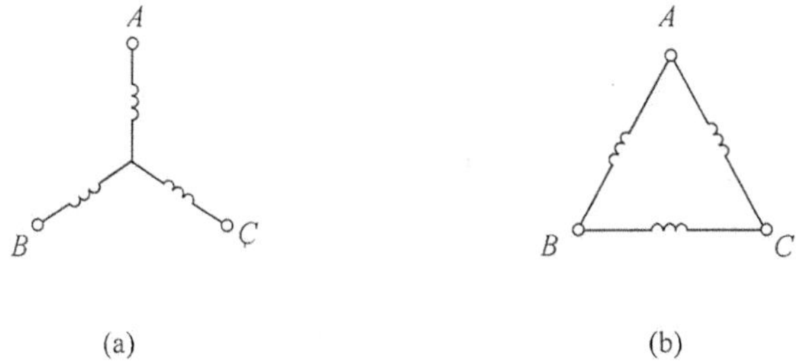

图 0-16　三相绕组的连接

(a)Y 连接；(b)△连接

当绕组为 Y 连接时，线电压 $U_{线}$ 与相电压 $U_{相}$ 之间关系有

$$U_{线}=\sqrt{3}U_{相}$$

线电流 $I_{线}$ 与相电流 $I_{相}$ 之间关系有

$$I_{线}=I_{相}$$

三相总视在功率

$$S=3U_{相}\ I_{相}=3\times\left(\frac{1}{\sqrt{3}}\times U_{线}\right)\times I_{线}=\sqrt{3}U_{线}\ I_{线}$$

当绕组为△(或称 D)连接时，线电压 $U_{线}$ 与相电压 $U_{相}$ 之间关系有

$$U_{线}=U_{相}$$

线电流 $I_{线}$ 与相电流 $I_{相}$ 之间关系有

$$I_{线}=\sqrt{3}I_{相}$$

三相总视在功率

$$S=3U_{相}\ I_{相}=3\times U_{线}\times\left(\frac{1}{\sqrt{3}}\times I_{线}\right)=\sqrt{3}U_{线}\ I_{线}$$

第五节　电机用铁磁材料

电机(包括变压器)都是以磁场作为媒介来实现机电能量的转换。为了减小电机磁路中的磁阻，以获得一定励磁磁势下有较强的气隙磁场，在电机(包括变压器)的铁心等部件中广泛采用导磁性能良好的铁磁材料。

铁磁材料中含有铁磁物质，例如，铁、镍、钴以及它们的合金。它具有高导磁性、磁滞性和磁饱和性三个显著特点。与非铁磁材料相比，铁磁材料具有高磁导率。非铁磁材料的磁导率接近于真空的磁导率 μ_0($\mu_0=4\pi\times10^{-7}$ H/m)，而如通常用作电机铁心等部件的电工钢片等一些铁磁材料的磁导率 $\mu_{Fe}=(2000\sim6000)\mu_0$。

一、磁化曲线

在非铁磁材料中，磁通密度 B 与磁场强度 H 成正比，即 $B=\mu_0 H$，B 与 H 呈线性关系。而铁磁材料的磁通密度(即磁感应强度)B 与磁场强度 H 呈非线性关系，即 $B=f(H)$ 是一条曲线，称为磁化曲线，如图 0-17 所示。

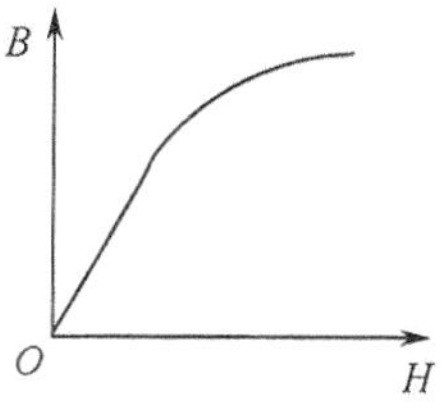

图 0-17　铁磁材料的磁化曲线

铁磁材料的磁化曲线可以通过试验测得。试验可见，将一块尚未磁化的铁磁材料进行磁化，H 由零上升到某一最大值 H_m 时，B 是沿着磁化曲线 Oa 上升至 a 点，如图 0-18 所示，对应的磁通密度最大值为 B_m。曲线 Oa 称为起始磁化曲线。当 H 由 H_m 下降到零时，B 点并不是沿着 aO 下降，而是沿着另一条 $abcd$ 线下降。当 H 由零变化到 $-H_m$（即由 b 点变化到 d 点）时，即进行反向磁化时，B 沿着曲线 bcd 变化。当 H 由 $-H_m$ 回升到 H_m 时，B 沿着曲线 $defa$ 变化。如此，将铁磁材料磁化一个循环，得到一个闭合回线 $abcdefa$，称为铁磁材料的磁滞回线。不同的铁磁材料有不同的磁滞回线。由图 0-18 可见，B 的变化滞后于 H 的变化。当 H 下降为零时，B 值不为零而为某一数值 B_r，这种现象称为磁滞性，B_r 称作剩余磁感应强度（即剩磁磁密），单位为 T（特斯拉）。要使 B 值由 B_r 减至 0 值，必须加上一个相应的反向外磁场，该反向磁场强度称为矫顽力，以 H_c 表示，单位为 A/m（安/米），如图 0-18 中 c 点所示。B_r 和 H_c 是铁磁材料的两个重要参数。

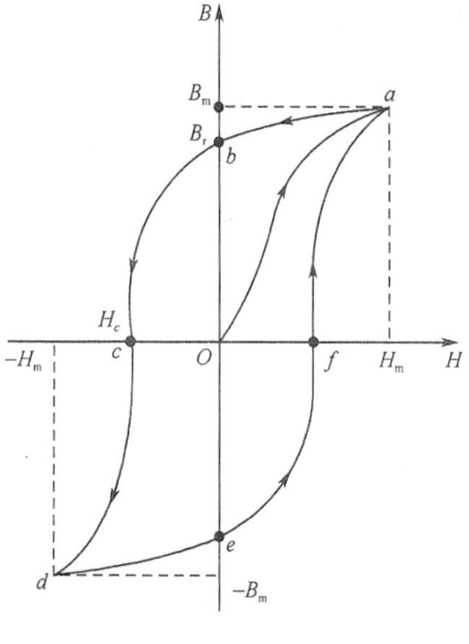

图 0-18　铁磁材料的磁滞回线

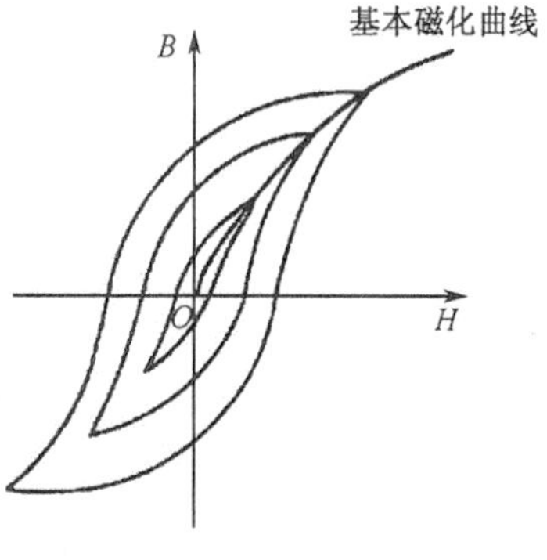

图 0-19　基本磁化曲线

对于同一铁磁材料，以不同的磁场强度 H_m 分别进行多次反复磁化，可得到多个大小不等的磁滞回线，如图 0-19 所示。将各磁滞回线的顶点连接起来，所得的一条曲线称为基本磁化曲线或称平均磁化曲线。基本磁化曲线与起始磁化曲线不是同一条曲线，但二者差别不大。直流磁路计算时所用的磁化曲线都是基本磁化曲线。在交流磁路中，由于励磁电流是交流，因此磁路中的磁势与磁通均随时间而交变。但是，在每一瞬时仍与直流磁路一样。就瞬时值而言，通常可使用相同的基本磁化曲线。图 0-20 为纯铁（DT2、DT3、DT4）、10 号钢、不锈钢（1Cr13、2Cr13）的磁化曲线，表 0-3 为铁磁材料 DR510 的直流磁化特性。

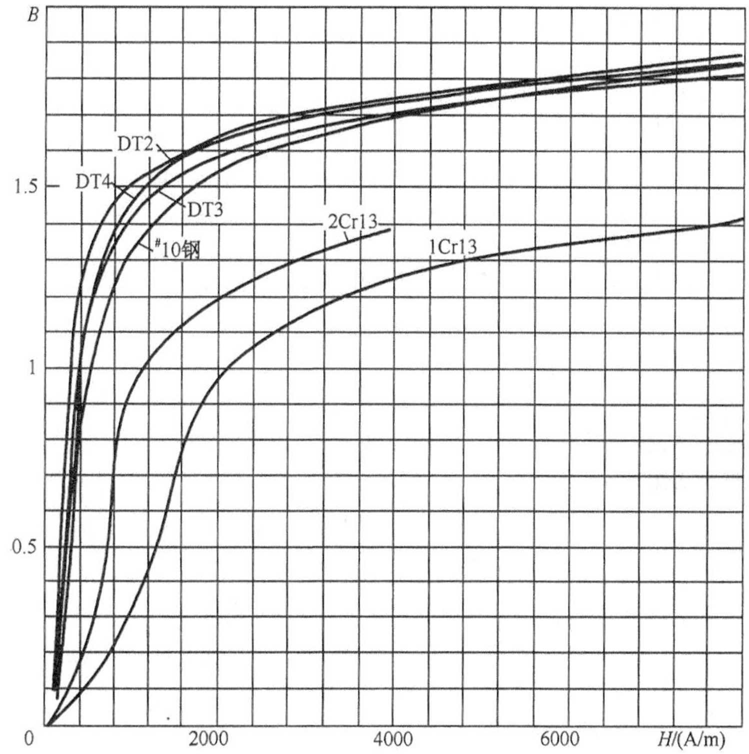

图 0-20　纯铁(DT2、DT3、DT4)、10 号钢、不锈钢(1Cr13、2Cr13)的磁化曲线

表 0-3　DR510(0.50mm)直流磁化特性表

(原牌号 D23)

H/(A/cm) B/Gs \ B/Gs	0	100	200	300	400	500	600	700	800	900
4000	1.42	1.45	1.48	1.5	1.53	1.56	1.59	1.62	1.64	1.67
5000	1.7	1.72	1.75	1.77	1.79	1.82	1.84	1.86	1.88	1.91
6000	1.93	1.95	1.98	2	2.03	2.05	2.07	2.09	2.12	2.15
7000	2.17	2.21	2.24	2.28	2.31	2.35	2.39	2.42	2.46	2.49
8000	2.53	2.57	2.61	2.66	2.7	2.74	2.82	2.9	2.97	3.05
9000	3.13	3.2	3.27	3.33	3.4	3.47	3.56	3.64	3.73	3.81
10000	3.9	3.99	4.07	4.16	4.24	4.33	4.45	4.57	4.68	4.8
11000	4.94	5.07	5.22	5.36	5.51	5.66	5.83	6	6.16	6.33
12000	6.6	6.72	6.94	7.16	7.38	7.6	7.84	8.08	8.35	8.62
13000	8.9	9.21	9.51	9.84	10.16	10.47	10.88	11.28	11.69	12.09
14000	12.5	13.08	13.66	14.24	14.82	15.4	16.32	17.24	18.16	19.08

续表

H/(A/cm) B/Gs B/Gs	0	100	200	300	400	500	600	700	800	900
15000	20	21.15	22.33	23.82	25.33	27.15	29	31.1	33.2	35.4
16000	37.55	40.76	43.97	47.18	50.39	53.6	57.08	60.56	64.04	67.52
17000	71	47.48	77.96	81.44	84.92	88.4	91.88	95.36	98.44	102.32
18000	114	120	126	132	139	146	152	158	166	172

注：$1Gs=1\times10^{-4}T$。

二、铁损耗

电机在运行过程中，电机铁心部分的损耗称为铁损耗，以 p_{Fe} 表示。铁损耗包括磁滞损耗和涡流损耗。

铁磁材料在交变磁场作用下反复磁化时，磁滞现象会引起磁滞损耗。当磁场变化一个周期时，得到一个闭合的磁滞回线 $abcdefa$，如图 0-18 所示。其间，被磁场吸收的净能量可用磁滞回线 $abcdefa$ 所包含的面积来表示。实验表明，这部分能量在铁磁材料内被转化为热能损耗。由于硅钢片的磁滞回线面积较小，所以，电机的铁心常用硅钢片叠成。试验还表明，磁滞损耗 p_h 与磁通的交变频率 f、铁心的体积 V 和磁滞回线的面积成正比。通常，磁滞回线的面积与磁通密度的最大值 B_m 的 n 次方成正比。对于一般的电工钢片，$n=1.6\sim2.3$。于是，磁滞损耗可写成

$$p_h = C_h f V B_m^n \tag{0-25}$$

式中，C_h——磁滞损耗系数，其值取决于铁磁材料的性质。

此外，铁心中磁通随时间变化将产生感应电势，并出现围绕磁通作旋涡状的电流（环流），该电流称为涡电流（简称为涡流）。涡流在铁心电阻上的损耗称为涡流损耗，以 p_e 表示。不难得知，磁场交变的频率 f 越高，磁通密度的最大值 B_m 越大，感应电势亦越大，涡流损耗就越大。铁心的电阻率越大，涡流路径越长，涡流损耗就越小。为了减少涡流损耗，通常电机铁心均采用硅钢薄片叠压而成。可以推导得出，由硅钢薄片叠成的铁心，其涡流损耗为

$$p_e = C_e f^2 V \Delta^2 B_m^2 \tag{0-26}$$

式中，C_e——涡流损耗系数，其值取决于铁磁材料的电阻率；

　Δ——硅钢薄片的厚度。

铁损耗为磁滞损耗与涡流损耗之和，即

$$p_{Fe} = p_h + p_e \tag{0-27}$$

对于一般的电工钢片，当 $1T<B_m<1.8T$ 时，可将式(0-27)近似写成

$$p_{Fe} \approx C_{Fe} f^{1.3} G B_m^2 \tag{0-28}$$

式中，C_{Fe}——铁损耗系数；

G——铁心重量。

表 0-4、0-5 为中国武钢生产的电工钢 W10 直流磁化特性和铁损特性。

表 0-4　W10(0.50mm)直流磁化特性表(密度:7.60g /cm³)

H/(A/cm) B/Gs \ B/Gs	0	100	200	300	400	500	600	700	800	900
5000	0.440	0.450	0.460	0.470	0.475	0.480	0.490	0.500	0.510	0.515
6000	0.520	0.530	0.535	0.540	0.550	0.560	0.570	0.580	0.600	0.610
7000	0.620	0.630	0.640	0.650	0.660	0.680	0.690	0.700	0.720	0.740
8000	0.750	0.760	0.780	0.800	0.820	0.840	0.860	0.880	0.900	0.920
9000	0.940	0.960	0.980	1.000	1.020	1.050	1.060	1.080	1.100	1.120
10000	1.150	1.180	1.200	1.240	1.280	1.300	1.320	1.380	1.400	1.450
11000	1.500	1.520	1.600	1.650	1.700	1.720	1.730	1.800	1.900	2.000
12000	2.100	2.150	2.200	2.300	2.400	2.500	2.700	2.800	2.900	3.000
13000	3.200	3.400	3.600	3.800	4.000	4.300	4.600	4.800	5.100	5.400
14000	6.000	6.400	6.800	7.200	8.000	8.500	9.000	10.000	10.500	11.500
15000	12.000	14.000	15.000	16.000	17.000	19.000	21.000	23.000	25.000	27.000
16000	30.000	32.000	34.000	36.000	38.000	42.000	44.000	48.000	52.000	54.000
17000	60.000	62.000	66.000	70.000	74.000	79.000	82.000	86.000	90.000	95.000
18000	100.000									

表 0-5　W10(0.50mm)铁损特性表(50Hz、密度:7.60g/cm³)

P/(W/kg) B/Gs \ B/Gs	0	100	200	300	400	500	600	700	800	900
5000	0.340	0.350	0.360	0.370	0.380	0.400	0.410	0.420	0.430	0.450
6000	0.460	0.470	0.480	0.500	0.510	0.530	0.540	0.560	0.570	0.590
7000	0.600	0.620	0.640	0.650	0.670	0.690	0.700	0.720	0.730	0.750
8000	0.760	0.780	0.800	0.820	0.830	0.850	0.870	0.890	0.900	0.930
9000	0.950	0.970	0.990	1.000	1.020	1.050	1.070	1.090	1.100	1.120
10000	1.140	1.160	1.180	1.190	1.200	1.230	1.250	1.290	1.330	1.350
11000	1.370	1.390	1.400	1.440	1.480	1.500	1.520	1.540	1.560	1.580
12000	1.600	1.620	1.660	1.700	1.720	1.750	1.780	1.800	1.840	1.880
13000	1.900	1.920	1.980	2.000	2.020	2.100	2.120	2.160	2.200	2.250
14000	2.300	2.350	2.400	2.450	2.500	2.550	2.600	2.650	2.700	2.720
15000	2.750	2.800	2.850	2.900	3.000	3.050	3.100	3.150	3.200	3.220
16000	3.250	3.300	3.350	3.400	3.450	3.500	3.600	3.650	3.700	3.750
17000	3.800	3.820	3.850	4.000	4.020	4.100	4.120	4.140	4.160	4.180
18000	4.200									

三、铁磁材料种类

按照磁滞回线形状的不同，铁磁材料可分软磁材料和硬磁（永磁）材料两大类。

软磁材料的磁滞回线窄、剩磁 B_r 和矫顽力 H_c 都小，如图 0-21(a)所示。由于软磁材料的磁导率较高，适用于制造电机和变压器的铁心。常用的软磁材料有铸铁、电工用热轧硅钢薄板（GB 5212—1985）、冷轧电工钢带（片）（GB 2521—1988）、家用电器用热轧硅钢薄钢板、软磁合金带、电工用纯铁棒等。

硬磁（永磁）材料的磁滞回线宽、剩磁 B_r 和矫顽力 H_c 都大，如图 0-21(b)所示。由于剩磁 B_r 大，硬磁材料可用以制作永久磁铁，故亦称永磁材料。通常，剩磁 B_r、矫顽力 H_c 和磁能积 $(BH)_{max}$ 是表征永磁材料磁性能的三项指标。硬磁（永磁）材料有磁滞合金冷轧带（GB n171—1982）、铁钴钒永磁合金（GB n172—1982）、铁钴钼磁滞合金热轧棒材（GB n173—1982）、铸造铝镍钴和粉末烧结铝镍钴永磁合金（GB 4753—1984）、烧结和黏结永磁铁氧体材料（SJ/T 10410—1993）等。

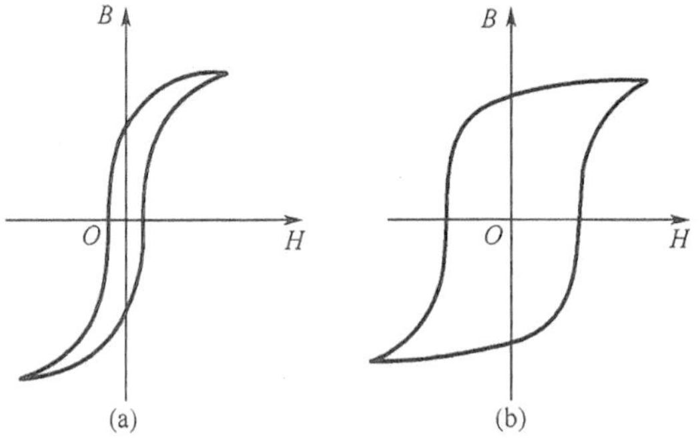

图 0-21　软磁材料和硬磁材料的磁滞回线

(a)软磁材料；(b)硬磁材料

此外，作为在电机中使用的硬磁材料还有稀土永磁材料，如钐钴、钐镨钴、钕铁硼、稀土钴等。

永磁材料的磁性能比较复杂，需要用多项参数来表示。其中，退磁曲线是永磁材料的基本特性曲线，它是指图 0-18 中磁滞回线在第二象限的部分，即 bc 段。

热轧硅钢薄板、冷轧电工钢带（片）的主要特性是磁滞回线窄，剩磁和矫顽力低，导磁率高，磁感应值高，电阻率较高，磁滞损耗和涡流损耗低，且具有良好的工艺性能。电工用硅钢在某些场合还可替代铁镍合金，从而节约大量的镍材。但由于含硅量的增加将使材料脆性增加，抗腐蚀性变差。适用于制作电机铁心。铁镍软磁合金带具有较高的导磁率和磁感应强度，适用于作微电机的导磁材料。纯铁棒是应用广泛、价格便宜、可塑性好的软磁材料。它具有很高的饱和磁感应，低的磁滞损耗，最大导磁率一般为 1.875×10^{-2} H/m。其主要缺点是电阻率低，不能用于交流磁场中，通常用作恒稳磁场下的磁导体。它也是大多数其他磁性材料的重要原料。

磁滞合金冷轧带的主要特性是在 1990～31840A/m 范围具有良好的磁滞性能，回火前加工性好，改变回火温度可使工作磁场在很宽的范围内变动，适用于制作磁滞电动机转子。铁钴钒永磁合金带在供应状态下具有良好的塑性和机械切削加工性。适用于制作小截面、结构复杂的永久磁铁及录音材料。铁钴钼磁滞合金热轧棒材价格低廉，在 9.6～28.8kA/m 的磁场范围具有良好的磁滞性能，对回火温度敏感性较小，磁性能各向同性，加工性能好，高温氧化性差，适于制作磁滞电动机转子，作实心或整体转子更合适。铸造铝镍钴永磁合金是目前金属永磁材料中磁性较好的一种，具有磁能积高、剩磁大、磁性稳定性好等优点，但因其材料质地硬而脆，难以变形，除铸造、磨和电加工外，无法进行其他机械加工。它被广泛用于控制系统中，如磁滞电机、力矩电机转子，或作继电器、电磁仪表铁心等。表 0-6 是铸造铝镍钴永磁系列性能参数。粉末烧结铝镍钴永磁合金是由粉末冶金（烧结）或粉末压制（黏结）制成，具有可制成各种所需形状、尺寸较精确、表面很光洁和可大批量生产的优点。缺点是磁性能较铸造铝镍钴永磁合金低，价格较贵。永磁铁氧体材料是一种不含镍、钴等贵金属的非金属永磁材料。与铝镍钴合金相比，它具有矫顽力高、电阻率高、密度小和价格低等优点，但它剩磁感应强度较低，剩磁温度系数较大，若合理设计，仍能获得体积小，温度稳定性较好的磁路系统，被广泛应用于微特电机、仪器仪表、电声元件、电信器件等领域。

表 0-6　铸造铝镍钴永磁系列性能参数

牌号	美国标准 Equivalent MMPA Class	最大磁能积 $(BH)_{max}$		剩磁 B_r		矫顽力 H_c		密度 D	温度系数 $\alpha(B_r)$	居里温度 T_c	工作温度 T_w	备　注
		kJ/cm³	MGsOe	MT	Gs	kA/m	Oe①	g/cm³	%/K	℃	℃	
LN9	Alnico1	9.0	1.13	680	6800	30	380	6.9	−0.03	760	450	各向同性
LN10		10.0	1.20	600	6000	40	500	6.9	−0.03	760	450	
LNG12	Alnico2	12.4	1.55	720	7200	45	500	7.0	−0.03	810	450	
LNG13		13.0	1.60	700	7000	48	600	7.0				
LNG34	Alnico5	34.0	4.30	1200	12000	48	600	7.3	−0.02	860	525	各向异性
LNG37		37.0	4.65	1200	12000	48	600	7.3				
LNG40	Alnico5DG	40.0	5.00	1250	12500	48	600	7.3				
LNG44		44.0	5.50	1250	12500	52	650	7.3				
LNG52	Alnico5～7	52.0	6.50	1300	13000	56	700	7.3	−0.02	860	525	
LNGT28	Alnico6	28.0	3.50	1000	10000	58	720	7.3	−0.025	860	550	
LNGT36J	Alnico8H	36.0	4.50	700	7000	140	1750	7.3				
LNGT32	Alnico8	32.0	4.0	800	8000	100	1250	7.3	−0.025	860	550	
LNGT40		40.0	5.0	800	8000	110	1380	7.3				
LNGT60	Alnico9	60.0	7.50	900	9000	110	1380	7.3	−0.025	860	550	
LNGT72		72.0	9.00	1050	10500	112	1400	7.3				

① 1Oe=79.5775A/m。

表 0-7　烧结 NdFeB 永磁材料磁性能和物理特性

性能 牌号	剩磁感应强度 B_r/mT (kGs)	矫顽力 bH_c/(kA/m) (kOe)	内禀矫顽力 iH_c/(kA/m) (kOe)	最大磁能积 $(BH)_{max}$/(kJ/m³) (MGsOe)	建议最高工作温度 T_w/℃
N33	1130～1170 (11.3～11.7)	≥836 (≥10.5)	≥955 (≥12)	247～263 (31～33)	80
N35	1170～1210 (11.7～12.1)	≥868 (≥10.9)	≥955 (≥12)	263～287 (33～36)	80
N38	1210～1250 (12.1～12.5)	≥899 (≥11.3)	≥955 (≥12)	287～310 (36～39)	80
N40	1250～1280 (12.5～12.8)	≥923 (≥11.6)	≥955 (≥12)	302～326 (38～41)	80
N42	1280～1320 (12.8～13.2)	≥923 (≥11.6)	≥955 (≥12)	318～342 (40～43)	80
N45	1320～1380 (13.2～13.8)	≥876 (≥11.0)	≥955 (≥12)	342～366 (43～46)	80
N48	1380～1420 (13.8～14.2)	≥835 (≥10.5)	≥876 (≥11)	366～390 (46～49)	80
33H	1130～1170 (11.3～11.7)	≥836 (≥10.5)	≥1353 (≥17)	247～271 (31～34)	120
35H	1170～1210 (11.7～12.1)	≥868 (≥10.9)	≥1353 (≥17)	263～287 (33～36)	120
38H	1210～1250 (12.1～12.5)	≥899 (≥11.3)	≥1353 (≥17)	287～310 (36～39)	120
40H	1240～1280 (12.4～12.8)	≥923 (≥11.6)	≥1353 (≥17)	302～326 (38～41)	120
42H	1280～1320 (12.8～13.2)	≥955 (≥12.0)	≥955 (≥12)	318～342 (40～43)	120
33SH	1130～1170 (11.3～11.7)	≥844 (≥10.6)	≥1592 (≥20)	247～272 (31～34)	150
35SH	1170～1210 (11.7～12.1)	≥876 (≥11.0)	≥1592 (≥20)	263～287 (33～36)	150
38SH	1210～1250 (12.1～12.5)	≥907 (≥11.4)	≥1592 (≥20)	287～310 (36～39)	150

续表

性能 牌号	剩磁感应强度 B_r/mT (kGs)	矫顽力 bH_c/(kA/m) (kOe)	内禀矫顽力 iH_c/(kA/m) (kOe)	最大磁能积 $(BH)_{max}$/(kJ/m^3) (MGsOe)	建议最高 工作温度 T_w/℃
40SH	1240～1280 (12.4～12.8)	≥939 (≥11.8)	≥1592 (≥20)	302～326 (38～41)	150
28UH	1020～1080 (10.2～10.8)	≥764 (≥9.6)	≥1990 (≥25)	207～231 (26～29)	180
30UH	1080～1130 (10.8～11.3)	≥812 (≥10.2)	≥1990 (≥25)	223～247 (28～31)	180
33UH	1130～1170 (11.3～11.7)	≥852 (≥10.7)	≥1990 (≥25)	247～271 (31～34)	180
28EH	1040～1090 (10.4～11.9)	≥780 (≥9.8)	≥2388 (≥30)	207～231 (26～29)	200
30EH	1080～1130 (10.8～11.3)	≥812 (≥10.2)	≥2388 (≥30)	223～247 (28～31)	200

钐钴永磁材料(包括钐钴 1∶5 型、钐镨钴)属第一代稀土永磁材料,与传统的铁氧体和铝镍钴相比,具有极佳的优越性。钐钴 2∶17 型永磁材料属第二代稀土永磁材料。钕铁硼永磁材料是近年来发展起来的第三代稀土永磁材料,具有磁能积高、矫顽力高、机械强度高等优点,但尚存在温度系数较大等缺点。表 0-7 是烧结钕铁硼(NdFeB)磁性能和物理特性。从表中可见,近年来其磁性能及允许使用的工作温度不断提高,且我国稀土资源丰富,因而为我国大力推广钕铁硼永磁材料的应用奠定了基础。这些稀土永磁材料可制成各种规格的稀土永磁体,可作电机的永磁体、电子计时器、扬声器、磁轴承、计算机外围设备等。稀土钴永磁材料属各向异性稀土钴永磁材料系列,该系列材料具有高磁能积和高矫顽力,用它制成的永磁零件体积小、重量轻及性能稳定,常用于电机、电声电信器件、测量仪表、电子钟表、微波器件、磁力机械等领域。

第六节　新技术及其应用实例

随着当代新材料及微电子技术、电力电子技术、控制技术和计算机技术的发展,运用电机学等专业理论和基础理论对广泛使用的机电能量转换装置不断深入地进行研究和开发,使其在结构形式、工作特性、应用领域等方面都有了新的发展。传统的电机在融入新的技术和新的设计之后,形成新的品种,例如,新型三自由度球形电机实现了机器人关节的空间三维运动等。以下列举部分新技术应用和新产品开发实例。

一、磁悬浮技术

依靠电磁吸(或斥)将物体悬浮在空中,以实现物体相互之间无直接的接触,从而消除其间的机械摩擦,这就是发展中的磁悬浮技术。磁悬浮技术的应用领域非常广泛,例如,磁悬浮轴承和磁悬浮列车等。电机的磁悬浮轴承具有无接触、无摩擦、使用寿命长、不用润滑以及高精度等特殊的优点。

图 0-22 为磁悬浮散热风扇,图 0-23 为采用磁悬浮散热风扇的计算机显卡。随着 CPU 运行速度的提高,需要高速的散热风扇。风扇轴承旋转时发出的噪声也是电脑中主要的噪声源之一。相对 36dB 以上的普通双滚珠散热风扇,采用磁悬浮显卡散热风扇的噪声则在 18dB 以下。同时悬浮散热风扇具有磨损小、寿命长等优点。

图 0-22　磁悬浮散热风扇

图 0-23　采用磁悬浮散热风扇的计算机显卡

磁悬浮轴承在电力工程中的应用也具有广阔的前景,研制大功率的磁悬浮轴承和飞轮储能系统可减少调峰时机组启停次数;以磁悬浮轴承系统为基础的振动控制理论的研究,将其应用于汽轮机转子的振动和故障分析中以及通过调整磁悬浮轴承的刚度来改变汽轮发电机机组中的转子结构设计的思想,用以改善转子运行的动态特性,避免共振,提高机组运行的可靠性等,这些都将为解决电力工程中的技术难题提供崭新的思路。

此外,磁悬浮列车也是磁悬浮技术对机电能量转换装置拓展应用的典型实例。图 0-24 所示的上海浦东磁悬浮列车已投入商业运行,这使中国成为世界上第一个具有磁悬浮运营铁路的国家。

图 0-25 为美国国家航空和宇宙航行局马歇尔飞行中心的一个磁悬浮导轨系统和航天器模型。

图 0-24 上海浦东磁悬浮列车

图 0-25 (美国)马歇尔飞行中心的磁悬浮导轨系统和航天器模型

二、电磁炮

电磁炮是机电能量转换应用的高新技术,也是未来战争的新型武器。它利用电磁能量高速抛射弹体,主要用来拦截和轰炸高速飞行的运载火箭、导弹、飞机等,也可用来发射卫星以及其他航天器。

与传统火炮依靠火药燃气压力发射弹丸不同,电磁炮是利用电磁系统中电磁场的作用力(简称电磁力)来发射弹丸(或其他被发射体),如图 0-26 所示。由于电磁力作用的时间较传统火炮中火药燃气压力要长得多,因此可大大提高弹丸的速度和射程。

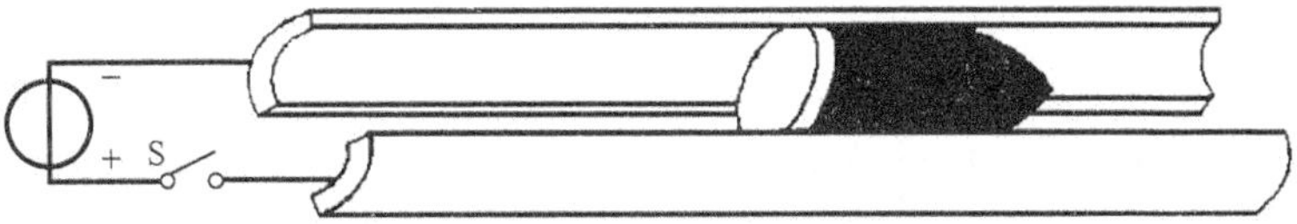

图 0-26 电磁炮示意图

对电磁炮的研究方案较多,其基本原理都是利用电磁力把被发射体加速至高速后发射出去。以轨道炮为例,其工作原理可用图 0-27 来说明。轨道炮发射装置是由两根平行的金属轨道和一个发射物(弹丸)组成。发射物与两根平行的金属轨道均是导电体,发射物可在轨道上自由滑行。当电流 I 按图示方向由一根轨道流经待发射物至另一根轨道流过时,两根载流轨道周围产生磁场,载流发射物在磁场中受到图示方向的电磁力 F 的作用,电流越大,作用在载流发射物上的电磁力亦越大,发射物(弹丸)得到的加速度则越大,从而使发射物以高速发射出去。采用多级连接的轨道能

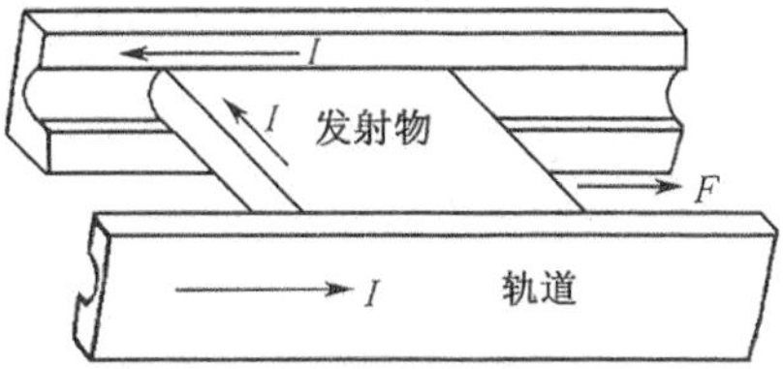

图 0-27 轨道炮的原理图

增大发射物(弹丸)出口的速度。

电磁炮的特点有:①射程可调节;②隐蔽性好;③速度快、命中率高;④精度高;⑤发射成本低。

电磁炮在军事上的用途:

(1) 用于反导系统。由于电磁炮初速度极高,可用于摧毁空间的低轨道卫星、导弹及拦截由舰艇和装甲发射的导弹。

(2) 用于防空系统。用电磁炮代替高射武器和防空导弹执行防空任务。它不仅能打击临空的各种飞机,还能在远距离拦截空对舰导弹。

(3) 用于反装甲武器。电磁炮具有很强的穿透力,是非常优良的反装甲武器。

(4) 用于改装常规火炮。随着电磁发射技术的发展,在普通火炮的炮口加装电磁加速系统,可大大提高火炮的射程。

此外,电磁炮技术还可用于建造高速列车(称子弹列车)。列车本身相当于电磁炮中的"弹体",时速将超过 321km。区别磁悬浮列车的是,子弹列车不需要装备有电磁线圈的专用路轨。其机车头装有自己的驱动装置,即一组车上的气体涡轮引擎提供能量的电磁驱动线圈。埋藏在传统路轨间或沿路轨旁建成的一种梯形铸铝的反作用极板,配合线圈一起驱动和引导列车前进。

三、纳米技术

纳米(nm),它是一个长度单位,原称"毫微米",就是 10^{-9}m(十亿分之一米)。

纳米技术包含纳米材料、纳米动力学、纳米生物学、纳米药物学和纳米电子学五个主要方面。

纳米技术的影响有:

(1) 节约原材料和降低污染,可从一个原子、一个分子开始,采用自小到大的方法制造材料和产品;

(2) 能生产出比钢强度大 10 倍,而重量只有其几分之一的材料来制造各种更轻便,更省能源的装置;

(3) 通过极小的晶体管和记忆芯片可几百万倍地提高电脑速度和效率;

(4) 运用基因和药物传送纳米级的 MRI 对照剂来发现癌细胞或定位人体组织器官;

(5) 去除在水和空气中最细微的污染物,得到更清洁的环境和可以饮用的水;

(6) 提高太阳能电池能量效率两倍。

微电子机械系统(MEMS)是 20 世纪 80 年代末兴起的新型学科。随着对信息获取、传递和处理等装备(如微型卫星、微型飞行器等)的小型化、智能化的需求日益增加,以 MEMS 技术为基础的具有广泛军事用途的微型飞行器(MAV)已成为当今世界的研究热点之一。

微型飞行器具有很强的隐身能力，能够完成对生物或化学武器战场以及有毒地区执行监测、侦察等非常规性任务。

在装备小型化、信息化的进程中，微型无人驾驶飞机日益受到青睐。1998 年，美国国防预研局规定这种无人飞机的长、宽、高均小于 15cm，发射质量为 10～100g，有效负载为 20g，飞行时速为 30～60km/h，留空时间为 10min 左右，最大飞行距离为 10km。据报道，这类大小与小鸟相仿的微型飞行器上可携带微型视频摄像机，并可通过通信系统将图像传回。自 1997 年以来，美国微型飞行器有限公司曾先后研制出 15cm 盘形 MAV、起飞质量为 85g 的“MicroSTAR”固定翼 MAV、约 15cm 的扑翼 MAV、自重仅 10g 的扑翼“微蝙蝠”等多种微型飞行器。其中，15cm 盘形 MAV 代表了目前微型飞行器的技术水平。值得注意的是，在这种 MAV 上装有微型电动机作为驱动器，以锂电池提供能量。

纳米精度电动机是纳米技术的动力部分，被人们称为纳米科技的心脏。它作为一种定位装置，既能有毫米的行程，又能达到原子级的精密度。纳米电动机的尺寸很小，直径小于 4mm，长度为 15mm，但有相当大的功率，在运动方向可推动的重量达 3g。这种驱动装置的特性和真空适应性，开辟了许多应用领域，如纳米工艺、微机械、微系统工程、通信技术、半导体技术、电子显微术、微生物技术等。目前国际上制造高精度定位纳米电动机的科技力量集中于美国、日本和德国。

纳米电机的领跑者、英国奥利西纳米(OLEXI-NANO)电机公司曾宣布，运用纳米技术，成功开发出国际上效率更高的新一代无刷电机。经电动车专业商场装车实测，纳米电机具有效率高、温升低、骑行舒适、稳定性好等特点，从根本上解决了电动车因电机效率低下导致的骑行里程过短、爬坡上桥需推行、高耗能等诸多缺陷，为电动车族解除了后顾之忧。该纳米电机材料为超微、超细新型高强度金属材料颗粒，经特殊磁化复合处理，具有超强品质，结构紧凑，没有行程限制，对于直线运动和圆周运动具有无可匹敌的精度。

21 世纪到来之际，中国上海交通大学研制出以直径 2mm 电磁型微型电动机作为驱动器，能离地飞行的微型直升机，拓宽了微型电动机的应用领域。表 0-8 示出了该微型直升机同德国 IMM 公司微型飞机的比较。

表 0-8　微型直升机的性能指标

	外形尺寸/mm	重量/mg
德国 IMM 公司微型直升机	26.0×4.0×8.0	400.0
上海交通大学微型直升机	18.8×2.5×4.6	106.7

四、磁流体发电和推进技术

磁流体(或称磁性液体、铁磁流体或磁液)是一种由强磁性粒子、基液(或称媒体)以及界面活性剂三者混合组成的稳定的胶状溶液。在静态时,该流体无磁性引力,只是在外加磁场作用时,才表现出磁性。当带有磁流体的等离子体横切穿过磁场时,因切割磁力线而产生感应电势,在磁流体流经的通道上装电极并通过输出端连接外部负载,则可向外部负载输出电能(发电)。

目前,人类使用的电能中有很大的一部分来源于汽轮发电机组的火力发电。这种发电方式,机械能转化为电能的效率只有30%～40%,其余的60%以上的能量则被白白地浪费。若采用磁流体发电,由于可将气体内能直接转化为电能,从而可大大提高能量转化的效率。

磁流体发电是一种新型的高效发电方式,磁流体发电机无运动部件,具有结构紧凑,起动迅速,环境污染小等很多优点。特别是它的排气温度高达2000℃,还可通入锅炉产生蒸汽,用以推动汽轮发电机组发电。这种磁流体-蒸汽动力联合循环电站,一次燃烧两级发电,其热效率比现有火力发电站高10%～20%,节省燃料30%,是火力发电技术改造的重要方向。

磁流体发电按工质的循环方式可分:①开式循环系统;②闭式循环系统;③液态金属循环系统。最简单的开式磁流体发电机由燃烧室、发电通道和磁体组成。它的工作流程为:在燃料燃烧后产生的高温燃气中,加入易电离的钾盐或钠盐,使其部分电离,经喷管加速,产生温度达3000℃、速度达1000m/s的高温高速导电气体流(部分等离子体),导电气体穿越置于强磁场中的发电通道,做切割磁力线的运动,感生出电流。

导电陶瓷的研制成功为磁流体发电机的研究提供了更有利的条件。氧化锆陶瓷是一种具有陶瓷各种良好性能的工业材料,在氧化锆陶瓷中加入10%的氧化钇,制成一种耐高温、抗氧化的复合氧化物陶瓷,这种复合氧化物陶瓷具有良好的导电性能,它能像金属一样把电能转变为热能、光能,能耐2000℃以上的高温,且寿命在1000小时以上。

五、超导技术

某种材料在温度下降至某一数值时,其电阻值变为零,这种现象叫超导现象。能够发生超导现象的物质称超导体。通常,把物质开始进入超导状态的温度称为转变温度或临界温度,用 T_c 表示,当超导体在温度低于 T_c 时具有超导性,高于 T_c 时则失去超导性。

超导体具有以下的物理特性:

(1) 零电阻是超导体的一个重要特性。实验表明,超导状态中零电阻现象不仅与超导体的温度有关,还与外磁场强度和通过超导体的电流有关,这意味着存在临界电流,超过临界电流就会出现电阻。

(2) 具有安全抗磁性是超导体的另一个重要特性。即不管超导体内原来有无磁场，一旦进入超导态，超导体内的磁场一定等于零。这种性质是1993年迈斯纳研究超导态的磁性时发现的，故称迈斯纳效应（完全抗磁性）。超导体的完全抗磁性会产生磁悬浮现象，磁悬浮现象在工程技术中有许多重要的应用，如用来制造磁悬浮列车和超导无摩擦轴承等。

超导技术广泛应用在电机、输电、交通运输、微电子和电子计算机、生物工程、医疗、军事等领域。使用超导线圈的电机可大大提高效率、降低损耗，改革结构和完善性能。超导输电在原则上可以做到没有热能的损耗，从而节省大量能源；超导储能装置在定向武器上的应用使定向武器的发展有了一个飞跃。超导发电机、推进器在飞机、舰艇上的应用可大大减小甚至消除噪声，提高推进速度，从而大大提高其生存能力、作战能力；用超导体产生的强磁场研制成的磁悬浮列车，可不受地面阻力的影响，高速运行，车速达500km/h以上；利用超导体制成的无摩擦轴承，可用于发射火箭，从而使发射速度提高3倍以上；用超导技术制成的各种仪器，具有灵敏度高、噪声低、反应快、损耗小等特点，如超导量子干涉仪可精确测定地热、石油、各种矿藏的位置和储量，并可用于地震预报；用超导芯片制成超级计算机速度快、容量大、体积小、功耗低；采用超导磁体的核磁共振成像技术，可分辨早期肿瘤癌细胞等，还可做心电图、脑磁图、肺磁图、研究气功原理等。

当前，第一代超导线材——铋氧化物线材已达到商业化水平。第二代超导线材——钇系列线材正在积极研究开发中。其中，包含钇的YBCO（钇铋铜氧）和包含钕的NBCO（钕铋铜氧）的两种线材，由于具有更好的磁场特性，将成为超导线材的主流。

工业界一些有识之士在几次关于超导的高峰会议之后预计，到2020年，与超导技术有关产业的产值即可达到2000亿美元。石油和化工行业的企业家们无疑会把眼光投向超导材料这个未来的高技术市场。

六、超声波电动机

这是一种根据由压电陶瓷元件的超声振动而获得机械力的新原理研制的电动机。超声波电机没有绕组和磁场部件，结构十分简单。它能在低速下直接输出大转矩，具有单位体积输出转矩大；不需减速齿轮，采用改变频率或通电时间或相间相位差就可以控制转速，可将转速调节至零，制动力矩大，不用附加制动器；机械时间常数为几毫秒；由于无齿轮，因而噪声低；既不产生杂散磁场，也不受外界的磁场影响等特点。其缺点是变换效率低。

超声波电机的应用目前处在起步阶段，尚存在成本和耐久性等问题。超声波电机主要可用于照相机的自动聚焦及机床设备、机器人、汽车、办公设备等领域。预计今后超声波电动机将替代机器人中广泛使用的交流伺服电动机，成为新的执行器而受青睐。

七、片状微电机

片状微电机是自20世纪80年代初期发展起来的一种新型微电机。它采用片状线圈、轴向磁路结构并且具有微小型化的特点。其关键技术是线圈的制作。片状微电机对电子产品的小型化发展创造了十分有益的条件，其应用范围非常广泛。例如，用于HDD、FDD以及激光束打印机的主轴驱动等；用于盒式录放机、随身听、盘式磁带机、卡拉OK机、数字化录音机、汽车立体声、卡式CD、携带式CD以及MD唱机的输带、卷盘等，需求量相当可观。有理由相信，21世纪片状微电机应用化程度将形成近百亿美元的市场规模。

八、鞭毛电动机

鞭毛电动机是细菌在水中的游动而使用的分子机械（由蛋白质分子而形成的机械）。在生物界中，鞭毛电动机是唯一的旋转电动机，也是现今世界上最小（直径50nm）的电动机。未来鞭毛电动机将广泛地应用于生物领域，科学家们正设想开发活体执行器，如考虑在生物机器人上使用这种执行器。传统的电磁电机由于较重，加之传输电力和信号需要很多导线，所以在微观世界中无法应用。

第一篇 变 压 器

变压器是一种静止的电器。它利用电磁感应原理将某一电压、电流值的交流电能转变为相同频率的另一电压、电流值的交流电能。由于变压器的基本理论和分析方法适用于研究交流电机，特别是异步电机，因此，本书首先论述变压器。

变压器在国民经济各领域中应用非常广泛，类型很多。根据需要，变压器的容量取值的范围很广，这个范围可以从分数伏安、数伏安直至几十万千伏安，电压则可达几十万伏。变压器的类型亦随容量、电压和用途的不同而变化很大。

变压器的分类主要可以按结构和用途来进行（当然也有其他的分类方法，这里不一一赘述）。

按用途变压器可分为电力变压器（又分升压变压器、降压变压器、配电变压器等）、特种变压器（整流变压器、电炉变压器等）、仪用互感器（电压互感器、电流互感器）、试验用高压变压器和调压器等。其中，一般升压变压器常在输配电系统中作为输电变压器应用，将中央发电站由发电机送出的电能变换成高压，经过高压电力系统传输到远处，如图 1 所示。而降压变压器常作为配电变压器应用，将高压网络的电能降低电压之后分配到各种用户。从容量上看，配电变压器均是中、小容量的，一般在 560kV·A 以下，而输电变压器常是大容量的甚至是巨型的。仪用互感器基本上有电压互感器和电流互感器两种，它们应用在仪表测量线路中，用以测量

图 1　三相电力变压器

高电压和大电流。

按绕组数目变压器可分为双绕组、三绕组和多绕组变压器及具有一个绕组的自耦变压器等。普通用的电力变压器多数是双绕组的，即一个原绕组和一个副绕组(原绕组和副绕组的概念在本篇第一章第一节中介绍)。而三绕组变压器则有一个原绕组和两个副绕组，或两个原绕组和一个副绕组，此时能量从两个原绕组同时输入而从一个副绕组中输出；三绕组变压器主要用作电力系统中的联络变压器，它可以联络三个不同电压的电力系统，也可以联络两个电力系统而第三个绕组接向用以改善电网功率因数的同步补偿器。多绕组变压器的绕组数目大于三个，这种变压器通常只有一个原绕组和数个电压不同的副绕组，例如，收音机中的电源变压器。只有一个绕组而有中间抽头的自耦变压器，具有一些特殊的优点，常常用来作大容量电力系统中的输电变压器和联络变压器以代替普通的双绕组变压器或三绕组变压器，它的变比通常不大；此外，这类变压器也可制成小容量的作为交流异步电动机起动时的降压变压器，以及作为实验室中可变电压的调压器。

按铁心结构变压器可分为心式变压器和壳式变压器，如图 2 所示。

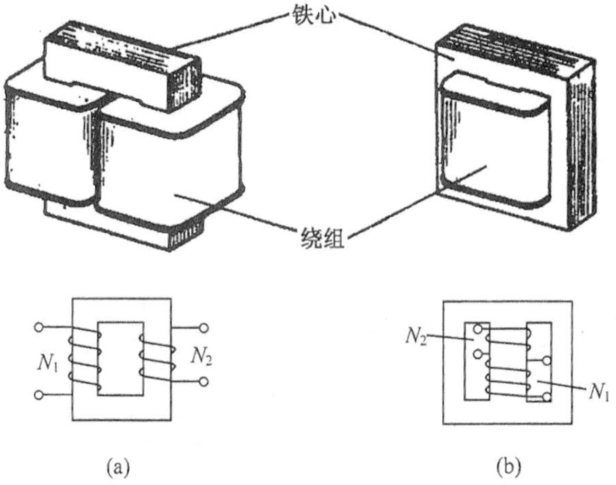

图 2 单相双绕组变压器的铁心结构形式

(a)心式变压器；(b)壳式变压器

按相数变压器可分为单相变压器和多相变压器。应用在交流电力系统中的多相变压器主要是三相变压器，在特殊场合，亦有六相、十二相的，小容量的变压器才有采用单相的，但有时超高压、巨型变压器亦采用单相变压器组合成三相变压器，这主要是考虑运输方面的限制以及电站备用设备的经济性。

按冷却方式和冷却介质变压器可分为用空气冷却的干式变压器和用油冷却的油浸式变压器等。图 3 所示为中等容量的三相油浸式电力变压器的外形图。

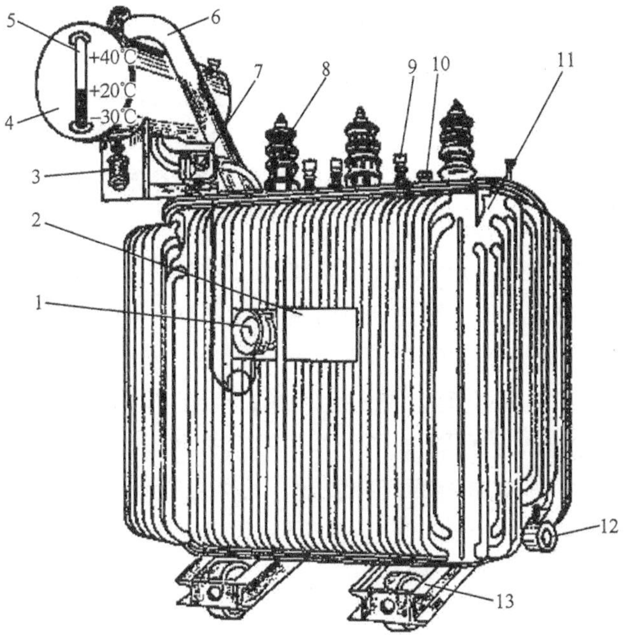

图 3　三相油浸式电力变压器的外形图

1-信号温度计;2-铭牌;3-吸湿器;4-除油柜;5-油位计;6-安全气道;
7-气体继电器;8-高压套管;9-低压套管;10-分接开关;11-油箱;
12-放油阀;13-小车

第一章　变压器的工作原理

由于单相双绕组变压器是一种最基本的变压器,对单相双绕组变压器的研究是研究三相变压器等其他变压器的基础。因此,这里将首先以单相双绕组变压器为对象,论述变压器的基本理论和分析方法。然后,再推广到其他变压器。

第一节　变压器的基本结构和额定值

一、变压器的基本结构

图 1-1 所示为单相双绕组变压器,是一种最简单也是最基本的变压器。

从原理上看,构成变压器的主要部件是铁心和绕组。

常用的电力变压器都是油浸式。油浸式变压器的铁心和绕组都浸在盛满变压器油的油箱内。各绕组的端点通过绝缘套管引出油箱外,以便与外线路连接。油浸式电力变压器的主要构成部分有:铁心、带有绝缘的绕组、变压器油、油箱和绝缘套管等。各部分简述如下：

(1) 铁心。铁心是变压器的磁路部分，在变压器铁心中通过的磁通是交变磁通。为了减少交变磁通在铁心中感应产生的涡流（涡流损耗）和提高磁路的导磁率，通常铁心由厚度为 0.30～0.35mm、表面涂有绝缘漆的电工（硅）钢片叠成。绕有绕组的铁心部分称为铁心柱，其余用以闭合磁路的铁心部分，称为磁轭。

组成铁心的电工钢片，先冲剪成所需的形状和尺寸，称为冲片。图 1-2(a)所示为单相变压器的铁心，每一层由四片冲片组合而成。图 1-2(b)所示为三相变压器的铁心，每一层由六片冲片组合而成。把每层钢片分成几片冲片后，在装配时，可在由冲片构成的铁心柱上套上预先绕制好的绕组，然后再把构成磁轭的冲片镶入。每两层的冲片排列应不同，如图 1-2 中对应的上下两图所示，使各层磁路的接缝互相错开。这种装配方式称为交叠装配。其优点在于可以避免涡流在钢片与钢片之间流通，且因各层冲片交错镶嵌，使接缝处气隙小，在把铁心压紧时，可以省用穿过铁心的螺杆而使铁心的结构简单化。

图 1-1　单相双绕组变压器

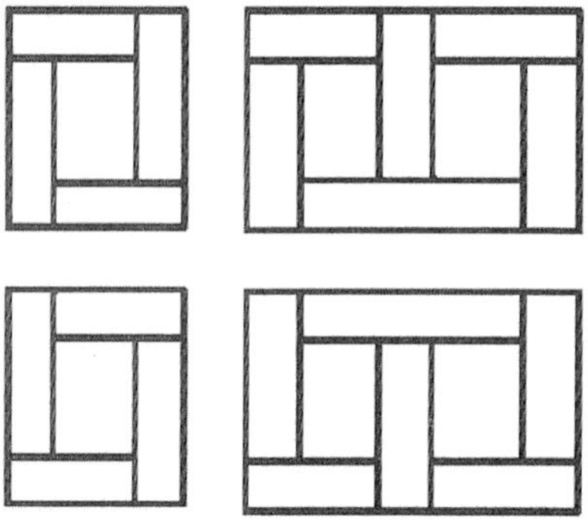

(a)　(b)

图 1-2　变压器铁心的交叠装配

(a)单相；(b)三相

当变压器的容量很小时，铁心柱的截面用正方形，如图 1-3(a)所示。而当变压器的容量较大时，为更充分利用空间，可将铁心柱截面分为两级或更多级。图 1-3(b)所示为两级（十字形），图 1-3(c)所示为多级。变压器铁心柱的截面越大时，所用的级数也越多。

在容量较大的变压器中，为了防止铁心的温度过高，在叠片间可以设置油槽。油槽分两种，一种是油槽与钢片垂直；另一种是油槽与钢片平行，如图 1-4 所示。前者散热效果较好，但结构较为复杂。

图 1-3 变压器铁心柱截面

(a)正方形;(b)十字形;(c)多级铁心

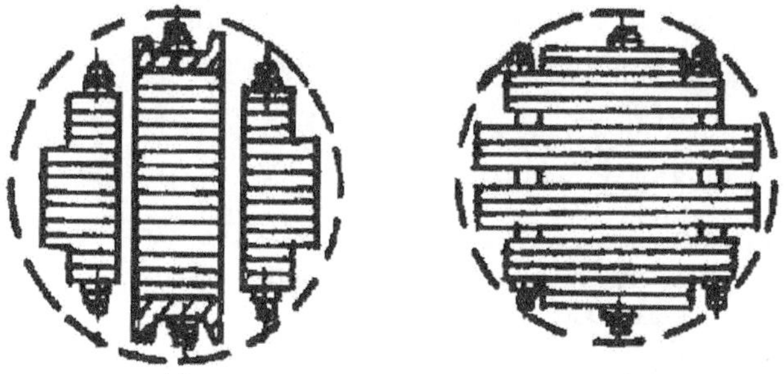

图 1-4 变压器铁心柱中的油槽

(a)油槽与钢片垂直;(b)油槽与钢片平行

(2) 绕组。绕组是变压器的电路部分。一般用绝缘材料涂包的绝缘扁铜(或铝)线或圆铜(或铝)线绕制而成。其中,输入电能端绕组称为一次绕组,简称一次侧,或称原绕组、原边;输出电能端绕组称为二次绕组,简称二次侧,或称副绕组、副边。电压较高的绕组称为高压绕组,电压较低的绕组称为低压绕组。对于降压变压器,原绕组为高压绕组,副绕组为低压绕组;对于升压变压器,原绕组为低压绕组,副绕组为高压绕组。通常,高压绕组用大写的 A、X 表示,低压绕组用小写的 a、x 表示。

变压器绕组的基本形式有同心式和交叠式两种。交叠式绕组仅用于壳式变压器;同心式绕组则用于心式变压器。

图 1-5 所示为心式变压器的同心式圆筒形绕组剖面图,(a)为单相;(b)为三相。同心式绕组的高压绕组和低压绕组,均制成圆筒形,然后同心地套在铁心柱上。为了便于对铁心的绝缘,低压绕组被套在里层,高压绕组套在外层。每个铁心柱上都套(绕)有低压绕组和高压绕组。对于三相变压器,每一个铁心柱上的低压绕组和高压绕组均属于同一相。对于单相变压器,低压绕组和高压绕组各分为两部分,分别排列在两边的铁心柱上。

图 1-5 心式变压器的同心式圆筒形绕组剖面图

(a)单相;(b)三相

1-高压绕组;2-低压绕组

图 1-6 所示为单相壳式变压器的交叠式绕组剖面图,交叠绕组又称饼式绕组。壳式变压器的铁心柱在中间,磁轭在两边环绕,绕组被包围在其中。高压绕组和低压绕组各分为若干线饼(饼状),沿着铁心柱的高度交替地排列着。为了排列对称且使高压绕组能够离磁轭远一些以便于绝缘,如图 1-6 中的高压绕组分为两个线饼,低压绕组分为一个线饼和两个"半线饼"(所谓"半线饼"指其的匝数仅为另一个低压线饼匝数的一半)。靠近上下磁轭处的线饼均为低压的"半线饼"。

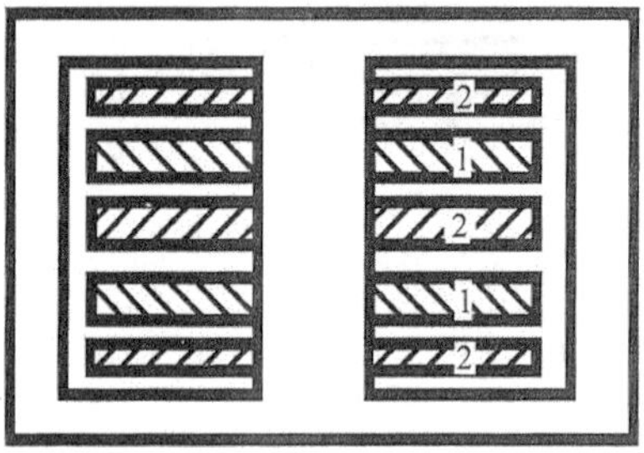

图 1-6 壳式变压器的交叠式绕组剖面图

1-高压绕组;2-低压绕组

心式变压器的优点是制造工艺比较简单,高压绕组和铁心间的绝缘较容易。在电力系统中的各种变压器,一般都采用心式。壳式变压器的优点是结构比较坚固,缺点是制造工艺较复杂,绕组与铁心间的绝缘也较困难。

(3) 变压器油。变压器油为矿物油,由石油分馏而得。变压器油既是很好的绝缘介质,又能作为散热的媒介。除极少数的例外,装配好了的变压器铁心和绕组通常都浸在变压器油中。

(4) 油箱及附件。电力变压器的油箱一般都做成椭圆形,它的机械强度较高,所需的油量较少。为防止潮气浸入,油箱内部和外界空气须隔绝。为此,在油箱上面装有一个油枕(亦称膨胀器或储油器),以减少油和空气的接触面,降低油的氧化速度和侵入变压器油的水分。油枕为一圆筒形的容器,装在油箱盖上,如图 1-7 所示。油枕与变压器的油箱通过管道相连通,油面的升降被限制在油枕中,通过玻璃油位表,可以看到油枕中油面的高低。油枕上部的空气通过存有氯化钙等干燥剂的通气管(亦称呼吸器)和外界自由流通。油枕底部有沉积器,以沉聚侵入油枕中的水分和污物,并可定期加以清除。通常,容量超过 75kV·A 或高压绕组额定电压超过 6.3kV 的变压器,才在油箱上装置油枕。

防爆管(亦称排气管或安全气道)安装在油箱顶盖上,以保护设备用,见图1-7中标号 4 所示。它是一个长钢筒,上端装有一定厚度的玻璃板或酚醛纸板(防爆膜)。当变压器内部因发生严重故障而产生大量气体,导致油箱内的压力超过 0.5 个大气压时,油流和气体将冲破防爆膜向外喷出,从而避免油箱受到强烈的压力而爆裂。

气体继电器(瓦斯继电器)用以保护变压器。当变压器内部发生故障产生气体,或油箱漏油等使油面降低时,气体继电器发出警报或切断变压器的电源。

(5) 绝缘套管。变压器的引出线从油箱内穿过油箱盖时,必须经过绝缘套管,以使带电的引线和接地的油箱绝缘。绝缘套管由外部的瓷套与中心的导电杆组成,如图 1-8 所示。它穿过变压器的箱壁,其导电杆在油箱的内侧与绕组的端点相接,而在油箱的外侧与外线路相接。对于电压不高的变压器,可采用简单的瓷制空心式套管。随着变压器电压的提高,所采用的套管的结构更为复杂、其尺寸也将增大。为了加强绝缘能力,可在瓷套和导电杆之间充油。当电压更高时,在套管的内腔中,除了充油以外,围绕着导电杆,还可包上几个同心绝缘纸筒,这些纸筒上贴附着一层均压铝箔。这样,沿着套管的径向距离,绝缘层和铝箔层构成了一系列的串联电容器。套管内部的电场也将均匀地分布,从而增强其绝缘性能。

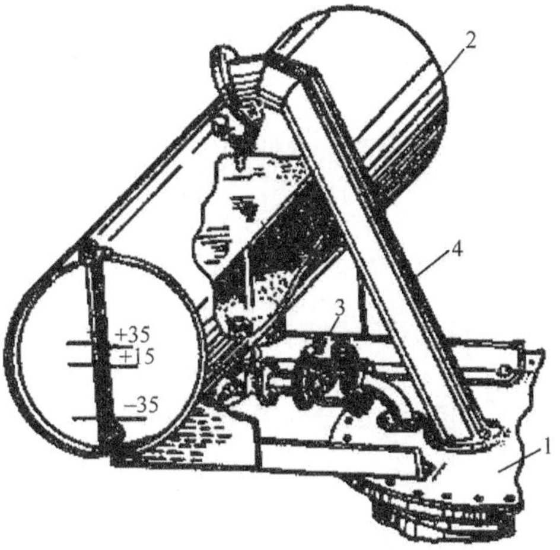

图 1-7　油枕和防爆管

1-油箱;2-油枕;3-气体继电器;4-防爆管

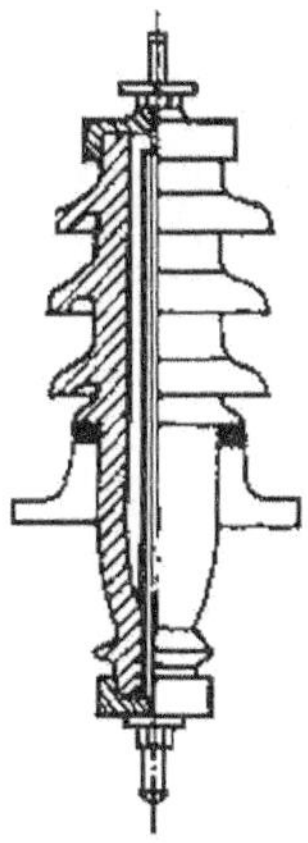

图 1-8　35kV 瓷制充油式套管

单相双绕组变压器的结构特点是:两个互相绝缘的绕组绕制在同一个铁心上,它们之间只有磁的耦合,而无电的直接联系。

二、变压器的额定值

额定值是制造厂对电机(包括变压器)在指定工作条件下运行时所规定的一些

量值。通常,电机的额定值都标记在电机的铭牌和产品说明书上。

变压器的几个主要额定值如下:

(1) 额定容量 S_N(单位:V·A 或 kV·A)。

额定容量是指变压器二次侧输出的视在功率。

(2) 额定电压 U_{1N}/U_{2N}(单位:V 或 kV)。

对于三相变压器,额定电压是指额定线电压。二次侧额定电压 U_{2N}是指当变压器一次侧外加额定电压 U_{1N}时二次侧的空载电压 U_{20},即有 $U_{2N}=U_{20}$。

(3) 额定电流 I_{1N}/I_{2N}(单位:A)。

对于三相变压器,额定电流是指额定线电流。

电力变压器的额定容量与额定电流、额定电压之间的关系规定如下:

对于单相变压器

$$S_N = U_{1N}I_{1N} = U_{2N}I_{2N} \tag{1-1}$$

对于三相变压器

$$S_N = \sqrt{3}U_{1N}I_{1N} = \sqrt{3}U_{2N}I_{2N} \tag{1-2}$$

(4) 额定频率 f_N(单位:Hz)。

额定频率是指变压器一次侧的电源频率。

第二节 变压器的工作原理

图 1-9 是单相双绕组变压器工作原理的示意图。此处假定该变压器用来降压,高压绕组 AX 用作一次绕组。

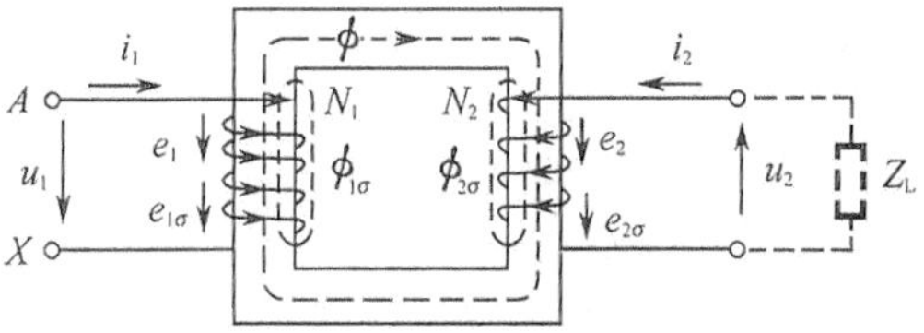

图 1-9 单相双绕组变压器工作原理的示意图

当变压器的一次绕组 AX 端接到电压为 u_1 的交流电源上,变压器一次绕组内便有电流 i_1 流过(若此时变压器的二次绕组开路,则该变压器为空载运行,变压器一次绕组内电流 i_1 用 i_0 表示,称为空载电流)。一次绕组电流产生的一次绕组磁势 $F=i_1N_1$(其中,N_1 为一次绕组匝数。空载运行时,一次绕组磁势为 $F_0=i_0N_1$,称为空载磁势),同时产生磁通。磁通根据其路径不同分为两部分。一部分是以铁心为其闭合路径、完全匝链二次绕组的,称为主磁通,以 ϕ 表示。主磁通的特点是同时匝链一次绕组和二次绕组。另一部分是以部分铁心和空气隙共同构成其闭合路径（主要是沿非铁磁材料的空气隙闭合）和二次绕组不匝链的，称为一次侧漏磁通，以 $\phi_{1\sigma}$表示。一次侧漏磁通仅匝链一次绕组。交变的主磁通分别在一次绕组和二次绕组内感应主电势 e_1 及 e_2。若变压器的二次绕组开路，则二次绕组端电压等于二次绕组内感应电势，即 $u_{20}=e_2$。交变的一次侧漏磁通仅在一次绕组内感应漏电势 $e_{1\sigma}$。当变压器负载后，二次绕组内出现电流 i_2。二次绕组电流产生二次绕组磁势 $F_2=i_2N_2$（其中，N_2 为二次绕组匝数）和磁通。该磁通同样根据其路径不同分为两部分。一部分与一次绕组的主磁通一起构成铁心回路的主磁通；另一部分则以部分铁心和空气隙共同构成其闭合路径（主要是沿非铁磁材料的空气隙闭合），称为二次侧漏磁通，以 $\phi_{2\sigma}$表示。交变的二次侧漏磁通仅在二次绕组内感应漏电势 $e_{2\sigma}$。此时，二次绕组内主电势 e_2 与漏电势 $e_{2\sigma}$之和扣去二次绕组电阻压降 i_2r_2，即为二次绕组端电压 u_2。上述过程可用变压器运行时物理情况的流程表示如下：

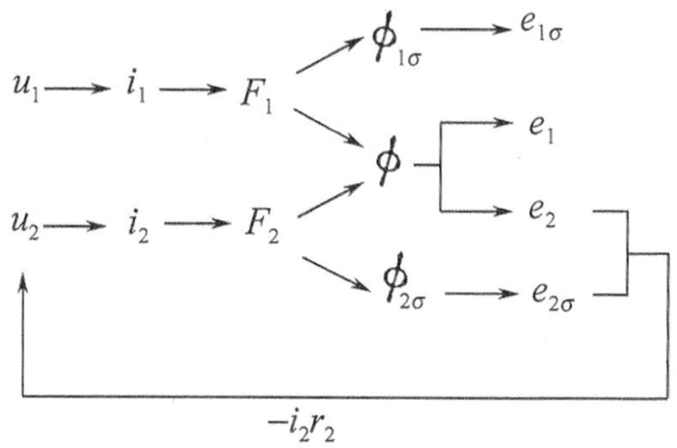

图 1-9 中所示各物理量的方向为正方向。通常，正方向规定原则如下：

(1) 受电支路端电压与支路电流正方向一致。

(2) 磁通正方向与建立该磁通的电流的正方向之间符合右螺旋关系。由交变磁通感应的电势的正方向与该磁通的正方向之间符合右螺旋关系。

按此规定，对于一次侧主电势 e_1，即由主磁通 ϕ 在一次绕组内感应的主电势的瞬时值，有

$$e_1=-N_1\frac{\mathrm{d}\phi}{\mathrm{d}t}$$

对于二次侧主电势 e_2，即由主磁通 ϕ 在二次绕组内感应的主电势的瞬时值，有

$$e_2=-N_2\frac{\mathrm{d}\phi}{\mathrm{d}t}$$

同理，对于一次侧漏电势 $e_{1\sigma}$，即由漏磁通 $\phi_{1\sigma}$在一次绕组内感应的漏感电势的瞬时值，有

$$e_{1\sigma}=-N_1\frac{\mathrm{d}\phi_{1\sigma}}{\mathrm{d}t}$$

对于二次侧漏电势 $e_{2\sigma}$，即由漏磁通 $\phi_{2\sigma}$ 在二次绕组内感应的漏感电势的瞬时值，有

$$e_{2\sigma} = -N_2 \frac{d\phi_{2\sigma}}{dt}$$

设

$$\phi = \phi_m \sin\omega t, \quad 即 \quad \dot{\phi} = \phi_m \angle 0^\circ$$

式中，ϕ_m——铁心中磁通的最大值。则一次侧主电势

$$e_1 = -N_1 \frac{d}{dt}(\phi_m \sin\omega t) = -N_1 \omega \phi_m \cos\omega t$$

$$= N_1 \omega \phi_m \sin(\omega t - 90^\circ) = E_{1m} \sin(\omega t - 90^\circ)$$

式中，E_{1m}——一次侧绕组内感应电势的最大值。

当用复数形式表示时

$$\dot{E}_1 = -jN_1 \omega \dot{\phi} \tag{1-3}$$

一次绕组内感应电势的有效值

$$E_1 = \frac{E_{1m}}{\sqrt{2}} = \frac{1}{\sqrt{2}} N_1 \omega \phi_m = \sqrt{2}\pi f N_1 \phi_m \tag{1-4}$$

同理，二次侧主电势

$$e_2 = -N_2 \frac{d}{dt}(\phi_m \sin\omega t) = -N_2 \omega \phi_m \cos\omega t$$

$$= N_2 \omega \phi_m \sin(\omega t - 90^\circ) = E_{2m} \sin(\omega t - 90^\circ)$$

式中，E_{2m}——二次侧绕组内感应电势的最大值。

当用复数形式表示时

$$\dot{E}_2 = -jN_2 \omega \dot{\phi} \tag{1-5}$$

二次绕组内感应电势的有效值

$$E_2 = \frac{E_{2m}}{\sqrt{2}} = \frac{1}{\sqrt{2}} N_2 \omega \phi_m = \sqrt{2}\pi f N_2 \phi_m \tag{1-6}$$

一次侧漏电势

$$e_{1\sigma} = -N_1 \frac{d\phi_{1\sigma}}{dt} = -L_{1\sigma} \frac{di_1}{dt}$$

$$= -L_{1\sigma} \frac{d}{dt}\left[\sqrt{2} I_1 \sin(\omega t - \theta_1)\right]$$

$$= -\sqrt{2} I_1 \omega L_{1\sigma} \cos(\omega t - \theta_1)$$

$$= \sqrt{2} I_1 \omega L_{1\sigma} \sin(\omega t - \theta_1 - 90^\circ)$$

当用复数形式表示时

$$\dot{E}_{1\sigma} = -j\dot{I}_1 (\omega L_{1\sigma}) = -j\dot{I}_1 x_{1\sigma} \tag{1-7}$$

式中，$x_{1\sigma}=\omega L_{1\sigma}$——一次侧漏电抗。

二次侧漏电势

$$
\begin{aligned}
e_{2\sigma} &= -N_2\frac{\mathrm{d}\phi_{2\sigma}}{\mathrm{d}t} = -L_{2\sigma}\frac{\mathrm{d}i_2}{\mathrm{d}t} \\
&= -L_{2\sigma}\frac{\mathrm{d}}{\mathrm{d}t}\left[\sqrt{2}I_2\sin(\omega t-\theta_2)\right] \\
&= \sqrt{2}I_2\omega L_{2\sigma}\sin(\omega t-\theta_2-90^\circ)
\end{aligned}
$$

当用复数形式表示时

$$
\dot{E}_{2\sigma} = -\mathrm{j}\dot{I}_2(\omega L_{2\sigma}) = -\mathrm{j}\dot{I}_2x_{2\sigma} \tag{1-8}
$$

式中，$x_{2\sigma}=\omega L_{2\sigma}$——二次侧漏电抗。

第三节　变压器的发热和冷却

变压器在运行时，其铁心和绕组内均会产生能量的损耗，这些能量损耗一方面影响变压器运行时的效率；另一方面，能耗转变为热能，导致变压器发热，使变压器的温度升高。当其温度高于冷却介质的温度时，便开始向冷却介质散出热量。散热的快慢，取决于变压器的温度与冷却介质的温度之差，以及变压器的散热能力。在一定条件下，温差越大，散热就越快。当变压器投入一定的负载运行时，变压器的温度随即逐渐升高，直致散出去的热量等于产生的热量时，温度则不再升高，保持一定的对冷却介质的温升值。若温升过高，重者将使绝缘材料受到破坏而失去绝缘能力，轻者缩短它的有效使用寿命，同时还将增大绕组的电阻从而增加铜损耗（电阻损耗）。为此，需要规定变压器在额定负载时，各部分的温升不超过一定的数值。

降低变压器的温升有两种方法：①在设计时提高变压器的效率，减少损耗；②提高变压器的散热能力，使它能更有效地冷却。散热能力与变压器的结构布置以及所采用的冷却方式有关。

小容量的变压器，一般可采用空气冷却。随着变压器容量的不断增大、电压等级的不断提高，以空气冷却并作为绝缘就越显困难。因此，产生了油浸式变压器，这是目前最通用的冷却方式，即把变压器的铁心和绕组都浸在盛于铁箱中的变压油内。该变压器油不但具有很好的绝缘性能，还可作为散热的媒介。铁箱除了作为变压油的容器外，还提供了一个对周围空气的散热面。

油浸式变压器的绕组和铁心的温度分布是下部低、上部高。平常测量的是上部油温（油的最高温度）和绕组的平均温度。绕组的平均温度是通过测量绕组电阻的变化计算出来的。在一般变压器中，绕组的最高温度和平均温度相差约15℃。

通常，变压器的绕组采用A级绝缘。根据我国的气候状况，国家标准规定，以

+40℃作为周围冷却空气的最高温度，并以此规定变压器各部分的允许温升如表1-1所示。

表1-1　变压器主要部分的允许温升　　单位：K

变压器部分	最高温升	测量方法
绕组	65	电阻法
铁心表面	70	温度计法
油（顶层）	55	温度计法

由于变压器是静止的机电装置，没有旋转部分来带动气流，故变压器的冷却要比旋转电机更为困难。当变压器的容量大时，散热面积的增加跟不上损耗的增加，因而更需要采取强有力的冷却方式。该冷却方式可分为以下几种：①油浸自冷式；②油浸风冷式（人工通风）；③强制油循环冷却式。

油浸自冷式变压器的绕组和铁心中发出的热量，完全依靠油的对流作用传至油箱壁，然后由油箱壁以辐射作用及周围冷却空气的自然对流作用发散至外界。

油浸风冷式变压器是在变压器油箱的各个散热器上，安装一个或几个风扇，把自然对流作用改为强制对流作用，用以增强散热器表面的散热能力。

更大型的变压器，可采用强制油循环冷却式，此处不再赘述。

第四节　小　　结

一、电力变压器的额定电流与额定容量、额定电压之间的关系

对于单相变压器

$$S_N = U_{1N}I_{1N} = U_{2N}I_{2N}$$

对于三相变压器

$$S_N = \sqrt{3}U_{1N}I_{1N} = \sqrt{3}U_{2N}I_{2N}$$

二、变压器一次侧主电势

瞬时值

$$e_1 = -N_1\frac{\mathrm{d}\phi}{\mathrm{d}t}$$

有效值

$$E_1 = \sqrt{2}\pi f N_1 \Phi_m$$

相量

$$\dot{E}_1 = -\mathrm{j}N_1\omega\dot{\phi}$$

三、变压器二次侧主电势

瞬时值

$$e_2 = -N_2 \frac{\mathrm{d}\phi}{\mathrm{d}t}$$

有效值

$$E_2 = \sqrt{2}\pi f N_2 \Phi_m$$

相量

$$\dot{E}_2 = -\mathrm{j} N_2 \omega \dot{\phi}$$

四、变压器一次侧漏电势

瞬时值

$$e_{1\sigma} = -N_1 \frac{\mathrm{d}\phi_{1\sigma}}{\mathrm{d}t}$$

相量

$$\dot{E}_{1\sigma} = -\mathrm{j} \dot{I}_1 x_{1\sigma}$$

变压器一次侧漏电抗

$$x_{1\sigma} = \omega L_{1\sigma}$$

五、变压器二次侧漏电势

瞬时值

$$e_{2\sigma} = -N_2 \frac{\mathrm{d}\phi_{2\sigma}}{\mathrm{d}t}$$

相量

$$\dot{E}_{2\sigma} = -\mathrm{j} \dot{I}_2 x_{2\sigma}$$

变压器二次侧漏电抗

$$x_{2\sigma} = \omega L_{2\sigma}$$

习　题

1-1　变压器主磁通的性质和作用是________________________，漏磁通的性质和作用是________________________________。

1-2　一台单相双绕组变压器，额定容量 $S_N = 250$ kV·A，额定电压 $U_{1N}/U_{2N} = 10/0.4$ kV，试求一次、二次侧的额定电流。

1-3　一台三相变压器，额定容量 $S_N = 5000$ kV·A，额定电压 $U_{1N}/U_{2N} = 10/6.3$ kV，Y，d 连接（即 Y/△连接），试求：

（1）一次、二次侧的额定电流；

（2）一次、二次侧的额定相电压和相电流。

1-4 有一台单相变压器。额定容量 $S_N=5000\ kV\cdot A$，高、低压侧额定电压为 $U_{1N}/U_{2N}=35/6.6\ kV$。空载额定电压下铁心柱内磁通量最大值为 0.1624 Wb。略去漏磁通及绕组电阻的影响，试求高低压线圈的匝数。

1-5 若将一台单相变压器的原副绕组的匝数同时增加 10%，要保持铁心的磁通密度不变，则铁心的截面积应____________。

1-6 变压器是根据什么原理变压的？它的主要用途有哪些？

1-7 铁心的作用是什么？为什么要用厚度为 0.35mm 且表面涂有绝缘漆的硅钢片叠制成铁心？

1-8 变压器有哪几个主要部件？各部件的功能是什么？

第二章　变压器的运行分析

本章主要分析变压器的运行原理、参数和运行性能。在分析过程中，以单相双绕组变压器为对象，讨论变压器的空载运行和负载运行时的物理概念、基本方程式；并通过参数的折算，导出变压器的等效电路和相量图；参数的标幺值；参数的测定；运行特性——电压调整率和效率。讨论所得结论也适用于三相变压器在对称负载下运行时每一相的情况。

第一节　变压器的空载运行

变压器的一次绕组接交流电源，二次绕组开路。这时，变压器的负载电流为零，该运行状态称空载运行。

一、电势平衡方程式

按图 1-12 所规定的各物理量的正方向，根据基尔霍夫定律，可得空载时一次绕组和二次绕组的电势平衡方程式。

一次侧有

$$\begin{aligned} u_1 &= N_1 \frac{\mathrm{d}\phi}{\mathrm{d}t} + N_1 \frac{\mathrm{d}\phi_{1\sigma}}{\mathrm{d}t} + i_0 r_1 \\ &= - e_1 - e_{1\sigma} + i_0 r_1 \end{aligned} \tag{2-1}$$

式中，r_1——一次绕组的电阻。

当上述各物理量均按正弦规律变化时，式(2-1)可写成复数形式

$$\begin{aligned} \dot{U}_1 &= - \dot{E}_1 - \dot{E}_{1\sigma} + \dot{I}_0 r_1 = - \dot{E}_1 + \mathrm{j}\dot{I}_0 x_{1\sigma} + \dot{I}_0 r_1 \\ &= - \dot{E}_1 + \dot{I}_0 (r_1 + \mathrm{j}x_{1\sigma}) = - \dot{E}_1 + \dot{I}_0 Z_1 \end{aligned} \tag{2-2}$$

式中，Z_1——一次绕组的等值复阻抗，$Z_1 = r_1 + \mathrm{j}x_{1\sigma}$。

由于变压器的绕组电阻 r_1 和漏电抗 $x_{1\sigma}$都很小(漏磁通 $\phi_{1\sigma}$很少)，故等值阻抗 Z_1 很小，尤其是电力变压器，空载电流所引起的阻抗压降很小。因此有

$$u_1 \approx - e_1$$

或

$$\dot{U}_1 \approx - \dot{E}_1$$

二次侧有

$$u_{20} = e_2 \tag{2-3}$$

写成复数形式

$$\dot{U}_{20} = \dot{E}_2 = -\,\mathrm{j}N_2\omega\dot{\phi} \tag{2-4}$$

通过以上分析可见：

(1) 当 $u(t)$为正弦波时，由于 $u_1 \approx -e_1$，$e_1(t)$近似正弦波，由于 $e_1 = -N_1 \dfrac{\mathrm{d}\phi}{\mathrm{d}t}$，$\phi(t)$亦近似正弦波。

(2) 因为电源电压(有效值)U_1 不变，由于 $\dot{U}_1 = -\dot{E}_1$，一次绕组内感应电势的有效值 E_1 近似不变，根据式(1-4)，ϕ_m亦近似不变。此性质可通俗称为：恒压下有恒磁通。

(3) 在变压器中，一次侧电势 E_1 和二次侧电势 E_2 之比称为变压器的变比，用 k 表示；于是

$$\frac{U_1}{U_{20}} \approx \frac{E_1}{E_2} = \frac{\sqrt{2}\pi}{\sqrt{2}\pi}\frac{f N_1\phi_m}{f N_2\phi_m} = \frac{N_1}{N_2} = k \tag{2-5}$$

对于三相变压器，变比等于一次侧相电势(或相电压)和二次侧相电势(或相电压)之比。

二、空载电流(励磁电流)I_0

变压器空载运行时，一次侧空载电流 $\dot{I}_0$ 可以分成两部分。一部分为 $\dot{I}_\mu$，称为磁化电流，是空载电流的无功分量；另一部分为 $\dot{I}_{Fe}$，称为铁损耗电流，是空载电流的有功分量，对应于磁滞损耗和涡流损耗(变压器空载运行时 I_0 很小，故绕组内铜损耗极小，通常略而不计)，即

I_0 {
磁化电流 I_μ——I_0 的无功分量，用以建立磁场
铁损耗电流 I_{Fe}——I_0 的有功分量，用于铁损耗

其中，$I_{Fe} = I_h + I_w$。

I_w —对应于涡流损耗

I_h —对应于磁滞损耗

空载电流

$$\dot{I}_0 = \dot{I}_\mu + \dot{I}_{Fe} \tag{2-6}$$

因为 I_μ 远大于 I_{Fe}，若略去 I_{Fe}，则 $\dot{I}_0 \approx \dot{I}_\mu$。

总之，变压器空载运行时，空载电流主要用以建立主磁通，空载电流即为励磁电流。

当变压器一次侧外接电源电压 U_1 恒定时，铁心中的主磁通 ϕ_m 将近乎不变。而建立该主磁通的电流的大小及波形取决于铁心的饱和情况，即取决于铁心磁通

密度 B_m 的大小。

1. 当磁路未饱和时(且不计空载损耗)

由图 2-1 可见,在磁路未饱和时,i_μ 和 ϕ 成线性关系。当磁通 ϕ 按正弦规律变化时,i_μ 也按正弦规律变化,并且同相位,即

$$\left.\begin{array}{l}\phi\text{—— 正弦波}\\ i_\mu\text{—— 正弦波}\end{array}\right\}\text{同相位}$$

2. 当磁路饱和时(不计空载损耗)

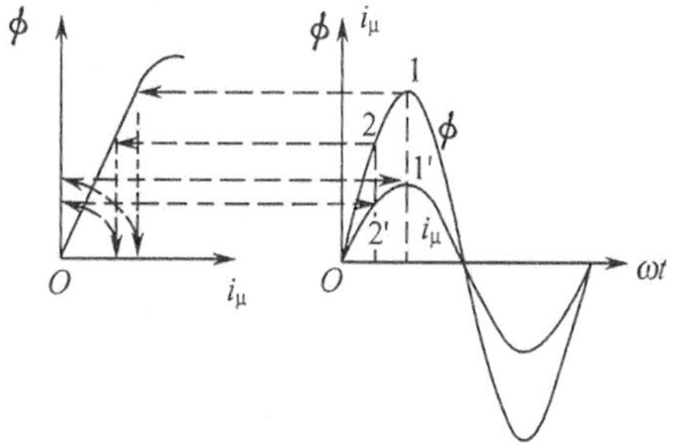

图 2-1　磁路线性且不考虑空载损耗时空载电流的波形

当磁路开始饱和后,i_μ 和 ϕ 的关系呈非线性。i_μ 的增加比 ϕ 的增加来得快。从前面的分析中可知,在外施正弦波电压 u_1 时,和它相平衡的电势 e_1 以及感应该电势的主磁通亦应是正弦波;于是,由于铁心的饱和关系,使磁化电流的波形畸变为尖顶波,如图 2-2 所示。饱和程度越高,磁化电流的波形畸变得越厉害。换言之,在磁路饱和时,只有尖顶波的磁化电流才能激发正弦波的主磁通。

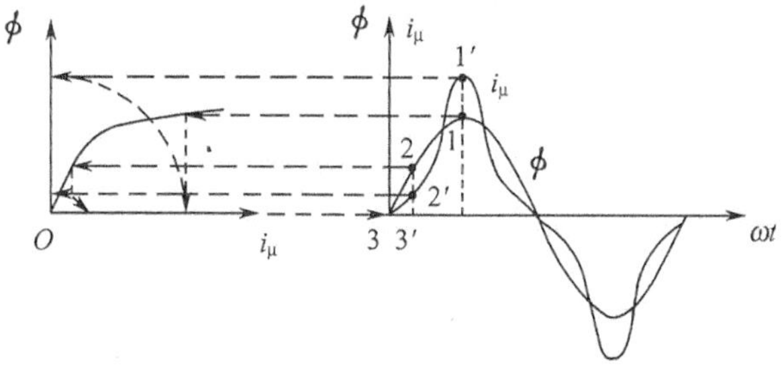

图 2-2　磁路饱和但不考虑空载损耗时空载电流的波形

由图 2-2 可见,磁化电流为一尖顶波;i_μ 与 ϕ 同时过零点并同时达最大值。故而,尖顶波 i_μ 的等效正弦波或基波与主磁通 ϕ 是同相位的,即

$$\left.\begin{array}{l}\phi\text{—— 正弦波}\\ i_\mu\text{—— 尖顶波(其等效正弦波或基波)}\end{array}\right\}\text{同相位}$$

3. 存在磁滞、涡流等损耗以及磁路饱和的实际情况

若先考虑仅存在磁滞损耗以及磁路饱和的情况,应将图 2-2 中的磁化曲线

$\phi=f(i_\mu)$改为磁滞回线，如图 2-3(a)所示。然后，利用与上述作图法相似的方法获取空载电流 $i_0=f(\omega t)$的曲线，如图 2-3(b)所示。

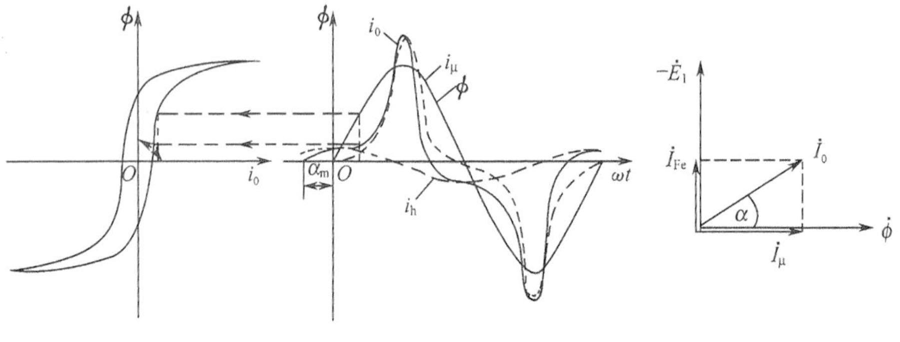

(a)　　(b)　　(c)

图 2-3　磁路饱和且存在磁滞损耗时空载电流

(a)磁滞回线；(b)波形图；(c)相量图

由图 2-3 (b)可见：

(1) 空载电流 i_0 为一扭歪的尖顶波；

(2) 空载电流 i_0 与主磁通 ϕ 不同时过零点，略超前时间相角 α_m；

(3) 空载电流 i_0 可用一等效正弦波来替代，其相量为 $\dot{I}_0$。该等效正弦波超前主磁通 $\dot{\phi}$ 以 α 相角，称磁滞角。它们的相量图如图 2-3(c)所示。

显而易见，这时 $\dot{I}_0$ 是由两个分量组成，一个是与 $\dot{\phi}$ 同相的磁化分量 $\dot{I}_\mu$，这是无功分量；另一个是与电压($-\dot{E}_1$)同相的磁滞损耗分量 $\dot{I}_{Fe}$，这是有功分量。这里，$-\dot{E}_1$ 是外施电源电压 $\dot{U}_1$ 中与一次绕组感应反电势 $\dot{E}_1$ 相平衡的部分。

考虑到变压器实际运行时还存在涡流等损耗，$\dot{I}_0$ 的有功分量以及 $\dot{\phi}$ 与 $\dot{I}_0$ 之间的夹角 α 还要更大些，这时的有功分量称作铁损耗分量，仍用 $\dot{I}_{Fe}$表示，$\dot{\phi}$ 与 $\dot{I}_0$ 之间的夹角则称作铁损耗角。

三、空载功率

由于变压器空载功率全部用于空载损耗，故空载功率 P_0 即空载损耗，用 p_0 表示。变压器空载时各损耗如下：

- 空载损耗 p_0
  - 铁损耗 p_{Fe}
    - 磁滞损耗(约占 p_0 的 80% ～ 85%)
    - 涡流损耗(约占 p_0 的 5% 以下)
    - 附加损耗(约占 p_0 的 10% ～ 15%)
  - 铜损耗 $p_{Cu}=I_0^2r_1$，约占 p_0 的 2%

可见，变压器空载时

$$p_0 \approx p_{Fe}$$

或

$$\begin{aligned} p_0 &= U_1 I_{Fe} \approx U_1(I_0 \sin\alpha) = U_1 I_0 \cos(90^\circ - \alpha) \\ &= U_1 I_0 \cos\varphi_0 \end{aligned} \tag{2-7}$$

式中，$\varphi_0 \approx 90^\circ - \alpha$ 称为空载功率因数角。

四、空载等效电路和相量图

变压器空载时一次侧回路电势平衡方程式为

$$\begin{aligned} \dot{U}_1 &= -\dot{E}_1 + \dot{I}_0(r_1 + jx_{1\sigma}) \\ &= -\dot{E}_1 + \dot{I}_0 Z_1 \end{aligned} \tag{2-8}$$

式中，$Z_1 = r_1 + jx_{1\sigma}$称为一次绕组的漏阻抗。

若将$(-\dot{E}_1)$看作电压 $\dot{U}_1$ 的一部分，用 $\dot{U}_e$表示，即 $\dot{U}_e = -\dot{E}_1$，这部分压降当然也可视为当空载电流 $\dot{I}_0$ 通过某电路参数时引起的电压降。因为这部分压降是平衡主磁通感应的主电势 $\dot{E}_1$，所以这个等效参数称为变压器的励磁阻抗，用 Z_m 表示。与漏阻抗 Z_1 类似，励磁阻抗

$$Z_m = r_m + jx_m$$

式中，r_m——铁损耗电阻，是对应于铁损耗的等效电阻，$I_0^2 r_m$等于铁损耗；

x_m——励磁电抗，是对应于建立主磁通所需励磁伏安的等效电抗，$I_0^2 x_m$等于励磁伏安。

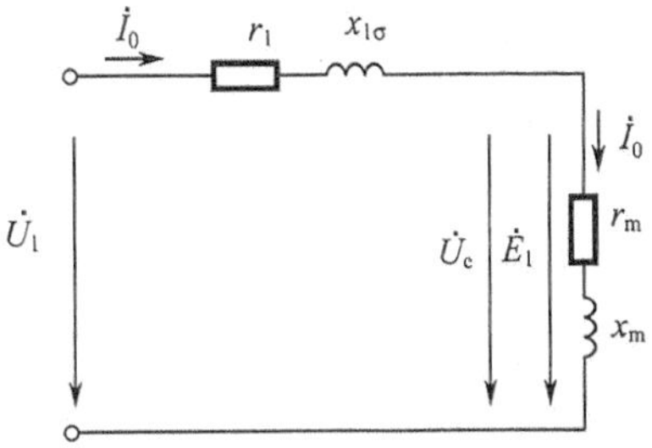

图 2-4　变压器空载运行等效电路

于是

$$-\dot{E}_1 = \dot{I}_0 Z_m = \dot{I}_0(r_m + jx_m) \tag{2-9}$$

$$\dot{U}_1 = \dot{I}_0 Z_m + \dot{I}_0 Z_1 = \dot{I}_0 r_m + j\dot{I}_0 x_m + \dot{I}_0 r_1 + j\dot{I}_0 x_{1\sigma} \tag{2-10}$$

对应空载等效电路如图 2-4 所示。

根据感应电势及其平衡方程式，作出变压器空载运行时的相量图如图 2-5 所示（图中假设 $N_2 < N_1$）。

例 2-1　现有 A、B 两台单相变压器，$U_{1N}/U_{2N} = 220/110\text{V}$，原边绕组的匝数相等，假定磁路均不会饱和，且空载电流 $I_{0A} = 2I_{0B}$。今将两台变压器的原边绕组顺极性串联后接在 440V 的电源上。试通过计算说明这时该两台变压器的副边空载电压是否相等。

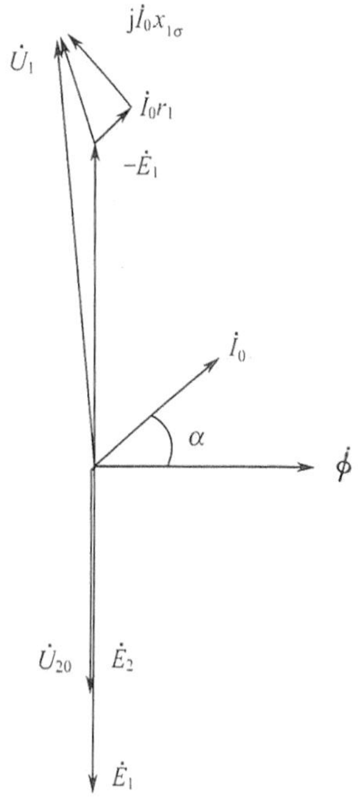

图 2-5　变压器空载运行相量图

解　$k=U_{1N}/U_{2N}=220/110=2$

$$z_{mA}=U_{1N}/I_{0A}=U_{1N}/(2I_{0B})$$

$$z_{mB}=U_{1N}/I_{0B}$$

磁路线性时，z_m为常数，据题意此处假定两台变压器的铁损耗角相等，串联后的空载电流

$$I_0=2U_{1N}/(z_{mA}+z_{mB})=\frac{4}{3}I_{0B}$$

这时该两台变压器的原边绕组分压分别为

$$U_{1A}=I_0 z_{mA}=\frac{4}{3}I_{0B}\cdot U_{1N}/(2I_{0B})$$

$$=\frac{2\times 220}{3}=146.67(\text{V})$$

$$U_{1B}=I_0 z_{mB}=\frac{4}{3}I_{0B}\cdot U_{1N}/I_{0B}$$

$$=\frac{4\times 220}{3}=293.3(\text{V})$$

该两台变压器的副边绕组电压分别为

$$U_{2A}=U_{1A}/k=146.67/2=73.3(\text{V})$$

$$U_{2B}=U_{1B}/k=293.3/2=146.7(\text{V})$$

故这时该两台变压器的副边空载电压不相等，A 台为 73.3 V，B 台为 146.7 V。

第二节　变压器的负载运行

一、基本方程式

1. 磁势平衡方程式

变压器负载运行时，铁心中主磁通 $\dot{\Phi}$ 由一次侧磁势 $\dot{F}_1=\dot{I}_1N_1$ 和二次侧磁势 $\dot{F}_2=\dot{I}_2N_2$ 共同作用建立。按全电流定律，可得变压器负载运行时的磁势平衡方程式为

$$\dot{F}_1+\dot{F}_2=\dot{F}_m \tag{2-11}$$

式中，$\dot{F}_m$——变压器负载运行时一次侧磁势 $\dot{F}_1$ 与二次侧磁势 $\dot{F}_2$ 的相量和，即合成磁势。

变压器负载运行时的主磁通 $\dot{\Phi}$ 是由合成磁势 $\dot{F}_m$ 建立的。

式(2-11)亦可写成

$$\dot{F}_1=\dot{F}_m+(-\dot{F}_2)$$

此式可理解为负载运行时一次侧电流 $\dot{I}_1$ 产生的磁势 $\dot{F}_1$ 由两个分量组成。一个是建立主磁通 $\dot{\phi}$ 的励磁分量 $\dot{F}_m$，另一个是平衡二次侧负载电流 $\dot{I}_2$ 产生的磁势 $\dot{F}_2$ 的负载分量($-\dot{F}_2$)。对应电流 $\dot{I}_1$ 亦可分解为由负载时的主磁通所决定的励磁分量 $\dot{I}_m$ 和由 $\dot{I}_2$ 所决定的负载分量 $\dot{I}_{1L}$，即

$$\dot{I}_1 = \dot{I}_m + \dot{I}_{1L}$$

式中

$$\dot{I}_{1L} = -\frac{N_2}{N_1}\dot{I}_2 = -\frac{1}{k}\dot{I}_2$$

式(2-11)可写成

$$\dot{I}_1 N_1 + \dot{I}_2 N_2 = \dot{I}_m N_1$$

即

$$\dot{I}_m = \dot{I}_1 + \dot{I}_2 \frac{N_2}{N_1} \tag{2-12}$$

由于式(2-12)是式(2-11)的变形，有时也把变压器负载运行时的磁势平衡方程式写成式(2-12)的形式。

根据前面分析的恒压下有恒磁通，在外接电源不变的情况下，负载运行时铁心中的主磁通与空载运行时的近似相等，则负载运行时的合成磁势 $\dot{F}_m$ 与空载运行时的空载磁势 $\dot{F}_0$ 近似相等，即

$$\dot{F}_m \approx \dot{F}_0$$

因此，根据磁势的概念，有

$$\dot{I}_m \approx \dot{I}_0$$

故式(2-11)和式(2-12)也可写成

$$\dot{F}_1 + \dot{F}_2 \approx \dot{F}_0 \tag{2-13}$$

$$\dot{I}_0 \approx \dot{I}_1 + \dot{I}_2 \frac{N_2}{N_1} \tag{2-14}$$

2. 电势平衡方程式

按图 1-9 所规定的各物理量的正方向，利用电路定律，便可写出变压器负载运行时一次侧和二次侧的电势平衡方程式如下：

$$\dot{U}_1 = -\dot{E}_1 - \dot{E}_{1\sigma} + \dot{I}_1 r_1 = -\dot{E}_1 + \dot{I}_1 r_1 + \mathrm{j}\dot{I}_1 x_{1\sigma} = -\dot{E}_1 + \dot{I}_1 Z_1 \tag{2-15}$$

$$\dot{U}_2 = \dot{E}_2 + \dot{E}_{2\sigma} - \dot{I}_2 r_2 = \dot{E}_2 - \dot{I}_2 r_2 - \mathrm{j}\dot{I}_2 x_{2\sigma} = \dot{E}_2 - \dot{I}_2 Z_2 \tag{2-16}$$

式中，$Z_1 = r_1 + \mathrm{j}x_{1\sigma}$——一次绕组的漏阻抗；

$Z_2 = r_2 + \mathrm{j}x_{2\sigma}$——二次绕组的漏阻抗。

由于 Z_1、Z_2 很小，若略去 $\dot{I}_1Z_1$、$\dot{I}_2Z_2$，则

$$\dot{U}_1 \approx -\dot{E}_1, \quad \dot{U}_2 \approx \dot{E}_2$$

在负载阻抗 Z_L 两端有

$$\dot{U}_2 = \dot{I}_2 Z_L \tag{2-17}$$

可见，变压器负载运行时

$$\frac{U_1}{U_2} \approx \frac{E_1}{E_2} = \frac{N_1}{N_2} = k \tag{2-18}$$

根据式(2-14)，由于 $\dot{I}_0$ 很小，若负载电流 I_2 相对较大，则有

$$\dot{I}_2 \approx -k\dot{I}_1 \tag{2-19}$$

不难看出，一次侧，二次侧的电流关系式为

$$\frac{I_1}{I_2} \approx \frac{N_2}{N_1} = \frac{1}{k} \tag{2-20}$$

二、参数折算、等效电路和相量图

综上所述，式(2-12)、式(2-15)和式(2-16)概括了变压器中的电磁关系，称为变压器稳态运行时的基本方程式。利用这组基本方程式，便能对变压器进行定量计算。但解联立复数方程组是相当繁杂的。为了直观和形象化，可画出等效电路如图2-6所示。

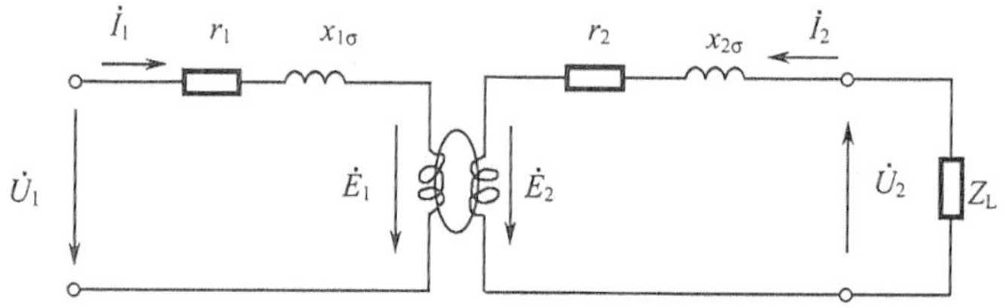

图 2-6　变压器负载等效电路

由图可见，一次、二次侧在电路上无直接联系，故此图尚不便于计算。而当引入参数折算后，便可得出变压器一次、二次侧由电路上直接联系的等效电路并简化定量计算。

所谓参数折算即将某一侧参数折算到另一侧去。在变压器中，较多的是把二次绕组折算到一次绕组，反之亦可。折算的方法是把二次绕组的匝数 N_2 变换为 N'_2 且令 $N'_2=N_1$。这样，主磁通感应于一次、二次绕组的电势相等，从而得到所需的等值电路以便于定量计算。

参数折算的原则是等效。换言之，参数在折算前后必须保持作用的磁势相等，传递能量(包括有功和无功)相等。

经过折算后的二次侧各物理量的数值称为二次侧折算到一次侧的折算值，用原来二次侧各物理量的符号右上角加上一个“′”表示。

1. 电流折算

令 $N'_2=N_1$，则

$$I'_2N'_2 = F_2 = I_2N_2$$

$$I'_2 = \frac{N_2}{N'_2}I_2 = \frac{N_2}{N_1}I_2 = \frac{1}{k}I_2 \tag{2-21}$$

2. 阻抗折算

二次侧消耗的有功功率应不变，即有 $I'^2_2r'_2=I^2_2r_2$，得

$$r'_2 = \left(\frac{I_2}{I'_2}\right)^2 r_2 = k^2 r_2 \tag{2-22}$$

二次侧消耗的无功功率应不变，即有 $I'^2_2x'_{2\sigma}=I^2_2x_{2\sigma}$，得

$$x'_{2\sigma} = \left(\frac{I_2}{I'_2}\right)^2 x_{2\sigma} = k^2 x_{2\sigma} \tag{2-23}$$

则

$$Z'_2=r'_2+jx'_{2\sigma}=k^2(r_2+jx_{2\sigma})=k^2Z_2 \tag{2-24}$$

二次侧传输给负载的功率应不变，即有 $I'^2_2Z'_L=I^2_2Z_L$，得

$$Z'_L = \left(\frac{I_2}{I'_2}\right)^2 Z_L = k^2 Z_L \tag{2-25}$$

3. 电势和电压折算

由上可得

$$E'_2 = \sqrt{2}\pi f N'_2\Phi = \sqrt{2}\pi f N_1\Phi$$

则

$$\frac{E'_2}{E_2} = \frac{\sqrt{2}\pi f N_1\Phi}{\sqrt{2}\pi f N_2\Phi} = \frac{N_1}{N_2} = k$$

得

$$E'_2 = kE_2 \tag{2-26}$$

二次侧端电压

$$U'_2 = I'_2Z'_L = \left(\frac{1}{k}I_2\right)\cdot(k^2Z_L) = kI_2Z_L = kU_2 \tag{2-27}$$

4. 等效电路和相量图

经过参数折算，电磁平衡方程组为

$$\left.\begin{aligned}\dot{U}_1 &= -\dot{E}_1 + \dot{I}_1 r_1 + \mathrm{j}\dot{I}_1 x_{1\sigma} = -\dot{E}_1 + \dot{I}_1 Z_1 = \dot{U}_e + \dot{I}_1 Z_1 \\ \dot{U}'_2 &= \dot{E}'_2 - \dot{I}'_2 r'_2 - \mathrm{j}\dot{I}'_2 x'_{2\sigma} \\ \dot{I}_1 + \dot{I}'_2 &= \dot{I}_0\end{aligned}\right\} \tag{2-28}$$

与此对应，可画出 T 形等效电路及相量图，如图 2-7 和图 2-8 所示。

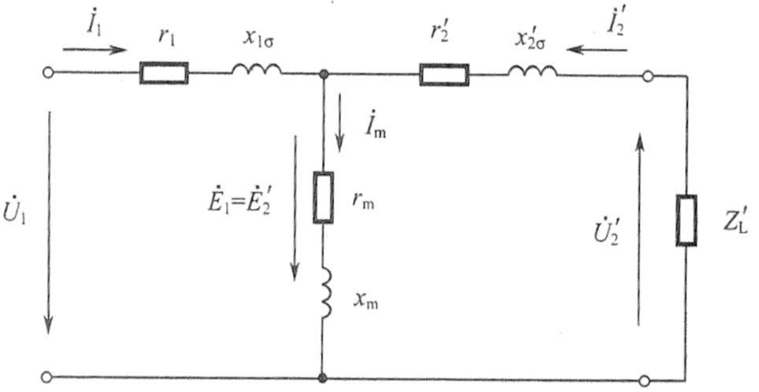

图 2-7 变压器 T 形等效电路

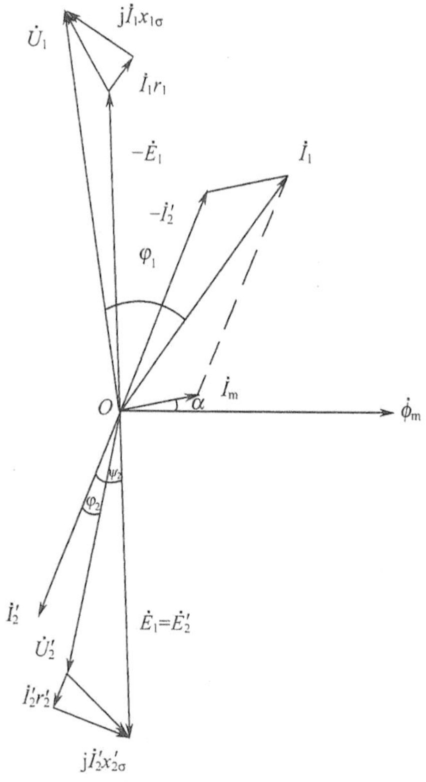

图 2-8 感性负载时变压器的相量图

在 T 形等效电路中，通常 I_1Z_1 很小，即 $\dot{U}_1$ 约等于 $-\dot{E}_1$。若将 $\dot{I}_m$ 对 I_1Z_1 的影响忽略，同时认为 $\dot{I}_m$ 不随负载变化，可将支路 Z_1 移在励磁支路的右侧，如图2-9所示，且称之为 Γ 形近似等效电路。

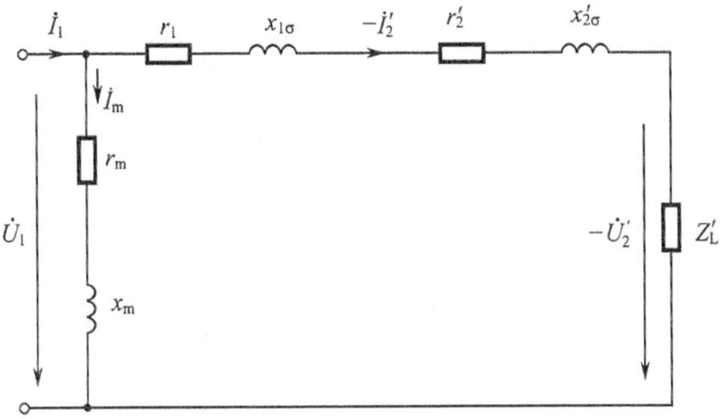

图 2-9　变压器的Γ形近似等效电路

由于 Z_m 很大，$\dot{I}_m$ 相对很小。在定量分析计算 $\dot{U}_1$ 和 $\dot{U}'_2$ 时，或在低电压、大负载电流下计算 $\dot{I}_1$ 时，往往可以将励磁支路断开，于是便得简化等效电路如图 2-10 所示。

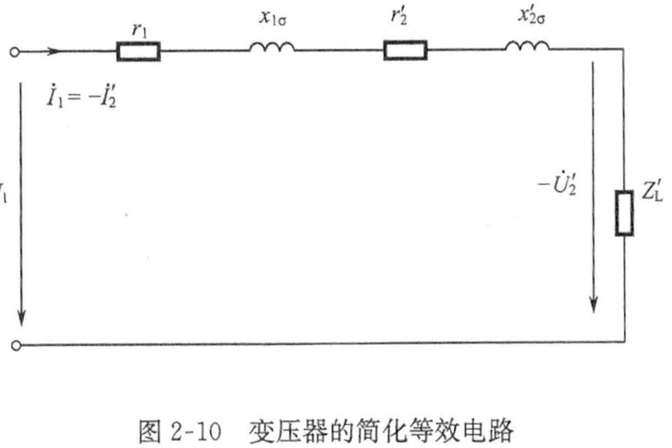

图 2-10　变压器的简化等效电路

在 Γ 形近似等效电路和简化等效电路中，可将一、二次侧的参数合并起来，得

$$\left.\begin{aligned} r_k &= r_1 + r'_2 \\ x_k &= x_{1\sigma} + x'_{2\sigma} \\ Z_k &= r_k + \mathrm{j}x_k \end{aligned}\right\} \tag{2-29}$$

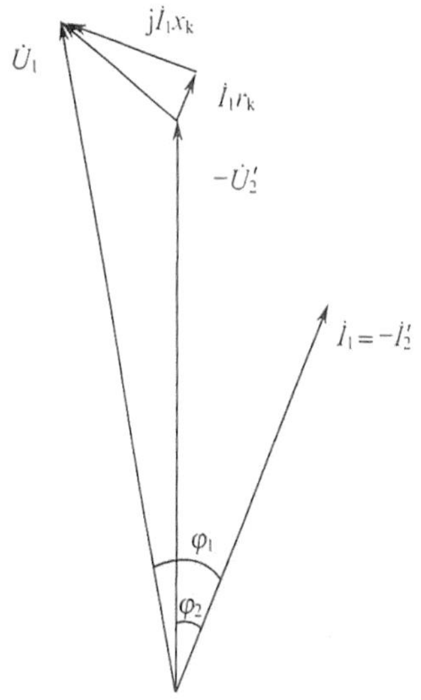

图 2-11 感性负载下变压器的简化相量图

式中，Z_k——变压器的短路阻抗；

r_k——变压器的短路电阻；

x_k——变压器的短路电抗。

以上参数 Z_k、r_k、x_k均可通过短路试验测得。

与简化等效电路对应的电压平衡方程式如下：

$$\dot{U}_1 = \dot{I}_1(r_k + jx_k) - \dot{U}_2' = \dot{I}_1 Z_k - \dot{U}_2' \tag{2-30}$$

对应相量图如图 2-11 所示。

例 2-2 有一台单相变压器，已知：$r_1 = 2.19\Omega$，$x_{1\sigma} = 15.4\Omega$，$r_2 = 0.15\ \Omega$，$x_{2\sigma} = 0.964\ \Omega$，$r_m = 1250\ \Omega$，$x_m = 12600\ \Omega$，$N_1 = 876$ 匝，$N_2 = 260$ 匝；当 $\cos\varphi_2 = 0.8$ 滞后时，二次侧电流 $I_2 = 180$ A，$U_2 = 6000$ V，试用 Γ 形近似等效电路和简化等效电路求 $\dot{U}_1$ 及 $\dot{I}_1$。

解
$$k = \frac{N_1}{N_2} = \frac{876}{260} = 3.369$$
$$r_2' = k^2 r_2 = 3.369^2 \times 0.15 = 1.703(\Omega)$$
$$x_{2\sigma}' = k^2 x_{2\sigma} = 3.369^2 \times 0.964 = 10.94(\Omega)$$
$$I_2' = \frac{1}{k}I_2 = \frac{1}{3.369} \times 180 = 53.4(\text{A})$$
$$U_2' = kU_2 = 3.369 \times 6000 = 20215(\text{V})$$
$$r_k = r_1 + r_2' = 2.19 + 1.703 = 3.89(\Omega)$$
$$x_k = x_{1\sigma} + x_{2\sigma}' = 15.4 + 10.94 = 26.3(\Omega)$$

下面用 Γ 形近似等效电路求解。

令
$$\dot{U}_2' = U_2' \underline{/0^\circ} = 20215 \underline{/0^\circ}$$

因为 $\cos\varphi_2 = 0.8$，则 $\varphi_2 = 36.87^\circ$，所以
$$\dot{I}_2' = I_2' \underline{/-36.87^\circ} = 53.4 \underline{/-36.87^\circ}$$
$$\begin{aligned}\dot{U}_1 &= -\dot{I}_2'(r_k + jx_k) - \dot{U}_2' \\ &= -53.4 \underline{/-36.87^\circ} \times (3.89 + j26.3) - 20215 \underline{/0^\circ} \\ &= (-42.7 + j32.04)(3.89 + j26.3) - 20215 \\ &= -21226 - j1001 = 21249.6 \underline{/182.7^\circ}\end{aligned}$$

$$\dot{I}_m = \frac{\dot{U}_1}{r_m + jx_m} = \frac{21249.6 \angle 182.7^\circ}{1250 + j12600}$$

$$= \frac{21249.6}{12661.852} \angle (182.7^\circ - 84.33^\circ) = 1.678 \angle 98.37^\circ$$

$$\dot{I}_1 = \dot{I}_m - \dot{I}'_2 = 1.678 \angle 98.37^\circ - 53.4 \angle -36.87^\circ$$

$$= (-0.2443 + j1.66) - (42.744 - j32.058)$$

$$= -42.988 + j33.718 = 54.63 \angle 141.89^\circ$$

而用简化等效电路求解

$$\dot{U}_1 = -\dot{I}'_2 (r_k + jx_k) - \dot{U}'_2 = 21249 \angle 182.7^\circ$$

可见,用简化等效电路求解 $\dot{U}_1$ 与用 Γ 形近似等效电路求解的相同

$$\dot{I}_1 = -\dot{I}'_2 = 53.4 \angle 143.13^\circ$$

第三节　标　幺　值

为了便于工程计算,往往不使用各物理量如电压、电流、阻抗等的实际值,而使用它们的标幺值。

1. 标幺值的定义

各物理量的实际值与其基值之比,称为该物理量的标幺值(或相对值)。

2. 标幺值的基值

在电机和变压器中,通常取各物理量的每相额定值作为基值。一次绕组、二次绕组阻抗的基值分别取其电压与电流每相额定值之比,即阻抗基值 $Z_{1N} = U_{1N}/I_{1N}$,$Z_{2N} = U_{2N}/I_{2N}$。

3. 标幺值符号及计算

标幺值符号是在各物理量原来实际值符号的右上角加“*”来表示。

电压的标幺值

$$U_1^* = \frac{U_1}{U_{1N}}, \qquad U_2^* = \frac{U_2}{U_{2N}}$$

电流的标幺值

$$I_1^* = \frac{I_1}{I_{1N}}, \qquad I_2^* = \frac{I_2}{I_{2N}}, \qquad I_0^* = \frac{I_0}{I_{1N}}$$

阻抗的标幺值

$$z_1^* = \frac{z_1}{z_{1N}} = \frac{z_1 I_{1N}}{U_{1N}}$$

$$z_2^* = \frac{z_2}{z_{2N}} = \frac{z_2 I_{2N}}{U_{2N}}$$

$$r_1^* = \frac{r_1}{z_{1N}} = \frac{r_1 I_{1N}}{U_{1N}}$$

$$r_2^* = \frac{r_2}{z_{2N}} = \frac{r_2 I_{2N}}{U_{2N}}$$

$$x_{1\sigma}^* = \frac{x_{1\sigma}}{z_{1N}} = \frac{x_{1\sigma} I_{1N}}{U_{1N}}$$

$$x_{2\sigma}^* = \frac{x_{2\sigma}}{z_{2N}} = \frac{x_{2\sigma} I_{2N}}{U_{2N}}$$

空载功率的标幺值

$$P_0^* = \frac{P_0}{S_N}$$

注意,二次侧折算到一次侧后的物理量的基值应取一次侧的每相额定值。例如

$$r_k = r_1 + r'_2$$

$$x_k = x_{1\sigma} + x'_{2\sigma}$$

$$Z_k = r_k + jx_k$$

则

$$r_k^* = \frac{r_k I_{1N}}{U_{1N}}$$

$$x_k^* = \frac{x_k I_{1N}}{U_{1N}}$$

$$z_k^* = \frac{z_k I_{1N}}{U_{1N}} = r_k^* + jx_k^*$$

激磁阻抗的标幺值

$$z_m^* = \frac{z_m I_{1N}}{U_{1N}}$$

又有

$$\frac{U_{1N}}{I_0} = z_1 + z_m \approx z_m$$

则

$$I_0^* z_m^* = \frac{I_0}{I_{1N}} \cdot \frac{z_m I_{1N}}{U_{1N}} \approx 1$$

故得

$$z_m^* = \frac{1}{I_0^*}$$

另

$$r_m=\frac{p_{Fe}}{I_0^2}\approx\frac{P_0}{I_0^2},\quad r_m^*=\frac{p_{Fe}^*}{I_0^{*2}}\approx\frac{P_0^*}{I_0^{*2}}$$

$$x_m^*=\sqrt{z_m^{*2}-r_m^{*2}}$$

短路功率的标幺值

$$P_{kN}^*=\frac{P_{kN}}{S_N}=\frac{I_{1N}^2 r_k}{U_{1N}I_{1N}}=r_k^*$$

4. 采用标幺值的优点

(1) 采用标幺值时，一次侧和二次侧各物理量可不需要再进行折算。这是因为用标幺值表示时，折算和未折算值相等。例如

$$r_2^*=\frac{r_2 I_{2N}}{U_{2N}}=\frac{r_2(kI_{1N})}{U_{1N}/k}=\frac{k^2 r_2 I_{1N}}{U_{1N}}=\frac{r'_2 I_{1N}}{U_{1N}}=r'^*_2$$

(2) 采用标幺值后，各物理量的数值简化了。例如，用标幺值表示的电压、电流等物理量的额定值等于 1。

(3) 采用标幺值表示的某些物理量还具有相同的数值。例如

$$z_k^*=\frac{z_k}{z_{1N}}=\frac{z_k I_{1N}}{U_{1N}}=\frac{U_k}{U_{1N}}=U_k^*$$

相应地

$$r_k^*=U_{kr}^*,\quad x_k^*=U_{kx}^*$$

式中，U_k^*、U_{kr}^*、U_{kx}^*——额定电流流过 z_k、r_k、x_k时相应的电压降的标幺值。

(4) 不论变压器的容量相差多大，用标幺值表示的参数及性能数据变化范围都很小，这就便于对不同容量的变压器进行比较。例如，空载电流 I_0^* 为 0.01～0.10；z_k^* 为 0.04～0.10。

应注意的是：

(1) 三相变压器的标幺值和基值均以每相计算；

(2) 标幺值与基值本身都是标量，用标幺值表示的电压、电流相量，其幅值即为有效值的标幺值，其相角为该物理量实际值的相角。例如

$$\dot{I}_1^*=\frac{\dot{I}_1}{I_{1N}}$$

第四节　变压器的参数测定

从上节分析中可见，在用基本方程式、等效电路图或相量图分析和计算变压器的运行性能时，必须要知道变压器的参数，即励磁阻抗和短路阻抗。对已制成的变压器，可以通过空载试验和短路试验分别测出变压器的励磁阻抗和短路阻抗。

一、空载试验

空载试验接线图如图 2-12 所示。其中 AX 为高压绕组，ax 为低压绕组。为了便于试验和安全，通常令高压绕组(小电流侧)开路，低压绕组(大电流侧)外施额定电压；同时，为了避免将流经电压表和功率表电压线圈的电流读入电流表内，从而影响相对数值较小的空载电流的精确度，所以应将电流表紧靠被测绕组连接。

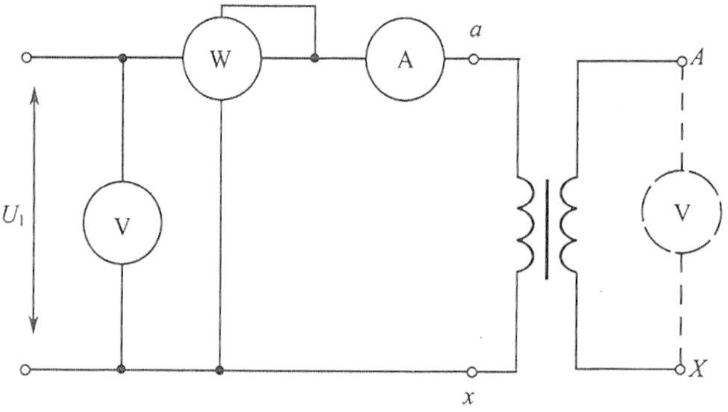

图 2-12　变压器空载试验的接线图

由电流表、电压表和功率表分别可测得一组互相对应的空载电流 I_0、外施电压 U_1 和空载功率 P_0。在电力变压器中，通常由于 $r_m \gg r_1$，$x_m \gg x_{1\sigma}$，故可近似地认为空载时的总阻抗

$$Z_0 = Z_m = r_m + jx_m$$

于是，便可计算出励磁回路的参数

$$\left.\begin{aligned} z_m &= \frac{U_1}{I_0} \\ r_m &= \frac{P_0}{I_0^2} \\ x_m &= \sqrt{z_m^2 - r_m^2} \end{aligned}\right\} \tag{2-31}$$

应当指出：

(1) 由于 x_m、r_m 与磁路的饱和程度有关，故不同电压下测出的 x_m、r_m 数值不同，为了测得额定运行时的励磁阻抗，需使 $U_1 = U_{1N}$。

(2) 对于三相变压器，I_0、U_1 和 P_0 均应以每相值来计算。

(3) 由于空载试验是在低压侧进行的，故测得的励磁参数是折算到低压侧的数值。如需得到高压侧的数值，则需将此数值折算到高压侧。

(4) 假定绕组的漏阻抗和铁损耗均不存在，即

$$r_1 = 0,\quad x_{1\sigma} = 0,\quad r_m = 0$$

则有

$$x_m = \frac{\dot{U}_1}{j\dot{I}_0} = \frac{U_1}{I_0}$$

二、短路试验

短路试验接线图如图 2-13 所示。为了便于测量，通常令低压绕组（大电流侧）直接短路，高压绕组（小电流侧）加上适当大小的电压 $U_k(U_1)$ 以达到接近额定电流（通常不超过 1.3 倍额定电流）；由于短路试验时电压 U_k 很低，为了避免将电流表和功率表电流线圈的电压降读入电压表内，应将电压表紧靠被测绕组连接。

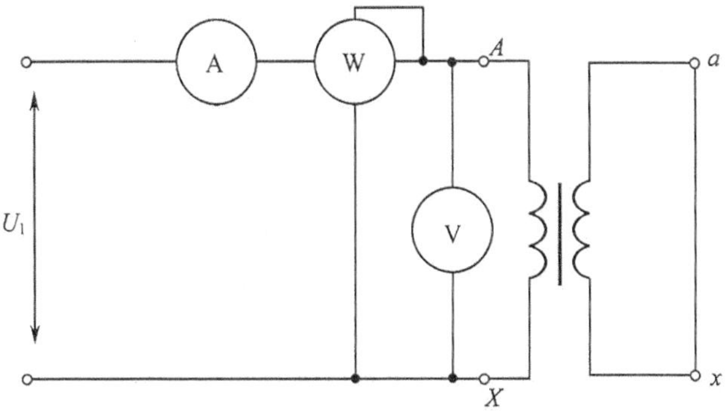

图 2-13 变压器短路试验的接线图

由电流表、电压表和功率表分别可测得一组互相对应的输入电流 I_k、电压 U_k 和短路损耗（短路功率）p_k。

由于短路试验时外施电压很低，主磁通很小，铁损耗和励磁电流均可忽略不计，即

$$p_k \approx p_{Cu}$$

故短路情况下可采用变压器的简化等效电路。于是通过测出的 I_k、U_k 和 p_k，便可算出短路参数

$$\left.\begin{aligned} z_k &= \frac{U_k}{I_k} \\ r_k &= \frac{p_k}{I_k^2} \\ x_k &= \sqrt{z_k^2 - r_k^2} \end{aligned}\right\} \tag{2-32}$$

由于电阻的大小随温度的改变而变化，短路试验时的温度与变压器实际运行

时不同，因此按国际标准规定，测出的电阻应换算到工作温度（E 级绝缘为 75℃）时的数值。

对于铜线变压器，可按下式换算：

$$r_{k75℃} = r_{k\theta}\frac{234.5+75}{234.5+\theta}$$

$$z_{k75℃} = \sqrt{r_{k75℃}^2 + x_k^2}$$

式中，θ——试验时的室温；

$r_{k\theta}$——θ 温度下的短路电阻。

对于铝线变压器，换算式为

$$r_{k75℃} = r_{k\theta}\frac{228+75}{228+\theta}$$

应当指出：

(1) 由于 U_k 很低，磁路处于线性段，短路阻抗 Z_k 是常数，故对于测定短路参数的短路试验，I_k 不一定非达到额定值，接近额定值便可。

(2) 对于三相变压器，I_k、U_k 和 p_k 均应以每相值来计算。

(3) 由于短路试验是在高压侧进行的，故测得的短路参数是折算到高压侧的数值，如需得到低压侧的数值，则需将此数值折算到低压侧，此外，r_k 应折算到标准工作温度，以求得数据的统一。

(4) 用试验的方法很难在 x_k 中分离 $x_{1\sigma}$ 和 $x'_{2\sigma}$，故由此只能得到 Γ 形近似等效电路和简化等效电路。

短路阻抗压降 $\dot{U}_k$ 及其有功分量（或称电阻分量）$\dot{U}_{kr}$ 和无功分量（或称电抗分量）$\dot{U}_{kx}$ 构成三角形，如图 2-14(b)所示。当短路电流为额定值时，短路阻抗压降所构成的三角形称短路三角形，如图 2-14(c)所示；此时的 U_k 称为短路电压，相应的 $p_k = p_{kN}$ 称为短路损耗（也即短路功率）。

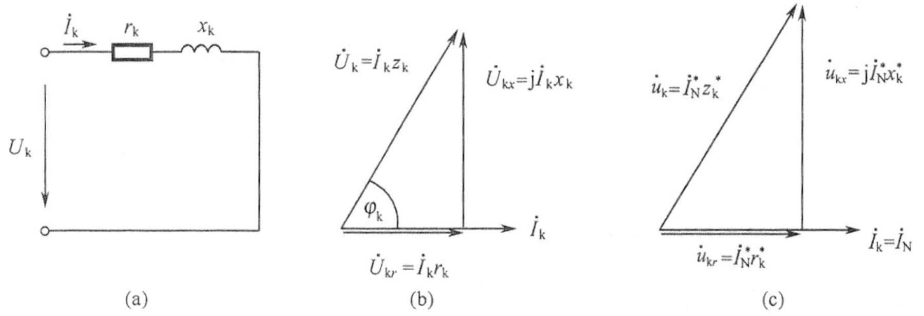

图 2-14　短路三角形

短路三角形中，短路电压 u_k 及其有功分量（或称电阻分量）u_{kr} 和无功分量（或称电抗分量）u_{kx} 分别为

$$\left.\begin{aligned} u_{kr} &= U_{kr}^* = \frac{I_{1N}r_k}{U_{1N}} = r_k^* \\ u_{kx} &= U_{kx}^* = \frac{I_{1N}x_k}{U_{1N}} = x_k^* \\ u_k &= U_k^* = \sqrt{u_{kr}^2 + u_{kx}^2} = z_k^* \end{aligned}\right\} \tag{2-33}$$

图 2-14 中，$\varphi_k = \arctan\frac{x_k}{r_k} = \arctan\frac{u_{kx}}{u_{kr}}$，称为短路功率因数角。

当短路电流不等于额定值时，定义变压器实际的负载（包括短路）电流值与其额定值之比值为变压器的负载系数，用 β 表示，即

$$\beta = \frac{I_1}{I_{1N}} \quad 或 \quad \beta = \frac{I_2}{I_{2N}}$$

则

$$\left.\begin{aligned} U_k &= I_1 z_k = \beta I_{1N} z_k \\ U_k^* &= \frac{\beta I_{1N} z_k}{U_{1N}} = \beta u_k \\ U_{kr}^* &= \frac{\beta I_{1N} r_k}{U_{1N}} = \beta u_{kr} \\ U_{kx}^* &= \frac{\beta I_{1N} x_k}{U_{1N}} = \beta u_{kx} \end{aligned}\right\} \tag{2-34}$$

例 2-3　三相变压器额定容量为 2500kV·A，额定电压为 60/6.3kV，Y，d 连接，室温为 25℃时测得试验数据如表 2-1 所示。

表 2-1

试验项目	电压/V	电流/A	功率/W	备　注
空载试验	6300	11.46	7700	在低压侧测量
短路试验	4800	24.06	26500	在高压侧测量

试求：

（1）高压侧和低压侧的额定电压和电流；

（2）等效电路参数的欧姆值和标幺值。

解　（1）高压绕组 Y 连接，额定线电压 $U_{1Nl} = 60\text{kV}$。

额定相电压

$$U_{1N\varphi} = \frac{U_{1Nl}}{\sqrt{3}} = \frac{60\times10^3}{\sqrt{3}} = 34.64(\text{kV})$$

额定相电流等于额定线电流，即

$$I_{1N\varphi}=I_{1Nl}=\frac{S_N}{\sqrt{3}U_{1N}}=\frac{2500\times10^3}{\sqrt{3}\times60\times10^3}=24.06(\text{A})$$

低压绕组三角连接，相电压和线电压相等，即 $U_{2N\varphi}=U_{2Nl}=6.3\text{kV}$。

额定线电流

$$I_{2Nl}=\frac{S_N}{\sqrt{3}U_{2N}}=\frac{2500\times10^3}{\sqrt{3}\times6.3\times10^3}=229(\text{A})$$

额定相电流

$$I_{2N\varphi}=\frac{I_{2Nl}}{\sqrt{3}}=\frac{229}{\sqrt{3}}=132(\text{A})$$

(2) 空载试验在低方测量，线电流为 11.46A。

相电流

$$I_{20\varphi}=\frac{I_{20l}}{\sqrt{3}}=\frac{11.46}{\sqrt{3}}=6.62(\text{A})$$

激磁电阻

$$r_m=\frac{p_0}{3I_{20\varphi}^2}=\frac{7700}{3\times6.62^2}=58.57(\Omega)$$

激磁阻抗

$$z_m\approx z_0=\frac{U_{2N\varphi}}{I_{20\varphi}}=\frac{6300}{6.62}=951.66(\Omega)$$

激磁电抗

$$x_m=\sqrt{z_m^2-r_m^2}=\sqrt{951.66^2-58.57^2}=949.86(\Omega)$$

对于归算至高压侧的值为

$$k=\frac{U_{1N\varphi}}{U_{2N\varphi}}=\frac{34.64}{6.3}=5.5$$

$$z'_m=k^2z_m=5.5^2\times951.66=28787.72(\Omega)$$

$$r'_m=k^2r_m=5.5^2\times58.57=1771.74(\Omega)$$

$$x'_m=k^2x_m=5.5^2\times949.86=28733.27(\Omega)$$

低压侧阻抗基值

$$z_{2N}=\frac{U_{2N\varphi}}{I_{2N\varphi}}=\frac{6300}{132.28}=47.63(\Omega)$$

高压侧阻抗基值

$$z_{1N}=\frac{U_{1N\varphi}}{I_{1N\varphi}}=\frac{34640}{24.06}=1439.73(\Omega)$$

激磁阻抗标幺值

$$z_m^*=\frac{z_m}{z_{2N}}=\frac{951.66}{47.63}=19.98$$

激磁电阻标幺值

$$r_m^* = \frac{r_m}{z_{2N}} = \frac{58.57}{47.63} = 1.23$$

激磁电抗标幺值

$$x_m^* = \frac{x_m}{z_{2N}} = \frac{949.86}{47.63} = 19.94$$

短路试验在高压侧测量，高压侧 Y 接，相电流等于线电流为 24.06A，线电压为 4800V。

短路阻抗

$$z_k = \frac{U_{1k}}{\sqrt{3}I_{1k}} = \frac{4800}{\sqrt{3}\times 24.06} = 115.18(\Omega)$$

短路电阻

$$r_k = \frac{p_{1k}}{3I_{1k}^2} = \frac{26500}{3\times 24.06^2} = 15.26(\Omega)$$

短路电抗

$$x_k = \sqrt{z_k^2 - r_k^2} = \sqrt{115.18^2 - 15.26^2} = 114.16(\Omega)$$

式中，r_k为 $t=25$℃测得的数值。而对于 E 级绝缘等级，应折算至标准工作温度 75℃时的电阻，即

$$r_{k75℃} = \frac{234.5+75}{234.5+t}r_k = \frac{234.5+75}{234.5+25}\times 15.26 = 18.20(\Omega)$$

折算至 75℃时的短路阻抗

$$z_{k75℃} = \sqrt{r_{k75℃}^2 + x_k^2} = \sqrt{18.20^2 + 114.16^2} = 115.60(\Omega)$$

短路阻抗标幺值

$$z_k^* = \frac{z_k}{z_{1N}} = \frac{115.60}{1439.73} = 0.080$$

短路电阻标幺值

$$r_k^* = \frac{r_k}{z_{1N}} = \frac{18.20}{1439.73} = 0.013$$

短路电抗标幺值

$$x_k^* = \frac{x_k}{z_{1N}} = \frac{114.16}{1439.73} = 0.079$$

第五节　变压器的运行特性

变压器的运行特性主要有：

(1) 外特性，是指一次侧外施电压和二次侧负载功率因数不变时二次侧端电

压随负载电流变化的规律，即 $U_2=f(I_2)$。

(2) 效率特性，是指一次侧外施电压和二次侧负载功率因数不变时，变压器的效率随负载电流变化的规律，即 $\eta=f(I_2)$。

变压器的电压调整率和效率体现了这两个特性，并且是变压器的主要性能指标，下面分别讨论这两个问题。

一、变压器的电压调整率 ΔU

定义

$$\Delta U=\frac{U_{20}-U_2}{U_{2N}} \tag{2-35}$$

式中，U_{20}——当一次侧接在额定电压、额定频率的电网上，空载时的二次侧电压；

U_2——当一次侧接在额定电压、额定频率的电网上，在给定负载功率因数下二次侧有额定电流时的二次侧电压。

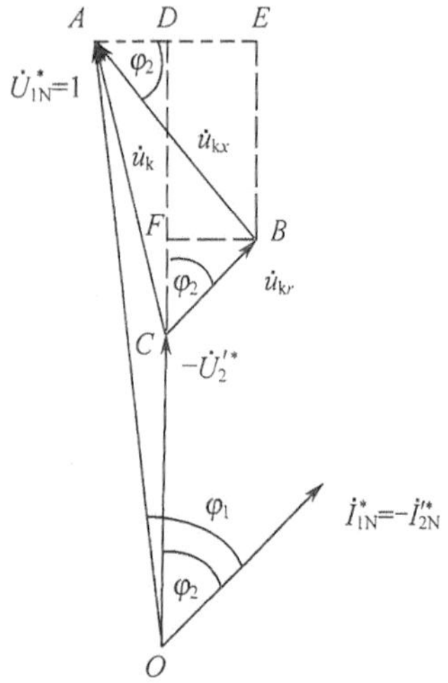

图 2-15　ΔU 的计算

式(2-35)表示，所谓电压调整率是指：当变压器一次侧接在电压和频率均为额定的电源上，二次侧空载电压 U_{20} 与在给定负载功率因数下二次侧有额定电流时的二次侧电压 U_2 的算术差对二次侧额定电压之比，通常以百分值来表示。

电压调整率反映了变压器供电电压的稳定性。

严格地说，电压调整率 ΔU 与变压器的参数及负载性质有关，可用简化相量图求出如下：

依据定义有

$$\Delta U=\frac{U'_{2N}-U'_2}{U'_{2N}}=\frac{U_{1N}-U'_2}{U_{1N}}=1-U_2'^* \tag{2-36}$$

由简化相量图 2-15 中的几何关系可得

$$U_2'^*=\sqrt{1-\overline{AD}^2}-\overline{CD}$$

用二项式定理将上式展开，只取最前两项，则得

$$U_2'^*=1-\frac{\overline{AD}^2}{2}-\overline{CD}$$

根据图 2-15 中的几何关系有

$$\overline{CD}=u_{kr}\cos\varphi_2+u_{kx}\sin\varphi_2$$
$$\overline{AD}=u_{kx}\cos\varphi_2-u_{kr}\sin\varphi_2$$

于是得

$$\Delta U = 1 - U_2'^* = \overline{CD} + \frac{\overline{AD}^2}{2}$$

$$= u_{kr}\cos\varphi_2 + u_{kx}\sin\varphi_2 + \frac{1}{2}(u_{kx}\cos\varphi_2 - u_{kr}\sin\varphi_2)^2$$

$$= r_k^*\cos\varphi_2 + x_k^*\sin\varphi_2 + \frac{1}{2}(x_k^*\cos\varphi_2 - r_k^*\sin\varphi_2)^2$$

如果所求的结果无须特别精确时，最后一项可略去，则上式便简化为

$$\Delta U = u_{kr}\cos\varphi_2 + u_{kx}\sin\varphi_2 = r_k^*\cos\varphi_2 + x_k^*\sin\varphi_2 \tag{2-37}$$

由式(2-37)可见，在感性负载下，电流滞后于电压，$\varphi_2>0$，ΔU 为正值，这意味着负载后二次侧电压比空载电压低；如果是容性负载，电流超前于电压，$\varphi_2<0$，随着 $\sin\varphi_2$ 为负值，ΔU 有可能为负值，意味着负载后二次侧电压可能比空载电压高。图 2-16 为以标幺值表示的变压器的外特性，即 $U_1^*=1$，$\cos\varphi_2=$ 常数时，$U_2^*=f(I_2^*)$。

此外，由相量图可以推论，当负载不是额定值即 $I_2=\beta I_{2N}$ 时，电压降三角形 ABC 将按比例缩小，将按式(2-37)算出的 ΔU 乘以 β，即可得到该负载下二次侧电压变化的标幺值。

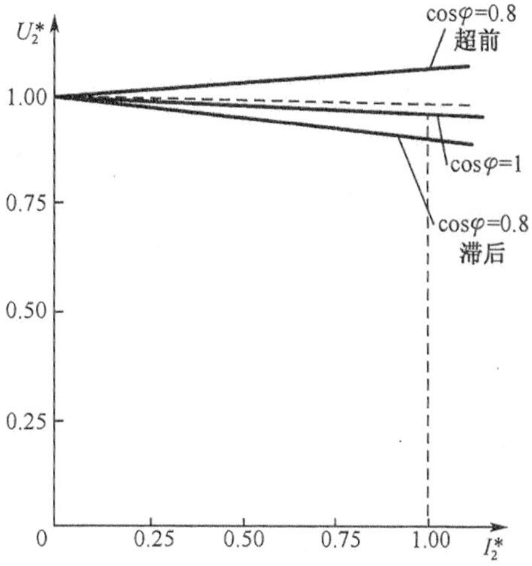

图 2-16　变压器的外特性 $U_2^*=f(I_2^*)$

二、变压器的效率 η

定义

$$\eta = \frac{P_2}{P_1} \tag{2-38}$$

式(2-38)表明，变压器在将一种电压的电能转变为另一种电压的电能的过程中，将有能量损耗，该能量损耗包括铜损耗与铁损耗，致使输出功率 P_2 小于输入功率 P_1，输出功率对输入功率之比，称为效率。

由于变压器的效率很高，用直接负载法测量输出功率 P_2 和输入功率 P_1 来确定效率很难得到准确的结果。为此，通常用间接法计算效率，即先测出各损耗，再用输出功率 P_2 加总损耗 $\sum p$ 表示输入功率 P_1，即

$$\eta = \frac{P_2}{P_2 + \sum p}$$

式中，总损耗 $\sum p$ 包括下列损耗（设 m 为变压器的相数）：

一次侧铜损耗

$$p_{Cu1}=mI_1^2r_1$$

二次侧铜损耗

$$p_{Cu2}=mI_2^2r_2=mI_2'^2r_2'$$

变压器总铜损耗

$$p_{Cu}=p_{Cu1}+p_{Cu2}=m(I_1^2r_1+I_2'^2r_2')$$

铁损耗

$$p_{Fe}=mI_m^2r_m$$

如果满足下列条件：

（1）略去短路试验中的铁损耗，即

$$p_{Cu}=p_k=\beta^2p_{kN}$$

式中，β——短路试验的负载系数；

p_{kN}——短路电流等于额定值时的短路损耗。

（2）略去空载试验中的铜损耗，即

$$p_{Fe}=p_0$$

（3）略去因负载变化而引起输出端电压的波动，即

$$\begin{aligned}P_2&=mU_2I_2\cos\varphi_2=mU_{2N}(\beta I_{2N})\cos\varphi_2\\&=\beta S_N\cos\varphi_2\end{aligned}$$

则变压器在负载系数为 β 时的效率计算公式为

$$\begin{aligned}\eta&=\frac{P_2}{P_2+p_{Fe}+p_{Cu}}=\frac{\beta S_N\cos\varphi_2}{\beta S_N\cos\varphi_2+p_0+\beta^2p_{kN}}\\&=1-\frac{p_0+\beta^2p_{kN}}{\beta S_N\cos\varphi_2+p_0+\beta^2p_{kN}}\end{aligned}\tag{2-39}$$

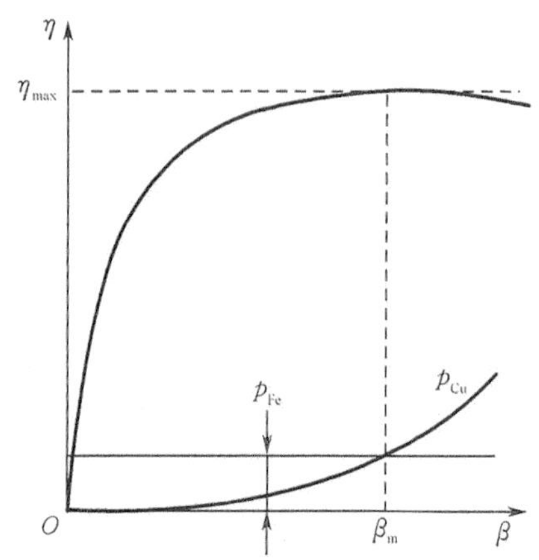

图 2-17　变压器的效率特性

在出现最大效率时，即有 $\frac{d\eta}{d\beta}=0$，可得最大效率时负载系数 β_m 满足关系式

$$\beta_m^2p_{kN}=p_0\tag{2-40}$$

式中，$\beta_m^2p_{kN}$ 为变压器具有最大效率时的铜损耗（短路损耗）。

式（2-40）表明，变压器具有最大效率时，其铜损耗与铁损耗恰好相等，见图 2-17 所示。

变压器具有最大效率时的负载系数为

$$\beta_m=\sqrt{\frac{p_0}{p_{kN}}}\tag{2-41}$$

将式(2-41)代入式(2-39)便可求得最大效率

$$\eta_{\max}=\frac{\beta_m S_N\cos\varphi_2}{\beta_m S_N\cos\varphi_2+2p_0}=1-\frac{2p_0}{\beta_m S_N\cos\varphi_2+2p_0} \tag{2-42}$$

如果不加特别说明，一台变压器的效率就是指 $\beta=1$ 时的效率，即额定效率。

例 2-4　一台 3150 kV·A、Y/△-11 连接、50Hz、10/6.3kV 的三相变压器，空载试验在低压侧加额定电压，空载相电流为 25A，空载损耗为 7700W，短路试验在高压侧加电压，当为额定电流时，短路损耗为 31000W，短路电压为 550V。若 r_k 不用折算到标准工作温度，试求：

(1) 空载及短路参数的标幺值；

(2) 当原边电压及负载电流为额定值，负载功率因数 0.8 滞后时，试用近似等效电路计算电压变化率和效率。

解　$$k=E_1/E_2=U_{1N\varphi}/U_{2N\varphi}=\frac{10}{\sqrt{3}}/6.3=0.916$$

$$I_{1N\varphi}=I_{1Nl}=\frac{S_N}{\sqrt{3}U_{1N}}=\frac{3150\times10^3}{\sqrt{3}\times10\times10^3}=182\ (\text{A})$$

$$I_{2N\varphi}=\frac{I_{2Nl}}{\sqrt{3}}=\frac{S_N}{\sqrt{3}\sqrt{3}U_{2N}}=\frac{3150\times10^3}{3\times6.3\times10^3}=167\ (\text{A})$$

(1) $$I_0^*=\frac{I_0}{I_{2N}}=\frac{25}{167}=0.15$$

$$r_{m2}=\frac{p_{Fe}}{mI_0^2}=\frac{7700}{3\times25^2}=4.1\ (\Omega)$$

$$r_m^*=\frac{r_m}{U_{2N\varphi}/I_{2N\varphi}}=\frac{4.1}{6.3\times10^3/167}=0.11$$

$$z_{m2}=\frac{U_0}{I_0}=\frac{6.3\times10^3}{25}=252(\Omega)$$

$$z_m^*=\frac{z_m}{U_{2N\varphi}/I_{2N\varphi}}=\frac{252}{6.3\times10^3/167}=6.68$$

$$x_{m2}=\sqrt{z_{m2}^2-r_{m2}^2}=\sqrt{252^2-4.1^2}=252\ (\Omega)$$

$$x_m^*=\sqrt{z_m^{*2}-r_m^{*2}}=\sqrt{6.68^2-0.11^2}=6.68$$

$$z_k=\frac{U_{k\varphi}}{I_{k\varphi}}=\frac{550/\sqrt{3}}{182}=1.74(\Omega)$$

$$z_k^*=\frac{z_k}{U_{1N\varphi}/I_{1N\varphi}}=\frac{1.74}{(10/\sqrt{3})\times10^3/182}=0.055$$

$$r_{k1}=\frac{P_k}{mI_{k\varphi}^2}=\frac{31000}{3\times182^2}=0.319(\Omega)$$

$$r_k^* = \frac{r_{k1}}{U_{1N\varphi}/I_{1N\varphi}} = \frac{0.319}{(10/\sqrt{3})\times 10^3/182} = 0.01$$

$$x_k^* = \sqrt{z_k^{*2} - r_k^{*2}} = \sqrt{0.055^2 - 0.01^2} = 0.054$$

(2) 用近似等效电路计算电压变化率及效率。如图 2-18 所示，取 $\dot{U}'_2$ 作参考矢量，即

$$\dot{U}'_2 = U'_2 \angle 0^\circ,\quad \cos\varphi = 0.8,\quad \varphi = 36.87^\circ$$

$$z_k^* = r_k^* + jx_k^* = 0.01 + j0.054 = 0.055 \angle 79.5^\circ$$

在近似 Γ 形电路中

$$E_2^{*\prime} = E_1^* = U_1^* = U_{1N}^* = 1$$

$$I_2^{*\prime} = I_2^* = 1$$

$$\begin{aligned}\dot{E}_2^{*\prime} &= \dot{U}_2^{*\prime} + \dot{I}_2^{*\prime} z_k^* \\ &= U_2^{*\prime} \angle 0^\circ + 1 \angle -36.87^\circ \times 0.055 \angle 79.5^\circ \\ &= U_2^{*\prime} + 0.055 \angle 42.63^\circ\end{aligned}$$

$$1^2 = (U_2^{*\prime} + 0.04)^2 + (0.037)^2$$

$$U_2^{*\prime} + 0.04 = 0.9993,\quad U_2^* = U_2^{*\prime} = 0.959$$

$$U'_2 = U_{1N\varphi} U_2^{*\prime} = \frac{10}{\sqrt{3}} \times 0.959 = 5.54(\text{kV})$$

电压变化率

$$\Delta U = \frac{U_{1N\varphi} - U'_2}{U_{1N\varphi}} = \frac{10\sqrt{3} - 5.54}{10/\sqrt{3}} = 0.04$$

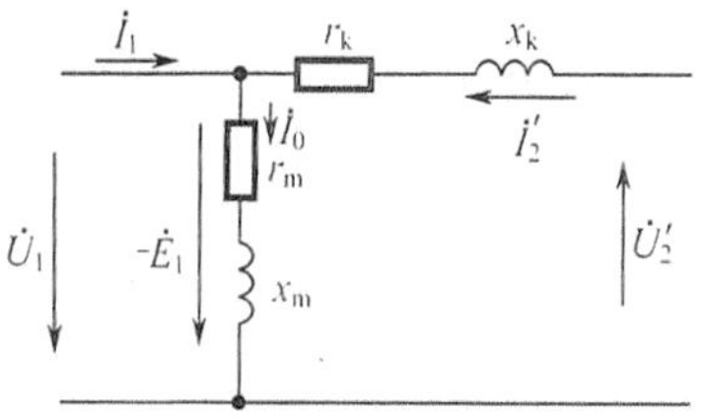

图 2-18 例 2-4 插图

效率

$$\begin{aligned}\eta &= 1 - \frac{p_0 + p_{kN}}{p_N\cos\varphi_2 + p_0 + p_{kN}} \\ &= 1 - \frac{7.7 + 31}{3150 \times 0.8 + 7.7 + 31} \\ &= 1 - 0.015 = 0.985\end{aligned}$$

例 2-5 一台三相变压器的额定数据如下：额定容量 $S_N = 100\text{kV}\cdot\text{A}$，一次侧、二次侧额定电压比 $U_{1N}/U_{2N} = 6.0/0.4\text{kV}$，Y/Y$_0$-12 连接，额定频率 $f_N = 50\text{Hz}$。室温为 25℃ 时的空载试验和短路试验数据如表 2-2 所示。

表 2-2

试验名称	电压/V	电流/A	功率/W	电压所加方
空载试验	230.9(相)	9.37	616	低压方
短路试验	251.9	9.4	1920	高压方

试求：

(1) T 形等效电路中的各参数；

(2) 阻抗电压及其分量；

(3) 当一次侧上外接额定电压，二次侧供给功率因数为 0.8(滞后)的额定负载电流时，二次侧端电压及一次侧电流值(利用 Γ 形近似等效电路求解)；

(4) 满载且功率因数为 0.8(滞后)时变压器的效率及电压变化率；

(5) 最大效率($\cos\varphi_2=1$)。

解　先计算一次侧、二次侧的额定电流及变压器的变比。

一相容量

$$S_{N\phi}=\frac{S_N}{3}=\frac{100}{3}=33.3\ (\text{kV}\cdot\text{A})$$

一次侧相电压

$$U_{1N\phi}=\frac{U_{1N}}{\sqrt{3}}=\frac{6000}{\sqrt{3}}=3464(\text{V})$$

二次侧相电压

$$U_{2N\phi}=\frac{U_{2N}}{\sqrt{3}}=\frac{400}{\sqrt{3}}=230.9(\text{V})$$

一次侧电流

$$I_{1N}=I_{1N\phi}=\frac{S_N}{\sqrt{3}U_{1N}}=\frac{100\times10^3}{\sqrt{3}\times6000}=9.623(\text{A})$$

二次侧电流

$$I_{2N}=I_{2N\phi}=\frac{S_N}{\sqrt{3}U_{2N}}=\frac{100\times10^3}{\sqrt{3}\times400}=144.3(\text{A})$$

变比

$$k=\frac{U_{1N\phi}}{U_{2N\phi}}=\frac{3464}{230.9}=15$$

(1) 求 T 形等效电路中的各参数。

从变压器二次侧测得的励磁参数：

$$z'_m=\frac{U_{0\phi}}{I_{0\phi}}=\frac{230.9}{9.37}=24.64(\Omega)$$

$$r'_m=\frac{P_0}{3I_{0\phi}^2}=\frac{616}{3\times9.37^2}=2.34(\Omega)$$

$$x'_m=\sqrt{z_m'^2-r_m'^2}=\sqrt{24.64^2-2.34^2}=24.53(\Omega)$$

折算到高压方的值为

$$z_m=k^2z'_m=15^2\times24.64=5544(\Omega)$$

$$r_m=k^2r'_m=15^2\times2.34=526.5(\Omega)$$

$$x_m = k^2 x'_m = 15^2 \times 24.53 = 5519.3(\Omega)$$

标幺值为

$$z_m^* = \frac{I_{1N\phi} z_m}{U_{1N\phi}} = \frac{9.623 \times 5544}{3464} = 15.4$$

$$r_m^* = \frac{I_{1N\phi} r_m}{U_{1N\phi}} = \frac{9.623 \times 526.5}{3464} = 1.463$$

$$x_m^* = \frac{I_{1N\phi} x_m}{U_{1N\phi}} = \frac{9.623 \times 5519.3}{3464} = 15.33$$

25℃时的短路阻抗

$$z_k = \frac{U_{k\phi}}{I_{k\phi}} = \frac{U_k}{\sqrt{3} I_k} = \frac{251.9}{\sqrt{3} \times 9.4} = 15.47(\Omega)$$

$$r_k = \frac{P_k}{3 I_{k\phi}^2} = \frac{1920}{3 \times 9.4^2} = 7.24(\Omega)$$

$$x_k = \sqrt{z_k^2 - r_k^2} = \sqrt{15.47^2 - 7.24^2} = 13.67(\Omega)$$

折合到 75℃时的短路电阻和阻抗分别为

$$r_{k75℃} = r_{k\theta} \times \frac{234.5 + 75}{234.5 + \theta} = 7.24 \times \frac{234.5 + 75}{234.5 + 25} = 8.63(\Omega)$$

$$z_{k75℃} = \sqrt{r_{k75℃}^2 + x_k^2} = \sqrt{8.63^2 + 13.67^2} = 16.17(\Omega)$$

在未给定其他情况下，一般可近似地取

$$r_1 = r'_2 = \frac{r_{k75℃}}{2} = \frac{8.63}{2} = 4.315(\Omega)$$

$$x_{1\sigma} = x'_{2\sigma} = \frac{x_k}{2} = \frac{13.67}{2} = 6.835(\Omega)$$

75℃时的短路损耗应为

$$p_{kN} = 3 I_{1N\phi}^2 r_{k75℃} = 3 \times 9.623^2 \times 8.63 = 2400(W)$$

(2) 阻抗电压各分量

$$u_k = \frac{I_{1N\phi} z_k}{U_{1N\phi}} = \frac{9.623 \times 16.17}{3464} = 0.045$$

$$u_{kr} = \frac{I_{1N\phi} r_{k75℃}}{U_{1N\phi}} = \frac{9.623 \times 8.63}{3464} = 0.024$$

$$u_{kx} = \frac{I_{1N\phi} x_k}{U_{1N\phi}} = \frac{9.623 \times 13.67}{3464} = 0.038$$

由此得

$$z_k^* = 0.045, \quad r_{k75℃}^* = 0.024, \quad x_k^* = 0.038$$

$$r_1^* = r_2^* = 0.012, \quad x_{1\sigma}^* = x_{2\sigma}^* = 0.019$$

(3) $U_1 = U_{1N}, I_2 = I_{2N}, \cos\varphi_2 = 0.8$(滞后)时的二次侧电压和一次侧电流用标幺值解。

画出 Γ 形等效电路，标出电压和电流的正方向，如图 2-19(a)所示，电压平衡方程式为

$$\dot{U}_1^* - (-\dot{U}_2^*) = -\dot{I}_2^*(r_k^* + jx_k^*)$$

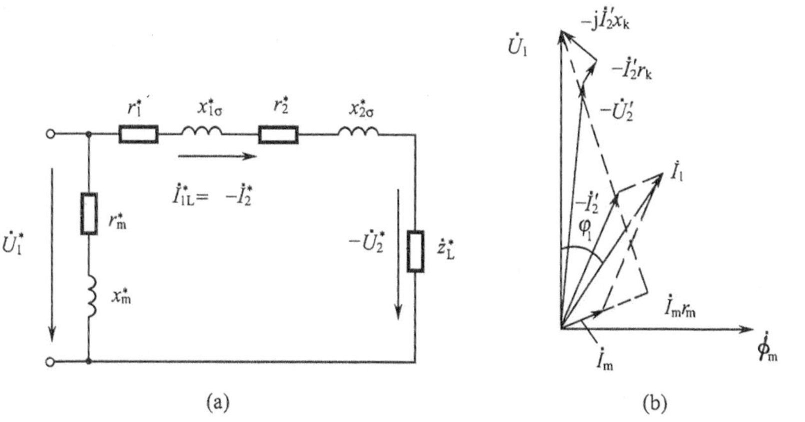

图 2-19　例 2-5 插图

一个方程有三个未知量，虽是互相关联，但若参考量选择不当，求解也很困难。分析 $\dot{U}_1^*$、$\dot{U}_2^*$ 和 $\dot{I}_2^*$，其中只有 $\dot{U}_2^*$ 的大小和相位都是待求量，因此宜选 $-\dot{U}_2^*$ 为参考量。

这里令 $-\dot{U}_2^* = U_2^* \underline{/0^\circ}$，则

$$-\dot{I}_2^* = \dot{I}_2^* \underline{/-\varphi_2} = 1\underline{/-36.87^\circ}$$

其中，φ_2——$\dot{I}_2^*$ 滞后 $\dot{U}_2^*$ 的相位角，$\varphi_2 = \arccos 0.8 = 36.87^\circ$。

$$r_k^* + jx_k^* = z_k \underline{/\varphi_k} = 0.045\underline{/57.72^\circ}$$

将这些关系式代入原式

$$\dot{U}_1^* - (-\dot{U}_2^*) = 1\underline{/-36.87^\circ} \times 0.045\underline{/57.72^\circ} = 0.045\underline{/20.85^\circ}$$

$$(U_{1r}^* - U_2^*) + jU_{1x}^* = 0.042 + j0.016$$

等式两边虚部、实部分别相等，得

$$U_{1x}^* = 0.016$$

$$U_{1r}^* - U_2^* = 0.042$$

按题意从 $U_1^* = 1$ 有

$$U_{1r}^2 = \sqrt{1 - U_{1x}^{*2}} = \sqrt{1 - 0.016^2} = 0.9999$$

于是得

$$U_2^* = 0.9999 - 0.042 = 0.958$$

$$U_2 = U_2^* U_{2N} = 0.958 \times 400 = 383.2(\mathrm{V})$$

$$z_L^* = r_L^* + jx_L^* = \frac{-\dot{U}_2^*}{-\dot{I}_2^*} = \frac{0.958}{1\angle -36.87^\circ} = 0.7664 + j0.5748$$

$$r_L^* = 0.766$$

$$x_L^* = 0.575$$

$$r_L = r_L^* \frac{U_{2N\phi}}{I_{2N\phi}} = 0.766 \times \frac{400}{\sqrt{3} \times 144.34} = 0.766 \times 1.6 = 1.226(\Omega)$$

$$x_L = x_L^* \frac{U_{2N\phi}}{I_{2N\phi}} = 0.575 \times 1.6 = 0.92(\Omega)$$

$$\dot{U}_1^* = \dot{U}_{1r}^* + j\dot{U}_{1x}^* = 0.9999 + j0.016 = 1\angle 0.9168^\circ$$

$$\dot{I}_m^* = \frac{\dot{U}_1^*}{r_m^* + jx_m^*} = \frac{1\angle 0.9168^\circ}{1.46 + j15.26} = 0.0652\angle -83.618^\circ$$

$$\dot{I}_1^* = \dot{I}_m^* + (-\dot{I}_m^*) = 0.0652\angle -83.618^\circ + 0.8 - j0.6 = 1.046\angle -39.47^\circ$$

$$I_1 = I_1^* I_{1N} = 1.046 \times 9.623 = 10.07(A)$$

原方功率因数为

$$\cos\varphi_1 = \cos(39.47^\circ + 0.917^\circ) = 0.762$$

矢量图如图 2-19(b)所示。

(4) 满载且 $\cos\varphi_2 = 0.8$(滞后)时，变压器的效率和电压变化率

$$\eta_N = \left(1 - \frac{p_0 + p_{kN}}{S_N\cos\varphi_2 + p_0 + p_{kN}}\right) \times 100\%$$

$$= \left(1 - \frac{616 + 2400}{100 \times 10^3 \times 0.8 + 616 + 2400}\right) \times 100\% = 96.37\%$$

$$\Delta u = u_{kr}\cos\varphi_2 + u_{kr}\sin\varphi_2 + \frac{1}{2}(u_{kx}\cos\varphi_2 - u_{kr}\sin\varphi_2)^2$$

$$= 0.024 \times 0.8 + 0.038 \times 0.6 + \frac{1}{2}(0.038 \times 0.8 - 0.024 \times 0.6)^2 = 4.213\%$$

忽略平方项，$\Delta u = 4.2\%$，误差只有 0.3%，故实际上常忽略平方项，从简计算。

(5) 最大效率发生在 $I_2^{*2} p_{kN} = p_0$，即

$$I_2^* = \sqrt{\frac{p_0}{p_{kN}}} = \sqrt{\frac{616}{2400}} = 0.5066$$

$$\eta_{max} = \left(1 - \frac{2p_0}{I_2^* S_N\cos\varphi_2 + 2p_0}\right) \times 100\%$$

$$= \left(1 - \frac{2 \times 616}{0.5066 \times 100 \times 10^3 \times 0.8 + 2 \times 616}\right) \times 100\% = 97.05\%$$

第六节　小　　结

一、变压器的空载运行

1）一次侧电压平衡式

$$\dot{U}_1 = -\dot{E}_1 + \dot{I}_1 Z_1$$
$$Z_1 = r_1 + \mathrm{j}x_{1\sigma}$$

式中，$\dot{U}_1$、$\dot{E}_1$ 和 $\dot{I}_1$ ——一次侧的相电压、相电势和相电流；

r_1、$x_{1\sigma}$和 Z_1 ——原方的相电阻、漏电抗和漏阻抗。

2）二次侧电压平衡式

$$\dot{U}_{20} = \dot{E}_2$$

式中，U_{20}、E_2——二次侧空载端电压及电势。

$$-\dot{E}_1 = \dot{I}_0 Z_{\mathrm{m}}$$
$$Z_{\mathrm{m}} = r_{\mathrm{m}} + \mathrm{j}x_{\mathrm{m}}$$

式中，Z_m、r_m、x_m——变压器的励磁阻抗、励磁电阻和励磁电抗。

二、变压器的负载运行

1）电势平衡方程式

一次侧电势平衡方程式

$$\dot{U}_1 = -\dot{E}_1 + \dot{I}_1 Z_1$$

二次侧电势平衡方程式

$$\dot{U}_2 = \dot{E}_2 - \dot{I}_2 Z_2$$

式中，$Z_2 = r_2 + \mathrm{j}x_{2\sigma}$，$r_2$、$x_{2\sigma}$分别为二次侧线圈的电阻和漏电抗。

2）磁势平衡方程式

$$N_1 \dot{I}_1 + N_2 \dot{I}_2 = N_1 \dot{I}_{\mathrm{m}}$$

3）二次侧归算到一次侧后的方程组

$$\dot{U}_1 = -\dot{E}_1 + \dot{I}_1 Z_1$$
$$\dot{U}'_2 = \dot{E}'_2 - \dot{I}'_2 Z'_2$$
$$\dot{I}_1 + \dot{I}'_2 = \dot{I}_{\mathrm{m}}$$
$$\dot{E}_1 = \dot{E}'_2$$
$$-\dot{E}_1 = \dot{I}_{\mathrm{m}} Z_{\mathrm{m}}$$
$$\dot{U}'_2 = \dot{I}'_2 Z'_{\mathrm{L}}$$

式中，$\dot{E}'_2=k\dot{E}_2$；$Z'_2=k^2Z_2$；$Z'_L=k^2Z_L$（Z_L为负载阻抗）；$\dot{I}'_2=\frac{\dot{I}_2}{k}$，其中

$$k=\frac{E_1}{E_2}=\frac{N_1}{N_2}\text{（电势比）}$$

式中，N_1 与 N_2——一次侧、二次侧线圈的串联匝数。

4) 等效电路

(1) T形等效电路；

(2) Γ形近似等效电路；

(3) 简化等效电路。

三、变压器的运行特性

1) 变压器的电压调整率(又称电压变化率)

$$\Delta U=(u_{kr}\cos\varphi_2+u_{kx}\sin\varphi_2)\times 100\%$$

式中，$u_{kr}=\frac{I_{1N}r_k}{U_{1N}}$，称短路电压有功分量标幺值；

$u_{kx}=\frac{I_{1N}x_k}{U_N}$，称短路电压无功分量标幺值；

φ_2——负载功率因数角，电感性负载时取 φ_2 为正值，电容性负载时取 φ_2 为负值。

2) 变压器的效率

$$\eta=\frac{\beta S_N\cos\varphi_2}{\beta S_N\cos\varphi_2+\beta^2p_{kN}+P_0}\times 100\%$$

或

$$\eta=\left(1-\frac{p_0+\beta^2p_{kN}}{\beta S_N\cos\varphi_2+P_0+\beta^2p_{kN}}\right)\times 100\%$$

式中，S_N ——变压器的额定容量(V·A)；

p_{kN} ——变压器额定电流时的短路损耗(W)；

P_0 ——变压器额定电压时的空载损耗(W)。

习　　题

2-1　一台单相变压器在铁心叠装时，由于硅钢片剪裁不当，叠装时接缝处留有较大的缝隙，那么此台变压器的空载电流将__________。(选择：① 减少；② 增加；③不变)

2-2　一台单相变压器，额定电压为 220/110 V。现将原边接在电压为 250 V 的电源上，变压器等效电路中的励磁电抗则__________。(选择：① 不变；② 变大；③ 变小)

2-3　一台变比 $k=10$ 的变压器，从低压侧做空载试验求得励磁阻抗为 16 Ω，那么，高压边的励磁阻抗值是________。(选择：① 16；② 1600；③ 0.16)

2-4　变压器的额定容量 $S_N=320$ kV·A，空载损耗 $p_0=21$ kW，如果电压下降 10%，变压

器的空载损耗将为＿＿＿＿＿＿。

2-5　磁路线性的两台单相变压器，$U_{1N}/U_{2N}=220/110$ V，一次侧匝数相等（漏阻抗不计，且激磁阻抗角相等），当一次侧分别接在 220 V 电源上，测得的空载电流甲台为 0.4 A，乙台为 0.1 A，则其空载激磁阻抗甲台为＿＿＿＿Ω，乙台为＿＿＿＿Ω。今将两变压器原边顺极性串联后接在 440 V 的电源上，二次侧空载，这时甲台变压器的一次侧电压为＿＿＿＿V，二次侧电压为＿＿＿＿V；乙台变压器一次侧电压为＿＿＿＿V，二次侧电压为＿＿＿＿V。

2-6　一台单相变压器，额定电压 $U_{1N}/U_{2N}=220/110$V，当一次绕组接到 220 V、50 Hz 交流电源后，二次绕组开路，铁心中的磁通幅值为 Φ_1；若将一次绕组接到 110 V、25 Hz 交流电源后，二次绕组开路，铁心中的磁通幅值为 Φ_2；则＿＿＿＿。（选择：① Φ_1 大于 Φ_2；② Φ_1 小于 Φ_2；③ Φ_1 与 Φ_2 近似相等）

2-7　一台单相变压器进行空载试验，当高压侧加额定电压进行测量，或低压侧加额定电压进行测量，所测得损耗＿＿＿＿。（选择：①不相等且相差较大；②折算后相等；③相等）

2-8　若将一台单相变压器的一次、二次绕组的匝数同时减少 10 %，变比将＿＿＿＿，空载电流将＿＿＿＿，空载损耗将＿＿＿＿。

2-9　变压器的短路损耗为＿＿＿＿。（选择：① 全部为铜损耗；② 全部为铁损耗；③ 主要为铜损耗）

2-10　若电源电压不变，变压器产生的主磁通 ϕ_m，在空载和负载时，其值＿＿＿＿。（选择：① 完全相等；② 基本不变；③ 根本不同）

2-11　引起单相变压器的空载电流中的三次谐波电流分量的原因是＿＿＿＿。（选择：① 二次侧没有负载；② 磁路的饱和效应；③ 电源中有三次谐波电压分量；④ 磁路不对称）

2-12　一台单相变压器，当一次侧电压降至额定电压一半时，变压器等效电路中的励磁电抗＿＿＿＿。（选择：① 不变；② 变大；③ 变小）

2-13　如果电源电压为平顶波形，将此电压施于一台单相变压器，此时该变压器铁心中的磁通波形为＿＿＿＿。（选择：① 尖顶波；② 平顶波；③ 正弦波）

2-14　一台 50Hz 的单相变压器，如接在直流电源上，其电压大小和铭牌电压一样，此时原绕组中的电流＿＿＿＿＿。（选择：①不变；②变大；③变小）

2-15　一台变压器的额定频率为 50 Hz，如果接到 60 Hz 的电源上，且额定电压的数值相等，则此变压器铁心中的磁通＿＿＿＿。（选择：① 减少；② 不变；③ 增加）

2-16　一台单相变压器，原绕组有 100 匝，外施额定电压为 100 V，在离末端 10 匝处发生短路，此时电源流入的电流＿＿＿＿。（选择：① 很大，达到不允许的值；② 较大，但还允许；③ 不大）

2-17　变压器在空载时，线路电压增加，铁心损耗将＿＿＿＿。（选择：① 增加；② 不变；③ 减少）

2-18　一台单相变压器，额定电压为 $U_{1N}/U_{2N}=1100/229$ V，略去励磁电阻 r_m，$r_1=0.05\ \Omega$，$x_{1\sigma}=0.4\ \Omega$，$r_2=0.002\ \Omega$，$x_{2\sigma}=0.016\ \Omega$，$x_m=220\ \Omega$。当二次侧电压为额定值，电流 $I_2=100$ A，$\cos\varphi_2=0.6$（滞后）时，求一次侧电流 I_1 及一次侧电压 U_1。

2-19　一台三相变压器的额定值为 $S_N=1800$ kV·A，$U_{1N}/U_{2N}=6300/3150$ V，Y/△-11 接法，空载损耗 $p_0=6.6$ kW，短路损耗 $p_k=21.2$ kW。试求：

(1) 当输出电流 $I_2=I_{2N}$，$\cos\varphi_2=0.8$ 时的效率；

(2) 效率最大时的负载系数 β_m。

2-20 一台变压器的高压绕组由两个可串联也可并联的绕组组成。当它们串联并施以 2200 V、50 Hz 的电压时，空载电流为 0.3 A，空载损耗为 140 W。如果将它们改为并联并施以 1100 V、50 Hz 的电压，试求此时的空载电流和空载损耗。

2-21 某容量为 100 kV·A、额定电压 $U_{1N}/U_{2N}=2200/220$ V、频率为 50 Hz 的单相变压器，测得空载与短路试验结果如下：①空载试验：低压侧加 220 V 电压，测得空载电流 $I_{02}=18$ A，空载损耗 $P_0=980$ W；②短路试验：电压加在高压侧，使电流达到额定值，测得 $U_k=70$ V，负载损耗 $p_k=1050$ W。设 $r_1=r_2'$，$x_{1\sigma}=x_{2\sigma}'$。试求：

(1) 折算到高压侧的 r_k、x_k、r_1、r_2'、$x_{1\sigma}$、$x_{2\sigma}'$ 及 r_m、x_m；

(2) $\cos\varphi_2=1$ 时的最大效率。

2-22 一台三相变压器，Y/△-11 连接，$S_N=9000$ kV·A，$U_{1N}/U_{2N}=18/6$ kV，空载及短路试验数据如表 2-3 所示。

表 2-3

试验名称	线电压/V	线电流/A	三相功率/W	备　注
空载试验	6000	6	9000	电压加在低压侧
短路试验	675	433	28000	电压加在高压侧

试求超载 25%且 $\cos\varphi_2=0.8$(滞后)时电压变化率 ΔU 及效率 η。

2-23 一台单相变压器，$S_N=10$ kV·A，$U_{1N}/U_{2N}=380/220$ V，$r_1=0.14\ \Omega$，$r_2=0.035\ \Omega$，$x_{1\sigma}=0.22\ \Omega$，$x_{2\sigma}=0.055\ \Omega$，$r_m=30\ \Omega$，$x_m=310\ \Omega$。一次侧加额定频率的额定电压并保持不变，二次侧负载阻抗 $Z_L=4+j3\ \Omega$。试用 T 形、Γ 形近似和简化等效电路计算下列各项：

(1) 一次侧、二次侧电流及二次侧电压；

(2) 一次侧、二次侧功率因数及功率和效率；

(3) 励磁电流、铁损耗和铜损耗。

第三章　三相变压器

第一节　三相变压器的磁路系统

将三个单相变压器的绕组以一定的方式连接而组成的三相变压器称为三相组式变压器(或三相变压器组)。三相组式变压器的磁路系统是互相独立的,如图3-1所示。

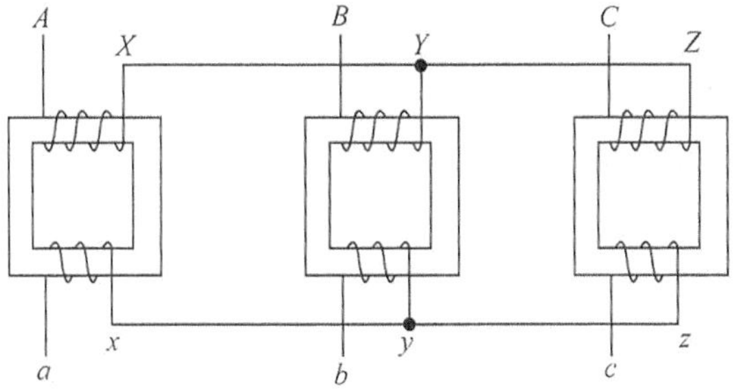

图 3-1　三相组式变压器

不但绕组以一定的方式互相连接,而且磁路系统也互相关联的三相变压器称为三相心式变压器,如图 3-2 所示。

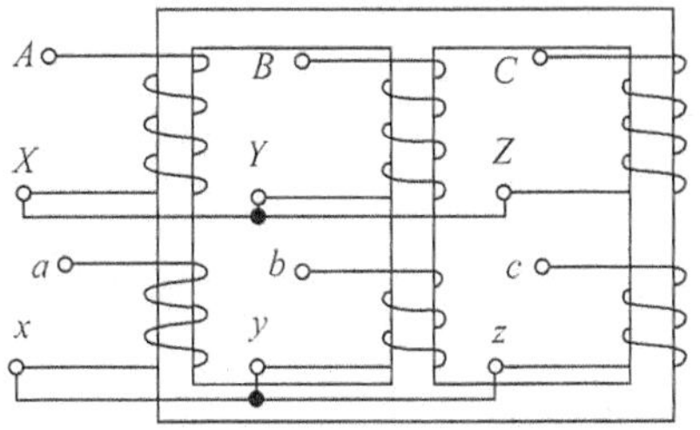

图 3-2　三相心式变压器

三相心式变压器磁路系统可由三台单相变压器的铁心演变而成,如图 3-3 所示。

图 3-3(a)所示为三台单相变压器的铁心。当一次侧外施三相对称电压时,三相主磁通 $\dot{\phi}_A$、$\dot{\phi}_B$、$\dot{\phi}_C$ 也是对称的,分别为 $\dot{\phi}_A = \phi_m \angle 0°$,$\dot{\phi}_B = \phi_m \angle 120°$,$\dot{\phi}_C = \phi_m \angle 240°$。

图 3-3(b)所示是将三台单相变压器的某一铁心柱合并为一。由于通过这一合并而成的铁心柱中的磁通为 $\dot{\phi}_A + \dot{\phi}_B + \dot{\phi}_C = 0$。因此,可省略而成图 3-3(c)。将三相铁心布置在同一平面便得图 3-3(d),这就是现在常用的三相心式变压器的铁心。这种结构简单,且节省硅钢片。在这种变压器中,三相磁路长度不相等,中间相较短,两边的两相较长,所以磁阻不相等。当外施三相对称电压时,三相空载电流就不相等,对应中间相的较小,另两相的较大些。但由于变压器的空载电流百分值很

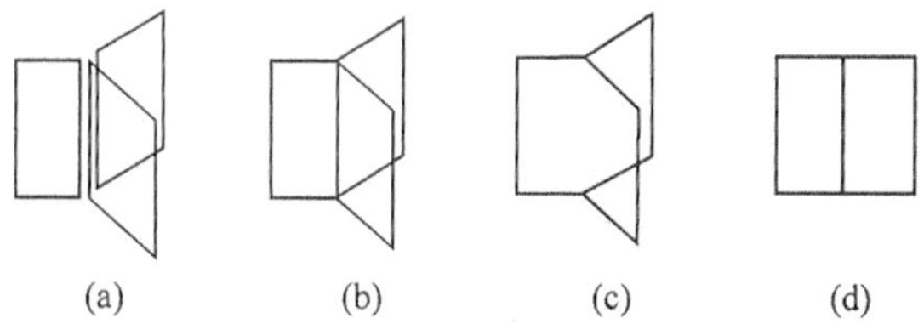

图 3-3　三相心式变压器的磁路系统

小，它的不对称对变压器负载运行的影响极小，可略去不计。

第二节　三相变压器的绕组连接

三相变压器绕组的引出端可以符号标明其首端($A,B,C;a,b,c$)和末端($X,Y,Z;x,y,z$)。

绕组同极性的对应端称为同名端，以符号“·”来标记。

一次侧、二次侧绕组的首端、末端不同的选择，使绕组感应电势的相位关系亦不同，如图 3-4 所示。

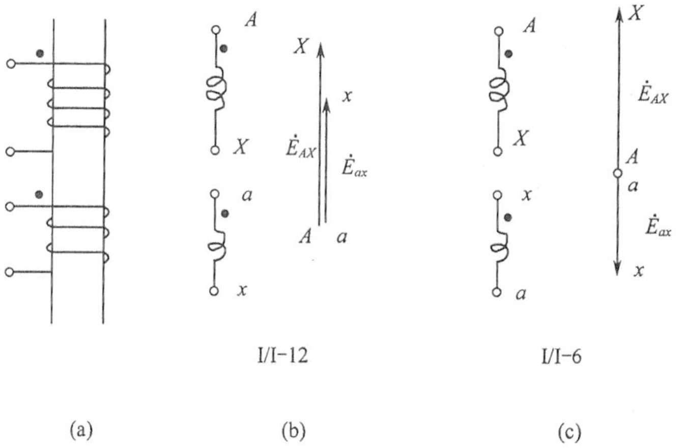

图 3-4　绕组感应电势的相位关系

图 3-4(a)所示在同一铁心上分别只绕有 A 相的一次绕组和二次绕组。若首端、末端的选择如图 3-4(b)所示，则对应相电势的相位关系为 I/I-12，其中“I”表示单相，“12”表示相量图犹如时钟 12 点。若首端、末端的选择如图 3-4(c)所示，则对应相电势的相位关系为 I/I-6。

在三相变压器中，不论一次侧绕组或二次侧绕组，都可采用三角形连接或星形连接。

依次将一相绕组的末端和另一相绕组的首端相连接而形成一闭合回路，便是三角形连接，用 D(高压绕组)和 d(低压绕组)表示，或者一律用△表示，见图 3-5(a)。

将三相绕组的末端连接在一起(称中性点)，而将其三个首端引出，便是星形连接，用 Y(高压绕组)和 y(低压绕组)表示，或者一律用 Y 表示，见图 3-5(b)。

一次侧、二次侧绕组的连接法的多种不同组合，称为连接组。例如：① Y，y 或 *YN*，y；② Y，d 或 *YN*，d；③ D，y 或 D，*yn*；④ D，d 等。其中前面的大写字母表示高压绕组的连接法，后面的小写字母表示低压绕组的连接法；*YN* 和 *yn* 分别表示高压绕组和低压绕组为中性点引出的星形连接。

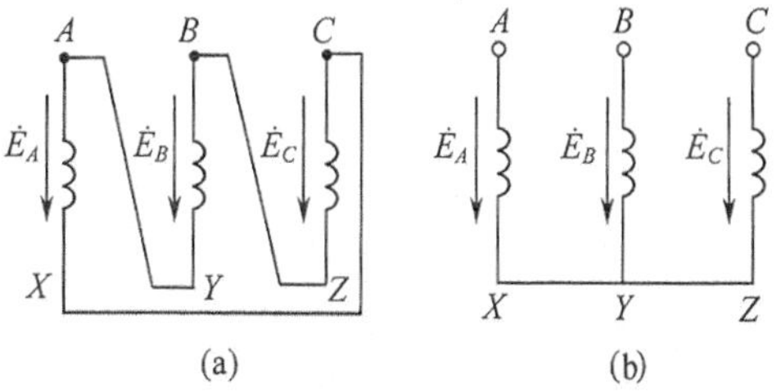

图 3-5　三相绕组的连接法

上述四种连接组也可用 Y/Y、Y/△、△/Y、△/△表示。若星形连接的绕组有中性点引出线的，则用 Y_0(或用 *YN* 和 *yn* 分别表示高压绕组和低压绕组为中性点引出的星形连接)表示。在不同的连接法中同名端与首、末端不同的组合，可得多种连接组，现以 Y，y0(即 Y/Y-12)和 Y，d11(即 Y/△-11)两种连接组为例介绍如下。

一、Y，y0(即 Y/Y-12)连接组

该连接组的绕组连接图如图 3-6(a)所示，图中一次、二次侧各相对应并将同极性端均标为首端。因此，一次、二次侧对应各相的相电势同相位，对应的线电势(如 $\dot{E}_{AB}$ 与 $\dot{E}_{ab}$)亦同相位。这种连接组可采用钟点法来表示，即将 $\dot{E}_{AB}$ 当作时钟的分针并指向钟面的 12 处，而将对应的 $\dot{E}_{ab}$ 当作时钟的时针，恰好也在 12 处，即为时钟的 0 点或 12 点，故此连接组可表记为 Y，y0(即 Y/Y-12)，如图 3-6(b)所示。

二、Y，d11(即 Y/△-11)连接组

该连接组如图 3-7 所示。在图 3-7(b)中将 $\dot{E}_{AB}$ 当作时钟的分针并指向 12 处，将对应的 $\dot{E}_{ab}$ 当作时钟的时针，恰好在 11 处，即时钟的 11 点，故此连接组用 Y，d11(即 Y/△-11)来标记。

将 Y，y0(即 Y/Y-12)连接组的二次侧每相的始末端标记对调可得 Y，y6(即 Y/Y-6)连接组，如图 3-8 所示；将 Y，d11(即 Y/△-11)连接组的二次侧每相的始末端对调可得 Y，d5(即 Y/△-5)连接组，如图 3-9 所示；将 Y，y0(即 Y/Y-12)连接组

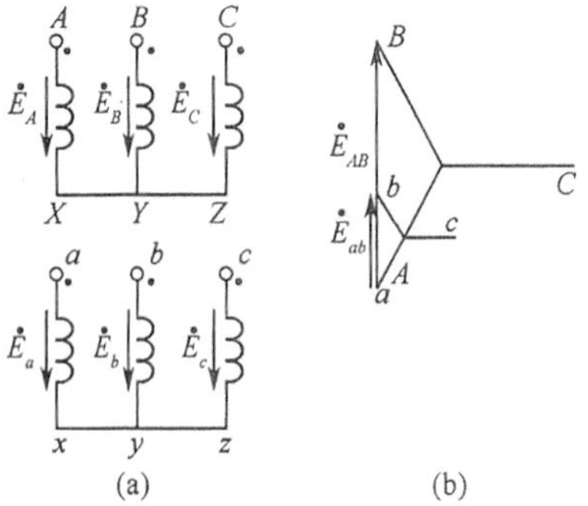

图 3-6　Y,y0 连接组

(a)连接图;(b)相量图

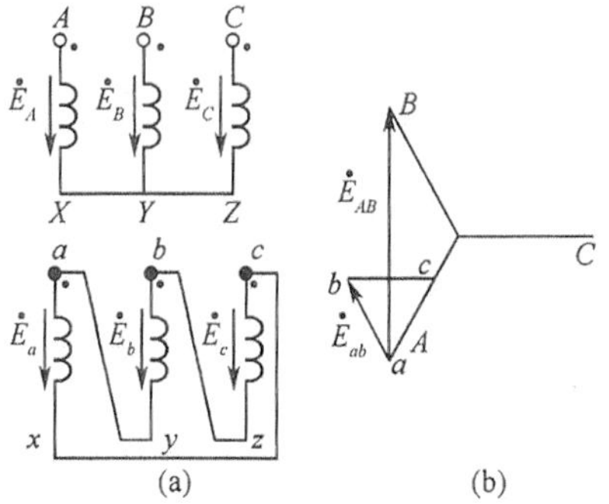

图 3-7　Y,d11 连接组

(a)连接图;(b)相量图

的二次侧各相标记轮换可得 Y,y4(即 Y/Y-4)连接组和 Y,y8(即 Y/Y-8)连接组,如图 3-10 和图 3-11 所示;将 Y,y6(即 Y/Y-6)连接组二次侧各相标记轮换可得 Y,y10(即 Y/Y-10)连接组和 Y,y2(即 Y/Y-2)连接组,如图 3-12 和图 3-13 所示;将 Y,d11(即 Y/△-11)连接组的二次侧各相标记轮换可得 Y,d3(即 Y/△-3)连接组和 Y,d7(即 Y/△-7)连接组,如图 3-14 和图 3-15 所示;将 Y,d 5(即 Y/△-5)连接组的二次侧各相标记轮换可得 Y,d9(即 Y/△-9)连接组和 Y,d1(即 Y/△-1)连接组,如图 3-16 和图 3-17 所示。综上所述,三相变压器的连接组别如表 3-1 所示。

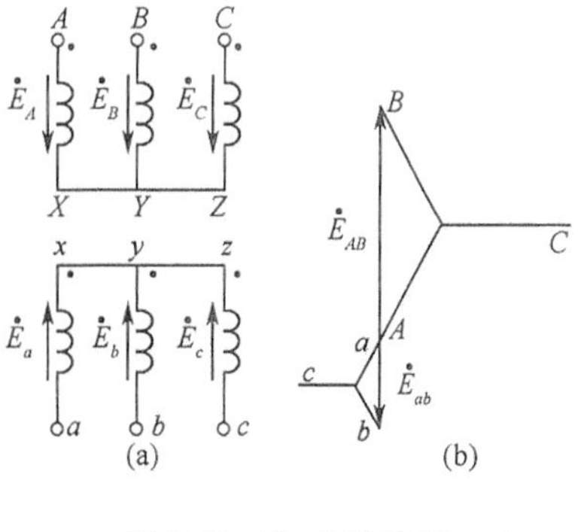

图 3-8　Y,y6 连接组

(a)连接图;(b)相量图

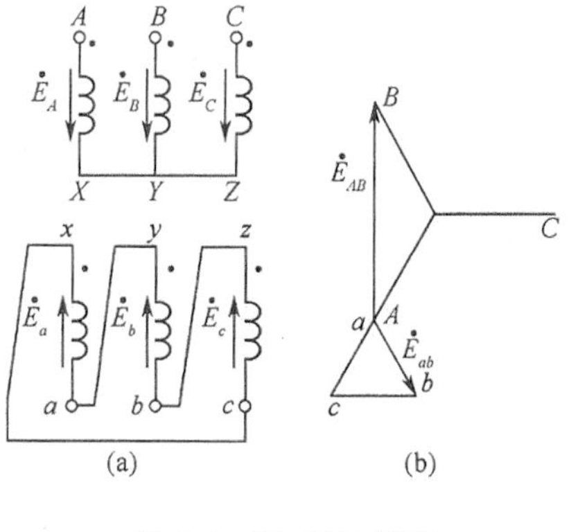

图 3-9　Y,d5 连接组

(a)连接图;(b)相量图

例 3-1　将图 3-18(a)所示变压器线圈连接成△/Y-5,并画出矢量图。

解　首先画出△/Y-5 的矢量图,如图 3-18(b)所示。根据矢量图即可得到相应的接线图,如图 3-18(c)所示。

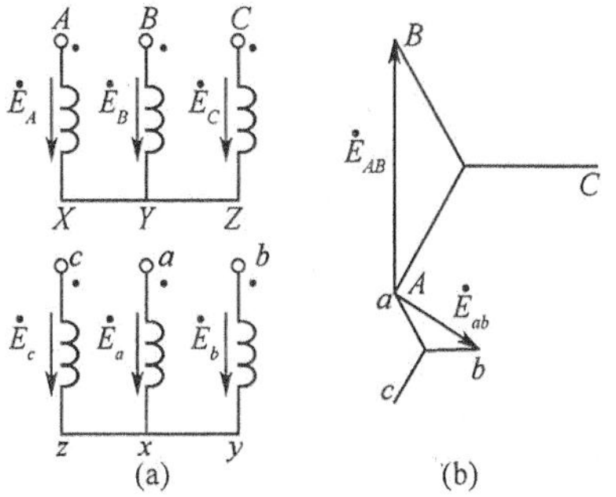

图 3-10　Y,y4 连接组

(a)连接图;(b)相量图

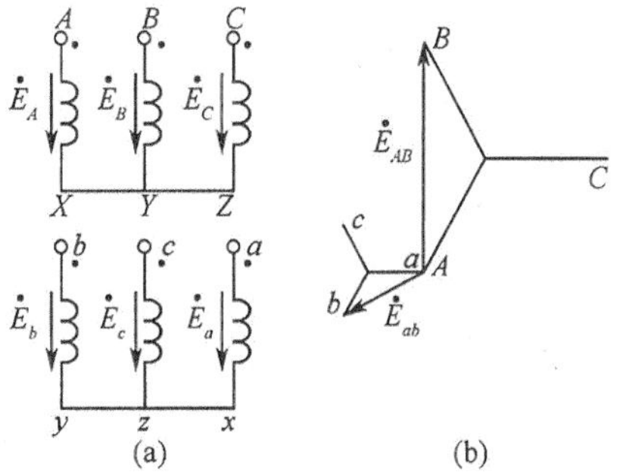

图 3-11　Y,y8 连接组

(a)连接图;(b)相量图

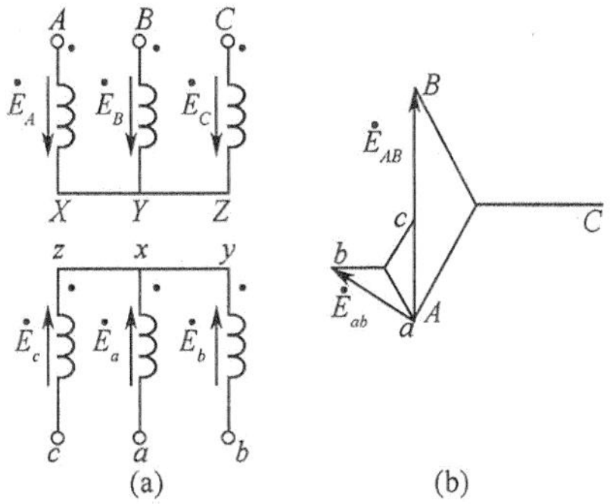

图 3-12　Y,y10 连接组

(a)连接图;(b)相量图

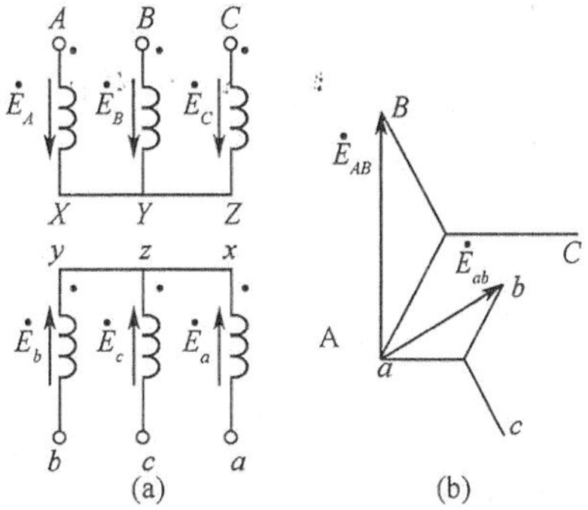

图 3-13　Y,y2 连接组

(a)连接图;(b)相量图

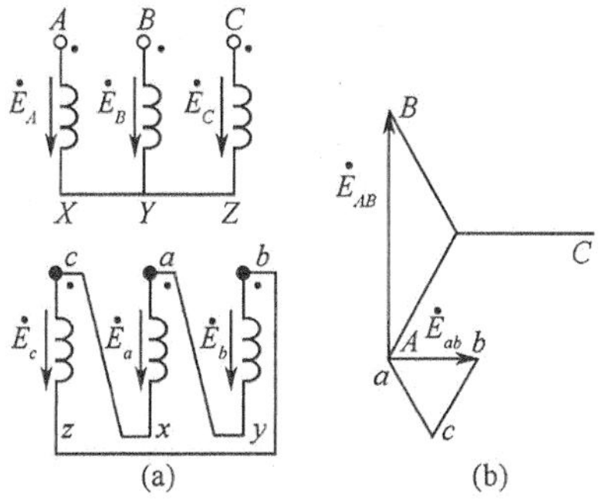

图 3-14　Y,d3 连接组

(a)连接图;(b)相量图

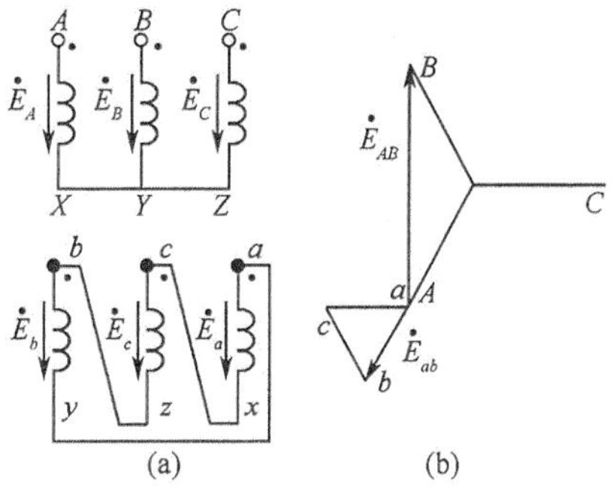

图 3-15　Y,d7 连接组

(a)连接图;(b)相量图

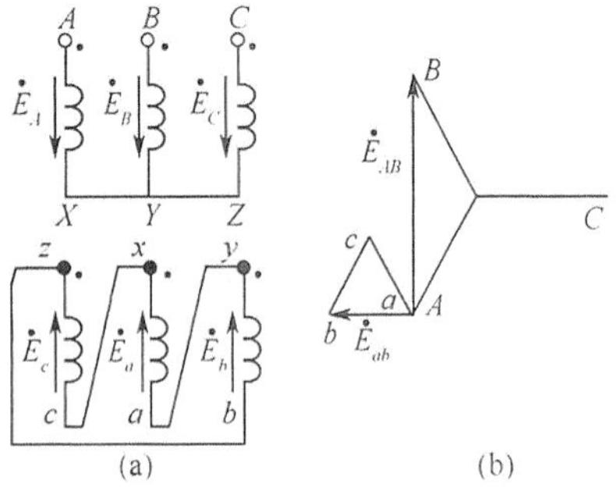

图 3-16　Y，d9 连接组
(a)连接图；(b)相量图

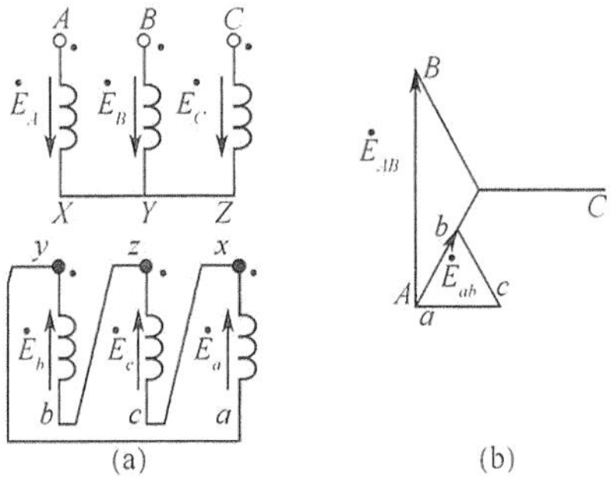

图 3-17　Y，d1 连接组
(a)连接图；(b)相量图

表 3-1　三相变压器的连接组别

基本组别	Y，y (即 Y/Y)		Y，d(即 Y/△)	
	12	6	11	5
派生组别	4	10	3	9
	8	2	7	1

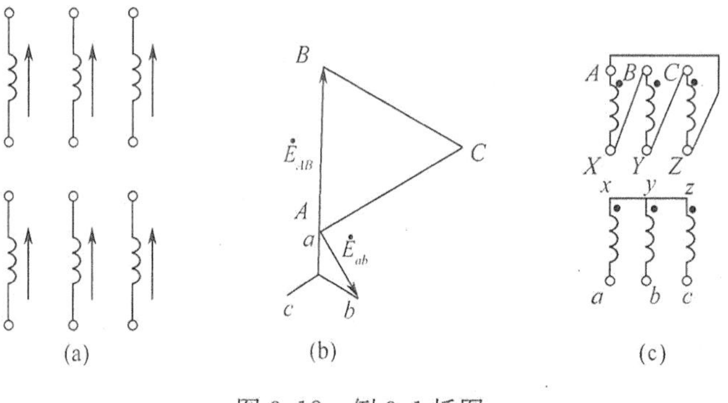

图 3-18　例 3-1 插图

第三节　三相变压器的空载电流、磁通和电势

在分析单相变压器的空载电流波形时曾经指出：当外施电压 u_1 为正弦波时，和它相平衡的电势 e_1 以及主磁通 ϕ 也是正弦波(或者说近似正弦波)。由于铁心磁路的非线性(通常设计额定点在磁化曲线已经开始饱和的膝点附近)，空载电流呈尖顶波，其中除基波外还有较强的 3 次谐波电流 i_{03}。对于三相变压器，各相 3 次谐波电流分别为

$$i_{03A} = I_{03m}\sin 3\omega t$$
$$i_{03B} = I_{03m}\sin 3(\omega t - 120°) = I_{03m}\sin 3\omega t$$
$$i_{03C} = I_{03m}\sin 3(\omega t - 240°) = I_{03m}\sin 3\omega t$$

由此可见,在对称三相中,所有的 3 次谐波都是同相位同大小的。

一、Y,y 连接的三相变压器

由于变压器一次侧采用星形连接又无中性线,故 3 次谐波电流不能流通。于是空载电流近似正弦波。由于磁路饱和,主磁通畸变为一平顶波,见图 3-19。它将导致感应电势呈尖顶波。

平顶波磁通分解为基波和各次谐波,其中 3 次(包括 3 的整数倍次谐波)能否通过铁心磁路将取决于磁路的结构。

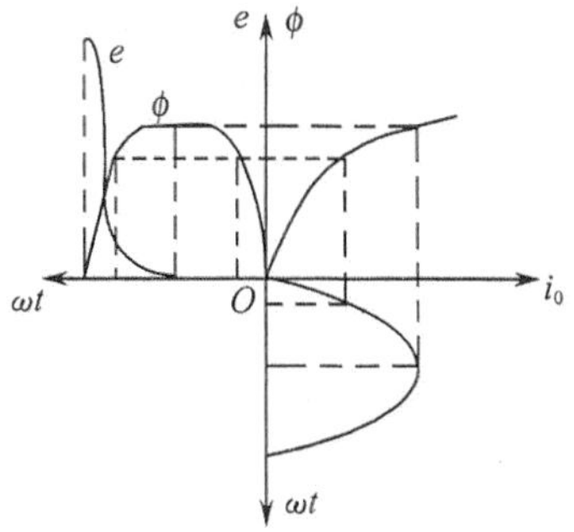

图 3-19 磁路饱和时的空载电流、磁通和电势波

对于三相心式变压器,由于三相磁路彼此互相联系,三相同相位同大小的 3 次谐波磁通不能通过铁心磁路,只能通过变压器油、油箱壁等形成闭路,故三次谐波磁通很小,因此,铁心中主磁通波形将近似正弦波,相电势的波形也接近正弦波。所以,三相心式变压器的绕组可作 Y,y 连接。但其容量不能很大(通常在 1000kV·A 以下),否则,由于三次谐波磁通沿油箱壁闭合,会引起过大的附加涡流损耗。

对于三相组式变压器,三相同相位同大小的 3 次谐波磁通能通过铁心磁路,则将会导致主磁通呈平顶波,相电压呈尖顶波。所以,三相组式变压器的绕组不可作 Y,y 连接。

二、D,y 和 Y,d 连接的三相变压器

当三相变压器采用 D,y 连接时,一次侧空载电流因其 3 次谐波分量可以通过而呈尖顶波,故主磁通为正弦波,由它感应的相电势 e_1 和 e_2 也是正弦波。

当三相变压器采用 Y,d 连接时,虽然一次侧空载电流中的 3 次谐波分量不能通过,由此导致主磁通和一、二次侧相电势中都出现 3 次谐波。但因二次侧为三角形连接,3 次谐波相电势将在二次侧的闭合回路内产生 3 次谐波电流。这时,变压器的主磁通就由一次侧正弦波的空载电流和二次侧的 3 次谐波电流共同建立,其结果与 D,y 连接时一样,导致主磁通波形近似正弦波。由于为建立正弦波主磁通所需的 3 次谐波电流是很小的,所以对变压器的运行并无多大影响。

由此可见,对于大容量的变压器,通常将某一侧绕组作三角形连接,或者在采

用 Y,y 连接时,铁心上另外再绕一个三角形连接的小容量线圈,以保证相电势接近正弦波。

第四节　小　　结

一、三相变压器连接组

同一铁心柱上一次、二次绕组内电势(或电压)的相位关系与绕组的绕向及始末端标记有关。当始端均为同名端时,一次、二次绕组内电势同相位,否则为反相。

三相变压器一次、二次绕组的线电势(或线电压)的相位关系与绕组的绕向、始末端标记及绕组的连接方法有关。

二、三相变压器的空载电流、磁通和电势

Y,y 连接的三相变压器,由于变压器一次侧采用星形连接又无中性线,故 3 次谐波电流不能流通。于是空载电流近似正弦波。由于磁路饱和,主磁通畸变为一平顶波,它将导致感应电势呈尖顶波。

对于三相心式变压器,三相同相位同大小的 3 次谐波磁通不能通过铁心磁路,只能通过变压器油、油箱壁等形成闭路,故三次谐波磁通很小,铁心中主磁通波形将近似正弦波。所以,三相心式变压器的绕组可作 Y,y 连接。但其容量不能很大(通常在 1000 kV·A 以下),否则附加涡流损耗很大。

对于三相组式变压器,三相同相位同大小的 3 次谐波磁通能通过铁心磁路,则将会导致主磁通呈平顶波,相电压呈尖顶波。所以,三相组式变压器的绕组不可作 Y,y 连接。

D,y 和 Y,d 连接的三相变压器,由于在三角形连接的绕组内有 3 次谐波电流,导致主磁通近似正弦波。相电势的波形也接近正弦波。

无论是星形或三角形连接,在线电势中均不存在三次谐波。

习　　题

3-1　Y/Y 连接的三相变压器组,在空载运行时,由于____________,使相电压增大,有害于变压器的正常运行。(选择:① 有三次谐波电流通过;② 有三次谐波磁通通过;③ 有三次谐波感应电势)

3-2　对于三相变压器,允许通过三相平顶波形主磁通的磁路系统是__________。(选择:① 三相心式变压器;② 三相组式变压器)

3-3　消除三相心式变压器中的三次谐波磁通的主要方法是__________。(选择:① 采用 Y/Y 连接;② 采用 Y/△连接;③ 采用△/△连接)

3-4　Y/Y 连接的组式变压器,相电势的波形是__________。(选择:① 正弦波;② 尖顶波;

③ 平顶波）

3-5　某三相电力变压器 $S_N=500\ kV\cdot A$，$U_{1N}/U_{2N}=10000/400\ V$，Y，y0 连接，其励磁电流的数值应该是________。（选择：① 28.87 A；② 50 A；③ 2A；④ 10A）

3-6　某三相电力变压器带电阻电感性负载运行时，负载电流相同的条件下，$\cos\varphi_2$ 越高，则________。（选择：① 副边电压变化率 ΔU 越大，效率越高；② 副边电压变化率 ΔU 越大，效率越低；③ 副边电压变化率 ΔU 越小，效率越低；④ 副边电压变化率 ΔU 越小，效率越高。）

3-7　为了得到随时间正弦变化的感应电势，变压器当铁心饱和时，空载电流应呈________波形。

3-8　Y/Y 连接组的三相变压器组，如外施电压为正弦波，空载时原绕组中励磁电流为________波形，磁通为________波形，副边相电势为________波形，副边线电压为________波形。

3-9　Y/Y 连接的三相变压器，在空载运行时，发现相电压过高，相电压过高的原因是________。

3-10　某 Y/△连接的三相变压器，原边接到额定电压的三相电源上，且空载运行。此时将副边的△打开一角，测量开口处的电压，然后将△闭合，再测量其中的电流。当此三相变压器是组式或心式时，所测电压值________，所测电流值________。（选择：完全相同，近似相同，不相同）

3-11　Y/△接法的三相变压器中，三次谐波电势在△接法的绕组中________形成环流，基波电势在△接法的绕组中________形成环流。

3-12　Y/△-11 和△/Y-11 两种连接组别的三相变压器，它们的相电势波形________，与磁路系统________。

3-13　三相心式变压器，三个铁心柱从左到右依次分别绕制 A 相绕组、B 相绕组、C 相绕组。A 相绕组上加单相正弦电压，A 柱铁心高饱和，B 柱铁心饱和，C 柱铁心不饱和。A 相绕组电流为________波形，B 相铁心柱磁通为________波形，C 相绕组电势为________波形。

3-14　一台三相变压器，一次、二次绕组的十二个端点及各相绕组电压的正方向如图 3-20 所示。现要将此三相绕组连接成 Y，d7、Y，y4 和 D，y1，试分别标出各相绕组出线端的标记，并连接成要求的连接组且画出一次侧与二次侧线电压三角形的相量图。

3-15　如何确定连接组？试说明为什么三相变压器组不能采用 Y，y 连接组，而三相心式变压器却可以呢？为什么三相变压器中常希望一次侧或者二次侧有一方的三相绕组接成三角形连接？

3-16　有一台 Y，d 连接的三相变压器空载运行，一次侧（高压侧）加上对称的正弦波额定电压，试分析：

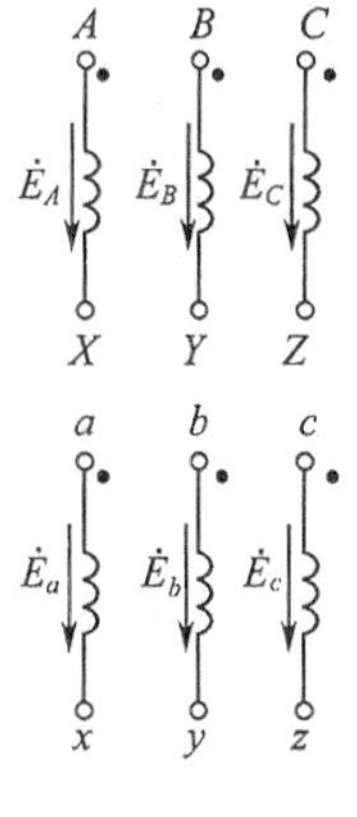

图 3-20

(1) 一次侧电流、二次侧相电流和线电流中有无三次谐波？

(2) 主磁通、一次侧、二次侧相电势有无 3 次谐波？一次侧相电压、二次侧相电压和线电压中有无三次谐波？

第四章　自耦变压器

普通的双绕组变压器一次、二次绕组之间没有电路上的直接联系。它们仅通过主磁通耦合来实现能量传递。自耦变压器的特点在于一次、二次绕组之间不仅有磁耦合的联系，还有电路上的直接联系。因此，自耦变压器的一次、二次绕组除了耦合传导能量外还有通过电路上直接传导的能量。

当变压器一次、二次侧的额定电压相差不大时，采用自耦变压器比采用普通双绕组变压器更能节省材料、降低成本、缩小体积和减轻重量，有利于大型变压器的运输和安装。

为了便于掌握自耦变压器的特点，这里将采用和普通双绕组变压器对比的方式来分析自耦变压器。

第一节　自耦变压器的连接和工作原理

设有如下一台双绕组变压器，变比 $k=N_1/N_2$，其线路图如图 4-1 所示。

略去漏抗压降时，一次侧、二次侧电势或电压比为

$$\frac{U_1}{U_2}=\frac{E_1}{E_2}=\frac{N_1}{N_2}=k$$

空载电流 $I_0=F_0/N_1$。负载略去后空载电流 I_0 时一次、二次侧电流比为

$$\dot{I}_2=-\frac{N_1}{N_2}\dot{I}_1=-k\dot{I}_1$$

双绕组变压器的容量

$$S=U_1I_1$$

现将上述这台普通双绕组变压器改接成一台降压自耦变压器，其接线图如图 4-2 所示。一次侧外施每匝电压与上述双绕组变压器的相同。

自耦变压器的变比为

$$k_a=\frac{N_1+N_2}{N_2}=k+1 \tag{4-1}$$

略去漏抗压降时一次、二次侧电势或电压比为

$$\frac{U_{1a}}{U_2}=\frac{N_1+N_2}{N_2}=k+1 \tag{4-2}$$

由于每匝绕组的电压未变，所以铁心中主磁通与原双绕组变压器的相同，对应的 $\dot{F}_0$ 相同，空载损耗亦相同。

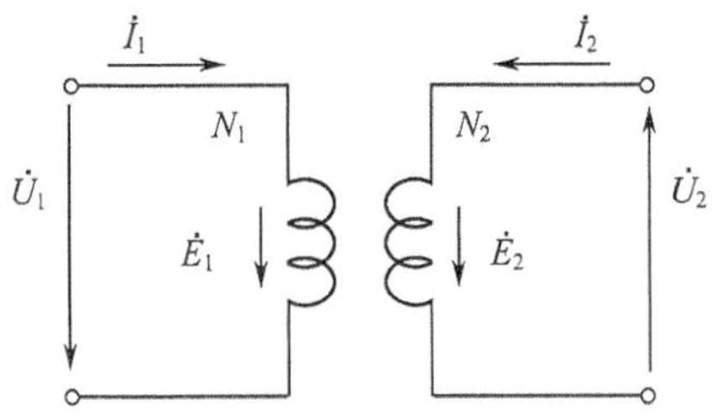

图 4-1　普通双绕组变压器线路图

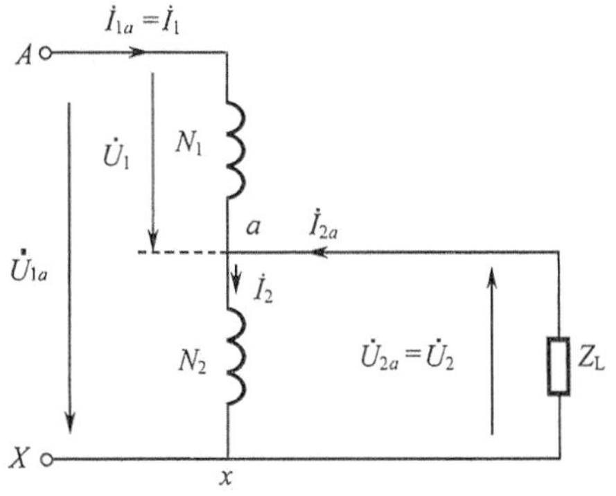

图 4-2　自耦变压器线路图

空载电流

$$\dot{I}_{0a}=\frac{\dot{F}_0}{N_1+N_2}=\frac{N_1\dot{I}_0}{N_1+N_2}=\frac{k\dot{I}_0}{k_a} \tag{4-3}$$

一次侧电流(即通过绕组 N_1 的电流)

$$\dot{I}_{1a}=\dot{I}_1$$

由节点列出电流关系式

$$\dot{I}_2=\dot{I}_1+\dot{I}_{2a} \tag{4-4}$$

负载时略去空载电流 $\dot{I}_0$,即

$$\dot{I}_1N_1+\dot{I}_2N_2=0$$

则

$$\dot{I}_1N_1+(\dot{I}_1+\dot{I}_{2a})N_2=0$$

即

$$\dot{I}_{2a}=-\frac{N_1+N_2}{N_2}\dot{I}_1=-(k+1)\dot{I}_1 \tag{4-5}$$

这台自耦变压器的容量为

$$S_a=U_{1a}I_1$$

第二节　自耦变压器的能量传递

在自耦变压器的一次侧有

$$U_{1a}I_1=(U_1+U_2)I_1=U_1I_1+U_2I_1$$

用有效值表示时

$$U_{1a}=U_1+U_2$$

在自耦变压器的二次侧有

$$U_2 I_{2a} = (I_1 + I_2)U_2 = U_2 I_2 + U_2 I_1$$

其中，$\dot{I}_{2a}=-\dot{I}_1(k+1)$，$\dot{I}_2=\dot{I}_1+\dot{I}_{2a}$，对应画出电流的相量关系如图 4-3 所示。

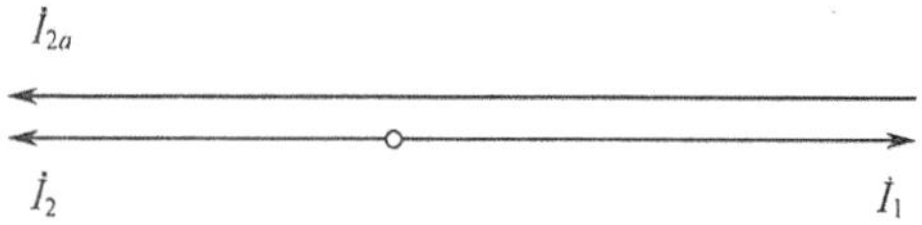

图 4-3　电流的相量关系

由图 4-3 可见

$$I_1 + I_2 = I_{2a}$$

一、耦合传导能量

自耦变压器一次侧中输入的视在功率为 $U_{1a}I_1$，其中 $U_1 I_1$ 通过磁耦合传递到二次侧为 $U_2 I_2$，它与总的输入视在功率之比

$$\frac{U_1 I_1}{U_{1a} I_1} = \frac{U_1}{U_{1a}} = \frac{N_1}{N_1 + N_2} = \frac{k}{k+1} = 1 - \frac{1}{k_a}$$

即

$$U_1 I_1 = S = \left(1 - \frac{1}{k_a}\right) S_a \tag{4-6}$$

二、直接传导能量

自耦变压器一次侧中输入的视在功率 $U_{1a}I_1$ 中 $U_2 I_1$ 因电流 I_1 直接经电路流至二次侧而成为直接传导的能量。它与总输入能量之比

$$\frac{U_2 I_1}{U_{1a} I_1} = \frac{U_2}{U_{1a}} = \frac{N_2}{N_1 + N_2} = \frac{1}{k+1} = \frac{1}{k_a}$$

即

$$U_2 I_1 = \frac{1}{k_a} S_a \tag{4-7}$$

可见，如上所述的普通双绕组变压器改接成相应的自耦变压器后，其容量增大到 $1+\frac{1}{k}$ 倍，即

$$S_a = \left(1 + \frac{1}{k}\right) S \tag{4-8}$$

当 $k_a=2$ 时，耦合传导能量与直接传导能量相等，即有

$$U_1 I_1 = U_2 I_1 = \frac{S_a}{2}$$

通常取 $k_a \leqslant 2$，这样可使直接传导的能量等于或大于耦合传导的能量，从而达到变压器体积小、重量轻以及经济性能好的目的。

第三节　自耦变压器的等效电路与相量图

根据以上分析，自耦变压器运行时有关系式如下：

$$\begin{cases}\dot{E}_1 = k\dot{E}_2 \\ \dot{I}_2 = -k\dot{I}_1 \quad (\text{略去 } \dot{I}_0)\end{cases}$$

$$\dot{U}_{1a} = \dot{U}_1 + (-\dot{U}_2)$$

$$\begin{cases}\dot{U}_1 = -\dot{E}_1 + \dot{I}_1 Z_1 \\ \dot{U}_2 = \dot{E}_2 - \dot{I}_2 Z_2\end{cases}$$

式中，$\dot{E}_1$、$\dot{E}_2$ ——分别为绕组 N_1、N_2（即原双绕组变压器的一次侧、二次侧）的感应电势；

Z_1、Z_2 ——分别为绕组 N_1、N_2 的漏阻抗。

于是

$$\begin{aligned}\dot{U}_{1a} &= \dot{U}_1 - \dot{U}_2 = -\dot{E}_1 + \dot{I}_1 Z_1 - \dot{U}_2 \\ &= -k\dot{E}_2 + \dot{I}_1 Z_1 - \dot{U}_2 \\ &= -k(\dot{U}_2 + \dot{I}_2 Z_2) + \dot{I}_1 Z_1 - \dot{U}_2 \\ &= -k(\dot{U}_2 - k\dot{I}_1 Z_2) + \dot{I}_1 Z_1 - \dot{U}_2 \\ &= -k\dot{U}_2 + k^2 \dot{I}_1 Z_2 + \dot{I}_1 Z_1 - \dot{U}_2 \\ &= -(k+1)\dot{U}_2 + \dot{I}_1 Z'_2 + \dot{I}_1 Z_1 \\ &= -k_a\dot{U}_2 + \dot{I}_1(Z_1 + Z'_2) = -k_a\dot{U}_2 + \dot{I}Z_{ka}\end{aligned} \tag{4-9}$$

式中，Z_{ka}——自耦变压器的短路阻抗实际值；

Z_k ——原双绕组变压器的短路阻抗实际值。

且

$$Z_{ka} = Z_1 + Z'_2 = Z_k \tag{4-10}$$

以标幺值表示

$$Z_k^* = \frac{I_{1N} Z_k}{U_{1N}}$$

$$Z_{ka}^* = \frac{I_{1aN} Z_{ka}}{U_{1aN}} = \left(1 - \frac{1}{k_a}\right) Z_k^* \tag{4-11}$$

自耦变压器的简化等效电路和相量图如图 4-4、图 4-5 所示。

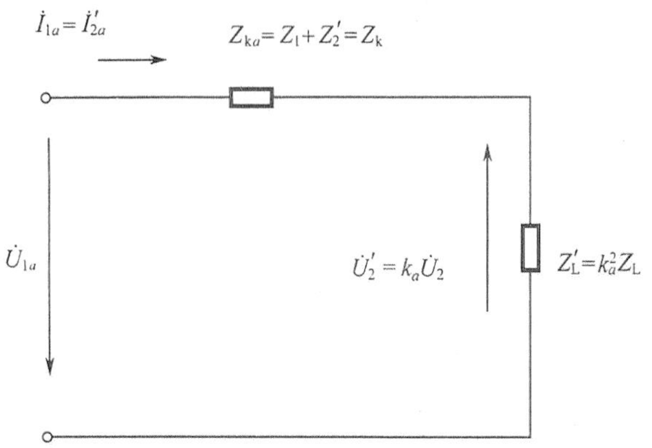

图 4-4　自耦变压器的简化等效电路

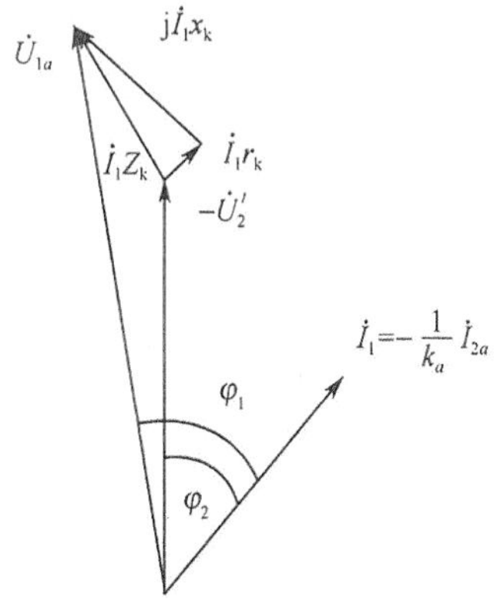

图 4-5　自耦变压器的相量图

第四节　自耦变压器的电压调整率和效率

一、从短路电压看电压调整率 ΔU

由于

$$Z_{ka}=Z_k$$

自耦变压器一次侧的阻抗基值为

$$Z_{1aN}=\frac{U_{1aN}}{I_{1N}}=\frac{U_{1N}+U_{2N}}{I_{1N}}=\frac{U_{1N}\left(1+\frac{1}{k}\right)}{I_{1N}}=\left(1+\frac{1}{k}\right)Z_{1N}$$

自耦变压器短路电压标幺值则为

$$u_{ka}=Z_{ka}^*=\frac{Z_k}{Z_{1aN}}=\frac{Z_k}{\left(1+\frac{1}{k}\right)Z_{1N}}=Z_k^*\left(\frac{k}{k+1}\right)=\frac{k}{k+1}u_k \tag{4-12}$$

其电阻分量为

$$u_{kra}=\frac{k}{k+1}u_{kr} \tag{4-13}$$

其电抗分量为

$$u_{kxa}=\frac{k}{k+1}u_{kx} \tag{4-14}$$

可见，普通双绕组变压器改接成自耦变压器后，其短路电压减少为原来的$\frac{k}{k+1}$倍。

于是，自耦变压器的电压调整率为

$$\begin{aligned}\Delta U_a&=\beta(u_{kra}\cos\phi_2+u_{kxa}\sin\phi_2)\\&=\left(\frac{k}{k+1}\right)\Delta U\end{aligned} \tag{4-15}$$

式中，ΔU——原双绕组变压器的电压调整率。

二、损耗和效率 η

由于如上述将一台普通比绕组变压器改接成一台自耦变压器后，原来绕组 N_1、N_2 外施电压未变，绕组内通过的电流也未变，则铁心中磁通不变，故其铁损耗 p_{Fe}亦未变。同时，因绕组内通过的电流未变，则绕组的铜损耗 p_{Cu}也未变。所以，总损耗 $\sum p = p_{Fe} + p_{Cu}$ 未变。

自耦变压器一次侧输入功率

$$P_{1a} = S_a \cos\varphi_1 = \left(1+\frac{1}{k}\right)S\cos\varphi_1 = \left(1+\frac{1}{k}\right)P_1$$

则

$$\frac{\sum p}{P_{1a}} = \frac{\sum p}{P_1\left(1+\frac{1}{k}\right)}$$

于是，自耦变压器的效率

$$\eta_a = 1 - \frac{\sum p}{P_{1a}} = 1 - \frac{\sum p}{P_1\left(1+\frac{1}{k}\right)} \tag{4-16}$$

可见，普通双绕组变压器改接成自耦变压器后，其效率提高了。

例 4-1　有一台 5600kV·A，6.6/3.3kV，Y/Y_0-12 连接的三相双绕组变压器，$z_k^* = 0.105$。现将其改接成 9.9/3.3kV 的降压自耦变压器。试求：

(1) 自耦变压器的额定容量；

(2) 在额定电压下发生稳态短路时的短路电流，并与原来双绕组变压器的稳态短路电流相比较。

解　双绕组变压器变比

$$k = \frac{N_1}{N_2} = \frac{U_{1N}}{U_{2N}} = \frac{6.6\times 10^3}{3.3\times 10^3} = 2$$

自耦变压器变比

$$k_a = \frac{N_1 + N_2}{N_2} = \frac{U_{1a}}{U_2} = \frac{9.9\times 10^3}{3.3\times 10^3} = 3$$

(1) 自耦变压器的额定容量

$$S_{aN} = \left(1+\frac{1}{k}\right)S_N = \left(1+\frac{1}{2}\right)\times 5600 = 8400(\text{kV·A})$$

(2) 在额定电压下的稳态短路电流。

双绕组变压器

$$I_{1N}=\frac{S_N}{\sqrt{3}U_{1N}}=\frac{5600\times10^3}{\sqrt{3}\times6.6\times10^3}=489.87(\text{A})$$

$$I_{1k}^*=\frac{U_1^*}{Z_k^*}=\frac{1}{0.105}=9.5$$

$$I_{1k}=I_{1k}^*I_{1N}=9.5\times489.87=4653.8(\text{A})$$

自耦变压器

$$z_{ka}^*=\left(1-\frac{1}{k_a}\right)z_k^*=\left(1-\frac{1}{3}\right)\times0.105=0.07$$

$$I_{1ka}^*=\frac{U_{1a}^*}{k_a^*}=\frac{1}{0.07}=14.3$$

$$I_{1Na}=\frac{S_{aN}}{\sqrt{3}U_{1a}}=\frac{8400\times10^3}{\sqrt{3}\times9.9\times10^3}=489.87(\text{A})$$

$$I_{1ka}=I_{1ka}^*I_{1Na}=14.3\times489.87=7005.1(\text{A})$$

例 4-2 三相变压器，额定容量为 320 kV · A，50 Hz，Y，y0 连接，6300/400V，$p_0=1450$ W，$p_{kN}=5700$W，设 $u_k=5.5\%$。试求：

(1) 当供给额定负载且功率因数为 0.8 滞后时的电压调整率和效率；

(2) 当将该变压器的一次侧、二次侧绕组串联，作为升压自耦变压器，并以 6300 V 作为低压侧的输入电压时，它的变比 k_a 和额定容量 S_{aN}；

(3) 当该自耦变压器供给额定负载且功率因数为 0.8 滞后时的电压调整率 ΔU_a 和效率 η_a。

解 依题意有

$$u_k=0.055$$

$$u_{kr}=\frac{p_{kN}}{S_N}=\frac{5.7}{320}=0.0178$$

$$u_{kxr}=\sqrt{u_k^2-u_{kr}^2}=\sqrt{0.055^2-0.0178^2}=0.052$$

(1) 当供给额定负载且功率因数为 0.8 滞后时的电压调整率和效率为

$$\Delta U=u_{kr}\cos\varphi_2+u_{kx}\sin\varphi_2=0.0178\times0.8+0.052\times0.6=0.0454$$

$$\eta=\frac{S_N\cos\varphi_2}{S_N\cos\varphi_2+p_0+p_{kN}}=\frac{320\times0.8}{320\times0.8+1.45+5.7}=97.28\%$$

(2) 该升压自耦变压器的变比为

$$k_a=\frac{\frac{6700}{\sqrt{3}}}{\frac{6300}{\sqrt{3}}}=1.0635$$

二次侧额定电流即为原双绕组变压器二次侧绕组的额定电流，即

$$I_{2N}=\frac{S_N}{\sqrt{3}U_{2N}}=\frac{320\times10^3}{\sqrt{3}\times400}=462(\text{A})$$

自耦变压器的额定容量

$$S_{aN}=\sqrt{3}U_{2a}I_{2a}=\sqrt{3}\times 6700\times 462=5360(\text{kV·A})$$

或

$$S_{aN}=\frac{k_a}{k_a-1}S_N=\frac{1.0635}{1.0635-1}\times 320=5360(\text{kV·A})$$

(3) 因为原来二次侧相电压为 $400/\sqrt{3}$ V，现在升高为 $6700/\sqrt{3}$ V，所以电压调整率为

$$\Delta U_a=\Delta U\frac{U_{2N\varphi}}{U_{2a\varphi}}=0.0454\times\frac{\frac{400}{\sqrt{3}}}{\frac{6700}{\sqrt{3}}}=0.0027$$

或

$$\Delta U_a=\Delta U\frac{k_a-1}{k_a}=0.0454\times\frac{1.0635-1}{1.0635}=0.0027$$

自耦变压器的效率

$$\eta=\frac{S_{aN}\cos\varphi_2}{S_{aN}\cos\varphi_2+p_0+p_{kN}}=\frac{5360\times 0.8}{5360\times 0.8+1.45+5.7}=99.83\%$$

例 4-3　一台单相双绕组变压器，3 kV·A，230/115 V。今将其改成自耦变压器使用，如图 4-6 所示。求：

(1) 当要求输入电压为 230 V、输出电压为 345 V、运行于额定容量时，自耦变压器的变比及原、副方的电压和电流值；

(2) 当输入电压为 345 V、输出电压为 115 V、输出 2 kW、$\cos\varphi_2=0.8$(滞后)时，原、副方电流和容量在不使线圈过载情况下的最大输出及耦合传导容量和直接传导容量。

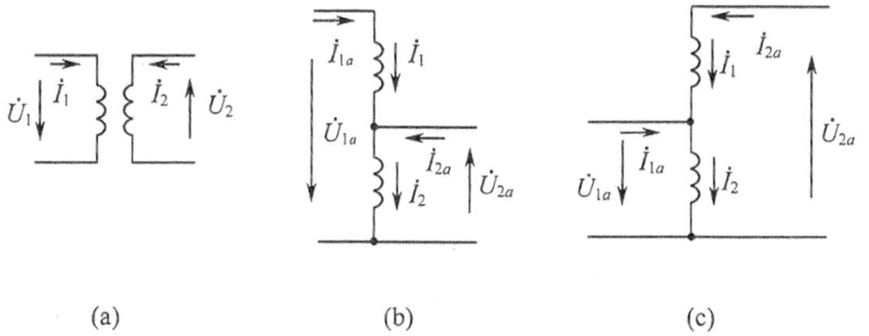

图 4-6　例 4-3 插图

解　单相变压器的额定电流和变比

$$I_{1N}=\frac{S_N}{U_{1N}}=\frac{3\times10^3}{230}=13.045\ (A)$$

$$I_{2N}=\frac{S_N}{U_{2N}}=\frac{3\times10^3}{115}=26.09(A)$$

$$k=\frac{U_{1N}}{U_{2N}}=\frac{230}{115}=2$$

(1) 做升压自耦变压器运行,$U_{1a}=230$ V,$U_{2a}=345$ V 时,如图 4-6(c)所示,忽略励磁电流,则

$$I_{1a}=I_{1N}+I_{2N}=13.045+26.09=39.135(A)$$

$$I_{2a}=I_{2N}=26.09A$$

$$S_a=U_{1a}I_{1a}\times10^{-3}=230\times39.135\times10^{-3}=9\ (kV\cdot A)$$

$$k_a=\frac{U_{1a}}{U_{2a}}=\frac{230}{345}=0.67$$

(2) 做降压自耦变压器运行,$U_{1a}=345$ V,$U_{2a}=115$ V,$P_2=2$ kW,$\cos\varphi_2=0.8$(滞后)时,容量和原、副方电流分别为[见图 4-6(b)]

$$S_a=\frac{P_2}{\cos\varphi_2}=\frac{2\times10^3}{0.8}=2.5\ (kV\cdot A)$$

$$I_{1a}=\frac{S_a}{U_{1a}}=\frac{2.5\times10^3}{345}=7.25\ (A)$$

$$I_{2a}=\frac{S_a}{U_{2a}}=\frac{2.5\times10^3}{115}=21.74\ (A)$$

此时自耦变压器的变比为

$$k_a=\frac{U_{1a}}{U_{2a}}=\frac{345}{115}=3\left(\text{或 } k_a=\frac{I_{2a}}{I_{1a}}=\frac{21.74}{7.25}=3\right)$$

下面求作降压自耦变压器运行,$U_{1a}=345$ V,$U_{2a}=115$ V 时的最大容量及耦合传导容量和直接传导容量:

此时低压线圈为公共部分,其中电流为

$$I_2=26.09\ A$$

该部分的容量即耦合传导容量

$$S=I_2U_{2a}=26.09\times115\times10^{-3}=3\ (kV\cdot A)$$

输入电流和输入容量分别为

$$I_{1a}=13.045\ A$$

和

$$S_{1a}=I_{1a}U_{1a}=13.045\times345\times10^{-3}=4.5\ (kV\cdot A)$$

直接传导容量为

$$S'=S_{1a}-S=4.5-3=1.5\ (kV\cdot A)$$

输出电流为

$$I_{2a}=I_{1a}+I_2=13.045+26.09=39.135\ (\mathrm{A})$$

输出容量等于输入容量

$$S_2=S_1=4.5\ \mathrm{kV{\cdot}A}$$

第五节　小　　结

一、电势、电流关系

$$k=\frac{N_1}{N_2}=\frac{E_1}{E_2}=\frac{U_{1N}}{U_{2N}},\quad k_a=1+k$$

$$\dot{I}_1=-\frac{\dot{I}_2}{k},\quad \dot{I}_{1a}=\dot{I}_1,\quad \dot{I}_{2a}=\left(1+\frac{1}{k}\right)\dot{I}_2$$

二、容量关系

$$S_{aN}=\left(1+\frac{1}{k}\right)S_N$$

习　　题

4-1　一台单相双绕组变压器，$N_1=300$ 匝，$N_2=1500$ 匝，额定容量为 10 kV·A。接成变比 $k_a=1.2$ 的降压自耦变压器运行，其额定容量为__________ kV·A；其中直接传导容量为__________ kV·A；其短路电压 u_{ka} 是原来的__________倍。

4-2　自耦变压器变比 k_a 接近于 1 时，直接传导功率大于耦合传导功率，直接传导功率与自耦变压器的额定功率之比为__________，耦合传导功率与自耦变压器的额定功率之比为__________。

4-3　一台单相双绕组变压器，电压比为 220/110 V，额定容量为 1 kV·A，把此台变压器改接成自耦变压器，使其电压比为 330/220 V，那么此台自耦变压器的原边最大(额定)输入电流为__________ A，副边输出电流为__________ A，绕组的公共部分中流过的电流为__________ A。

4-4　有一台单相 220/110 V，10 kV·A 的双绕组变压器，今欲将这台变压器改接为 330/220 V的自耦变压器，试求改接后变压器的容量。

4-5　一台 5600 kV·A，6.6/3.3 kV，Y/Y_0-12 连接的三相两线圈变压器，$z_k^*=0.105$。现将其改接成 9.9/3.3 kV 的降压自耦变压器，试求：

(1) 自耦变压器的额定容量；

(2) 在额定电压下发生稳态短路时的短路电流，并与原来两线圈变压器的稳态短路电流相比较。

第五章　变压器的两种运行方式

第一节　变压器的并联运行

在实际使用中，常常采用多台变压器并联运行的方式。并联运行是将两台或多台变压器的一次侧和二次侧分别接到公共的母线上，同时对负载供电。图 5-1 是两台单相变压器并联运行时的接线图。

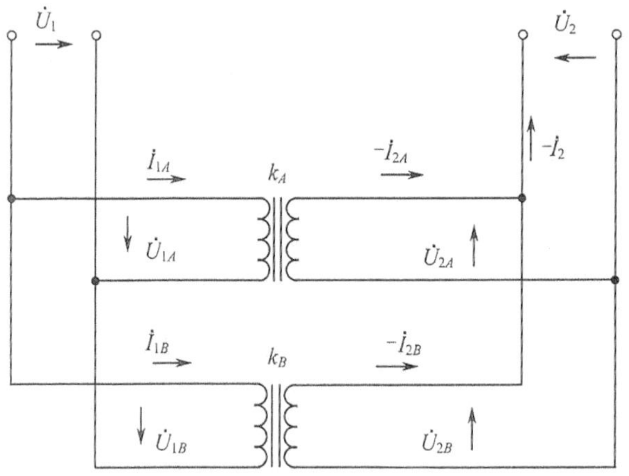

图 5-1　两台单相变压器并联运行时的接线图

变压器并联运行的基本条件是各台变压器的一次侧和二次侧电压的大小相等、相位相同。变压器并联运行的最理想情况是：

(1) 空载时并联的多台变压器二次侧之间无环流(循环电流)。这样，空载时各台变压器二次侧无铜损耗，一次侧的铜损耗也较小。

(2) 负载后，各台变压器所承担的负载电流按其额定容量成正比分配。这样，装机容量能得到充分利用。

(3) 负载后各台变压器二次侧电流同相位。这样，在总的负载电流一定时，各台变压器所分担的电流最小。如果各台变压器二次侧电流一定，则共同承担的负载电流最大。

为了达到上述并联运行的理想情况，各台变压器必须具备下列三个条件：

(1) 各台变压器的一次侧额定电压和二次侧额定电压应分别相等。此时，各台变压器的一次侧与二次侧线电压之比相等。

(2) 各台变压器的二次侧线电压对一次侧线电压的相位差应相等，即各台变压器应属于相同的连接组。

(3) 各台变压器用标幺值表示的短路阻抗应相等，短路电抗和短路电阻之比也应相等。

一、并联运行的基本方程式

为了便于计算，将一次侧各物理量折算到二次侧。并且，忽略励磁电流。列出每台变压器基本方程式如下：

$$\left.\begin{aligned}\dot{U}'_1 &= -\dot{E}' + \dot{I}'_1 Z'_1 \\ \dot{U}_2 &= \dot{E}_2 - \dot{I}_2 Z_2 \\ \dot{I}'_1 &= -\dot{I}_2\end{aligned}\right\} \tag{5-1}$$

其二次侧电压

$$\begin{aligned}\dot{U}_2 &= \dot{E}_2 - \dot{I}_2 Z_2 = \dot{E}'_1 - \dot{I}_2 Z_2 = (-\dot{U}'_1 + \dot{I}'_1 Z'_1) - \dot{I}_2 Z_2 \\ &= -\dot{U}'_1 - \dot{I}_2 Z'_1 - \dot{I}_2 Z_2 = -\dot{U}'_1 - \dot{I}_2 (Z'_1 + Z_2) \\ &= -\dot{U}'_1 - \dot{I}_2 Z_k = -\frac{\dot{U}_1}{k} - \dot{I}_2 Z_k\end{aligned} \tag{5-2}$$

式中，$Z_k = (Z'_1 + Z_2)$——折算到二次侧的变压器短路阻抗。

设有 A、B 两台单相变压器并联运行，其变比分别为 k_A、k_B，如图 5-1 所示。对于这两台变压器依照式(5-2)可列出

$$\dot{U}_{2A} = -\frac{\dot{U}_{1A}}{k_A} - \dot{I}_{2A} Z_{kA} \tag{5-3}$$

$$\dot{U}_{2B} = -\frac{\dot{U}_{1B}}{k_B} - \dot{I}_{2B} Z_{kB} \tag{5-4}$$

式中，Z_{kA}——折算到二次侧的 A 台变压器短路阻抗；

Z_{kB}——折算到二次侧的 B 台变压器短路阻抗。

并联运行系统的一次侧

$$\dot{U}_{1A} = \dot{U}_{1B} = \dot{U}_1$$

并联运行系统的二次侧

$$\dot{U}_{2A} = \dot{U}_{2B} = \dot{U}_2$$

即

$$-\frac{\dot{U}_{1A}}{k_A} - \dot{I}_{2A} Z_{kA} = -\frac{\dot{U}_{1B}}{k_B} - \dot{I}_{2B} Z_{kB}$$

或

$$-\frac{\dot{U}_1}{k_A}-\dot{I}_{2A}Z_{kA}=-\frac{\dot{U}_1}{k_B}-\dot{I}_{2B}Z_{kB}$$

由二次侧电流关系 $\dot{I}_{2A}+\dot{I}_{2B}=\dot{I}_2$ 可分别列出方程式：

$$-\frac{\dot{U}_1}{k_A}-\dot{I}_{2A}Z_{kA}=-\frac{\dot{U}_1}{k_B}-(\dot{I}_2-\dot{I}_{2A})Z_{kB}$$

$$-\frac{\dot{U}_1}{k_A}-(\dot{I}_2-\dot{I}_{2B})Z_{kA}=-\frac{\dot{U}_1}{k_B}-\dot{I}_{2B}Z_{kB}$$

则得各台变压器二次侧电流为

$$-\dot{I}_{2A}=\frac{\left(\frac{1}{k_A}-\frac{1}{k_B}\right)\dot{U}_1}{Z_{kA}+Z_{kB}}-\frac{Z_{kB}}{Z_{kA}+Z_{kB}}\dot{I}_2=\dot{I}_C-\dot{I}_{LA} \tag{5-5}$$

$$-\dot{I}_{2B}=\frac{-\left(\frac{1}{k_A}-\frac{1}{k_B}\right)\dot{U}_1}{Z_{kA}+Z_{kB}}-\frac{Z_{kA}}{Z_{kA}+Z_{kB}}\dot{I}_2=-\dot{I}_C-\dot{I}_{LB} \tag{5-6}$$

式中，$\dot{I}_C=\frac{\left(\frac{1}{k_A}-\frac{1}{k_B}\right)\dot{U}_1}{Z_{kA}+Z_{kB}}$称为环流或均压电流(或变比电流)；$\dot{I}_{LA}=\frac{Z_{kB}}{Z_{kA}+Z_{kB}}\dot{I}_2$ 和 $\dot{I}_{LB}=\frac{Z_{kA}}{Z_{kA}+Z_{kB}}\dot{I}_2$ 分别为 A、B 两台变压器的负载分量。

二、变比不等时变压器的并联运行

由以上 $\dot{I}_C$ 的计算式可见，当 $k_A=k_B$ 时，$\dot{I}_C=0$；只有当 $k_A\neq k_B$ 时，才出现 $\dot{I}_C$，即 $\dot{I}_C$ 由变比不等所引起。由式(5-5)、式(5-6)可见，对 A 台变压器，有电流 $\dot{I}_C$，而对 B 台变压器，有电流$-\dot{I}_C$，表示此电流只在 A 台变压器和 B 台变压器之间循环，不受负载电流 $\dot{I}_2$ 的影响。同时不难看出，$\dot{I}_C$的相位取决于阻抗角

$$\varphi'_k=\arctan\frac{x_{kA}+x_{kB}}{r_{kA}+r_{kB}}$$

设两台并联运行的变压器 $k_A<k_B$，并联运行时的简化等效电路如图 5-2 所示。

在并联系统空载即 $\dot{I}_2=0$ 时，式(5-5)可写成

$$-\dot{I}_{2A}=\frac{\left(\frac{1}{k_A}-\frac{1}{k_B}\right)\dot{U}_1}{Z_{kA}+Z_{kB}}=\dot{I}_C \tag{5-7}$$

式(5-6)可写成

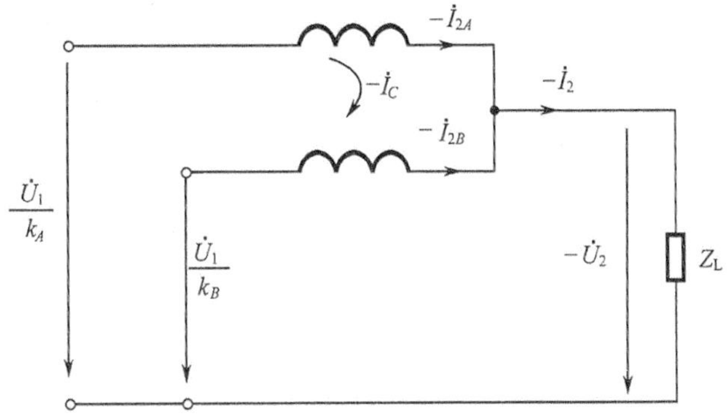

图 5-2　变比不等时两台变压器并联运行的简化等效电路

$$-\dot{I}_{2B}=\frac{-\left(\frac{1}{k_A}-\frac{1}{k_B}\right)\dot{U}_1}{Z_{kA}+Z_{kB}}=-\dot{I}_C \tag{5-8}$$

显见，由于变比不等，即使在并联系统空载即 $\dot{I}_2=0$ 时，在这两台变压器的二次绕组内仍存在环流 $\dot{I}_C$。此环流同时也存在于两台变压器的一次侧中，因为图 5-2 是一次侧折算到二次侧的简化等效电路。因此，A 台变压器一次侧中的环流为$\frac{\dot{I}_C}{k_A}$，B 台变压器一次侧中的环流为$\frac{\dot{I}_C}{k_B}$。

变压器负载后，即 $\dot{I}_2\neq0$ 时，除了因变比不等在两台变压器绕组所构成的回路内有环流通过外，还出现了输出的负载电流分量。由式(5-5)、式(5-6)已知：

对于 A 台变压器

$$\dot{I}_{LA}=\frac{Z_{kB}}{Z_{kA}+Z_{kB}}\dot{I}_2 \tag{5-9}$$

对于 B 台变压器

$$\dot{I}_{LB}=\frac{Z_{kA}}{Z_{kA}+Z_{kB}}\dot{I}_2 \tag{5-10}$$

可见，两台变压器的负载分量 $\dot{I}_{LA}$、$\dot{I}_{LB}$按变压器的短路阻抗成反比分配，但都与总负载电流 $\dot{I}_2$ 成正比变化。

三、变比相等但短路阻抗不等时变压器的并联运行

当并联运行的变压器变比相等($k_A=k_B=k$)时，两台变压器之间无环流，只剩下负载分量，故得

$$\dot{I}_{2A}=\dot{I}_{LA}=\frac{Z_{kB}}{Z_{kA}+Z_{kB}}\dot{I}_2 \tag{5-11}$$

$$\dot{I}_{2B}=\dot{I}_{LB}=\frac{Z_{kA}}{Z_{kA}+Z_{kB}}\dot{I}_2 \tag{5-12}$$

设两台并联运行的变压器 $z_{kA}^*>z_{kB}^*$，$S_{NA}=S_{NB}$，则 $z_{kA}>z_{kB}$。并联运行时的简化等效电路如图 5-3 所示。

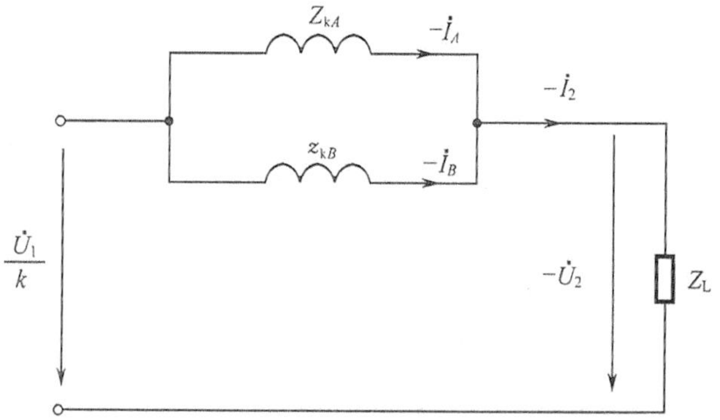

图 5-3　变比相等、短路阻抗不等的两台变压器并联运行时的简化等效电路

由式(5-11)、式(5-12)可得 $I_{2A}<I_{2B}$。由此可见，在一定的并联系统负载电流 $\dot{I}_2$ 下，短路阻抗标幺值小的变压器所承担的负载电流相对大些，因此，选择其容量亦应相对大些。用标幺值表示时有

$$\dot{I}_{2A}^*=\dot{I}_{LA}^*=\frac{\dot{I}_2}{Z_{kA}^*\left(\frac{I_{2NA}}{Z_{kA}^*}+\frac{I_{2NB}}{Z_{kB}^*}\right)} \tag{5-13}$$

$$\dot{I}_{2B}^*=\dot{I}_{LB}^*=\frac{\dot{I}_2}{Z_{kB}^*\left(\frac{I_{2NA}}{Z_{kA}^*}+\frac{I_{2NB}}{Z_{kB}^*}\right)} \tag{5-14}$$

式(5-13)推导如下：

$$\dot{I}_{LA}^*=\frac{\dot{I}_{LA}}{I_{2NA}}=\frac{Z_{kB}\dot{I}_2}{I_{2NA}(Z_{kA}+Z_{kB})}=\frac{\dot{I}_2}{I_{2NA}\left(\frac{Z_{kA}}{Z_{kB}}+1\right)}$$

$$=\frac{\dot{I}_2}{I_{2NA}\cdot Z_{kA}\left(\frac{1}{Z_{kB}}+\frac{1}{Z_{kA}}\right)}=\frac{\dot{I}_2}{I_{2NA}\cdot Z_{kA}\left(\frac{I_{2NB}}{I_{2NB}Z_{kB}}+\frac{I_{2NA}}{I_{2NA}Z_{kA}}\right)}$$

$$=\frac{\dot{I}_2}{\frac{I_{2NA}\cdot Z_{kA}}{U_{2N}}\left(\frac{I_{2NB}}{\frac{I_{2NB}Z_{kB}}{U_{2N}}}+\frac{I_{2NA}}{\frac{I_{2NA}Z_{kA}}{U_{2N}}}\right)}=\frac{\dot{I}_2}{Z_{kA}^*\left(\frac{I_{2NB}}{Z_{kB}^*}+\frac{I_{2NA}}{Z_{kA}^*}\right)}$$

式(5-14)可同理推导。

从上面式(5-13)、式(5-14)有

$$\frac{\dot{I}_{2A}^*}{\dot{I}_{2B}^*}=\frac{Z_{kB}^*}{Z_{kA}^*}=\frac{|Z_{kB}^*|}{|Z_{kA}^*|}\underline{/(\varphi_{kB}-\varphi_{kA})} \tag{5-15}$$

式中，$|Z_{kA}^*|$、$|Z_{kB}^*|$——复数 Z_{kA}^* 和 Z_{kB}^* 的模；

φ_{kA}、φ_{kB}——复数 Z_{kA}^* 和 Z_{kB}^* 的幅角，也即两变压器的短路功率因数角。

总结上述分析可见，各变压器负载电流的标幺值与各自的短路阻抗的标幺值成反比。换言之，如果各变压器的短路阻抗的标幺值相等，各变压器的负载电流按其容量成正比分配，则各变压器同时达到满载；如果各变压器的短路阻抗的标幺值不相等，则短路阻抗标幺值小的变压器首先达到满载。

其次，从式(5-15)可见，各变压器二次侧电流的相位差取决于短路阻抗角之差 $\varphi_{kB}-\varphi_{kA}$。当 $\varphi_{kB}=\varphi_{kA}$ 时，各变压器二次侧电流同相位。因 $\varphi_{kA}=\arctan\frac{x_{kA}}{r_{kA}}$，$\varphi_{kB}=\arctan\frac{x_{kB}}{r_{kB}}$，所以，为了使并联运行的各变压器二次侧电流同相位，各变压器的短路电抗与短路电阻之比应相等。

例 5-1 三相变压器数据见表 5-1，求两台变压器并联运行时的副方空载环流值。

表 5-1

变压器序号	容量/kV·A	连接组	电压/kV	短路电压百分数
I	800	Y，yn0	6/0.4	4.5
II	500	Y，yn0	6/0.398	6

解 变压器 I 和 II 并联运行。变比不同，副方相电压差为

$$k_1=\frac{U_{11}}{U_{21}}=\frac{6}{0.4}=15$$

$$k_2=\frac{U_{12}}{U_{22}}=\frac{6}{0.398}=15.075$$

$$z_{k1}=z_{k1}^*\frac{U_{21}^2}{S_1}=0.045\times\frac{400^2}{800000}=0.009$$

$$z_{k2}=z_{k2}^*\frac{U_{22}^2}{S_2}=0.06\times\frac{398^2}{500000}=0.019$$

$$I_c=\left|\frac{\dfrac{U_1}{\sqrt{3}}\left(\dfrac{1}{k_1}-\dfrac{1}{k_2}\right)}{z_{k1}+z_{k2}}\right|=\left|\frac{\dfrac{6000}{\sqrt{3}}\left(\dfrac{1}{15}-\dfrac{1}{15.075}\right)}{0.009+0.019}\right|=41.03(\mathrm{A})$$

$$I_{2N1}=\frac{S_1}{\sqrt{3}U_{21}}=\frac{800}{\sqrt{3}\times 0.4}=1154.7(\mathrm{A})$$

$$I_{2N2}=\frac{S_2}{\sqrt{3}U_{22}}=\frac{500}{\sqrt{3}\times 0.398}=725.314(\mathrm{A})$$

用标幺值表示的两台变压器副方空载环流为

$$I_{C1}^*=I_C/I_{2N1}=41.03/1154.7=0.0355$$

$$I_{C2}^*=I_C/I_{2N2}=41.03/725.314=0.057$$

例 5-2　两台 1250 kV·A 的变压器并联运行，阻抗电压相等。$u_k=4.5\%$，$u_{kr}=1.31\%$，$u_{kx}=4.26\%$，各变压器的额定电压分别为 $U_{1N}/U_{2N}=10/0.4\mathrm{kV}$ 和 $U_{1N}/U_{2N}=10/0.39\mathrm{kV}$，均为 Y/Y_0-12 连接。假若它们在 380 V 电压下供给 2000 kV·A 的负载，负载的功率因数为 0.8(滞后)，试求：

(1) 空载环流；

(2) 各变压器分担的负载电流及功率因数。

解　原、副方额定电流为

$$I_{1NI}=\frac{S_{NI}}{\sqrt{3}U_{1NI}}=\frac{1250}{\sqrt{3}\times 10}=72.17(\mathrm{A})$$

$$I_{2NI}=\frac{S_{NI}}{\sqrt{3}U_{2NI}}=\frac{1250}{\sqrt{3}\times 0.4}=1804.2(\mathrm{A})$$

$$I_{1NII}=\frac{S_{NII}}{\sqrt{3}U_{1NII}}=\frac{1250}{\sqrt{3}\times 10}=72.17(\mathrm{A})$$

$$I_{2NII}=\frac{S_{NII}}{\sqrt{3}U_{2NII}}=\frac{1250}{\sqrt{3}\times 0.39}=1850.5(\mathrm{A})$$

两台的副方基值阻抗分别为

$$z_{2NI}=\frac{U_{2NI}}{\sqrt{3}I_{2NI}}=\frac{400}{\sqrt{3}\times 1804.2}=0.128(\Omega)$$

$$z_{2NI}=\frac{U_{2NI}}{\sqrt{3}I_{2NII}}=\frac{390}{\sqrt{3}\times 1850.5}=0.1217(\Omega)$$

折合到副方的短路阻抗为

$$z_{kI}=z_{2NI}u_{kI}\times 10^{-2}=0.128\times 0.045=0.00576(\Omega)$$

$$r_{kI}=z_{2NI}u_{krI}\times 10^{-2}=0.128\times 0.0131=0.001677(\Omega)$$

$$x_{kI} = z_{2NI}u_{kxI}\times 10^{-2} = 0.128\times 0.0426 = 0.00545(\Omega)$$

$$z_{kII} = z_{2NII}u_{kII}\times 10^{-2} = 0.1217\times 0.045 = 0.00548(\Omega)$$

$$r_{kII} = z_{2NII}u_{krII}\times 10^{-2} = 0.1217\times 0.0131 = 0.001594(\Omega)$$

$$x_{kII} = z_{2NII}u_{xII}\times 10^{-2} = 0.1217\times 0.0426 = 0.00518(\Omega)$$

$$Z_{kI} = r_{kI} + jx_{kI} = 0.001677 + j0.00545 = 0.00576\,\underline{/72.9^\circ}$$

$$Z_{kII} = r_{kII} + jx_{kII} = 0.001594 + j0.00518 = 0.00548\,\underline{/72.9^\circ}$$

变比分别为

$$k_{I} = \frac{U_{1NI}}{U_{2NI}} = \frac{10}{0.4} = 25$$

$$k_{II} = \frac{U_{1NII}}{U_{2NII}} = \frac{10}{0.39} = 25.64$$

（1）空载环流

$$\dot I_C = \frac{\dot U_1\left(\frac{1}{k_I} - \frac{1}{k_{II}}\right)}{Z_{kI} + Z_{kII}} = \frac{\frac{10\times 10^3}{\sqrt{3}}\left(\frac{1}{25} - \frac{1}{25.64}\right)}{0.00576\,\underline{/72.9^\circ} + 0.00548\,\underline{/72.9^\circ}}$$

$$= 512.9\,\underline{/-72.9^\circ}$$

I_C对两台变压器的标幺值分别为

$$I_{CI}^{*} = \frac{I_C}{I_{2NI}} = \frac{512.9}{1804.2} = 0.284$$

$$I_{CII}^{*} = \frac{I_C}{I_{2NII}} = \frac{512.9}{1850.5} = 0.277$$

（2）总负载电流

$$I = \frac{S}{\sqrt{3}U_2} = \frac{2000\times 10^3}{\sqrt{3}\times 380} = 3038.7(A)$$

副方相电压（为简单起见，相电压不另加下标 ϕ）为

$$U_2 = \frac{380}{\sqrt{3}} = 219.4(V)$$

若取 $\dot U_2$ 为参考相量，即令 $\dot U_2 = U_2\,\underline{/0^\circ}$，则根据 $\cos\varphi_2 = 0.8$（滞后）得

$$\dot I = 3038.7\,\underline{/-36.87^\circ}$$

由图 5-4 得

$$-\dot I = \dot U_1\sum_{i=1}^{n}\frac{1}{k_i Z_{ki}} + \dot U_2\sum_{i=1}^{n}\frac{1}{Z_{ki}}$$

由此得

$$\dot U_1 = \frac{-1}{\sum_{i=1}^{n}\frac{1}{k_i Z_{ki}}}\left(\dot I + \dot U_2\sum_{i=1}^{n}\frac{1}{Z_{ki}}\right)$$

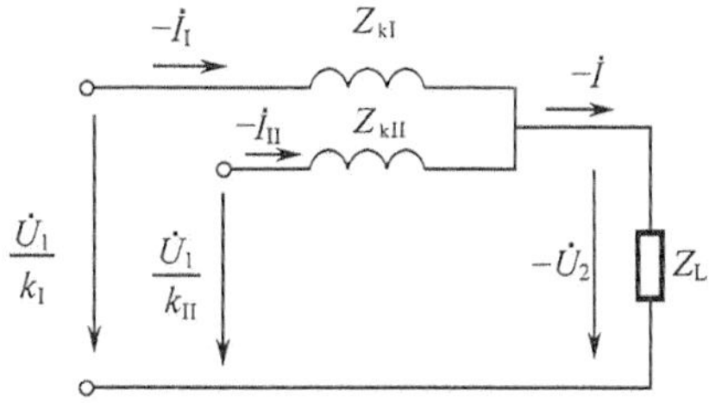

图 5-4　例 5-2 插图

式中

$$\sum_{i=1}^{n}\frac{1}{k_i Z_{ki}}=\frac{1}{k_{\rm I} Z_{\rm kI}}+\frac{1}{k_{\rm I} Z_{\rm kII}}$$

$$=\frac{1}{25\times 0.00576\,\angle 72.9^\circ}+\frac{1}{25.64\times 0.00548\,\angle 72.9^\circ}$$

$$=14.06\,\angle -72.9^\circ$$

$$\sum_{i=1}^{n}\frac{1}{Z_{ki}}=\frac{1}{Z_{\rm kI}}+\frac{1}{Z_{\rm kII}}=\frac{1}{0.00576\,\angle 72.9^\circ}+\frac{1}{0.00548\,\angle 72.9^\circ}$$

$$=356.1\,\angle -72.9^\circ$$

原方相电压为

$$\dot{U}_1=\frac{-3038.7\,\angle -36.87^\circ-219.4\times 356.1\,\angle -72.9^\circ}{14.06\,\angle -72.9^\circ}=5733\,\angle 181.27^\circ$$

副方电流

$$-\dot{I}_{2\rm I}=\frac{\dfrac{\dot{U}_1}{k_{\rm I}}-(-\dot{U}_2)}{Z_{\rm kI}}=\frac{5733\,\angle 181.27^\circ}{25\times 0.00576\,\angle 72.9^\circ}+\frac{219.4}{0.00576\,\angle 72.9^\circ}$$

$$=1926.6\,\angle 134.36^\circ$$

即

$$\dot{I}_{2\rm I}=1926.6\,\angle -45.63^\circ$$

$$\cos\varphi_{2\rm I}=\cos(-45.63^\circ)=0.699(滞后)$$

同理

$$-\dot{I}_{2\rm II}=\frac{\dfrac{\dot{U}_1}{k_{\rm II}}-(-\dot{U}_2)}{Z_{\rm kII}}=\frac{5733\,\angle 181.27^\circ}{25.64\times 0.00548\,\angle 72.9^\circ}+\frac{219.4}{0.00548\,\angle 72.9^\circ}$$

$$=1178.6\,\angle 157.2^\circ$$

即

$$\dot{I}_{2\rm II}=1178.6\,\angle -22.8^\circ$$

$$\cos\varphi_{2\rm II}=\cos(-22.8^\circ)=0.922(滞后)$$

第二节　三相变压器的不对称运行

这里讨论的三相变压器的不对称运行是指变压器的一次侧接在大容量恒压的三相对称电网上，变压器的二次侧接三相不对称负载运行。这是变压器实际运行时可能出现的情况。

分析三相变压器以及旋转电机的不对称运行常用的方法是“对称分量法”。

一、对称分量法

所谓对称应满足下列条件：

(1) 各相量的幅值必须相等；

(2) 相邻两相量之间的相位差必须相等，其相角为

$$\varphi = \frac{2\pi k}{m}$$

式中，m——相数；

k——任意整数。

在三相系统中，任一组不对称电压或电流相量都可以按一定的方法分解为零序、正序和负序三组对称分量；反之，三组零序、正序和负序对称分量叠加，可得一组不对称的相量。下面以电流为例加以说明。

(1) 零序分量 $\dot{I}_{A0}$、$\dot{I}_{B0}$、$\dot{I}_{C0}$(取 $k=0$，则 $\varphi=0$)。

零序分量如图 5-5(a)所示，它们是同相位的，即

$$\dot{I}_{A0} = \dot{I}_{B0} = \dot{I}_{C0} \tag{5-16}$$

(2) 正序对称分量 $\dot{I}_{A+}$、$\dot{I}_{B+}$、$\dot{I}_{C+}$(取 $k=1$，则 $\varphi=2\pi/3$)。

正序分量如图 5-5(b)所示，它们的相位关系有

$$\left.\begin{aligned} \dot{I}_{B+} &= \dot{I}_{A+}\mathrm{e}^{-\mathrm{j}120^\circ} = a^2\dot{I}_{A+} \\ \dot{I}_{C+} &= \dot{I}_{A+}\mathrm{e}^{+\mathrm{j}120^\circ} = a\dot{I}_{A+} \end{aligned}\right\} \tag{5-17}$$

式中，a——运算符号，$a=\mathrm{e}^{+\mathrm{j}120^\circ}=\cos120^\circ+\mathrm{j}\sin120^\circ$。

(3) 负序对称分量 $\dot{I}_{A-}$、$\dot{I}_{B-}$、$\dot{I}_{C-}$(取 $k=-1$，则 $\varphi=-2\pi/3$)。

正序分量如图 5-5(c)所示，它们的相位关系有

$$\left.\begin{aligned} \dot{I}_{B-} &= a\dot{I}_{A-} \\ \dot{I}_{C-} &= a^2\dot{I}_{A-} \end{aligned}\right\} \tag{5-18}$$

将这三组对称分量叠加，结果得一组不对称相量 $\dot{I}_A$、$\dot{I}_B$、$\dot{I}_C$，如图 5-5(d)所示。它们的相位关系有

$$\left.\begin{aligned} \dot{I}_A &= \dot{I}_{A0} + \dot{I}_{A+} + \dot{I}_{A-} \\ \dot{I}_B &= \dot{I}_{B0} + \dot{I}_{B+} + \dot{I}_{B-} \\ \dot{I}_C &= \dot{I}_{C0} + \dot{I}_{C+} + \dot{I}_{C-} \end{aligned}\right\} \tag{5-19}$$

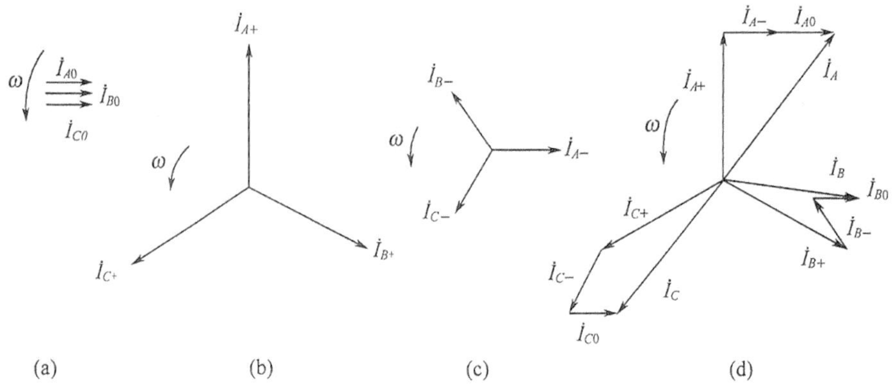

图 5-5　三相不对称相量及其各对称分量

(a) 零序分量；(b)正序分量；(c)负序分量；(d)合成不对称相量

反之，根据式(5-19)由一组不对称相量 $\dot I_A$、$\dot I_B$、$\dot I_C$也可求得各组对称分量

$$\left.\begin{aligned}\dot I_{A0}&=\frac{1}{3}(\dot I_A+\dot I_B+\dot I_C)\\ \dot I_{A+}&=\frac{1}{3}(\dot I_A+a\dot I_B+a^2\dot I_C)\\ \dot I_{A-}&=\frac{1}{3}(\dot I_A+a^2\dot I_B+a\dot I_C)\end{aligned}\right\}\tag{5-20}$$

则

$$\left.\begin{aligned}\dot I_{B0}&=\dot I_{A0}\\ \dot I_{B+}&=a^2\dot I_{A+}\\ \dot I_{B-}&=a\dot I_{A-}\end{aligned}\right\}\tag{5-21}$$

及

$$\left.\begin{aligned}\dot I_{C0}&=\dot I_{A0}\\ \dot I_{C+}&=a\dot I_{A+}\\ \dot I_{C-}&=a^2\dot I_{A-}\end{aligned}\right\}\tag{5-22}$$

于是，对于任意一组不对称的三相电流，同样可分解成三组对称分量：

零序系统电流分量

$$\dot I_{a0},\quad \dot I_{b0},\quad \dot I_{c0}$$

正序系统电流分量

$$\dot I_{a+},\quad \dot I_{b+},\quad \dot I_{c+}$$

负序系统电流分量

$$\dot{I}_{a-},\quad \dot{I}_{b-},\quad \dot{I}_{c-}$$

其有效值为

$$I_{a0}=I_{b0}=I_{c0}=I_0$$
$$I_{a+}=I_{b+}=I_{c+}=I_+$$
$$I_{a-}=I_{b-}=I_{c-}=I_-$$

根据式(5-19)～式(5-22)有

$$\left.\begin{aligned}\dot{I}_a&=\dot{I}_{a0}+\dot{I}_{a+}+\dot{I}_{a-}\\ \dot{I}_b&=\dot{I}_{a0}+a^2\dot{I}_{a+}+a\dot{I}_{a-}\\ \dot{I}_a&=\dot{I}_{a0}+a\dot{I}_{a+}+a^2\dot{I}_{a-}\end{aligned}\right\}\tag{5-23}$$

应用对称分量法计算变压器或旋转电机的不对称运行问题时，可使计算简化。其步骤是先把三组对称分量分别进行计算，最后把三组对称分量的电流（或电压）叠加起来，就得到实际三相的数值。

对称分量法的根据是叠加原理。因此，只能用于具有线性参数的电路中。在非线性电路中，必须采用近似的线性化的假设，才能得出近似结果，否则可能误差很大。

二、Y，*yn* 连接三相变压器的单相短路

这里以 Y，*yn* 连接的三相变压器单相短路为例，说明如何运用对称分量法解不对称运行的问题。图 5-6 是 Y，*yn* 连接的三相变压器一相对中线短路的线路图。

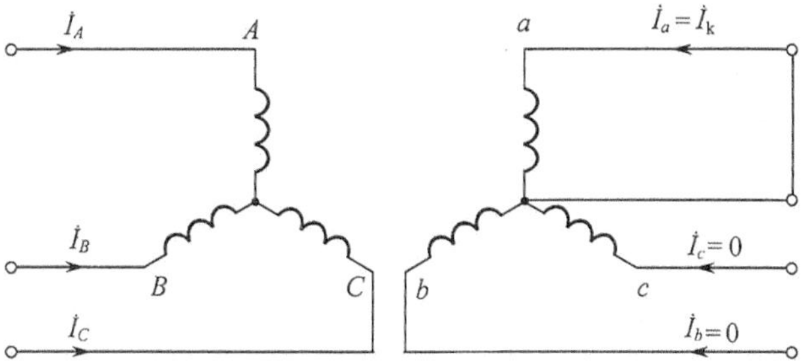

图 5-6　Y，*yn* 连接三相变压器一相对中线短路的线路图

变压器一次侧外施对称三相电压，假设二次侧 a 相对中线短路，其余两相开路。这时，二次侧各相电流为

$$\left.\begin{aligned}\dot{I}_a&=\dot{I}_k\\ \dot{I}_b&=0\\ \dot{I}_c&=0\end{aligned}\right\}\tag{5-24}$$

式中，$\dot{I}_{\mathrm{k}}$——变压器二次侧 a 相短路电流。

运用对称分量法有：

在 A 相二次侧

$$\left.\begin{aligned}\dot{I}_{a0}&=\frac{1}{3}(\dot{I}_a+\dot{I}_b+\dot{I}_c)=\frac{1}{3}\dot{I}_{\mathrm{k}}\\\dot{I}_{a+}&=\frac{1}{3}(\dot{I}_a+a\dot{I}_b+a^2\dot{I}_c)=\frac{1}{3}\dot{I}_{\mathrm{k}}\\\dot{I}_{a-}&=\frac{1}{3}(\dot{I}_a+a^2\dot{I}_b+a\dot{I}_c)=\frac{1}{3}\dot{I}_{\mathrm{k}}\end{aligned}\right\}\tag{5-25}$$

在 A 相一次侧由于无中线，故在一次侧无零序电流，忽略励磁电流时，即

$$\left.\begin{aligned}\dot{I}_{A0}&=0\\\dot{I}_{A+}&=-\frac{1}{k}\dot{I}_{a+}=-\frac{1}{3k}\dot{I}_{\mathrm{k}}\\\dot{I}_{A-}&=-\frac{1}{k}\dot{I}_{a-}=-\frac{1}{3k}\dot{I}_{\mathrm{k}}\end{aligned}\right\}\tag{5-26}$$

式中，k——变压器每相电压比。

$$\dot{I}_A=\dot{I}_{A0}+\dot{I}_{A+}+\dot{I}_{A-}=-\frac{2}{3k}\dot{I}_{\mathrm{k}}\tag{5-27}$$

在 B 相二次侧

$$\left.\begin{aligned}\dot{I}_{b0}&=\dot{I}_{a0}=\frac{1}{3}\dot{I}_{\mathrm{k}}\\\dot{I}_{b+}&=a^2\dot{I}_{a+}=\frac{1}{3}a^2\dot{I}_{\mathrm{k}}\\\dot{I}_{b-}&=a\dot{I}_{a-}=\frac{1}{3}a\dot{I}_{\mathrm{k}}\end{aligned}\right\}\tag{5-28}$$

在 B 相一次侧

$$\left.\begin{aligned}\dot{I}_{B0}&=0\\\dot{I}_{B+}&=-\frac{1}{k}\dot{I}_{b+}=-\frac{1}{3k}a^2\dot{I}_{\mathrm{k}}\\\dot{I}_{B-}&=-\frac{1}{k}\dot{I}_{b-}=-\frac{1}{3k}a\dot{I}_{\mathrm{k}}\end{aligned}\right\}\tag{5-29}$$

则

$$\dot{I}_B=\dot{I}_{B0}+\dot{I}_{B+}+\dot{I}_{B-}=\frac{1}{3k}\dot{I}_{\mathrm{k}}\tag{5-30}$$

在 C 相二次侧

$$\left.\begin{aligned}\dot{I}_{c0}&=\dot{I}_{a0}=\frac{1}{3}\dot{I}_{\mathrm{k}}\\\dot{I}_{c+}&=a\dot{I}_{a+}=\frac{1}{3}a\dot{I}_{\mathrm{k}}\\\dot{I}_{c-}&=a^2\dot{I}_{a-}=\frac{1}{3}a^2\dot{I}_{\mathrm{k}}\end{aligned}\right\}\tag{5-31}$$

在 C 相一次侧

$$\left.\begin{aligned}\dot{I}_{C0}&=0\\\dot{I}_{C+}&=-\frac{1}{k}\dot{I}_{c+}=-\frac{1}{3k}a\dot{I}_{\mathrm{k}}\\\dot{I}_{C-}&=-\frac{1}{k}\dot{I}_{c-}=-\frac{1}{3k}a^2\dot{I}_{\mathrm{k}}\end{aligned}\right\}\tag{5-32}$$

则

$$\dot{I}_C=\dot{I}_{C0}+\dot{I}_{C+}+\dot{I}_{C-}=\frac{1}{3k}\dot{I}_{\mathrm{k}}\tag{5-33}$$

可见，一次侧三相电流也是不对称的。并且，因为无中线，三相电流任意瞬间的相量和总为零：

$$\dot{I}_A+\dot{I}_B+\dot{I}_C=-\frac{2}{3k}\dot{I}_{\mathrm{k}}+\frac{1}{3k}\dot{I}_{\mathrm{k}}+\frac{1}{3k}\dot{I}_{\mathrm{k}}=0\tag{5-34}$$

由于一次侧无中线导致一次侧无零序电流，故二次侧零序电流将在铁心中产生一组各相相位相同而大小相等的零序磁通 $\dot{\Phi}_{a0}$、$\dot{\Phi}_{b0}$、$\dot{\Phi}_{c0}$。零序磁通应与零序电流同相位，而零序电流与 $\dot{I}_{\mathrm{k}}$是同相的。

在短路前，二次侧各相电势 $\dot{E}_a$、$\dot{E}_b$、$\dot{E}_c$ 为一组对称三相系统，铁心中的磁通 $\dot{\Phi}_a$、$\dot{\Phi}_b$、$\dot{\Phi}_c$ 也为一组对称三相系统。以 A 相来看，$\dot{E}_a$ 滞后 $\dot{\Phi}_a 90°$。如略去相对很小的短路电阻 r_{k}时，变压器绕组可看作纯电抗性质，则短路时的短路电流 $\dot{I}_{\mathrm{k}}$将滞后 $\dot{E}_a(\approx-\dot{U}'_A)90°$。因此，$\dot{I}_{\mathrm{k}}$与 $\dot{\Phi}_a$ 反相。这样，零序磁通 $\dot{\Phi}_{a0}$与 $\dot{\Phi}_a$反相，起去磁作用。零序磁通对应在二次侧中感应出一组各相相位相同、大小相等的零序电势 $\dot{E}_{a0}$、$\dot{E}_{b0}$、$\dot{E}_{c0}$，零序电势滞后于零序磁通 90°。相应地，$\dot{E}_{a0}$与 $\dot{E}_a$反相。由于三相各对称分量中仅有零序磁通存在于铁心中，短路电流中正序及负序分量因原、副边磁势平衡而只形成漏磁通。所以，短路后二次侧总感应电势 $\sum\dot{E}_a$、$\sum\dot{E}_b$、$\sum\dot{E}_c$ 应分别为短路前各相电势相量 $\dot{E}_a$、$\dot{E}_b$、$\dot{E}_c$与零序电势相量 $\dot{E}_{a0}$、$\dot{E}_{b0}$、$\dot{E}_{c0}$之和，图 5-7 是 Y，yn 连接三相变压器单相短路时的相量图。

从图 5-7 中可见，在短路的 a 相中，总电势减少，即 $\sum\dot{E}_a<\dot{E}_a$；而在开路的 b、c 相中，总电势则升高，即$\sum\dot{E}_b>\dot{E}_b$，$\sum\dot{E}_c>\dot{E}_c$，这将可能导致开路的绕组因

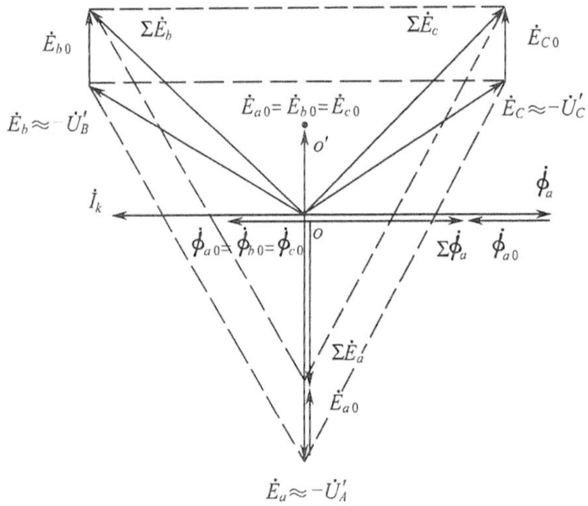

图 5-7　Y，*yn* 连接三相变压器单相短路时的相量图

电压过高而击穿损坏。变压器的外施线电压是一对称三相电压，由于二次侧负载电流不对称，相电压的中点电位将自电压三角形的几何中点 o 向上移动至 o'，如图 5-7 所示。致使 a 相的相电压降低，而 b 相和 c 相的相电压升高，此种现象称中点位移。对于三相组式变压器，由于磁路独立，零序磁通不受阻，小的零序电流可能产生相当大的零序磁通，故中点位移严重；对于三相心式变压器，由于磁路不独立，零序磁通无法完全通过铁心而闭合，只能取道磁阻很大的漏磁路径，故中点位移不严重。

二次侧各相的零序电流相位相同、大小相等，设令等于 $\dot{I}_{00}$，即

$$\dot{I}_{a0}=\dot{I}_{b0}=\dot{I}_{c0}=\frac{1}{3}\dot{I}_{\text{k}}=\dot{I}_{00} \tag{5-35}$$

对应的磁通和电势亦将是等值同相的，设令等于 $\dot{\Phi}_{00}$ 和 $\dot{E}_{00}$，即

$$\begin{aligned}\dot{\Phi}_{a0}&=\dot{\Phi}_{b0}=\dot{\Phi}_{c0}=\dot{\Phi}_{00}\\ \dot{E}_{a0}&=\dot{E}_{b0}=\dot{E}_{c0}=\dot{E}_{00}\end{aligned} \tag{5-36}$$

中点位移的程度将依零序电势即零序磁通的大小而定，而零序电势可看作是零序电流在零序阻抗 Z_0 上的电压降，即有

$$\dot{E}_{00}=-\dot{I}_{00}Z_0\approx-\text{j}\dot{I}_{00}x_0 \tag{5-37}$$

式中，Z_0——零序阻抗，$Z_0=r_0+\text{j}x_0\approx\text{j}x_0$；

x_0——零序电抗；

r_0——零序电阻。

零序阻抗可由试验求得，图 5-8 是试验线路图。

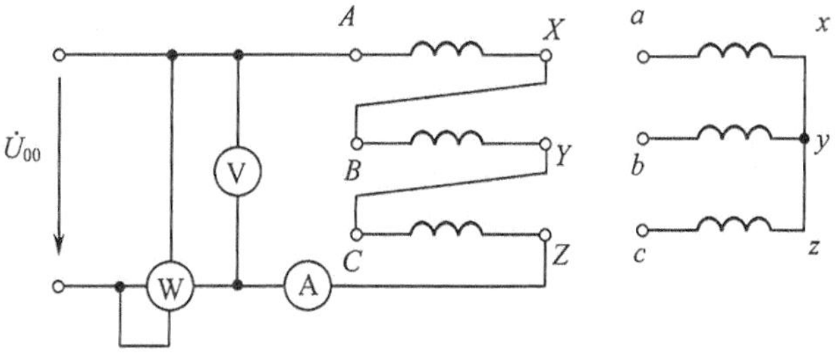

图 5-8　测量零序阻抗的线路图

U_{00}为外施的一单相交流电压，以模拟零序电流的路径来得出零序阻抗。根据电压表 V、电流表 A 及功率表 W 测得的一组读数 U_{00}、I_{00}、P_{00}，从而可计算出

$$\left.\begin{aligned} z_0 &= \frac{U_{00}}{3I_{00}} \\ r_0 &= \frac{P_{00}}{3I_{00}^2} \\ x_0 &= \sqrt{z_0^2 - r_0^2} \end{aligned}\right\} \tag{5-38}$$

对于三相组式变压器，零序磁通在各相铁心中自由畅通，其大小与外施电压 $\dot{U}_1$ 有关，在外施 $\dot{U}_{1N}$下得的 Z_0 与空载励磁阻抗 Z_m近似相等，即 $Z_0 \approx Z_m$；对于三相心式变压器，零序磁通只能取道漏磁路径，故零序阻抗 Z_0 和短路阻抗 Z_k 近似相等，即 $Z_0 \approx Z_k$，其中点位移程度较轻，对于容量小于 1800kV·A 的三相心式变压器，中点位移程度并不显著，故能采用 Y，yn 连接。

三、D，yn 连接三相变压器的单相短路

图 5-9 是 D，yn 连接的三相变压器一相对中线短路的线路图和简化等效电路。

D，yn 连接三相变压器的单相短路与 Y，yn 连接时的区别在于变压器的一次侧能通过三相等值同相位的零序电流，故各相绕组内的各对称分量（零序、正序和负序）在一次侧、二次侧之间都能互相平衡。这时，不再出现中点位移。根据简化等效电路有

$$\dot{I}_k = -\frac{\dot{U}'_{1A}}{Z_k} \approx \mathrm{j}\,\frac{U'_{1A}}{x_k} \tag{5-39}$$

由于铁心中由二次侧零序电流产生的零序磁通效应被一次侧零序电流产生的零序磁通抵消，故开路二相的相电压不会升高。所以，在 D，yn 连接的三相变压器中，各相可以独立看待，相当于三个单相变压器独立运行。因此，D，yn 连接三相变

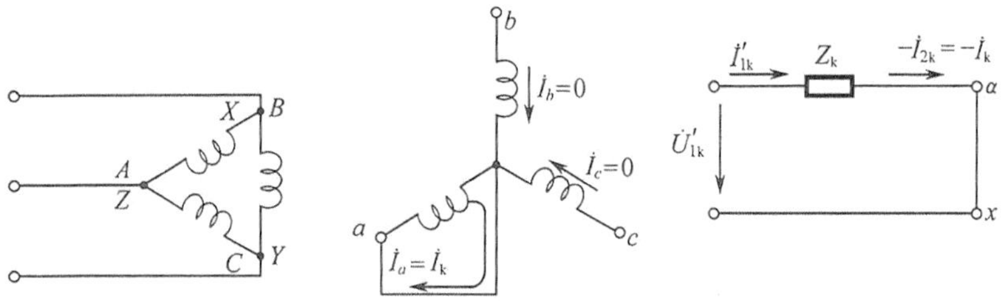

(a)　　　　　　　　　　　　(b)

图 5-9　D,yn 连接三相变压器单相短路的线路图和简化等效电路

(a)线路图;(b)简化等效电路

压器的一大优点就是当任意一相发生短路故障时,其他二相并不受直接影响。

例 5-3　某三相变压器组,接成 Y/Y_0-12。每台单相变压器的数据如下:短路电压为 5%,短路损耗为 2%,空载损耗为 1%,空载电流为 5%,变压器组原法接于额定频率、额定电压对称三相电网,副方接一单相纯电阻负载,$z_L^* = R_L^* = 1$ 时,求:

(1) 原方三相电流;

(2) 副方三相电流。

解　先算出相序阻抗

$$z_+^* = z_-^* = z_k^* = \frac{u_k}{100} = 0.05$$

$$r_+^* = r_-^* = r_k^* = \frac{u_{kr}}{100} = \frac{p_k^*}{100} = 0.02$$

$$x_+^* = x_-^* = x_k^* = \sqrt{z_k^{*2} - r_k^{*2}} = \sqrt{0.05^2 - 0.02^2} = 0.0458$$

$$Z_k^* = r_k^* + jx_k^* = 0.02 + j0.0458 = 0.05 \underline{/66.4^\circ}$$

$$z_0^* = \frac{U_0^*}{I_0^*} = \frac{1}{0.05} = 20, \quad r_0^* = \frac{p_0^*}{I_0^{*2}} = \frac{0.01}{(0.05)^2} = 4$$

$$x_0^* = \sqrt{z_0^{*2} - r_0^{*2}} = \sqrt{20^2 - 4^2} = 19.596$$

$$Z_0^* = r_0^* + jx_0^* = 4 + j19.596 = 20 \underline{/78.463^\circ}$$

根据

$$\dot{I}_a = \dot{I}_k, \quad \dot{I}_b = \dot{I}_c = 0$$

有

$$\dot{I}_{a+} = \dot{I}_{a-} = \dot{I}_{a0} = \frac{1}{3}\dot{I}_a = \frac{1}{3}\dot{I}_k$$

Y/Y_0 连接的三相变压器单相负载时的等效电路见图 5-10,解之得

$$-\dot{I}_a = -\dot{I}_k = \frac{3\dot{U}_{A+}}{2Z_k + Z_2 + Z_{m0} + 3Z_L}$$

式中

$$Z_2 + Z_{m0} = Z_0$$

原方电压对称，只有正序分量。选 $\dot{U}_A$ 为参考量，即取 $\dot{U}_A = \dot{U}_{A+} = U_A \angle 0^\circ$。用标幺值表示，则

$$\begin{aligned}-\dot{I}_a^* &= -\dot{I}_k^* = \frac{3\dot{U}_{A+}}{2Z_k^* + Z_0^* + 3Z_L^*}\\ &= \frac{3\times 1}{2\times 0.05\angle 66.4^\circ + (4 + j19.596) + 3\times 1}\\ &= \frac{3}{7.04 + j19.69} = 0.1433\angle -70.32^\circ\end{aligned}$$

即

$$\dot{I}_a^* = \dot{I}_k^* = 0.1433\angle 109.7^\circ$$

副方各相序电流

$$\dot{I}_{a+}^* = \dot{I}_{a-}^* = \dot{I}_{a0}^* = \frac{1}{3}\dot{I}_a^* = 0.0478\angle 109.7^\circ$$

由于原方无中线，故无零序电流。根据磁势平衡关系，在忽略原方激磁电流的情况下，即得原方各项序电流分量

$$\begin{aligned}\dot{I}_{A+}^* &= \dot{I}_{A-}^* = -\dot{I}_{a+}^* = 0.0478\angle -70.3^\circ\\ \dot{I}_{B+}^* &= a^2\dot{I}_{A+}^* = 0.0478\angle 169.7^\circ\\ \dot{I}_{C+}^* &= a\dot{I}_{A+}^* = 0.0478\angle 49.7^\circ\\ \dot{I}_{B-}^* &= a\dot{I}_{A-}^* = 0.0478\angle 49.7^\circ\\ \dot{I}_{C-}^* &= a^2\dot{I}_{A-}^* = 0.0478\angle 169.7^\circ\end{aligned}$$

由此得原方各相电流

$$\begin{aligned}\dot{I}_A^* &= \dot{I}_{A+}^* + \dot{I}_{A-}^* = 0.0478\angle -70.3^\circ + 0.0478\angle -70.3^\circ = 0.0956\angle -70.3^\circ\\ \dot{I}_B^* &= \dot{I}_{B+}^* + \dot{I}_{B-}^* = 0.0478\angle 169.7^\circ + 0.0478\angle 49.7^\circ = 0.0478\angle 109.7^\circ\\ \dot{I}_C^* &= \dot{I}_{C+}^* + \dot{I}_{C-}^* = 0.0478\angle 49.7^\circ + 0.0478\angle 169.7^\circ\end{aligned}$$

副方各相序电压

$$\begin{aligned}\dot{U}_{a+}^* &= -\dot{U}_{A+}^* + \dot{I}_{A+}^* Z_k^* = -1 + 0.0478\angle -70.3^\circ \times 0.05\angle 66.4^\circ\\ &= 0.9976\angle 180^\circ\\ \dot{U}_{a-}^* &= -\dot{U}_{A-}^* + \dot{I}_{A-}^* Z_k^* = 0 + 0.0478\angle -70.3^\circ \times 0.05\angle 66.4^\circ\\ &= 0.0239\angle -3.9^\circ\end{aligned}$$

$$\dot{U}_{a0}^{*} = -\dot{I}_{a0}^{*} Z_{0}^{*} = 0.0478 \angle -70.3^{\circ} \times 20 \angle 78.463^{\circ} = 0.956 \angle 8.16^{\circ}$$

$$\dot{U}_{b+}^{*} = a^{2}\dot{U}_{a+}^{*} = 0.9976 \angle 60^{\circ}$$

$$\dot{U}_{b-}^{*} = a\dot{U}_{a-}^{*} = 0.0239 \angle 116.1^{\circ}$$

$$\dot{U}_{b0}^{*} = \dot{U}_{a0}^{*} = 0.956 \angle 8.16^{\circ}$$

$$\dot{U}_{c+}^{*} = a\dot{U}_{a+}^{*} = 0.9976 \angle 300^{\circ}$$

$$\dot{U}_{c-}^{*} = a^{2}\dot{U}_{a-}^{*} = 0.0239 \angle 236.1^{\circ}$$

$$\dot{U}_{c0}^{*} = \dot{U}_{a0}^{*} = 0.956 \angle 8.16^{\circ}$$

由此得副方各相电压

$$\dot{U}_{a}^{*} = \dot{U}_{a+}^{*} + \dot{U}_{a-}^{*} + \dot{U}_{a0}^{*} = 0.1441 \angle 110.26^{\circ}$$

$$\dot{U}_{b}^{*} = \dot{U}_{b+}^{*} + \dot{U}_{b-}^{*} + \dot{U}_{b0}^{*} = 1.757 \angle 34.76^{\circ}$$

$$\dot{U}_{c}^{*} = \dot{U}_{c+}^{*} + \dot{U}_{c-}^{*} + \dot{U}_{c0}^{*} = 1.754 \angle -34.65^{\circ}$$

中点移动由零序电势决定。零序电势为

$$\dot{E}_{a0}^{*} = \dot{E}_{b0}^{*} = \dot{E}_{c0}^{*} = \dot{I}_{a0}^{*} Z_{0}^{*} = 0.0478 \angle 109.7^{\circ} \times 20 \angle 78.463^{\circ}$$
$$= 0.956 \angle 188.16^{\circ}$$

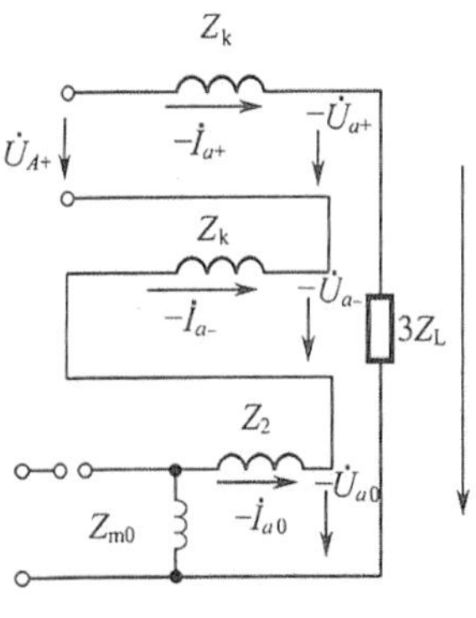

图 5-10

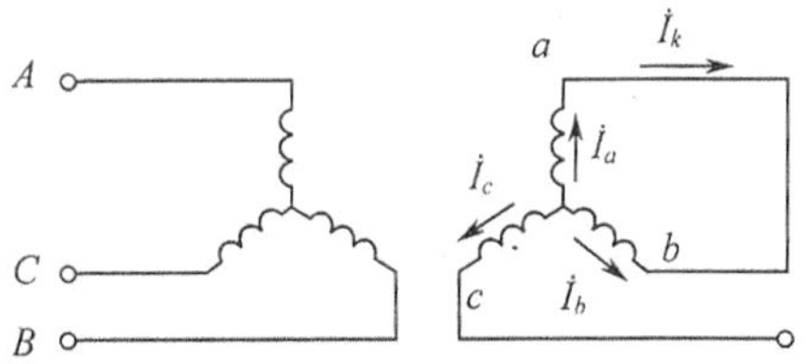

图 5-11

结论：Y/Y_0 组式变压器不能带单相负载，因为负载一相的电压很低，而另外两个开路相的相电压则高到约等于线电压。

例 5-4　Y/Y 连接的变压器，原方接对称三相电压，副方二线对接短路，如图 5-11 所示。试用对称分量法分析出原、副方电流的对称分量。这种情况是否有中点移位？为什么？

解　忽略激磁电流，并认为副方量均已折算到原方。电流方向如图 5-11 所示。

$$\dot{I}_a = -\dot{I}_b = \dot{I}_k, \quad \dot{I}_c = 0$$

副方电流的各相序分量为

$$\dot{I}_{a+} = \frac{1}{3}(\dot{I}_a + a\dot{I}_b + a^2\dot{I}_c) = \frac{\dot{I}_k}{3}(1-a) = \frac{\dot{I}_k}{\sqrt{3}}\angle{-30^\circ}$$

$$\dot{I}_{a-} = \frac{1}{3}(\dot{I}_a + a^2\dot{I}_b + a\dot{I}_c) = \frac{\dot{I}_k}{3}(1-a^2) = \frac{\dot{I}_k}{\sqrt{3}}\angle{30^\circ}$$

$$\dot{I}_{a0} = \frac{1}{3}(\dot{I}_a + \dot{I}_b + \dot{I}_c) = 0$$

$$\dot{I}_{b+} = a^2\dot{I}_{a+} = \frac{\dot{I}_k}{\sqrt{3}}\angle{210^\circ}$$

$$\dot{I}_{c+} = a\dot{I}_{a+} = \frac{\dot{I}_k}{\sqrt{3}}\angle{90^\circ}$$

$$\dot{I}_{b-} = a\dot{I}_{a-} = \frac{\dot{I}_k}{\sqrt{3}}\angle{150^\circ}$$

$$\dot{I}_{c-} = a^2\dot{I}_{a-} = \frac{\dot{I}_k}{\sqrt{3}}\angle{270^\circ}$$

根据磁势平衡关系，立即可得原方各相序电流

$$\dot{I}_{A+} = -\dot{I}_{a+} = \frac{\dot{I}_k}{\sqrt{3}}\angle{150^\circ}, \quad \dot{I}_{B+} = -\dot{I}_{b+} = \frac{\dot{I}_k}{\sqrt{3}}\angle{30^\circ}$$

$$\dot{I}_{C+} = -\dot{I}_{c+} = \frac{\dot{I}_k}{\sqrt{3}}\angle{270^\circ}, \quad \dot{I}_{A-} = -\dot{I}_{a-} = \frac{\dot{I}_k}{\sqrt{3}}\angle{210^\circ}$$

$$\dot{I}_{B-} = -\dot{I}_{b-} = \frac{\dot{I}_k}{\sqrt{3}}\angle{-30^\circ}, \quad \dot{I}_{C-} = -\dot{I}_{c-} = \frac{\dot{I}_k}{\sqrt{3}}\angle{90^\circ}$$

由于无零序电流而不存在零序磁场，因而不存在零序电势，故不会发生中点移动。

例 5-5　某三相降压变压器，如图 5-12 所示，Y/△连接，原方线电压（已折算到副方）为 $U_{AB}=200$ V，$U_{BC}=250$ V，$U_{CA}=200$ V，副方在 a、c 间接一纯电阻负载，负载电流为 10 A，变压器的短路阻抗 $Z_k=0.2+j0.9$ Ω，求原、副方各相电流和各相电压。

解　首先须画原方线电压三角形，以确定各电压的相位关系，取 $\dot{U}_{AB}$ 为参考量并置于横轴正方向，如图 5-13 所示。

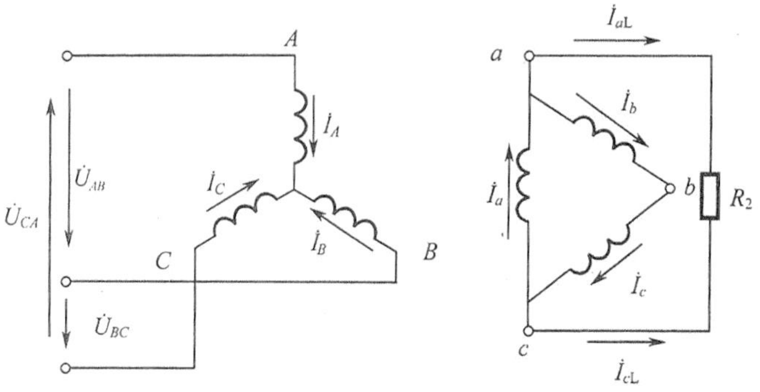

图 5-12

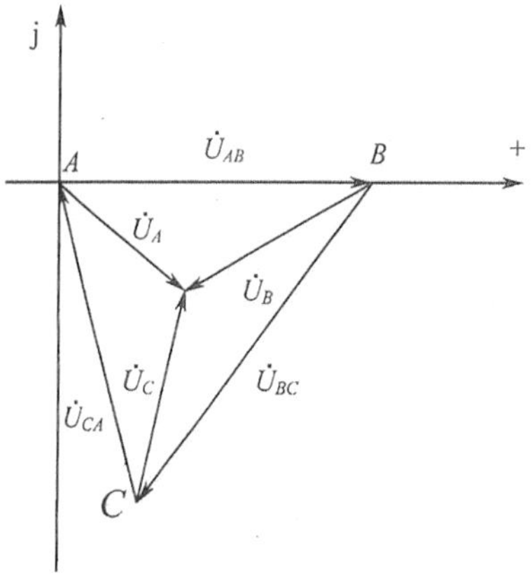

图 5-13

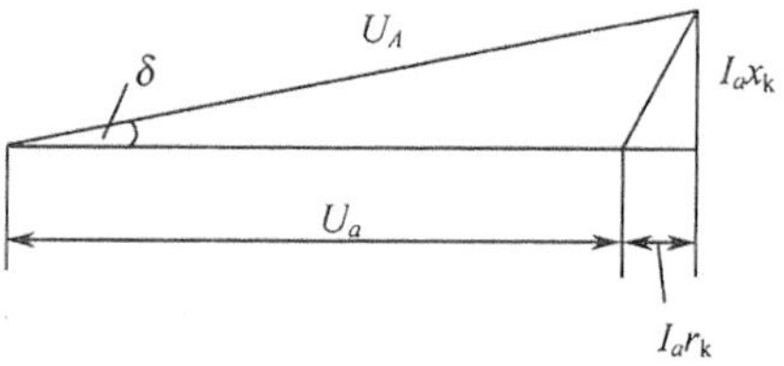

图 5-14

根据余弦定理有

$$\alpha = \arccos \frac{U_{AB}^2 + U_{CA}^2 - U_{BC}^2}{2U_{AB} \times U_{CA}} = \arccos \frac{200^2 + 200^2 - 250^2}{2 \times 200 \times 200} = 77.36°$$

$$\beta = \arccos \frac{U_{AB}^2 + U_{BC}^2 - U_{CA}^2}{2U_{AB} \times U_{BC}} = \arccos \frac{200^2 + 250^2 - 200^2}{2 \times 200 \times 250} = 51.32°$$

$$\gamma = \arccos \frac{U_{BC}^2 + U_{CA}^2 - U_{AB}^2}{2U_{BC} \times U_{CA}} = \arccos \frac{250^2 + 200^2 - 200^2}{2 \times 200 \times 250} = 51.32°$$

原方线电压(复数形式)(V)：

$$\dot{U}_{AB} = U_{AB} \angle 0° = 200$$

$$\dot{U}_{BC} = U_{BC} \angle 231.32° = 250 \angle 231.32° = -156.24 - j195.162$$

$$\dot{U}_{CA} = U_{CA} \angle 102.64° = 200 \angle 102.64° = -43.765 + j195.153$$

由于 Y/△连接时原、副方都没有零序电流，原方中性点不会移动，原方相电压

即可从线电压三角形的重心求得。由矢量图得

$$\dot{U}_A=\frac{1}{3}(\dot{U}_{AB}-\dot{U}_{CA})=\frac{1}{3}(200+43.765-j195.153)=104.09\underline{/-38.38^\circ}$$

$$\dot{U}_B=\frac{1}{3}(\dot{U}_{BC}-\dot{U}_{AB})=\frac{1}{3}(-156.24-j195.162-200)=135.4\underline{/208.71^\circ}$$

$$\dot{U}_C=\frac{1}{3}(\dot{U}_{CA}-\dot{U}_{BC})=\frac{1}{3}(-43.765+j195.153+156.24+195.162)$$

$$=135.4\underline{/73.93^\circ}$$

副方线电流(A)

$$I_{aL}=10,\quad I_{cL}=-I_{aL}=-10,\quad I_{bL}=0$$

由于原、副方线、相电流均无零序分量，故

$$\dot{I}_a+\dot{I}_b+\dot{I}_c=-(\dot{I}_A+\dot{I}_B+\dot{I}_C)=0$$

$$\dot{I}_a-\dot{I}_b=\dot{I}_{aL},\quad \dot{I}_b-\dot{I}_c=\dot{I}_{bL},\quad \dot{I}_c-\dot{I}_a=\dot{I}_{cL}$$

联解上列四式，可得

$$\dot{I}_a=\frac{1}{3}(\dot{I}_{aL}-\dot{I}_{cL})=\frac{2}{3}\dot{I}_{aL}=\frac{2}{3}\times 10\underline{/\alpha}$$

$$\dot{I}_b=\frac{1}{3}(\dot{I}_{bL}-\dot{I}_{aL})=-\frac{1}{3}\dot{I}_{aL}=-\frac{1}{3}\times 10\underline{/\alpha}$$

$$\dot{I}_c=\frac{1}{3}(\dot{I}_{cL}-\dot{I}_{bL})=-\frac{1}{3}\dot{I}_{aL}=-\frac{1}{3}\times 10\underline{/\alpha}$$

即两条路的电流同相位，算术相加得负载电流，因此，它们与 $\dot{U}_a$ 同相位。

原方相电流

$$\dot{I}_A=-\dot{I}_a,\quad \dot{I}_B=-\dot{I}_b,\quad \dot{I}_C=-\dot{I}_c$$

副方相电压

$$\dot{U}_a=-\dot{U}_A+\dot{I}_AZ_k\dot{U}_b=-\dot{U}_B+\dot{I}_BZ_k\dot{U}_c=-\dot{U}_C+\dot{I}_CZ_k$$

根据 $\dot{I}_a$ 与 $\dot{U}_a$ 同相位，由图 5-14 可见

$$U_a=\sqrt{U_A^2-(I_Ax_k)^2}-I_Ar_k=\sqrt{104.09^2-\left(\frac{20}{3}\times 0.9\right)^2}-\frac{20}{3}\times 0.2=102.6$$

$$U_b=\sqrt{U_B^2-(I_Bx_k)^2}-I_Br_k=\sqrt{135.4^2-\left(\frac{10}{3}\times 0.9\right)^2}-\frac{10}{3}\times 0.2=134.7$$

$$U_c=\sqrt{U_C^2-(I_Cx_k)^2}-I_Cr_k=\sqrt{135.4^2-\left(\frac{10}{3}\times 0.9\right)^2}-\frac{10}{3}\times 0.2=134.7$$

$\dot{U}_a$ 滞后 $-\dot{U}_A$ 的角度为

$$\delta=\arcsin\frac{I_ax_k}{U_A}=3.3^\circ$$

第三节　小　　结

一、变压器的并联运行

1）变压器的理想并联条件

(1) 各变压器的原、副边额定电压相等；

(2) 各变压器的连接组号相同；

(3) 各变压器阻抗电压的标幺值相等，阻抗电压的电阻分量与电抗分量标幺值也分别相等。

2）二台变压器并联运行时二次侧电流

$$-\dot{I}_{2A}=\frac{\left(\frac{1}{k_A}-\frac{1}{k_B}\right)\dot{U}_1}{Z_{kA}+Z_{kB}}-\frac{Z_{kB}}{Z_{kA}+Z_{kB}}\dot{I}_2=\dot{I}_C-\dot{I}_{LA}$$

$$-\dot{I}_{2B}=\frac{-\left(\frac{1}{k_A}-\frac{1}{k_B}\right)\dot{U}_1}{Z_{kA}+Z_{kB}}-\frac{Z_{kA}}{Z_{kA}+Z_{kB}}\dot{I}_2=-\dot{I}_C-\dot{I}_{LB}$$

二、三相变压器的不对称运行

在三相系统中，任一组不对称电压或电流相量都可以按一定的方法分解为零序、正序和负序三组对称分量；反之，三组零序、正序和负序对称分量叠加，可得一组不对称的相量。

习　　题

5-1　并联运行的最理想情况有哪些？怎样才能达到最理想的情况？

5-2　并联运行的变压器若短路阻抗的标幺值或电压比不相等时会出现什么现象？如果各变压器的容量不相等，则以上两量对容量大的变压器是大些好还是小些好？为什么？

5-3　一台 Y,d11 和一台 Y,d7 的三相变压器，电压比相等，短路阻抗的标幺值也相等，能否改接后并联运行？试绘出改接后的连接图与一次、二次侧线电压三角形的相量图。

5-4　并联运行的最基本条件是什么？一台 Y,d11 与一台 D,y11 的三相变压器，电压比相等，短路阻抗的标幺值也相等，能否并联运行？

5-5　两台励磁电流相差一倍的三相变压器组并联运行，由于原边输电线电压升高一倍（由 3300 V 升为 6600 V），为了临时供电利用两台原有变压器，将原边绕组串联，接到输电线上，副边仍并联供电，副边并联时，请选择：① 会出现很大的环流；② 不会出现很大的环流。

5-6　三台变压器并联运行，其数据如下：

变压器Ⅰ：1000 kV·A，35/6.3 kV，$u_k=6.5\%$，Y/△-11 连接；

变压器Ⅱ：1800 kV·A，35/6.3 kV，$u_k=6.5\%$，Y/△-11 连接；

变压器Ⅲ：3200 kV·A，35/6.3 kV，u_k=7.0%，Y/△-11 连接。求：

(1) 总负载为 5500 kV·A 时各变压器所供给的负载；

(2) 在不使任一台过载的情况下，三台变压器所能供给的最大负载和每台的负载系数。

5-7　两台三相变压器并联运行，均为 Y，d11 连接组，数据如下：

变压器Ⅰ：5600 kV·A，6000/3050V，z_k^* = 0.055；

变压器Ⅱ：3200 kV·A，6000/3000V，z_k^* =0.055。

两台变压器的短路电阻和短路电抗之比相等，试求空载时每一台变压器中的循环电流及其标幺值。

5-8　某变电所有两台变压器，数据如下：

第Ⅰ台：S_N=3200 kV·A，U_{1N}/U_{2N}=35/6.3 kV，u_k= 6.9%；

第Ⅱ台：S_N=5600 kV·A，U_{1N}/U_{2N}=35/6.3 kV，u_k=7.5%。

试求：

(1) 两台变压器并联运行，输出的总负载为 8000 kV·A 时，每台变压器应分担多少？

(2) 在没有任何一台变压器过载的情况下，输出的最大总负载为多少？

5-9　某工厂由于生产发展，用电量由 500 kV·A 增加到 800 kV·A。原有变压器 S_N=560 kV·A，U_{1N}/U_{2N}=6300/400 V，Y，yn0 连接组，u_k=5%。今有三台备用变压器如下：

S_{N1}=320 kV·A，U_{1N}/U_{2N}=6300/400V，Y，yn0，u_{k1}=5%；

S_{N2}=240 kV·A，U_{1N}/U_{2N}=6300/400V，Y，yn4，u_{k2}= 5.5 %；

S_{N3}=320 kV·A，U_{1N}/U_{2N}=6300/400V，Y，yn0，u_{k3}=5.5 %。

试求：

(1) 在不允许任何一台变压器过载的情况下，选哪一台变压器进行并联运行最合适？

(2) 如果负载再增加，要用三台变压器并联运行，再加哪一台合适？应如何处理？这时最大总负载容量是多少？各台变压器的负载程度如何？

5-10　试说明变压器的正序、负序和零序阻抗的物理概念。为什么变压器的正序、负序阻抗相等？变压器零序阻抗的大小与什么因素有关？

5-11　为什么三相变压器组不宜采用 Y，yn 连接，而三相心式变压器又可以用 Y，yn 连接？

5-12　将下列不对称的三相电流和电压分解为对称分量：

(1) 三相不对称电压，$\dot{U}_A$=220V，$\dot{U}_B$=220 $\underline{/-100°}$V，$\dot{U}_C$=210/−250°V。

(2) $\dot{I}_A$=220A，$\dot{I}_B$=220 $\underline{/-150°}$A，$\dot{I}_C$=180 $\underline{/-240°}$A。

5-13　用对称分量法分析 Y，yn 连接的三相变压器两线短路时一次、二次侧电流的对称分量。这种情况下是否有中点移动发生？为什么？

5-14　有一台 100 kV·A，Y/Y_0-12 连接三相心式变压器，U_{1N}/U_{2N} = 6000/400 V，z_k^* = 0.055，r_k^* =0.02，Z_{m0}^*=1+j 6。如果发生单相短路，试求：

(1) 一次绕组的三相电流；

(2) 二次绕组的三相电压；

(3) 中点移动的数值。

5-15　如上题的变压器，二次侧接一个 r_L^* =1 的单相负载，试求一次侧三相电流、二次侧三相电压和中点移动数值。

5-16 将下列不对称的三相电流分解成对称分量：

(1) $i_A=I_m\cos\omega t$ A，$i_B=I_m\cos(\omega t-120°)$ A，$i_C=0$ A；

(2) $i_A=100\sin\omega t$ A，$i_B=100\sin(\omega t-150°)$ A；$i_C=100\sin(\omega t-240°)$ A。

5-17 设 Y/y0 连接的变压器二次侧的不对称三相电压为

$$u_A=100\sqrt{2}\cos(\omega t+30°)\ \text{V},\quad u_B=80\sqrt{2}\cos(\omega t-60°)\ \text{V}$$

$$u_C=50\sqrt{2}\cos(\omega t-90°)\ \text{V}$$

(1) 将上述电压分解成对称分量；

(2) 将这组不对称二次侧电压接到带中点连线的星形连接的三相对称纯电阻负载，负载电阻每相为 10 Ω，求各相电流。

5-18 分析变压器和旋转电机的不对称稳态运行时为什么常用对称分量法？如何将一组不对称的三相电压或电流分解成三组对称分量？

5-19 如何测定变压器的零序电抗？试分析 Y/y0 连接的三相组式变压器和三相心式变压器零序电抗的大小。

第二篇　交流电机的绕组、磁势和电势

交流旋转电机主要包括异步电机和同步电机两类。从原理上说，异步电机和同步电机的三相交流绕组是相同的。根据不同的转子结构形式，异步电机可以分为鼠笼式和绕线式两种，同步电机可分为凸极式和隐极式两种。异步电机较多地用作电动机，此外，也可用作发电机。同步电机较多地用作发电机。此外，也有用作电动机和调相机。本篇将讨论这两类交流旋转电机的共同问题，即交流电机的绕组及其磁势和电势。

第六章　三相交流绕组

第一节　三相交流绕组的要求

三相交流绕组的作用是产生旋转磁场和感应电势，即当三相对称电流通过空间作对称分布的三相交流绕组，将产生三相合成旋转磁场（详见第七章）。该旋转磁场与静止的三相交流绕组发生相对切割运动，在三相交流绕组内感应产生对称的三相电势。或者，当气隙中存在外加的旋转磁场时，三相交流绕组切割磁场感应产生对称的三相电势（详见第八章）。负载后，三相交流绕组内出现三相电流。如图 6-1 所示。

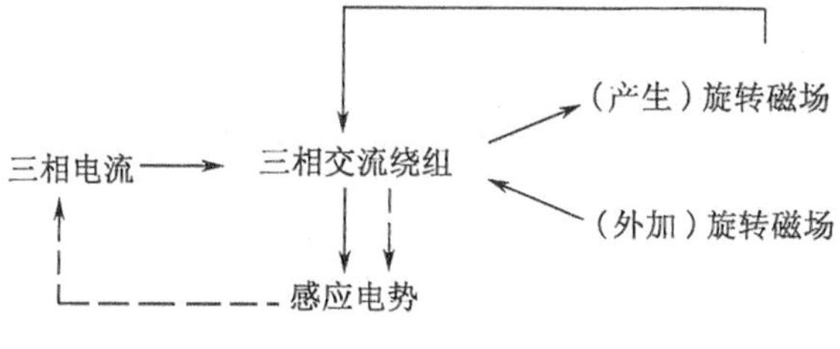

图 6-1　三相交流绕组的作用

对三相交流绕组的要求有：

电磁方面：

① 在绕组中通过三相对称电流时，气隙中有旋转磁场；

② 气隙中有旋转磁场时，绕组中感应产生对称的三相电势；

③ 交流绕组的电势和磁势应为按正弦规律变化的时间波和空间波，即其谐波

分量尽可能小。

结构方面：

④ 三相交流绕组在空间作对称分布(即其轴线互差 $2\pi/3$ 电角度)；

⑤ 各相绕组的匝数应相同。

第二节　三相交流绕组的基本概念

图 6-2 分别示出一对极和两对极的三相交流绕组及其产生的旋转磁场情况。为了方便，现采用“电角度”这一概念。每对磁极对应 360°电角度。不难看出在整个圆周上，同样对应 360°机械角度，一对极的电角度为 360°，两对极的电角度为 720°。设三相交流绕组产生的旋转磁场为 p 对磁极，则对应有

$$电角度 = 机械角度 \times p$$

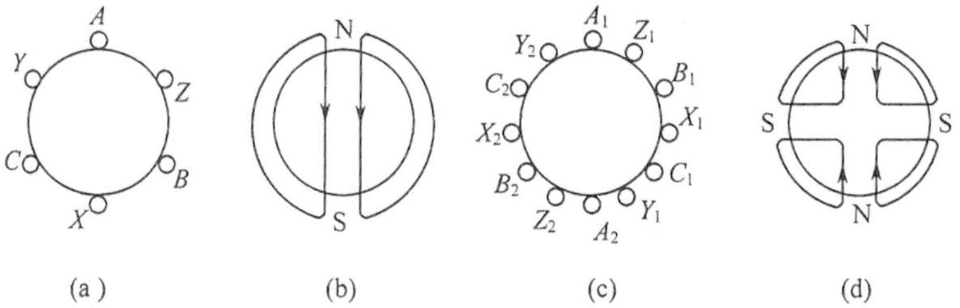

图 6-2　交流绕组的极对数

(a)一对极的三相交流绕组；(b)一对极磁场的磁力线

(c)二对极的三相交流绕组；(d)二对极磁场的磁力线

每极每相交流绕组在电枢圆周上连续占据的电角度称为相带。三相交流绕组通常为 60°相带。

为使三相绕组感应电势对称，每相在每极下应占有相等的槽数，该槽数称每极每相槽数，用 q 表示为

$$q = \frac{z}{2pm} \tag{6-1}$$

式中，m ——相数；

z ——电枢圆周总槽数。

当 q 等于整数时，该绕组称为整数槽绕组；当 q 等于分数时，该绕组称为分数槽绕组。

一个线圈有两个线圈边。所谓单层绕组是指在每个槽内只安放一个线圈边，如图 6-3 所示；所谓双层绕组是指在每个槽内安放两个线圈边，如图 6-4 所示。对于双层绕组，线圈的一条边放在某一槽的上层，另一条边放在另一槽的下层。习惯

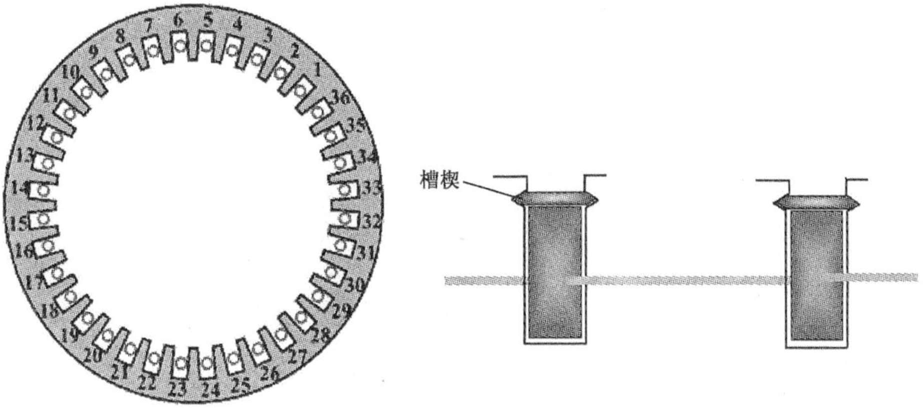

(a)　　　　　　　　　　　　　　　　(b)

图 6-3　单层绕组

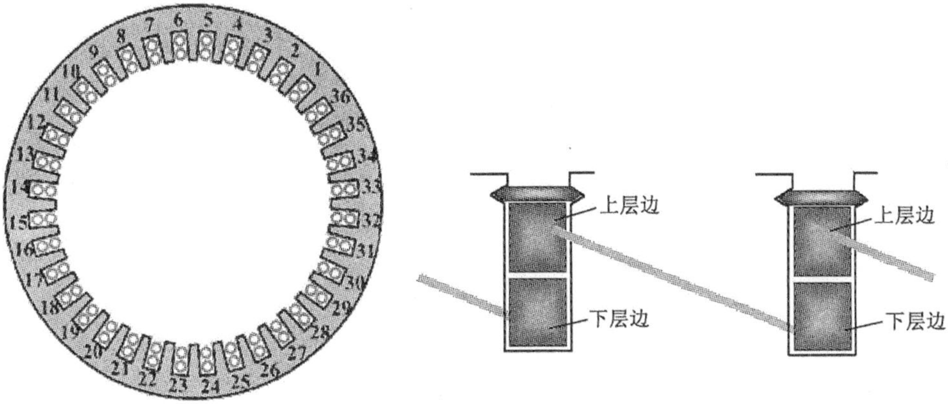

(a)　　　　　　　　　　　　　　　　(b)

图 6-4　双层绕组

上，线圈的编号同其上层边所在的槽号。

单层绕组在 10kW 以下的小功率三相电机中应用较多，双层绕组广泛应用于 10kW 以上的三相电机中。

在分数槽绕组中，设 z 和 p 的最大公约数为 t，且令 $Z_t=\dfrac{Z}{mt}$，则双层 m 相绕组的基本对称条件是 Z_t 必须为整数，对于单层绕组，由于每槽内只有一个线圈边，则 Z_t 还必须是偶数。

相邻两槽之间所间隔的电角度称为槽间角，以 α_1 表示为

$$\alpha_1=\frac{2p\pi}{z} \tag{6-2}$$

例如，对三相绕组，$z=24$，$2p=4$，$m=3$，则

$$q=\frac{z}{2pm}=\frac{24}{4\times 3}=2$$

$$\alpha_1=\frac{2p\pi}{z}=\frac{4\pi}{24}=30^\circ$$

三相单层绕组排列次序如图 6-5(a) 所示，图中数字为所编的槽号。每一相绕组的绕制方式有链式、同心式、交叉式三种，如图 6-5(b)、(c)、(d)所示。

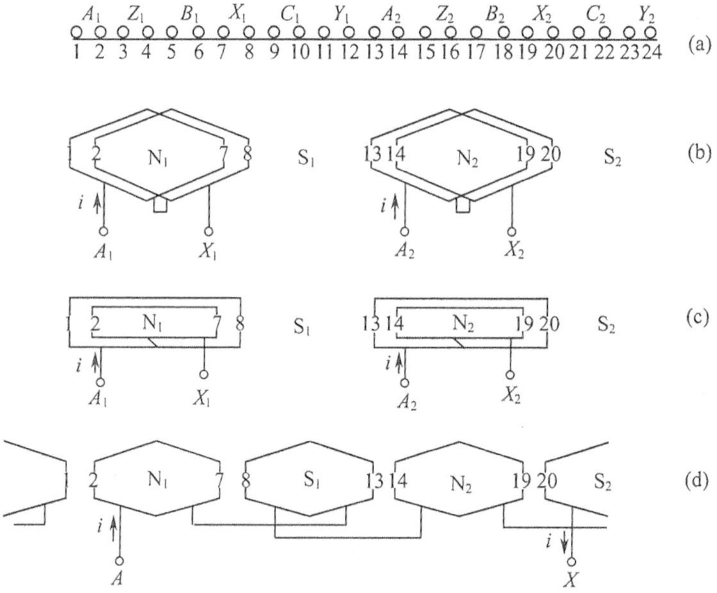

图 6-5　三相绕组的排列

(a)排列次序；(b)链式；(c)同心式；(d)交叉式

以 A 相链式排列为例，组成 A 相的线圈有四个(以所占槽号表示)：1—7、2—8、13—19、14—20。组成 A 相的线圈组有两个(以所占槽号表示)：1—7—2—8、13—19—14—20。这两个线圈组之间可以串联，也可并联。绕组的三种绕制方式具有以下三个共同点：①每一相绕组的有效边都是由放置在相同槽号中的导体组成；②导体中电流规定的正方向不变；③电磁作用相同。所不同的是绕组端部的连接方式。

双层绕组例如：三相双层叠绕组(即任何两个相邻的线圈都是后一个叠在前一个的上面)，$z=36$，$2p=4$，$m=3$，每相并联支路数 $a=1$，绕组展开图如图 6-6 所示。

一个线圈的两个线圈边之间沿电枢气隙圆周上的跨距称为节距，用 y_1 表示。节距可用长度单位表示，也可用槽数表示。以槽数表示图 6-5 所示绕组的 $y_1=6$，

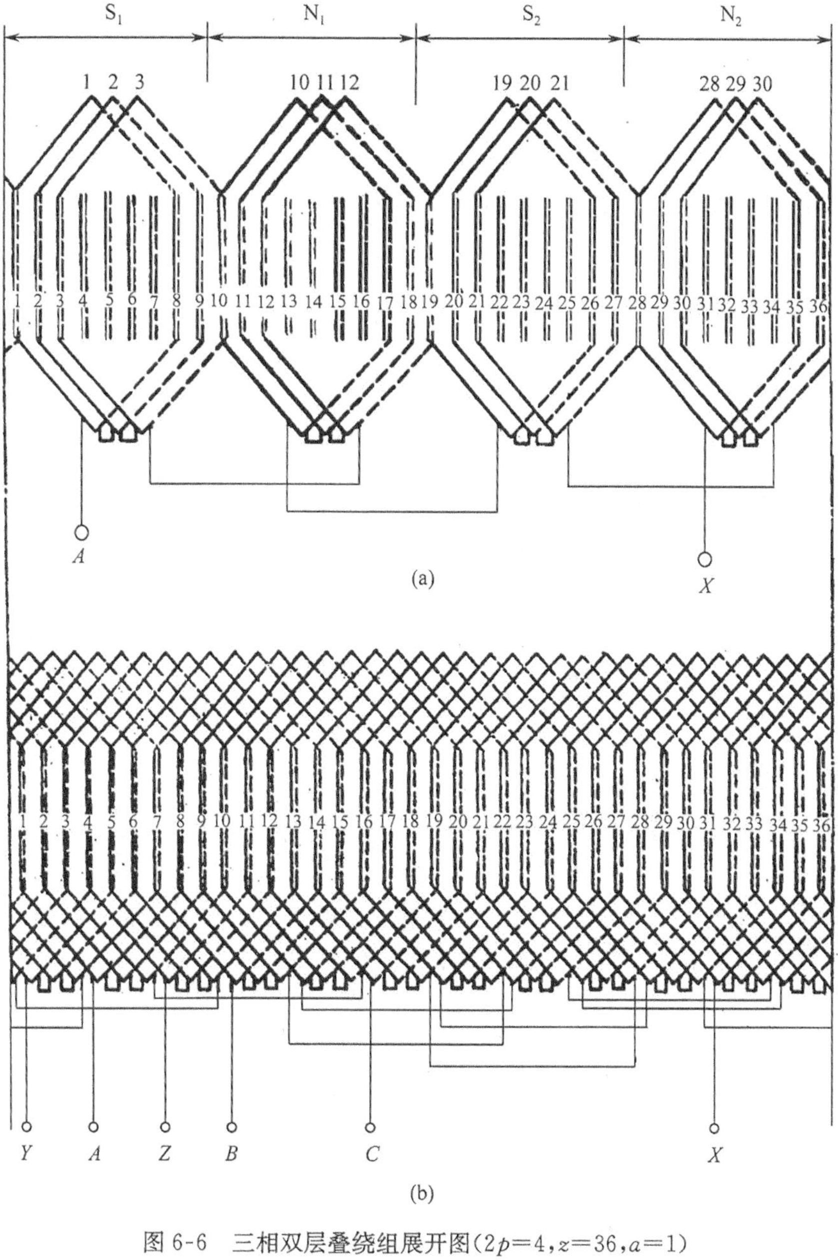

图 6-6　三相双层叠绕组展开图($2p=4$，$z=36$，$a=1$)

(a)A 相展开图；(b)三相展开图

图 6-6 所示绕组的 $y_1=7$。图 6-5 所示的各单层绕组均可等效为整矩分布绕组(整矩及分布绕组的概念见第七章)。以后讨论电势及磁势时通常均以双层绕组为例。

第三节 小 结

三相交流电机绕组分单层绕组和双层绕组两大类。单层分为链式、交叉式和同心式。双层绕组有叠绕组和波绕组（关于波绕组的概念见第二十章第三节），也可按每极每相槽数分整数槽绕组和分数槽绕组。

习 题

6-1 已知 $z=24, 2p=4, a=1$，试绘制三相单层交叉式和同心式绕组展开图。

6-2 三相双层绕组，$z=24, 2p=4, a=1$，试绘制绕组展开图。

第七章 三相交流绕组的磁势

三相交流绕组电流建立的磁场及其磁路如图 7-1 所示。其磁通可分为两部分，一部分同时交链定、转子绕组，称之为气隙磁通，它是电机进行机电能量转换的媒介。另一部分仅交链定子绕组，称之为漏磁通。气隙磁通的路径是：从定子磁轭经过定子齿、空气隙到转子，再经过空气隙、定子齿回到定子磁轭，形成闭合磁路，如图 7-2 所示。

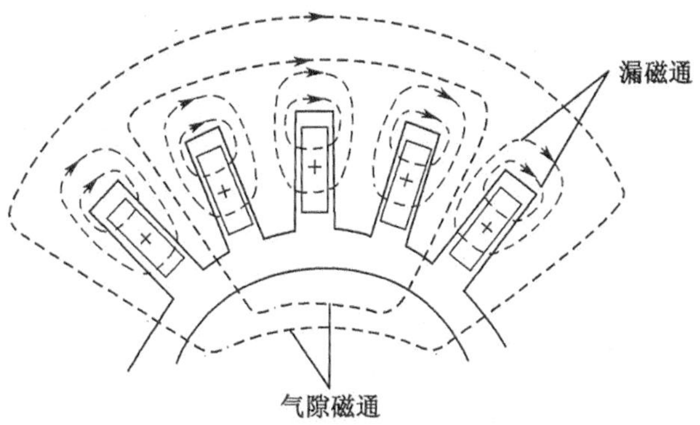

图 7-1 三相交流绕组电流建立的磁场

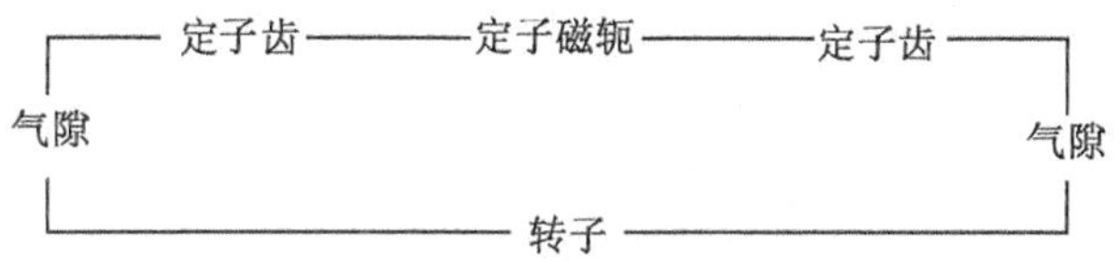

图 7-2 气隙磁通的路径

交流电机的气隙磁通可由定子磁势建立，也可由转子磁势建立。若定、转子绕组中都有电流通过时，则气隙磁通是由定、转子磁势共同建立。本章只讨论定子电流产生的磁势，所得结论同样适用于气隙磁通是由转子磁势建立的交流电机。

为简化分析，假定：①绕组内的电流随时间按正弦规律变化；②槽内电流集中在槽中心处；③转子是圆柱形，气隙是均匀的；④铁心不饱和，因而铁心的磁压降可忽略不计。

第一节　由一个整距线圈构成相绕组的磁势

图 7-3 所示为单个整距线圈的磁势建立的磁场。交流绕组磁场每极沿电枢气隙圆周上的跨距为 τ，称为极距。极距可用长度单位表示，也可用槽数表示。当 $y_1=\tau$ 时称整距线圈。

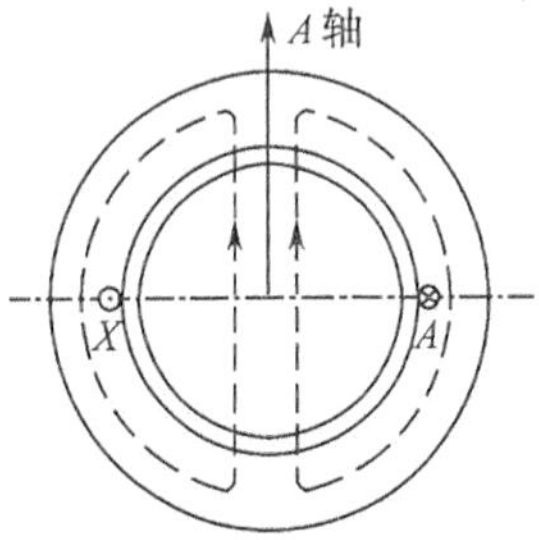

图 7-3　单个整距线圈的磁势建立的磁场

设该线圈的匝数为 N_c。线圈中通过的交变电流为

$$i=\sqrt{2}I_c\sin\omega t$$

式中，I_c——线圈中电流的有效值；

ω——电流的角频率，$\omega t=2\pi f$。

该线圈电流产生一对极，从全电流定律可知，每根磁力线都包围着相同的电流，即

$$\oint \boldsymbol{H}\cdot \mathrm{d}\boldsymbol{l}=\sum i=iN_c$$

式中，iN_c是一对极的总磁势。每极磁势则为

$$f_c(t)=\frac{iN_c}{2}=\frac{\sqrt{2}}{2}I_cN_c\sin\omega t$$

每极磁势的最大值为$\frac{\sqrt{2}}{2}I_cN_c$（安匝/极）。

定子交流绕组磁势沿气隙圆周的分布曲线的物理意义是：气隙圆周某点的磁势表示由该定子磁势所产生的某一条气隙磁力线通过该点气隙和相应的一段定、转子铁心中时所消耗的磁势（也即磁压降）。如果忽略定、转子铁心中的磁压降，即可把磁势曲线某点的数值看成是作用在该点气隙上的磁势。

依据全电流定律求得当线圈内通过电流后，所产生的磁势沿气隙圆周按矩形规律分布，图 7-4 所示为将气隙圆周展开成直线后，单个整距线圈磁势沿气隙圆周的分布波形。图中取沿气隙圆周方向的机械弧度为横坐标 x，把坐标原点选在线圈的中心线与气隙圆周的交点上。

由此可见，每极磁势 $f_c(t)$ 的波幅大小在随时间按正弦规律变化，即为一个脉动磁势；单个整距线圈产生的磁势在空间的分布为对称的矩形波。将此矩形波用傅里叶级数进行分解，得基波和各次谐波的幅值为

$$F_{c\nu}=\frac{1}{\pi}\int_0^{2\pi}f_c(x)\cos\nu x\,\mathrm{d}x$$

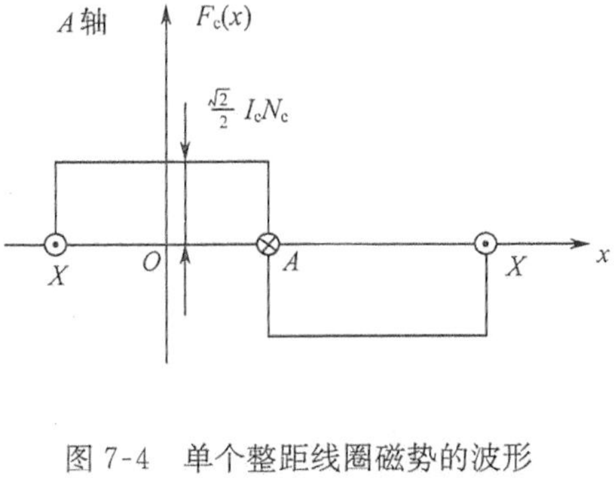

图 7-4　单个整距线圈磁势的波形

$$=\frac{2\sqrt{2}}{\nu\pi}I_cN_c\sin\frac{\nu\pi}{2}$$

式中，$\nu=1,3,5,7,\cdots$。当 $\nu=1$ 时，F_{c1} 为基波磁势的幅值；此外，$F_{c\nu}$ 为 ν 次谐波磁势的幅值。

若把空间坐标 x（机械弧度）也改用对基波的电角度 α 表示，则由一个整距线圈构成相绕组的磁势的表达式为

$$f_c(t,\alpha)=\frac{2\sqrt{2}}{\pi}I_cN_c\left[\cos\alpha-\frac{1}{3}\cos3\alpha+\frac{1}{5}\cos5\alpha-\frac{1}{7}\cos7\alpha+\cdots\right]\sin\omega t \tag{7-1}$$

其中，基波磁势为

$$f_{c1}(t,\alpha)=\frac{2\sqrt{2}}{\pi}I_cN_c\cos\alpha\sin\omega t \tag{7-2}$$

其最大值为

$$F_{c1}=\frac{2\sqrt{2}}{\pi}I_cN_c=0.9I_cN_c \tag{7-3}$$

ν 次谐波磁势为

$$f_{c\nu}(t,\alpha)=\frac{1}{\nu}\left(\frac{2\sqrt{2}}{\pi}I_cN_c\sin\frac{\nu\pi}{2}\right)\cdot\cos\nu\alpha\cdot\sin\omega t \tag{7-4}$$

其最大值为

$$F_{c\nu}=\frac{1}{\nu}\left(\frac{2\sqrt{2}}{\pi}I_cN_c\right) \tag{7-5}$$

可见，分解后的磁势基波和各次谐波既是时间角 ωt 的函数，又是空间角 α 的函数。

第二节　线圈的分布和短距对磁势的影响

为了充分利用铁心，实际交流电机的交流绕组通常采用沿定子圆周分布排列。本节将讨论绕组的分布和短距对绕组磁势的影响。

一、线圈分布的影响

在交流电机中，无论单层绕组或双层绕组，每相绕组都是由若干个线圈串联或并联组成。就产生磁势的效应而言，不论具体的线圈结构如何，都可等效地认为每个线圈组由若干个节距相等、匝数相同、依次沿定子圆周错开一个角度（通常为一个槽距角）的线圈串联而成。

图 7-5 所示为三个线圈串联的线圈组。各线圈沿定子圆周依次位移一个槽，对基波来说为 α_1 电角度，如图 7-5(a)所示，则各线圈磁势的 ν 次谐波依次在空间

上位移$\nu\alpha_1$电角度。用空间矢量表示时，各线圈的ν次谐波磁势矢量$\boldsymbol{F}_{c\nu}$依次有一空间相位差$\nu\alpha_1$，如图 7-5(b)所示。于是用矢量相加可求得该线圈组磁势的ν次波幅值$\boldsymbol{F}_{q\nu}$，如图 7-5(c)所示。

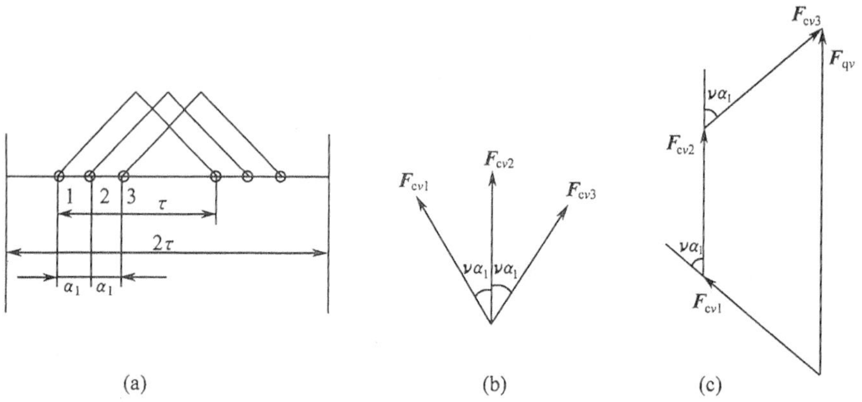

图 7-5　由三个线圈串联的线圈组磁势的ν次波

(a)多线圈的空间位置；(b)多线圈的ν次波磁势矢量；(c)线圈组的ν次波磁势矢量

显然，$F_{q\nu}<qF_{c\nu}$。这一减小可用一个分布系数$k_{q\nu}$来体现。

定义

$$k_{q\nu}=\frac{F_{q\nu}}{qF_{c\nu}}$$

为交流绕组磁势空间ν次波的分布系数。即

$$F_{q\nu}=qF_{c\nu}k_{q\nu} \tag{7-6}$$

式中，$k_{q\nu}$可由图 7-5(c)中的矢量的几何关系求得

$$k_{q\nu}=\frac{\sin\frac{q\nu\alpha_1}{2}}{q\sin\frac{\nu\alpha_1}{2}} \tag{7-7}$$

当$\nu=1$时，

$$k_{q1}=\frac{\sin\frac{q\alpha_1}{2}}{q\sin\frac{\alpha_1}{2}} \tag{7-8}$$

即为基波的分布系数。

当q相当多时，

$$k_{q\nu}=\frac{\sin\frac{\nu\pi}{6}}{\frac{\nu\pi}{6}}$$

$$\nu = 1,\quad k_{q1} = 3/\pi = 0.955$$
$$\nu = 3,\quad k_{q3} = 2/\pi = 0.637$$
$$\nu = 5,\quad k_{q5} = 3/(5\pi) = 0.191$$
$$\cdots\cdots$$

依此类推，可见当 ν 不太大时，$k_{q\nu}$ 随 ν 的次数增加而明显衰减。因此说，利用绕组的分布排列可有效地削弱谐波磁势，改善交流绕组磁势波形，使之接近正弦波。

二、线圈短距的影响

如前所述，y_1 为线圈的两线圈边之间的节距，τ 为极距，当 $y_1<\tau$ 时称为短距。通常在双层绕组中采用之。

定义

$$\beta = \frac{y_1}{\tau}$$

称为相对节距。

短距线圈缩短的距离为 $\tau - y_1$，缩短距离的相对值为

$$\frac{\tau - y_1}{\tau} = 1 - \beta = \varepsilon \qquad 或 \qquad \frac{\pi - y_1}{\pi} = 1 - \beta = \varepsilon$$

比较两个整距和短距线圈的磁势，见图 7-6 所示。

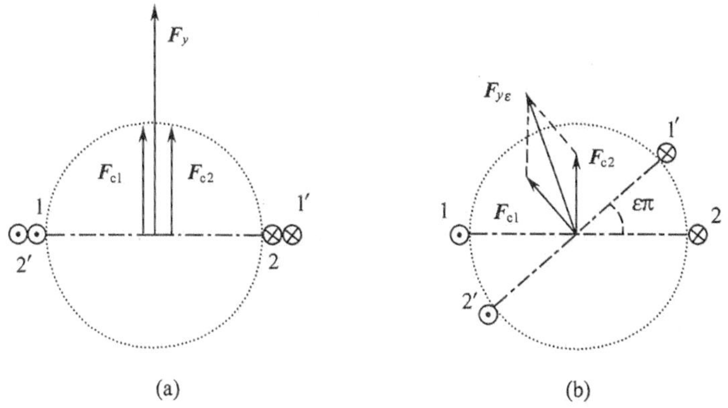

图 7-6 两个线圈的磁势

(a)两个整距线圈的磁势；(b)两个短距线圈的磁势

图 7-6(a)中两个整距线圈 11′和 22′的磁势分别为 $\boldsymbol{F}_{c1}$ 和 $\boldsymbol{F}_{c2}$，两矢量大小相等、方向相同，其合成磁势为 $\boldsymbol{F}_y$，即 $F_y = 2F_{c1} = 2F_{c2}$。图 7-6(b)中两个短距线圈 11′和 22′产生的磁势可等效为由两个整距线圈 1′2′和 12 所各自产生的磁势 $\boldsymbol{F}_{c1}$ 和

$\boldsymbol{F}_{c2}$。这两个矢量不同向，其合成磁势为 $\boldsymbol{F}_{y\varepsilon}$。显然，$F_{y\varepsilon}<F_y$。同样，这一减小的折扣可用一个短距系数 $k_{y\nu}$ 来体现。

定义

$$k_{y\nu}=\frac{F_{y\varepsilon}}{F_y}$$

为交流绕组磁势空间 ν 次波的短距系数。

由图 7-6(b)的几何关系可得

$$F_{y\varepsilon}=2F_{c1}\cos\frac{\nu\varepsilon\pi}{2}$$

则

$$k_{y\nu}=\frac{F_{y\varepsilon}}{F_y}=\cos\frac{\nu\varepsilon\pi}{2}=\sin\frac{\nu\pi y_1}{2\tau} \tag{7-9}$$

式中，$\nu=1,3,5,7,\cdots$。

当 $\nu=1$ 时，

$$k_{y1}=\cos\frac{\varepsilon\pi}{2}=\sin\frac{\pi y_1}{2\tau} \tag{7-10}$$

称为基波短距系数。

利用绕组的短距可以有效地削弱谐波磁势，使之接近正弦波。通常取

$$y_1\approx 5\tau/6$$

分布系数和短距系数的乘积为绕组系数，即

$$k_{N\nu}=k_{q\nu}\cdot k_{y\nu} \tag{7-11}$$

式中，$k_{N\nu}$——交流绕组磁势空间 ν 次谐波的绕组系数。

当 $\nu=1$ 时，

$$k_{N1}=k_{q1}\cdot k_{y1} \tag{7-12}$$

称为基波绕组系数。

第三节　单相绕组的磁势

一、单相脉振磁势

对于 p 对极的整数槽绕组，设每相绕组总匝数为 N_ϕ，则每相每对极串联匝数为 N_ϕ/p。绕组的导体内电流有效值为 I_c，根据前面分析的结果可得每相每极基波磁势为

$$f_{\phi1}(t,\alpha)=\frac{2\sqrt{2}}{\pi}I_c\frac{N_\phi}{p}k_{N1}\cos\alpha\sin\omega t$$

每相电流有效值为 I，每相有 a 条支路，每相每条支路的串联匝数为 N，则 $I_c=I/a$，$N_\phi=aN$。于是，每相每极基波磁势为

$$f_{\phi 1}(t,\alpha)=\frac{2\sqrt{2}}{\pi}\frac{IN}{p}k_{N1}\cos\alpha\sin\omega t \tag{7-13}$$

每相每极基波磁势的最大值为

$$F_{\phi 1}=\frac{2\sqrt{2}}{\pi}\frac{IN}{p}k_{N1}=0.9\frac{IN}{p}k_{N1}\quad（安匝/极） \tag{7-14}$$

每相每极 ν 次谐波磁势为

$$f_{\phi\nu}(t,\alpha)=\left(\frac{2\sqrt{2}}{\pi}\frac{IN}{\nu p}k_{N\nu}\sin\frac{\nu\pi}{2}\right)\cos\nu\alpha\sin\omega t \tag{7-15}$$

每相每极 ν 次谐波磁势的最大值为

$$F_{\phi\nu}=\frac{2\sqrt{2}}{\pi}\frac{IN}{\nu p}k_{N\nu}=0.9\frac{IN}{\nu p}k_{N\nu}=\frac{1}{\nu}\frac{k_{N\nu}}{k_{N1}}F_{\phi 1}\quad（安匝/极） \tag{7-16}$$

综合以上分析可得出如下结论：

一相交流绕组产生的磁势为一个脉振磁势。该磁势脉振频率与绕组内正弦波电流频率相同，为 f_1。该磁势沿气隙圆周近似地按梯形分布，它可按空间角分解为基波和一系列谐波。基波和每个谐波空间位置不变，而波幅以同一频率 f_1 按正弦规律交变。当绕组内电流为非正弦波时，可按时间角将它分解为基波和一系列谐波。这些波各自对应有以空间角分解的基波和各次谐波的磁势。

为了改善电机性能，应设法削弱磁势中的谐波，常采用短矩和分布绕组来实现。

二、脉振的相绕组磁势分解为两个旋转磁势

脉振的基波磁势可分为两个幅值相等、速度相同但方向相反的旋转磁势：

$$\begin{aligned}f_{\phi 1}(t,\alpha)&=F_{\phi 1}\cos\alpha\sin\omega t\\&=\frac{1}{2}F_{\phi 1}[\sin(\omega t-\alpha)+\sin(\omega t+\alpha)]=f_{+}+f_{-}\end{aligned}$$

式中

$$f_{+}=\frac{1}{2}F_{\phi 1}\sin(\omega t-\alpha)$$

是一个正转的旋转磁势，即其幅值不变，其幅值的位置随时间不断沿 α 增大的方向移动；而

$$f_{-}=\frac{1}{2}F_{\phi 1}\sin(\omega t+\alpha)$$

是一个反转的旋转磁势，即其幅值位置随时间不断沿 α 减小的方向移动。

旋转磁势 f_{+}、f_{-} 的幅值均为 $\frac{F_{\phi 1}}{2}$；其转速由绕组内电流角频率 ω 及绕组的极对数 p 决定，为 $\frac{60f}{p}$(r/min)。

正、反转的旋转磁势 f_+、f_- 的物理意义可解释为：在 $\omega t-\alpha=\frac{\pi}{2}$ 情况下，$f_+=\frac{1}{2}F_{\phi1}$ 为其幅值；在 $\omega t+\alpha=\frac{\pi}{2}$ 情况下，$f_-=\frac{1}{2}F_{\varphi1}$ 为其幅值。也就是说，对应不同的时刻 t，这二个旋转磁势的幅值位置(α)也不同。正转的旋转磁势 f_+ 随时间推移沿顺相序方向移动，故谓正转；反转的旋转磁势 f_- 随时间推移沿逆相序方向移动，故谓反转。表 7-1、表 7-2 和图 7-7 给出正、反转的旋转磁势 f_+、f_- 在几个时刻对应的幅值位置。

表 7-1　正转的旋转磁势 f_+ 的几个幅值位置

ωt	0	$\frac{\pi}{2}$	π	$\frac{3}{2}\pi$	2π
α	$-\frac{\pi}{2}$	0	$\frac{\pi}{2}$	π	$\frac{3}{2}\pi$

表 7-2　反转的旋转磁势 f_- 的几个幅值位置

ωt	0	$\frac{\pi}{2}$	π	$\frac{3}{2}\pi$	2π
α	$\frac{\pi}{2}$	0	$-\frac{\pi}{2}$	$-\pi$	$-\frac{3}{2}\pi$

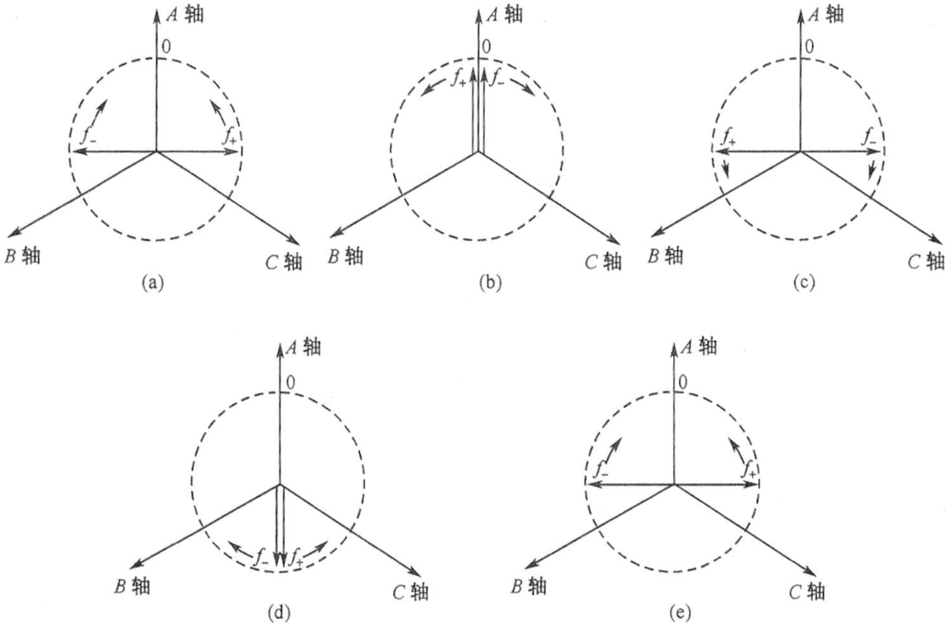

图 7-7　正、反转的旋转磁势 f_+、f_- 的几个幅值位置

(a)$\omega t=0$ 时；(b)$\omega t=\frac{\pi}{2}$ 时；(c)$\omega t=\pi$ 时；(d)$\omega t=\frac{3}{2}\pi$ 时；(e)$\omega t=2\pi$ 时

同理，对于每次谐波脉振磁势也可以各自分解为两个幅值相等、速度相同但方向相反的旋转磁势：

$$f_{\phi\nu}(t,\alpha)=\left(F_{\phi\nu}\sin\frac{\nu\pi}{2}\right)\cos\nu\alpha\sin\omega t$$
$$=\frac{1}{2}F_{\phi\nu}\sin\frac{\nu\pi}{2}[\sin(\omega t-\nu\alpha)+\sin(\omega t+\nu\alpha)]$$

第四节 三相交流绕组的合成磁势

一、基波磁势

设三相交流绕组内通过的三相电流如图 7-8 所示，分别为

$$i_A=\sqrt{2}I_C\sin\omega t$$
$$i_B=\sqrt{2}I_C\sin(\omega t-120^\circ)$$
$$i_C=\sqrt{2}I_C\sin(\omega t-240^\circ)$$

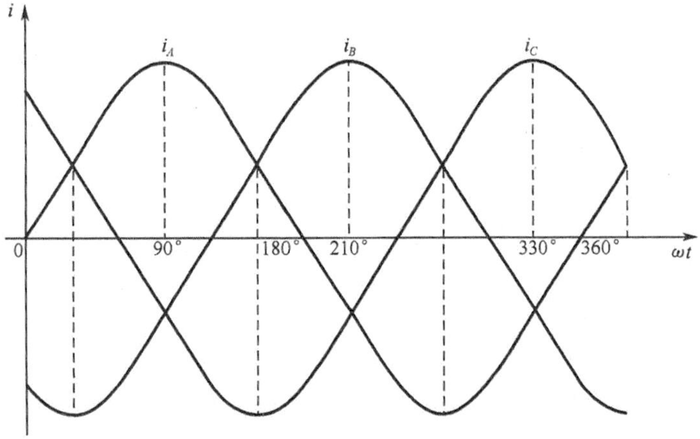

图 7-8 三相电流

三相交流绕组在空间分布互差 120°电角度，则三相交流绕组的其波磁势分别为

$$\left.\begin{aligned}f_{A1}&=\frac{2\sqrt{2}}{\pi p}INk_{N1}\sin\omega t\cos\alpha\\f_{B1}&=\frac{2\sqrt{2}}{\pi p}INk_{N1}\sin(\omega t-120^\circ)\cos(\alpha-120^\circ)\\f_{C1}&=\frac{2\sqrt{2}}{\pi p}INk_{N1}\sin(\omega t-240^\circ)\cos(\alpha-240^\circ)\end{aligned}\right\}\quad(7\text{-}17)$$

将各相脉振磁势分解为两个旋转磁势

$$\left.\begin{aligned}f_{A1}&=\frac{1}{2}F_{\phi1}[\sin(\omega t-\alpha)+\sin(\omega t+\alpha)]\\f_{B1}&=\frac{1}{2}F_{\phi1}[\sin(\omega t-\alpha)+\sin(\omega t+\alpha-240^\circ)]\\f_{C1}&=\frac{1}{2}F_{\phi1}[\sin(\omega t-\alpha)+\sin(\omega t+\alpha-120^\circ)]\end{aligned}\right\}\tag{7-18}$$

三相交流绕组合成磁势的基波为

$$\begin{aligned}f_1(t,\alpha)&=f_{A1}+f_{B1}+f_{C1}=\frac{3}{2}F_{\phi1}\sin(\omega t-\alpha)\\&=F_1\sin(\omega t-\alpha)\end{aligned}\tag{7-19}$$

这是一个波幅值恒定的圆形旋转磁势，如图 7-9 所示。

式(7-19)中

$$\begin{aligned}F_1&=\frac{3}{2}F_{\phi1}=\frac{3}{2}\left(\frac{2\sqrt{2}}{\pi}\cdot\frac{IN}{p}k_{N1}\right)=\frac{3\sqrt{2}}{\pi}\cdot\frac{IN}{p}k_{N1}\\&=1.35\,\frac{IN}{p}k_{N1}\quad(安匝/极)\end{aligned}\tag{7-20}$$

为三相交流绕组合成磁势基波的最大值，其值为每相脉振磁势波波幅的$\frac{3}{2}$倍，其转向为正相序，即幅值位置从 A 相绕组轴线(图 7-9 中的 A 轴)转向相位滞后 120°的 B 相绕组轴线(图 7-9 中的 B 轴)，再转向 C 相绕组轴线(图 7-9 中的 C 轴)。合成磁势波的转速为

$$n_1=\frac{60f}{p}\quad(\text{r/min})\tag{7-21}$$

称为同步速。

由图 7-9 显见：当某相绕组内的电流达到最大值时，三相合成磁势基波幅值位置恰在该相绕组的轴线上。

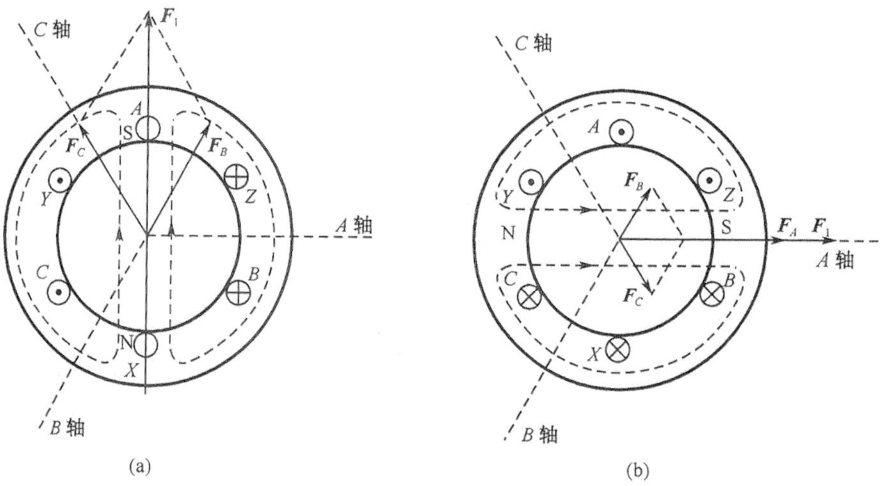

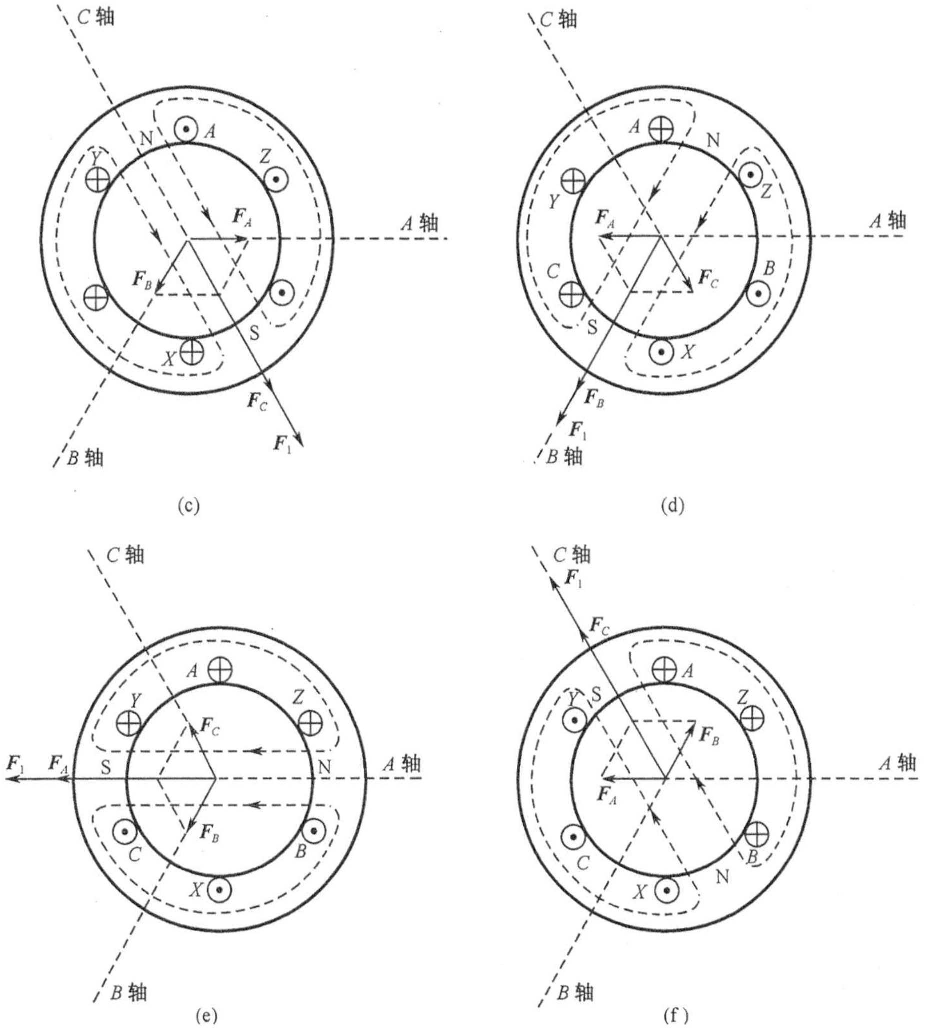

图 7-9 三相绕组基波合成磁势

(a)$\omega t=0$ 时，$i_A=0$；(b)$\omega t=90°$时，$i_A=I_m$；(c)$\omega t=150°$时；(d)$\omega t=210°$时，$i_B=I_m$；(e)$\omega t=270°$时；(f)$\omega t=330°$时，$i_C=I_m$

二、谐波磁势

三相交流绕组 ν 次谐波磁势

$$f_{A\nu}(t,\alpha)=\left(F_{\phi\nu}\sin\frac{\nu\pi}{2}\right)\sin\omega t\cos\nu\alpha$$

$$f_{B\nu}(t,\alpha)=\left(F_{\phi\nu}\sin\frac{\nu\pi}{2}\right)\sin(\omega t-120°)\cos[\nu(\alpha-120°)]$$

$$f_{C\nu}(t,\alpha)=\left(F_{\phi\nu}\sin\frac{\nu\pi}{2}\right)\sin(\omega t-240^\circ)\cos[\nu(\alpha-240^\circ)]$$

各相脉振磁势分解为两个旋转磁势

$$f_{A\nu}=\frac{1}{2}F_{\phi\nu}\sin\frac{\nu\pi}{2}[\sin(\omega t-\nu\alpha)+\sin(\omega t+\nu\alpha)]$$

$$f_{B\nu}=\frac{1}{2}F_{\phi\nu}\sin\frac{\nu\pi}{2}[\sin(\omega t-120^\circ-\nu\alpha+\nu120^\circ)+\sin(\omega t-120^\circ+\nu\alpha-\nu120^\circ)]$$

$$f_{C\nu}=\frac{1}{2}F_{\phi\nu}\sin\frac{\nu\pi}{2}[\sin(\omega t-240^\circ-\nu\alpha+\nu240^\circ)+\sin(\omega t-240^\circ+\nu\alpha-\nu240^\circ)]$$

对于三次谐波

$$f_{A3}(t,\alpha)=-\frac{1}{2}F_{\phi3}[\sin(\omega t-3\alpha)+\sin(\omega t+3\alpha)]$$

$$f_{B3}(t,\alpha)=-\frac{1}{2}F_{\phi3}[\sin(\omega t-3\alpha-120^\circ)+\sin(\omega t+3\alpha-120^\circ)]$$

$$f_{C3}(t,\alpha)=-\frac{1}{2}F_{\phi3}[\sin(\omega t-3\alpha-240^\circ)+\sin(\omega t+3\alpha-240^\circ)]$$

三相交流绕组合成磁势的三次谐波为

$$f_3(t,\alpha)=f_{A3}+f_{B3}+f_{C3}=0$$

由此可分别得出如下结论:三相交流绕组的三次及三的整数倍次谐波合成磁势均为零。

对于五次谐波

$$f_{A5}(t,\alpha)=\frac{1}{2}F_{\phi5}[\sin(\omega t-5\alpha)+\sin(\omega t+5\alpha)]$$

$$f_{B5}(t,\alpha)=\frac{1}{2}F_{\phi5}[\sin(\omega t-5\alpha+120^\circ)+\sin(\omega t+5\alpha)]$$

$$f_{C5}(t,\alpha)=\frac{1}{2}F_{\phi5}[\sin(\omega t-5\alpha+240^\circ)+\sin(\omega t+5\alpha)]$$

三相交流绕组合成磁势的五次谐势为

$$f_5(t,\alpha)=f_{A5}+f_{B5}+f_{C5}=\frac{3}{2}F_{\phi5}\sin(\omega t+5\alpha)$$
$$=F_5\sin(\omega t+5\alpha) \tag{7-22}$$

其最大值为

$$F_5=\frac{3}{2}F_{\phi5}=\frac{3\sqrt{2}}{\pi}\cdot\frac{IN}{5p}k_{N5}$$
$$=1.35\frac{IN}{5p}k_{N5}=\frac{1}{5}F_1\frac{k_{N5}}{k_{N1}}\quad(安匝/极) \tag{7-23}$$

由此可见,三相交流绕组的五次谐波合成磁势是一个波幅恒定、逆基波磁势转向的旋转磁势,即与基波转向相反,其转速为

$$n_5 = \frac{n_1}{5} = \frac{60f}{5p} \quad (\text{r/min}) \tag{7-24}$$

旋转波的波长为基波的$\frac{1}{5}$，全圆周共有 5 对极。

对于七次谐波

$$f_{A7}(t,\alpha) = -\frac{1}{2}F_{\phi7}[\sin(\omega t - 7\alpha) + \sin(\omega t + 7\alpha)]$$

$$f_{B7}(t,\alpha) = -\frac{1}{2}F_{\phi7}[\sin(\omega t - 7\alpha) + \sin(\omega t + 7\alpha - 240°)]$$

$$f_{C7}(t,\alpha) = -\frac{1}{2}F_{\phi7}[\sin(\omega t - 7\alpha) + \sin(\omega t + 7\alpha - 120°)]$$

三相交流绕组合成磁势的七次谐势为

$$\begin{aligned} f_7(t,\alpha) &= f_{A7} + f_{B7} + f_{C7} \\ &= -\frac{3}{2}F_{\phi7}\sin(\omega t - 7\alpha) \\ &= -F_7\sin(\omega t - 7\alpha) \end{aligned} \tag{7-25}$$

其最大值为

$$\begin{aligned} F_7 &= \frac{3}{2}F_{\phi7} = \frac{3\sqrt{2}}{\pi} \cdot \frac{IN}{7p}k_{N7} = 1.35\frac{IN}{7p}k_{N7} \\ &= \frac{1}{7}F_1\frac{k_{N7}}{k_{N1}} \quad (\text{安匝 / 极}) \end{aligned} \tag{7-26}$$

可见，三相交流绕组的七次谐波合成磁势是一个波幅恒定的正向旋转磁势，即转向与基波相同，其转速为

$$n_7 = \frac{n_1}{7} = \frac{60f}{7p} \quad (\text{r/min}) \tag{7-27}$$

综上所述，对称三相交流绕组合成磁势中包含有 $\nu=6k\pm1(k=1,2,3,\cdots)$次谐波。一般地说，当对称 m 相电流通过对称 m 相绕组时，绕组合成磁势中包含着下列次数的高次谐波：

$$\nu = 2mk \pm 1 \tag{7-28}$$

式中，$k=1,2,3,\cdots$；当取加号时，谐波磁势转向与基波的转向相同。

谐波磁势(或相应的谐波磁场)的存在，在交流电机中引起附加损耗、振动和噪声等不良影响，对异步电动机还将引起附加转矩，使电动机的起动性能变坏。因此，在设计电机时应尽量削弱磁动势中的高次谐波，采用短距和分布绕组是达到这个目的的很重要的方法。

例 7-1　有一个三相单层同心式绕组，$2p=2$，$Z=24$，其一相的端部连接画如图 7-10 所示，属同一相带的线圈出槽后端接线分向两侧弯走，若每个线圈的匝数相同，其基波绕组系数是多少？

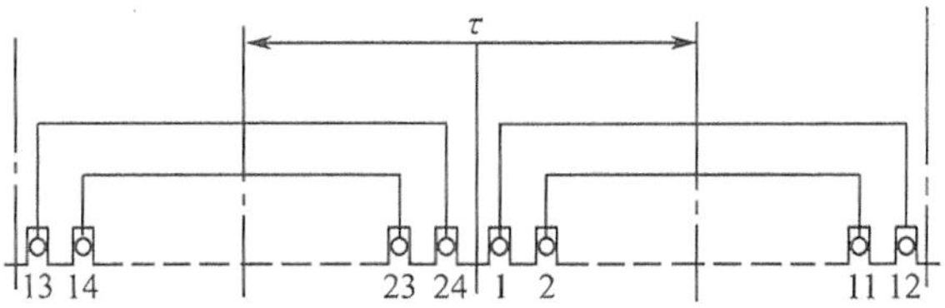

图 7-10　例 7-1 插图

解　把该绕组看作是等效的整距分布绕组，每极每相槽数

$$q = 4$$

短距系数

$$k_{y1} = 1$$

则基波绕组系数即是分布系数

$$k_{N1} = k_{q1} = \frac{\sin 30^\circ}{q\sin\dfrac{30^\circ}{q}} = \frac{\sin 30^\circ}{4\sin\dfrac{30^\circ}{4}} = 0.958$$

例 7-2　一台 50000 kW 的两极三相汽轮发电机，50Hz，$U_N = 10.5$ kV，Y 连接，$\cos\varphi_N = 0.85$，定子为双层叠绕组，$Z = 72$ 槽，每个线圈一匝，$y_1 = 2\tau/3$，$a = 2$。试求当定子电流为额定值时，三相合成磁势的基波、3、5、7 次谐波的幅值和转速，并说明转向。

解

$$I = I_N = \frac{P_N}{\sqrt{3}U_N\cos\varphi_N} = \frac{50000}{\sqrt{3}\times 10.5\times 0.85} = 3234.46(\text{A})$$

$$\tau = \frac{z}{2p} = \frac{72}{2} = 36(\text{槽})$$

$$q = \frac{Z}{2pm} = \frac{72}{2\times 3} = 12$$

$$N = \frac{2pqN_c}{a} = \frac{2\times 12\times 1}{2} = 12(\text{匝})$$

$$y_1 = \frac{5\tau}{6} = \frac{5\times 36}{6} = 30$$

$$\alpha_1 = \frac{p\times 360^\circ}{Z} = \frac{1\times 360^\circ}{72} = 5^\circ$$

$$k_{N1} = \sin\left(90^\circ\times\frac{y_1}{\tau}\right)\times\frac{\sin\dfrac{q\alpha_1}{2}}{q\sin\dfrac{\alpha_1}{2}}$$

$$= \sin 90^\circ\times\frac{30}{36}\times\frac{\sin\dfrac{12\times 5^\circ}{2}}{12\times\sin\dfrac{5^\circ}{2}} = 0.9227$$

$$k_{N3}=\sin\left(3\times90°\times\frac{y_1}{\tau}\right)\times\frac{\sin\frac{q\nu\alpha_1}{2}}{q\sin\frac{\nu\alpha_1}{2}}$$

$$=\sin\left(3\times90°\times\frac{30}{36}\right)\times\frac{\sin\frac{12\times3\times5°}{2}}{12\times\sin\frac{3\times5°}{2}}=-0.4514$$

同理求得

$k_{N5}=0.0498$，　$k_{N7}=0.3007$

$F_1=1.35\times\frac{NI}{p}\times k_{N1}=1.35\times\frac{12\times3234.46}{1}\times0.9227=48347.9$（安匝／极）

$F_3=0$

$F_5=1.35\times\frac{NI}{5p}\times k_{N5}=1.35\times\frac{12\times3234.46}{5}\times0.0498=52.4$（安匝／极）

$F_7=1.35\times\frac{NI}{7p}\times k_{N7}=1.35\times\frac{12\times3234.46}{7}\times0.3007=2250.9$（安匝／极）

$n_1=\frac{60f}{p}=\frac{60\times50}{1}=3000$ r/min（转向：顺相序正转）

三相合成的三次谐波磁势为零，所以也不存在转速 n_3。

$$n_5=\frac{n_1}{5}=\frac{3000}{5}=600\ (\text{r/min})\ (\text{转向：逆相序反转})$$

$$n_7=\frac{n_1}{7}=\frac{3000}{7}=428.6\ (\text{r/min})\ (\text{转向：顺相序正转})$$

例 7-3　三相异步电动机，定子绕组为双层短距绕组，Y 连接，槽数 $Z=48$，极数 $2p=4$，线圈节距 $y_1=10$，线圈匝数 $N_c=22$ 匝，每相并联支路数 $a=4$，通入电流 $I=37$A，频率 $f=50$Hz。试求：

（1）一相绕组磁势的基波和 3 次谐波的幅值，写出各项基波磁势的表达式；

（2）三相绕组合成磁势的基波和 3、5、7 次谐波的幅值、转速及转向；

（3）写出三相合成磁势基波的表达式。

解　（1）一相绕组的磁势为脉动磁势，各次谐波磁势的幅值为

$$F_{\phi\nu}=0.9\frac{k_{N\nu}N}{p_\nu}I=0.9\times\frac{1}{\nu}\cdot\frac{k_{N\nu}N}{p}I$$

每极每相槽数

$$q=\frac{Z}{2pm}=\frac{48}{4\times3}=4$$

槽距角

$$\alpha=\frac{p\times360°}{Z}=\frac{2\times360°}{48}=15°$$

极距

$$\tau_p = \frac{Z}{2p} = \frac{48}{4} = 12$$

基波分布系数

$$k_{q1} = \frac{\sin\frac{q\alpha}{2}}{q\sin\frac{\alpha}{2}} = \frac{\sin\frac{4\times15^\circ}{2}}{4\sin\frac{15^\circ}{2}} = 0.958$$

基波短距系数

$$k_{y1} = \sin\frac{y_1}{\tau_p}\cdot 90^\circ = \sin\frac{10}{12}\times 90^\circ = 0.966$$

基波绕组系数

$$k_{N1} = k_{q1}k_{y1} = 0.958\times 0.966 = 0.925$$

每相串联匝数列

$$N = \frac{2pqN_c}{a} = \frac{4\times4\times22}{4} = 88\ (\text{匝})$$

基波磁势幅值

$$F_{\phi1} = \frac{0.9k_{N1}N}{p}I = \frac{0.9\times0.925\times88\times37}{2} = 1355.3(\text{A})$$

3 次谐波分布系数

$$k_{q3} = \frac{\sin\frac{q3\alpha}{2}}{q\sin\frac{3\alpha}{2}} = \frac{\sin\frac{4\times3\times15^\circ}{2}}{4\sin\frac{3\times15^\circ}{2}} = 0.65$$

3 次谐波短节距系数

$$k_{y3} = \sin\frac{y_1}{\tau_p}\times3\times90^\circ = \sin\frac{10}{12}\times270^\circ = -0.707$$

3 次谐波绕组系数

$$k_{N3} = k_{q3}k_{y3} = 0.65\times(-0.707) = -0.46$$

3 次谐波磁势幅值

$$F_{\phi3} = \frac{0.9k_{N3}N}{3p}I = \frac{0.9\times(-0.46)\times88\times37}{3\times2} = -224.66(\text{A})$$

各相的基波磁势表达式为

$$f_A = 1355.3\sin x\sin\omega t$$

$$f_B = 1355.3\sin(x-120^\circ)\sin(\omega t-120^\circ)$$

$$f_C = 1355.3\sin(x+120)\sin(\omega t+120^\circ)$$

（2）求三相合成磁势幅值、转速及转向。

① 基波磁势幅值为

$$F_1 = \frac{3}{2}F_{\phi1} = \frac{3}{2} \times 1355.3 = 2033(\mathrm{A})$$

转速

$$n_1 = \frac{60f}{p} = \frac{60 \times 50}{2} = 1500\ (\mathrm{r/min})\ (\text{转向:正向旋转})$$

② 3 次谐波合成磁势为零。

③ 5 次谐波磁势幅值为

$$F_5 = \frac{3}{2} \times 15.53 = 23.3(\mathrm{A})$$

转速

$$n_5 = \frac{60f}{5p} = \frac{1}{5}n_1 = \frac{1}{5} \times 1500 = 300\ (\mathrm{r/min})\ (\text{转向:逆向旋转})$$

④ 7 次谐波磁势幅值为

$$F_7 = \frac{3}{2}F_{\phi7} = \frac{3}{2} \times 8.56 = 12.8(\mathrm{A})$$

转速

$$n_7 = \frac{60f_1}{7p} = \frac{n_1}{7} = \frac{1}{7} \times 1500 = 214.3(\mathrm{r/min})(\text{转向:正向旋转})$$

(3) 三相合成磁势的基波表达式为

$$f_1 = 2033\cos(\omega t - x)$$

第五节 小　　结

一、一相交流绕组产生的磁势为一个脉振磁势

该磁势脉振频率与绕组内正弦波电流频率相同,为 f_1。该磁势沿气隙圆周近似地按梯形分布,它可按空间角分解为基波和一系列谐波。每相每极基波磁势为

$$f_{\phi1}(t,\alpha) = \frac{2\sqrt{2}}{\pi}\frac{IN}{p}k_{N1}\cos\alpha\sin\omega t$$

每相每极基波磁势的最大值为

$$F_{\phi1} = \frac{2\sqrt{2}}{\pi}\frac{IN}{p}k_{N1} = 0.9\frac{IN}{p}k_{N1}(\text{安匝 / 极})$$

每相每极 ν 次谐波磁势为

$$f_{\phi\nu}(t,\alpha) = \left(\frac{2\sqrt{2}}{\pi}\frac{IN}{\nu p}k_{N\nu}\sin\frac{\nu\pi}{2}\right)\cos\nu\alpha\sin\omega t$$

每相每极 ν 次谐波磁势的最大值为

$$F_{\phi\nu}=\frac{2\sqrt{2}}{\pi}\frac{IN}{\nu p}k_{N\nu}=0.9\frac{IN}{\nu p}k_{N\nu}=\frac{1}{\nu}\frac{k_{N\nu}}{k_{N1}}F_{\phi1}\text{(安匝 / 极)}$$

基波和每个谐波空间位置不变，而波幅以同一频率 f_1 按正弦规律交变。当绕组内电流为非正弦波时，可按时间角将它分解为基波和一系列谐波。这些波各自对应有以空间角分解的基波和各次谐波的磁势。

对于脉振的基波磁势可分为两个幅值相等、速度相同但方向相反的旋转磁势：

$$\begin{aligned}f_{\phi1}(t,\alpha)&=F_{\phi1}\cos\alpha\sin\omega t\\&=\frac{1}{2}F_{\phi1}[\sin(\omega t-\alpha)+\sin(\omega t+\alpha)]=f_{+}+f_{-}\end{aligned}$$

式中

$$f_{+}=\frac{1}{2}F_{\phi1}\sin(\omega t-\alpha)$$

是一个正转的旋转磁势，即其幅值位置随时间不断沿 α 增大的方向移动。

而

$$f_{-}=\frac{1}{2}F_{\phi1}\sin(\omega t+\alpha)$$

是一个反转的旋转磁势，即其幅值位置随时间不断沿 α 减小的方向移动。

二、三相交流绕组合成磁势的基波为一个波幅值恒定圆形的旋转磁势

其表达式如下：

$$f_1(t,\alpha)=\frac{3}{2}F_{\phi1}\sin(\omega t-\alpha)=F_1\sin(\omega t-\alpha)$$

三相交流绕组合成磁势基波的最大值

$$F_1=\frac{3}{2}F_{\phi1}=\frac{3\sqrt{2}}{\pi}\cdot\frac{IN}{p}k_{N1}=1.35\frac{IN}{p}k_{N1}\text{(安匝 / 极)}$$

其转向为顺相序，其转速 n_1 称同步速，为

$$n_1=\frac{60f}{p}\ (\mathrm{r/min})$$

对称三相交流绕组合成磁势中包含有 $\nu=6k\pm1(k=1,2,3,\cdots)$ 次谐波。一般地说，当对称 m 相电流通过对称 m 相绕组时，绕组合成磁势中包含着下列次数的高次谐波：

$$\nu=2mk\pm1$$

式中，$k=1,2,3,\cdots$；当取加号时，谐波磁势转向与基波的转向相同。

三相交流绕组的三次及三的整数倍次谐波合成磁势均为零。

三相交流绕组的五次谐波合成磁势是一个波幅恒定、逆相序旋转磁势。其转速为

$$n_5=\frac{n_1}{5}=\frac{60f}{5p}\ (\mathrm{r/min})$$

三相交流绕组的七次谐波合成磁势是一个波幅恒定、顺相序旋转磁势，其转速为

$$n_7=\frac{n_1}{7}=\frac{60f}{7p}\ (\mathrm{r/min})$$

习 题

7-1 当采用短距绕组同时削弱定子绕组中的五次和七次谐波磁势，下列哪一种绕组是我们应该选用的：① 绕组跨距为(4/5)τ；② 绕组跨距为(6/7)τ；③ 绕组跨距为(5/6)τ。

7-2 公式 $F=1.35\left(\frac{Nk_{N1}}{p}\right)I$ 是指：① 一相的磁势幅值；② 三相一对极的合成磁势幅值；③ 三相一个极的合成磁势幅值。

7-3 由三相定子绕组产生的五次空间磁势谐波，它的转速是：① 静止不动；② 是基波磁场转速的 1/5；③ 等于基波磁场转速；④ 五倍于基波磁场转速。

7-4 由三相定子绕组产生的七次空间磁势谐波，它产生的磁通切割定子绕组感应电势的频率是：① 等于零；② 等于基波频率；③ 等于基频的 1/7；④ 等于基频的七倍。

7-5 为什么说交流绕组产生的磁动势既是时间的函数，又是空间的函数，试以三相绕组合成磁动势的基波来说明。

7-6 脉振磁势和旋转磁势各有哪些基本特性？产生脉振磁势和圆形旋转磁势的条件有什么不同？

7-7 把一台三相交流电机定子绕组的三个首端和三个末端分别连在一起，再通以交流电流，合成磁势基波是多少？如将三相绕组依次串联起来后通以交流电流，合成磁势基波又是多少？可能存在哪些谐波合成磁势？

7-8 把三相异步电动机接到电源的三个接线头对调两根后，电动机的转向是否会改变？为什么？

7-9 短距系数和分布系数的物理意义是什么？为什么现代交流电机一般采用短距、分布绕组？

7-10 一台三相感应电动机，$P_N=40$ kW，$U_N=380$ V，$I_N=75$ A，定子绕组采用三角形连接、双层叠绕组、4 极、48 槽，$y_1=10$ 槽，每槽导体数 $N_c=22$，$a=2$，试求：

(1) 计算脉振磁势基波和 3、5、7 等次谐波的幅值，并写出各相基波脉振磁势的表达式；

(2) 当 B 相电流为最大值时，写出各相基波磁势的表达式；

(3) 计算三相合成磁动势基波及 5、7、11 次谐波的幅值，并说明各次谐波的转向、极对数和转速；

(4) 写出三相合成磁势的基波及 5、7、11 次谐波的表达式；

(5) 分析基波和 5、7、11 次谐波的绕组系数值，说明采用短距和分布绕组对磁势波形有什么影响？

7-11　一台三相交流发电机，额定容量为 800 kV·A，Y 接法，电压为 6000 V，$2p=6$，定子有 54 槽，双层绕组，每个线圈 4 匝，线圈的跨距为 1～9 槽，并联支路数 $a=1$，求三相绕组通过额定电流时基波、5 次、7 次谐波磁势的幅值。

7-12　有一个三相单层同心式绕组，$2p=2$，$z=24$，属于同一相带的线圈出槽后端接线分别向两侧弯走，若每个线圈的匝数相等，试求基波绕组系数。

7-13　三相双层短距交流绕组 $q=5$，已知其 5 次谐波的绕组系数 $k_{N5}=0.10$，试求该绕组的基波及 7 次谐波的绕组系数。

7-14　一台交流电机的定子三相对称绕组，四极，双层，$q=3$，每个线圈的匝数 $N_c=4$，$y_1=7$ 槽，并联支路数 $a=1$，现在三相绕组中通入电流。试就下列各种情况求出所产生的合成磁势基波的幅值，并对每一种情况，说明其磁势的性质。

(1) $i_a=141\sin 314t$ A，$i_b=141\sin(314t-120°)$ A，$i_c=141\sin(314t-240°)$ A；

(2) $i_a=141\sin 314t$ A，$i_b=-141\sin 314t$ A，$i_c=0$ A；

(3) $i_a=141\sin 314t$ A，$i_b=141\sin 314t$ A，$i_c=141\sin 314t$ A。

7-15　试分析下列情况下是否会产生旋转磁动势，转向是顺时针还是逆时针方向：

(1) 三相绕组内通以正序(A—B—C)电流或负序(C—B—A)电流(见图 7-11)；

(2) 星形连接的对称三相绕组内，通以不对称电流：$i_A=100\angle 0°$ A，$i_B=80\angle -110°$ A，$i_C=90\angle -250°$ A；

(3) 星形连接一相断线。

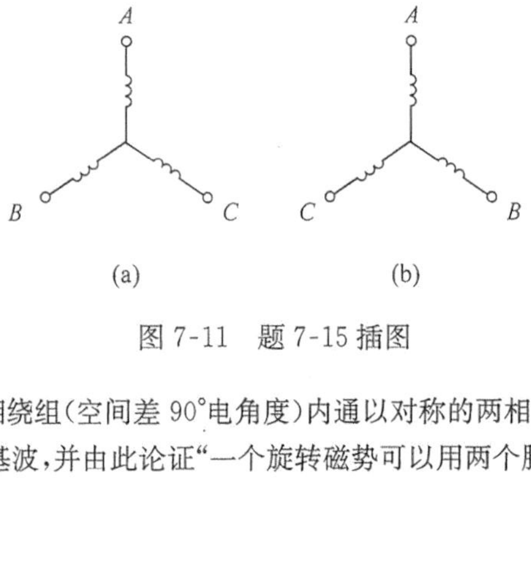

图 7-11　题 7-15 插图

7-16　在对称的两相绕组(空间差 90°电角度)内通以对称的两相电流(时间上差 90°)，试分析所产生的合成磁动势基波，并由此论证“一个旋转磁势可以用两个脉振磁势来代表”。

第八章 三相交流绕组的电势

在交流电机中当气隙旋转磁场切割三相交流绕组时，绕组内感应电势。气隙旋转磁场的产生可能有两种：一种是载流的三相交流绕组所产生的合成旋转磁场，另一种是外加的磁极旋转磁场。这里以外加的磁极旋转磁场为例来讨论。讨论电势主要有以下四个方面：大小、频率、相位和波形。三相绕组的电势与旋转磁场的磁通密度在气隙中的分布情况有关。电机气隙磁通密度的分布曲线称磁场曲线。当气隙磁通密度分布曲线呈正弦波时，三相交流绕组内感应的电势随时间按正弦规律变化。当外加的磁极旋转磁场气隙磁通密度分布曲线呈非正弦波时，可将其分解为基波和一系列谐波。它们将感应产生基波电势和一系列谐波电势。三相交流绕组的感应电势是该基波电势和一系列谐波电势的合成。

第一节 基波电势

一、导体的感应电势

假设旋转磁场的极对数为 p、转速为 n_1，则导体切割该磁场感应电势的频率为

$$f_1 = \frac{pn_1}{60} \tag{8-1}$$

如该旋转磁场的气隙磁通密度分布曲线为非正弦波，其基波磁通密度分布曲线如图 8-1 所示。

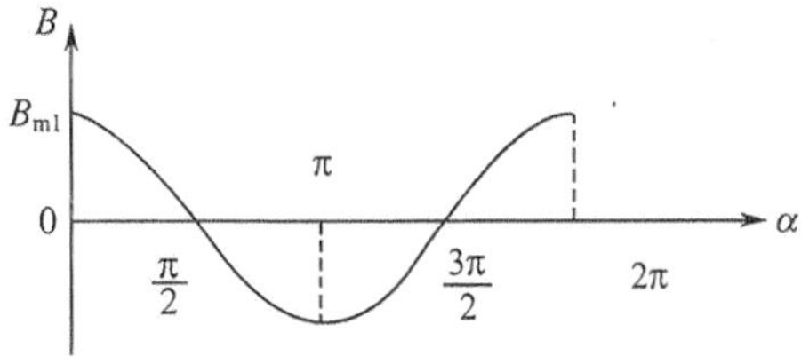

图 8-1 基波磁通密度波形

在沿气隙圆周任意处的磁通密度为

$$B = B_{m1}\cos\alpha$$

式中，α——沿气隙圆周空间任意处距原点的电角度；

B_{m1}——基波磁通密度的幅值。

位于该处的导体内感应电势为

$$e_{c1} = B_{m1}lv\cos\alpha \tag{8-2}$$

式中，l——导体切割旋转磁场的有效长度；

v——导体切割旋转磁场的线速度。

感应电势的最大值 E_{c1m} 和有效值 E_{c1} 分别为

$$E_{c1m} = B_{m1}lv \tag{8-3}$$

$$E_{c1}=\frac{E_{c1m}}{\sqrt{2}}=\frac{B_{m1}l}{\sqrt{2}}\cdot\frac{n_1}{60}\cdot 2p\tau=\sqrt{2}f_1B_{m1}l\tau \tag{8-4}$$

式中，τ—— 用长度表示的极距。

基波磁通密度对应的每极磁通量为

$$\phi_1=\frac{2}{\pi}B_{m1}\tau l$$

即

$$B_{m1}=\frac{\pi}{2}\cdot\frac{\phi_1}{\tau l}$$

将上式代入式(8-4)时有

$$E_{c1}=\frac{\pi}{\sqrt{2}}f_1\phi_1 \tag{8-5}$$

其相量为

$$\dot{E}_{c1}=-\mathrm{j}\frac{\pi}{\sqrt{2}}f_1\dot{\phi}_1 \tag{8-6}$$

二、线圈和线圈组的感应电势

一匝整距线圈切割旋转磁场感应的基波电势相量和有效值分别为

$$\dot{E}_{t1}=2\dot{E}_{c1}$$

$$E_{t1}=2E_{c1}=\sqrt{2}\pi f_1\phi_1 \tag{8-7}$$

式中，$\dot{E}_{t1}$、E_{t1}—— 线圈感应电势；

$\dot{E}_{c1}$、E_{c1}—— 线圈边感应电势。

N_c匝整距线圈切割旋转磁场感应的基波电势有效值为

$$E_{t1}=\sqrt{2}\pi f_1\phi_1N_c$$

由 q 个线圈串联组成的一个短距、分布绕组的线圈组切割旋转磁场感应的基波电势有效值为

$$\begin{aligned}E_{t1}&=\sqrt{2}\pi f_1qN_ck_{y1}k_{q1}\phi_1\\&=\sqrt{2}\pi f_1qN_ck_{N1}\phi_1\\&=4.44f_1qN_ck_{N1}\phi_1\end{aligned} \tag{8-8}$$

三、相电势

假设每相绕组有 a 条并联支路，每相每条支路串联匝数为 N，则每相感应的基波电势有效值为

$$E_{\phi1}=\sqrt{2}\pi f_1Nk_{N1}\phi_1=4.44f_1Nk_{N1}\phi_1 \tag{8-9}$$

其相量为

$$\dot{E}_{\phi 1} = -\mathrm{j}\sqrt{2}\pi f_1 N k_{N1} \dot{\Phi}_1 \tag{8-10}$$

第二节　谐 波 电 势

实际电机中，由于磁极旋转磁场并非完全按正弦规律分布。因此，定子绕组内的感应电势除基波外还有一系列谐波。本节仅讨论由非正弦分布的磁极旋转磁场引起的谐波电势及其削弱的方法。

在凸极同步电机中，磁极磁场沿电枢表面的分布一般呈平顶波，如图 8-2 所示。应用傅里叶级数可将其分解为基波和一系列高次谐波。当 N 极下的磁通密度分布和 S 极下的是对称的，且每极下磁通密度波对磁极中心线也对称时，磁通密度的空间谐波中就只有奇次谐波，即 $\nu=1,3,5,7,9,\cdots$。

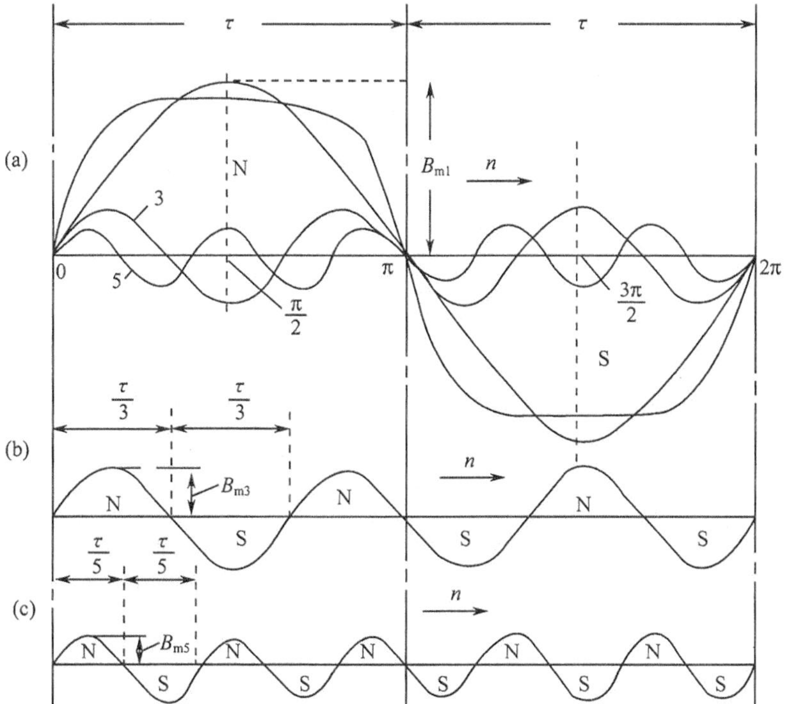

图 8-2　主极磁通密度的空间分布曲线

(a)主极磁通密度分解为一系列谐波；(b)3 次谐波；(c)5 次谐波

谐波电势的计算方法与基波电势的计算方法类似。由图 8-2 可见，ν 次谐波磁场的极对数为基波的 ν 倍，而极距则为基波的 $1/\nu$，即

$$p_\nu = \nu p \quad 或 \quad \tau_\nu = \frac{\tau}{\nu} \tag{8-11}$$

由于对于凸极同步电机转子，直流励磁的基波磁场和谐波磁场随转子旋转而形成旋转场，其转速均等于转子转速，即 $n_\nu = n$，但因 $p_\nu = \nu p$，故在定子绕组内感应出高次谐波电势，其频率为

$$f_\nu = \frac{p_\nu n_\nu}{60} = \frac{\nu p n_1}{60} = \nu f_1 \tag{8-12}$$

式中，f_1—— 基波的频率，$f_1 = \dfrac{pn_1}{60}$。

注意，对于定子三相合成旋转磁场，由于其谐波磁势转速 n_ν 是基波转速 n_1 的 $1/\nu$，即 $n_\nu = \dfrac{n_1}{\nu}$，故高次谐波在定子绕组内感应出的电势频率为

$$f_\nu = \frac{p_\nu n_\nu}{60} = \frac{\left(\nu p \dfrac{n_1}{\nu}\right)}{60} = f_1 \tag{8-13}$$

同步电机转子旋转磁场中的谐波所引起的谐波电势可根据式(8-9)得谐波电势的有效值为

$$\begin{aligned} E_{\phi\nu} &= \sqrt{2}\pi f_\nu N k_{N\nu} \phi_\nu \\ &= 4.44 f_\nu N k_{N\nu} \phi_\nu \end{aligned} \tag{8-14}$$

式中，ϕ_ν—— ν 次谐波的每极磁通量，即

$$\phi_\nu = B_{AV\nu} l \tau_\nu = \frac{2\tau l}{\pi\nu} B_{m\nu} \tag{8-15}$$

式中，$B_{m\nu}$ ——ν 次谐波磁通密度的幅值；

$B_{AV\nu}$ ——ν 次谐波磁通密度的平均值；

$k_{N\nu}$ ——ν 次谐波的绕组系数。

当算出各次谐波电势的有效值后，可得出相电势的有效值为

$$NE_\phi = \sqrt{E_{\phi1}^2 + E_{\phi3}^2 + E_{\phi5}^2 + \cdots} \tag{8-16}$$

计算表明 $E_\phi \approx E_{\phi1}$，就是说，高次谐波电势对相电势大小的影响很小，主要是影响电势的波形。

发电机电势中如果存在高次谐波，将使电势波形变坏，产生许多不良影响：①发电机本身的附加损耗增加，效率下降，温升升高；②可能引起输电线路的电感和电容发生谐振，产生过电压；③对邻近的通信线路产生干扰；④使感应电动机产生有害的附加转矩和损耗，造成电动机运行性能变坏。因此，设计电机时，必须尽可能削弱电势中的高次谐波。

数学分析和生产实践表明，谐波次数越高，它的幅值越小，对电动势波形的影响也越小。因此，影响电动势波形的主要是 3、5、7、9 等次谐波。所以，设计绕组时，主要考虑削弱或消除 3、5、7、9 等次谐波电势。下面介绍几种常用的方法：

(1) 改善磁极的极靴外形(凸极同步电机)或励磁绕组的分布范围(隐极同步

电机)，使磁极磁场沿电枢表面的分布接近于正弦波。

在凸极同步电机中，采用非均匀气隙，一般取最大气隙 δ_{max} 与最小气隙 δ_{min} 之比在 1.5～2.0，极靴宽度 b_p 与极距 τ 之比在 0.60～0.75。对于隐极汽轮发电机，气隙是均匀的，把每极范围内安放励磁绕组部分与极距之比设计在 0.70～0.80，如图 8-3(a) 所示。实践表明，如此可使同步电机磁极磁场的波形就比较接近于正弦形。

(2) 在对称的三相绕组中，三相绕组的连接消除了线电压中的 3 次及其倍数的奇次谐波。

如同变压器一样，三相绕组可连接成 Y 形或△形。由于三相电动势中的 3 次谐波在相位上彼此相差 3×120°=360°，即它们是同相位、同大小的。当三相绕组采用 Y 连接时，由于线电势 $\dot{E}_{AB3}=\dot{E}_{A3}-\dot{E}_{B3}=0$，即线电压中的 3 次谐波电势互相抵消，所以发电机输出的线电势中不存在 3 次谐波，同理也不存在 3 的倍数的奇次谐波。当三相绕组采用△连接时，由于三相的 3 次谐波电势同相位、同大小，即 $\dot{E}_{A3}=\dot{E}_{B3}=\dot{E}_{C3}=\dot{E}_{\phi3}$，在闭合的三角形回路内产生环流 $\dot{I}_3$。根据电路定律，在闭合三角形回路内有

$$3\dot{E}_{\phi3}=3\dot{I}_3Z_3 \quad 或 \quad \dot{E}_{\phi3}=\dot{I}_3Z_3$$

由此可见，3 次谐波电势 $\dot{E}_{\phi3}$ 正好等于 3 次谐波环流所引起的阻抗压降 $\dot{I}_3Z_3$，所以线电压中不会出现 3 次谐波。同理，也不会出现 3 的倍数次谐波。

但当采用△连接时，由于闭合回路中的 3 次谐波环流引起附加损耗，使电机效率降低，温升增加，所以现代同步发电机一般采用 Y 形连接。

(3) 采用短距绕组削弱高次谐波电势。

图 8-3 表示采用短距消除 5 次谐波电动势的方法。图中实线表示整距情况，这时 5 次谐波磁场在线圈两个有效边内感应电势的瞬时值大小相等、方向相反，沿回路内正好相加。如果把节距 y_1 缩短 $1/5\tau$，如图 8-3 中虚线所示，则两个有效边内的 5 次谐波电势也大小相等，且方向相同，沿回路内正好互相抵消，故 5 次谐波合成电势等于零。一般说来，节距缩短 ν 次谐波的一个极距$\left(即缩短\frac{\tau}{\nu}\right)$，就能消除 ν 次谐波电势。

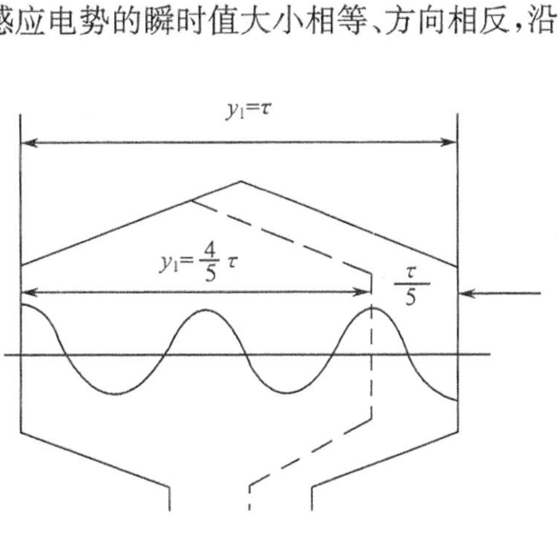

图 8-3　采用短距消除 5 次谐波电势

实际上，由于三相绕组采用星形和三角形连接，线电压中已消除了 3 次及 3 的倍数次谐波，所以选择绕组节距时

主要考虑同时削弱 5 次和 7 次谐波电势。通常采用 $y_1 \approx (5/6)\tau$，这时 5 次和 7 次谐波电势差不多都削弱到只有原来的 1/4。

（4）采用分布绕组削弱高次谐波电势。

每极每相槽数 q 不同时基波和各次谐波的分布系数亦不同。当 q 增加时基波的分布系数减小不多，但谐波的分布系数却显著减小，因此，采用分布绕组可削弱高次谐波电势。但是，随着 q 的增大，电枢槽数 z 也增多，这将引起冲剪工时和绝缘材料消耗量增加，从而使电机成本提高。事实上，当 $q>6$ 时，高次谐波分布系数的下降已不太显著。因此，除二极汽轮发电机采用 $q=6\sim12$ 以外，一般交流电机的 q 均在 2～6。

例 8-1　三相双层绕组，$Z=36$，$2p=2$，$y=14$，$N_c=1$，$f=50\text{Hz}$，$\phi_m=2.63\text{Wb}$。试求：(1)导体电势；(2)匝电势；(3)线圈电势；(4)线圈组电势；(5)绕组相电势。

解　极距

$$\tau_p = \frac{Z}{2p} = \frac{36}{2} = 18$$

绕组节距 $y=14<\tau_p$（为短距绕组）。

短距系数

$$k_{y1} = \sin\frac{y}{\tau}90^\circ = \sin\frac{14}{18}\times 90^\circ = 0.94$$

（1）导体电势

$$E = 2.22f\phi_m = 2.22\times 50\times 2.63 = 292(\text{V})$$

（2）匝电势

$$E_t = 4.44fk_{y1}\phi_m = 4.44\times 50\times 0.94\times 2.63 = 548.8(\text{V})$$

（3）线圈电势

$$E_c = 4.44fk_{y1}N_c\phi_m = 4.44\times 50\times 0.94\times 1\times 2.63 = 548.8(\text{V})$$

（4）每极每相槽数

$$q = \frac{Z}{2pm} = \frac{36}{2\times 3} = 6$$

槽距角

$$\alpha = \frac{p\times 360^\circ}{Z} = \frac{1\times 360^\circ}{36} = 10^\circ$$

绕组分布系数

$$k_{q1} = \frac{\sin\frac{q\alpha}{2}}{q\sin\frac{\alpha}{2}} = \frac{\sin\frac{6\times 10^\circ}{2}}{6\sin\frac{10^\circ}{2}} = 0.956$$

线圈组电势为 6 个分布线圈串联电势的相量和，故

$$E_q = 6E_ck_{q1} = 6\times 548.8\times 0.956 = 3148(\text{V})$$

(5) 每相绕组由两个线圈组串联而成，相电势为 $E_\phi=2E_q=2\times3148=6296(V)$。

例 8-2　三相单层绕组，槽数 $Z=36$，极数 $2p=4$，线圈匝数 $N_c=10$，气隙每极基波磁通 $\phi_1=0.0172Wb$，三次谐波磁通 $\phi_3=0.1\phi_1$，$f=50Hz$。试求：

(1) 基波和三次谐波相电势；

(2) 每相合成电势；

(3) 线电势。

解　槽距角

$$\alpha=\frac{2p\pi}{Z}=\frac{2\times360^\circ}{36}=20^\circ$$

每极每相槽数

$$q=\frac{Z}{2pm}=\frac{36}{4\times3}=3$$

绕组分布系数

$$k_{q1}=\frac{\sin\frac{q\alpha}{2}}{q\sin\frac{\alpha}{2}}=\frac{\sin\frac{3\times20^\circ}{2}}{3\sin\frac{20^\circ}{2}}=0.96$$

$$k_{q3}=\frac{\sin\frac{q3\alpha}{2}}{q\sin\frac{3\alpha}{2}}=\frac{\sin\frac{3\times3\times20^\circ}{2}}{3\sin\frac{3\times20^\circ}{2}}=0.67$$

绕组系数

$$k_{N1}=k_{q1}\cdot k_{y1}=0.96\times1=0.96$$

$$k_{N3}=k_{q3}\cdot k_{y3}=0.67\times1=0.67$$

每相串联匝数

$$N=pqN_c=2\times3\times10=60(\text{匝})$$

基波相电势

$$E_{\phi1}=4.44fk_{N1}N\phi_1=4.44\times50\times0.96\times60\times0.0172=220(V)$$

三次谐波相电势

$$E_{\phi3}=4.44f_3k_{N3}N\phi_3=4.44\times3\times50\times0.67\times0.0172\times0.1=46(V)$$

每相合成电势为

$$E_\phi=\sqrt{E_{\phi1}^2+E_{\phi3}^2}=\sqrt{220^2+46^2}=225(V)$$

线电势

$$E_l=\sqrt{3}E_{\phi1}=\sqrt{3}\times220=380(V)$$

例 8-3　一台三相交流电机的定子绕组是单层绕组，极数 $2p=4$，槽数 $Z=36$，

并联支路数 $a=1$。

(1) 试画出这三相绕组的展开图；

(2) 求出基波、5 次谐波及 7 次谐波的绕组系数；

(3) 设空载线电压为 380V，50Hz，Y 接法，线圈的每一圈边内有 10 根导体，求此时的每极基波磁通量。

解　(1) 从端接线最短的要求出发采用单层交叉式绕组，其展开图如图 8-4 所示。

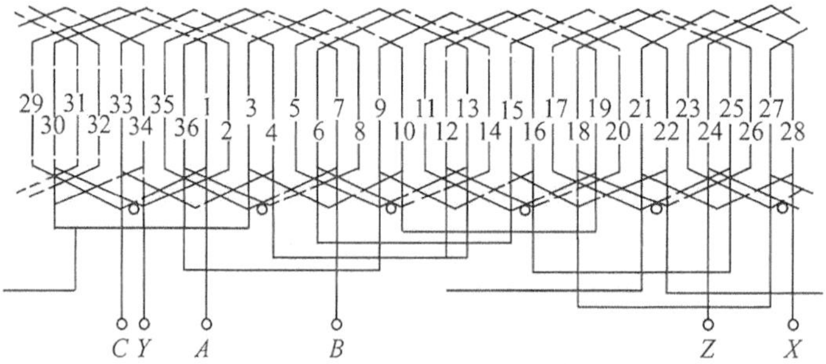

图 8-4　例 8-3 插图

每极每相槽数

$$q=\frac{Z}{2pm}=\frac{36}{4\times 3}=3$$

绕组连接的特点是：每一相带的槽数分为左、右走时，一边多一个线圈，所以线圈的节距也有大小之分。因为 $a=1$，组间连线的规律是头接头、尾对尾，即反接串联。

(2) 该绕组等效于整距分布绕组。

短距系数

$$k_{y1}=k_{y5}=k_{y7}=1$$

槽距角

$$\alpha_1=\frac{p\times 360^\circ}{Z}=\frac{2\times 360^\circ}{36}=20^\circ$$

由分布系数

$$k_{q\nu}=\frac{\sin\nu\frac{q\alpha_1}{2}}{q\sin\nu\frac{\alpha_1}{2}}$$

可得基波绕组系数

$$k_{N1}=k_{q1}=\frac{\sin\frac{3\times 20^\circ}{2}}{3\sin\frac{20^\circ}{2}}=\frac{\sin 30^\circ}{3\sin 10^\circ}=0.960$$

5 次谐波绕组系数

$$k_{N5}=k_{q5}=\frac{\sin5\times30^\circ}{3\sin5\times10^\circ}=0.217$$

7 次谐波绕组系数

$$k_{N7}=k_{q7}=\frac{\sin7\times30^\circ}{3\sin7\times10^\circ}=-0.177$$

（3）每相串联匝数

$$N=\frac{pqN_c}{a}=\frac{2\times3\times10}{1}=60$$

相电势基波有效值

$$E_{\phi1}\approx\frac{U_0}{\sqrt{3}}=\frac{380}{\sqrt{3}}=220(\text{V})$$

每极基波磁通量

$$\phi_1=\frac{E_{\phi1}}{4.44fNk_{N1}}=\frac{220}{4.44\times50\times60\times0.960}=0.0172(\text{Wb})$$

例 8-4　有一台三相 50Hz 的交流发电机，定子绕组采用双层绕组，极数 $2p=2$，每极下有 9 个槽，每槽内有 12 根导体，线圈节距 $y_1=\frac{8}{9}\tau$，每相只有一条支路。

（1）画出此三相绕组展开图；

（2）每极总气隙磁通 $\Phi=1.083$Wb，磁密波按 $B(x)=B_{m1}\sin\frac{\pi}{\tau}x-0.3B_{m1}\sin\frac{3\pi x}{\tau}$分布，绕组 Y 接法，求其相电势的基波和三次谐波、合成相电势以及线电势的有效值，并试写出合成相电势的瞬时表达式。

解　（1）由于是多匝线圈，采用双层叠绕组，三相绕组展开图如图 8-5 所示。

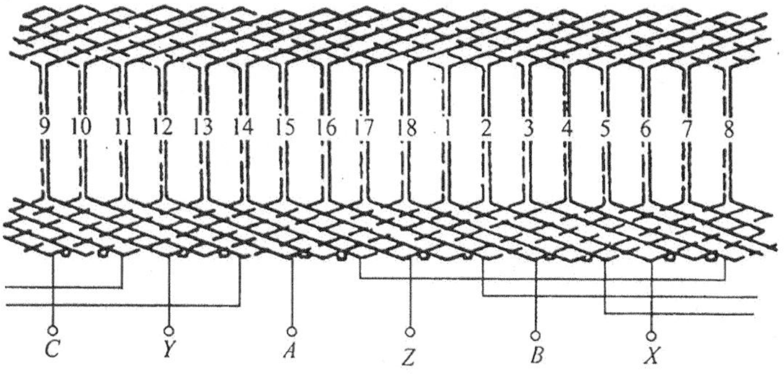

图 8-5

图中，每极每相槽数 $q=\frac{Z}{2pm}=\frac{Z/2p}{m}=\frac{9}{3}=3$，线圈节距 $y_1=\frac{8}{9}\tau=\frac{8}{9}\times9=8$

槽，每相在一对极下的两个线圈绕组连成一条支路时，组间连线采用反接串联法。

(2) 每相串联匝数

$$N = \frac{2pqN_c}{a} = \frac{2 \times 3 \times 12/2}{1} = 36$$

绕组的短距系数

$$k_{y\nu} = \cos\nu \frac{\tau - y_1}{\tau} 90^\circ$$

得

$$k_{y1} = \cos \frac{9-8}{9} \times 90^\circ = \cos 10^\circ = 0.985$$

$$k_{y3} = \cos 3 \times 10^\circ = 0.866$$

60°相带绕组的分布系数

$$k_{q\nu} = \frac{\sin 30^\circ}{q \sin\nu \dfrac{30^\circ}{q}}$$

得

$$k_{q1} = \frac{\sin 30^\circ}{2\sin \dfrac{30^\circ}{3}} = \frac{\sin 30^\circ}{3\sin 10^\circ} = 0.960$$

$$k_{q3} = \frac{\sin 3 \times 30^\circ}{3\sin 3 \times 10^\circ} = \frac{\sin 90^\circ}{3\sin 30^\circ} = 0.667$$

绕组系数

$$k_{N\nu} = k_{y\nu} k_{q\nu}$$

得

$$k_{N1} = 0.985 \times 0.960 = 0.946, \qquad k_{N3} = 0.866 \times 0.667 = 0.578$$

根据题意画磁场波形图如图 8-6 所示，即

$$\Phi_1 - \Phi_3 = \Phi = 1.083\text{Wb}$$

$$\frac{\Phi_3}{\Phi_1} = \frac{\dfrac{2}{\pi} B_{m3} \tau_3 l}{\dfrac{2}{\pi} B_{m1} \tau l} = \frac{B_{m3}}{3B_{m1}} = \frac{0.3}{3} = 0.1$$

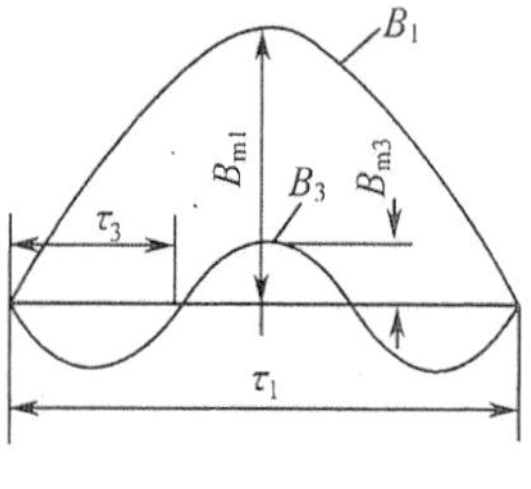

图 8-6

解上两式得

$$\Phi_1 = 1.203\text{Wb}, \quad \Phi_3 = 0.1203\text{Wb}$$

各次相电势

$$E_{\phi\nu} = 4.44\nu f N k_{N\nu} \Phi_\nu$$

得

$$E_{\phi1} = 4.44 \times 50 \times 36 \times 0.946 \times 1.203 = 9091(\text{V})$$

$$E_{\phi3} = 4.44 \times 3 \times 50 \times 36 \times 0.578 \times 0.1203 = 1666(\text{V})$$

合成相电势

$$E_{\phi} = \sqrt{E_{\phi 1}^2 + E_{\phi 3}^2} = \sqrt{9091^2 + 1666^2} = 9242(\mathrm{V})$$

线电势

$$E = \sqrt{3} E_{\phi 1} = \sqrt{3} \times 9091 = 15750(\mathrm{V})$$

合成相电势瞬时表达式

$$\begin{aligned} e_{\phi} &= \sqrt{2} E_{\phi 1} \sin\omega t - \sqrt{2} E_{\phi 3} \sin 3\omega t \\ &= \sqrt{2} \times 9091 \sin 2\pi f t - \sqrt{2} \times 1666 \sin 6\pi f t \\ &= 12860 \sin 100\pi t - 2356 \sin 300\pi t(\mathrm{V}) \end{aligned}$$

例 8-5　一台两极交流电机，每极下有 6 个线圈数相等的线圈组，每组分布在 30°电角度内，试将 6 个线圈组分别连成：

①六相绕组；②三相绕组；③二相绕组；④电相绕组（6 组全部利用）；⑤单相绕组（只用每极 4 个线圈组）。

如果这五种不同情况时，每根导体通过的电流值 I 相同，每个线圈组电压为 U，则容量 $S(\mathrm{kV \cdot A})$ 比为多少？

解　连接图如图 8-7 所示。

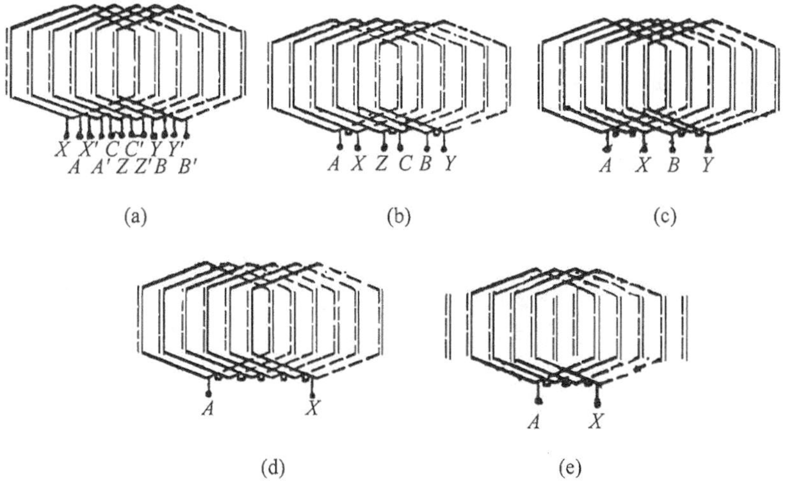

图 8-7　例 8-5 插图

(a)六相移 30°绕组；(b)三相绕组；(c)二相绕组；(d)单相绕组（6 组全用）；
(e)单相绕组（6 组中利用 4 组）

因为分布系数

$$k_{q1} = \frac{\sin \dfrac{q\alpha_1}{2}}{q \sin \dfrac{\alpha_1}{2}}$$

令六相绕组视在功率

$$S_6 = 6UI = 1$$

则三相绕组视在功率

$$S_3 = 3[2Uk_{q1(q=2)}]I = k_{q1(q=2)} = \frac{\sin\dfrac{2\times 30^\circ}{2}}{2\sin\dfrac{30^\circ}{2}} = \frac{\sin 30^\circ}{2\sin 15^\circ} = 0.966$$

二相绕组视在功率

$$S_2 = 2[3Uk_{q1(q=3)}]I = k_{q1(q=3)} = \frac{\sin\dfrac{3\times 30^\circ}{2}}{3\sin 15^\circ} = 0.911$$

单相绕组利用全数槽时的视在功率

$$S_1 = 6Uk_{q1(q=6)}I = k_{q1(q=6)} = \frac{\sin\dfrac{6\times 30^\circ}{2}}{6\sin 15^\circ} = 0.644$$

单相绕组每极利用$\frac{4}{6}$个线圈组时的视在功率

$$S_1' = 4Uk_{q1(q=4)}I = \frac{4}{6}k_{q1(q=4)} = \frac{4}{6}\frac{\sin\dfrac{4\times 30^\circ}{2}}{4\sin 15^\circ} = \frac{4}{6}\times 0.837 = 0.558$$

所以，五种不同情况的容量(视在功率)之比

$$\begin{aligned} S_6 : S_3 : S_2 : S_1 : S_1' &= 1 : 0.966 : 0.911 : 0.644 : 0.558 \\ &= 1.035 : 1 : 0.943 : 0.667 : 0.578 \end{aligned}$$

由容量比可见：①一般交流电机采用三相制是合理的，它比单相、两相绕组经济；②六相双 Y 移 30°绕组对于超巨型同步发电机可以提高电机极限容量；③应用单相交流电源的电机中，同样多的材料采用两相绕组(如电容分相)比采用单相绕组可以获得较大容量；④采用单相绕组时，由于只利用 2/3 槽数的电机铜线利用率比利用全数槽时高$\frac{0.578}{4}\Big/\frac{0.667}{6}=1.3$倍，相应的铜损耗也较少，所以通常单相绕组只利用整个槽数的 2/3，而把其余 1/3 槽空着。

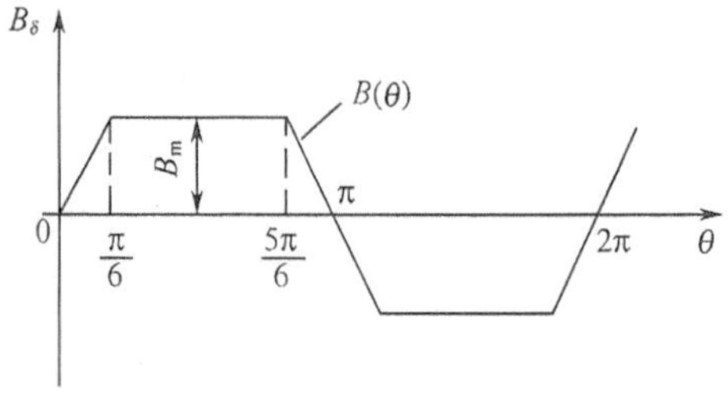

图 8-8　例 8-6 插图

例 8-6　设某台三相交流发电机的气隙磁密波形如图 8-8 所示，绕组 $y_1=\frac{5}{6}\tau$，$q=2$。试求相电势中 $E_{\phi1}$，$E_{\phi3}$，$E_{\phi5}$，$E_{\phi7}$，$E_{\phi9}$，$E_{\phi11}$，$E_{\phi13}$七个分量之间的比值和线电压波形的畸变率。

解　磁密波应用傅里叶级数分解，波形是奇函数仅有 $\nu=1,3,5,\cdots$奇

次谐波：

$$
\begin{aligned}
B_{m\nu} &= \frac{2}{\pi}\int_0^{\pi} B(\theta)\sin\nu\theta\mathrm{d}\theta \\
&= \frac{2}{\pi}\int_0^{\frac{\pi}{6}} \frac{6B_m}{\pi}\theta\sin\nu\theta\mathrm{d}\theta \\
&\quad + \frac{2}{\pi}\int_{\frac{\pi}{6}}^{\frac{5}{6}\pi} B_m\sin\nu\theta\mathrm{d}\theta + \frac{2}{\pi}\int_{\frac{5}{6}\pi}^{\pi} \frac{6B_m}{\pi}(\pi-\theta)\sin\nu\theta\mathrm{d}\theta \\
&= \frac{2B_m}{\nu\pi}\left[-\cos\nu\frac{5}{6}\pi + \cos\nu\frac{\pi}{6}\right] \\
&\quad - \frac{12B_m}{\pi^2\nu}\left[\theta\cos\nu\theta\Big|_0^{\frac{\pi}{6}} - \int_0^{\frac{\pi}{6}}\cos\nu\theta\mathrm{d}\theta + (\pi-\theta)\cos\nu\theta\Big|_{\frac{5}{6}\pi}^{\pi} + \int_{\frac{5}{6}\pi}^{\pi}\cos\nu\theta\mathrm{d}\theta\right] \\
&= \frac{2B_m}{\nu\pi}\left[\cos\nu\frac{\pi}{6} - \cos\nu\frac{5}{6}\pi\right] \\
&\quad - \frac{12B_m}{\pi^2\nu}\left[\frac{\pi}{6}\cos\nu\frac{\pi}{6} - \frac{1}{\nu}\sin\nu\frac{\pi}{6} - \frac{\pi}{6}\cos\nu\frac{5}{6}\pi - \frac{1}{\nu}\sin\nu\frac{5}{6}\pi\right] \\
&= \frac{2B_m}{\nu\pi^2}\left[\left(\cos\nu\frac{\pi}{6} - \cos\nu\frac{5}{6}\pi\right)(\pi-\pi) + \frac{6}{\nu}\left(\sin\nu\frac{\pi}{6} + \sin\nu\frac{5}{6}\pi\right)\right] \\
&= \frac{12B_m}{\nu^2\pi^2}\sin\nu\frac{\pi}{2}\cos\nu\frac{\pi}{3} = \frac{12B_m}{\pi^2}b_{m\nu}
\end{aligned}
$$

式中

$$
b_{m\nu} = \frac{2\sin\nu\frac{\pi}{2}\cos\nu\frac{\pi}{3}}{\nu^2}
$$

得

$$
\begin{aligned}
B(\theta) &= \sum_{\nu=1,3,\cdots}^{\infty}\frac{12B_m}{\pi^2}b_{m\nu}\sin\nu\theta \\
&= \frac{12B_m}{\pi^2}\left[\sin\theta + \frac{2}{9}\sin3\theta + \frac{1}{25}\sin5\theta - \frac{1}{49}\sin7\theta - \frac{2}{81}\sin9\theta - \frac{1}{121}\sin11\theta\right. \\
&\quad \left. + \frac{1}{169}\sin13\theta + \cdots\right]
\end{aligned}
$$

线圈节距

$$
y_1 = \frac{5}{6}\tau
$$

短距系数

$$
k_{y\nu} = \cos\nu\frac{\tau-y_1}{\tau}90^\circ = \cos\nu\left(1-\frac{5}{6}\right)90^\circ = \cos\nu15^\circ
$$

得

$$
k_{y1} = \cos15^\circ = 0.966,\qquad k_{y3} = \cos3\times15^\circ = 0.707
$$

$$k_{y5}=\cos 5\times 15°=0.259, \qquad k_{y7}=\cos 7\times 15°=-0.259$$
$$k_{y9}=\cos 9\times 15°=-0.707, \qquad k_{y11}=\cos 11\times 15°=-0.966$$
$$k_{y13}=\cos 13\times 15°=-0.966, \qquad \cdots$$

每极每相槽数 $q=2$

分布系数

$$k_{q\nu}=\frac{\sin\nu 30°}{q\sin\nu\dfrac{30°}{q}}=\frac{\sin\nu 30°}{2\sin\nu 15°}$$

得

$$k_{q1}=\frac{\sin 30°}{2\sin 15°}=0.966, \qquad k_{q3}=\frac{\sin 3\times 30°}{2\sin 3\times 15°}=0.707$$
$$k_{q5}=\frac{\sin 5\times 30°}{2\sin 5\times 15°}=0.259, \qquad k_{q7}=\frac{\sin 7\times 30°}{2\sin 7\times 15°}=-0.259$$
$$k_{q9}=\frac{\sin 9\times 30°}{2\sin 9\times 15°}=-0.707, \qquad k_{q11}=\frac{\sin 11\times 30°}{2\sin 11\times 15°}=-0.966$$
$$k_{q13}=\frac{\sin 13\times 30°}{2\sin 13\times 15°}=-0.966, \qquad \cdots$$

相电势每次谐波的有效值

$$E_{\phi\nu}=4.44 f Nk_{N\nu}\Phi_{\nu}=4.44\nu fNk_{y\nu}k_{q\nu}\frac{2}{\pi}\frac{\tau}{\nu}lB_{m\nu}\propto k_{y\nu}k_{q\nu}b_{m\nu}$$

故计算

$$k_{y1}k_{q1}b_{m1}=0.933, \qquad k_{y3}k_{q3}b_{m3}=0.111$$
$$k_{y5}k_{q5}b_{m5}=0.00268, \qquad k_{y7}k_{q7}b_{m7}=-0.00137$$
$$k_{y9}k_{q9}b_{m9}=-0.0123, \qquad k_{y11}k_{q11}b_{m11}=-0.00771$$
$$k_{y13}k_{q13}b_{m13}=0.00552, \qquad \cdots$$

得

$$\begin{aligned}&E_{\phi1}:E_{\phi3}:E_{\phi5}:E_{\phi7}:E_{\phi9}:E_{\phi11}:E_{\phi13}\\&=0.933:0.111:0.00268:0.00137:0.0123:0.00771:0.00552\\&=1:0.119:0.00287:0.00147:0.0132:0.00826:0.00592\end{aligned}$$

线电压波形畸变率

$$\begin{aligned}\Delta&=\frac{\sqrt{E_5^2+E_7^2+E_{11}^2+E_{13}^2+\cdots}}{E_1}\\&=\sqrt{\left(\frac{E_{\phi5}}{E_{\phi1}}\right)^2+\left(\frac{E_{\phi7}}{E_{\phi1}}\right)^2+\left(\frac{E_{\phi11}}{E_{\phi1}}\right)^2+\left(\frac{E_{\phi13}}{E_{\phi1}}\right)^2+\cdots}\\&\approx\sqrt{0.00287^2+0.00147^2+0.00826^2+0.00592^2}\\&=1.07\%\end{aligned}$$

若同样地计算磁场 $B(\theta)$ 波形畸变率

$$\Delta_z = \sqrt{\left(\frac{2}{9}\right)^2 + \left(\frac{1}{25}\right)^2 + \left(\frac{1}{49}\right)^2 + \left(\frac{2}{81}\right)^2 + \left(\frac{1}{121}\right)^2 + \left(\frac{1}{169}\right)^2 + \cdots} \approx 22.8\%$$

可见，我们采用短距、分布绕组和三相 Y 接法（或△接法）后可以使线电压波形大大改善。而且在上述改善后的线电压波形中，$2mq\pm1=11,13$ 次即一阶齿谐波由于具有与基次相同的绕组系数，谐波幅值较大，成为线电压波形畸变的主要因素之一。

第三节　小　　结

一、正弦磁场下绕组的相电势

$$E_\phi = 4.44 f k_N N \phi$$

式中，f——电源频率；

k_N——绕组系数；

N——每相绕组串联匝数；

ϕ——每极磁通量。

单层绕组每相串联匝数

$$N = \frac{pqN_c}{a}$$

式中，N_c——每线圈串联匝数；

a——并联支路数。

双层绕组每相串联匝数

$$N = \frac{2pqN_c}{a}$$

二、非正弦磁极旋转磁场下 ν 次谐波绕组的相电势

$$E_{\phi\nu} = 4.44 f_\nu k_{N\nu} N \phi_\nu$$

式中，f_ν——ν 次谐波绕组的相电势的频率；

$k_{N\nu}$——ν 次谐波对应的绕组系数；

ϕ_ν——ν 次谐波每极磁通量。

习　　题

8-1　三相交流绕组每相感应电势公式 $E=4.44fk_{N1}\phi_1$ 中的 ϕ_1 是__________。（选择：①磁通量随时间交变的最大值；②一台电机的总磁通量；③一个极的总磁通量）

8-2　频率为 f_1 的三相对称正弦电流，通入三相对称定子绕组中产生的 ν 次空间谐波磁通量，在定子绕组中感应电势的频率为__________。（选择：①f_1；②νf_1；③f_1/ν）

8-3　异步电机定子表面在空间相距 α 电角度的两根导体，它们的感应电势大小__________，相位________________。

8-4　已知一台交流电机的极距按定子槽数计算时等于 10，如果希望绕组元件中完全不包含 5 次谐波电势，元件的节距应当选为________，在这种节距下，基波电势的短距系数为__________，7 次谐波的短距系数为________。

8-5　设有一六极三相双层绕组，Y 连接，54 槽，线圈跨距为 7 槽，每个线圈有两匝，每相一条支路，基波磁通 $\Phi_1=0.74\text{Wb}$，5 次谐波磁密与基波磁密之比 $B_5/B_1=1/25$（5 次谐波是指电枢旋转磁场的 5 次空间谐波）。试求基波、五次谐波的相电势和线电势。

8-6　一台三相同步发电机，$f=50\text{Hz}$，$n_N=1500\text{r/min}$，定子采用双层短距分布绕组，$q=3$，$y_1=\frac{8\tau}{9}$，每相串联匝数为 $N=108$，Y 连接，每极磁通量 $\phi_1=0.01015\text{Wb}$，$\phi_3=0.0066\text{Wb}$，$\phi_5=0.0024\text{Wb}$，$\phi_7=0.0009\text{Wb}$。试求：

（1）电机的极对数；

（2）定子槽数；

（3）绕组系数 k_{N1}，k_{N3}，k_{N5}，k_{N7}；

（4）相电势 E_1，E_3，E_5，E_7 及合成相电势 E 和线电势 E_l。

8-7　一交流电机相数 $m=3$，极对数 $p=2$，每极每相槽数 $q=1$，线圈节距为整距，并联支路数 $a=1$。

（1）若每槽有两根导体，每根导体产生 1V 的基波电势（有效值），每相绕组能产生多大的基波电势？

（2）若 5 次谐波磁密在每根导体感应 0.2V（有效值）电势，每相绕组能产生多大的 5 次谐波电势？

第三篇　异步电机

第九章　异步电机的基本结构和工作原理

第一节　异步电机的一般介绍

一、异步电机的用途和特点

异步电机又称感应电机，是目前国民经济生活中使用最广泛的一种电机。异步电机主要用作电动机运行。

异步电动机所以被最广泛使用，主要是由于它与其他各种电动机相比较，具有结构简单、价格低廉、运行可靠、效率较高、维修方便等一系列优点。它的主要缺点是不能低成本实现在较广泛范围内平滑调速，必须从电网吸收滞后电流，使电网的功率因数降低，普通的鼠笼式异步电动机，还具有起动特性较差的缺点。尽管如此，由于很多场合对调速要求并不高，而且起动特性还可通过其他措施改善，故异步电动机仍得到广泛使用。特别是随着大功率电子技术的发展，异步电机变频调速得到越来越广泛的应用，更加扩大了异步电机的应用领域。

二、异步电机的基本结构

异步电机的基本结构为定子(不动部分)、转子(旋转部分)两部分组成。定子和转子之间有气隙。

根据其转子结构的不同，异步电机分为鼠笼式和绕线式两大类。图 9-1 所示为鼠笼式异步电动机；图 9-2 所示为绕线式异步电动机；图 9-3 所示为鼠笼式异步电动机的组成部件；鼠笼式异步电动机的转子如图 9-4 所示；绕线式转子如图 9-5 所示。

异步电机的定子由定子铁心、定子绕组和机座三部分构成。

定子铁心的作用是构成磁路的一部分及安置定子绕组。为了减少旋转磁场在铁心内产生的铁损耗，铁心通常采用导磁性能良好和比损耗小的厚度为 0.5 mm的电工硅钢片(俗称冲片)叠压而成，图 9-6(a)、(b)所示为定子铁心冲片，图 9-6(c) 为叠压而成的定子铁心。在 10 kW 以上的电机中，每张硅钢片的两面都涂上绝缘漆以减少铁心内的涡流损耗。为了增加散热面积，当定子铁心轴向长度较长时，在轴向每隔 3～6 cm 留有径向通风沟，整个铁心在两端用压板压紧。

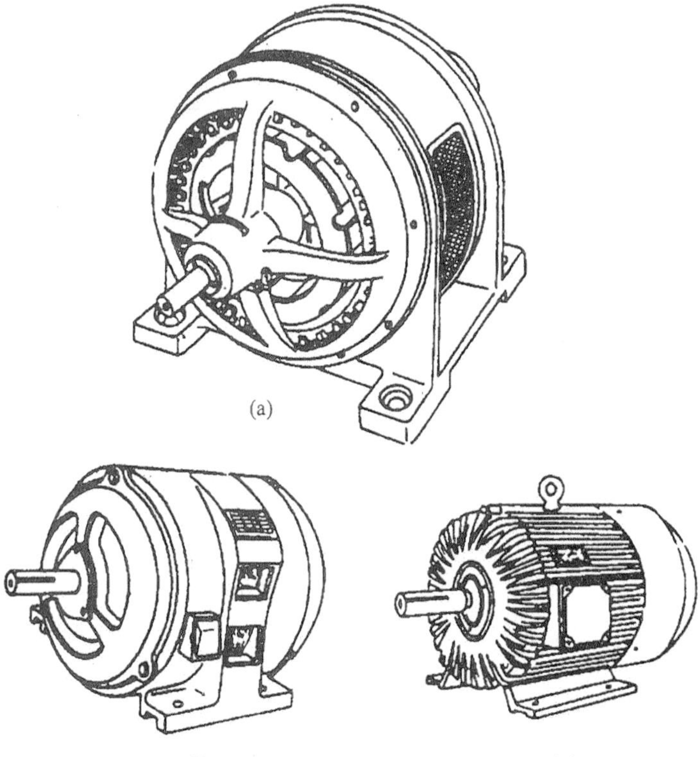

(a)

(b)　　　　(c)

图 9-1　三相鼠笼式异步电动机的外形

(a) 开启式;(b) 防护式;(c)封闭式

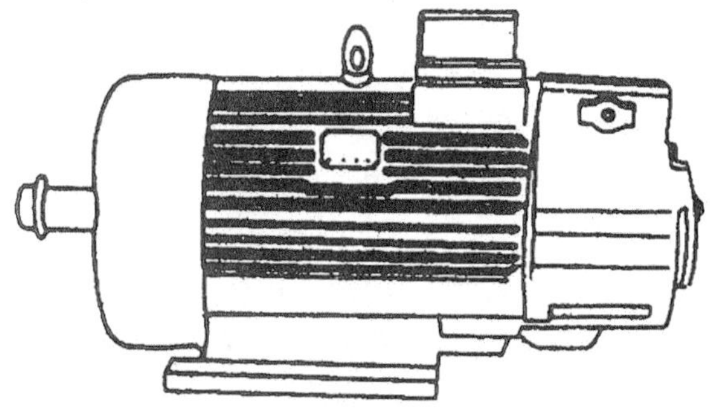

图 9-2　三相绕线式异步电动机的外形

定子铁心冲片内圆冲出许多形状相同的槽，以嵌放定子绕组。常用的槽形有半闭口槽、半开口槽和开口槽，如图 9-7 所示。

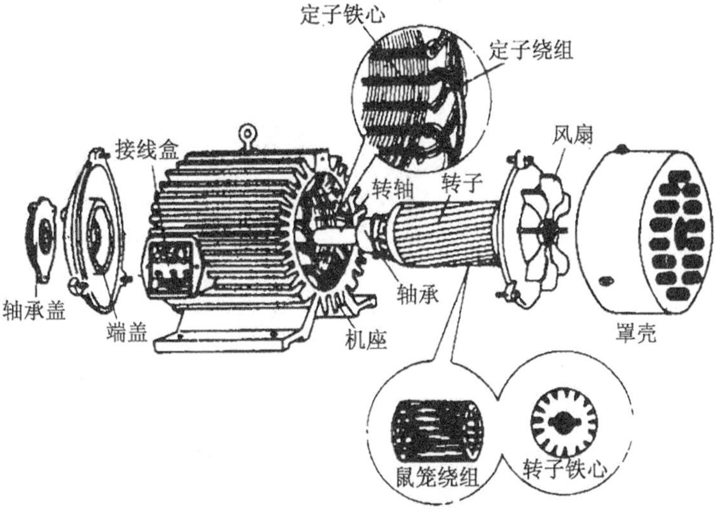

图 9-3　三相鼠笼式异步电动机的组成部件

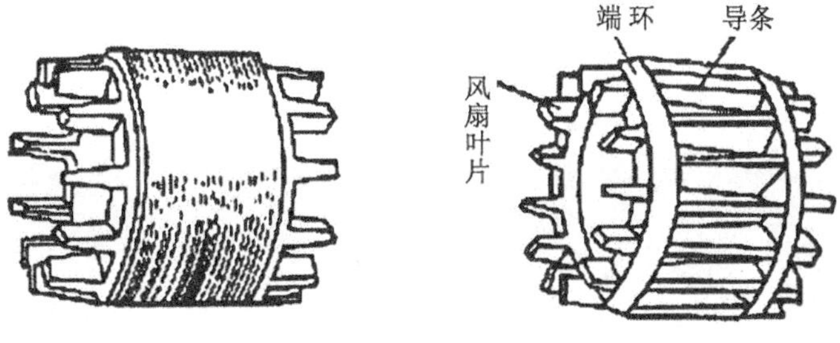

图 9-4　鼠笼式转子

定子绕组是电动机的电路部分，如图 9-8 所示，其作用是感应电势，通过电流以实现机电能量转换。表 9-1 是用于绕制定子绕组的电磁线(外面涂有绝缘漆膜的导线)规格。表中直径 d 和 D 的长度单位为 mm，标称直径 d 为裸导线的外直径，最大外径 D 为带绝缘漆膜的导线外直径。导线外层绝缘漆膜厚度分 1 级薄漆膜、2 级厚漆膜、3 级特厚漆膜。定子绕组在槽内部分与铁心之间必须有可靠的绝缘层，该绝缘层称为槽绝缘(又称对地绝缘)。

机座的作用主要是固定和支撑定子铁心，必须要有足够的机械强度和刚度。通常，中、小型异步电机都采用铸铁机座，如图 9-9 所示。

异步电机的转子由转子铁心、转子绕组和转轴等组成。图 9-10 所示为绕线式异步电机的转子。

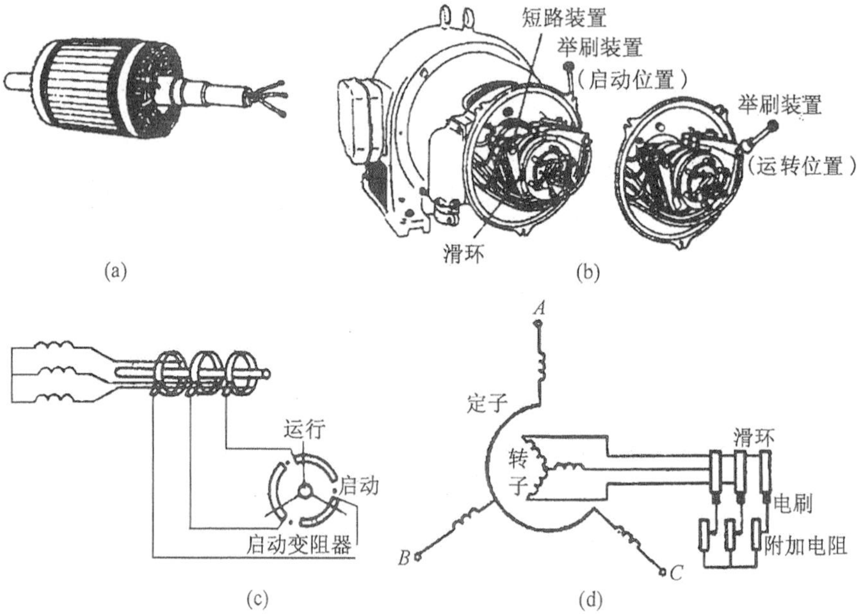

图 9-5 绕线式转子结构

(a)绕线式转子;(b)滑环和电刷装置;(c)绕线式转子的接线;(d)绕线式电机的接线

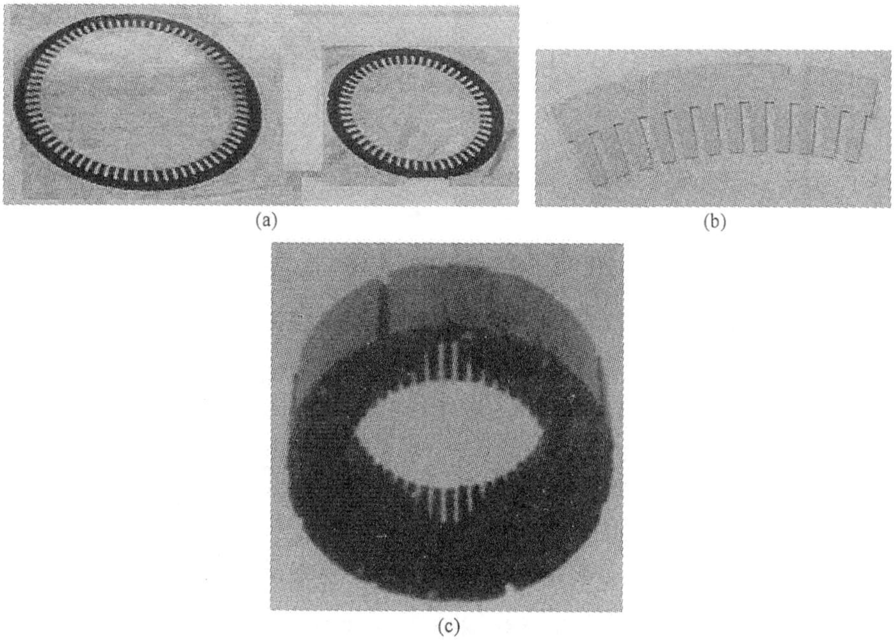

图 9-6 定子铁心

(a)整张冲片;(b)扇形冲片;(c)定子铁心

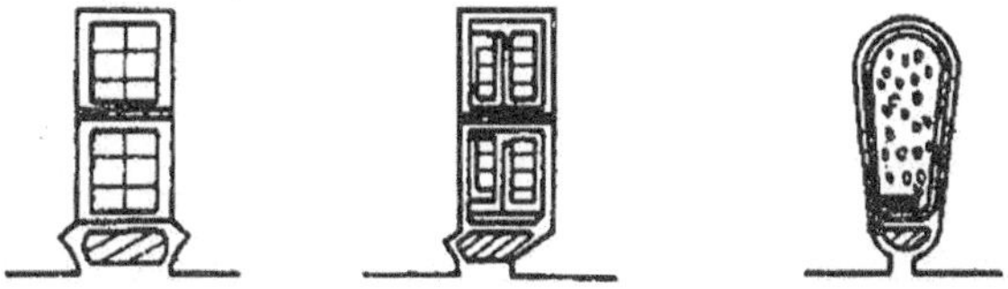

(a)　　(b)　　(c)

图 9-7　异步电机的定子槽形

(a)开口槽;(b)半开口槽;(c)半闭口槽

图 9-8　定子线圈

图 9-9　机座

转子铁心的作用既是安放转子绕组,又是作为电机中磁路的一部分。通常也用厚度为 0.5 mm 的电工硅钢片叠压而成,图 9-11 所示为转子铁心冲片。中、小型异步电机的转子铁心直接安装在电机的转轴上。

转子绕组的作用是感应电势、流过电流和产生电磁转矩。鼠笼式转子绕组结构是:在每个转子槽内插入一根导条,在伸出铁心两端的槽口处,用两个短路环分别把所有导条的两端连接起来。如果去掉铁心,整个转子绕组的外形宛如鼠笼,故称鼠笼式,或称笼形。绕线式转子绕组结构和定子绕组相似,是用绝缘导线嵌于转子铁心槽内,按星形接法联结成三相对称绕组,三相出线端分别接于安装在转子轴上的三个滑环,通过电刷可以引出电流。绕线式转子的特点是可以通过滑环和电刷在转子绕组回路内接入附加电阻,用以改善电动机的起动性能,或调节电动机的转速,其接线如图 9-5 (c)所示。

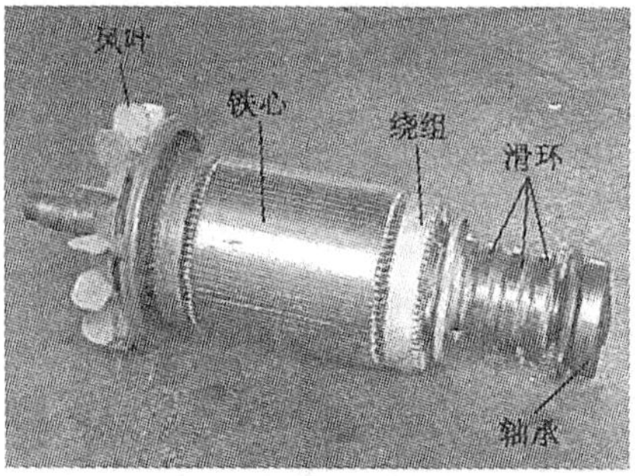

图 9-10　绕线式异步电机转子

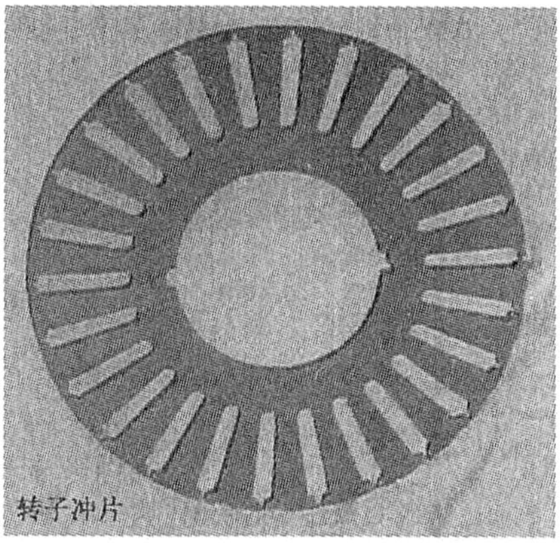

图 9-11　转子铁心冲片

表 9-1　电磁线标称直径及最大直径

导线标称直径	最大外径 D			导线标称直径	最大外径 D		
d	QZ(G)-1/155,QZ(G)-2/155 QZ-1/130,QZ-2/130,QQ-1 QY-1/220,QY-2/220,QQ-2 QZY-1/180,QZY-2/180,QA-1 QZN-1B,QZN-2B,QA-2			d	QZ(G)-1/155,QZ(G)-2/155 QZ-1/130,QZ-2/130,QQ-1 QY-1/220,QY-2/220,QQ-2 QZY-1/180,QZY-2/180,QA-1 QZN-1B,QZN-2B,QA-2		
	1 级	2 级	3 级		1 级	2 级	3 级
0.018	0.022	0.024	—	0.315	0.349	0.367	0.384
0.020	0.024	0.027	—	0.355	0.392	0.411	0.428
0.022	0.027	0.030	—	0.400	0.439	0.459	0.478
0.025	0.031	0.034	—	0.450	0.491	0.513	0.533
0.028	0.034	0.038	—	0.500	0.544	0.566	0.587
0.032	0.039	0.043	—	0.560	0.606	0.630	0.653
0.036	0.044	0.049	—	0.630	0.679	0.704	0.728
0.040	0.049	0.054	—	0.710	0.762	0.789	0.814
0.045	0.055	0.061	—	0.800	0.855	0.884	0.911
0.050	0.060	0.066	—	0.900	0.959	0.989	1.018
0.056	0.067	0.074	—	1.000	1.062	1.094	1.124
0.063	0.076	0.083	—	1.120	1.184	1.217	1.248
0.071	0.084	0.091	0.097	1.250	1.316	1.349	1.381
0.080	0.094	0.101	0.108	1.400	1.468	1.502	1.535
0.090	0.105	0.113	0.120	1.600	1.670	1.706	1.740
0.100	0.117	0.125	0.132	1.800	1.872	1.909	1.944
0.112	0.130	0.139	0.147	2.000	2.074	2.112	2.148
0.125	0.144	0.154	0.163	2.240	2.316	2.355	2.392
0.140	0.160	0.171	0.181	2.500	2.578	2.618	2.656
0.160	0.182	0.194	0.205	2.800	2.880	2.922	2.961
0.180	0.204	0.217	0.229	3.150	3.233	3.276	3.316
0.200	0.226	0.239	0.252	3.550	3.635	3.679	3.721
0.224	0.252	0.266	0.280	4.000	4.088	4.133	4.176
0.250	0.281	0.297	0.312	4.500	4.591	4.637	4.681
0.280	0.312	0.329	0.345	5.000	5.093	5.141	5.186

和其他电机一样，异步电机的定子与转子之间必须有一气隙。由于该气隙的存在，异步电机的空载电流不能像变压器那样可略去不计。为了降低电机的空载电流和提高电机的功率因数，气隙应当小一些。在中、小型异步电机中，气隙一般在 0.2 ～ 1.5 mm。

三、异步电机的额定值

异步电机的额定值刻印在每台电机的铭牌上，主要有：

(1) 额定功率 P_N。是指电机在制造厂所规定的额定情况下运行时电机的输出功率，对于电动机则为轴端输出的机械功率，单位通常为 kW。

(2) 额定电压 U_N。是指电机在额定运行时定子绕组上的线电压，单位为 V。

(3) 额定电流 I_N。是指电机在额定电压下，输出额定功率时定子绕组的线电流，单位为 A。

对于三相异步电动机

$$P_N = \sqrt{3} U_N I_N \eta_N \cos\varphi_N$$

式中，η_N 和 $\cos\varphi_N$—— 分别为额定效率和额定功率因数。

(4) 额定频率 f_N。我国电网频率为 50 Hz。因此，除外销产品外，国内用的异步电机的额定频率为 50 Hz。

(5) 额定转速 n_N。是指电动机在额定电压、额定频率下轴端输出额定功率时，转子的转速，单位为 r/min。

第二节　异步电机的工作原理

异步电机的特点在于转子的转速 n 与定子产生的旋转磁场的转速(即同步速) n_1 不同，其差值($n_1 - n$)对同步速 n_1 的比值定义为转差率，用 S 表示，即

$$S = \frac{n_1 - n}{n_1} \tag{9-1}$$

式中，n_1 及 n 均可假定取逆时针方向为正。转差率 S 是异步电机运行时的一个重要物理量。根据 S 的正负和大小可以判断异步电机的运行状态。

一、电动机运行状态

如图 9-12(a)所示，定子绕组产生的旋转磁场(图中用一磁极 N 表示)以转速 n_1 旋转，转向假设如图示为逆时针方向。在电动机运行状态，转子以转速 n 旋转，$n < n_1$，转子相对定子旋转磁场的转速为 $Sn_1 = n_1 - n$，显然这时 $0 < S < 1$。转子导体切割磁场产生感应电势 e_2，根据右手定则确定电势方向如图 9-12 所示。转子电流有功分量 i_{2a} 与电势 e_2 同相。载流导体在磁场中所受电磁力 F_{em} 的方向用左手

定则确定为与定子旋转磁场旋转方向相同(即图 9-12 所示的逆时针转向),对应的电磁转矩为 T_{em}。转子转动时的负载制动转矩 T_2 如图 9-12 所示为顺时针方向。

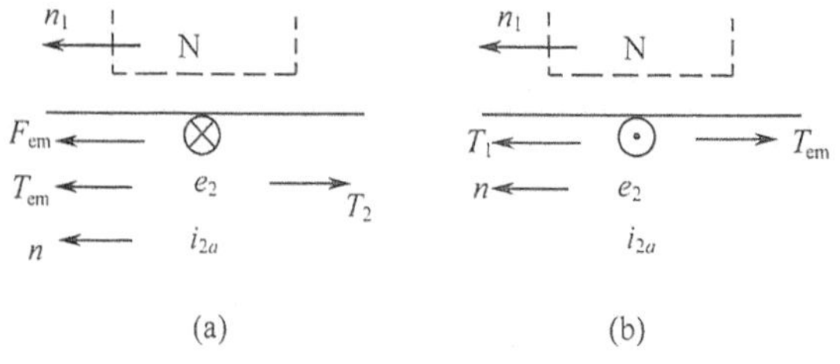

图 9-12 感应电机的三种运行状态(图中箭头为实际方向)

(a)电动机运行;(b)发电机运行;(c)电磁制动

二、发电机运行状态

当异步电机转轴受驱动转矩 T_1 作用加速使转速 n 高于同步速 n_1 时,n 与 n_1 转向相同,转差率 S 为负值,即 $-\infty<S<0$。导体切割磁场方向与电动机的相反,则 e_2、i_{1a}方向改变,电磁转矩 T_{em}随即反向,与 T_1 方向相反而起制动作用。转子从转轴上吸取机械能。定子电流有功分量 i_{1a}随之反向,电功率 $e_1 i_{1a}$ 为正值,定子绕组向电网输出电功率。异步电机处于发电机运行状态,如图 9-12 (b)所示。

三、电磁制动运行状态

外力 F_1 产生的转矩 T_1 作用使电机转轴按与定子旋转磁场转向相反的方向以转速 n 旋转,则 $1<S<\infty$。转子导体切割磁场速度高于同步速,切割方向和电动机运行时相同。这时,电势 e_1 和 e_2、电流 i_{1a} 和 i_{2a}、电磁力 F_{em}、电磁转矩 T_{em} 的方向都和电动机运行时一样,如图 9-12(c)所示。此时外力 F_1 所作的机械功由转子吸收。

例 9-1 有一台 50 Hz 的异步电机,额定转速 $n_N=730$ r/min,空载转差率为 0.00267,试求该电机的极数、同步转速、空载转速及额定负载时的转速。

解 由于极对数与同步转速之间具有 $n_1=\dfrac{60f_1}{p}=\dfrac{3000}{p}$ r/min 的关系,并且异步电机的额定转速接近于同步转速,故电机的极对数

$$p=\frac{3000}{n_1}\approx\frac{3000}{n_N}=\frac{3000}{730}=4.11$$

取

$$p=4$$

极数

$$2p = 2 \times 4 = 8$$

同步转速

$$n_1 = \frac{3000}{p} = \frac{3000}{4} = 750\ (\text{r/min})$$

空载转速

$$n_0 = (1 - s_0)n_1 = (1 - 0.00267) \times 750 = 748\ (\text{r/min})$$

额定转差率

$$s_N = \frac{n_1 - n_N}{n_1} = \frac{750 - 730}{750} = 0.0267 = 2.67\%$$

第三节　小　　结

转差率 S 表示转子转速 n 与旋转磁场转速(同步速)n_1 之间相对速度，即

$$S = \frac{n_1 - n}{n_1}, \quad n_1 = \frac{60f}{p}$$

S 的范围反映电机的运行状态：当 $0<S<1$ 时，为电动机状态；当 $S<0$ 时，为发电机状态；当 $S>1$ 时，为电磁制动状态。

习　　题

9-1　试述异步电机的基本工作原理。异步电机和同步电机的基本差别是什么?

9-2　已知一台三相异步电动机的额定功率为 55 kW，额定电压为 380 V，额定功率因数为 0.89，额定效率为 91.5%，试求该电动机的额定电流。

9-3　已知某异步电动机的额定频率为 $f=50$ Hz，额定转速为 $n_N=970$ r/min，该电机的极对数是多少，额定转差率是多少?

9-4　有一绕线式转子的异步电动机，定子绕组短路，在转子绕组通入三相交流电流，其频率为 f，旋转磁场相对于转子以 $n_1=\frac{60f}{p}$(p 为定、转子绕组极对数)沿顺时针方向旋转，问此时转子转向如何? 转差率如何计算?

9-5　试分析异步电机的定、转子绕组的极数如果不同就不能达到定、转子磁势基波相对静止，说明这时电机不能正常工作的原因。

第十章　异步电机的基本电磁关系

第一节　异步电机的磁路

为了便于分析，根据磁通路径及性质，把电机中的磁通分为主磁通和漏磁通两大类。

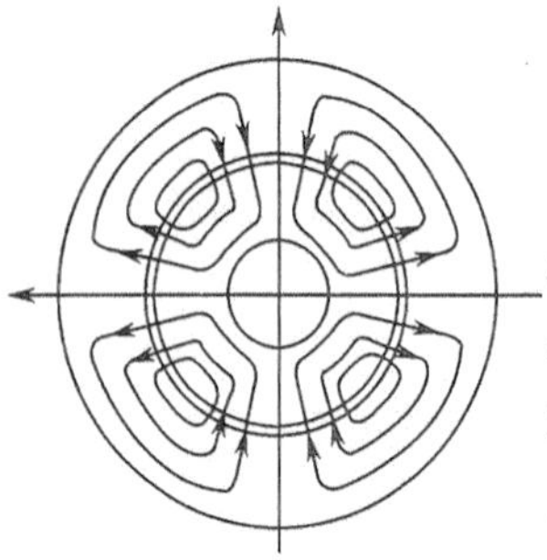

图 10-1　4 极异步电机主磁通

一、主磁通 ϕ_m

由基波旋转磁势所产生的通过气隙、并与定子绕组和转子绕组同时交链的基波磁通称为主磁通，用 ϕ_m 表示，在数值上为基波磁场每极的磁通量。图 10-1 所示为 4 极异步电机中主磁通的磁力线。由图中可见，主磁通经过的路径包括：气隙（两个）、定子轭（一个）、定子齿（两个）、转子齿（两个）、转子轭（一个）。

二、漏磁通 Φ_σ

定子三相电流除产生主磁通外，还产生仅与定子绕组交链而不与转子绕组交链的磁通，这部分磁通称定子漏磁通，用 $\phi_{1\sigma}$表示。

定子漏磁通按其路径可分为：

(1) 槽漏磁通。横穿定子槽的漏磁通，如图 10-2 (a)所示。

(2) 端部漏磁通。交链定子绕组端部的漏磁通，如图 10-2 (b)所示。

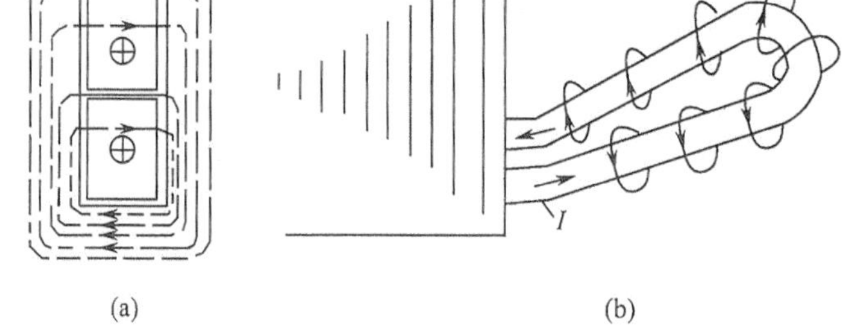

图 10-2　定子漏磁通

(a)槽漏磁；(b)端部漏磁

(3) 谐波漏磁通。它是气隙总磁通减去基波磁通后所剩下来的磁通，故又称差漏磁通。

谐波磁通主要是由定子磁势的高次谐波所产生。由于它的极对数 νp 和转速 n_1/ν 与基波的(p 和 n_1)不同，故虽它也通过气隙而与转子绕组交链，但一般对转子不产生有用的转矩，而在定子绕组内感应的电势仍为基波频率$\left[\text{因 } f_\nu = p_\nu n_\nu/60 = \frac{(\nu p)\frac{n_1}{\nu}}{60} = \frac{pn_1}{60} = f_1\right]$和其他定子漏磁通感应的电势频率相同，所以把它作为定子漏磁通处理，而称为谐波漏磁通。

同样，转子漏磁通 $\phi_{2\sigma}$ 也包括槽漏磁、端部漏磁和谐波漏磁三种。

定、转子漏磁通 $\phi_{1\sigma}$、$\phi_{2\sigma}$ 分别在定、转子绕组内感应漏电势 $E_{1\sigma}$、$E_{2\sigma}$ 和变压器同理，漏电势可用漏电抗压降来表示

$$\left.\begin{aligned}\dot{E}_{1\sigma} &= -\mathrm{j}\dot{I}_1 x_{1\sigma}\\ \dot{E}_{2\sigma} &= -\mathrm{j}\dot{I}_2 x_{2\sigma}\end{aligned}\right\} \tag{10-1}$$

式中，$x_{1\sigma}$、$x_{2\sigma}$——定、转子绕组的漏电抗：

$$x_{1\sigma} = 2\pi f_1 L_{1\sigma}, \quad x_{2\sigma} = 2\pi f_2 L_{2\sigma}$$

式中，$L_{1\sigma}$、$L_{2\sigma}$——定、转子绕组的漏电感。

第二节　转子静止时异步电动机的基本电磁关系

为了分析异步电机的基本电磁关系，这里首先讨论异步电机的转子处在静止状态下的基本电磁关系，进而分析转子旋转对转子各物理量的影响，在此基础上再分析转子旋转时异步电动机的基本电磁关系。

一、转子绕组开路时的异步电机

假设转子绕组开路，且 $n=0$，此时，转子绕组电流 $I_2=0$，由气隙中旋转磁场分别与定、转子切割产生感应电势频率 $f_2=pn_1/60=f_1$，即定、转子感应电势频率相同。

定子绕组内电势平衡方程式

$$\dot{U}_1 = -\dot{E}_1 + \dot{I}_1 r_1 + \mathrm{j}\dot{I}_1 x_{1\sigma} = -\dot{E}_1 + \dot{I}_1 Z_1 \tag{10-2}$$

而

$$\dot{E}_1 = -\mathrm{j}\sqrt{2}\pi f_1 N_1 k_{\mathrm{N1}} \dot{\phi}_{\mathrm{m}} \tag{10-3}$$

$$\dot{E}_2 = -\mathrm{j}\sqrt{2}\pi f_1 N_2 k_{\mathrm{N2}} \dot{\phi}_{\mathrm{m}} \tag{10-4}$$

式中，N_1、N_2—— 定、转子绕组每相每条支路串联匝数；

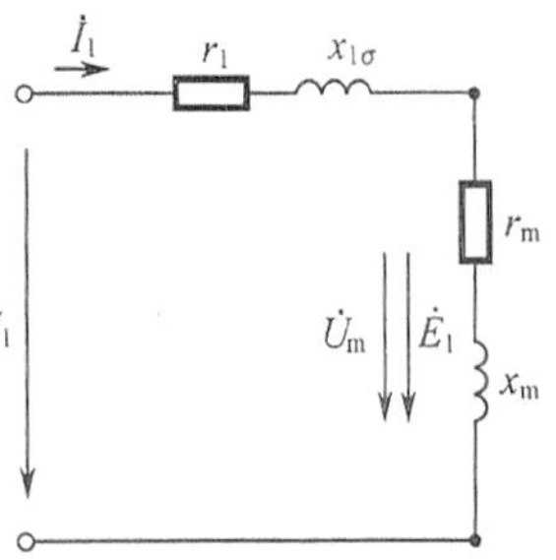

图 10-3　转子绕组开路时异步电机等效电路

k_{N1}、k_{N2}—— 定子和转子的绕组系数。

$$\frac{E_1}{E_2}=\frac{N_1k_{N1}}{N_2k_{N2}}=k_e \tag{10-5}$$

式中，k_e 称为异步电机的电势变比。

其等效电路如图 10-3 所示。可见，转子绕组开路时异步电机相当于变压器空载运行。

二、转子绕组短路且堵转时的异步电机

当转子绕组短路且堵转时，转子绕组电流 $I_2\neq 0$，转子转速 $n=0$，转轴端输出机械功率 $P_2=0$。

1. 磁势平衡方程式

由于转子绕组的极对数 p 总是设计的与定子的相同(对于笼形转子，其感应而产生的磁场极对数必定与定子的极对数相同)，故：

转子电势频率

$$f_2=pn_1/60=f_1$$

转子磁势转速

$$n_2=60f_2/p=60f_1/p=n_1$$

可见，定子磁势 $\boldsymbol{F}_1$ 与转子磁势 $\boldsymbol{F}_2$ 同速同向(正相序)旋转，则气隙合成磁势

$$\boldsymbol{F}_m=\boldsymbol{F}_1+\boldsymbol{F}_2 \tag{10-6}$$

也可写成

$$\boldsymbol{F}_1=\boldsymbol{F}_m+(-\boldsymbol{F}_2)=\boldsymbol{F}_m+\boldsymbol{F}_{1L} \tag{10-7}$$

式中

$$\boldsymbol{F}_{1L}=-\boldsymbol{F}_2 \tag{10-8}$$

称为定子磁势 $\boldsymbol{F}_1$ 中用于平衡转子磁势 $\boldsymbol{F}_2$ 的负载分量。

与变压器的分析方法相仿，将建立定子磁势的定子电流 $\dot{I}_1$ 对应分解为 $\dot{I}_m$ 和 $\dot{I}_{1L}$ 两个分量，即

$$\dot{I}_1=\dot{I}_m+\dot{I}_{1L} \tag{10-9}$$

式中，$\dot{I}_m$ ——定子电流的励磁分量，简称励磁电流；

$\dot{I}_{1L}$——定子电流的负载分量。

显然，$\boldsymbol{F}_1$、$\boldsymbol{F}_m$ 和 $\boldsymbol{F}_{1L}$ 三者在空间上的相位差与产生它们的电流 $\dot{I}_1$、$\dot{I}_m$ 和 $\dot{I}_{1L}$ 在时间上的相位差一致。

由式(10-8)可见，在数值上 $F_{1L}=F_2$，写成对应的电流关系式

$$\frac{\sqrt{2}}{\pi}m_1\frac{N_1k_{N1}}{p}I_{1L}=\frac{\sqrt{2}}{\pi}m_2\frac{N_2k_{N2}}{p}I_2$$

式中，m_1、m_2——分别为定子和转子相数。则

$$\frac{I_2}{I_{1L}}=\frac{m_1N_1k_{N1}}{m_2N_2k_{N2}}=k_i \tag{10-10}$$

式中，k_i 称异步电机的电流变比。

式(10-6)可改写成

$$\frac{\sqrt{2}}{\pi}m_1\frac{N_1k_{N1}}{p}\dot{I}_1+\frac{\sqrt{2}}{\pi}m_2\frac{N_2k_{N2}}{p}\dot{I}_2=\frac{\sqrt{2}}{\pi}m_1\frac{N_1k_{N1}}{p}\dot{I}_m$$

$$\dot{I}_1+\dot{I}_2\frac{m_2N_2k_{N2}}{m_1N_1k_{N1}}=\dot{I}_m$$

$$\dot{I}_1+\frac{\dot{I}_2}{k_i}=\dot{I}_m \tag{10-11}$$

2. 电势平衡方程式

定子和转子绕组与旋转磁场切割产生感应电势如下：

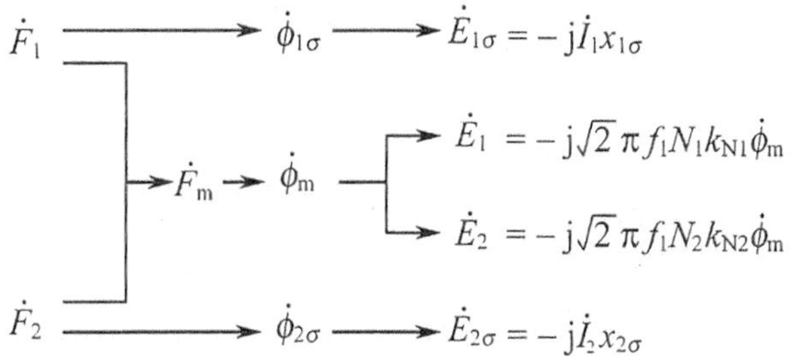

仿照变压器中假设各物理量的正方向的方法，根据电路定律可得定、转子的电势方程式为

$$\left.\begin{aligned}\dot{U}_1&=-\dot{E}_1+\dot{I}_1(r+jx_{1\sigma})=-\dot{E}_1+\dot{I}_1Z_1\\ \dot{E}_2&=\dot{I}_2(r_2+jx_{2\sigma})=\dot{I}_2Z_2\end{aligned}\right\} \tag{10-12}$$

式中，Z_1——定子每相漏阻抗，$Z_1=r_1+jx_{1\sigma}$；

Z_2——转子每相漏阻抗，$Z_2=r_2+jx_{2\sigma}$。

从上式可见，转子电流 $\dot{I}_2$ 滞后于转子电势一个时间相位角

$$\psi_2=\arctan\frac{x_{2\sigma}}{r_2} \tag{10-13}$$

与变压器相似，定子电势可用阻抗压降表示为

$$\dot{E}_1=-\dot{I}_m(r_m+jx_m)=-\dot{I}_mZ_m \tag{10-14}$$

式中，Z_m——励磁阻抗，$Z_m=r_m+jx_m$，其中励磁电阻 r_m 是反映铁损耗的等效电阻，励磁电抗 x_m 是定子每相绕组中对应主磁通 $\dot{\phi}_m$ 的电抗。显然，Z_m 的大小将随铁心饱和程度的不同而变化。

综上所述，转子绕组短路且堵转时异步电动机的一组方程式为

$$\left.\begin{aligned}\dot{U}_1&=-\dot{E}_1+\dot{I}_1Z_1\\\dot{E}_2&=\dot{I}_2Z_2\\\dot{I}_m&=\dot{I}_1+\frac{\dot{I}_2}{k_i}\end{aligned}\right\}\tag{10-15}$$

对应的电路图如图 10-4 所示。

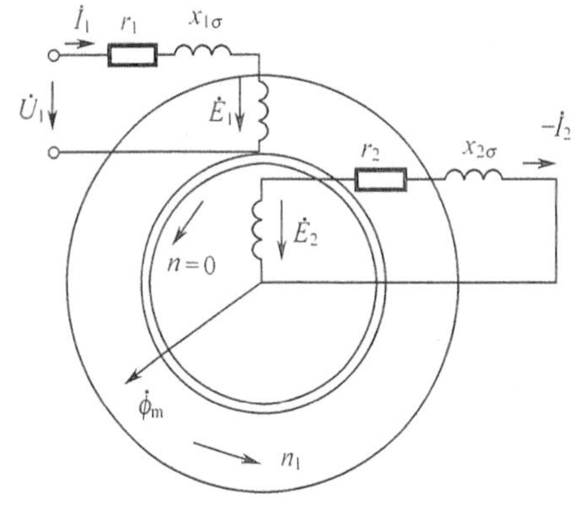

图 10-4　转子绕组短路且堵转时电路图

3. 参数的折算

在一般情况下，异步电机转子的参数，例如，每相串联匝数 N_2、绕组系数 k_{N2} 等与定子的都不相同，分析和计算比较麻烦。为了获得等效电路以简化分析计算过程，与变压器相似，可把异步电机的转子绕组折算到定子侧。这也相当于用一个与定子侧绕组相同(包括匝数和绕组系数等)的等效转子绕组来代替原来的转子绕组。折算的原则同样是等效原则，即折算后的等效转子绕组的电磁作用和传递能量(包括各种功率或损耗)应与折算前的原来转子绕组相等。因而电机中的电磁本质和能量转换关系保持不变。由于转子对定子的影响是通过转子磁势 $\boldsymbol{F}_2$ 来实现的。因此，上述的折算原则也就是：折算后转子磁势的大小和空间相位都应保持不变，转子上的各种功率和损耗也保持不变。根据这些条件，可以求得折算后转子上各物理量应有的数值，称为“转子侧各物理量折算到定子侧的数值”，简称折算值，用该量原来的符号在右上角加一撇来表示。这一折算过程称为绕组折算。

由于折算前后转子磁势的大小应保持不变，则转子电流的折算值 I'_2 应满足下式：

$$\frac{\sqrt{2}}{\pi}m_1\ \frac{N_1k_{N1}}{p}I'_2=\frac{\sqrt{2}}{\pi}m_2\ \frac{N_2k_{N2}}{p}I_2$$

故得

$$I'_2=\frac{m_2N_2k_{N2}}{m_1N_1k_{N1}}I_2=\frac{I_2}{k_i}=I_{1L}\tag{10-16}$$

由于折算前后定、转子磁势不变，故主磁通 ϕ_m 不变。于是，由主磁通 ϕ_m 感应的转子电势应与转子相绕组的有效匝数成正比。因此，转子电势的折算值 E_2' 应满足下式：

$$\frac{E_2'}{E_2}=\frac{N_1k_{N1}}{N_2k_{N2}}=k_e$$

则

$$E_2'=k_eE_2 \tag{10-17}$$

根据折算前后转子上各种功率和损耗也保持不变的原则，由铜损耗保持不变得转子每相电阻的折算值 r_2' 应满足下式：

$$m_1I_2'^2r_2'=m_2I_2^2r_2$$

得

$$r_2'=\frac{m_2I_2^2r_2}{m_1I_2'^2}=\frac{m_2}{m_1}\left(\frac{m_1N_1k_{N1}}{m_2N_2k_{N2}}\right)^2r_2$$

即

$$r_2'=k_ek_ir_2 \tag{10-18}$$

由于 $\boldsymbol{F}_2$ 的相位应保持不变，则

$$\tan\psi_2=\frac{x_{2\sigma}}{r_2}=\frac{x_{2\sigma}'}{r_2'}$$

以式(10-18)代入上式，得

$$x_{2\sigma}'=k_ek_ix_{2\sigma} \tag{10-19}$$

于是，可得转子漏阻抗的折算值为

$$z_{2\sigma}'=k_ek_iz_{2\sigma} \tag{10-20}$$

折算后的等效电路如图 10-5 所示。

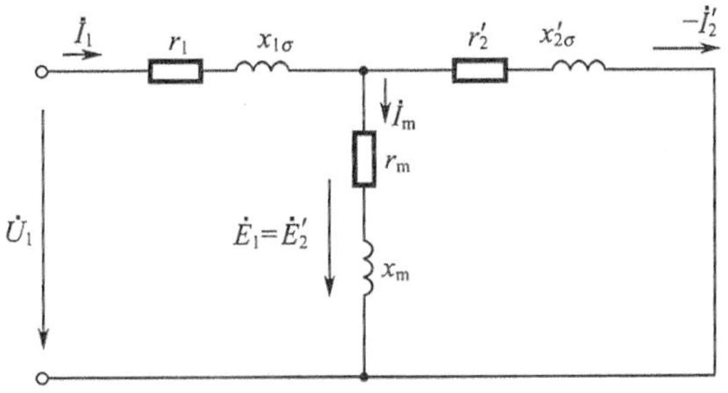

图 10-5　转子绕组短路且堵转时的异步电机等效电路

对应的基本方程式归纳为

$$\left.\begin{aligned}\dot{U}_1 &= -\dot{E}_1+\dot{I}_1 Z_1\\ \dot{E}'_2 &= \dot{I}'_2 Z'_2=\dot{E}_1\\ \dot{I}_m &= \dot{I}_1+\dot{I}'_2\\ \dot{E}_1 &= -\dot{I}_m(r_m+jx_m)=-\dot{I}_m Z_m\end{aligned}\right\}\tag{10-21}$$

第三节　转子旋转时异步电动机的基本电磁关系

一、转子旋转对转子各物理量的影响

当转子以转速 n 与气隙旋转磁场同方向旋转时，转子绕组切割磁场的相对速度由静止时的 n_1 变为此时的 n_1-n，从而引起转子电势的频率、大小及转子绕组的漏电抗等发生变化。现分析如下：

1. 转子频率（简称，即转子绕组感应电势的频率）

转差率

$$s=\frac{n_1-n}{n_1}$$

转子频率

$$f_2=\frac{p(n_1-n)}{60}=\frac{n_1-n}{n_1}\times\frac{pn_1}{60}=sf_1\tag{10-22}$$

2. 转子电势

$$E_{2S}=\sqrt{2}\pi f_2 N_2 k_{N2}\phi_m=\sqrt{2}\pi(sf_1)N_2 k_{N2}\phi_m=sE_2\tag{10-23}$$

由于频率改变，用 E_{2S}来表示转子旋转时的转子每相电势。

3. 转子漏阻抗

忽略导体内趋肤效应影响，旋转时转子每相电阻

$$r_{2S}=r_2\tag{10-24}$$

由于电抗与频率成正比，故旋转时的转子每相漏电抗为

$$x_{2\sigma S}=2\pi f_2 L_{2\sigma}=s2\pi f_1 L_{2\sigma}=sx_{2\sigma}\tag{10-25}$$

式中，$L_{2\sigma}$——转子每相绕组的漏电感。

4. 转子电流

转子电流 $\dot{I}_{2S}$是由转子电势 $\dot{E}_{2S}$产生的。显然，$\dot{I}_{2S}$的频率应与 $\dot{E}_{2S}$的频率相同。由于转子绕组直接短路，故

$$\dot{I}_{2S}=\frac{\dot{E}_{2S}}{r_2+\mathrm{j}x_{2\sigma S}} \tag{10-26}$$

其有效值

$$I_{2S}=\frac{sE_2}{\sqrt{r_2^2+(sx_{2\sigma})^2}} \tag{10-27}$$

$\dot{I}_{2S}$滞后于$\dot{E}_{2S}$的时间相位角(即转子功率因数角)为

$$\psi_{2S}=\arctan\frac{sx_{2\sigma}}{r_2} \tag{10-28}$$

二、磁势平衡关系

(1) 转子旋转时转子磁势和定子磁势仍保持相对静止。

转子磁势相对转子的转速为

$$n_2=\frac{60f_2}{p}=\frac{60sf_1}{p}=s\cdot\frac{60f_1}{p}$$
$$=sn_1=n_1-n \tag{10-29}$$

转子磁势 $\boldsymbol{F}_2$ 相对定子的转速

$$n_2+n=(n_1-n)+n=n_1$$

即转子磁势 $\boldsymbol{F}_2$ 与定子磁势 $\boldsymbol{F}_1$ 同速同向旋转,故相对静止。

(2) 转子旋转时,由于 $\boldsymbol{F}_1$ 和 $\boldsymbol{F}_2$ 仍相对静止,所以磁势平衡关系仍与转子堵转时相同,即

$$\boldsymbol{F}_1+\boldsymbol{F}_2=\boldsymbol{F}_m \tag{10-30}$$

三、电势平衡关系

定子每相的电势平衡方程式

$$\dot{U}_1=-\dot{E}_1+\dot{I}_1Z_1=-\dot{E}_1+\dot{I}_1(r_1+\mathrm{j}x_{1\sigma}) \tag{10-31}$$

其频率为 f_1。

转子每相电势平衡方程式

$$\dot{E}_{2S}=\dot{I}_{2S}Z_{2S}=\dot{I}_{2S}(r_2+\mathrm{j}x_{2\sigma S}) \tag{10-32}$$

四、参数的折算

为了得到转子旋转时的异步电机等效电路以便于简化分析和计算过程，首先用一个等效的静止转子来取代原来的旋转转子,使等效转子内电势和电流频率与定子的相同。根据前面的等效原则将原旋转转子的相应参数进行折算,称为频率折算。经过频率折算后的等效静止转子的参数再经过绕组折算将转子侧各物理量折算到定子侧,便可得出所需的等效电路。

1. 频率折算

设等效静止转子的漏阻抗为 $R+\mathrm{j}X$，则静止转子电流

$$I_2=\frac{E_2}{\sqrt{R^2+X^2}}$$

转子功率因数角

$$\psi_2=\arctan\frac{X}{R}$$

根据等效折算原则，必须保持转子磁势 $\boldsymbol{F}_2$ 的大小不变，则等效静止转子电流 I_2 应满足下式：

$$\frac{\sqrt{2}}{\pi}m_2\frac{N_2k_{N2}}{p}I_2=\frac{\sqrt{2}}{\pi}m_2\frac{N_2k_{N2}}{p}I_{2S} \tag{10-33}$$

故

$$I_2=I_{2S} \tag{10-34}$$

即

$$\frac{E_2}{\sqrt{R^2+X^2}}=\frac{sE_2}{\sqrt{r_2^2+(sx_{2\sigma})^2}} \tag{10-35}$$

同时，等效静止转子上电压与电流之间的相位差也与旋转转子上的保持不变，则

$$\psi_2=\psi_{2S}$$

故

$$\frac{X}{R}=\frac{sx_{2\sigma}}{r_2} \tag{10-36}$$

联解式(10-35)和式(10-36)，得

$$\left.\begin{aligned}R&=\frac{r_2}{s}=r_2+\frac{1-s}{s}r_2\\X&=x_{2\sigma}\end{aligned}\right\} \tag{10-37}$$

经过频率折算后的等效电路如图 10-6(b)所示。

由于 $I_{2S}=I_2$，根据功率平衡关系，旋转转子的电磁功率

$$P_{em}=P_{Cu2}+P_{mec}=m_2I_2^2r_2+T_{em}\Omega \tag{10-38}$$

式中，p_{Cu2}——转子铜损耗，$p_{Cu2}=m_2I_2^2r_2$，单位：W，其中 m_2 为转子相数；

p_{mec}——转子上总的机械功率，单位：W；

T_{em}——电磁转矩，单位：N · m；

Ω ——转子机械角速度，单位：rad/s。

等效静止转子的电磁功率

$$P_{em}=m_2I_2^2r_2+m_2I_2^2\frac{1-s}{s}r_2 \tag{10-39}$$

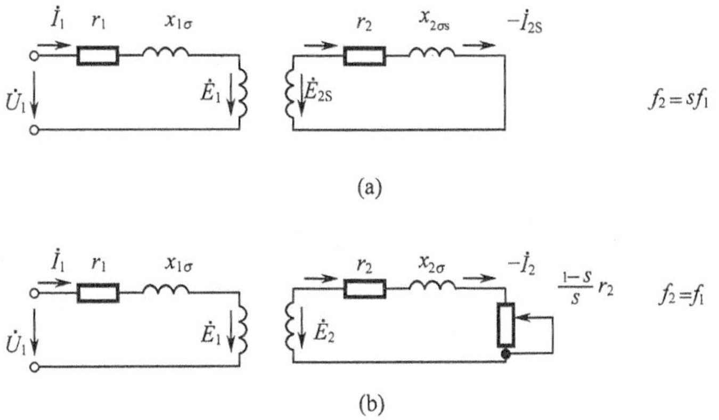

图 10-6　频率折算等效电路

(a)频率折算前异步电机等效电路；(b)频率折算后异步电机等效电路

将式(10-39)和式(10-38)相比较，由于两者的 P_{em} 及 $m_2I_2^2r_2$ 相同，故得

$$P_{mec}=m_2I_2^2\frac{1-s}{s}r_2 \tag{10-40}$$

可见，经过频率折算后，等效静止转子电路参数中纯电阻$[(1-s)/s]r_2$为总机械功率的等效电阻，其大小随 s 变化。

2. 绕组折算

根据式(10-17)和式(10-23)，有

$$E_2'=k_eE_2=k_e\left(\frac{E_{2S}}{s}\right) \tag{10-41}$$

根据式(10-16)和式(10-34)，有

$$I_2'=\frac{I_2}{k_i}=\frac{I_{2S}}{k_i} \tag{10-42}$$

根据式(10-18)和式(10-37)，有

$$\begin{aligned}R'&=k_ek_iR=k_ek_i\frac{r_2}{s}\\&=k_ek_ir_2+k_ek_i\frac{1-s}{s}r_2\\&=r_2'+\frac{1-s}{s}r_2'=\frac{r_2'}{s}\end{aligned} \tag{10-43}$$

根据式(10-19)和式(10-37)，有

$$X'=k_ek_iX=k_ek_ix_{2\sigma}=x_{2\sigma}' \tag{10-44}$$

五、异步电机的等效电路和向量图

1. T 形等效电路和向量图

经过折算后异步电机的基本方程式为

$$\dot{U}_1 = -\dot{E}_1 + \dot{I}_1 Z_1 = -\dot{E}_1 + \dot{I}_1 (r_1 + \mathrm{j}x_{1\sigma})$$

$$\dot{E}'_2 = \dot{I}'_2\left(\frac{r'_2}{s} + \mathrm{j}x'_{2\sigma}\right) = \dot{I}'_2\left(r'_2 + \mathrm{j}x'_{2\sigma} + \frac{1-s}{s}r'_2\right) = \dot{I}'_2\left(Z'_2 + \frac{1-s}{s}r'_2\right) \tag{10-45}$$

$$\dot{I}_1 = \dot{I}_m + \dot{I}_{1L} = \dot{I}_m + (-\dot{I}'_2)$$

$$\dot{E}_1 = \dot{E}'_2 = -\dot{I}_m Z_m = -\dot{I}_m (r_m + \mathrm{j}x_m)$$

对应可画出 T 形等效电路如图 10-7 所示。图 10-8 为对应的向量图。图中,用电流关系表示磁势关系。从本质上看,它是时-空矢量图。

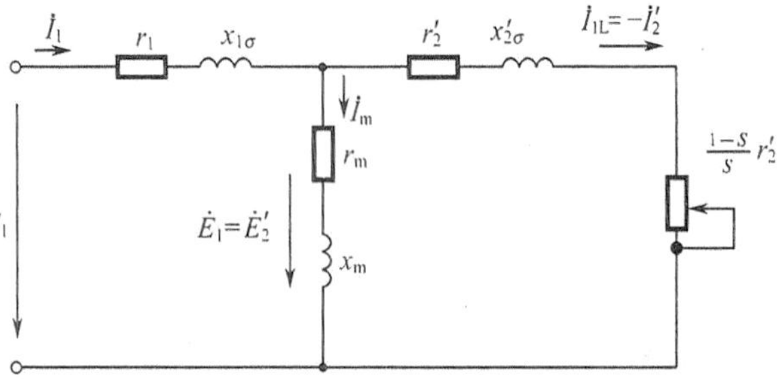

图 10-7　T 形等效电路

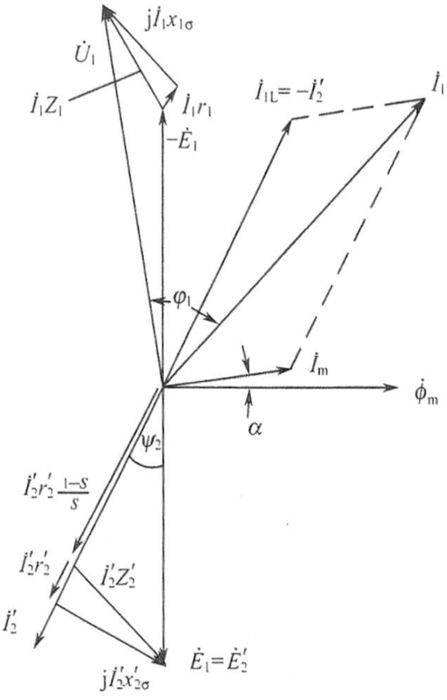

图 10-8　T 形等效电路对应的向量图

需要注明的是，在对称的多相系统中，时-空矢量图中的时轴和相轴、时间矢量和空间矢量之间存在的三个重要关系，归纳如下：

(1) 每一相都取自己的相轴作为时轴。

(2) 任一相的电流相量 $\dot{I}$（时间相量）与该电流系统产生的合成磁势矢量 $\boldsymbol{F}$（空间矢量）重合。

(3) 主磁通与任一相绕组交链的磁通相量 $\dot{\phi}_m$（时间相量）与主磁通的磁通密度波 B_m 的矢量（空间矢量）重合。

上述三个结论不仅用于分析异步电机，也可用于分析同步电机。

2. 异步电机等效电路的简化

与变压器类似，可把 T 形等效电路中间的励磁支路移到电源端，变成 Γ 形等效电路以简化计算。在变压器中，由于 Z_m很大，Z_1和 I_m 都很小，因此，励磁支路直接移到电源端引起的误差较小。而在异步电机中，由于存在空气隙，Z_m 较小，励磁电流 I_m较大，而且定子漏阻抗也比变压器一侧的漏阻抗大，所以，把励磁支路直接移到电源端将引起较大误差，不能一概简单处理。这里将分别导出准确 Γ 形等效电路、较准确 Γ 形等效电路和简化 Γ 形等效电路。

在图 10-7 中，令

$$Z'_{2S}=Z'_2+\frac{1-s}{s}r'_2=\frac{r'_2}{s}+jx'_{2\sigma} \tag{10-46}$$

根据 T 形等效电路可得定子电流

$$\dot{I}_1=\dot{I}_m-\dot{I}'_2=\frac{-\dot{E}_1}{Z_m}+\frac{-\dot{E}_1}{Z'_{2S}} \tag{10-47}$$

定子端电压

$$\begin{aligned}\dot{U}_1&=-\dot{E}_1+\dot{I}_1Z_1\\&=-\dot{E}_1+\left[\left(\frac{-\dot{E}_1}{Z_m}+\frac{-\dot{E}_1}{Z'_{2S}}\right)Z_1\right]\\&=(-\dot{E}_1)\left[\left(1+\frac{Z_1}{Z_m}\right)+\frac{Z_1}{Z'_{2S}}\right]\\&=(-\dot{E}_1)\left(\dot{\sigma}_1+\frac{Z_1}{Z'_{2S}}\right)\end{aligned} \tag{10-48}$$

式中，$\dot{\sigma}_1$——校正系数，$\dot{\sigma}_1=1+\dfrac{Z_1}{Z_m}$为一复数。

由式(10-48)可得

$$-\dot{E}_1=\frac{\dot{U}_1}{\left(\dot{\sigma}_1+\dfrac{Z_1}{Z'_{2S}}\right)}=\dot{U}_1-\dot{I}_1Z_1 \tag{10-49}$$

代入式(10-47)得

$$\dot{I}_1=\frac{\dot{U}_1-\dot{I}_1Z_1}{Z_m}+\frac{\dot{U}_1}{\left(\dot{\sigma}_1+\frac{Z_1}{Z'_{2S}}\right)\cdot Z'_{2S}}$$

$$=\frac{\dot{U}_1}{Z_m}-\frac{\dot{I}_1Z_1}{Z_m}+\frac{\dot{U}_1}{\dot{\sigma}_1Z'_{2S}+Z_1}$$

由上式移项整理可得出

$$\dot{I}_1=\frac{\dot{U}_1}{\dot{\sigma}_1Z_m}+\frac{\dot{U}_1}{\dot{\sigma}_1Z_1+\dot{\sigma}_1^2Z'_{2S}}$$

$$=\frac{\dot{U}_1}{\dot{\sigma}_1Z_m}+\frac{\dot{U}_1}{\dot{\sigma}_1Z_1+\dot{\sigma}_1^2Z'_2+\dot{\sigma}_1^2\left(\frac{1-s}{s}\right)r'_2}$$

$$=\dot{I}'_m+(-\dot{I}''_2) \tag{10-50}$$

式中

$$\dot{I}'_m=\frac{\dot{U}_1}{\dot{\sigma}_1Z_m}=\frac{\dot{U}_1}{Z_1+Z_m} \tag{10-51}$$

$$-\dot{I}''_2=\frac{\dot{U}_1}{\dot{\sigma}_1Z_1+\dot{\sigma}_1^2Z'_2+\dot{\sigma}_1^2\left(\frac{1-s}{s}\right)r'_2} \tag{10-52}$$

其中,$\dot{I}'_m$为理想空载电流。

根据 T 形等效电路

$$-\dot{I}'_2=\frac{-\dot{E}_1}{Z'_2+\left(\frac{1-s}{s}\right)r'_2}=\frac{-\dot{E}_1}{Z'_{2S}}$$

将式(10-49)代入上式得

$$-\dot{I}'_2=\frac{\dot{U}_1}{\dot{\sigma}_1Z'_{2S}+Z_1}=\frac{\dot{U}_1}{\dot{\sigma}_1Z'_2+\dot{\sigma}_1\left(\frac{1-s}{s}\right)r'_2+Z_1}=-\dot{\sigma}_1\dot{I}''_2 \tag{10-53}$$

根据式(10-50)便可对应画出异步电机的准确 Γ 形等效电路如图 10-9(a)所示。

虽然准确 Γ 形等效电路和 T 形等效电路一样准确,但由于校正系数 $\dot{\sigma}_1$ 为一复数,计算仍较麻烦。由于通常 $r_1 \ll x_{1\sigma}$,$r_m \ll x_m$,工程计算时往往忽略 r_1 和 r_m,仍然能满足准确度要求。于是,在 Γ 形等值电路中以 $\sigma_1=1+x_{1\sigma}/x_m$ 取代 $\dot{\sigma}_1$,并称之为较准确 Γ 形等效电路,如图 10-9(b)所示。如此,虽然准确度降低一些,但计算却大为简化,这是工程计算上用得较多的等效电路。

计算结果显示,通常 $\sigma_1=1.03\sim1.08$。对于较大容量的异步电动机,例如,在 40kW 以上的异步电动机,σ_1 很接近于 1 。如取 $\sigma_1=1$,则得图 10-10 所示的简化

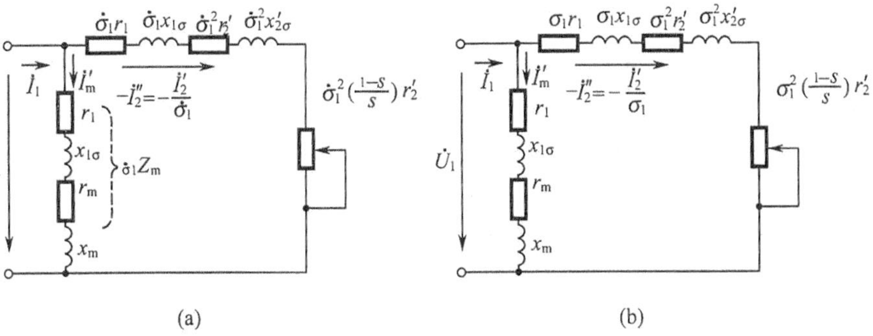

图 10-9　Γ 形等效电路

(a)准确 Γ 形等效电路；(b)较准确 Γ 形等效电路

Γ 形等效电路。用它计算中型以上的异步电动机仍可获得一定的准确度。

例 10-1　一台三相、六极、50 Hz 的绕线式异步电动机，在额定负载时的转速为 980r/min，折算为定子频率的转子每相感应电势 $E_2=110$ V。问此时的转子电势 E_{2S} 和它的频率 f_2 为何值？若转子不动，定子绕组上施加某一低电压使电流在额定值左右，假设转子绕组每相感应电势为 10.2 V，转子相电流为 20 A，转子每相的电阻为 0.1Ω，忽略集肤效应的影响，试求额定运行时的转子电流 I_2 和转子铜损耗 p_{Cu2}。

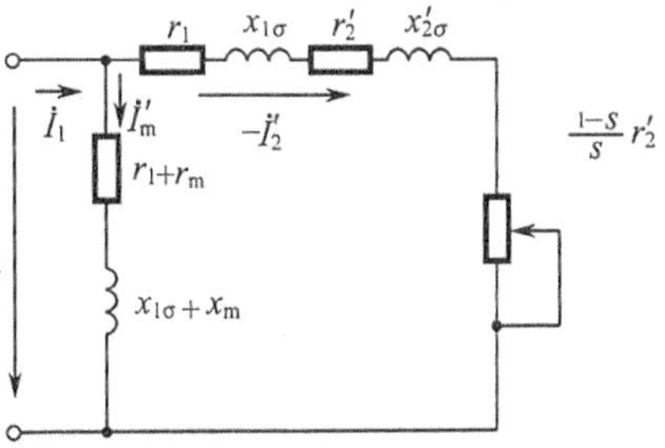

图 10-10　简化 Γ 形等效电路

解　同步转速

$$n_1=\frac{60f_1}{p}=\frac{60\times 50}{3}=1000\ (\text{r/min})$$

额定转差率

$$s=\frac{n_1-n}{n_1}=\frac{1000-980}{1000}=0.02$$

转子相电势

$$E_{2S}=sE_2=0.02\times 110=2.2(\text{V})$$

转子频率

$$f_2=sf_1=0.02\times 50=1\ (\text{Hz})$$

低压不转时转子每相漏阻抗

$$z_2=\frac{E_{2k}}{I_{2k}}=\frac{10.2}{20}=0.51(\Omega)$$

$$r_2 = 0.1\Omega$$

$$x_{2\sigma} = \sqrt{z_2^2 - r_2^2} = \sqrt{0.51^2 - 0.1^2} = 0.5(\Omega)$$

由于不转，$f_2 = 50$ Hz，电流在额定值左右并忽略集肤效应的影响，所以 r_2 和 $x_{2\sigma}$ 可作为电机正常运行时转子电阻值和折算到 50 Hz 的转子漏抗值。

转子相电流

$$I_2 = \frac{E_{2S}}{\sqrt{r_2^2 + (sx_{2\sigma})^2}} = \frac{2.2}{\sqrt{0.1^2 + (0.02 \times 0.5)^2}} = 21.9(\mathrm{A})$$

或

$$I_2 = \frac{E_2}{\sqrt{\left(\frac{r_2}{s}\right)^2 + x_{2\sigma}^2}} = \frac{110}{\sqrt{\left(\frac{0.1}{0.02}\right)^2 + 0.5^2}} = \frac{110}{\sqrt{25.25}} = 21.9(\mathrm{A})$$

转子铜损耗

$$p_{\mathrm{Cu2}} = 3I_2^2 r_2 = 3 \times 21.9^2 \times 0.1 = 144(\mathrm{W})$$

第四节　小　　结

一、电势平衡方程式

$$\dot{U}_1 = -\dot{E}_1 + \dot{I}_1 Z_1 = -\dot{E}_1 + \dot{I}_1(r_1 + \mathrm{j}X_{1\sigma})$$

$$\dot{E}'_2 = \dot{I}'_2(r'_2 + \mathrm{j}X'_{2\sigma}) + \dot{I}'_2 \frac{1-s}{s} r'_2$$

式中，$E'_2 = E_1 = k_e E_2$；

$k_e = \frac{N_1 k_{N1}}{N_2 k_{N2}}$——异步电机的电势比；

$k_i = \frac{m_1 N_1 k_{N1}}{m_2 N_2 k_{N2}}$——异步电机的电流比；

$r'_2 = k_e k_i r_2$；$x'_{2\sigma} = k_e k_i x_{2\sigma}$；

m_1、m_2——定、转子相数；

N_1、N_2——定、转子绕组每相串联匝数；

k_{N1}、k_{N2}——定、转子绕组系数；

r_1、r'_2——定子绕组每相电阻和折算后的转子绕组每相电阻；

$x_{1\sigma}$、$x'_{2\sigma}$——定子绕组每相漏抗和折算后的转子绕组每相漏抗。

二、磁势平衡式

$$\dot{I}_1 + \dot{I}'_2 = \dot{I}_1 + \frac{\dot{I}_2}{k_i} = \dot{I}_m$$

式中，$\dot{I}_1$、$\dot{I}'_2$——分别为定子电流和折算后的转子电流。

激磁支路

$$-\dot{E}_1 = \dot{I}_m Z_m = \dot{I}_m(r_m + jx_m)$$

式中，$\dot{I}_m$——激磁电流；

r_m、x_m、Z_m——分别为激磁电阻、电抗、阻抗。

习　题

10-1 一台三相异步电动机，六极，电流频率 50 Hz，如果运行在转差率 $S=0.08$ 时，定子绕组产生的旋转磁势转速等于__________ r/min，转子绕组产生的旋转磁势相对于定子的转速为__________ r/min，旋转磁场切割转子绕组的转速等于__________ r/min。

10-2 有一台三相异步电动机，电源频率为 50 Hz，转子转速为 $n=1400$r/min，则其转子绕组感应电势的频率为__________，转子电流产生的旋转磁势相对于转子转速为__________，相对定子的转速为__________。

10-3 异步电机转子绕组折算和频率折算的原则是____________________。

10-4 异步电动机定子绕组与转子绕组没有直接联系，当负载增加时，定子电流和输入功率会自动增加，其原因是____________________。

10-5 异步电动机从空载到满载，电机的主磁通将____________________。

10-6 异步电动机的等效电路中$\dfrac{(1-s)}{s}r'_2$代表____________________，它__________用电感或电容代替。

10-7 当异步电动机接在频率为 50 Hz 的电源上，额定运行，转子的转速为 1450r/min，定子电流的频率为__________，定子电势的频率为__________，转子电势的频率为__________，转子电流的频率为__________。

10-8 在研究分析异步电机等效电路时，用等效静止的转子代替旋转的转子，要求保持__________不变。

10-9 异步电机在负载运行时气隙磁场是由____________________。

10-10 异步电动机正常运行时，定、转子频率不同，为什么定、转子的矢量图可以画在一起？这时定子矢量和转子矢量的相位关系说明什么问题？

10-11 试说明转子绕组折算和频率折算的意义，折算是在什么条件下进行的？

10-12 异步电动机定子绕组与转子绕组没有直接联系，为什么负载增加时，定子电流和输入功率会自动增加？试说明其物理过程。从空载到满载电机主磁通有无变化？

10-13 某三相六极绕线式异步电动机，定、转子绕组均采用星形连接，额定功率 250kW，额定线电压 500V，额定频率 50 Hz，满载时的效率 93.5%，功率因数为 0.9；$r_1=0.0146\Omega$，$r_2=0.0171\Omega$，$x_{1\sigma}=0.088\Omega$，$x_{2\sigma}=0.0745\Omega$；$k_{N1}=0.926$；$k_{N2}=0.957$；定子槽数为 72，每槽导体数为 16，每相并联支路数为 6；转子槽数为 90，每槽导体数为 2，每相并联支路数为 1；空载电流为 82.5A。试求：

(1)额定负载时的定子电流；

(2)忽略 r_1 及 r_m 时的励磁电抗 x_m；

(3)转子阻抗的折算值 r_2' 和 $x_{2\sigma}'$。

10-14　已知一台三相感应电动机的数据为：$U_{1N}=380V$，定子 Δ 连接，50 Hz，额定转速 $n_N=1426r/min$，$r_1=2.865\Omega$，$x_{1\sigma}=7.71\Omega$，$r_2'=2.82\Omega$，$x_{2\sigma}'=11.75\Omega$，r_m 忽略不计，$x_m=202\Omega$。试求：

(1)极对数；

(2)同步转速；

(3)额定负载时的转差率和转子频率；

(4)绘出 T 形等效电路并计算额定负载时的 I_1、P_1、$\cos\varphi_1$ 和 I_2'。

10-15　已知一台三相异步电动机的数据为：$P_2=72kW$，$U_{1N}=380V$(定子△连接)；$n_N=1480r/min$；$r_1=0.088\Omega$；$x_{1\sigma}=0.404\Omega$，$r_2'=0.073\Omega$；$x_{2\sigma}'=0.72\Omega$；$r_m=2.75\Omega$；$x_m=26\Omega$；机械损耗 $p_{mec}=1.1kW$。试用 T 形、较准确 Γ 形和简化 Γ 形三种等效电路计算额定负载时的定子电流、功率因数和效率，并对计算结果进行分析比较。

10-16　一台三相六极异步电动机，当转子绕组开路时，转子每相感应电势为 110V。当电机额定运行时，转速 $n_N=980r/min$。转子堵转时，$r_2=0.1\Omega$，$x_{2\sigma}=0.5\Omega$。忽略定子漏电抗压降。试求：

(1)额定运行时转子每相电势 E_{2S}；

(2)额定运行时转子电流 I_2。

10-17　一台三相绕线式异步电动机，当定子加 50 Hz 的额定电压而转子开路时，转子绕组 Y 连接，滑环上的电压为 260 V；转子堵转时漏阻抗每相为(0.06+j0.2)Ω；电机额定运行时，转子短接，$s_N=0.04$。试求转子电势 E_{2S} 和转子电流 I_2 及其频率 f_2。

第十一章　异步电动机的功率和转矩

第一节　异步电动机的功率和转矩平衡

一、功率平衡方程式

异步电动机的功率图如图 11-1 所示。图中，P_1 是输入到电动机定子上的电功率。其中一部分消耗于定子绕组铜损耗 p_{Cu1} 和电机的铁损耗 p_{Fe}。扣除这些损耗后，剩下的功率便是通过气隙中的旋转磁场，经电磁感应作用传递到转子上的电磁功率 P_{em}，即

$$P_{em} = P_1 - p_{Cu1} - p_{Fe} \tag{11-1}$$

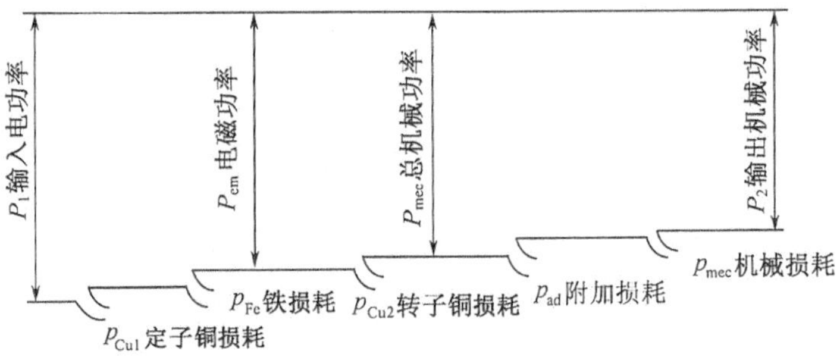

图 11-1　异步电动机的功率图

由于正常运行时，转子频率很低(通常只有 1～3 Hz)，转子铁损耗很小。因此，铁损耗 p_{Fe}实际上主要是定子铁损耗。

电磁功率 P_{em}减去转子绕组铜损耗 p_{Cu2}之后便是电动机转子上获得的总机械功率 P_{mec}，即

$$P_{mec} = P_{em} - p_{Cu2} \tag{11-2}$$

电动机旋转时还有机械损耗 p_{mec}和附加损耗 p_{ad}。其中附加损耗 p_{ad}主要是由于定、转子上有齿槽存在，当电动机旋转时使气隙磁通发生脉振。因此，在定、转子铁心中产生损耗。这种损耗在电机转子上产生制动力矩，从而消耗了电机转子上的一部分机械功率。以总机械功率 P_{mec}扣去机械损耗 p_{mec}和附加损耗 p_{ad}之后便是电动机转轴上输出的机械功率 P_2，即

$$P_2 = P_{mec} - p_{mec} - p_{ad} \tag{11-3}$$

综合上述分析，可得异步电动机的功率平衡方程式为

$$
\begin{aligned}
P_1 &= P_{em} + p_{Cu1} + p_{Fe} \\
&= P_{mec} + p_{Cu2} + p_{Cu1} + p_{Fe} \\
&= P_2 + p_{mec} + p_{ad} + p_{Cu2} + p_{Cu1} + p_{Fe} \\
&= P_2 + \sum p \qquad (11\text{-}4)
\end{aligned}
$$

式中，$\sum p$——总损耗，为

$$\sum p = p_{mec} + p_{ad} + p_{Cu2} + p_{Cu1} + p_{Fe} \qquad (11\text{-}5)$$

上述各种功率，在异步电机的 T 形等效电路或较准确 Γ 形等效电路中，可采用电流通过各种电阻的损耗来表示。

(1) 从 T 形等效电路来看，见图 11-2(a)。

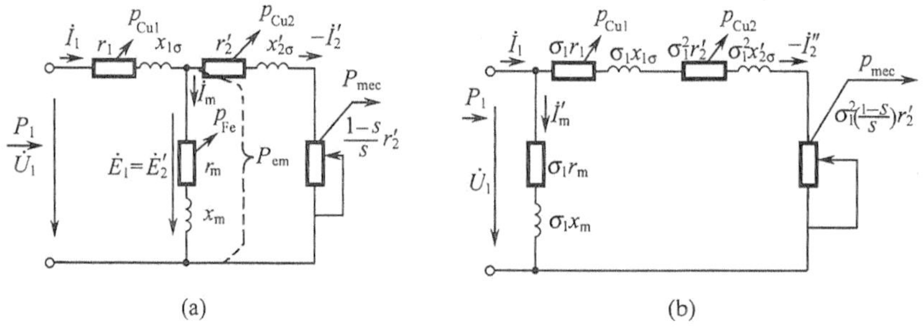

图 11-2　用等效电路中电阻上损耗表示各种功率

(a)用 T 形等效电路；(b)用较准确 Γ 形等效电路

输入功率

$$P_1 = m_1 U_1 I_1 \cos\varphi_1$$

定子铜损耗

$$p_{Cu1} = m_1 I_1^2 r_1$$

铁损耗

$$p_{Fe} = m_1 I_m^2 r_m$$

电磁功率

$$
\begin{aligned}
P_{em} &= m_1 E'_2 I'_2 \cos\psi_2 \\
&= m_1 I'_2 \left[I'_2 \left(r'_2 + \frac{1-s}{s} r'_2 \right) \right] \\
&= m_1 I'^2_2 \frac{r'_2}{s} \qquad (11\text{-}6)
\end{aligned}
$$

式中，m_1——定子相数。

由图 10-8 可见

$$E'_2 \cos\psi_2 = I'_2 \frac{r'_2}{s}$$

转子铜损耗

$$p_{Cu2}=m_1I_2'^2r_2'=sP_{em} \tag{11-7}$$

总机械功率

$$\begin{aligned}P_{mec}&=P_{em}-p_{Cu2}=m_1I_2'^2\frac{r_2'}{s}-m_1I_2'^2r_2'\\&=m_1I_2'^2r_2'\frac{1-s}{s}\\&=(1-s)P_{em}\end{aligned} \tag{11-8}$$

(2) 从较准确Γ形等效电路来看,见图 11-2(b)。

输入功率

$$P_1=m_1U_1I_1\cos\varphi_1$$

定子铜损耗

$$p_{Cu1}=m_1I_2''^2\sigma_1r_1'$$

转子铜损耗

$$\begin{aligned}p_{Cu2}&=m_1I_2''^2\sigma_1^2r_2'=m_1\left(\frac{I_2'}{\sigma_1}\right)^2\sigma_1^2r_2'\\&=m_1I_2'^2r_2'\end{aligned} \tag{11-9}$$

总机械功率

$$\begin{aligned}P_{mec}&=m_1I_2''^2\left(\sigma_1^2\frac{1-s}{s}r_2'\right)\\&=m_1\left(\frac{I_2'}{\sigma_1}\right)^2\left(\sigma_1^2\frac{1-s}{s}r_2'\right)\\&=m_1I_2'^2\frac{1-s}{s}r_2'\end{aligned} \tag{11-10}$$

电磁功率

$$\begin{aligned}P_{em}&=P_{mec}+p_{Cu2}\\&=m_1I_2'\frac{1-s}{s}r_2'+m_1I_2'r_2'\\&=m_1I_2'^2\frac{1}{s}r_2'\end{aligned} \tag{11-11}$$

二、效率 η

定义

$$\eta=\frac{P_2}{P_1}\times100\%=\frac{P_1-\sum p}{P_1}\times100\% \tag{11-12}$$

三、转矩平衡方程式

在异步电动机转子上作用着三个转矩：电磁转矩 T_{em}、空载制动转矩 T_0 和负载制动转矩 T_2。其中，电磁转矩 T_{em} 是由转子电流和主磁通 ϕ_m 相互作用所产生电磁力矩；空载制动转矩 T_0 是由电机的机械损耗 p_{mec} 和附加损耗 p_{ad} 所引起；而负载制动转矩 T_2 则是从转子所拖动的负载反作用于转子的力矩。

当转子以机械角速度 $\Omega=2\pi(n/60)$ 旋转时，根据功率与对应转矩的关系，负载制动转矩

$$T_2=\frac{P_2}{\Omega}=\frac{60P_2}{2\pi n} \tag{11-13}$$

空载制动转矩

$$T_0=\frac{p_{mec}+p_{ad}}{\Omega}=\frac{60(p_{mec}+p_{ad})}{2\pi n} \tag{11-14}$$

由于异步电动机的转子是在电磁转矩 T_{em} 的作用下以角速度 Ω 旋转，故电磁转矩

$$T_{em}=\frac{P_{mec}}{\Omega}=\frac{60P_{mec}}{2\pi n} \tag{11-15}$$

考虑到转子机械角速度

$$\Omega=\frac{2\pi n}{60}=\frac{2\pi(1-s)n_1}{60}=(1-s)\Omega_1$$

其中 $\Omega_1=2\pi n_1/60$ 为同步角速度。

电磁转矩又有

$$T_{em}=\frac{(1-s)P_{mec}}{(1-s)\Omega}=\frac{P_{em}}{\Omega_1} \tag{11-16}$$

由式(11-3)的功率平衡方程式得出对应的转矩平衡方程式为

$$T_2=T_{em}-T_0 \tag{11-17}$$

第二节　异步电机的电磁转矩

一、电磁转矩与磁通和转子电流的关系

电磁转矩是由转子电流 $\dot{I}_2$ 和气隙中的旋转磁场的基波磁通 ϕ_m 相互作用而产生的。电磁转矩的大小和由磁场传递的电磁功率成正比，即有

$$T_{em}=\frac{P_{em}}{\Omega_1}=\frac{60m_1E'_2I'_2\cos\psi_2}{2\pi n_1}$$

$$=\frac{60m_2E_2I_2\cos\psi_2}{2\pi n_1}$$

又因为

$$E_2=\sqrt{2}\pi f_1 N_2 k_{N2}\Phi_m$$

$$n_1=\frac{60f_1}{p}$$

故

$$\begin{aligned}T_{em}&=\frac{60m_2(\sqrt{2}\pi f_1 N_2 k_{N2}\Phi_m)I_2\cos\psi_2}{2\pi\left(\frac{60f_1}{p}\right)}\\&=\frac{m_2 p}{\sqrt{2}}N_2 k_{N2}\Phi_m I_2\cos\psi_2\\&=C_T\Phi_m I_2\cos\psi_2=C_T\Phi_m I_{2a}\end{aligned}\tag{11-18}$$

式中，I_{2a}——转子每相电流有功分量，$I_{2a}=I_2\cos\psi_2$；

m_2——转子相数；

N_2k_{N2}——转子每相串联的有效匝数；

C_T——转矩系数，对已制成的电机来说，C_T 是一常数。对绕线形转子，$C_T=\frac{m_2 pN_2k_{N2}}{\sqrt{2}}$；对笼形转子，$C_T=\frac{Z_2 p}{2\sqrt{2}}$。其中，$Z_2$ 为转子槽数。

式(11-18)表明了电磁转矩与气隙磁通和转子电流的有功分量乘积成正比的物理本质，故又被称为异步电动机机械特性的物理表达式。

二、异步电机的机械特性

由较准确 Γ 形等效电路可得

$$I''_2=\frac{U_1}{\sqrt{\left[\sigma_1 r_1+\sigma_1^2 r'_2+\sigma_1^2\left(\frac{1-s}{s}\right)r'_2\right]^2+(\sigma_1 x_{1\sigma}+\sigma_1^2 x'_{2\sigma})^2}}\tag{11-19}$$

又有

$$\begin{aligned}P_{em}&=P_{mec}+p_{Cu2}=m_1 I''^2_2\left(\sigma_1^2\frac{1-s}{s}r'_2\right)+m_1 I''^2_2\sigma_1^2 r'_2\\&=m_1 I''^2_2\sigma_1^2\frac{r'_2}{s}\\&=m_1\left[\frac{U_1}{\sqrt{\left(\sigma_1 r_1+\sigma_1^2\frac{r'_2}{s}\right)^2+(\sigma_1 x_{1\sigma}+\sigma_1^2 x'_{2\sigma})^2}}\right]^2\frac{\sigma_1^2 r'_2}{s}\\&=\frac{m_1 U_1^2\frac{r'_2}{s}}{\left(r_1+\sigma_1\frac{r'_2}{s}\right)^2+(x_{1\sigma}+\sigma_1 x'_{2\sigma})^2}\end{aligned}$$

且有 $\Omega_1=2\pi n_1/60=2\pi f_1/p$，可求得电磁转矩

$$T_{em}=\frac{P_{em}}{\Omega_1}=\frac{m_1pU_1^2\frac{r_2'}{s}}{2\pi f_1\left[\left(r_1+\sigma_1\frac{r_2'}{s}\right)^2+(x_{1\sigma}+\sigma_1x_{2\sigma}')^2\right]} \tag{11-20}$$

当电压单位用 V、电阻和电抗单位用 Ω 时，计算出的转矩单位为 N · m。

式(11-20)又称为异步电动机的机械特性的参数表达式，该式直接表达了电磁转矩(T_{em})和转差率(s)的函数关系。其函数关系曲线如图 11-3 所示，该图所示曲线称为异步电动机的转矩-转差率曲线。

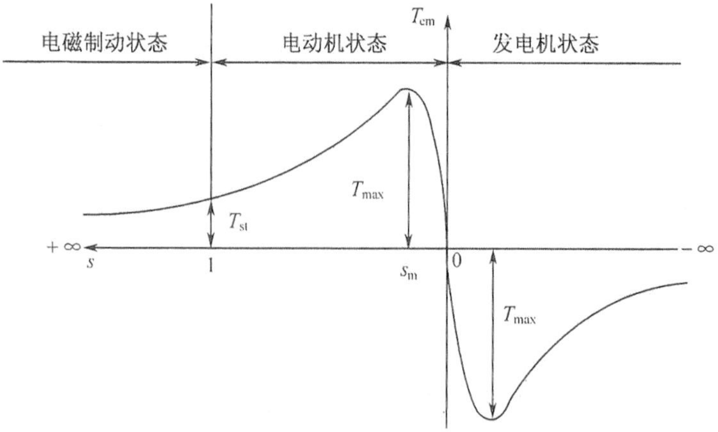

图 11-3　异步电机的 $T_{em}=f(s)$ 曲线

图 11-3 中，在 $0<s<1$ 区域部分为异步电动机的机械特性曲线。当 $s=0$ 时，r_2'/s 趋于无穷大，从数学上可以证明式(11-20)等号右边等于零。从物理概念说，此时转子转速等于同步速。定、转子间的电磁感应作用消失，转子电势、电流等于零，电磁转矩也为零。当 s 从零变大，开始时，式(11-20)分母中 r_2'/s 这一项的数值比其他各项($x_{1\sigma}$、σ_1、$x_{2\sigma}'$等)大得多，其他各项都可忽略不计。因此，s 增大时，T_{em}成正比增加。但当 s 较大时，r_2'/s 相对变小了，由于通常漏电抗 $x_{1\sigma}$和 $x_{2\sigma}'$要比电阻 r_1 和 r_2'大很多，$(x_{1\sigma}+\sigma_1 x_{2\sigma}')^2$ 一项开始成为分母中的主要部分。因此，s 增大时，T_{em}增加不多。等到 T_{em}达到一个最大值 T_{max}之后，s 继续增大时，T_{em}反而减小了。直至 $s=1$ (即 $n=0$)时，T_{em}降为起动转矩 T_{st}。在 $-\infty<s<0$ 区域部分为异步发电机的机械特性曲线，这时，电磁转差为负值，对原动机起制动作用。在 $1<s<+\infty$ 区域部分为异步电动机的电磁制动运行状态。当 $s=\pm\infty$ 时，$T_{em}=0$。

同理，由简化 Γ 形等效电路(即取 $\sigma=1$)可得异步电动机的机械特性为

$$T_{em}=\frac{m_1pU_1^2\frac{r_2'}{s}}{2\pi f_1\left[\left(r_1+\frac{r_2'}{s}\right)^2+(x_{1\sigma}+x_{2\sigma}')^2\right]} \tag{11-21}$$

三、最大电磁转矩

由图 11-3 的 $T_{em}=f(s)$ 曲线可见，异步电动机和发电机运行时各有一个最大电磁转矩。若忽略集肤效应等影响，仍认为电机参数不变，将式(11-20)对 s 求导数 dT_{em}/ds，并令 $dT_{em}/ds=0$，解出发生最大电磁转矩时的转差率

$$s_m=\pm\frac{\sigma_1 r_2'}{\sqrt{r_1^2+(x_{1\sigma}+\sigma_1 x_{2\sigma}')^2}} \tag{11-22}$$

式中，电动机运行时取"＋"号，发电机运行时取"－"号。通常 r_1^2 比 $(x_{1\sigma}+\sigma_1 x_{2\sigma}')^2$ 小很多，忽略 r_1^2，得

$$s_m\approx\pm\frac{\sigma_1 r_2'}{x_{1\sigma}+\sigma_1 x_{2\sigma}'} \tag{11-23}$$

把式(11-22)代入式(11-20)得最大电磁转矩

$$T_{max}=\pm\frac{m_1 pU_1^2}{4\pi f_1\sigma_1\left[\pm r_1+\sqrt{r_1^2+(x_{1\sigma}+\sigma_1 x_{2\sigma}')^2}\right]} \tag{11-24}$$

或近似为

$$T_{max}\approx\pm\frac{m_1 pU_1^2}{4\pi f_1\sigma_1\left[\pm r_1+x_{1\sigma}+\sigma_1 x_{2\sigma}'\right]} \tag{11-25}$$

上两式中，电动机运行时取"＋"号，发电机运行时取"－"号。同时，可见，发电机运行状态的最大电磁转矩比电动机运行状态时的稍微大些。

对应于简化 Γ 形等效电路的异步电动机最大电磁转矩

$$T_{max}=\frac{m_1 pU_1^2}{4\pi f_1\left[r_1+\sqrt{r_1^2+(x_{1\sigma}+x_{2\sigma}')^2}\right]} \tag{11-26}$$

或近似为

$$T_{max}\approx\frac{m_1 pU_1^2}{4\pi f_1(r_1+x_{1\sigma}+x_{2\sigma}')} \tag{11-27}$$

由式(11-24)可见，最大电磁转矩随电压和电机参数变化的规律如下：

(1) 当电源频率 f_1 和电机参数不变时，最大电磁转矩与电源电压的平方成正比，即 $T_{max}\propto U_1^2$。而发生最大电磁转矩时的转差率 s_m 与电源电压无关。

(2) 最大电磁转矩的大小与转子回路电阻 r_2 无关。但 s_m 与 r_2 成正比，故当转子回路电阻增加(如绕线形转子串入附加电阻)时，T_{max} 不变，而发生最大电磁转矩的转差率 s_m 增大，$T_{em}=f(s)$ 曲线沿 s 轴平移，如图 11-4 所示。

(3)由于在一般的异步电机中 $r_1\ll(x_{1\sigma}+\sigma_1 x_{2\sigma}')$，故当电源的电压和频率一定时，最大电磁转矩近似地与 $(x_{1\sigma}+\sigma_1 x_{2\sigma}')$ 成反比，即定、转子漏抗越大，则 T_{max} 越小。

(4) 当电源电压和电机参数一定时，最大电磁转矩随电源频率的增加而减小。

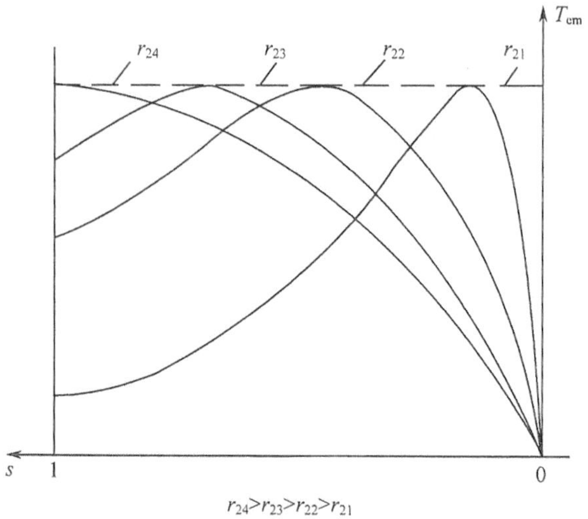

图 11-4 转子回路串入电阻对 $T_{em}=f(s)$ 曲线的影响

最大电磁转矩对电动机来说具有重要意义。最大电磁转矩越大，电动机过载能力越强。因此，把最大转矩与额定转矩之比称为电动机的过载能力，用 k_M 表示，即

$$k_M = \frac{T_{max} - T_0}{T_N} \approx \frac{T_{max}}{T_N} \tag{11-28}$$

过载能力是异步电动机的重要性能指标之一。对一般异步电动机，$k_M = 1.8 \sim 2.5$。

四、起动转矩

起动转矩是异步电动机的另一个重要性能指标。它直接关系到异步电动机能否带负载起动。在电磁转矩一般公式(11-20)中，令 $s=1$，便得起动转矩为

$$T_{st} = \frac{P_{em}}{\Omega_1} = \frac{m_1 p U_1^2 r'_2}{2\pi f_1 [(r_1 + \sigma_1 r'_2)^2 + (x_{1\sigma} + \sigma_1 x'_{2\sigma})^2]} \tag{11-29}$$

对于绕线式转子，若使起动转矩等于最大转矩，则可令 $s_m=1$，代入式(11-22)可得

$$\sigma_1 (r'_2 + r'_{st}) = \sqrt{r_1^2 + (x_{1\sigma} + \sigma_1 x'_{2\sigma})^2}$$

即

$$r'_2 + r'_{st} = \frac{1}{\sigma_1} \sqrt{r_1^2 + (x_{1\sigma} + \sigma_1 x'_{2\sigma})^2} \approx x_{1\sigma} + x'_{2\sigma} \tag{11-30}$$

式中，r'_{st}——串入转子每相回路的附加电阻（也称起动电阻）折算到定子绕组后的数值。

由上式可见：

(1) 当电源频率和电机参数不变时,起动转矩与电源电压的平方成正比。

(2) 当电源的频率和电压一定时,漏电抗$(x_{1\sigma}+\sigma_1 x'_{2\sigma})$越大,则起动转矩越小。

(3) 对绕线形转子的异步电动机,在转子回路内串入适当附加电阻r_{st},可提高起动转矩。当转子回路总电阻的折算值$(r'_2+r'_{st})$等于电机的总漏抗$(x_{1\sigma}+x'_{2\sigma})$时,起动转矩达到最大,即等于最大电磁转矩。

(4) 起动转矩随电源频率的提高而减小。

通常用起动转矩倍数k_{st}来表示起动转矩的相对大小,定义起动转矩倍数为

$$k_{st}=\frac{T_{st}}{T_N} \tag{11-31}$$

对一般的笼形异步电动机,k_{st}=1.0～2.0。

五、电磁转矩的简化公式

在实际使用中,常常需要根据产品目录中提供的异步电动机额定功率P_N、额定转速n_N和过载能力k_M来得到异步电动机的机械特性$T_{em}=f(s)$。

式(11-20)可写成

$$T_{em}=\frac{m_1 pU_1^2\dfrac{r'_2}{s}}{2\pi f_1\left[r_1^2+(x_{1\sigma}+\sigma_1 x'_{2\sigma})^2+\left(\dfrac{\sigma_1 r'_2}{s}\right)^2+2\dfrac{\sigma_1 r_1 r'_2}{s}\right]} \tag{11-32}$$

式(11-22)可写成

$$\sqrt{r_1^2+(x_{1\sigma}+\sigma_1 x'_{2\sigma})^2}=\frac{\sigma_1 r'_2}{s_m} \tag{11-33}$$

以式(11-33)代入式(11-32)得

$$T_{em}=\frac{m_1 pU_1^2\dfrac{r'_2}{s}}{2\pi f_1\left[\left(\dfrac{\sigma_1 r'_2}{s_m}\right)^2+\left(\dfrac{\sigma_1 r'_2}{s}\right)^2+2\dfrac{\sigma_1 r_1 r'_2}{s}\right]} \tag{11-34}$$

以式(11-33)代入式(11-24)得

$$T_{max}=\frac{m_1 pU_1^2}{4\pi f_1\sigma_1\left(r_1+\dfrac{\sigma_1 r'_2}{s_m}\right)} \tag{11-35}$$

依据式(11-34)和式(11-35)可得

$$\frac{T_{em}}{T_{max}}=\frac{2\left(1+\dfrac{r_1 s_m}{\sigma_1 r'_2}\right)}{\dfrac{s}{s_m}+\dfrac{s_m}{s}+\dfrac{2r_1 s_m}{\sigma_1 r'_2}} \tag{11-36}$$

一般异步电动机的s_m值在0.12～0.20范围内,把上式的分子和分母中相对

较小的$\frac{2r_1 s_m}{\sigma_1 r'_2}$都忽略不计，则得机械特性的实用表达式

$$T_{em} = \frac{2T_{max}}{\frac{s}{s_m} + \frac{s_m}{s}} \tag{11-37}$$

由产品目录中 P_N、n_N、k_M 求取上式的过程如图 11-5 所示。

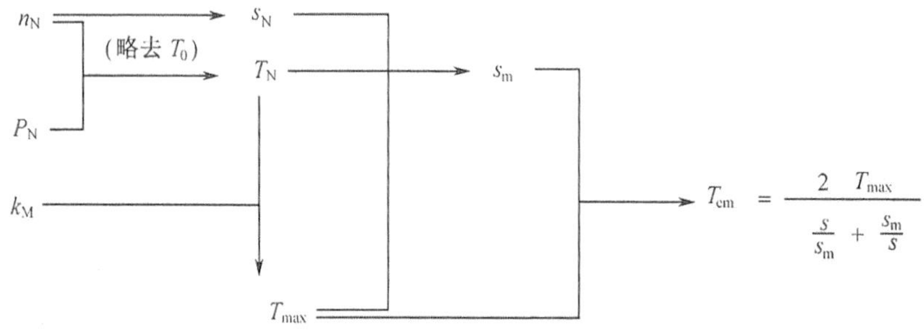

图 11-5

例 11-1 一台三相、四极鼠笼式异步电动机，其额定功率 $P_N=10\text{kW}$，额定电压 $U_{1N}=380\text{V}$，△接法；定子每相电阻 $r_1=1.33\Omega$，漏抗 $x_{1\sigma}=2.43\Omega$；转子每相电阻的折算值 $r'_2=1.12\Omega$，漏抗 $x'_{2\sigma}=4.4\Omega$；激磁阻抗 $r_m=7\Omega$，$x_m=90\Omega$；电动机的机械损耗 $p_{mec}=100\text{W}$，额定负载时的杂散损耗 $p_{ad}=50\text{W}$。试求额定负载时电动机的转速、定子电流、定子的功率因数和电动机的效率。

解 假设额定负载时的转差率 $s_N=0.0319$，则电机参数

$$Z_1 = r_1 + jx_{1\sigma} = 1.33 + j2.43\Omega$$

$$Z'_{2S} = \frac{r'_2}{s} + jx'_{2\sigma} = \frac{1.12}{0.0319} + j4.4 = 35.1 + j4.4 = 35.4\underline{/7.15^\circ}(\Omega)$$

$$Z_m = r_m + jx_m = 7 + j90 = 90.3\underline{/85.55^\circ}(\Omega)$$

$$Z'_{2S} + Z_m = 35.1 + j4.4 + 7 + j90 = 42.1 + j94.4 = 103.4\underline{/66^\circ}(\Omega)$$

采用 T 形等效电路计算，计算时以电源电压作为参考量，即设 $\dot{U}_1=380\underline{/0^\circ}\text{V}$，则定子相电流

$$\begin{aligned}\dot{I}_1 &= \frac{\dot{U}_1}{Z_1 + \frac{Z'_{2S}Z_m}{Z'_{2S}+Z_m}} \\ &= \frac{380\underline{/0^\circ}}{1.33 + j2.43 + \frac{35.4\underline{/7.15^\circ} \times 90.3\underline{/85.55^\circ}}{103.4\underline{/66^\circ}}} \\ &= \frac{380}{1.33 + j2.43 + 27.6 + j13.89}\end{aligned}$$

$$= 11.44 \underline{/-29.43^\circ}(\mathrm{A})$$

定子线电流

$$\sqrt{3}I_1 = \sqrt{3} \times 11.44 = 19.8(\mathrm{A})$$

定子功率因数

$$\cos\varphi_1 = \cos 29.43^\circ = 0.871$$

定子输入功率

$$P_1 = 3U_1 I_1 \cos\varphi_1 = 3 \times 380 \times 11.44 \times 0.871 = 11.36(\mathrm{kW})$$

转子电流折算值

$$I'_2 = I_1 \left| \frac{Z_\mathrm{m}}{Z'_{2S} + Z_m} \right| = 11.44 \times \frac{90.3}{103.4} = 9.99(\mathrm{A})$$

励磁电流

$$I_\mathrm{m} = I_1 \left| \frac{Z'_{2S}}{Z'_{2S} + Z_\mathrm{m}} \right| = 11.44 \times \frac{35.4}{103.4} = 3.92(\mathrm{A})$$

铜损耗

$$p_{\mathrm{Cu1}} = 3I_1^2 r_1 = 3 \times 11.44^2 \times 1.33 = 522(\mathrm{W})$$

$$p_{\mathrm{Cu2}} = 3I'^2_2 r'_2 = 3 \times 9.99^2 \times 1.12 = 335(\mathrm{W})$$

铁损耗

$$p_{\mathrm{Fe}} = 3I_\mathrm{m}^2 r_\mathrm{m} = 3 \times 3.92^2 \times 7 = 323(\mathrm{W})$$

$$\sum p = p_{\mathrm{Cu1}} + p_{\mathrm{Fe}} + p_{\mathrm{Cu2}} + p_{\mathrm{mec}} + p_{\mathrm{ad}} = 522 + 323 + 335 + 100 + 50 = 1330(\mathrm{W})$$

输出功率

$$P_2 = P_1 - \sum p = 11.36 - 1.33 = 10.03(\mathrm{kW}) \approx 10(\mathrm{kW})$$

或

$$P_2 = P_{\mathrm{mec}} - p_{\mathrm{mec}} - p_{\mathrm{ad}} = 3I'^2_2 \frac{1-s}{s} r'_2 - p_{\mathrm{mec}} - p_{\mathrm{ad}}$$

$$= 3 \times 9.99^2 \times \frac{1-0.0319}{0.0319} \times 1.12 - 100 - 50 = 10.03(\mathrm{kW})$$

效率

$$\eta = 1 - \frac{\sum p}{P_1} = 1 - \frac{1.33}{11.36} = 0.883 = 88.3\%$$

或

$$\eta = \frac{P_2}{P_1} = \frac{10.03}{11.36} = 0.883 = 88.3\%$$

转速

$$n = n_1(1-s) = 1500 \times (1 - 0.0319) = 1452(\mathrm{r/min})$$

注意：

(1) 在所设转差率下输出功率 $P_2 \approx 10\text{kW}$，即电动机恰好在额定负载下运行，符合题目要求。如果在所设转差率下算出的输出功率 $P_2 \neq P_N$，则可利用输出功率近似正比于转差率这个关系重新假设转差率 s_N，直到算出的 $P_2 = P_N$ 为止。

(2) 求输出功率时，若按工程上常用的较准确 Γ 形等效电路计算，则 $\sum p$ 为等效电路总电阻损耗加 p_{mec} 和 p_{ad}，它与用 T 形等效电路计算的相比有一些误差。若采用公式 $P_2 = P_{mec} - p_{mec} - p_{ad}$ 来求取输出功率，由于这时求得的转子电流值与实际值往往非常接近，使结果比较准确。故在本题中 P_2 的两种计算方法，以后者较好。

例 11-2 一台三相、六极鼠笼式异步电动机，额定功率 3kW，额定电压 380V，额定频率 50Hz，额定电流 7.25A，Y 接法。在试验和运行于同一温度下测得定子相绕组电阻 $r_1 = 2.01\Omega$。空载试验：$U_1 = 380\text{V}$ 时，$I_0 = 3.64\text{A}$，$P_0 = 246\text{W}$，$p_{mec} = 11\text{W}$；短路试验如下：

U_k/V	380	220	100
I_k/A	41.2	19.4	7.05
P_k/W	16500	3600	470

忽略空载附加损耗，试分别在正常运行时，在产生最大转矩 $(2.5\sim3)T_N$ 时，在起动时的电机参数 x_m、$x_{1\sigma}$、r_2'、$x_{2\sigma}'$（设 $x_{1\sigma} = x_{2\sigma}'$），并取负载附加损耗 p_{ad} 为 $1.5\%P_2$，计算电动机额定运行时的 I_{1N}、$\cos\varphi_N$、η_N。

解 根据空载试验测得的数据：

空载阻抗

$$z_0 = \frac{U_1}{\sqrt{3}I_0} = \frac{380}{\sqrt{3}\times 3.64} = 60.3(\Omega)$$

空载电阻

$$r_0 = \frac{P_0}{3I_0^2} = \frac{246}{3\times 3.64^2} = 6.19(\Omega)$$

空载电抗

$$x_0 = \sqrt{z_0^2 - r_0^2} = \sqrt{60.3^2 - 6.19^2} = 60.0(\Omega)$$

空载铜损耗

$$p_{Cu1} = 3I_0^2 r_1 = 3\times 3.64^2 \times 2.01 = 79.9(\text{W})$$

不计空载附加损耗时的铁损耗

$$p_{Fe} = P_0 - p_{Cu1} - p_{mec} = 246 - 79.9 - 11 = 155(\text{W})$$

励磁电阻

$$r_m = \frac{p_{Fe}}{3I_0^2} = \frac{155}{3\times 3.64^2} = 3.90(\Omega)$$

下面根据短路试验测得的数据分别计算：

(1) 正常运行时

短路阻抗

$$z_k = \frac{U_k}{\sqrt{3}I_k} = \frac{100}{\sqrt{3}\times 7.05} = 8.19(\Omega)$$

短路电阻

$$r_k = \frac{P_k}{3I_k^2} = \frac{470}{3\times 7.05^2} = 3.15(\Omega)$$

短路电抗

$$x_k = \sqrt{z_k^2 - r_k^2} = \sqrt{8.19^2 - 3.15^2} = 7.56(\Omega)$$

转子电阻折算值

$$r'_2 = (r_k - r_1)\frac{x_0}{x_0 - x_k} = (3.15 - 2.01)\times\frac{60}{60 - 7.56} = 1.30(\Omega)$$

励磁电抗

$$x_m = \sqrt{\frac{x_0 - x_k}{x_0}(r'^2_2 + x_0^2)} = \sqrt{\frac{60 - 7.56}{60}(1.3^2 + 60^2)} = 56.1(\Omega)$$

漏电抗

$$x_{1\sigma} = x'_{2\sigma} = x_0 - x_m = 60 - 56.1 = 3.9(\Omega)$$

(2) 产生最大转矩时[符号与公式同以上(1)]

$$z_k = \frac{220}{\sqrt{3}\times 19.4} = 6.55(\Omega)$$

$$r_k = \frac{3600}{3\times 19.4^2} = 3.19(\Omega)$$

$$x_k = \sqrt{6.55^2 - 3.19^2} = 5.72(\Omega)$$

$$r'_2 = (3.19 - 2.01)\times\frac{60}{60 - 5.72} = 1.30(\Omega)$$

$$x_m = \sqrt{\frac{60 - 5.72}{60}\times(1.3^2 + 60^2)} = 57.08(\Omega)$$

$$x_{1\sigma} = x'_{2\sigma} = 60 - 57.08 = 2.92(\Omega)$$

(3) 起动时[符号与公式同以上(1)]

$$z_k = \frac{380}{\sqrt{3}\times 41.2} = 5.33(\Omega)$$

$$r_k = \frac{16500}{3\times 41.2^2} = 3.24(\Omega)$$

$$x_k = \sqrt{5.33^2 - 3.24^2} = 4.23(\Omega)$$

$$r'_2=(3.24-2.01)\times\frac{60}{60-4.23}=1.32(\Omega)$$

$$x_m=\sqrt{\frac{60-4.23}{60}\times(1.32^2+60^2)}=57.9(\Omega)$$

$$x_{1\sigma}=x'_{2\sigma}=60-57.9=2.1(\Omega)$$

由以上的计算结果可见，在正常运行时、产生最大转矩时和起动时的三种情况下，电动机的激磁电抗 x_m 近似不变（正常运行时主磁路有所饱和，x_m 较小；而起动时定子漏阻抗压降大，主磁路不饱和，x_m 较大）；而漏抗 $x_{1\sigma}$、$x'_{2\sigma}$随着电流和转差率的增加，因漏磁路趋向饱和及集肤效应的影响而下降。

(4) 选用(1)中（对应 $I_k\approx I_N$ 的试验值）求得的参数计算额定运行情况。假设额定负载时转差率 $s_N=0.038$，采用较准确 Γ 形等效电路计算，计算中以定子相电压为参考量，即 $\dot{U}_1=220\underline{/0^\circ}$V，校正系数

$$\sigma_1=1+\frac{x_{1\sigma}}{x_m}=1+\frac{3.9}{56.1}=1.07$$

转子电流折算值

$$-\dot{I}'_2=\frac{\dot{U}_1}{Z_1+\sigma_1 Z'_2}=\frac{220\underline{/0^\circ}}{2.01+\mathrm{j}3.9+1.07\left(\frac{1.3}{0.038}+\mathrm{j}3.9\right)}$$

$$=5.58\underline{/-11.81^\circ}=5.46-\mathrm{j}1.14(\mathrm{A})$$

总机械功率

$$P_{mec}=3I'^2_2\frac{1-s}{s}r'_2=3\times5.58^2\frac{1-0.038}{0.038}\times1.3=3074(\mathrm{W})$$

额定附加损耗

$$p_{ad}=1.5\%P_N=0.015\times3000=45(\mathrm{W})$$

输出功率

$$P_2=P_{mec}-p_{mec}-p_{ad}=3074-11-45=3018(\mathrm{W})\approx3(\mathrm{kW})$$

故 s_N 值为真值。

励磁支路电流

$$\dot{I}'_m=\frac{\dot{U}_1}{Z_1+Z_m}=\frac{220}{2.01+\mathrm{j}3.9+3.9+\mathrm{j}56.1}$$

$$=0.358-\mathrm{j}3.63=3.65\underline{/-84.37^\circ}(\mathrm{A})$$

或近似取空载电流

$$\cos\varphi_m\approx\frac{P_0-P_{mec}}{\sqrt{3}I_0U_1}=\frac{246-11}{\sqrt{3}\times3.64\times380}=0.098$$

得 $\varphi_m=84.37^\circ$。

$$\dot{I}'_m\approx I_0\underline{/\varphi_m}=3.64\underline{/-84.37^\circ}\mathrm{A}$$

定子电流

$$\dot{I}_1 = \dot{I}'_m + \frac{(-\dot{I}'_2)}{\sigma_1} = 0.358 - j3.63 + \frac{5.46}{1.07} - j\frac{1.14}{1.07}$$
$$= 5.46 - j4.70 = 7.20\underline{/-40.7^\circ}(A)$$

额定功率因数

$$\cos\varphi_N = \cos 40.7^\circ = 0.758$$

输入功率

$$P_1 = \sqrt{3}U_1 I_1 \cos\varphi_1 = \sqrt{3} \times 380 \times 5.46 = 3594(W)$$

额定效率

$$\eta_N = \frac{P_2}{P_1} = \frac{3018}{3594} = 84.0\%$$

例 11-3　一台三相四极异步电动机，额定容量为 5.5kW、频率为 50 Hz。在某一运行状态下，自定子侧输入的功率为 6.32kW。定子铜损耗为 341W、转子铜损耗为 237.5W、铁损耗为 167.5W、机械损耗为 45W、附加损耗为 29W。试计算在该状态下电机的电磁功率、总机械功率、效率、转差率和转速。

解　电磁功率

$$P_{em} = P_1 - p_{Cu1} - p_{Fe} = 6320 - 341 - 167.5 = 5811.5(W)$$

总机械功率

$$P_{mec} = P_{em} - p_{Cu2} = 5811.5 - 237.5 = 5574(W)$$

或

$$P_{mec} = P_2 + p_{mec} + p_{ad} = 5500 + 45 + 29 = 5574(W)$$

效率

$$\eta = \frac{P_2}{P_1} = \frac{5.5}{6.32} = 0.870 = 87.0\%$$

或

$$\sum p = p_{Cu1} + p_{Fe} + p_{Cu2} + p_{mec} + p_{ad}$$
$$= P_1 - P_2 = 6320 - 5500 = 820(W)$$
$$\eta = 1 - \frac{\sum p}{P_1} = 1 - \frac{820}{6320} = 0.870 = 87.0\%$$

转差率

$$s = \frac{p_{Cu2}}{p_{em}} = \frac{237.5}{5811.5} = 0.041$$

同步转速

$$n_1 = \frac{3000}{p} = \frac{3000}{2} = 1500(r/min)$$

转子转速

$$n=(1-s)n_1=(1-0.041)\times 1500=1439(\text{r/min})$$

例 11-4　一台三相六极鼠笼式异步电动机，铭牌上列出：额定功率 3kW，额定电压 380V，Y 接法，额定频率 50 Hz、额定电流 7.25A。根据试验及计算数据，已知：$s_N=0.038$，$p_{mec}=11\text{W}$，$p_{ad}=45\text{W}$；电机正常运行时求得的参数：$r_1=2.01\Omega$，$r'_2=1.30\Omega$，$x_{1\sigma}=x'_{2\sigma}=3.9\Omega$，$x_m=56.1\Omega$；额定电压时短路试验和空载试验求得的参数：$r'_2=1.32\Omega$，$x_{1\sigma}=x'_{2\sigma}=2.1\Omega$，$x_m=57.9\Omega$；$I_k=(2.5\sim3)I_N$ 的短路试验和额定电压下空载试验求得的参数：$r'_2=1.3\Omega$，$x_{1\sigma}=x'_{2\sigma}=2.92\Omega$，$x_m=57.08\Omega$；实测起动电流 $I_{st}=41.2\text{A}$。试求：

(1) 额定负载制动转矩 T_N、空载制动转矩 T_0 和额定电磁转矩 T_{em}；

(2) 起动转矩倍数 T_{st}/T_N 和起动电流倍数 I_{st}/I_{1N}；

(3) 用参数计算最大电磁转矩 T_{max}、发生最大电磁转矩时的转差率 s_m 和过载能力 k_M。

解　(1) 同步转速

$$n_1=\frac{60f_1}{p}=\frac{60\times 50}{3}=1000(\text{r/min})$$

额定转速

$$n_N=(1-s_N)n_1=(1-0.038)\times 1000=962(\text{r/min})$$

额定负载制动转矩

$$T_N=\frac{P_N}{\Omega_N}=\frac{3\times 10^3}{2\pi\dfrac{962}{60}}=\frac{3\times 10^3}{100.74}=29.780(\text{N}\cdot\text{m})$$

或(工程常用公式)

$$T_N=975\frac{P_N}{n_N}=975\times\frac{3}{962}=29.780(\text{N}\cdot\text{m})$$

空载制动转矩

$$T_0=\frac{p_{mec}+p_{ad}}{\Omega_N}=\frac{11+45}{100.74}=0.556(\text{N}\cdot\text{m})$$

额定电磁转矩

$$T_{em}=T_N+T_0=29.78+0.556=30.336(\text{N}\cdot\text{m})$$

或选用对应电机正常运行时求得的参数 $U_1=380/\sqrt{3}\text{V}$，校正系数

$$\sigma_1=1+\frac{x_{1\sigma}}{x_m}=1+\frac{3.9}{56.1}=1.07$$

电磁转矩

$$T_{em}=\frac{m_1PU_1^2\dfrac{r'_2}{s_N}}{2\pi f_1\left[\left(r_1+\sigma_1\times\dfrac{r'_2}{s_N}\right)^2+(x_{1\sigma}+\sigma_1x'_{2\sigma})^2\right]}$$

$$= \frac{3 \times 3 \times (380/\sqrt{3})^2 \frac{1.3}{0.038}}{2\pi \times 50\left[\left(2.01 + 1.07 \times \frac{1.3}{0.038}\right)^2 + (3.9 + 1.07 \times 3.9)^2\right]}$$

$$= \frac{148200}{\pi \times 1556.3} = 30.31(\text{N} \cdot \text{m})$$

可以证得用计算电磁转矩的前一种方法与用 $T_{em} = \frac{P_{em}}{\Omega_1}$ 或 $T_{em} = \frac{P_{mec}}{\Omega_N}$ 公式求得的值是一致的；但与用后一种参数计算方法求得的结果略有偏差。

(2) 选用额定电压时短路试验和空载试验求得的参数：

校正系数

$$\sigma_1 = 1 + \frac{x_{1\sigma}}{x_m} = 1 + \frac{2.1}{57.9} = 1.036$$

起动转矩

$$T_{st} = \frac{m_1 P U_1^2 r'_2}{2\pi f_1[(r_1 + \sigma_1 r'_2)^2 + (x_{1\sigma} + \sigma_1 x'_{2\sigma})^2]}$$

$$= \frac{3 \times 3 \times (380/\sqrt{3})^2 \times 1.32}{2\pi \times 50[(2.01 + 1.036 \times 1.32)^2 + (2.1 + 1.036 \times 2.1)^2]}$$

$$= 61.3(\text{N} \cdot \text{m})$$

已知实测起动电流 $I_{st} = 41.2\text{A}$，额定电流 $I_{1N} = 7.2\text{A}$，额定转矩 $T_N = 30\text{N} \cdot \text{m}$，故起动转矩倍数

$$T_{st}/T_N = \frac{61.3}{30} = 2.06$$

起动电流倍数

$$I_{st}/I_{1N} = \frac{41.2}{7.2} = 5.72$$

(3) 选用 $I_k = (2.5 \sim 3)I_N$ 的短路试验和额定电压下空载试验求得的参数：

校正系数

$$\sigma_1 = 1 + \frac{x_{1\sigma}}{x_m} = 1 + \frac{2.92}{57.08} = 1.051$$

发生最大电磁转矩时的转差率

$$s_m = \frac{\sigma_1 r'_2}{\sqrt{r_1^2 + (x_{1\sigma} + \sigma_1 x'_{2\sigma})^2}}$$

$$= \frac{1.051 \times 1.3}{\sqrt{2.01^2 + (2.92 + 1.051 \times 2.92)^2}}$$

$$= 0.216$$

最大转矩

$$T_{\max}=\frac{m_1 PU_1^2}{4\pi f_1\sigma_1\left[r_1+\sqrt{r_1^2+(x_{1\sigma}+\sigma_1 x'_{2\sigma})^2}\right]}$$

$$=\frac{3\times 3\times(380/\sqrt{3})^2}{4\pi\times 50\times 1.051\times[2.01+6.3172]}$$

$$=78.8(\mathrm{N\cdot m})$$

按国家标准 GB 755—1961 规定，求 k_M 时额定转矩应按额定功率及额定转速求得，及应取额定负载制动转矩，故过载能力

$$k_M=\frac{T_{\max}}{T_N}=\frac{78.8}{30}=2.64$$

若用转矩的简化计算公式求过载能力，有

$$k_M\approx\frac{1}{2}\left(\frac{s_N}{s_m}+\frac{s_m}{s_N}\right)=\frac{1}{2}\times\left(\frac{0.038}{0.216}+\frac{0.216}{0.038}\right)=2.93$$

可见计算结果有一些误差。

例 11-5　一台异步电动机，$P_N=2\mathrm{kW}$，过载能力 $k_M=2.2$，额定转速是 970r/min，f=50 Hz，试求：

(1) 产生最大电磁转矩的转差率 s_m；

(2) 当转差率为 0.1 时，其电磁转矩为多少？

解　(1)
$$p=\frac{60f_1}{n_N}=\frac{60\times 50}{970}=3.09,\quad 取\ p=3$$

$$n_1=\frac{60f_1}{p}=\frac{60\times 50}{3}=1000(\mathrm{r/min})$$

$$s_N=\frac{n_1-n_N}{n_1}=\frac{1000-970}{1000}=0.03$$

$$\frac{T_N}{T_{\max}}=\frac{2}{\frac{s_N}{s_m}+\frac{s_m}{s_N}}\Rightarrow\frac{1}{2.2}=\frac{2}{\frac{0.03}{s_m}+\frac{s_m}{0.03}}$$

解得

$$s_{m1}=0.12478,\quad s_{m2}=0.00721(因\ s_{m2}<s_N,故舍去)$$

即得

$$s_m=0.12478$$

(2)
$$\frac{T}{T_{\max}}=\frac{2}{\frac{s}{s_m}+\frac{s_m}{s}}=\frac{2}{\frac{0.1}{0.12478}+\frac{0.12478}{0.1}}=0.976$$

$$T=0.976T_{\max}=0.976\times 2.2T_N=2.147T_N$$

$$\Omega_1=\frac{2\pi n_1}{60}=104.7(\mathrm{rad/s})$$

$$\Omega_N = (1 - s_N)\Omega_1 = (1 - 0.03) \times 104.7 = 101.559(\text{rad/s})$$

$$T_N = \frac{P_N}{\Omega_N} = \frac{2 \times 10^3}{101.559} = 19.69(\text{N} \cdot \text{m})$$

$$T = 2.147T_N = 2.147 \times 19.69 = 42.27(\text{N} \cdot \text{m})$$

第三节　小　　结

一、功率平衡关系

输入功率

$$P_1 = P_{em} + p_{Cu1} + p_{Fe}$$

$$P_1 = m_1 U_1 I_1 \cos\varphi_1$$

电磁功率

$$P_{em} = P_{mec} + p_{Cu2} = m_1 I_2'^2 \frac{r_2'}{s}$$

定子铜损耗

$$p_{Cu1} = m_1 I_2'^2 r_1$$

铁损耗

$$p_{Fe} = m_1 I_m^2 r_m$$

转子铜损耗

$$p_{Cu2} = m_1 I_2'^2 r_2' = sP_{em}$$

机械功率

$$P_{mec} = m_1 I_2'^2 r_2' \frac{1-s}{s} = (1-s)P_{em}$$

输出功率

$$P_2 = P_{mec} - p_{ad} - p_{mec}$$

式中，U_1—— 定子相电压；

I_1—— 定子相电流；

s —— 转差率；

p_{mec}——机械损耗；

p_{ad}——附加损耗；

φ_1——定子功率因数角；

二、转矩平衡关系

电磁转矩

$$T_{em} = T_2 + T_0$$

$$T_{em}=\frac{P_{mec}}{\Omega}=\frac{P_{em}}{\Omega_1}$$

式中，T_2——电动机轴上输出的机械转矩，$T_2=\frac{P_2}{\Omega}$；

T_0—— 空载制动转矩，$T_0=\frac{p_{mec}+p_{ad}}{\Omega}$；

Ω —— 转子的机械角速度，$\Omega=\frac{2\pi n}{60}$；

Ω_1—— 定子的机械角速度，$\Omega_1=\frac{2\pi n_1}{60}$。

电磁转矩另一个表达式为

$$T_{em}=C_T\phi_m I_2\cos\psi_2$$

该式常用于定性分析，式中的 $C_T=\frac{m_2pN_2k_{N2}}{\sqrt{2}}$ 为常数。

电磁转矩的简化公式为

$$T_{em}=\frac{2T_{max}}{\frac{s_m}{s}+\frac{s}{s_m}}$$

三、异步电动机的机械特性

1）机械特性

$$T_{em}=\frac{m_1pU_1^2\frac{r'_2}{s}}{2\pi f_1\left[\left(r_1+\sigma_1\frac{r'_2}{s}\right)^2+(x_{1\sigma}+\sigma_1x'_{2\sigma})^2\right]}$$

式中，T_{em}——电磁转矩；

m_1 ——定子相数；

p ——极对数；

f_1——定子频率；

r_1、r'_2、$x_{1\sigma}$、$x'_{2\sigma}$——定、转子电阻及漏电抗；

$\sigma_1=1+\frac{x_{1\sigma}}{x_m}$——校正系数。

2）T-s 曲线与异步电机的性能指标密切相关，分析如下：

（1）额定运行点。当额定负载转矩时，$n=n_N$，$s=s_N$，对应的电磁转矩为 T_N。

（2）起动点。当 $n=0$，$s=1$ 时，对应的起动转矩为 T_{st}。起动转矩是异步电动机的重要指标之一。

（3）最大转矩点。从 T-s 曲线看有一最大转矩点，该点对应的转差率为 s_m。

$$T_{max}=\pm\frac{m_1 pU_1^2}{4\pi f_1\sigma_1[\pm r_1+\sqrt{r_1^2+(x_{1\sigma}+\sigma_1 x'_{2\sigma})^2}]}$$

$$s_m=\pm\frac{\sigma_1 r'_2}{\sqrt{r_1^2+(x_{1\sigma}+\sigma_1 x'_{2\sigma})^2}}$$

式中,“±”对电动机取“+”号,对发电机取“−”。

3）过载能力

最大转矩与额定转矩之比。即

$$k_M=\frac{T_{max}}{T_N}$$

习　题

11-1　三相异步电动机电磁转矩的大小和__________成正比。(选择:① 电磁功率;② 输出功率;③ 输入功率)

11-2　如果三相异步电动机电源电压下降10%,此时负载转矩不变,则转子电流 I_2 __________。(选择:① 减小;② 增加;③ 不变)

11-3　一台三相异步电动机运行在 $s=0.02$ 时,由定子通过气隙传递给转子的功率中__________。(选择:① 2%是电磁功率;② 2%是机械功率;③ 2%是机械损耗;④ 2%是转子铜损耗)

11-4　三相异步电动机最大转矩的大小__________无关。(选择:① 和转子电阻成正比;② 近似和转子电抗成反比;③ 和转子电阻)

11-5　一台三相异步电动机运行在转差率 $s=0.25$ 时,通过空气隙传递的功率中有__________。(选择:① 25%是转子铜损耗;② 75%是转子铜损耗;③ 75 %是输出功率)

11-6　对异步电动机最大转矩起主要影响的电抗是__________。(选择:① 励磁电抗 x_m;② 定子绕组漏抗 $x_{1\sigma}$和转子绕组漏抗 $x'_{2\sigma}$)

11-7　一台三相异步电动机拖动额定恒转矩负载运行时,若电源电压下降了10%,这时电动机的电磁转矩 T_{em} 将__________。(选择:① $T_{em}=T_N$;② $T_{em}=0.81T_N$;③ $T_{em}=0.9T_N$;④ $T_{em}>T_N$)

11-8　一台三相异步电动机,额定运行时的转差率 $s=0.03$,这时输出功率和电磁功率之比为__________。(忽略机械损耗和附加损耗)

11-9　异步电动机带额定负载运行时,如果降低电源电压,则最大转矩 T_{max} 将__________;起动转矩 T_{st} 将__________;气隙磁通 ϕ_m 将__________;转子每相电流 I_2 将__________;转差率 s 将__________。

11-10　异步电动机带额定负载运行时,若电源电压下降过多,会产生什么严重后果?为什么?

11-11　漏电抗大小对异步电动机的起动电流、起动转矩、最大转矩、功率因数有何影响?为什么?

11-12　一台绕线式异步电动机,在下列情况下分别对最大转矩和起动转矩的影响如何?

(1)转子电阻加倍;

(2)转子漏电抗加倍；

(3)定子电压的大小不变，而频率由 50 Hz 变为 60 Hz。

11-13 一台三相 4 极 Y 连接的异步电动机，$P_N=10\text{kW}$，$U_{1N}=380\text{V}$(线电压)，$I_{1n}=19.8\text{A}$，$r_1=0.5\Omega$，空载试验数据：$U_1=380\text{V}$(线电压)，$I_0=5.4\text{A}$，$p_0=0.425\text{kW}$，机械损耗 $p_{mec}=0.08\text{kW}$。短路试验中的一点为：$U_k=120\text{V}$(线电压)，$I_k=18.1\text{A}$，$p_k=0.92\text{kW}$。试计算 r_2'、$x_{2\sigma}'$、r_m 及 x_m(忽略空载附加损耗并假定 $x_{1\sigma}=x_{2\sigma}'$)。

11-14 一台三相异步电动机的输入功率为 10.7kW，定子铜损耗为 450W，铁损耗为 200W，转差率为 $s=0.029$，试计算电动机的电磁功率、转子铜损耗及总机械功率。

11-15 一台三相异步电动机，额定功率为 5.5kW，频率为 50 Hz，$p=2$。在转差率 $s=0.03$ 情况下运行，定子方面输入功率为 6.5kW，定子铜损耗为 350W，铁损耗 170W，机械损耗 45W，求该机运行时的转速、电磁功率、输出机械功率、输出机械转矩及效率。(略去附加损耗)

11-16 某三相异步电动机，$P_N=10\text{kW}$，$U_N=380\text{V}$，$I_N=19.8\text{A}$，Y 连接，$r_1=0.5\Omega$。空载试验数据：$U_0=380\text{V}$(线电压)，$I_0=5.4\text{A}$，$p_0=0.425\text{kW}$，机械损耗 $p_{mec}=0.08\text{kW}$。短路试验中的一点为：$U_k=130\text{V}$(线电压)，$I_k=19.5\text{A}$，$p_k=1180\text{W}$。忽略空载杂散损耗，假设 $x_{1\sigma}=x_{2\sigma}'$。试求该电机的等效电路图参数 $x_{1\sigma}$、r_m、x_m、r_2'。

11-17 一台异步电动机，$P_N=2.5\text{kW}$，过载能力 $k_M=2.2$，额定转速是 970r/min，$f=50$ Hz。试求：

(1)产生最大电磁转矩的转差率 s_m；

(2)当转差率为 0.1 时的电磁转矩。

11-18 一台 2 极的三相异步电动机，额定功率 $P_N=10$ kW，额定频率 $f_N=50\text{Hz}$。已知在额定运行时的各种损耗为：定子铜损耗 $p_{cu1}=360\text{W}$，转子铜损耗 $p_{cu2}=239\text{W}$，铁损耗 $p_{Fe}=330\text{W}$，机械损耗 $p_{mec}=340\text{W}$，不计附加损耗 p_{ad}。试求：

(1)该机在额定输出时的总机械功率 P_{mec}、电磁功率 P_{em} 和输入功率 P_1；

(2)假设该机在额定输出时的转差率为 0.0225，求在额定运行情况下的转速、转矩和效率。

11-19 一台 4 极笼形异步电动机，$P_N=200\text{kW}$，$U_{1N}=380\text{V}$，定子△连接，定子额定电流 $I_{1N}=385\text{A}$，频率 50 Hz，定子铜损耗 $p_{Cu1}=5.12\text{kW}$，转子铜损耗 $p_{Cu2}=2.85\text{kW}$，铁损耗 $p_{Fe}=3.8\text{kW}$，机械损耗 $p_{mec}=0.98\text{kW}$，附加损耗 $p_{ad}=3$ kW，$r_1=0.0345\Omega$，$x_m=5.9\Omega$，正常运行时 $x_{1\sigma}=0.202\Omega$，$r_2'=0.022\Omega$，$x_{2\sigma}'=0.195\Omega$，起动时，由于磁路饱和与集肤效应的影响，$x_{1\sigma}=0.1375\Omega$，$r_2'=0.0715\Omega$，$x_{2\sigma}'=0.11\Omega$。试求：

(1)额定负载下的转速、电磁转矩和效率；

(2)最大转矩倍数(即过载能力)和起动转矩倍数。

11-20 一台三相 8 极异步电动机，$P_N=260\text{kW}$，$U_{1N}=380\text{V}$，$f=50$ Hz，$n_N=722\text{r/min}$，过载能力 $k_M=2.13$。试求：

(1)产生最大电磁转矩时的转差率；

(2)$s=0.02$ 时的电磁转矩。

11-21 一台三相异步电动机，额定功率 $P_N=7.5\text{kW}$，额定电压 $U_{1N}=380\text{V}$，定子△接法，额定频率 $f_1=50$ Hz，额定转速 $n_N=960\text{r/min}$。额定负载时的功率因数 $\cos\varphi_1=0.824$，定子铜损耗 474W，铁损耗 231W，机械损耗 45W，附加损耗 37.5W。试计算额定负载时：

(1) 转差率；

(2) 转子电流频率；

(3) 转子铜损耗；

(4) 效率；

(5) 定子电流。

11-22　一台三相四极笼形异步电动机，额定功率 $P_N=17.2\text{kW}$，$U_{1N}=380\text{V}$，$I_{1N}=33.8\text{A}$，$f_1=50\ \text{Hz}$，定子绕组 Y 连接。已知空载时 $I_0=11.5\text{A}$，$\cos\varphi_0=0.102$。堵转时 $I_k=I_{1N}=33.8\text{A}$，$U_k=46.5\text{V}$，并知 $x_{1\sigma}=0.423x_k$；额定负载时，当转子每相电流 $I'_{2N}=29.4\text{A}$ 时的定子铜损耗 784W，铁损耗 350W，机械损耗 250W，转子铜损耗 580W，附加损耗 86W。试求：

(1) 额定输出时 P_{em}、T、T_{em}、s_m；

(2) 额定负载时的功率因数。

11-23　一台三相异步电动机，$P_N=10\text{kW}$，$U_{1N}=380\text{V}$，$n_N=1455\text{r/min}$，$r_1=1.375\Omega$，$x_{1\sigma}=2.43\Omega$，$r'_2=1.047\Omega$，$x'_{2\sigma}=4.4\Omega$，$r_m=8.34\Omega$，$x_m=82.6\Omega$，定子绕组为△接法。在额定负载时机械损耗和附加损耗为 205W。异步电动机在额定电压下运行时，试求：

(1) 转速为 1455r/min 时的电磁转矩；

(2) 最大转矩 T_{max} 及发生最大转矩时的转差率 s_m。

第十二章　三相异步电动机的起动和调速

第一节　三相异步电动机的起动

异步电动机的起动性能包括：① 起动电流倍数 I_{st}/I_N；② 起动转矩倍数 T_{st}/T_N；③ 起动时间；④ 起动时绕组内消耗的能量和绕组的发热；⑤ 起动设备的简单性和可靠性；⑥ 起动时的过渡过程。其中最重要的是起动电流和起动转矩的大小。

异步电动机起动瞬间 $s=1$，则从较准确 Γ 形等效电路来看，转子回路中等效负载电阻满足

$$\sigma_1^2\left(\frac{1-s}{s}\right)r'_2=0$$

于是，起动电流

$$I''_{st}=\frac{U_1}{\sqrt{(\sigma_1 r_1+\sigma_1^2 r'_2)^2+(\sigma_1 x_{1\sigma}+\sigma_1^2 x'_{2\sigma})^2}}=\frac{U_1}{z_k} \tag{12-1}$$

综合上式和式(11-29)，得起动转矩

$$T_{st}=\frac{m_1 p U_1^2 r'_2 \sigma_1^2}{2\pi f_1 z_k^2} \tag{12-2}$$

下面介绍异步电动机的起动方法。

一、全电压直接起动

这种起动方法就是把异步电动机的定子绕组直接接到额定电压的电网上进行起动。直接起动的优点是操作和起动设备都很简单，而且起动转矩大；其缺点是起动电流大。

二、降压起动

为了减小起动电流，根据起动电流与端电压成正比的关系可采用降低异步电机的输入端电压的方法来起动，简称降压起动。

当忽略励磁电流 I_m 时，$I'_2=I_1$，设起动时定子每相电流为 I_{st}，则此时转子电流的折算值为 $I'_{2st}=I_{st}$。又设定子每相额定电流为 I_N，则转子额定电流的折算值为 $I'_{2N}=I_N$。由式(11-11)和式(11-16)可得起动转矩为

$$T_{st}=\frac{P_{emst}}{\Omega_1}=\frac{m_1 I'^2_{2st}r'_2}{\Omega_1}=\frac{m_1 I'^2_{st}r_2}{\Omega_1} \tag{12-3}$$

若近似认为电动机的额定转矩等于额定负载时的电磁转矩，则额定转矩为

$$T_N=T_{emN}=\frac{P_{emN}}{\Omega_1}=\frac{m_1 I'^2_{2N}\frac{r'_2}{s_N}}{\Omega_1}$$
$$=\frac{m_1 I_N^2 R'_2}{s_N\Omega_1} \tag{12-4}$$

于是

$$\frac{T_{st}}{T_N}=\left(\frac{I_{st}}{I_N}\right)^2 s_N \tag{12-5}$$

常用的降压起动方法有以下两种：

1. 用自耦变压器起动

起动时用自耦变压器把电网电压降低后再加到电动机定子绕组上，待电机转速基本稳定后再把电动机直接接到电网上。其原理图如图 12-1 所示。

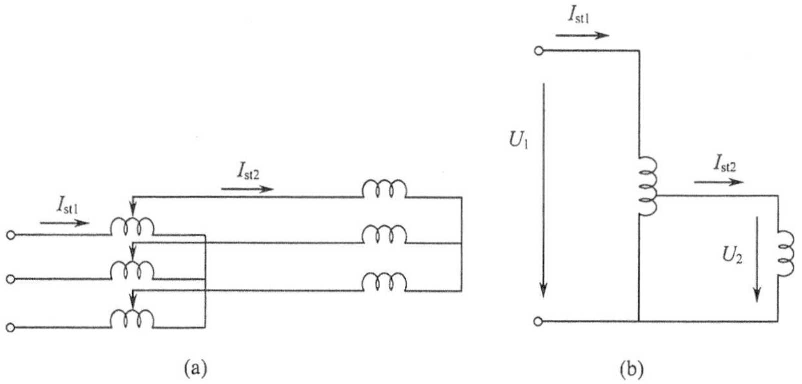

图 12-1　用自耦变压器降压起动的原理图
(a)接线原理图；(b)等效电路图

设自耦变压器变比为 k_a，电网电压 U_1 经自耦变压器降压后，加到电动机定子绕组输入端的电压为 $U_2=U_1/k_a$。起动时自耦变压器输入端电流为 I_{st1}，其输出端电流 I_{st2} 也即异步电动机定子输入端电流。根据变压器输入、输出电流比关系有

$$I_{st1}=\frac{I_{st2}}{k_a}$$

若设全电压直接起动时的起动转矩和起动电流为 T_{st} 和 I_{st}。根据式(12-1)中起动电流正比于电机端电压的关系，降压起动时

$$I_{st2} = \frac{U_2}{U_1} I_{st} = \frac{I_{st}}{k_a}$$

于是，电网供给的起动电流为

$$I_{st1} = \frac{I_{st}}{k_a^2} \tag{12-6}$$

可见，用自耦变压器降压起动时电网供给的起动电流为直接起动时的 $1/k_a^2$ 倍。

相应地，降压后起动转矩为

$$T_{sta} = \frac{1}{k_a^2} T_{st} \tag{12-7}$$

即用自耦变压器降压后，起动转矩为直接起动时的 $1/k_a^2$ 倍。

2. 星形-三角形换接起动

星形-三角形起动只适用于正常运行时定子绕组接成三角形的电动机，在起动时换接成星形，起动完毕后再恢复换接成三角形。

三角形连接时，定子绕组每相电压即线电压 U_{1N}，绕组每相电流为 U_{1N}/z_k，则定子绕组起动线电流

$$I_{st\triangle} = \frac{\sqrt{3} U_{1N}}{z_k}$$

星形连接时，定子绕组每相电压为 $U_{1N}/\sqrt{3}$，起动时的绕组每相电流也即线电流 I_{stY} 为

$$I_{stY} = \frac{U_{1N}/\sqrt{3}}{z_k} = \frac{1}{3} I_{st\triangle} \tag{12-8}$$

相应地

$$T_{stY} = \frac{1}{3} T_{st\triangle} \tag{12-9}$$

可见，星形-三角形换接起动使电网提供的起动电流减小到只有原来用三角形接法时的 1/3。由于，起动转矩与相电压的平方成正比。因此，起动转矩也减小到只有原来的 $(1/\sqrt{3})^2 = 1/3$ 倍。换言之，星形-三角形换接起动相当于电压比 $k_a = \sqrt{3}$ 的自耦变压器降压起动，但它比自耦变压器降压起动所用的附加设备少，操作也较简便。所以，现代生产的小型异步电动机常采用这种方法起动。为了便于采用星形-三角形起动，小型异步电动机的定子绕组设计成三角形连接。

三、增加转子回路电阻起动

1. 转子回路串电阻起动

对于绕线型异步电动机，起动时可在转子回路中串入起动电阻 r_{st}（其折算值

为 r'_{st})，在起动完毕后再将起动电阻切除。

由式(11-24)可见，最大电磁转矩 T_{max} 与转子回路电阻($r_2+r'_{st}$)无关，而由式(11-22)可见，发生最大电磁转矩时的转差率 s_m 正比于($r_2+r'_{st}$)，图 12-2 所示分别为转子回路中串入起动电阻 $r'_{st}=0$，r'_{st1}，r'_{st2}时的机械特性。

图中，曲线 1 对应 $r'_{st}=0$，曲线 2、3 分别对应 r'_{st1} 和 r'_{st2}，$r'_{st1}<r'_{st2}$。可见，随转子回路串入电阻 r'_{st}增大，s_m 亦增大，起动转矩 T_{st} 亦增大。曲线 3 为起动时获得最大转矩。由于转子回路串入电阻，可减小起动电流。因此，这种起动方法常应用于既要有较大的起动转矩、又要限制起动电流的场合。

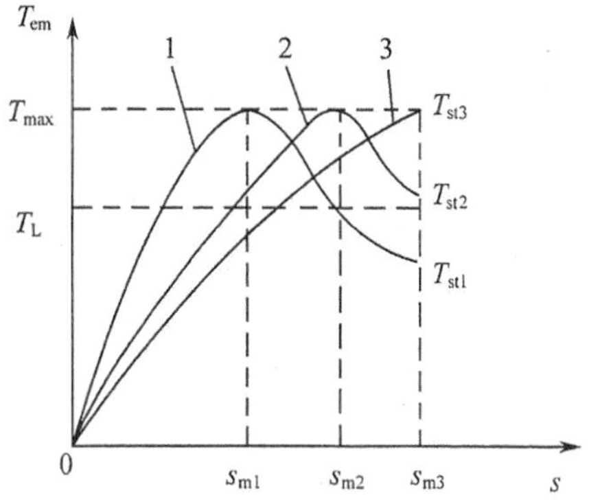

图 12-2　转子回路串入起动电阻时的起动过程

2. 采用深槽式和双笼转子

以上分析表明，起动时增加转子回路电阻可获得较大起动转矩和限制起动电流。稳态运行时，较小转子回路电阻可减少转子铜损耗以提高电机效率。对于笼形异步电机，可采用深槽式或双笼转子来提高电机的起动性能。

深槽式异步电机的转子槽形深而窄，其槽深与槽宽之比大到 10～20 或以上。这样，大大增强了转子导体中的集肤效应。当转子导体中通过电流时，槽漏磁通的分布如图 12-3 所示。

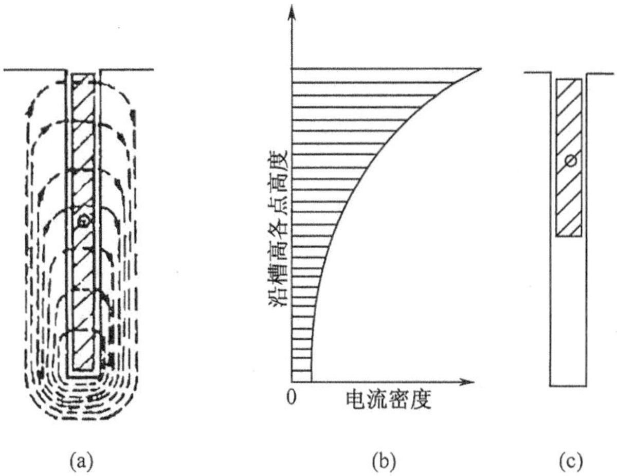

图 12-3　深槽式转子导条中的电流的集肤效应

(a)槽漏磁分布；(b)导条内的电流密度分布；(c)导条的有效面积

从图可见，与导条底部相交链的漏磁通远较与槽口部分相交链的多。因此，如果将导条看成是由若干沿槽高划分的小导体（小薄片）并联而成，则越靠近槽底的小导体具有越大的漏电抗，而越近槽口则漏电抗越小。在起动时，由于转子电流频率较高，$f_2=f_1$，而漏电抗较大，因此，各小导体中电流的分配将主要决定于漏电抗。漏电抗越大，则电流越小。这样，在由气隙主磁通所感应的相同的电势的作用下，导条中靠近槽底处的电流密度将很小，而越近槽口则越大。因此，槽高的电流密度分布如图 12-3(b)所示。这种现象就称为电流的集肤效应。由于电流好像被挤到槽口处，所以又称挤流效应。电流大部分被挤到导条上部之后，槽底部分导条所起的作用很小，其效果相当于减小了导条的高度和截面[图 12-3(c)]。因此，转子电阻 r_2 增大，而满足了起动时的要求。

当起动完毕，电动机正常运行时，由于转子电流频率很低（一般为 1～3 Hz），转子绕组的漏电抗比转子电阻小得多。因此，上述各小导体中电流的分配将主要取决于电阻。由于，各小导体电阻相等，导条中的电流将均匀分布。因此，集肤效应基本消失，转子导条的电阻又重新变小，接近等于直流电阻。由此可见，正常运行的转子电阻会自动变小，从而满足了减小转子铜损耗以提高电机效率的要求。

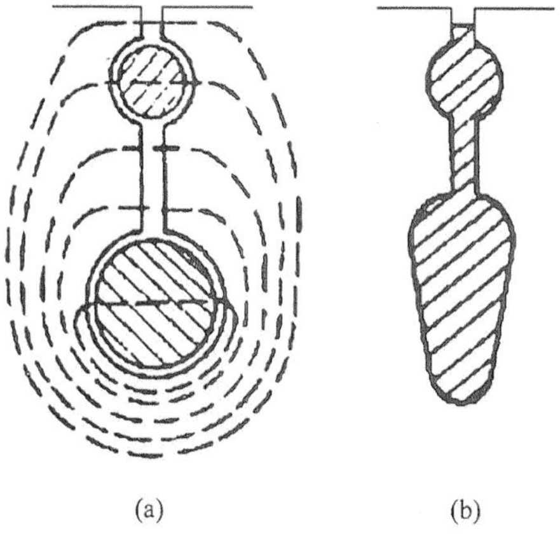

图 12-4　双笼电动机的转子槽形
(a)插铜条；(b)铸铝

双笼异步电动机的特点是转子上有两套笼，即上笼和下笼，如图 12-4(a)所示。上笼导条截面积较小，通常用黄铜或铝青铜等电阻系数较大的材料制成，故电阻较大；下笼导条截面较大，用电阻系数较小的紫铜制成，故电阻较小。通常两套笼各有自己的端环，可使上下笼因发热而各自自由伸长。双笼电动机也常用铸铝转子，如图 12-4(b)所示，此时上下笼的端环是公共的。从图 12-4(a)可见，下笼交链的漏磁通要比上笼的多很多。因此，下笼的漏电抗要比上笼的大很多。

起动时，转子电流频率较高，$f_2=f_1$，转子漏电抗大于电阻。上下笼的电流分配主要取决于漏电抗。由于下笼的漏电抗比上笼的大很多，电流主要从上笼流过。因此，起动时上笼起主要作用，由于它的电阻较大，可以产生较大的起动转矩。所以，常把上笼称为起动笼。

正常运行时，转子电流频率很低，$f_2= sf_1$，转子漏电抗远比电阻小，于是，上下笼的电流分配将取决于定子电阻。转子电流大部分从电阻较小的下笼流过，产生正常运行时的电磁转矩，所以把下笼称为运行笼。

第二节　三相异步电动机的调速

从异步电动机的转速关系式

$$n=(1-s)n_1=\frac{60f_1}{p}(1-s) \tag{12-10}$$

可见，异步电动机的调速方法有以下几种：

一、变极调速

通过改变定子绕组的极对数 p 以改变定子旋转磁场的同步速 n_1，从而实现异步电动机的调速。

二、变频调速

通过改变异步电动机输入电压的频率 f_1，以改变定子旋转磁场的同步速 n_1，从而实现异步电动机的调速。

根据前述概念，定子绕组端电压 U_1、电势 E_1 与电机铁心磁路中磁通 Φ_m 有关系式

$$U_1\approx E_1=\sqrt{2}\pi f_1N_1k_{N1}\Phi_m \tag{12-11}$$

通常，为了充分利用铁心材料，设计电机在额定运行时铁心内的磁通为接近磁饱和的数值。如果在变频调速时，保持电源电压不变而仅将频率 f_1 自额定频率（也称基频）f_{1N}往下调，由式(12-11)可见，铁心中磁通 Φ_m 将增加，从而造成磁路过饱和，引起励磁电流增加、铁心与线圈过热、功率因数下降等不利情况出现。因此，在变频调速过程中，必须保持铁心磁路中磁通 Φ_m 不变。根据式(12-11)，在变频调速过程中保持$\frac{U_1}{f_1}$=定值或$\frac{E_1}{f_1}$=定值均能使磁通 Φ_m 保持基本不变或不变。如是，在异步电动机变频调速时，须将供电电压 U_1 随供电频率 f_1 的变化作相应的调节。应用于不同场合的变频调速有不同的控制方式，供电电压 U_1 的调节方式也不同。

变频调速有恒转矩控制方式和恒功率控制方式二种。恒转矩控制方式是对应于在调速时负载转矩保持恒定情况下的控制方式；恒功率控制方式则对应于在调速时电动机输出功率保持恒定情况下的控制方式。恒转矩变频调速在基频以下采用 U_1/f_1=定值的控制方式或采用 E_1/f_1=定值的控制方式。恒功率变频调速在基频以上且保持电动机的过载能力不变时采用 U_1^2/f_1=定值的控制方式，以下逐一加以论述。

设变频调速时的控制系数

$$\alpha_F = \frac{f_1}{f_{1N}}$$

即

$$f_1 = \alpha_F f_{1N} \tag{12-12}$$

则由电抗 $x=2\pi fL$ 可得定、转子绕组漏抗分别为

$$x_{1\sigma} = \alpha_F x_{1\sigma N} \tag{12-13}$$

$$x'_{2\sigma} = \alpha_F x'_{2\sigma N} \tag{12-14}$$

式中，$x_{1\sigma N}$、$x'_{2\sigma N}$——额定频率时定、转子绕组漏抗。

在采用 U_1/f_1 =定值的恒转矩调速控制方式时，有

$$U_1 = \alpha_F U_{1N} \tag{12-15}$$

1. 基频(额定频率)以下恒转矩控制变频调速

(1) 维持恒压频比$\left(\frac{U_1}{f_1}=\text{定值}\right)$的变频调速。

在基频以下调频过程中，当频率不很低，仍有 $x_{1\sigma}+x'_{2\sigma} \gg r_1$ 关系时，可忽略 r_1。则由异步电动机的简化 Γ 形等效电路得其电磁转矩

$$T_{em} = \frac{m_1 p U_1^2 \frac{r'_2}{s}}{2\pi f_1 \left[\left(r_1 + \frac{r'_2}{s}\right)^2 + (x_{1\sigma} + x'_{2\sigma})^2\right]} = \frac{m_1 p U_1^2 s r'_2}{2\pi f_1 [r'^2_2 + s^2 (x_{1\sigma} + x'_{2\sigma})^2]}$$

$$= \frac{m_1 p U_{1N}^2 r'_2 (\alpha_F s)}{2\pi f_{1N} [r'^2_2 + (\alpha_F s)^2 x_{kN}^2]} \tag{12-16}$$

式中，x_{kN}——额定频率时定、转子绕组总漏抗，$x_{kN}=x_{1\sigma N}+x'_{2\sigma N}$。

对应的异步电动机的最大电磁转矩

$$T_{max} = \frac{m_1 p U_1^2}{4\pi f_1 (x_{1\sigma} + x'_{2\sigma})} = \frac{m_1 p U_1^2}{8\pi^2 f_1^2 (L_{1\sigma} + L'_{2\sigma})} = \frac{m_1 p}{8\pi^2 L_k}\left(\frac{U_1}{f_1}\right)^2 \tag{12-17}$$

式中，$L_{1\sigma}$、$L'_{2\sigma}$——定、转子绕组漏电感；

L_k——定、转子绕组的总漏电感，$L_k=L_{1\sigma}+L'_{2\sigma}$。

由式(12-17)可见，这时只要维持恒压频比，即$\frac{U_1}{f_1}=$ 定值，最大转矩 T_{max}将保持不变。

(2) 维持恒最大转矩$\left(\frac{E_1}{f_1}=\text{定值}\right)$的变频调速。

在基频以下调频过程中，由于频率不断下降引起定、转子的电抗亦不断降低，当频率很低时，$x_{1\sigma}+x'_{2\sigma} \gg r_1$ 不成立，故不能忽略定子电阻 r_1。若不加以低频时电阻压降的补偿，最大转矩将随之不断减小。令 $Q=\frac{x_{kN}}{r_1}$，显然，Q 越小，r_1 的影响就

越大。

由异步电动机的简化Γ形等效电路得最大转矩为

$$T_{max}=\frac{m_1pU_1^2}{4\pi f_1[r_1+\sqrt{r_1^2+(x_{1\sigma}+x'_{2\sigma})^2}]}=\frac{m_1pU_1^2}{4\pi f_1(r_1+\sqrt{r_1^2+\alpha_F^2x_{kN}^2})} \tag{12-18}$$

由式(12-18)可见，这时若仍维持恒压频比，最大转矩 T_{max}将随着频率 f_1 的降低而减小。$\frac{U_1}{f_1}=$ 定值时异步电动机变频调速的机械特性如图 12-5 所示。从图中看出，不同 α_F 时机械特性为一簇平行曲线，图中虚线对应于忽略定子电阻时的变频调速，实线对应于计及定子电阻时的变频调速。

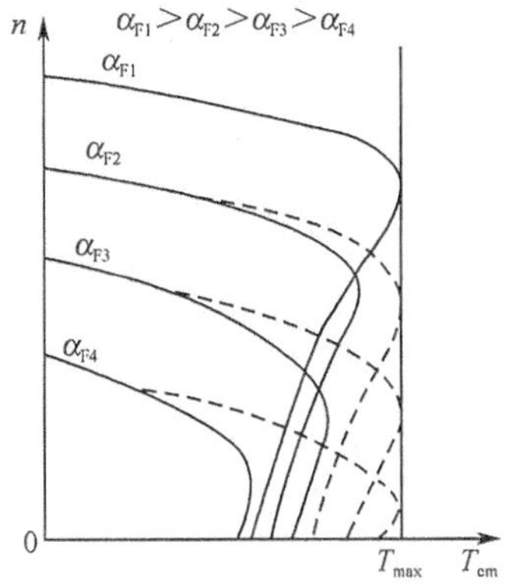

图 12-5　$U_1/f_1=$定值时变频调速的机械特性

可见，采用 $U_1/f_1=$定值的控制方式，由于低频时异步电动机的最大转矩及起动转矩(同理可以证明)减小，甚至不能带动负载，因此它只适用于调速范围不大或转矩随转速下降而减小的负载，如风机、水泵等。对于要求调速范围大的恒转矩性质的负载，则要适当提高 U_1，以补偿定子电阻 r_1 上的压降。这时，则采用$\frac{E_1}{f_1}=$定值的控制方式。

U_1 随 f_1(即 α_F)变化可如下来确定：

在额定频率时(这时电压也为额定值)的最大转矩

$$T_{maxN}=\frac{m_1pU_{1N}^2}{4\pi f_{1N}(r_1+\sqrt{r_1^2+x_{kN}^2})} \tag{12-19}$$

在任意频率时的最大转矩

$$T_{max}=\frac{m_1pU_1^2}{4\pi\alpha_F f_{1N}(r_1+\sqrt{r_1^2+\alpha_F^2x_{kN}^2})} \tag{12-20}$$

变频调速时保持电动机的最大转矩不变，即令 $T_{maxN}=T_{max}$，则可得

$$U_1=\left[\frac{\alpha_F(r_1+\sqrt{r_1^2+\alpha_F^2x_{kN}^2})}{r_1+\sqrt{r_1^2+x_{kN}^2}}U_{1N}^2\right]^{\frac{1}{2}}=U_{1N}\left[\frac{\alpha_F(1+\sqrt{1+\alpha_F^2Q^2})}{1+\sqrt{1+Q^2}}\right]^{\frac{1}{2}} \tag{12-21}$$

提高 U_1 以补偿定子电阻 r_1 上的压降，通常可采用在控制回路中加入一个函数发生器控制环节来实现，它可提供多种补偿特性以选择。不同情况下的补偿如图 12-6 所示。图中，曲线①为无补偿时的 U_1 与 f_1 的关系曲线，曲线②、③、④、⑤为有补偿时的各种 U_1 与 f_1 的关系曲线，其中②、③补偿特性因效果良好且易由

函数发生器实现，故较常采用。从图中还看出，Q 值越大，对电阻压降的补偿要求越小。图 12-7 为经补偿后的恒定最大转矩变频调速时的一簇机械特性。

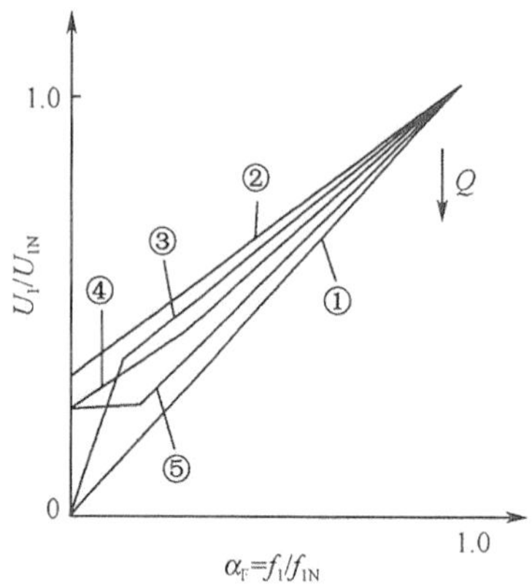

图 12-6　恒定最大转矩变频调速时的补偿特性

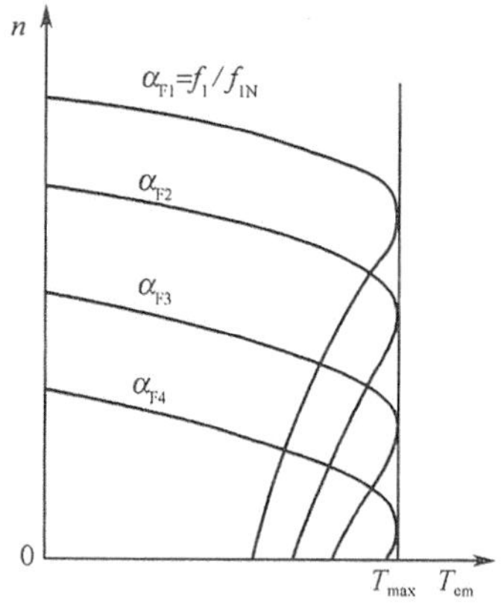

图 12-7　经补偿后的恒定最大转矩变频调速的机械特性

2. 恒功率控制方式

如上所述，若在基频以上采用恒转矩控制方式变频调速时，输入电动机的电压 U_1 必须随频率 f_1 的升高成正比升高。但电压 U_1 的升高是受制于电动机绕组和逆变器电力电子器件的电压等级的，即电压 U_1 必须限制在允许的范围内。通常，在基频以上变频调速时采用恒功率变频调速方式，以降低电压 U_1 的升幅。如是，电动机的转矩将随转速升高而减小。这时，电动机的机械特性如图 12-8 所示。

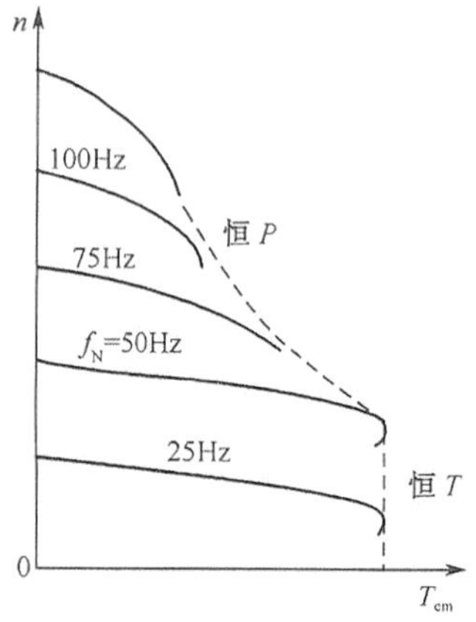

图 12-8　恒转矩和恒功率变频调速时的机械特性

在基频以上采用恒功率变频调速方式时，异步电动机的最大电磁转矩如式(12-17)所示，即

$$T_{max}=\frac{m_1 p}{8\pi^2 L_k}\left(\frac{U_1}{f_1}\right)^2$$

如果在变频调速时，要保持电动机的过载能力 $k_M=\frac{T_{max}}{T_N}$ 不变，则 U_1 须随 f_1 的变化作一定的调节。U_1 随 f_1（即 α_F）变化可如下来确定：

变频前，在额定电压 U_{1N}、额定频率 f_{1N} 下，电动机的额定电磁转矩为

$$T_N=\frac{T_{max}}{k_M}=\frac{m_1 p}{8\pi^2 L_k}\left(\frac{U_{1N}}{f_{1N}}\right)^2\left(\frac{1}{k_M}\right) \tag{12-22}$$

对应的额定电磁功率为

$$P_{emN}=\left[\frac{m_1 p}{8\pi^2 L_k}\left(\frac{U_{1N}}{f_{1N}}\right)^2\left(\frac{1}{k_M}\right)\right]\cdot\left(\frac{2\pi f_{1N}}{p}\right)=\frac{m_1}{4\pi L_k}\left(\frac{U_{1N}^2}{f_{1N}}\right)\left(\frac{1}{k_M}\right) \quad (12\text{-}23)$$

变频后，在电压 U_1、频率 f_1 下，电动机的电磁功率保持额定时的电磁转矩，即为该状态的额定电磁转矩，其值为

$$T'_N=\frac{m_1 p}{8\pi^2 L_k}\left(\frac{U_1}{f_1}\right)^2\left(\frac{1}{k'_M}\right) \quad (12\text{-}24)$$

式中，k'_M——在外施电压 U_1、频率 f_1 下，电动机的过载能力。

对应的额定电磁功率表达式为

$$P'_{emN}=\frac{m_1}{4\pi L_k}\left(\frac{U_1^2}{f_1}\right)\left(\frac{1}{k'_M}\right) \quad (12\text{-}25)$$

由于，恒功率变频调速时 $P'_{emN}=P_{emN}$，则

$$\frac{m_1}{4\pi L_k}\left(\frac{U_1^2}{f_1}\right)\left(\frac{1}{k'_M}\right)=\frac{m_1}{4\pi L_k}\left(\frac{U_{1N}^2}{f_{1N}}\right)\left(\frac{1}{k_M}\right)$$

同时又保持电动机的过载能力 k_M 不变（即 $k'_M=k_M$），则上式可写成

$$\left(\frac{U_1}{U_{1N}}\right)^2=\frac{f_1}{f_{1N}}=\alpha_F$$

即

$$\frac{U_1}{U_{1N}}=\sqrt{\frac{f_1}{f_{1N}}}=\sqrt{\alpha_F} \quad (12\text{-}26)$$

或写成

$$U_1=\sqrt{\alpha_F}\,U_{1N} \quad (12\text{-}27)$$

三、变转差率 s 调速

当频率 f 和极对数 p 不变时，转差率 s 是下列各物理量的函数：

$$s=f(u_1,r_1,x_{1\sigma},r'_2,x'_{2\sigma})$$

可见，改变转差率 s 的方法有多种，这里介绍以下两种：

1. 改变定子端电压 U_1

由式(11-24)可见，最大电磁转矩 T_{max} 正比于定子端电压 U_1 的平方。而由式(11-22)可见，发生最大电磁转矩时的转差率 s_m 与 U_1 无关。图 12-9 所示为不同端电压 U_1 下的 $T_{em}=f(s)$ 曲线。

从图中可见，在相同的负载转矩下，降低输入端电压 U_1 将使电机转速降低。

2. 改变转子电阻 r_2

在绕线形转子回路中串入可调电阻 $r'_\triangle$。由式(11-24)可见，最大电磁转矩

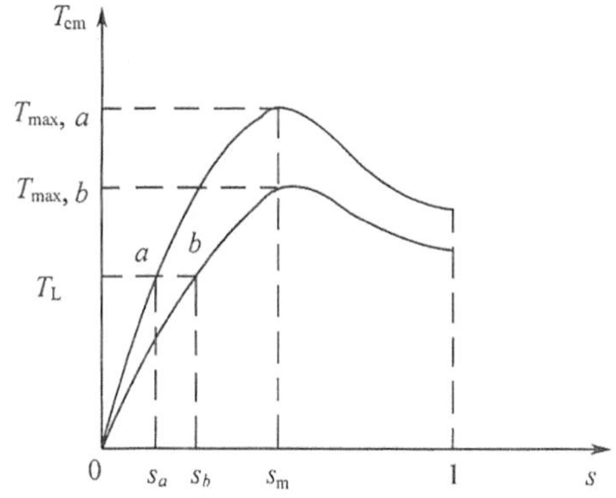

图 12-9　端电压 U_1 对 $T_{em}=f(s)$ 影响

T_{max} 与转子回路电阻 $(r_2'+r'_\triangle)$ 无关。而由式(11-22)可见，发生最大电阻转矩时的转差率 s_m 正比于 $(r_2'+r'_\triangle)$，图 12-10 所示分别为不同转子回路串入电阻 $r'_{\triangle 1}$、$r'_{\triangle 2}$ 时的 $T_{em}=f(s)$ 曲线。

从图中可见，在相同的负载转矩下，增加转子回路串入电阻则使转速下降。

设串入电阻为 $r'_\triangle$，对应的转差率为 s'。若负载转矩不变，则 T_{em} 保持常数。由式(11-20)可见，即 $\frac{r'_2}{s}$ = 常数，故有

$$\frac{r'_2+r'_\triangle}{s'}=\frac{r'_2}{s}$$

$$s'=\frac{r'_2+r'_\triangle}{r'_2}s \tag{12-28}$$

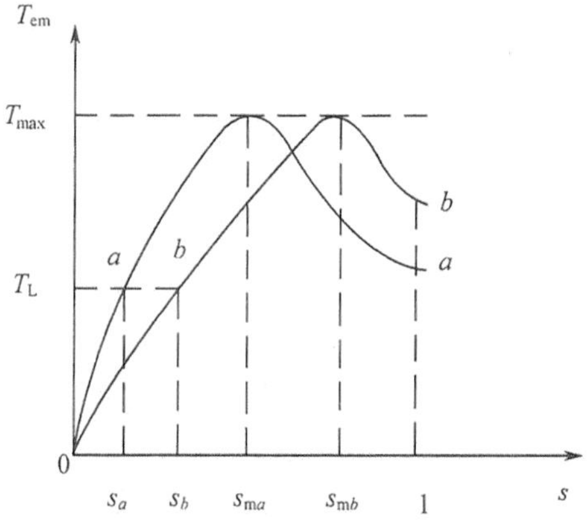

图 12-10　转子回路串入电阻 $r'_\triangle$ 对 $T_{em}=f(s)$ 影响

例 12-1　一台三相四极笼形异步电动机，50 Hz、额定电压 380V，额定电流 20.1A，额定转矩 65.6N·m，定子绕组△接法。起动时参数：$r_1=1.376\Omega$，$r'_2=1.047\Omega$，$x_{1\sigma}=1.65\Omega$，$x'_{2\sigma}=2.24\Omega$，$r_m=8.34\Omega$，$x_m=82.6\Omega$。试求：

(1) 额定电压下直接起动时的起动电流倍数和起动转矩倍数；

(2) 采用星-三角换接起动时的起动电流倍数和起动转矩倍数；

(3) 采用定子串电抗器降压起动，降压量与(2)相同，这时的起动电流倍数和起动转矩倍数；

(4) 为了使起动转矩不小于额定转矩的 0.8 倍，但要较小起动电流，应用自耦变压器降压起动，设自耦变压器中有 73%、64%、55%三档抽头，问应选用哪档抽头，此时的起动电流倍数和起动转矩倍数是多少？

解　校正系数

$$\sigma_1 = 1 + \frac{x_{1\sigma}}{x_m} = 1 + \frac{1.65}{82.6} = 1.02$$

(1) 在额定电压下直接起动。

起动电流

$$\begin{aligned} I_{st} &= \frac{U_1}{\sigma_1\sqrt{(r_1 + \sigma_1 r'_2)^2 + (x_{1\sigma} + \sigma_1 x'_{2\sigma})^2}} \\ &= \frac{380}{1.02\sqrt{(1.375 + 1.02 \times 1.047)^2 + (1.65 + 1.02 \times 2.24)^2}} \\ &= 80.44(\mathrm{A}) \end{aligned}$$

额定相电流

$$I_{1N} = \frac{20.1}{\sqrt{3}} = 11.6(\mathrm{A})$$

起动电流倍数

$$\frac{I_{st}}{I_{1N}} = \frac{80.44}{11.6} = 6.93$$

起动转矩

$$\begin{aligned} T_{st} &= \frac{m_1 p U_1^2 r'_2}{2\pi f_1[(r_1 + \sigma_1 r'_2)^2 + (x_{1\sigma} + \sigma_1 x'_{2\sigma})^2]} \\ &= \frac{m_1 p I_{st}^2 \sigma_1^2 r'_2}{2\pi f_1} = \frac{3 \times 2 \times 80.44^2 \times 1.02^2 \times 1.047}{2\pi \times 50} \\ &= 134.6(\mathrm{N \cdot m}) \end{aligned}$$

起动转矩倍数

$$\frac{T_{st}}{T_N} = \frac{134.6}{65.6} = 2.05$$

(2) 采用星-三角换接开关起动。

由电网供给的起动电流倍数

$$\frac{I'_{st}}{I_{1N}} = \frac{1}{3}\frac{I_{st}}{I_{1N}} = \frac{1}{3} \times 6.93 = 2.31$$

起动转矩倍数

$$\frac{T'_{st}}{T_N} = \frac{1}{3}\frac{T_{st}}{T_N} = \frac{1}{3} \times 2.05 = 0.683$$

(3) 电抗器降压起动，降压量与(2)相同，即$\frac{1}{\sqrt{3}}U_{1N}$。

起动电流倍数

$$\frac{I''_{st}}{I_{1N}}=\frac{1}{\sqrt{3}}\frac{I_{st}}{I_{1N}}=\frac{1}{\sqrt{3}}\times 6.93=4.00$$

起动转矩倍数

$$\frac{T''_{st}}{T_N}=\frac{1}{(\sqrt{3})^2}\frac{T_{st}}{T_N}=\frac{1}{3}\times 2.05=0.683$$

(4) 应用自耦变压器降压起动。

根据题意，有

$$\frac{T''_{st}}{T_N}=\frac{1}{k_a^2}\frac{T_{st}}{T_N}\geqslant 0.8$$

$$\frac{1}{k_a}\geqslant\sqrt{\frac{0.8}{T_{st}/T_N}}=\sqrt{\frac{0.8}{2.05}}=0.625$$

兼顾有较小的起动电流，自耦变压器应选用64%的抽头，此时，自耦变压器变比

$$k_a=\frac{1}{0.64}$$

有电网供给的起动电流倍数

$$\frac{I''_{st}}{I_{1N}}=\frac{1}{k_a^2}\frac{I_{st}}{I_{1N}}=(0.64)^2\times 6.93=2.84$$

起动转矩倍数

$$\frac{T''_{st}}{T_N}=\frac{1}{k_a^2}\frac{T_{st}}{T_N}=(0.64)^2\times 2.05=0.840$$

将上述计算结果列表比较如表 12-1 所示。

表 12-1

起动方法	起动电流倍数	起动转矩倍数
满压直接起动	6.93	2.05
电抗器降压到$\frac{1}{\sqrt{3}}U_{1N}$起动	4.00	0.683
星-三角换接起动	2.31	0.683
自耦变压器降压到 $0.64U_{1N}$起动	2.84	0.840

由以上可见，笼形异步电动机直接起动时，起动转矩大，但起动电流亦很大，通常被广泛应用于电网足够大的场合；当电网容量不够大而需要限制起动电流时，在本题计算的三种降压方法中，定子串电抗器降压时，起动转矩比起动电流下降更多，故该方法最差，仅能用于空载或很轻负载的一些起动场合；星-三角换接起动和

自耦变压器降压起动，起动转矩倍数的下降均与起动电流倍数的下降成正比例，前者降压比固定为$\sqrt{3}$∶1，设备简单，只能用于空载或轻载下起动的场合；后者设备比较贵，但能灵活地选用不同的降压倍数，适应不同的需要。

例 12-2　有一台三相四极绕线式异步电动机，50Hz、$U_{1N}=380V$，Y 接法，$I_{1N}=44A$，$T_N=153N \cdot m$；起动时参数：$r_1=r'_2=0.2\Omega$，$x_{1\sigma}=x'_{2\sigma}=0.6\Omega$，$r_m=1.82\Omega$，$x_m=17.62\Omega$，$k_e=k_i=1.2$。试求：

(1) 起动转矩为最大值时，转子回路中每相应接入的电阻值和这时的起动电流倍数；

(2) 若使起动转矩不小于 1.1 倍额定转矩，转子回路中最少应接入的电阻值和这时的起动电流倍数；

(3) 如要限制起动电流，使它小于 2 倍额定电流，此时额定转子回路中该接入的电阻值和此时的起动转矩倍数。

解　额定相电压

$$U_1=\frac{380}{\sqrt{3}}=220(V)$$

校正系数

$$\sigma_1=1+\frac{x_{1\sigma}}{x_m}=1+\frac{0.6}{17.62}=1.034$$

(1) 当 $T_{st}=T_{max}$时。

转子回路中每相串入的起动电阻折算值

$$\begin{aligned}r'_{st}&=\frac{1}{\sigma_1}\sqrt{r_1^2+(x_{1\sigma}+\sigma_1 x'_{2\sigma})^2}-r'_2\\&=\frac{1}{1.034}\sqrt{0.2^2+(0.6+1.034\times 0.6)^2}-0.2\\&=1.20-0.2=1(\Omega)\end{aligned}$$

起动电阻

$$r_{st}=\frac{r'_{st}}{k_e k_i}=\frac{1}{1.2^2}=0.694(\Omega)$$

起动电流

$$\begin{aligned}I_{st}&=\frac{U_1}{\sigma_1\sqrt{[r_1+\sigma_1(r'_2+r'_{st})]^2+(x_{1\sigma}+\sigma_1 x'_{2\sigma})^2}}\\&=\frac{220}{1.034\sqrt{(0.2+1.034\times 1.2)^2+1.489}}=112.7(A)\end{aligned}$$

起动电流倍数

$$\frac{I_{st}}{I_{1N}}=\frac{112.7}{44}=2.56$$

(2) 当起动转矩为 $1.1T_N$ 时。

$$T_{st}=\frac{m_1pU_1^2(r'_2+r'_{st})}{2\pi f_1\{[r_1+\sigma_1(r'_2+r'_{st})]^2+(x_{1\sigma}+\sigma_1x'_{2\sigma})^2\}}$$

代入已知数据,得

$$1.1\times153=\frac{3\times2\times220^2(r'_2+r'_{st})}{2\pi\times50\{[0.2+1.034(r'_2+r'_{st})]^2+1.489\}}$$

$$0.1947(r'_2+r'_{st})^2-0.9247(r'_2+r'_{st})+0.2748=0$$

解得

$$r'_2+r'_{st}=4.426\Omega \text{ 或 } 0.323\Omega$$

取较小值

$$r'_{st}=0.323-0.2=0.123(\Omega)$$

起动电阻

$$r_{st}=\frac{r'_{st}}{k_ek_i}=\frac{0.123}{1.2^2}=0.0854(\Omega)$$

起动电流

$$I_{st}=\frac{U_1}{\sigma_1\sqrt{[r_1+\sigma_1(r'_2+r'_{st})]^2+(x_{1\sigma}+\sigma_1x'_{2\sigma})^2}}$$

$$=\frac{220}{1.034\sqrt{(0.2+1.034\times0.323)^2+1.489}}=159.7(\text{A})$$

起动电流倍数

$$\frac{I_{st}}{I_{1N}}=\frac{159.7}{44}=3.63$$

(3) 当起动电流为 $2I_{1N}$时。

$$I_{st}=\frac{U_1}{\sigma_1\sqrt{[r_1+\sigma_1(r'_2+r'_{st})]^2+(x_{1\sigma}+\sigma_1x'_{2\sigma})^2}}$$

代入已知数据,得

$$2\times44=\frac{220}{1.034\sqrt{[0.2+1.034(r'_2+r'_{st})]^2+1.489}}$$

$$[0.2+1.034(r'_2+r'_{st})]^2=\left(\frac{220}{2\times44\times1.034}\right)^2-1.489=4.357$$

解得

$$r'_2+r'_{st}=1.825\Omega$$

$$r'_{st}=1.825-r'_2=1.825-0.2=1.625(\Omega)$$

起动电阻

$$r_{st}=\frac{r'_{st}}{k_ek_i}=\frac{1.625}{1.2^2}=1.13(\Omega)$$

起动转矩

$$T_{st}=\frac{3I_2'^2(r_2'+r_{st}')}{\Omega_1}=\frac{3(\sigma_1 I_{st})^2(r_2'+r_{st}')}{2\pi f/p}$$

$$=\frac{3\times(1.034\times88)^2\times1.825}{2\pi\times50/2}=288.6(\mathrm{N\cdot m})$$

或

$$T_{st}=\frac{m_1 pU_1^2(r_2'+r_{st}')}{2\pi f_1\{[r_1+\sigma_1(r_2'+r_{st}')]^2+(x_{1\sigma}+\sigma_1 x_{2\sigma}')^2\}}$$

$$=\frac{3\times2\times220^2\times1.825}{2\pi50\times[(0.2+1.034\times1.825)^2+1.489]}=288.6(\mathrm{N\cdot m})$$

起动转矩倍数

$$\frac{T_{st}}{T_N}=\frac{288.6}{153}=1.89$$

第三节　小　　结

一、异步电动机起动瞬间 $n=0,s=1$

1) 起动电流

$$I_{st}''=\frac{U_1}{\sqrt{(\sigma_1 r_1+\sigma_1^2 r_2')^2+(\sigma_1 x_{1\sigma}+\sigma_1^2 x_{2\sigma}')^2}}=\frac{U_1}{z_k}$$

若取 $\sigma_1=1$，则

$$I_{st}=\frac{U_1}{\sqrt{(r_1+r_2')^2+(x_{1\sigma}+x_{2\sigma}')^2}}$$

2) 起动时功率因数

$$\cos\varphi_{st}=\frac{r_2'}{\sqrt{r_2'^2+x_{2\sigma}'^2}}$$

3) 起动转矩

$$T_{st}=\frac{m_1 pU_1^2 r_2'\sigma_1^2}{2\pi f_1[(r_1+r_2')^2+(x_{1\sigma}+x_{2\sigma}')^2]}$$

由以上可见，适当减少转子漏抗和增加转子电阻可改善起动特性。

4) 为了使起动转矩等于最大转矩，须使 $s_m=1$，则串入转子每相回路中的起动电阻(归算到定子方)r_{st}为

$$r_{st}'=\frac{1}{\sigma_1}\sqrt{r_1^2+(x_{1\sigma}+\sigma_1 x_{2\sigma}')^2}-r_2'$$

5) 三相异步电动机常用的起动方法

(1) 直接起动。一般几个千瓦的小型异步电动机可以直接起动。

(2) 降压起动。常用方法有:①自耦变压器降压起动;②星形-三角形换接起动。

(3) 增加转子回路电阻起动。常用方法有:①绕线式异步电动机起动时转子回路中串入电阻,既可减小起动电流,又可加大起动转矩;②笼形异步电动机利用集肤效应采用深槽式或双笼转子,可改善起动性能。

二、调速

1) 转速关系式

$$n=(1-s)n_1=(1-s)\frac{60f_1}{p}$$

2) 调速方法

(1) 变极调速。

(2) 变频调速。

① 采用恒转矩控制方式,在基频以下变频调速且调速范围较小时

$$\frac{U_1}{f_1}=\text{定值}$$

在基频以下变频调速且调速范围较大时

$$\frac{E_1}{f_1}=\text{定值}$$

② 采用恒功率控制方式,在基频以上变频调速且保持电动机的过载能力 k_M 不变时

$$\frac{U_1^2}{f_1}=\text{定值}$$

(3) 改变转差率调速。

① 转子电路串电阻调速:调速时 $I_2=I_{2N}$,则

$$\frac{r'_2+r'_\triangle}{s'}=\frac{r'_2}{s},\qquad s'=\frac{r'_2+r'_\triangle}{r'_2}s$$

② 改变定子端电压 U_1。

习　题

12-1 一台绕线式异步电动机,在恒转矩负载下,以转差率 s 运行,当转子回路串入电阻 $r'_\triangle=2r'_2$ 时,则所得转差率将为__________。(选择:① 等于原先的转差率 s;② 三倍于原先的转差率;③ 两倍于原先的转差率)

12-2 有一台两极绕线式异步电动机要把转速调上去,可采用的调速方法是__________。(选择:① 变极调速;② 转子中串入电阻;③ 变频调速)

12-3　下列各结论正确的是＿＿＿＿＿＿。（选择：① 三相鼠笼式异步电动机直接起动时电流很大，为了避免起动过程中因过大电流而烧毁电动机，轻载时需要降压起动；② 电动机的负载越大电流则越大，因此只要是空载三相异步电动机就可以直接起动；③ 深槽式与双鼠笼三相异步电动机，起动时由于集肤效应而增大了转子电阻，因而具有较高的起动转矩倍数）

12-4　绕线式三相异步电动机拖动恒转矩负载运行，当转子回路串入不同电阻时，电动机转速不同，此时＿＿＿＿＿＿。（选择：① 转子电流及功率因数均不变；② 转子电流变化而功率因数不变；③ 转子电流不变而功率因数变化）

12-5　三相绕线式异步电动机拖动额定恒转矩负载运行时，采用转子回路串电阻调速，运行于不同的转速时，其转子回路电流的大小＿＿＿＿＿＿。（选择：① 与转差率 s 成反比；② 与转差率 s 成正比；③ 与转差率 s 无关；④ 与转差率 s 成某种函数关系）

12-6　增大绕线式异步电动机转子回路电阻，一般情况下将使起动电流＿＿＿＿＿＿，起动转矩＿＿＿＿＿＿，最大转矩＿＿＿＿＿＿，转差率＿＿＿＿＿＿。

12-7　一台三相异步电动机在额定电压下起动电流为 300A，起动转矩等于额定转矩，定子绕组 Y 接法。如果希望限制起动电流到 100A，那么可采用＿＿＿＿＿＿＿进行降压起动，此时流过电机绕组中的电流为＿＿＿＿＿＿ A，产生的起动转矩是额定转矩的＿＿＿＿＿＿倍。

12-8　增加绕线式异步电动机起动转矩的方法有＿＿＿＿＿＿＿＿＿＿＿＿＿＿。

12-9　普通笼形异步电动机在额定电压下起动时，为什么起动电流很大而起动转矩却并不大？为什么深槽式或双笼形异步电动机在额定电压下起动时，起动电流较小而起动转矩较大？

12-10　绕线式异步电动机采用在转子回路中串入电阻起动，为什么既能降低起动电流又能增大起动转矩？串入电阻前后对起动时的 Φ_m、I_2、$\cos\varphi_2$、I_{st} 将有何影响？是否串入的电阻越大起动转矩也越大？为什么？

12-11　两台相同的笼形异步电动机共轴连接，拖动一个负载。如果起动时将它们的定子绕组串联以后再接至电源，起动完毕后改接成为并联。试问这对起动电流和起动转矩有何影响？

12-12　一台三相绕线式异步电动机，$U_{1N}=380V$，定子绕组 Y 连接，$2p=8$，$f_N=50$ Hz，$n_N=700r/min$，$r_1=0.08\Omega$，$r'_2=0.09\Omega$，$x_{1\sigma}=0.35\Omega$，$x'_{2\sigma}=0.35\Omega$。试求：

(1) 起动电流及起动转矩（不计励磁回路影响）；

(2) 若要限制起动电流到原来的一半，则转子绕组中每相应串入多少电阻？（设定转子电势及电流变比 $k_e=k_i=1$）

12-13　一台三相四极绕线式异步电动机，$f_1=50$ Hz，转子每相电阻 $r'_2=0.02\Omega$，额定负载时 $n_N=1480r/min$，若负载转矩不变，要求把转速降到 1100r/min，则应在转子每相串入多大电阻？

12-14　一台鼠笼式感应电机的数据为：$P_N=14kW$，$U_{1N}=380V$，$n_N=2930r/min$，起动电流为额定电流的 5.5 倍，$\eta_N=90\%$，$\cos\varphi_N=0.91$，起动时的功率因数为 0.3（即 $r_k=z_k\cos\varphi=0.3z_k$），Y 连接，用在定子回路串联对称电阻的方法降压起动。设串接电阻后使起动电流减少到原来的 1/4。试求：每相串接电阻的数值（计算时忽略 I_m）。

12-15　一台三相四极异步电动机额定容量为 28kW，$U_{1N}=380V$，$\eta_N=90\%$，$\cos\varphi_N=0.88$，定子为△连接。在额定电压下直接起动时，起动电流为额定电流的 6 倍，试求用星形-三角形起动时,起动电流是多少?

12-16 一台三相绕线式异步电动机,$P_N=155kW$,$I_N=294A$,$2p=4$,$U_N=380V$,Y 接法。其参数为 $r_1=r'_2=0.012\Omega$,$x_{1\sigma}=x'_{2\sigma}=0.06\Omega$,$\sigma_1\approx1$,电势及电流的变比 $k_e=k_i=1.2$。现要求把起动电流限制为额定电流的 3 倍,试计算应在转子回路接入多大起动电阻?这时的起动转矩为多少?

第十三章　特种异步电机

本章介绍单相异步电动机和部分特种异步电机。

第一节　单相异步电动机

单相异步电动机的定子绕组为单相绕组，转子绕组一般为笼形绕组，它仍为多相绕组。

一、工作原理

定子单相绕组内电流为

$$i_1 = \sqrt{2} I_1 \sin\omega t$$

每极基波脉振磁势为

$$\begin{aligned} f_{\Phi 1} &= F_{\Phi 1} \cos\alpha \sin\omega t \\ &= \frac{1}{2} F_{\Phi 1} [\sin(\omega t - \alpha) + \sin(\omega t + \alpha)] \\ &= f_+ + f_- \end{aligned} \tag{13-1}$$

由上式可见，定子电流产生的基波脉振磁势可分解为转速相同、转向相反的两个旋转磁势 $\boldsymbol{F}_{1+}$ 和 $\boldsymbol{F}_{1-}$，如图13-1所示。通过电磁感应，它们在转子绕组内分别感应产生电流 $\dot{I}_{2+}$ 和 $\dot{I}_{2-}$。转子电流对应产生的磁势为 $\boldsymbol{F}_{2+}$ 和 $\boldsymbol{F}_{2-}$。$\boldsymbol{F}_{2+}$ 和 $\boldsymbol{F}_{1+}$、$\boldsymbol{F}_{2-}$ 和 $\boldsymbol{F}_{1-}$ 同速同向，合成产生每极气隙磁通分别为 $\dot{\Phi}_+$、$\dot{\Phi}_-$，对应在转子上产生电磁转矩分别为 T_{em+}、T_{em-}。上述关系可用图 13-2 的所示各物理量的联系来表示。其中，$F_{1+} = F_{1-}$。

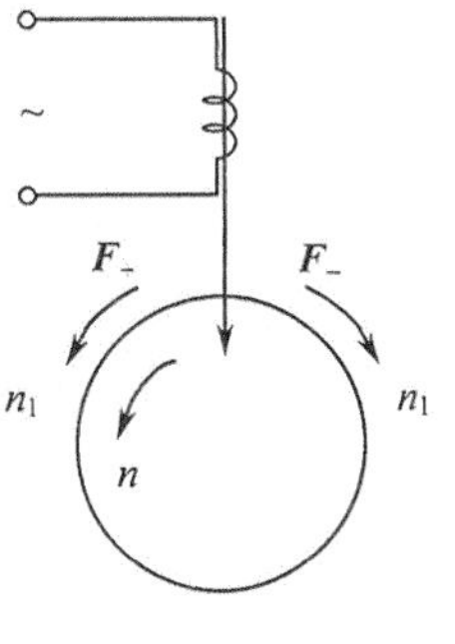

图 13-1　单相异步电动机的基波脉振磁势分解

令转子相对气隙正、反转旋转磁场（其磁通分别为 $\dot{\Phi}_+$、$\dot{\Phi}_-$）的转差率分别为 s_+、s_-。

图 13-3 表示单相异步电动机的转矩-转差率曲线。T_{em+} 为正序电磁转矩，T_{em-} 为负序电磁转矩，T_{em} 为合成电磁转矩。由图可见，正序电磁转矩随着 s 而变化的曲线和负序电磁转矩随着$2-s$而变化的曲线是完全对称的。

当 $n=0$ 时，$s_+ = s_- = 1$，$T_{em+} = T_{em-}$ 合成电磁转矩 $T_{em} = 0$，电机不能自行

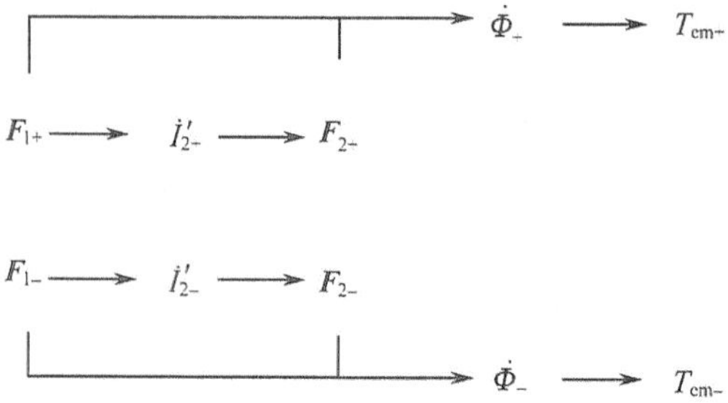

图 13-2　单相基波脉振磁场产生与对应电磁转矩的联系

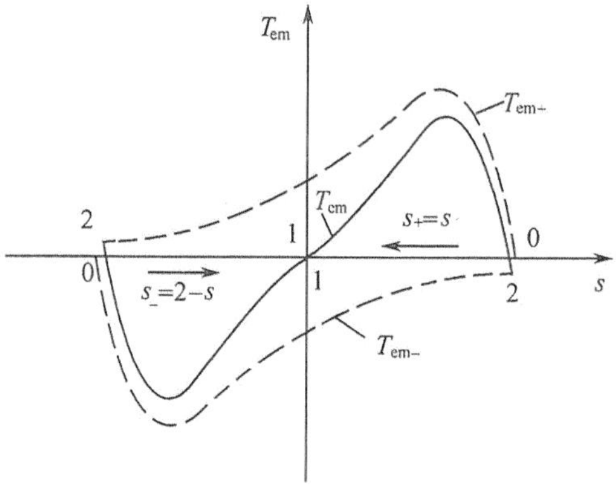

图 13-3　单相异步电动机的转矩-转差率曲线

起动。

当 $n\neq0$ 时，如外力作用使转子向任一方向旋转，则转子的旋转方向便可认为是正向，和转子同向旋转的磁场即称正序旋转磁场。当转子起动后，由于转子电流的变化，正序磁场较 $n=0$ 时有所增大。和转子反向旋转的磁场称负序旋转磁场，该磁场将进一步被削弱。于是，合成电磁转矩 $T_{em}\neq0$，且和转子旋转方向相同，故电机能持续旋转。

二、电磁转矩

正序电磁转矩

$$T_{em+}=\frac{p}{2\pi f_1}\cdot I'^2_{2+}\cdot\frac{r'_2}{s_+}$$

负序电磁转矩

$$T_{em-}=\frac{p}{2\pi f_1}\cdot I'^2_{2-}\cdot\frac{r'_2}{s_-}$$

$$= \frac{p}{2\pi f_1} \cdot I'^{2}_{2-} \cdot \frac{r'_2}{2-s}$$

合成电磁转矩

$$T_{em} = T_{em+} - T_{em-}$$
$$= \frac{p}{2\pi f_1} \cdot \left(I'^{2}_{2+} \cdot \frac{r'_2}{s} - I'^{2}_{2-} \cdot \frac{r'_2}{2-s} \right)$$
$$= \frac{1}{\Omega_1} \cdot \left(I'^{2}_{2+} \cdot \frac{r'_2}{s} - I'^{2}_{2-} \cdot \frac{r'_2}{2-s} \right) \tag{13-2}$$

三、起动方法

1. 分相起动

图 13-4 所示为电容起动单相异步电动机的电路图和相量图。

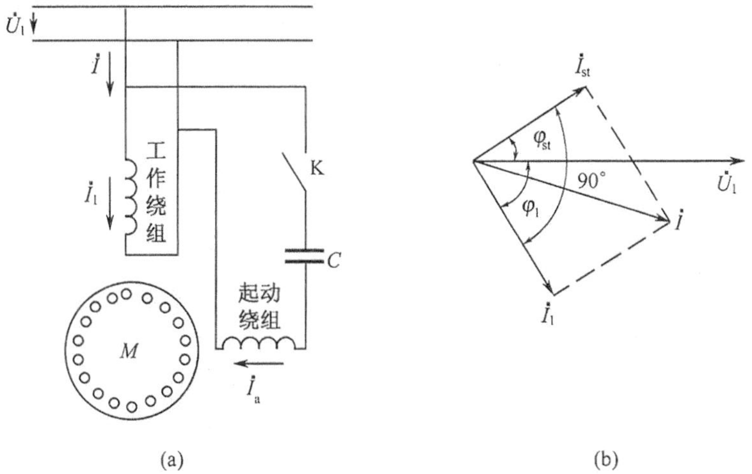

图 13-4　电容起动

(a)电容起动电路图；(b)电容起动相量图

定子上有工作绕组和起动绕组，它们在空间分布互差 π/2 电角度。起动时，合上 K 。起动完毕时，即当电动机的转速 $n=(70\sim80)\%n_1$ 时，转轴上离心式开关 K 自动断开，起动绕组被切除。故通常起动绕组按短时运行设计。这种单相异步电动机被称为电容起动单相异步电动机。

由于起动绕组支路上串有电容 C，只要电容选择适当，可使某一转速下流过工作绕组的电流 $\dot{I}_1$ 和流过起动绕组的电流 $\dot{I}_{st}$ 在时间相位上互差 π/2，如图 13-4(b)所示。图中，$\varphi_{st}+\varphi_1=90°$电角度。电机气隙中产生一个旋转磁场。与三相异步电动机同理，产生电磁转矩驱动电机旋转。

如果起动绕组不仅供起动用，还作改善电机运行用，则起动绕组应按长期运行方式设计。这种电动机称为单相电容(运行)电动机。

2. 罩极起动

图 13-5 所示为罩极电动机。

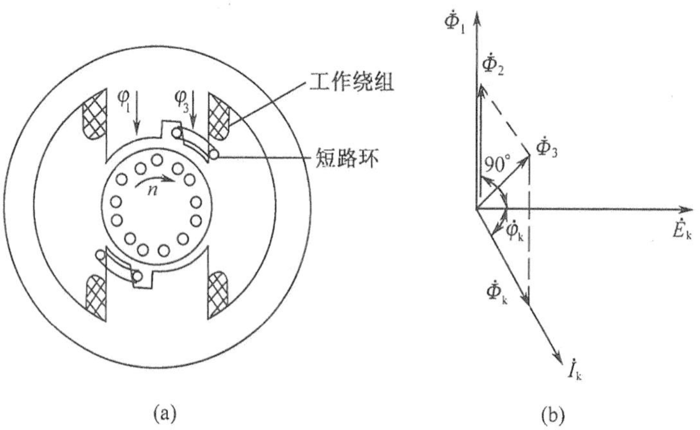

图 13-5　罩极电动机

(a)结构示意图；(b)磁通相量图

罩极式电动机的定子铁心通常为凸极式，每个极上绕有工作绕组，接单相电源。在极靴的一边开有一个小槽，槽内嵌上一个短路铜环，称为罩极线圈。它环绕极靴一角，约占全部面积的 1/3。转子为笼形。

现用叠加原理分析其工作原理。当工作绕组接到电网而有单相交流电流通过时，由它产生的脉振磁通可分为两部分，一部分磁通 $\dot{\Phi}_1$ 不穿过短路环，另一部分磁通 $\dot{\Phi}_2$ 则穿过短路环。显然，$\dot{\Phi}_1$ 和 $\dot{\Phi}_2$ 应同相位，因为它们都随工作绕组的电流变化而变化。这时，磁通 $\dot{\Phi}_2$ 便在短路环中感应出电势 $\dot{E}_k$ 和电流 $\dot{I}_k$。其中电势 $\dot{E}_k$ 应以 90°滞后于产生它的磁通 $\dot{\Phi}_2$，而电流 $\dot{I}_k$ 应以一个相位角 φ_k 滞后电势 $\dot{E}_k$。$\varphi_k = \arctan x_k/r_k$，式中 x_k 是由 I_k 流过短路环时所产生的全部磁通引起的电抗，即全自感电抗，而 r_k 为短路环的有效电阻。设由 $\dot{I}_k$ 产生的通过气隙的磁通为 $\dot{\Phi}_k$，则 $\dot{\Phi}_k$ 与 $\dot{I}_k$ 同相位。这样，我们得到如图 13-5(b)所示的磁通相量图，将 $\dot{\Phi}_2$ 与 $\dot{\Phi}_k$ 相量相加求得的 $\dot{\Phi}_3$ 便是实际穿过短路环的磁通。

可见，气隙中未罩部分的磁通 $\dot{\Phi}_1$ 和罩住部分的磁通 $\dot{\Phi}_3$，在空间位置上和时间上都有一定的相位差。因此，它们的合成磁场将是一个沿一定方向推移的磁场，在某种程度上近似于旋转磁场。因而能够产生一定的起动转矩。由于磁通 $\dot{\Phi}_1$ 超前 $\dot{\Phi}_3$[图 13-5(b)],可见,合成磁场推移的方向是从 $\dot{\Phi}_1$ 所在的未罩部分移向 $\dot{\Phi}_3$ 所在的罩住部分,随之转子是沿着这个方向旋转的。

第二节　交流伺服电动机

交流伺服电动机常用于自动控制及计算机系统。其功能是将加在控制绕组上的电信号转变为转轴上的机械输出,故它是一个执行元件。

对交流伺服电动机的基本要求如下:

(1) 快速响应。一旦信号输入,电机立即按规定方向转动,并能输出足够大的转矩。

(2) 自制动作用。一旦输入信号消失,电机须立即停转。

(3) 线性的运行特性。包括:①机械特性,即当控制信号一定时,转矩与转速的关系;②调速特性,即当转矩一定时,转速与控制电压的关系。

交流伺服电动机的基本工作原理与普通单相异步电动机相似。常用的交流伺服电动机是小型或微型的两相异步电动机,其原理图见图 13-6 所示。

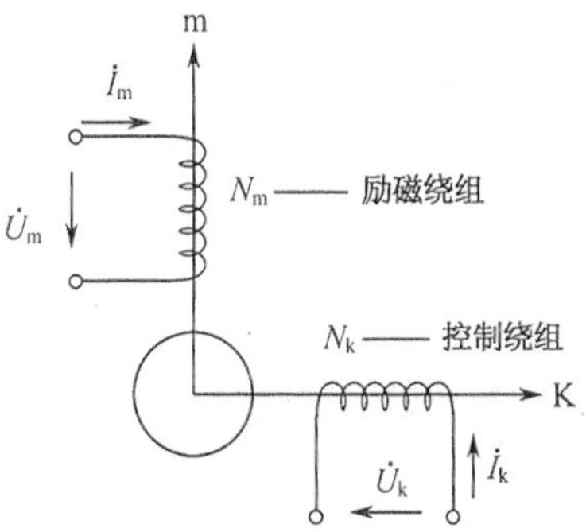

图 13-6　两相伺服电动机的原理图

两相伺服电动机的定子上装有两个空间上彼此相差 90°电角度的绕组。其中一个绕组接恒定的励磁电压 U_m 的交流电网,称为励磁绕组;另一个绕组接控制电压 U_k 的信号源,称为控制绕组。控制电压 U_k 的频率与励磁电压 U_m 的频率相同。电机的转子通常采用笼形。

为了使电动机具有自制动特性,设计电机时须增大电机的转子电阻,使发生最大电磁转矩的转差率 $s_m>1$,如图 13-7(b)所示。

由图可见,伺服电动机单相运行时产生的合成电磁转矩 T_{em} 的方向与图 13-7(a)的相反,即单相合成转矩的方向总与转子的转向相反,能起制动作用。当控制绕组这一相失去电源后(即控制信号消失后),电动机受反向制动转矩作用而停转。因而,该电动机具有自制动能力。

交流伺服电动机的控制方法有:

(1) 幅值控制。即保持控制电压 $\dot{U}_k$ 的相位角与励磁电压 $\dot{U}_m$ 的相位角相差 90°电角度不变,仅仅改变其幅值大小。

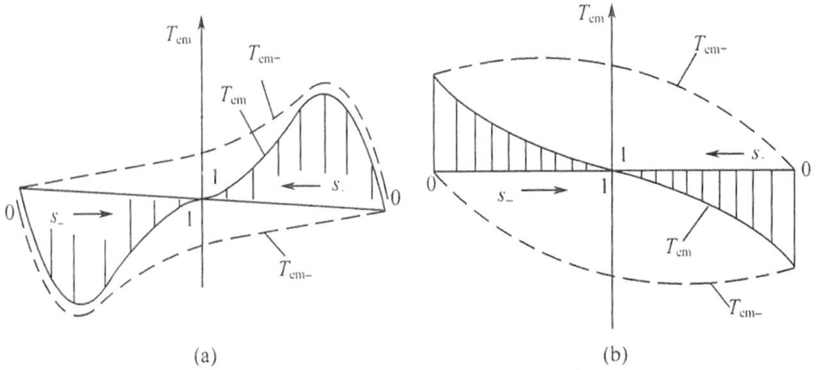

图 13-7 单相运行时 $T_{em}=f(s)$曲线

(a)普通的异步电动机;(b)二相伺服电动机

(2) 相位控制。即保持控制电压 $\dot{U}_k$ 的幅值不变,仅仅改变其相位。

(3) 幅相控制。即同时改变控制电压 $\dot{U}_k$ 的幅值和相位。

上述三种控制方法的实质都是通过改变不对称两相电压中的正序分量和负序分量之比,来改变电动机运行时正转旋转磁场和反转旋转磁场的相对大小,从而改变其产生的合成电磁转矩,以达到改变转速的目的。为了使控制电压 $\dot{U}_k$ 和励磁电压 $\dot{U}_m$ 具有一定的相位差,通常采用在励磁回路或控制回路内串联电容器的方法。

如图 13-8 所示,图 13-8(a)为幅值控制,这时励磁电压 U_m 即等于电源电压 U_1。控制电压 U_k 与励磁电压 U_m 之间的相角差保持为 90°不变,其大小可利用电位器来调节。图 13-8(b)为相位控制,这时励磁电压 U_m 即等于电源电压 U_1。控制电压 U_k 的大小不改变,其相位可利用移相器来调节。图 13-8(c)为幅相控制,这时 $\dot{U}_1=\dot{U}_c+\dot{U}_m$。当改变控制电压 U_k 时,由于旋转磁场变化,励磁绕组及串联电容器上的电压分布随着改变,因此 U_k 与 U_m 间的相位差也将改变,故称幅相控制,或称电容控制。当被控制的对象从整定状态偏移时,将通过一定的减速机构来调节电位器或移相器。于是控制绕组上将接受到信号电压而使电动机转动。

为了减少转子的机械惯性,提高电动机对控制信号的快速响应,可采用空心杯形转子。图 13-9 所示为空心杯形转子二相伺服电动机的结构示意图。图中 1 为外定子,其结构和普通异步电动机的定子结构相同。铁心由电工钢片叠成。在定子槽中嵌有在空间相距 90°电角度的励磁绕组和控制绕组。2 为内定子,同样用电工钢片叠成,呈圆柱形,固定在电机一个端盖上。内定子上无绕组,仅作一段主磁路,以减小主磁路的磁阻。3 为空心杯形转子,一般用铝合金材料制成,其底盘固

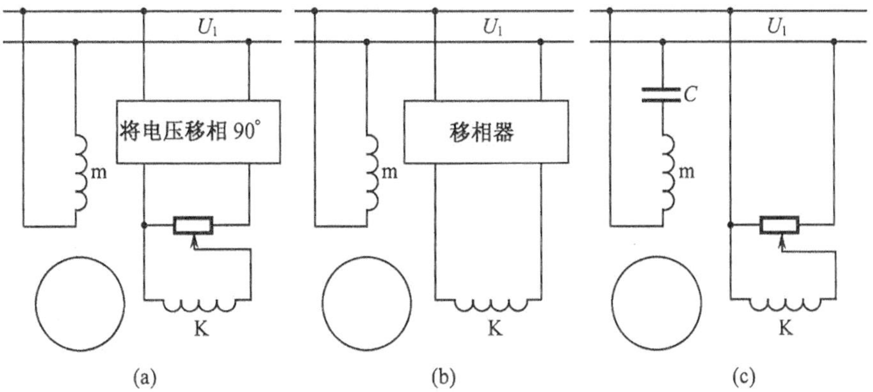

图 13-8　二相伺服电动机的控制方法

(a)幅值控制;(b)相位控制;(c)幅相控制

定在转轴上。空心杯形转子的壁厚随电机的容量而不同,一般在 0.2～0.9 mm。4 为机壳。5 为端盖。6 为绕组的端部。7 为转子的轴。空心杯形转子电动机的优点是转动惯量小,运行时反应灵敏。缺点是气隙大,导致励磁电流大,故而它的效率和功率因数都较低。

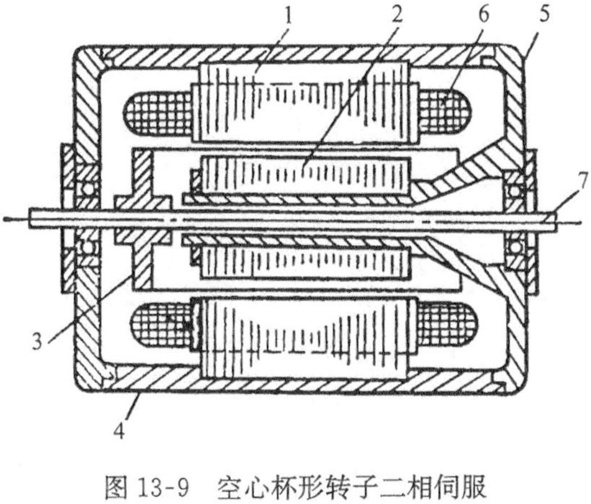

图 13-9　空心杯形转子二相伺服电动机的结构示意图

第三节　交流测速发电机

在自动控制系统中,广泛应用的交流测速发电机为空心杯形转子异步测速发电机。其结构与空心杯形转子二相伺服电动机相同,图 13-10 为其接线图。

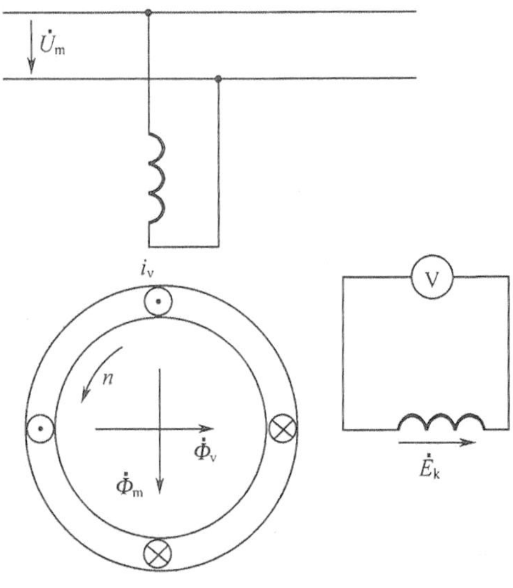

图 13-10　测速发电机的接线图

励磁绕组接在频率和大小都不变的交流电压 $\dot{U}_m$ 上，控制绕组此时改作为输出绕组，接到交流电压表上，电机的转子与被测转速的转轴相连，交流电压表的读数将与机轴的转速成正比。

当转子不动时，由励磁绕组产生的纵轴脉振磁场 $\dot{\Phi}_m$ 虽能在转子中感应出电势 $\dot{E}_t$，使转子中出现电流 $\dot{I}_t$，但因为 $\dot{I}_t$ 所产生的磁场仍沿纵轴方向，不会在控制绕组内感应电势，故电压表的读数为零。当转子以转速 n 旋转时，转子切割纵轴磁场 $\dot{\Phi}_m$ 产生速率电势 $\dot{E}_v$，对应在转子回路中出现电流 $\dot{I}_v$。因转子电阻远大于电抗，$\dot{I}_v$ 与 $\dot{E}_v$ 同相。在图 13-10 中，转子上、下两个位置上的导体中速率电势 e_v 和电流 i_v 假定均达到最大值。可见，$\dot{I}_v$ 产生的磁场 $\dot{\Phi}_v$ 沿横轴方向，即沿输出绕组的轴线方向。所以，$\dot{\Phi}_v$ 在控制绕组内感应出电势 $\dot{E}_v$ 而显示在电压表上。电压表上显示的读数可为对应转速 n 数值。

由于，$\dot{U}_m$ 的大小和频率恒定，纵轴磁通 $\dot{\Phi}_m$ 的脉振频率和振幅不变，则 $\dot{E}_v$ 和 $\dot{I}_v$ 的频率不变，其有效值与转子转速 n 成正比。而由 $\dot{I}_v$ 产生的横轴脉振磁通 $\dot{\Phi}_v$ 也跟着脉振频率不变，其振幅与转速 n 成正比。由此可见，由 $\dot{\Phi}_v$ 感应于输出绕组中的电势 $\dot{E}_k$ 具有这样的特点，电势的频率始终与 $\dot{U}_m$ 的相同而保持不变，但电势的有效值与转子转速 n 成正比。

第四节　自 整 角 机

自整角机被广泛用于现代自动控制及其他诸多领域。它是由两台或多台结构、参数均相同的自整角机组合使用的。由包括自整角机在内所组成的同步连接系统，通过电的联系，使远距离的两根或多根机械转轴能够精确地保持相同的转角变化，或同步旋转，实现角度位置的远距离传输、指示或变换。

自整角机按相数可分：①三相自整角机。定子三相绕组（Y 连接），各相对应接同一电网。转子为三相绕线式，各相对应相连。②单相自整角机。定子仍为三相绕组且各相对应相连，转子为单相绕组，由单相交流电源激励，如图 13-11 所示。

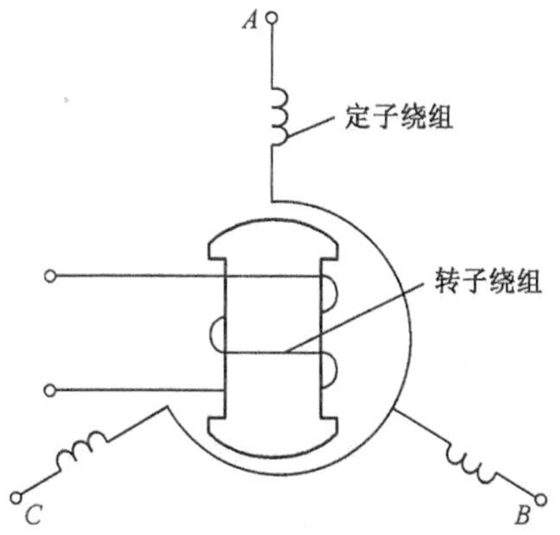

图 13-11　单相自整角机的定、转子绕组

自整角机按用途可分：①力矩式自整角机（指示式自整角机）。其功能是远距离同步输送、接收转轴上的转角。通常，与指令轴相连的自整角机称为发送机，与执行轴相连的称为接收机，如图 13-12 所示。当发送机的转子转动任一角度，则接收机的转子也立即跟随转过相同的角度，故称为自整角机。②控制式自整角机（自整角变压器）。其功能是将转角转换成电信号，如图 13-13 所示。控制式自整角机是作为转角电压变换器用的。使用时，将两台自整角机的定子绕组出线端用三根导线对应连接起来，发送机转子绕组接单相交流励磁电源（在各种自动控制设备中，由于应用单相系统更为方便，故常用之），而接收机转子绕组输出的是反映角位移的信号电压。图 13-14 所示为控制式自整角机系统。

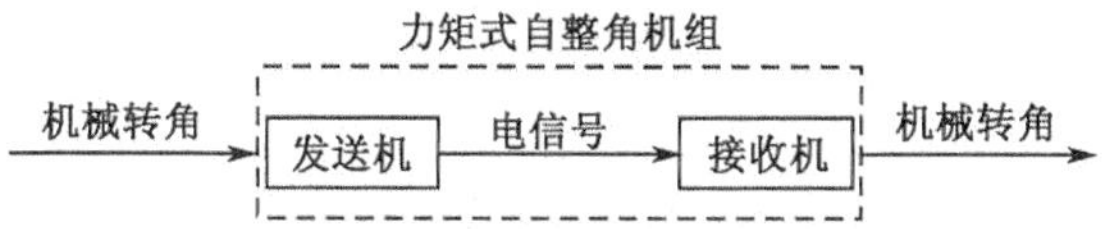

图 13-12　力矩式自整角机

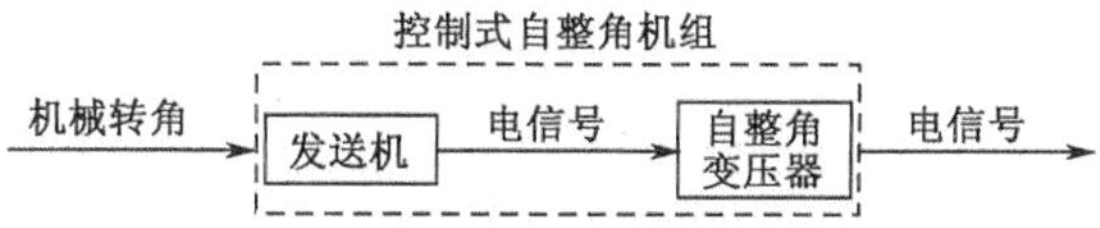

图 13-13　控制式自整角机

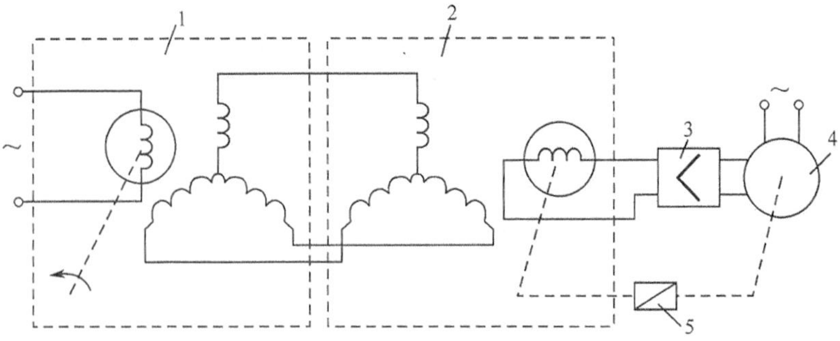

图 13-14　控制式自整角机系统

1-控制式自整角发送机；2-自整角变压器；3-放大器；4-伺服电动机；5-减速器

自整角机在结构上可分定子和转子两大部分，图 13-15 所示为接触式自整角机的结构图。自整角机的定、转子铁心均由高导磁率、低损耗的薄硅钢片叠成。定、转子之间的气隙较小。力矩式自整角机的转子较多采用两极的凸极结构，其铁心冲片形状如图 13-16(a)所示，而对频率较高、功率较大的力矩式自整角机则采用隐极结构，其铁心冲片形状如图 13-16(b)所示；控制式自整角机的接收机转子通常采用隐极结构。

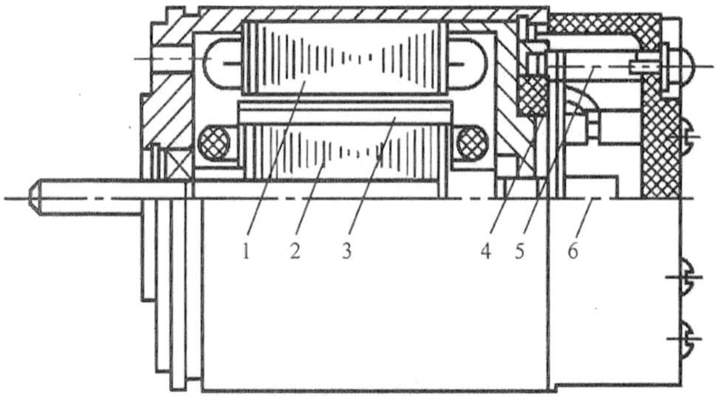

图 13-15　接触式自整角机结构示意图

1-定子；2-转子；3-阻尼绕组；4-电刷；5-接线柱；6-滑环

一、三相自整角机

通常，三相自整角机的定子绕组为三相对称、Y 连接的交流绕组，又称励磁绕组。转子绕组为三相对称、绕线式、Y 连接的交流绕组，又称整步绕组。机组的两台自整角机的转子绕组各相对应以导线相连，如图 13-17 所示，该两机的组合称为三相同步连接系统。图中假设自整角机 F 为发送机，自整角机 J 为接收机。转子上所标电势与电流的方向均为正方向。

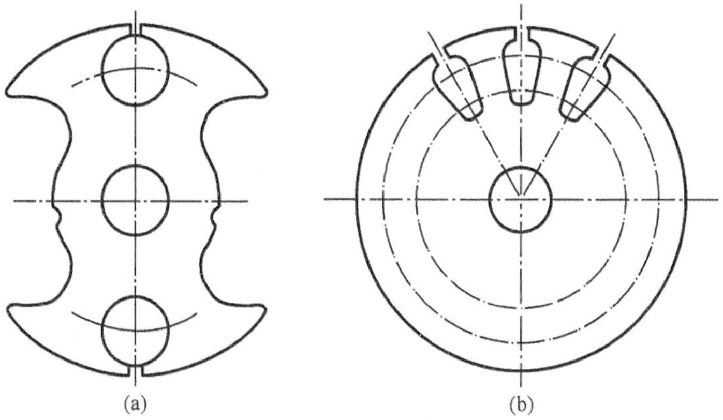

图 13-16　转子铁心冲片形状
(a)凸极式;(b)隐极式

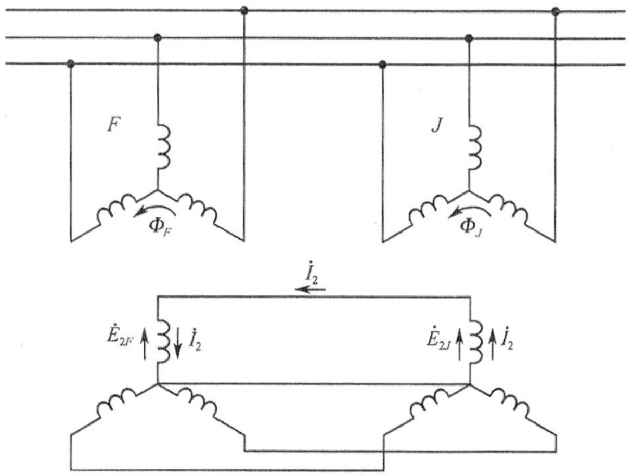

图 13-17　三相同步连接系统接线图

在图 13-17 中,当两台自整角机 F、J 的转子处于相同的空间位置时,转子绕组中的每相感应电势 $\dot{E}_{2F}$ 与 $\dot{E}_{2J}$ 不但有效值相等,且相位相同,如图 13-18(a)所示。转子回路中合成电势 $\Delta\dot{E}_2$ 为零,即

$$\Delta\dot{E}_2 = -\dot{E}_{2F} + \dot{E}_{2J} = 0$$

因此转子绕组每相电流为零,即

$$\dot{I}_2 = 0$$

这时,无电磁转矩作用于转子,转子静止不动。

当发送机 F 的转子被主动性地转过一角度 θ 瞬间(假设此瞬间接收机 J 的转子尚停留在原位置),如图 13-19 所示转子沿气隙旋转磁场方向转过一角度 θ,则

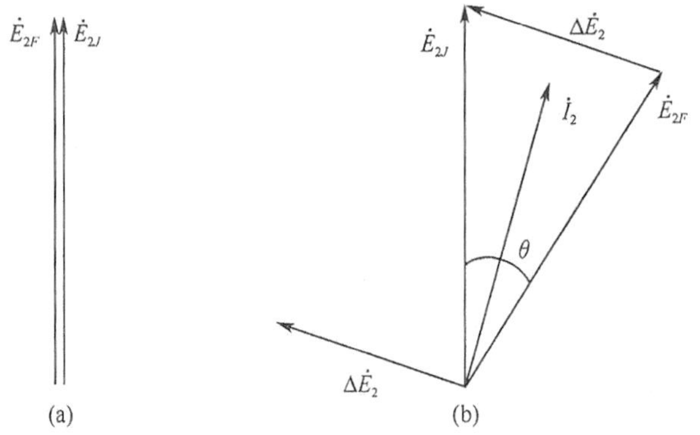

图 13-18 三相同步连接系统矢量图

转子绕组中的每相感应电势 $\dot{E}_{2F}$ 与 $\dot{E}_{2J}$ 的相位不相同，如图 13-18(b)所示。转子回路中合成电势 $\Delta\dot{E}_2$ 不为零，即

$$\Delta\dot{E}_2 = -\dot{E}_{2F} + \dot{E}_{2J} \neq 0$$

转子回路中出现电流（转子绕组每相电流，该回路电流又称均衡电流）

$$\dot{I}_2 = \frac{\Delta\dot{E}_2}{Z_{2F} + Z_{2J}} = \frac{\Delta\dot{E}_2}{(r_{2F} + \mathrm{j}x_{2\sigma F}) + (r_{2J} + \mathrm{j}x_{2\sigma J})} \tag{13-3}$$

式中，r_{2F}、$x_{2\sigma F}$、Z_{2F}——发送机转子绕组每相电阻、漏电抗与漏阻抗；

r_{2J}、$x_{2\sigma J}$、Z_{2J}——接收机转子绕组每相电阻、漏电抗与漏阻抗。

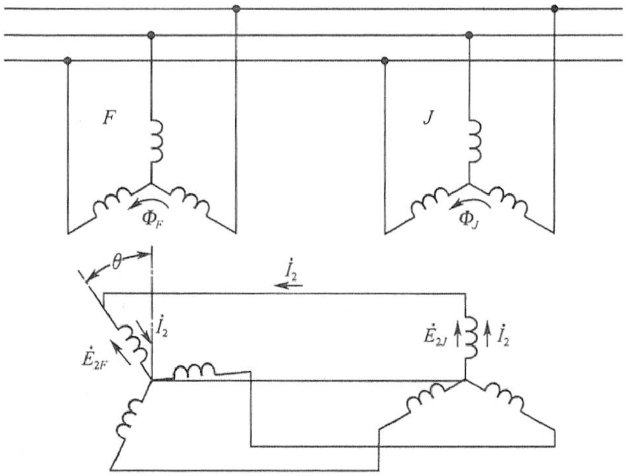

图 13-19 三相自整角机的工作原理

$\dot{I}_2$ 滞后于 $\Delta\dot{E}_2$ 以一个电角度

$$\psi_2 = \arctan\frac{x_{2\sigma F} + x_{2\sigma J}}{r_{2F} + r_{2J}} \tag{13-4}$$

由于转子绕组的电阻远比漏电抗小，则

$$\psi_2 \approx 90^\circ$$

载流的转子线圈分别在发送机 F 及接收机 J 的旋转磁场(图 13-19 及图 13-17 中均以磁通 Φ_F 及 Φ_J 表示该旋转磁场)中受到电磁转矩的作用。对于发送机 F，所受电磁转矩为

$$T_{emF} = C_T\Phi_F I_2 \cos\psi_{2F} = -C_T\Phi_F I_{2aF} \tag{13-5}$$

式中，ψ_{2F}——发送机转子绕组中 $\dot{I}_2$ 与$(-\dot{E}_{2F})$之间的夹角；

I_{2aF}——发送机转子绕组每相电流的有功分量。

T_{emF}的方向与发送机转子转动方向相反(即如图 13-19 中与旋转磁场方向相反)，它与作用在发送机转子上并导致其发生主动性转过一角度 θ 的外力矩相平衡。

对于接收机 J，所受电磁转矩为

$$T_{emJ} = C_T\Phi_F I_2 \cos\psi_{2J} = C_T\Phi_F I_{2aJ} \tag{13-6}$$

式中，ψ_{2J}——接收机转子绕组中 $\dot{I}_2$ 与 $\dot{E}_{2J}$之间的夹角；

I_{2aJ}——接收机转子绕组每相电流的有功分量。

T_{emJ}的方向与发送机转子转动方向相同(即如图 13-19 中与旋转磁场方向相同)，它力图使接收机的转子按发送机转子相同的转向转过相同的角度。如此，在电磁转矩的作用下，接收机自动调整它的转子转角使之与发送机转子转角始终保持一致，故此装置又称三相自整角机同步装置。

二、单相自整角机

通常，单相自整角机的定子绕组为三相对称、Y 连接的交流绕组，又称整步绕组，机组内各机的对应相以导线相连。转子绕组为单相绕组，又称励磁绕组，励磁绕组通过滑环和电刷装置与外电路相连接，机组内的两台或多台自整角机的转子单相绕组接同一单相交流电源，如图 13-20 所示。

在单相交流电流通入两台自整角机的励磁绕组时，发送机与接收机的气隙中都将出现时间上同相位的脉振磁场，其大小随时间按正弦规律变化。在脉振磁场的作用下，定子整步绕组内产生感应电动势，各相整步绕组感应电动势的大小取决于它的绕组轴线与励磁绕组轴线之间的相对位置。当某一相整步绕组轴线与励磁绕组轴线重合时，该相绕组中的感应电动势为最大，感应电动势的最大值以 E_m 表示。

图 13-20 中，设发送机的定子 A 相整步绕组轴线与转子励磁绕组轴线的夹角为 θ_F，接收机的定子 A 相整步绕组轴线与转子励磁绕组轴线的夹角为 θ_J。则定子

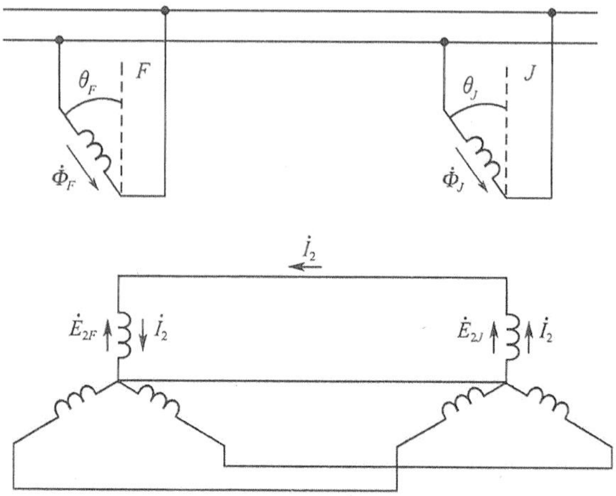

图 13-20　单相同步连接系统接线图

各相整步绕组中的感应电动势有效值如下：

对于发送机

$$E_{FA}=E_m\cos\theta_F$$
$$E_{FB}=E_m\cos(\theta_F-120^\circ)$$
$$E_{FC}=E_m\cos(\theta_F-240^\circ)$$

对于接收机

$$E_{JA}=E_m\cos\theta_J$$
$$E_{JB}=E_m\cos(\theta_J-120^\circ)$$
$$E_{JC}=E_m\cos(\theta_J-240^\circ)$$

发送机与接收机整步绕组各相对应相连接的回路中合成电动势为

$$\Delta E_A=E_{JA}-E_{FA}=E_m(\cos\theta_J-\cos\theta_F)=2E_m\sin\frac{\theta_F+\theta_J}{2}\sin\frac{\theta_F-\theta_J}{2}$$

$$\Delta E_B=E_{JB}-E_{FB}=2E_m\sin\left(\frac{\theta_F+\theta_J}{2}-120^\circ\right)\sin\frac{\theta_F-\theta_J}{2}$$

$$\Delta E_C=E_{JC}-E_{FC}=2\ E_m\sin\left(\frac{\theta_F+\theta_J}{2}-240^\circ\right)\sin\frac{\theta_F-\theta_J}{2}$$

由此可见，当 $\theta_J=\theta_F$ 时，整步绕组各相回路的合成电动势为零，回路中无电流通过，定子整步绕组与转子(励磁磁场)之间无电磁转矩作用，转子静止不动。

当 $\theta_J\neq\theta_F$ 时，整步绕组各相回路的合成电动势不为零，各相回路中出现均衡电流，其有效值为

$$I_A=\frac{\Delta E_A}{2Z}=\frac{E_m}{Z}\sin\frac{\theta_F+\theta_J}{2}\sin\frac{\theta_F-\theta_J}{2}$$

$$I_B=\frac{\Delta E_B}{2Z}=\frac{E_m}{Z}\sin\left(\frac{\theta_F+\theta_J}{2}-120^\circ\right)\sin\frac{\theta_F-\theta_J}{2}$$

$$I_A=\frac{\Delta E_C}{2Z}=\frac{E_m}{Z}\sin\left(\frac{\theta_F+\theta_J}{2}-240^\circ\right)\sin\frac{\theta_F-\theta_J}{2}$$

载流的定子整步绕组在气隙磁场中受到电磁转矩作用，其反作用转矩驱使转子转动。只有转至 $\theta_J=\theta_F$ 时，该转矩消失，转子恢复静止不动状态。可见，只要发送机转子转过一个角度，接收机转子就会立即跟随转过一个相同的角度，从而实现了转角的远距离再现。

也可以把励磁绕组产生的单相脉振磁场分解为两个转速相同、转向相反的旋转磁场：正转磁场与反转磁场来分析。对于正转磁场，其产生的电磁转矩 T_{em+} 作用原理与三相自整角机的类同；对于反转磁场，由于其转向与正转磁场相反，所产生的感应电势及电磁转矩 T_{em-} 的情况也相反，即如果 T_{em+} 的方向与正转磁场的转向相同的话，则对应 T_{em-} 的方向与反转磁场的转向相反。因此，T_{em+} 与 T_{em-} 在空间的方向是一致的，都是使接收机自动调整它的转子转角使之与发送机转子转角始终保持一致。

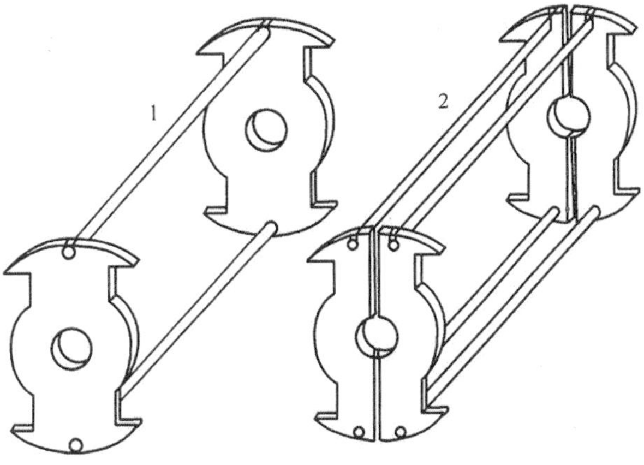

图 13-21　凸极阻尼绕组形式

1-单根阻尼绕组；2-双根阻尼绕组

此外，在自整角机的转子上还放置与励磁绕组正交的阻尼绕组。阻尼绕组的作用有：①改善和减低自整角机的交轴参数，以提高比力矩并产生阻尼效应，使自整角机不致产生失步、自转或不衰减振荡；②减少发送机的电气误差，提高精度。

对于凸极转子，励磁绕组集中置于极间区域，阻尼绕组安置在极靴上的槽内，它是短路的导条，有单和双之分，如图 13-21 所示。

对于隐极转子，励磁绕组和阻尼绕组都是分布置于铁心槽内，互相成正交。其组成有两种形式：①轴线互相垂直的（一般为对称的）两个单相绕组，其

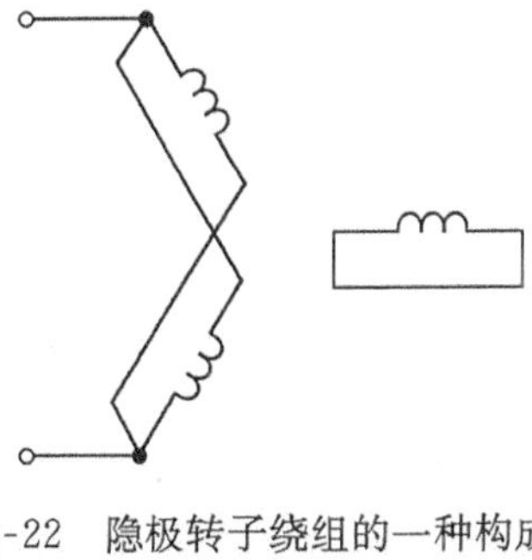

图 13-22　隐极转子绕组的一种构成形式

中短路的一相为阻尼绕组；②由三相绕组改接成两相，如图 13-22 所示。其中短路的一相为阻尼绕组，并接的二相为励磁绕组，该励磁绕组也有阻尼效果。分析认为，两种形式的阻尼绕组阻尼性能一致。通常，第一种形式的阻尼绕组应用较多。

当阻尼绕组的阻尼作用尚不能消除振荡时，需使用机械阻尼器。通常，采用两级惯性摩擦机械阻尼器，如图 13-23 所示。

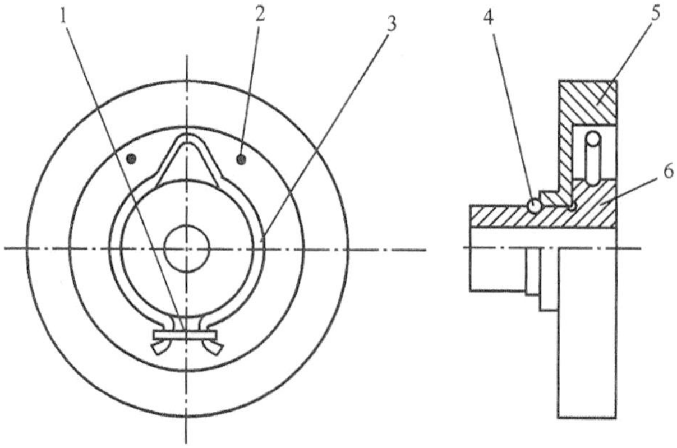

图 13-23　两级惯性摩擦机械阻尼器

1-锁片；2-销钉；3-弹簧；4-弹簧环；5-惯性轮；6-轴套

机械阻尼器的基本元件有惯性轮和摩擦装置。当振荡发生时，由于惯性作用，惯性轮几乎不动，转轴在附加摩擦力矩的作用下将转子的动能消耗掉，振荡便迅速地衰减。

习　题

13-1　比较单相异步电动机和三相异步电动机的 T-s 曲线，就以下各点进行比较：

(1)当 $s=0$ 时的转矩；

(2)当 $s=1$ 时的转矩；

(3)最大转矩；

(4)在有相同转矩时的转差率；

(5)当 $1<s<2$ 时的转矩。

13-2　怎样改变单相电容异步电动机的旋转方向？罩极式电动机的旋转方向能否改变？

13-3　和普通的异步电动机相比，二相伺服电动机有什么特殊要求？如何达到这些要求？如何确定二相伺服电动机的旋转方向？如何改变旋转方向？

13-4　在转子不动时，二相伺服电动机的气隙磁场有什么性质？在运转时又有什么性质？在转子不动时，交流测速发电机的气隙磁场有什么性质？在运转时又有什么性质？

第四篇　同 步 电 机

同步电机的特点是转子转速 n 与定子产生旋转磁场的转速 n_1 相等。同步电机的一个主要用途是作发电机，此外，也作电动机或调相机运行。

第十四章　同步电机的基本结构和工作原理

第一节　同步电机的基本构造型式

一、磁极旋转式

即励磁绕组在转子上，电枢绕组在定子上，其结构与异步电机的定子绕组相同。这种形式适用于大、中功率的电机，根据转子形式的不同，又分为隐极式和凸极式。

(1) 隐极式。如图 14-1(a)所示。这种形式构造牢固，用于少极高速的同步电机中，汽轮发电机都采用隐极式。直流励磁绕组嵌放在槽中，两个大齿分别形成 N、S 极。为适应高速运行，在结构设计时通常采用细长型，如图 14-2 所示。

(2) 凸极式。如图 14-1(b)所示。这种形式构造简单，通常用于多极低速的同步电机中，水轮发电机都采用凸极式，如图 14-3 所示。励磁绕组绕在磁极上。

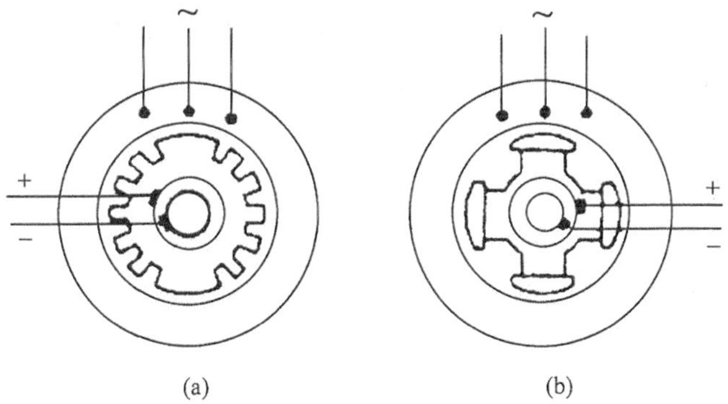

图 14-1　磁极旋转式

(a)隐极式；(b)凸极式

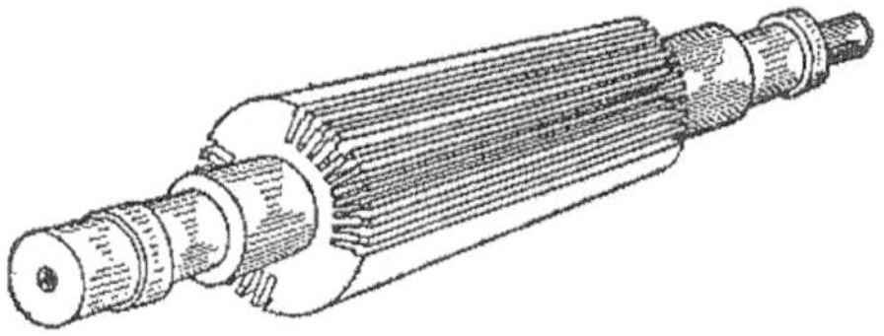

图 14-2　汽轮发电机转子铁心

图 14-3　水轮发电机转子

二、电枢旋转式

即励磁绕组在定子上，电枢绕组在转子上，如图 14-4 所示。由于从转动着的电枢绕组要通过滑动接触才能输出或输入电能，对于大容量电能则存在着诸多制约条件。故此，电枢旋转式结构只适用于几个千瓦以下的小功率范围。以下介绍均以磁极旋转式结构为例。

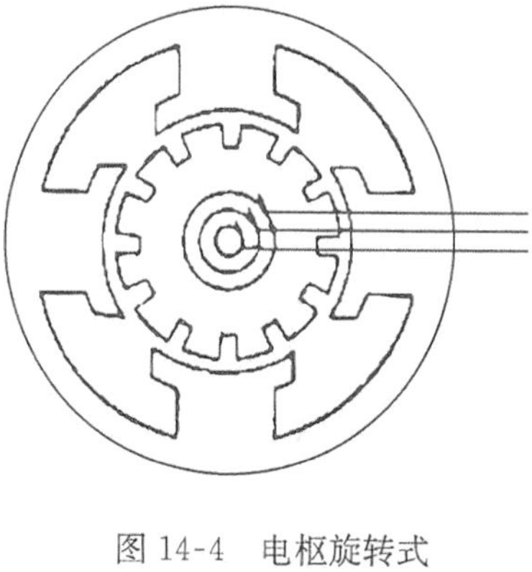

图 14-4　电枢旋转式

第二节　同步电机的基本工作原理

一、交流励磁的旋转磁场

同步电机定子与异步电机的相同。当时间相位对称的三相交流电通过空间三相对称分布的交流绕组时，气隙中产生一个三相合成的旋转磁场 $\boldsymbol{F}_a$（通常将谐波磁场归到漏磁场中计算，这里仅指基波磁场）。其基波磁势为

$$f_a = \frac{\sqrt{2}}{\pi} m \frac{N}{p} k_{N1} I \sin(\omega t - \alpha) \tag{14-1}$$

其转向与定子正相序方向相同，其转速即同步速，为

$$n_1 = \frac{60f}{p} \tag{14-2}$$

式中，f——定子电流的频率。

二、直流励磁的旋转磁场

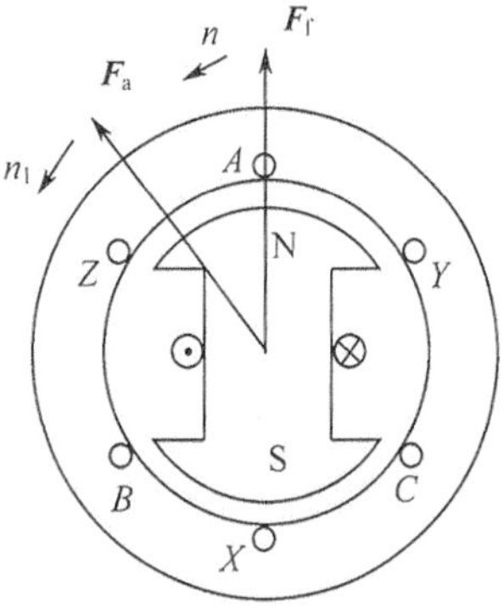

图 14-5　同步电机工作原理

图 14-5 是一台凸极式同步电机的示意图，其转子上绕有励磁绕组，励磁绕组两端接直流电源，在励磁绕组内通过直流励磁电流 I_f 时产生直流励磁磁场 $\boldsymbol{F}_f$，见图 14-1 所示。当转子以同步速旋转时，直流励磁磁场随之旋转，其磁势幅值为

$$F_f = I_f N_f$$

转速

$$n = n_1$$

转向通常与交流励磁磁场的旋转磁场转向相一致。磁势波形与转子结构有关，对于凸极式结构时，磁势波形为方波。

三、工作原理

作发电机运行时，原动机驱动同步电机转子以同步速 n_1 旋转(即 $n=n_1$)，在气隙中形成旋转磁场，其磁势为 F_f，气隙磁通密度为 B_f，与气隙磁通密度的基波对应的等效正弦波励磁磁势可用空间矢量 $\boldsymbol{F}_f$ 表示。定子三相绕组切割该旋转磁场，感应空载电势 E_0，感应电势的频率为

$$f = \frac{pn_1}{60}$$

同步发电机负载后，定子三相交流绕组(亦称电枢绕组)出现电枢电流 $\dot{I}$，伴随产生电枢磁场，其磁势为 $\boldsymbol{F}_a$。这时，空间矢量 $\boldsymbol{F}_f$ 在前，$\boldsymbol{F}_a$ 在后。

作电动机运行时，定子三相交流绕组(电枢绕组)接三相电源。如前所述，定子产生三相合成旋转磁场 $\boldsymbol{F}_a$，依靠磁拉力驱动直流励磁的转子同速同向旋转。这时，空间矢量 $\boldsymbol{F}_a$ 在前，$\boldsymbol{F}_f$ 在后。

由于无论何种运行状态，$\boldsymbol{F}_a$ 与 $\boldsymbol{F}_f$ 始终是同速同向旋转，故 $\boldsymbol{F}_a$ 与 $\boldsymbol{F}_f$ 相对静止，形成气隙合成磁势为 $\boldsymbol{F}_\delta$。

可见，同步发电机空载时气隙磁场为 $\boldsymbol{F}_\delta = \boldsymbol{F}_f$，负载后气隙磁场 $\boldsymbol{F}_\delta = \boldsymbol{F}_f + \boldsymbol{F}_a$。电枢磁势的基波 $\boldsymbol{F}_a$ 对气隙磁势基波 $\boldsymbol{F}_\delta$ 的影响称为电枢反应。

由于转子励磁绕组不切割磁场，故在转子励磁绕组内不产生感应电势。

第三节　额　定　值

同步电机的额定值主要有：

1. 额定容量 S_N（或额定功率 P_N）

对同步发电机来说，额定容量 S_N 是指出线端输出的视在功率，一般以千伏安（kV·A）或兆伏安（MV·A，即百万伏安）为单位；额定功率 P_N 是指发电机输出的有功功率。一般以千瓦（kW）或兆瓦（MW，即百万瓦）为单位；对同步电动机来说，额定功率 P_N 是指电动机转轴上输出的机械功率，一般以千瓦（kW）或兆瓦（MW，即百万瓦）为单位；对同步调相机来说，则是出线端的无功功率，一般以千乏（kvar）或兆乏（Mvar）为单位。

2. 额定电压 U_N

U_N 是指额定运行时电机定子绕组的线电压，单位为伏（V）或千伏（kV）。

3. 额定电流 I_N

I_N 是指电机在额定运行时流过定子绕组的线电流，单位为安（A）。

4. 额定功率因数 $\cos\varphi_N$

即电机在额定运行时的功率因数。

5. 额定效率 η_N

即电机额定运行时的效率。

综上额定值相互关系有：

对于三相同步发电机

$$P_N = S_N\cos\varphi_N = \sqrt{3}U_N I_N\cos\varphi_N \tag{14-3}$$

对于三相同步电动机

$$P_N = \sqrt{3}U_N I_N\cos\varphi_N\eta_N \tag{14-4}$$

除了上述额定值外，电机铭牌上还列出额定频率 f_N（Hz）、额定转速 n_N（r/min）、额定励磁电流 I_{fN}和额定励磁电压 U_{fN}等。

第四节　小　结

一、同步电机按运行状态可分同步发电机和同步电动机

同步电机主要作发电机用。以原动机区分主要有两大类:汽轮发电机(隐极式)和水轮发电机(凸极式)。稳态工作时,同步电机的转速恒定不变,称同步速。它与频率 f、磁极对数 p 间具有严格的关系,即

$$n=\frac{60f}{p}$$

二、同步电机作发电机运行时,空间矢量 $\boldsymbol{F}_{\mathrm{f}}$ 在前,$\boldsymbol{F}_{\mathrm{a}}$ 在后;作电动机运行时,空间矢量 $\boldsymbol{F}_{\mathrm{a}}$ 在前,$\boldsymbol{F}_{\mathrm{f}}$ 在后。

习　题

14-1　什么叫同步电机?怎样由其极数决定它的转速?

14-2　一台 75r/min、50Hz 的同步电机是几极的?

14-3　为什么现代的大容量同步电机都做成磁极旋转式?

14-4　汽轮发电机和水轮发电机的主要结构特点是什么?为什么有这样的特点?

第十五章　同步电机的基本方程式和相量图

第一节　对称负载时的电枢反应

同步电机转子直流励磁磁势 $\boldsymbol{F}_f$ 以同步速切割电枢绕组，在电枢绕组内对应感应出三相电势，每相为 E_0，称为励磁电势。同步发电机空载时，定子每相电压 $U=E_0$。若在气隙中除转子直流励磁磁势 $\boldsymbol{F}_f$ 以外，还存在着由电枢电流 I 产生的电枢磁势 $\boldsymbol{F}_a$，则气隙合成磁势为 $\boldsymbol{F}_\delta$。电枢绕组切割气隙合成磁场，感应出三相电势，每相为 E_δ，称合成气隙电势。

定义　在电枢绕组内每相的电枢电流 $\dot{I}$ 和励磁电势 $\dot{E}_0$ 之间的相角 ψ 为内功率因数角。$\psi=0$ 表示 $\dot{I}$ 和 $\dot{E}_0$ 同相，$\psi>0$ 表示 $\dot{I}$ 滞后于 $\dot{E}_0$，$\psi<0$ 表示 $\dot{I}$ 超前于 $\dot{E}_0$。

电枢电流产生的基波磁势 $\boldsymbol{F}_a$ 对气隙磁场的影响称为电枢反应。电枢反应的性质（助磁、去磁或交磁）取决于电枢基波磁势和励磁磁势的空间相对位置。这一相对位置与内功率因数角 ψ 有关。

一、$\dot{I}$ 和 $\dot{E}_0$ 同相（$\psi=0$）时的电枢反应

图 15-1 所示为 $\psi=0$ 时的电枢反应。图中电枢绕组每相都用一个等效整距集

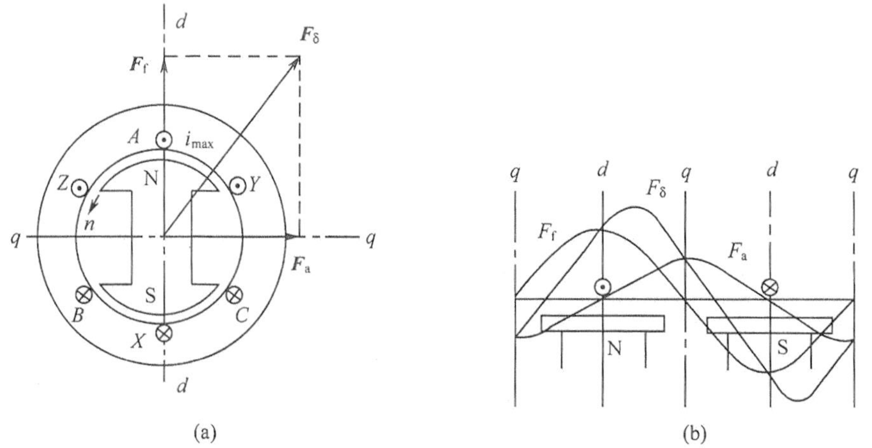

图 15-1　$\psi=0$ 时的电枢反应

(a)矢量图；(b)波形图

中绕组来表示，磁极画成凸极式是为了更形象直观，后面分析同样适用于隐极式。励磁磁势和电枢磁势只考虑基波，并选取 A 相电枢电流达最大值时刻绘制。

由图可见，这时 A 相励磁电势和电枢电流同时达最大值，其他两相的电势和电流方向如图 15-1(a)所示。按习惯称转子磁极的轴线为直轴，以符号 d 表示，故亦称 d 轴；称两极之间的中线为交轴，以符号 q 表示，故亦称 q 轴。则在 $\psi=0$ 时，电枢旋转磁势 $\boldsymbol{F}_a$ 的轴线作用在 q 轴，称为交轴电枢反应。交轴电枢反应使合成磁场 $\boldsymbol{F}_\delta$ 轴线位置从直轴处逆转向后移了一个锐角，其幅值则有所增加。

二、$\dot{I}$ 滞后 $\dot{E}_0$ $\frac{\pi}{2}\left(\psi=\frac{\pi}{2}\right)$时的电枢反应

如图 15-1(a)所示位置，A 相励磁电势达最大值时，因 $\psi=\frac{\pi}{2}$，A 相电枢电流等于零。待滞后 1/4 个周期，也即如图 15-2(a)所示转子转过 $\pi/2$ 空间电角度后，A 相电枢电流达到最大值。这时三相合成基波磁势 $\boldsymbol{F}_a$ 的幅值位置在具有电流最大值的 A 相绕组轴线上，即此时 F_a 的轴线出现在 d 轴上，并且 $\boldsymbol{F}_a$ 与 $\boldsymbol{F}_f$ 反向，故称直轴去磁电枢反应。

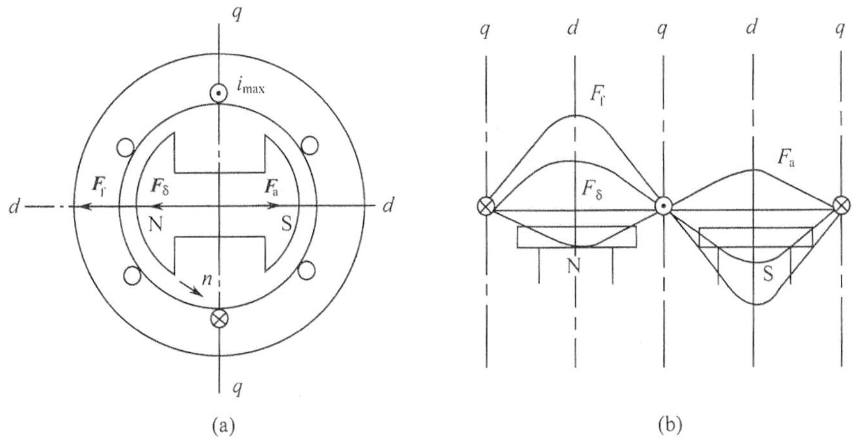

图 15-2　$\psi=\frac{\pi}{2}$时的电枢反应

(a)矢量图；(b)波形图

当电机的端电压亦即电网电压保持不变时，合成气隙磁场也近似不变。故当电枢反应呈去磁作用时，为要保持激励所需的气隙磁场，原有的(相应于 $I=0$ 时的)直流励磁就不够了，必须增大主极激磁。也就是说，此时同步电机处于过激状态。换言之，过激的同步电机将向电网输送感性无功功率，或自电网吸取容性无功功率。

三、$\dot{I}$ 超前 $\dot{E}_0\frac{\pi}{2}\left(\psi=-\frac{\pi}{2}\right)$时的电枢反应

与 $\psi=\frac{\pi}{2}$时的情况相反，此时 $\boldsymbol{F}_a$ 的轴线虽然仍出现在 d 轴上，但 $\boldsymbol{F}_a$ 与 $\boldsymbol{F}_f$ 同向，如图 15-3 所示，故称直轴助磁电枢反应。

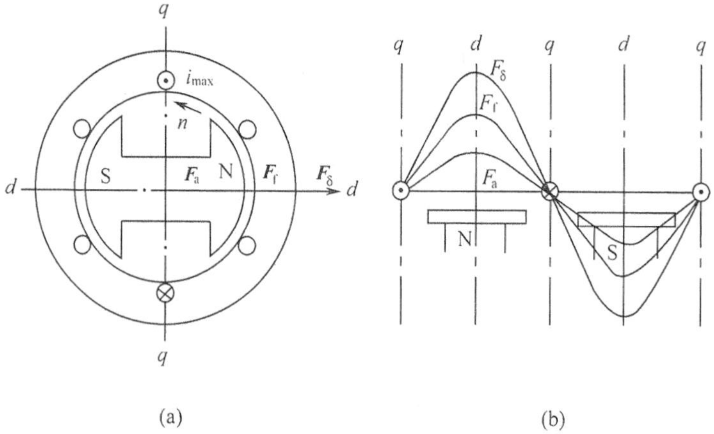

图 15-3　$\psi=-\frac{\pi}{2}$时的电枢反应

(a)矢量图；(b)波形图

同理，当电网电压保持不变时，合成气隙磁场也近似不变。故当电枢反应呈助磁作用时，为要保持激励所需的合成气隙磁场，原有的（相应于 $I=0$ 时的）直流励磁就太大了，必须减小主极激磁。也就是说，此时同步电机处于欠激状态。换言之，欠激的同步电机将向电网输送容性无功功率，或自电网吸取感性无功功率。

四、$\dot{I}$ 和 $\dot{E}_0$ 反相($\psi=\pi$)时的电枢反应

由于此时输出的电枢电流（或称负载电流）和励磁电势反相，有功功率将从电网输至电机，故为电动机运行，见图 15-4 所示。此时，电枢磁势也作用在 q 轴上，但 $\boldsymbol{F}_a$ 超前 $\boldsymbol{F}_f$ 以$\frac{\pi}{2}$电角度，也形成交轴电枢反应。

五、当 ψ 为任意值时的电枢反应

在实际运行情况下，内功率因数角 ψ 可以有从 0 至 2π 间的任意数值，电枢磁势的磁轴间可有任意的相对位置。我们可把电枢磁势分解为直轴分量和交轴分量。直轴分量又可能起去磁作用或助磁作用。当直轴电枢磁势起去磁作用时，所讨论的同步电机，不论它用作发电机或是电动机，均系处在过激状态。反之，当直

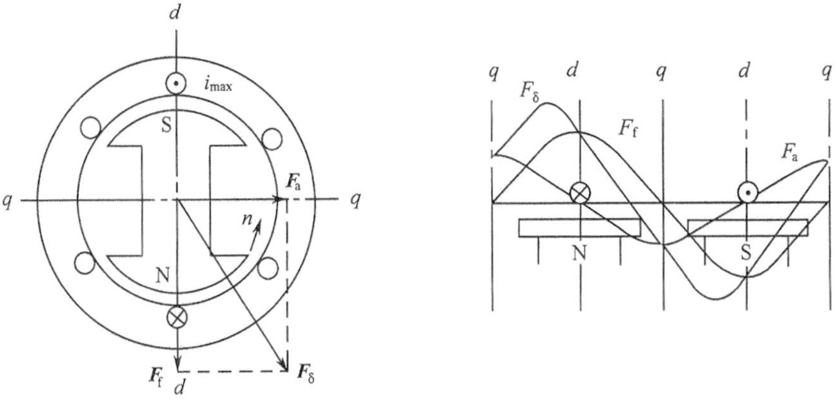

(a)　　　　　　　　(b)

图 15-4　$\psi=\pi$ 时的电枢反应

(a)矢量图;(b)波形图

轴电枢磁势起助磁作用时,所讨论的同步电机,不论它用作发电机或是电动机,均系处在欠激状态。

图 15-5 示出同步发电机最常见的运行情况 $0<\psi<\frac{\pi}{2}$ 时的电枢反应,其时 $\boldsymbol{F}_a$ 滞后 $\boldsymbol{F}_f$ 一个 $\frac{\pi}{2}+\psi$ 电角度,这电枢磁势可分解为直轴分量 $\boldsymbol{F}_{ad}$ 和交轴分量 $\boldsymbol{F}_{aq}$,即

$$\boldsymbol{F}_a=\boldsymbol{F}_{ad}+\boldsymbol{F}_{aq} \tag{15-1}$$

式中

$$\left.\begin{aligned}F_{ad}&=F_a\sin\psi\\F_{aq}&=F_a\cos\psi\end{aligned}\right\} \tag{15-2}$$

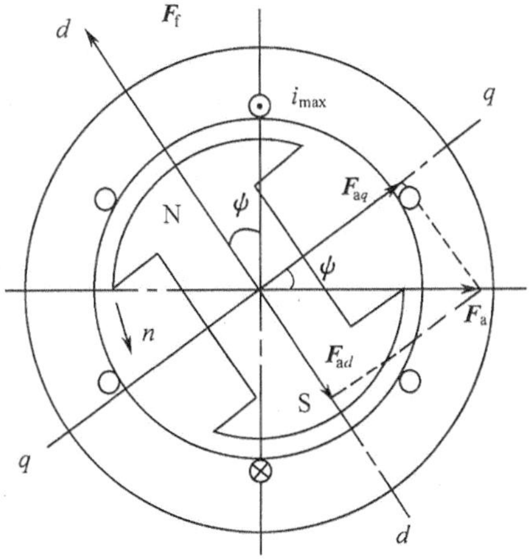

图 15-5　$0<\psi<\frac{\pi}{2}$ 时的电枢反应

相应地,也可将每相电枢电流 $\dot{I}$ 分解为 $\dot{I}_d$ 和 $\dot{I}_q$ 两个分量,即

$$\dot{I}=\dot{I}_d+\dot{I}_q \tag{15-3}$$

式中

$$\left.\begin{aligned}I_d&=I\sin\psi\\I_q&=I\cos\psi\end{aligned}\right\} \tag{15-4}$$

其中，$\dot{I}_q$ 与电势 $\dot{E}_0$ 同相，三相（即指 $\dot{I}_{qA}$、$\dot{I}_{qB}$、$\dot{I}_{qC}$）产生合成交轴电枢磁势 $\dot{F}_{aq}$，因此，称分量 $\dot{I}_q$ 为 $\dot{I}$ 的交轴分量。而 $\dot{I}_d$ 滞后电势 $\dot{E}_0$ 以 $\frac{\pi}{2}$，三相（即指 $\dot{I}_{dA}$、$\dot{I}_{dB}$、$\dot{I}_{dC}$）产生合成直轴电枢磁势 $\dot{F}_{ad}$，因此，称分量 $\dot{I}_d$ 为 $\dot{I}$ 的直轴分量。这时，$\dot{I}_q$ 产生的交轴电枢反应与 $\psi=0$ 时的相同，$\dot{I}_d$ 产生的直轴去磁电枢反应与 $\psi=\frac{\pi}{2}$ 时的相同。

上述电枢反应磁势与电枢电流分解关系可用图 15-6 表示。

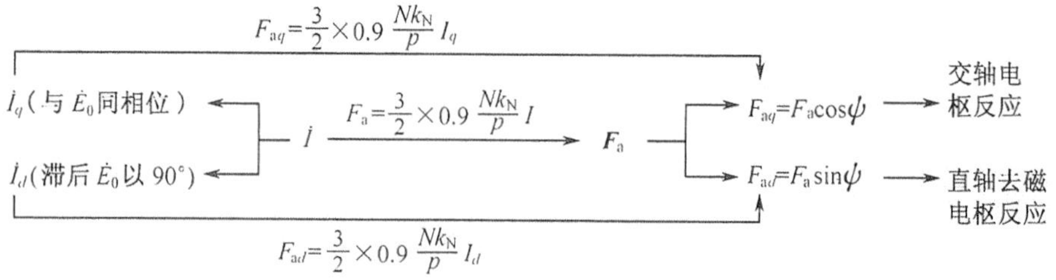

图 15-6　$0<\psi<\frac{\pi}{2}$ 时电枢的磁势与电枢电流的分解

同理，$-\frac{\pi}{2}<\psi<0$ 时的电枢反应情况如图 15-7 和图 15-8 所示。

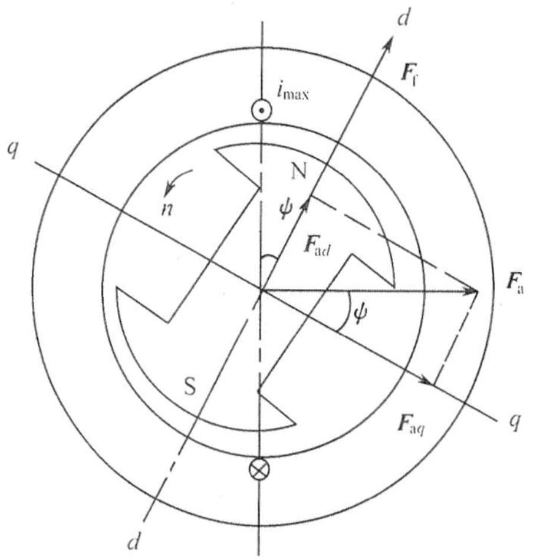

图 15-7　$-\frac{\pi}{2}<\psi<0$ 时的电枢反应

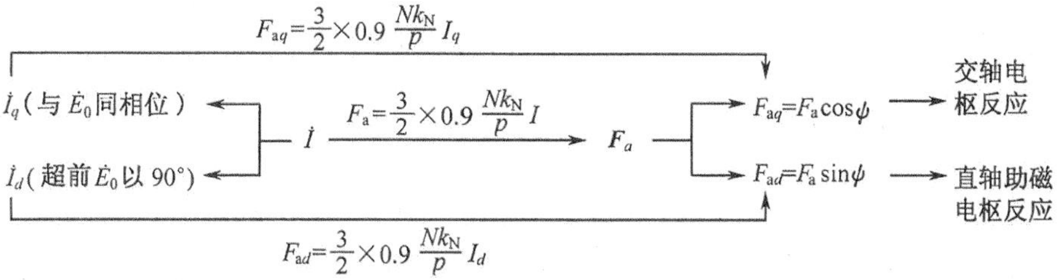

图 15-8　$-\frac{\pi}{2}<\psi<0$ 时电枢的磁势与电枢电流的分解

第二节　电枢反应磁通及磁势的折算

一、凸极同步电机电枢磁势的折算

凸极同步电机的气隙是不均匀的，因此同一电枢磁势作用在不同位置时的电枢反应将不一样。图 15-9(b)和(c)表示同一电枢磁势分别作用在直轴和交轴位置时电枢磁场的分布图。利用双反应理论，可解决上述问题。其基本思想是：当电枢磁势 $\boldsymbol{F}_a$ 的轴线既不和直轴重合又不和交轴重合时，可以把电枢磁势 $\boldsymbol{F}_a$ 分解成直轴分量 $\boldsymbol{F}_{ad}$ 和交轴分量 $\boldsymbol{F}_{aq}$，然后分别求出直轴磁势和交轴磁势的电枢反应，最后将它们的效果叠加起来。

图 15-9 所示为凸极电机中的磁场。其中假定极面下气隙是均匀的。

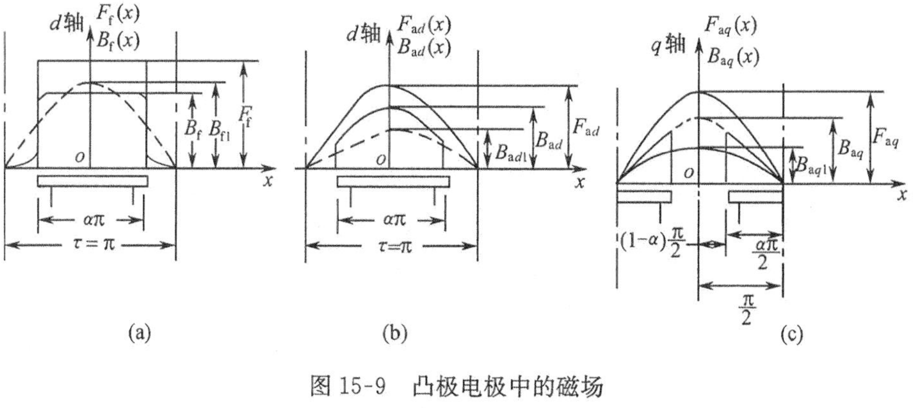

图 15-9　凸极电极中的磁场

(a)励磁磁场；(b)直轴电枢磁场；(c)交轴电枢磁场

由图可见，励磁磁势 F_f 的波形和电枢磁势 F_a 的不同。$F_f=N_f I_f$(其中 N_f 为转子励磁绕组每极匝数)是励磁磁势波的实际幅值。为了要将电枢磁势 F_a 和 F_f 矢量相加以求出气隙合成磁势 F_δ 必须进行折算。习惯上是将磁势 F_a、F_δ 的基波幅值折算成等效的励磁磁势的实际幅值。

磁势折算的等效原则是实际的 F_a（即 F_{ad}、F_{aq}）所产生的磁通密度的基波 B_{a1}（即 B_{ad1}、B_{aq1}）与折算后的等效励磁磁势 F'_a（即 F'_{ad}、F'_{aq} ）所产生的磁通密度的基波 B_{f1} 相等。

1. 等效励磁磁势 F_f 产生的 B_{f1}

等效励磁磁势产生的极面下磁通密度为

$$B_f = \lambda_d F_f \tag{15-5}$$

式中，λ_d—— 磁极极面范围每单位面积的磁导。

在极面以外区域，近似地认为磁通密度为零。

由图 15-9(a)可见，B_f 沿气隙圆周分布波形为非正弦波，其基波幅值为

$$\begin{aligned} B_{f1} &= \frac{4}{\pi}\int_0^{\frac{\alpha\pi}{2}} (\lambda_d F_f)\cos x \mathrm{d}x \\ &= \left(\frac{4}{\pi}\sin\frac{\alpha\pi}{2}\right)\lambda_d F_f \\ &= k_f \lambda_d F_f \end{aligned} \tag{15-6}$$

式中，k_f—— 称为凸极同步电机励磁磁通密度分布曲线的波形系数。

$$k_f = \frac{4}{\pi}\sin\frac{\alpha\pi}{2} \tag{15-7}$$

式中，α——极弧与极距之比，如系隐极同步电机，则 $\alpha=1$ 。

2. 直轴电枢磁势的折算

直轴电枢磁势沿气隙圆周分布波形为

$$F_{ad}(x) = F_{ad}\cos x$$

凸极极面下（即 $\alpha\tau$ 内）磁通密度波形为

$$B_{ad}(x) = \lambda_d F_{ad}\cos x$$

凸极极面外的磁通密度很小，为简化计算，近似作零处理。

在一个极距范围内，$B_{ad}(x)$ 是个非正弦波，应用傅里叶级数分解，得磁通密度基波幅值为

$$\begin{aligned} B_{ad1} &= \frac{4}{\pi}\int_0^{\frac{\alpha\pi}{2}} (\lambda_d F_{ad}\cos x)\cos x \mathrm{d}x \\ &= \frac{1}{\pi}(\alpha\pi + \sin\alpha\pi)\lambda_d F_{ad} \\ &= k_d \lambda_d F_{ad} \end{aligned} \tag{15-8}$$

式中，k_d—— 直轴电枢磁场的波形系数：

$$k_d = \frac{1}{\pi}(\alpha\pi + \sin\alpha\pi) \tag{15-9}$$

根据折算等效原则，可将式(15-6)中的 F_f 换成等效励磁磁势 F'_{ad}，并令式(15-6)和式(15-8)求出的磁密相等，得

$$k_f\lambda_d F'_{ad}=k_d\lambda_d F_{ad}$$

$$F'_{ad}=\frac{k_d}{k_f}F_{ad}=k_{ad}F_{ad} \tag{15-10}$$

式中，k_{ad}——直轴电枢磁势的折算系数。其意义是：建立同样大小的基波磁场时，与单位安匝的直轴电枢基波磁势相当的等效励磁磁势幅值。

对于气隙均匀的凸极机，

$$k_{ad}=\frac{k_d}{k_f}=\frac{\alpha\pi+\sin\alpha\pi}{4\sin\dfrac{\alpha\pi}{2}} \tag{15-11}$$

3. 交轴电枢磁势的折算

交轴电枢磁势沿气隙圆周分布波形为

$$F_{aq}(x)=F_{aq}\cos x$$

凸极极面下磁通密度波形为

$$B_{aq}(x)=\lambda_d F_{aq}\cos x$$

凸极极面外的磁通密度近似作零处理。则在一个极距范围内，$B_{aq}(x)$为非正弦波[如图 15-9(c)所示]，其基波幅值为

$$\begin{aligned}B_{aq1}&=\frac{4}{\pi}\int_{(1-\alpha)\frac{\pi}{2}}^{\frac{\alpha\pi}{2}}(\lambda_d F_{aq}\cos x)\cos x\mathrm{d}x\\&=\frac{1}{\pi}(\alpha\pi-\sin\alpha\pi)\lambda_d F_{aq}\\&=k_q\lambda_d F_{aq}\end{aligned} \tag{15-12}$$

式中，k_q—— 交轴电枢磁场的波形系数

$$k_q=\frac{1}{\pi}(\alpha\pi-\sin\alpha\pi) \tag{15-13}$$

根据磁势折算原则，将式(15-6)中的 F_f 换成等效励磁磁势 F'_{aq}，并令式(15-6)和式(15-12)求出的磁密相等，得

$$k_f\lambda_d F'_{aq}=k_q\lambda_d F_{aq}$$

则

$$F'_{aq}=\frac{k_q}{k_f}F_{aq}=k_{aq}F_{aq} \tag{15-14}$$

式中，k_{aq}—— 交轴电枢磁势的折算系数，其意义与 k_{ad} 相仿：

$$k_{aq}=\frac{k_q}{k_f}=\frac{\alpha\pi-\sin\alpha\pi}{4\sin\dfrac{\alpha\pi}{2}} \tag{15-15}$$

二、隐极同步电机电枢磁势的折算

隐极同步电机的励磁磁场如图 15-10 所示。如果略去定、转子开槽的影响，可认为电机气隙长度沿圆周处不变，则由转子整个极距内绕组所产生的磁势叠加而成的励磁磁势曲线为一阶梯形波。其幅值为 $F_f = N_f I_f$，如不计阶梯的影响，则励磁磁势可用一梯形波来代替，如图中虚线所示。据此，相应的励磁磁通密度亦为一梯形波，其基波幅值则为 B_{f1}。

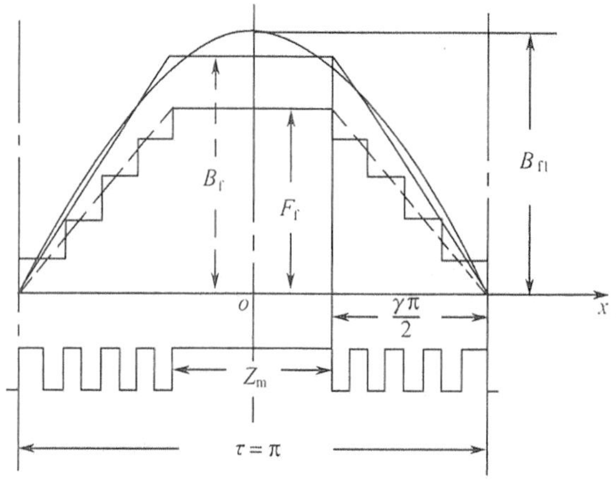

图 15-10　隐极同步电机的励磁磁势

1. 等效励磁磁势 F_f 产生的 B_{f1}

令

$$\gamma = \frac{\tau - Z_m}{\tau} = 1 - \frac{Z_m}{\tau}$$

则大齿宽

$$Z_m = (1-\gamma)\tau = (1-\gamma)\pi$$

等效励磁磁势空间波形(以 d 轴作参考轴)在 $0 < x < (1-\gamma)\frac{\pi}{2}$ 区域内(即大齿宽范围内)

$$F_f(x) = F_f$$

在 $(1-\gamma)\frac{\pi}{2} < x < \frac{\pi}{2}$ 区域内(即大齿宽范围外)

$$F_f(x) = F_f \frac{\frac{\pi}{2} - x}{\frac{\gamma\pi}{2}}$$

等效励磁磁通密度基波幅值为

$$B_{f1}=\frac{4}{\pi}\left[\int_{0}^{(1-\gamma)\frac{\pi}{2}}\lambda_d F_f\cos x\mathrm{d}x+\int_{(1-\gamma)\frac{\pi}{2}}^{\frac{\pi}{2}}\lambda_d F_f\cdot\frac{\frac{\pi}{2}-x}{\frac{\gamma\pi}{2}}\cos x\mathrm{d}x\right]$$

$$=\frac{4\lambda_d F_f}{\pi}\left[\int_{0}^{(1-\gamma)\frac{\pi}{2}}\cos x\mathrm{d}x+\int_{(1-\gamma)\frac{\pi}{2}}^{\frac{\pi}{2}}\frac{\frac{\pi}{2}-x}{\frac{\gamma\pi}{2}}\cos x\mathrm{d}x\right]$$

$$=\frac{8\sin\frac{\gamma\pi}{2}}{\pi^2\gamma}\lambda_d F_f=k_f\lambda_d F_f \tag{15-16}$$

式中，k_f—— 隐极电机励磁磁场的波形系数：

$$k_f=\frac{8\sin\frac{\gamma\pi}{2}}{\pi^2\gamma} \tag{15-17}$$

2. 电枢磁势的折算

如果不计定、转子开槽的影响，可认为隐极同步电机交轴气隙和直轴气隙都是均匀且相同的，故对应于电枢磁势基波的电枢磁通密度空间波形 $B_a(x)=\gamma_d F_a(x)$ 为正弦波。其幅值为

$$B_a=\lambda_d F_a \tag{15-18}$$

根据磁势折算的等效原则，由式(15-16) 和式(15-18) 得

$$k_f\lambda_d F'_a=\lambda_d F_a$$

则

$$F'_a=\frac{1}{k_f}F_a=k_a F_a \tag{15-19}$$

式中，k_a—— 为隐极同步电机励磁磁势折算系数：

$$k_a=\frac{1}{k_f}=\frac{\pi^2\gamma}{8\sin\frac{\gamma\pi}{2}} \tag{15-20}$$

第三节　同 步 电 抗

一、凸极电机的同步电抗

分析同步电机时，通常采用双反应理论，也就是采用叠加原理，先分别求出电枢漏磁通产生的感应电势，以及直轴和交轴磁势所产生的基波磁通及其感应电势。

漏磁通 $\dot{\Phi}_\sigma$ 包括：①槽部漏磁；②端部漏磁；③高次谐波漏磁，见图 15-11 所示。

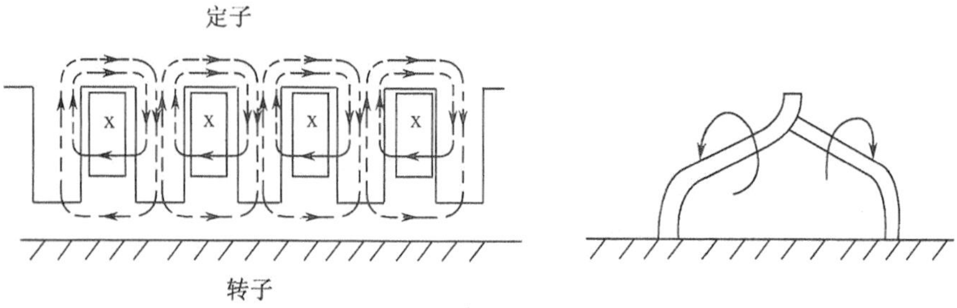

(a)　　　　(b)

图 15-11　电枢漏磁通

(a)槽漏磁通;(b)端部漏磁通

漏电势

$$e_{\sigma}=-L_{\sigma}\frac{\mathrm{d}i}{\mathrm{d}t}$$

式中,L_{σ}—— 漏电感。即

$$\dot{E}_{\sigma}=-\mathrm{j}\dot{I}\omega L_{\sigma}=-\mathrm{j}\dot{I}x_{\sigma} \tag{15-21}$$

式中,x_{σ}——电枢漏电抗,$x_{\sigma}=\omega L_{\sigma}$;

ω——漏磁通随电枢电流的频率而脉动的角频率。

由于漏磁通的路径主要是非磁性物质,不会饱和。所以,x_{σ} 是个常数,且数值较小。通常用标幺值表示时,x_{σ} 在 0.07～0.45。

同理,当磁路未饱和时,有

$$E_{ad}\propto\Phi_{ad}\propto F'_{ad}\propto F_{ad}\propto I_{d}$$
$$E_{aq}\propto\Phi_{aq}\propto F'_{aq}\propto F_{aq}\propto I_{q}$$

从相位上来看,$\dot{E}_{ad}$和$\dot{E}_{aq}$分别滞后$\dot{I}_{d}$和$\dot{I}_{q}$以 90°相角。因此,可用相应的负电抗压降来表示:

$$\left.\begin{aligned}\dot{E}_{ad}&=-\mathrm{j}\dot{I}_{d}x_{ad}\\ \dot{E}_{aq}&=-\mathrm{j}\dot{I}_{q}x_{aq}\end{aligned}\right\} \tag{15-22}$$

式中,x_{ad}和x_{aq}——直轴电枢反应电抗和交轴电枢反应电抗。由于直轴磁路的磁导大于交轴磁路的磁导,故 $x_{ad}>x_{aq}$。

直轴系统和交轴系统同时存在电枢漏电抗,故

$$\left.\begin{aligned}x_{d}&=x_{ad}+x_{\sigma}\\ x_{q}&=x_{aq}+x_{\sigma}\end{aligned}\right\} \tag{15-23}$$

式中,x_{d} 和 x_{q}——直轴同步电抗和交轴同步电抗。

二、隐极电机的同步电抗

对于隐极同步电机，由于 $\delta_d = \delta_q$，所以

$$x_{ad} = x_{aq} = x_a \tag{15-24}$$

式中，x_a—— 隐极同步电机的电枢反应电抗。

于是

$$x_d = x_q = x_t = x_a + x_\sigma \tag{15-25}$$

式中，x_t—— 隐极同步电机的同步电抗。

电枢反应电势 $\dot{E}_a$ 可写成负电抗压降的形式

$$\dot{E}_a = -\mathrm{j}\dot{I}x_a \tag{15-26}$$

例 15-1　三相汽轮发电机，额定容量为 25000kW，额定电压为 10.5kV，Y 接法，$\cos\varphi = 0.8$(滞后)，同步电抗 $x_t = 7.52\Omega$，电枢电阻忽略不计，当每相激磁电势为 14263V，单机运行，接下列各种负载，试求电枢电流，并说明电枢反应的性质。

(1) 每相 10Ω 纯电阻负载；

(2) 每相 10Ω 纯电容负载；

(3) 每相 10Ω 纯电感负载；

(4) 容性负载(10−j10)Ω。

解　以 $\dot{E}_0$ 为参考轴，$E_0 = 14263\,\underline{/0^\circ}\,\mathrm{V}$。

(1)　纯电阻负载时电枢电流为

$$\dot{I} = \frac{\dot{E}_0}{R + \mathrm{j}x_t} = \frac{14263}{10 + \mathrm{j}7.52} = 1141\,\underline{/-36.9^\circ}\,(\mathrm{A})$$

$\dot{I}$ 滞后 $\dot{E}_0$，为直轴去磁电枢反应和交轴电枢反应。

(2)　纯电容负载势电枢电流为

$$\dot{I} = \frac{\dot{E}_0}{\mathrm{j}(x_t - x_c)} = \frac{14263}{\mathrm{j}(7.52 - 10)} = 5751.2\,\underline{/90^\circ}\,(\mathrm{A})$$

$\dot{I}$ 超前 $\dot{E}_0$，为直轴助磁电枢反应。

(3)　纯电感负载势电枢电流为

$$\dot{I} = \frac{\dot{E}_0}{\mathrm{j}(x_L + x_t)} = \frac{14263}{\mathrm{j}(10 + 7.52)} = 814.1\,\underline{/-90^\circ}\,(\mathrm{A})$$

$\dot{I}$ 滞后 $\dot{E}_0$，为直轴去磁电枢反应。

(4)　容性负载时电枢电流为

$$\dot{I} = \frac{\dot{E}_0}{R + \mathrm{j}(x_t - x_c)} = \frac{14263}{10 + \mathrm{j}(7.52 - 10)} = 1384.8\,\underline{/13.93^\circ}\,(\mathrm{A})$$

$\dot{I}$ 超前 $\dot{E}_0$，为直轴助磁电枢反应和交轴电枢反应。

第四节　基本方程式和相量图

同步电机在对称负载运行时气隙磁场组成如表 15-1 所列。

表 15-1

	每极励磁磁势	电枢每极基波磁势	气隙合成每极磁势
d 轴	$F_f=N_f i_f$	凸极：$F'_{ad}=k_{ad}F_{ad}$	凸极：$F_{\delta d}=F_f+k_{ad}F_{ad}$
		隐极：$F'_a=k_aF_a$	隐极：$F_\delta=F_f+k_aF_a$
q 轴	—	凸极：$F'_{aq}=k_{aq}F_{aq}$	凸极：$F_{\delta q}=k_{aq}F_{aq}$
		隐极：$F'_a=k_aF_a$	隐极：$F_\delta=k_aF_a$

气隙磁场与电枢磁场对应的感应电势为

$$F_f \rightarrow \dot{E}_0$$

$$F_{ad} \rightarrow \dot{E}_{ad}=-\mathrm{j}\dot{I}_d x_{ad}$$

$$F_{aq} \rightarrow \dot{E}_{aq}=-\mathrm{j}\dot{I}_q x_{aq}$$

$$F_a \rightarrow \dot{E}_a=-\mathrm{j}\dot{I}x_a$$

$$F_\delta \rightarrow \dot{E}_\delta$$

当磁路未饱和时，可利用叠加原理分别求出 F_f 和 F_a 各自单独在定子每相产生的磁通和电势，把它们直接叠加可得气隙合成电势 $\dot{E}_\delta$；当磁路饱和时，叠加原理不再适用。应先求出作用在主磁路上的合成磁势 F_δ，再利用电机的磁化曲线得到负载时的气隙合成磁通 $\dot{\Phi}_\delta$ 和合成电势 $\dot{E}_\delta$。

一、磁路未饱和时

1. 隐极同步电机的电势方程式和矢量图

隐极同步电机等效电路如图 15-12 所示。

图中，$\dot{U}$——同步发电机每相输出端电压；

$\dot{U}_c$——按电机接受电能的观点（电动机观点）确定的电机每相端电压；

r_a——电枢绕组相电阻；

$\dot{E}_0$——每相励磁电势；

$\dot{E}_a$——电枢反应每相电势；

$\dot{E}_\delta$——气隙合成相电势；

$\dot{I}$——每相电枢电流。

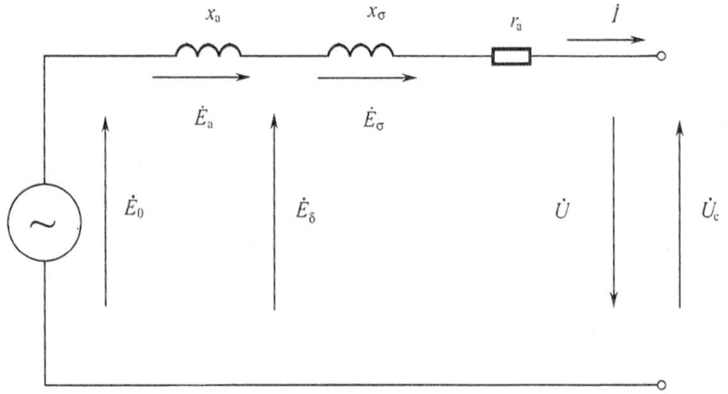

图 15-12　隐极同步电机等效电路

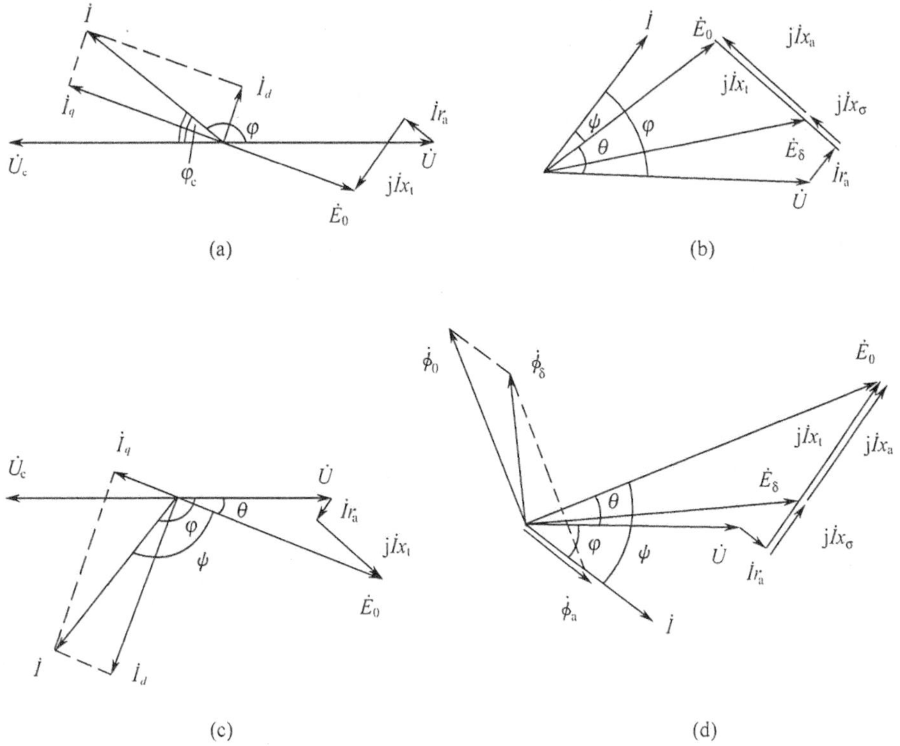

图 15-13　不考虑饱和时隐极同步电机时-空矢量图

(a)欠激电动机运行矢量图；(b)欠激发电机运行矢量图；

(c)过激电动机运行矢量图；(d)过激发电机运行矢量图

按图 15-12 规定的正方向，可得电枢绕组任一相的电势方程式如下：

发电机运行时

$$\dot{U}=\dot{E}_0-\dot{I}r_a-j\dot{I}x_t \tag{15-27}$$

电动机运行时

$$\dot{U}_c=-\dot{E}_0+\dot{I}r_a+j\dot{I}x_t \tag{15-28}$$

由于 $\dot{U}=-\dot{U}_c$，综合式(15-27)和式(15-28)可得同步电机上述两种运行状态的电势方程式统一形式

$$\begin{aligned}\dot{U}&=-\dot{U}_c=\dot{E}_0-\dot{I}r_a-j\dot{I}x_t\\&=\dot{E}_0-\dot{I}r_a-j\dot{I}x_a-j\dot{I}x_\sigma\\&=\dot{E}_0+\dot{E}_a-\dot{I}r_a-j\dot{I}x_\sigma\\&=\dot{E}_\delta-\dot{I}r_a-j\dot{I}x_\sigma\end{aligned} \tag{15-29}$$

根据式(15-29)可画出不同运行状态时的相量图如图 15-13 所示。

综观图 15-13，可得出以下结论：如果把相量 $\dot{U}$ 作为横坐标的正向，把相量 $\dot{U}_c$ 作为横坐标的反向，并取其垂直线作为纵坐标，如图 15-14 所示。该坐标将负载电流 $\dot{I}$ 所在位置分成四个区域。当相量 $\dot{I}$ 位于纵坐标的右侧，电机输出电功率（有功功率），即 $P>0$，电机处于发电机运行状态；当相量 $\dot{I}$ 位于纵坐标的左侧，电机吸收电功率（有功功率），即 $P<0$，电机处于电动机运行状态。当相量 $\dot{I}$ 位于横坐标

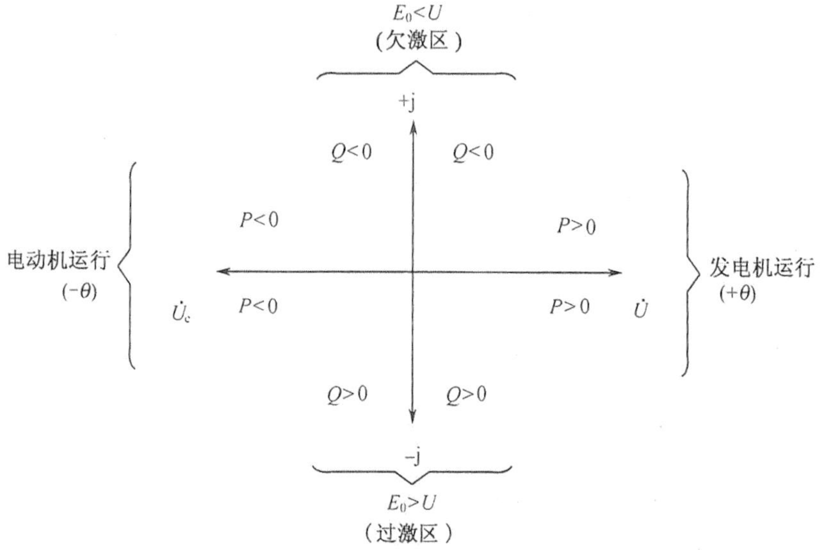

图 15-14　同步电机的运行区域

的上侧，电机处于欠激状态，输出容性无功功率，即 $Q<0$；当相量 $\dot{I}$ 位于横坐标的下侧，电机处于过激状态，输出感性无功功率，即 $Q>0$。于是，纵坐标成了有功功率的分界线，横坐标成了无功功率的分界线。必须说明两点：①上述结论对于 $\dot{I}$ 位于 $\dot{U}$ 与 $\dot{E}_0$ 之间的特殊情况不适用，应除外；②上述结论同样可用于凸极电机。

2. 凸极同步电机的电势方程式和矢量图

与隐极同步电机相似，在每相绕组内有

$$\begin{aligned}\dot{U}&=-\dot{U}_c=\dot{E}_0-\dot{I}r_a-j\dot{I}_dx_d-j\dot{I}_qx_q\\&=\dot{E}_0-\dot{I}r_a-j\dot{I}_dx_d-j\dot{I}_qx_q+j\dot{I}_dx_q-j\dot{I}_dx_q\\&=\dot{E}_0-\dot{I}r_a-j\dot{I}_d(x_d-x_q)-j(\dot{I}_q+\dot{I}_d)x_q\\&=\dot{E}_Q-\dot{I}r_a-j\dot{I}x_q\end{aligned}\tag{15-30}$$

式中，$\dot{E}_Q=\dot{E}_0-j\dot{I}_d(x_d-x_q)$，且 $\dot{E}_Q$ 与 $\dot{E}_0$ 同相。该相量本身无物理意义，引入该相量的目的是为了确定 $\dot{E}_0$ 的方向，即得到 ψ 角，从而能分解 $\dot{I}_d$ 和 $\dot{I}_q$，作出矢量图。

(1) 过激发电机运行矢量图。

图 15-15(a)所示为磁路未饱和时凸极式过激同步发电机运行矢量图。其中

$$\psi=\arctan\frac{Ix_q+U\sin\varphi}{Ir_a+U\cos\varphi}\tag{15-31}$$

(2) 欠激发电机运行矢量图。

图 15-15(b)所示为磁路未饱和时凸极式欠激同步发电机运行矢量图。

(3) 欠激电动机运行矢量图。

图 15-15(c)所示为磁路未饱和时凸极式欠激同步电动机运行矢量图。

(4) 过激电动机运行矢量图。

图 15-15(d)所示为磁路未饱和时凸极式过激同步电动机运行矢量图。

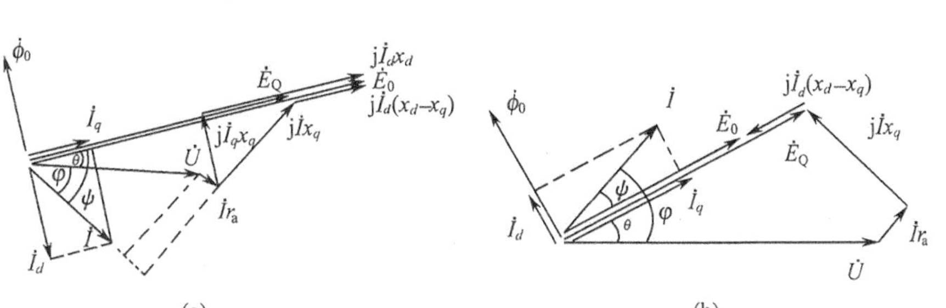

(a)　　　　　　　　　　(b)

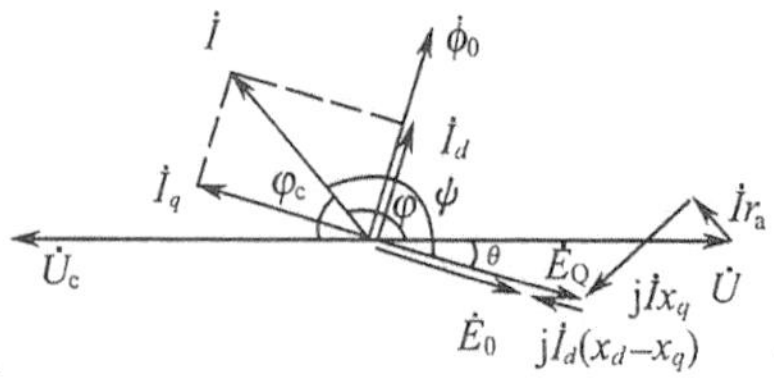

(c)

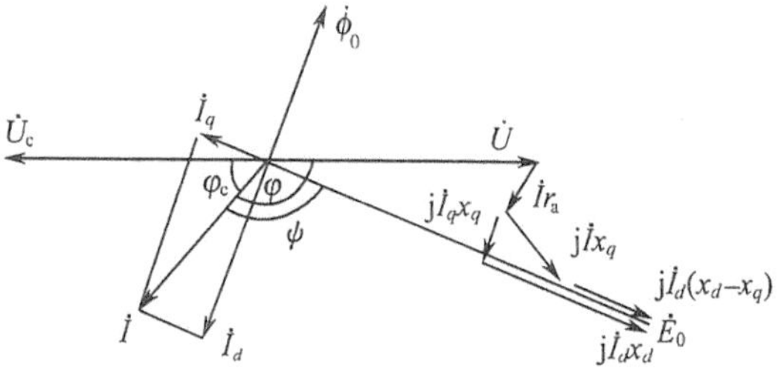

(d)

图 15-15　磁路未饱和时凸极式同步电机时-空矢量图

(a)过激发电机运行矢量图；(b)欠激发电机运行矢量图；

(c)欠激电动机运行矢量图；(d)过激电动机运行矢量图

二、磁路饱和对矢量图的影响

通常同步电机都在接近于饱和的区域运行，叠加原理不再适用，电枢反应电抗的概念也不再适用。必须由主磁路的合成磁势根据电机的磁化曲线(空载特性曲线)求得相应的合成磁通 $\dot{\Phi}_\delta$ 和 $\dot{E}_\delta$ 合成电势，如图 15-16 所示。

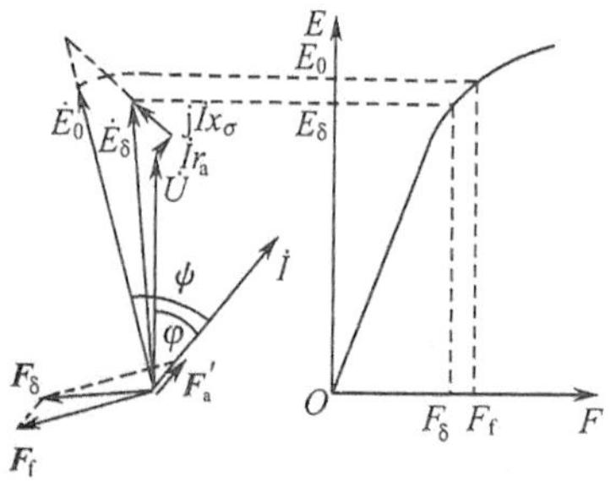

(a)

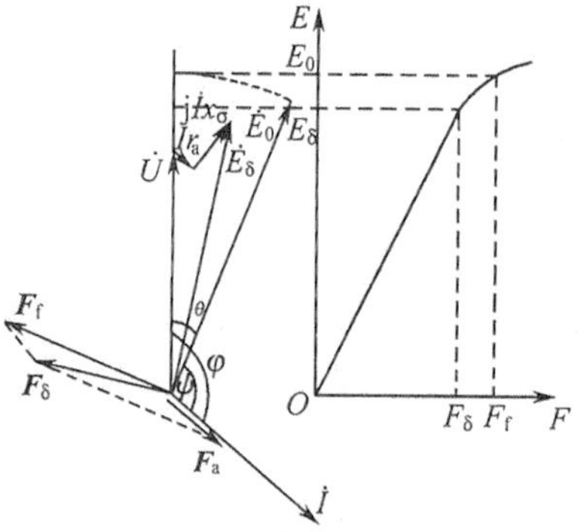

(b)

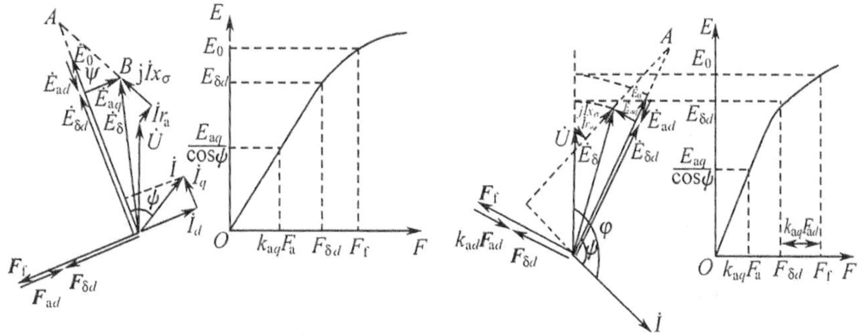

(c)　　　　　　　　　　　　　　　　(d)

图 15-16　磁路饱和时同步电机时-空矢量图

(a)隐极同步发电机运行矢量图；(b)隐极同步电动机运行矢量图；

(c)凸极同步发电机运行矢量图；(d)凸极同步电动机运行矢量图

第五节　小　　结

一、对称负载时的电枢反应和负载性质有关

电枢电流 $\dot{I}$ 与空载电势 $\dot{E}_0$ 之间夹角 ψ 称为内功率因数角。

(1) $\dot{I}$ 和 $\dot{E}_0$ 同相，即 $\psi=0°$时，只存在交轴电枢反应；

(2) $\dot{I}$ 滞后 $\dot{E}_0$ 以 90°，即 $\psi=90°$时，只存在直轴去磁电枢反应，电机处于过激状态；

(3) $\dot{I}$ 超前 $\dot{E}_0$ 以 90°，即 $\psi=-90°$时，只存在直轴助磁电枢反应，电机处于欠激状态；

(4) 一般情况下，若 $0<\psi<90°$时，同时存在交轴电枢反应和直轴去磁电枢反应；若$-90°<\psi<0$ 时，同时存在交轴电枢反应和直轴助磁电枢反应。

二、电枢磁势

$$\dot{F}_a=\dot{F}_{ad}+\dot{F}_{aq}$$

直轴电枢磁势幅值

$$F_{ad}=F_a\sin\psi$$

交轴电枢磁势幅值

$$F_{aq}=F_a\cos\psi$$

式中，F_a 为电枢磁势幅值。

对应每相电流

$$\dot{I}=\dot{I}_d+\dot{I}_q$$

直轴分量电流

$$I_d=I\sin\psi$$

交轴分量电流

$$I_q=I\cos\psi$$

三、磁路未饱和时同步电机的电势方程式和矢量图

1）隐极同步电机

$$\dot{E}_0=\dot{U}+\dot{I}r_a+j\dot{I}x_\sigma+j\dot{I}x_a=\dot{U}+\dot{I}r_a+j\dot{I}x_t$$

式中，参数均为每相值。其中，E_0 为空载电势；U 为端电压；r_a 为电枢电阻；x_a 为电枢反应电抗；x_σ 为电枢漏抗；x_t 为同步电抗，$x_t=x_\sigma+x_a$。

隐极同步电机的矢量图见图 15-13 所示。

2）凸极同步电机

$$\dot{E}_0=\dot{U}+\dot{I}r_a+j\dot{I}_dx_d+j\dot{I}_qx_q$$

式中，x_d、x_q——分别为直轴和交轴同步电抗。

$$x_d=x_{ad}+x_\sigma,\quad x_q=x_{aq}+x_\sigma$$

式中，x_{ad}、x_{aq}——分别为直轴电枢反应电抗和交轴电枢反应电抗。

凸极同步电机的矢量图见图 15-15 所示。

四、磁路饱和对矢量图的影响

磁路饱和时同步电机的矢量图见图 15-16 所示。

习　　题

15-1　如果不计定子绕组电阻效应，同步发电机运行在______条件下，有 $\psi=\varphi$。（选择：① 纯电感性负载；② 纯电容性负载；③ 电阻性负载）

15-2　已知一台凸极同步发电机的 $I_d=I_q=10$A，此时发电机的电枢电流为______。（选择：①10A；②20A；③14.14A）

15-3　相应于异步电动机的励磁电抗 x_m，在同步电机中有______与之相对应。（选择：① 漏电抗；② 电枢反应电抗；③ 同步电抗；④ 没有相应的电抗）

15-4　一台三相电枢旋转式同步发电机，假设电枢以转速 n 逆时针方向旋转且对称负载运行时，试问电枢反应磁势相对电枢的转速及转向如何？相对定子的转速又如何？

15-5　三相同步电动机运行在过励状态时，从电网吸收______。（选择：① 感性电流；② 容性电流；③ 纯有功电流）

15-6　试问下列情况下电枢反应是助磁还是去磁？

(1) 三相对称纯电阻负载;

(2) 三相对称纯电感性负载 $x_L^*=0.75$;

(3) 三相对称纯电容性负载,$x_C^*=0.85$,发电机同步电抗 $x_t^*=1.2$;

(4) 三相对称纯电容性负载,$x_C^*=1.3$,发电机同步电抗 $x_t^*=1.0$。

15-7 三相磁阻式同步电动机,在正常负载下运行,从电网吸收的电流除有功分量外,还有______。(选择:① 感性电流;② 容性电流;③ 不吸收无功电流)

15-8 一台三相同步发电机对称稳定运行,试分别对电枢电流和空载电势间相位角 ψ,在下列情况下回答电枢磁势两个分量各起什么作用。

(1) $90°<\psi<180°$;

(2) $-90°>\psi>-180°$。

15-9 加在同步发电机定子上的三相对称电压大小不变,下列何种情况下定子电流比较大?(选择:① 取出转子;② 转子在同步速下旋转,但不加励磁电流)

15-10 同步电机当电枢绕组匝数增加时,同步电抗将______。(选择:① 增加;② 减小;③ 不变)

15-11 同步电机当铁心饱和程度提高时,同步电抗将______。(选择:① 增加;② 减小;③ 不变)

15-12 同步电机当气隙加大时,同步电抗将______。(选择:① 增加;② 不变;③ 减小)

15-13 同步电机当励磁绕组匝数增加时,同步电抗将______。(选择:① 增加;② 不变;③ 减小)

15-14 一台三相汽轮发电机 $P_N=25000\text{kW}$,$U_N=10.5\text{kV}$,Y 连接,$\cos\varphi_N=0.8$(滞后),$x_t=9.39\Omega$,电枢电阻可略去不计。求额定负载下,发电机的励磁电势 E_0 以及 E_0 与 I 的夹角 ψ。

15-15 一台三相凸极式同步发电机,Y 连接,$U_N=380\text{V}$,$I_N=10\text{A}$,$\cos\varphi=0.8$(滞后),已知发电机每相励磁电势与电枢电流之间的相位角 $\psi=60°$,每相励磁电势 $E_0=400\text{V}$,每相电阻 $r_a=0.4\Omega$,求 I_d,I_q,x_d,x_q。

15-16 一台三相隐极式同步发电机,Y 连接,$P_N=25000\text{kW}$,$U_N=10.5\text{kV}$,$\cos\varphi_N=0.8$(滞后),$x_t^*=2.13$,电枢电阻略去不计,试求额定负载下发电机的励磁电势 E_0 及 $\dot{E}_0$ 与 $\dot{I}$ 之间的夹角 ψ。

15-17 一台三相凸极式同步发电机,Y 连接,$P_N=72500\text{kW}$,$U_N=10.5\text{kV}$,$\cos\varphi_N=0.8$(滞后),$r_a^*\approx0$,$x_d^*=1$,$x_q^*=0.554$。试求额定负载下发电机的励磁电动势 E_0 及功率角 θ。

15-18 一台三相凸极式同步发电机 $P_N=1500\text{kW}$,$U_N=6300\text{V}$,Y 连接,$\cos\varphi_N=0.8$(滞后),已知其参数 $x_d=21.2\Omega$,$x_q=13.7\Omega$,电枢电阻略去不计。试求发电机在额定运行状态时的励磁电动势 E_0。

第十六章　同步发电机的并联运行

第一节　同步电机在大容量电网上运行的工作特性

同步电机并接在大容量电网上运行时的特点是:① 恒频,即频率 f 等于常数;② 恒压,即电机端电压 U 等于常数。

同步电机在电网上有三种运行状态:

(1) 发电机运行。电机向电网输出有功功率,即 $P>0$,同时也可向电网输出或吸收无功功率。这时,气隙磁场中 $\boldsymbol{F}_f$ 超前 $\boldsymbol{F}_\delta$,即 $\boldsymbol{F}_f$ 与 $\boldsymbol{F}_\delta$ 的夹角 $\theta>0$。这里,称 θ 为功率角。显见,$\dot{E}_0$ 与 $\dot{E}_\delta$ 之间的夹角也等于 θ。由于,漏阻抗压降 $\dot{I}(r_a+jx_\sigma)$很小,相量 $\dot{E}_\delta$ 与 $\dot{U}$ 之间的夹角非常小,故 θ 既是矢量 $\boldsymbol{F}_f$ 与 $\boldsymbol{F}_\delta$ 之间的夹角,也是相量 $\dot{E}_0$ 与 $\dot{U}$ 之间的夹角。

(2) 电动机运行。电机自电网吸收有功功率,即 $P<0$,同时也可向电网输出或吸收无功功率。这时,气隙磁场中 $\boldsymbol{F}_f$ 滞后 $\boldsymbol{F}_\delta$,即 $\theta<0$。

(3) 调相机运行。调相机亦称同步补偿器。这时,电机仅向电网输出或吸收无功功率。

一、同步电机的电磁功率和电磁转矩

无论是同步发电机或是同步电动机,其功率平衡方程式均为

$$P_1 = P_2 + p_{\mathrm{Cu1}} + p_{\mathrm{mec}} + p_{\mathrm{Fe}} + p_{\mathrm{ad}} \tag{16-1}$$

式中,P_1——同步电机的输入功率;

P_2——同步电机的输出功率;

p_{Cu1}——电枢绕组铜损耗;

p_{Fe}——电机铁损耗;

p_{mec}——电机的机械损耗;

p_{ad}——电机的附加损耗。

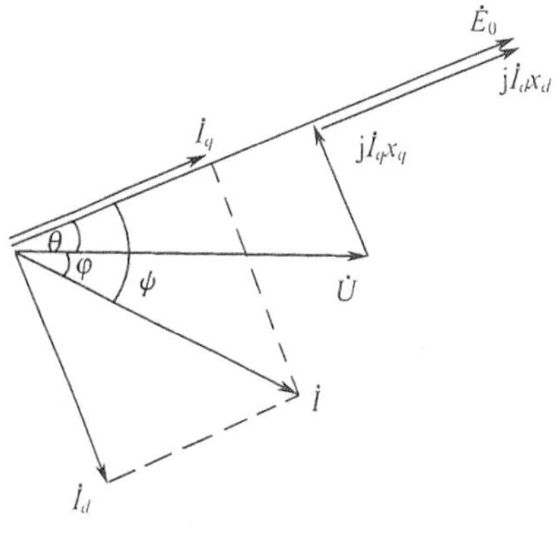

图 16-1　凸极同步发电机的相量图

图 16-1 是凸极同步发电机的相量图。由于电枢电阻比同步电抗小得多,故图中略去电阻电压降 $\dot{I}r_a$。由图可见

$$\left.\begin{aligned} I_q &= \frac{U\sin\theta}{x_q} \\ I_d &= \frac{E_0 - U\cos\theta}{x_d} \end{aligned}\right\} \tag{16-2}$$

在不计 r_a 时，电磁功率等于输出功率，即

$$\begin{aligned} P_{em} &\approx P_2 = mUI\cos\varphi = mUI\cos(\psi-\theta) \\ &= mUI(\cos\psi\cos\theta + \sin\psi\sin\theta) \\ &= mU\cos\theta I_q + mU\sin\theta I_d \\ &= mU\cos\theta\frac{U\sin\theta}{x_q} + mU\sin\theta\frac{E_0 - U\cos\theta}{x_d} \\ &= \frac{mU^2}{x_q}\sin\theta\cos\theta + \frac{mUE_0}{x_d}\sin\theta - \frac{mU^2}{x_d}\sin\theta\cos\theta \\ &= \frac{mUE_0}{x_d}\sin\theta + \frac{mU^2}{2}\left(\frac{1}{x_q} - \frac{1}{x_d}\right)\sin2\theta \end{aligned} \tag{16-3}$$

式中，$\left(\frac{mUE_0}{x_d}\right)\sin\theta$ 称为基本电磁功率；$\frac{mU^2}{2}\left(\frac{1}{x_q}-\frac{1}{x_d}\right)\sin2\theta$ 称为附加电磁功率。

对于隐极同步电机，由于 $x_d = x_q = x_t$，则附加电磁功率为零。故电磁功率为

$$P_{em} = \frac{mE_0U}{x_t}\sin\theta \tag{16-4}$$

当 $\theta = \frac{\pi}{2}$ 时，电机有最大电磁功率为

$$P_{em\,max} = \frac{mE_0U}{x_t} \tag{16-5}$$

用标幺值表示：

凸极　　$$P_{em}^* \approx P_2^* = \frac{U^* E_0^*}{x_d^*}\sin\theta + \frac{U^{*2}}{2}\left(\frac{1}{x_q^*} - \frac{1}{x_d^*}\right)\sin2\theta \tag{16-6}$$

隐极　　$$P_{em}^* \approx P_2^* = \frac{U^* E_0^*}{x_d^*}\sin\theta \tag{16-7}$$

凸极同步电机的电磁转矩为

$$\begin{aligned} T_{em} &= \frac{P_{em}}{\Omega_1} = \frac{mUE_0}{\Omega_1 x_d}\sin\theta + \frac{mU^2}{2\Omega_1}\left(\frac{1}{x_q} - \frac{1}{x_d}\right)\sin2\theta \\ &= \frac{mpUE_0}{\omega x_d}\sin\theta + \frac{mpU^2}{2\omega}\left(\frac{1}{x_q} - \frac{1}{x_d}\right)\sin2\theta \end{aligned} \tag{16-8}$$

式中，ω——电压（或电流）的角频率，$\omega = 2\pi f$；

Ω_1——同步角速度，

$$\Omega_1 = \frac{\omega}{p} = \frac{2\pi n_1}{60}$$

隐极同步电机的电磁转矩为

$$T_{\mathrm{em}}=\frac{mUE_0}{\Omega_1 x_{\mathrm{t}}}\sin\theta=\frac{mpE_0U}{\omega x_{\mathrm{t}}}\sin\theta \tag{16-9}$$

当 $\theta=\frac{\pi}{2}$ 时，电机的最大电磁转矩为

$$T_{\mathrm{em\,max}}=\frac{mpE_0U}{\omega x_{\mathrm{t}}} \tag{16-10}$$

由式(16-3)和式(16-8)可见，附加电磁功率(或附加电磁转矩，亦即磁阻转矩)与电压 U(电网电压 U_{c})有关，与 E_0 无关。即若励磁电流为零，$I_{\mathrm{f}}=0$，$E_0=0$，只要 $U\neq0$(即电网电压 $U_{\mathrm{c}}\neq0$)、功率角 $\theta\neq0$，就有附加电磁功率(或磁阻转矩)。根据这一原理设计制造的不加励磁单靠磁阻转矩而运行的电动机称为反应式电动机，亦称磁阻电动机。图 16-2 所示为磁阻电动机转子的两种结构。由图可见，在这两种结构中都采用了钢片和非磁性材料铝(或铜)镶嵌而成，其目的是为增大 x_d 与 x_q 的差值，从而增大电磁转矩值。

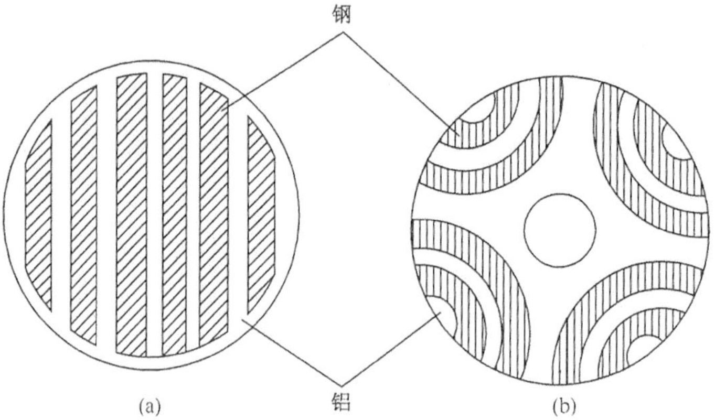

图 16-2 磁阻电动机的转子

(a)二极；(b)四极

二、功率角特性

由式(16-3)和式(16-4)可知，当电网电压 U_{c}(即电机端电压)和频率 f 恒定，参数 x_d 和 x_q 为常数，励磁电势 E_0 不变(即 I_{f} 不变)时，同步电机的电磁功率 P_{em} 只决定于功率角 θ。其函数关系 $P_{\mathrm{em}}=f(\theta)$ 称为同步电机的功角特性，如图 16-3 所示。

当 $\theta>0$ 时，则 $P_{\mathrm{em}}>0$，为同步发电机的功角特性；当 $\theta<0$ 时，则 $P_{\mathrm{em}}<0$，为同步电动机的功角特性。

在 $-\frac{\pi}{2}<\theta<0$ 和 $0<\theta<\frac{\pi}{2}$ 范围内为同步电机的静态稳定运行区域。这时，

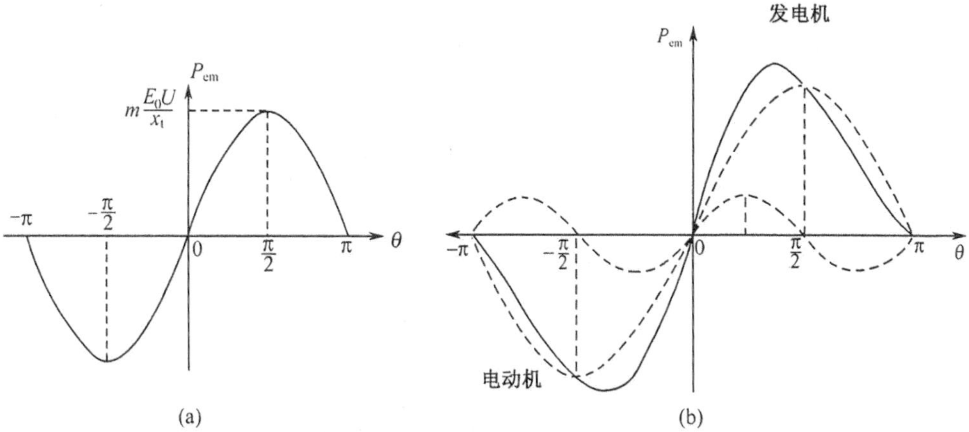

图 16-3　同步电机的功角特性

(a)隐极电机；(b)凸极电机

$\frac{dP_{em}}{d\theta}>0$。当某一微小干扰使原动机的有效功率(原动机输给发电机的有功功率)增加时，功率角将增大，由图 16-3 可见，相应地电磁功率也增加。干扰消失后，由于电磁功率大于输入的有效功率，使发电机减速回到原来的工作点；在 $-\pi<\theta<-\frac{\pi}{2}$ 和 $\frac{\pi}{2}<\theta<\pi$ 范围内为同步电机的静态不稳定运行区域。这时，$\frac{dP_{em}}{d\theta}<0$。

可见，$\theta=\pm\frac{\pi}{2}$ 为同步电机的静态稳定运行极限的功率角，$\frac{dP_{em}}{d\theta}$ 愈大，电机稳定运行能力愈强。于是，定义 $P_{syn}=\frac{dP_{em}}{d\theta}$ 为比整步功率。对于隐极电机

$$P_{syn}=m\frac{E_0U}{x_t}\cos\theta \tag{16-11}$$

对于凸极电机

$$P_{syn}=m\frac{E_0U}{x_d}\cos\theta+mU^2\left(\frac{1}{x_q}-\frac{1}{x_d}\right)\cos2\theta \tag{16-12}$$

将 P_{syn} 除以同步角速度 Ω_1，称为同步电机的整步转矩系数或比整步转矩 T_{syn}。对于隐极电机

$$T_{syn}=\frac{P_{syn}}{\Omega_1}=\frac{mE_0U}{\Omega_1x_t}\cos\theta \tag{16-13}$$

对于凸极电机

$$T_{syn}=\frac{mE_0U}{\Omega_1x_d}\cos\theta+\frac{mU^2}{\Omega_1}\left(\frac{1}{x_q}-\frac{1}{x_d}\right)\cos2\theta \tag{16-14}$$

在实际应用中，为使同步发电机能稳定运行，提高供电的可靠性，应使发电机的极限功率比其额定功率大一定的倍数。称

$$k_M = \frac{P_{em\,max}}{P_N} \tag{16-15}$$

为静态过载倍数或过载能力。当电枢电阻忽略不计时，$P_N = P_{emN}$，则对于隐极电机为

$$k_M = \frac{P_{em\,max}}{P_N} \approx \frac{m\dfrac{E_0 U}{x_t}}{m\dfrac{E_0 U}{x_t}\sin\theta_N} = \frac{1}{\sin\theta_N} \tag{16-16}$$

式中，θ_N——额定运行时的功率角。

一般要求 $k_M > 1.7$，即额定负载时最大允许功率角约为 35°。所以，同步电机一般设计为 $\theta_N = 25° \sim 35°$。增大励磁电流（即增大 E_0）和减小同步电抗（即增大短路比）可提高同步电机的极限功率。从而提高过载能力和静态稳定性。

三、V 形特性曲线

当 U（即 U_c）、x_t、P 均为常数时，改变励磁电流 i_f 可调节无功功率 Q。图 16-4 为隐极同步发电机的相量图，图中略去 r_a。

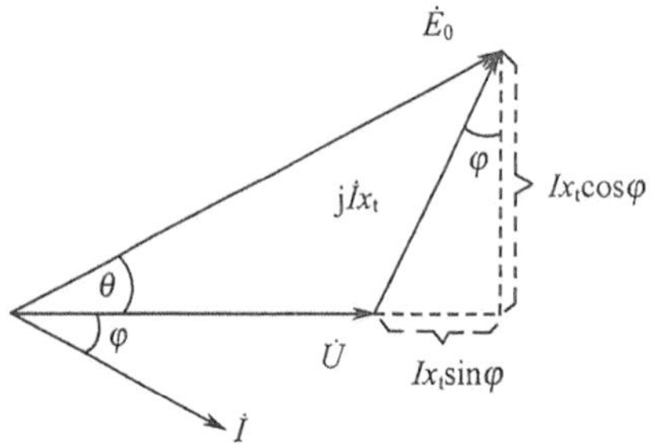

图 16-4 隐极同步发电机的相量图

由图可见

$$E_0\cos\theta = U + Ix_t\sin\varphi$$

即

$$I\sin\varphi = \frac{E_0\cos\theta - U}{x_t}$$

无功功率为

$$Q = UI\sin\varphi = U \cdot \frac{E_0\cos\theta - U}{x_t} = \frac{UE_0}{x_t}\cos\theta - \frac{U^2}{x_t}$$

在保持输入的有功功率 P_1 为常数时

$$\begin{cases} P_2 = mUI\cos\varphi = \text{常数} \\ P_{em} = \dfrac{mE_0U}{x_t}\sin\theta = \text{常数} \end{cases}$$

又因为 U、x_t 均为常数，则在以上两式中

$$\begin{cases} I\cos\varphi = \text{常数} \\ E_0\sin\theta = \text{常数} \end{cases}$$

于是，当调节励磁电流使 E_0 发生变化时，由于 $I\cos\varphi$=常数，定子电流 $\dot{I}$ 相量末端

的变化轨迹为一条与 $\dot{U}$ 垂直的直线 $\overline{AB}$，又由于 $E_0\sin\theta=$常数，故相量 $\dot{E}_0$ 末端的变化轨迹为一条与电压相量平行的直线 $\overline{CD}$，如图 16-5 所示。

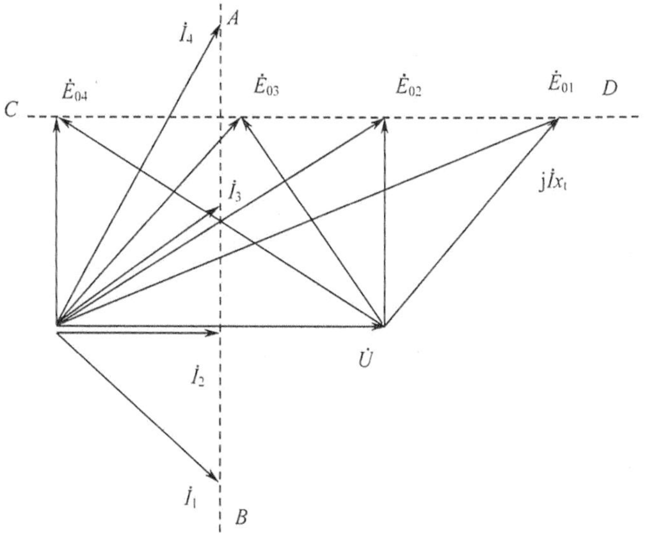

图 16-5　当 U、P_2 均为常数时不同励磁电流对应的同步发电机相量图

由图 16-5 显而易见，当励磁电流较大时，对应励磁电势 E_{01} 较高，定子电流 $\dot{I}_1$ 滞后于端电压 $\dot{U}$，输出滞后无功功率。这时，在实际使用中称发电机运行在"过励"状态；逐渐减小励磁电流，则对应励磁电势随之减小，至 E_{02} 时，定子电流 $\dot{I}_2$ 与端电压 $\dot{U}$ 同相，$\cos\varphi=1$。定子电流可达最小，这时，对应称作"正常励磁"；再继续减小励磁电流时，定子电流又开始变大，并且超前于端电压 $\dot{U}$，如图中 $\dot{E}_0=\dot{E}_{03}$，$\dot{I}=\dot{I}_3$ 所示。发电机开始向电网输出超前的无功功率（即从电网吸收滞后的无功功率），称这时发电机处于"欠励"状态；如果进一步减小励磁电流，励磁电势则更小，功率角 θ 和超前的功率因数角继续增大，使定子电流值更大，当 $\dot{E}_0=\dot{E}_{04}$、$\dot{I}=\dot{I}_4$ 时，$\theta=90°$，发电机处于稳定运行的极限。若再进一步减小励磁电流，电机将失去同步。定子电流与励磁电流的函数关系 $I=f(I_f)$ 称同步电机的 V 形特性，如图 16-6 所示。

例 16-1　一台三相 50Hz，Y 连接，11kV，8750kV · A 凸极式水轮发电机，额定运行时的功率因数为 0.8（滞后），每相同步电抗 $x_d=17\Omega$，$x_q=9\Omega$，电枢电阻可略去不计，试求：

(1) 同步电抗的标幺值；

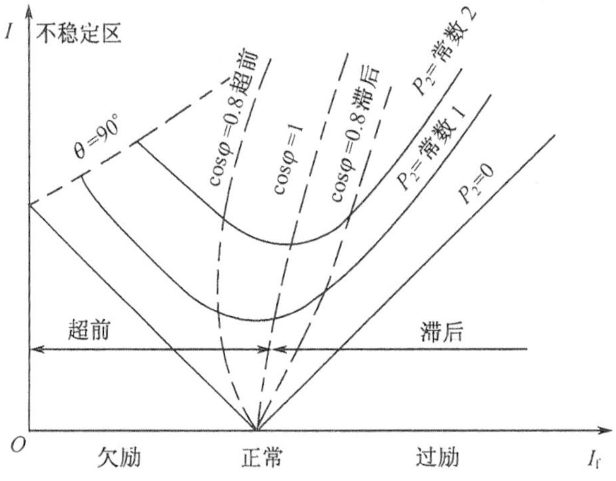

图 16-6　同步电机的 V 形特性曲线

(2) 该机在额定运行情况下的功率角 θ_N 及空载电势 E_0；

(3) 该机的最大电磁功率 $P_{em\max}$、过载能力及产生最大功率时的功率角 θ。

解　(1) 额定电流　　$I_N=\dfrac{8750}{\sqrt{3}\times 11}=460(\mathrm{A})$

额定相电压　　$U_{N\phi}=\dfrac{11000}{\sqrt{3}}=6350(\mathrm{V})$

同步电抗的标幺值为　　$x_d^*=x_d\dfrac{I_N}{U_N}=17\times\dfrac{460}{6350}=1.232$

$$x_q^*=x_q\frac{I_N}{U_N}=9\times\frac{460}{6350}=0.654$$

(2) 作出相量图，如图 16-7 所示。

令端电压为参考轴，$\dot{U}_N^*=1+\mathrm{j}0$，额定电流 $\dot{I}_N^*=0.8-\mathrm{j}0.6$，则

$$\dot{U}_N^*+\mathrm{j}\dot{I}_N^*x_q^*=1+\mathrm{j}(0.8-\mathrm{j}0.6)\times 0.654=1.392+\mathrm{j}0.523$$

功率角　　$\theta_N=\arctan\dfrac{0.523}{1.392}=20.7^\circ$

功率因数角　　$\varphi_N=\arccos 0.8=36.9^\circ$

内功率因数角　　$\psi_N=\theta_N+\varphi_N=20.7^\circ+36.9^\circ=57.6^\circ$

电枢直轴电流　　$I_d^*=I_N^*\sin\psi_N=1\times\sin 57.6^\circ=0.845$

电枢交轴电流　　$I_q^*=I_N^*\cos\psi_N=1\times\cos 57.6^\circ=0.536$

空载电势　　$E_0^*=U_N^*\cos\theta_N+I_d^*x_d^*=\cos 20.7^\circ+0.845\times 1.232=1.978$

空载相电势　　$E_0=E_0^*U_N=1.978\times 6350=12560(\mathrm{V})$

(3) 功率角特性公式为

$$P_{em}^* = \frac{E_0^* U^*}{x_d^*}\sin\theta + \frac{U^{*2}}{2}\left(\frac{1}{x_q^*} - \frac{1}{x_d^*}\right)\sin2\theta$$

$$= \frac{1.978}{1.232}\sin\theta + \frac{1^2(1.232 - 0.654)}{2 \times 1.232 \times 0.654}\sin2\theta$$

$$= 1.605\sin\theta + 0.359\sin2\theta$$

令 $\frac{dP_{em}^*}{d\theta} = 0$，则有 $\frac{dP_{em}^*}{d\theta} = 1.605\cos\theta + 0.718\cos2\theta = 0$，解得

$$\cos\theta = \frac{-1.605 + 2.59}{2.872} = 0.342$$

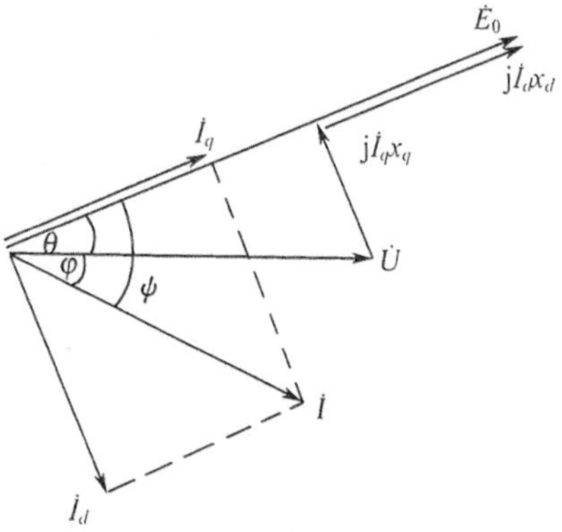

图 16-7　例 16-1 相量图

故最大电磁功率时的功率角 $\theta = 70°$，即

$$\sin\theta = \sin70° = 0.94, \qquad \sin2\theta = \sin140° = 0.643$$

$$P_{em\,max}^* = 1.605 \times 0.94 + 0.359 \times 0.643 = 1.509 + 0.231 = 1.74$$

三相最大电磁功率

$$P_{em\,max} = P_{em\,max}^* S_N = 1.74 \times 8750 = 15225(\text{W})$$

过载能力

$$k_M = \frac{P_{em\,max}}{P_N} = \frac{1.74}{0.8} = 2.18$$

例 16-2　一台三相同步发电机并联运行于大电网，$x_d^* = 0.8$，$x_q^* = 0.5$，电枢电阻略去不计，$\cos\varphi_N = 0.8$(滞后)。电网发生故障，使电压降至原来的 70%，若保持输出功率不变，并使功率角等于 20°。求此时的励磁电势 E_0^*。

解　已知 $U^* = 0.7$，$\theta = 20°$，$P_{em}^* = \cos\varphi = 0.8$，代入功率角特性方程式，得

$$0.8 = \frac{E_0^* \times 0.7}{0.8}\sin20° + \frac{(0.8 - 0.5) \times 0.7^2}{2 \times 0.8 \times 0.5}\sin40°$$

由此得激磁电势

$$E_0^* = 2.27$$

例 16-3　一台与无穷大电网并联运行的隐极式同步发电机，过载能力 $k_M = 2$，在额定状态下运行，$E_0 = 1.25U$。如继续增大它的有功功率输出，而励磁电流保持不变，则有功功率输出增大到多大时，输出的无功功率为零？

解　该机无功功率

$$Q = \frac{mE_0U}{x_d}\cos\theta - \frac{mU^2}{x_d} = 0$$

代入已知参数即有 $\frac{U^2}{x_d}(3 \times 1.25\cos\theta - 3) = 0$，解得 $\theta = 36.87°$，则

$$k_m = \frac{1}{\sin\theta_N} = 2, \quad \theta_N = 30°, \quad P_N = \frac{mUE_0}{x_d}\sin\theta_N = \frac{mUE_0}{2x_d}$$

$$P_{em}=\frac{mUE_0}{x_d}\sin 36.87°=2P_N\sin 36.87°=1.2P_N$$

即当有功功率 P_{em} 增大到 $1.2P_N$ 时，无功功率为零。

第二节　容量相同的两台同步发电机并联运行

图 16-8 所示为两台容量相同的同步发电机 A、B 并联运行系统的示意图。设负载电阻 R_L、负载电抗 x_L、负载阻抗角 φ_L 均为常数，且该并联系统要求为恒频恒压系统。

当 A、B 两机均分负载时，其相量图如图 16-9 所示。

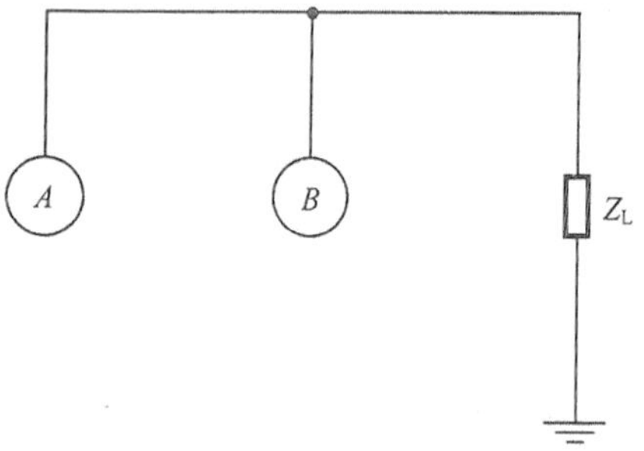

图 16-8　两台同步发电机并联运行

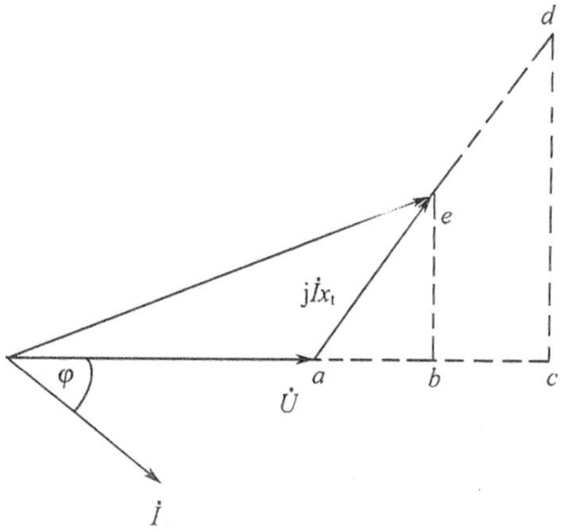

图 16-9　两机均分负载时相量图

这时，两机输出功率分别为

$$P_{2A}=P_{2B}=mUI\cos\varphi=\left(m\frac{U}{x_t}\right)\cdot Ix_t\cos\varphi=k\cdot\overline{be}$$

$$Q_{2A}=Q_{2B}=mUI\sin\varphi=\left(m\frac{U}{x_t}\right)\cdot Ix_t\sin\varphi=k\cdot\overline{ab}$$

式中，$k=m\dfrac{U}{x_t}$=常数，$\overline{be}=Ix_t\cos\varphi$，$\overline{ab}=Ix_t\sin\varphi$。

两机共输出功率为

$$\sum P_2=2(k\cdot\overline{be})=k\cdot\overline{cd}=\frac{U^2}{R_L}=\text{常数}$$

$$\sum Q_2=2(k\cdot\overline{ab})=k\cdot\overline{ac}=\frac{U^2}{x_L}=\text{常数}$$

在并联系统电压保持不变时，调节两机的励磁电流 i_f 可改变其功率因数。但其中一台电机的功率因数得到改善的同时，另一台电机的功率因数将恶化，如图 16-10所示。

同样，两台电机的有功功率输出可通过改变输入有功功率来调节。但是，与此同时会影响输出无功功率。为了使系统输出的总的无功功率保持不变，则必须同时调节励磁电流，如图 16-11 所示。

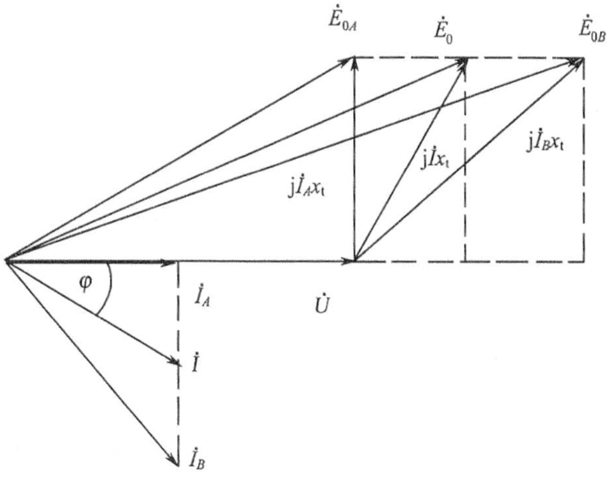

图 16-10　两台电机并联运行调节励磁电流时相量图

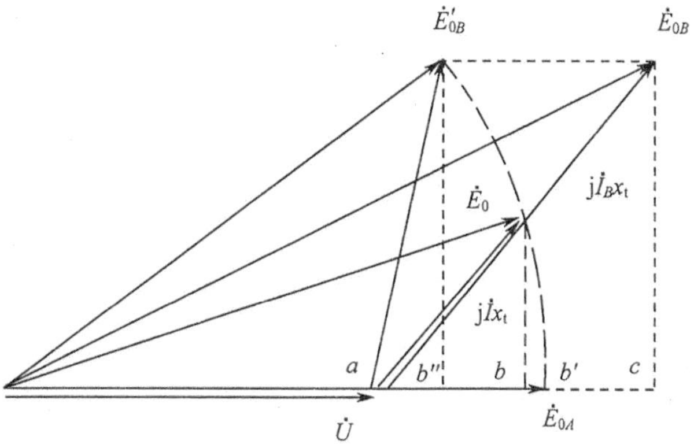

图 16-11　两台电机并联运行调节有功时相量图

图中，减小 A 机的输入有功功率，使 A 机的输出有功功率为零。这时 A 机的励磁电势为 $\dot{E}_{0A}$，则原系统的输出总有功功率 $\sum P_2$ 全部由 B 机承担，故在减小 A 机的输入有功功率同时，必须增大 B 机的输入有功功率，直至 $P_{2B}=\sum P_2$，对应的 B 机励磁电势为 $\dot{E}'_{0B}$。但是，这时 A 机输出的无功功率为 $k\,\overline{ab'}$，B 机输出的无功功率为 $k\,\overline{ab''}$，将可能出现 $k\,\overline{ab'}+k\,\overline{ab''}\neq k\,\overline{ac}$，故必须在调节输入有功功率的同时，还要调节励磁电流来保持 $\sum Q_2$ 为常数。如果减小 A 机的励磁电流使其输出无功功率为零的话，则同时须加大 B 机的励磁电流使其输出无功功率为 $\sum Q_2$。对应的励磁电势为 $\dot{E}_{0B}$。而这时，由于 A 机输出的有功功率和无功功率均为零，故 A 机才可脱离该并联系统。

第三节　同步发电机投入电网并联运行的条件和方法

一、同步发电机投入电网并联运行的条件

(1) 投入前，发电机端电压与电网电压大小相等，即 $U_0=U_c$，可通过调节发电机的励磁电流 i_f 来实现。

(2) 发电机的频率和电网频率相同，即 $f=f_c$，可通过调节发电机的转速 n 来实现。

(3) 发电机电压相位与电网电压相位要相同，即按前面正方向规定，此时，$\dot{U}_0=-\dot{U}_c$，可通过采用不同的并网方法，选择适当的并网瞬间来实现。

(4) 发电机和电网的相序要相同，可在安装接线时实现。

(5) 发电机和电网的电压波形要相同，这一条件在电机设计时必须保证。

二、同步发电机投入电网并联运行的方法

1. *准确同步法*

准确同步法又有灯光黑暗法（直接接法）和灯光旋转法（交叉接法）两种。灯光黑暗法的接线图如图 16-12 所示。

采用灯光黑暗法并网（合闸）步骤如下：

(1) 按电机与电网相序一致连接各相。

(2) 调同步发电机励磁电流 I_f，使电机端电压与电网电压相等，即 $U=U_c$。

(3) 调同步发电机的转速，使之接近同步速，即 $n\approx n_1$（即 $f\approx f_c$）。发电机各相电压相量角频率为 $\omega=2\pi f$，电网各相电压相量角频率为 $\omega_c=2\pi f_c$。由于 $n\neq n_1$，$\dot{U}$ 与 $\dot{U}_c$ 旋转的角速度不等。所以，可提供相位相同的并网瞬间。

(4) 当相灯 a、b、c 全暗时，$\dot{U}_{AA'}$，$\dot{U}_{BB'}$，$\dot{U}_{CC'}=0$，如图 16-13 所示。这是并网（合闸）瞬间，迅速并网（合闸）。

灯光旋转法的接线如图 16-14 所示。

采用灯光旋转法并网（合闸）的步骤与灯光黑暗法的基本相同，区别在于选择并网（合闸）瞬间应在连接在同一相的相灯（如图中 a 灯）全熄灭时刻，其相量图如图 16-15所示。

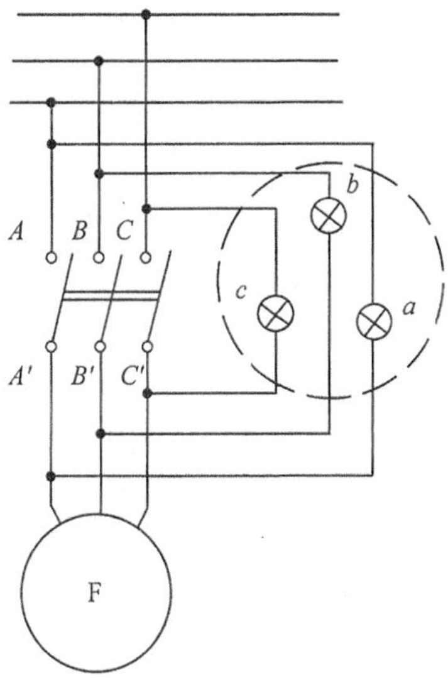

图 16-12　灯光黑暗法的接线图

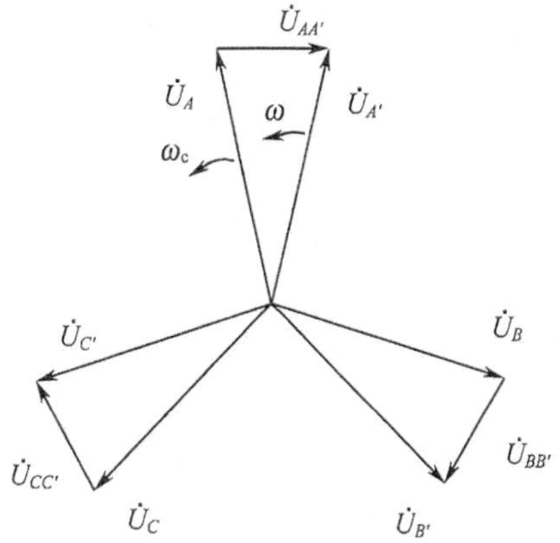

图 16-13　直接接法相量图

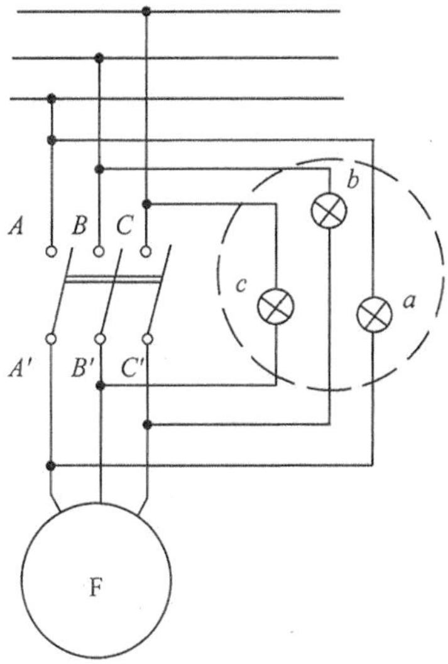

图 16-14　灯光旋转法的接线图

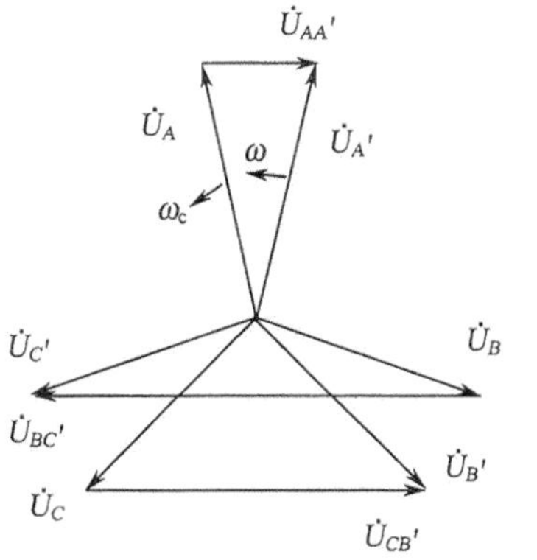

图 16-15　交叉接法相量图

2. 自同步法

用准确同步法投入并联的优点是合闸时没有冲击电流，缺点是操作复杂且较费时间。尤其当电网出现故障而要求把备用发电机迅速投入并联运行时，由于电网电压与频率不稳定，用准确同步法更难投入，这时往往采用自同步法，其步骤如下：先将发电机励磁绕组用限流电阻来短接，当发电机转速升至接近同步转速时(电机和电网的频率差在±5%以下)，先合上并联开关，再立即加上直流励磁，即可由定、转子间的电磁力自动牵入同步。此法优点是操作简单、迅速，不需增添复杂设备，缺点是合闸及投入励磁时有电流冲击。

三、刚并入电网后的物理情况

1. 频率不等引起整步电流

在并网时，为了选择适当的并网(合闸)瞬间，调节 $n\approx n_1$，即 $f\approx f_c$。假设 $f>f_c$ 即 $n>n_1$，$\omega>\omega_1$，合闸后 $\dot{E}_0$ 将逐渐超前于 $-\dot{U}_c$。产生 $\Delta\dot{U}=j\dot{I}x_t$，其相量如图16-16(a)所示，它在发电机和电网之间产生环流 $\dot{I}$。由于，同步电抗远大于电阻，故环流 $\dot{I}$ 滞后 $\Delta\dot{U}$ 约为 90°，$\dot{I}$ 的有功分量与 $\dot{U}$ 方向一致(它们的夹角小于 90°)，即向电网输出正的有功功率。这时，电磁转矩为制动转矩，使 n 降至等于 n_1；若 $f<f_c$，同理分析得知，电磁转矩为驱动转矩，使 n 升至等于 n_1。

2. 电压不等引起的环流

发电机空载电压 $U_0=E_0$ 与电网电压 U_c 大小不等时，假设 $E_0>U_c$，$\Delta\dot{U}$ 相量如图 16-16(b)所示。同样产生环流 $\dot{I}$，$\dot{I}$ 滞后 $\Delta\dot{U}$ 约为 90°，即以 90°滞后 $\dot{U}$，电机输出感性电流，电枢反应为去磁作用，使电压下降至等于 U_c；若 $U<U_c$，同理分析得知，电枢反应为助磁作用，使电压上升至等于 U_c。

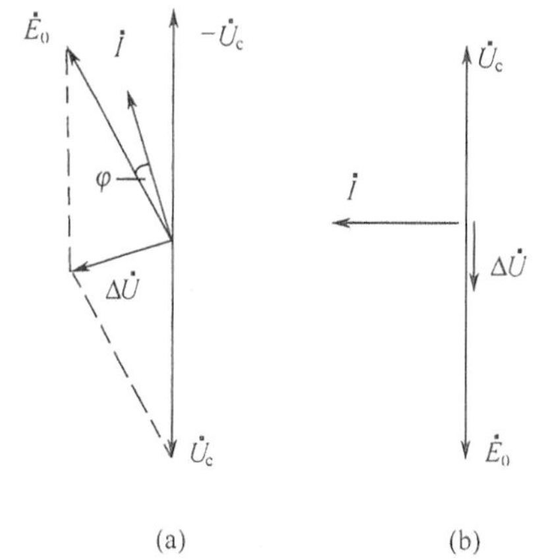

图 16-16　电机刚并入电网后的物理情况

例 16-4　一台三相隐极式同步发电机，Y 连接，$S_N=60kV\cdot A$，$U_N=380V$，同步电抗 $x_t=1.55\Omega$。当电机过激磁，$\cos\varphi=0.8$ 滞后，$S=37.5kV\cdot A$ 时，试求：

(1) 励磁电势及功率角(电枢电阻可略去不计)；

(2) 脱卸原动机且不计损耗时的电枢电流；

(3) 保持电磁功率和激磁电流不变将该机作电动机运行，试画出电势相量图；

(4) 在电动机机械负载不变、电磁功率不变、$\cos\varphi=1$ 时电机的励磁电势。

解　(1)

$$I=\frac{S}{\sqrt{3}U_N}=\frac{37.5\times10^3}{\sqrt{3}\times380}=57(A)$$

取 $\dot{U}_{N\phi}$为参考矢量，即 $\dot{U}_{N\phi}=U_{N\phi}\angle 0^{\circ}$，

$$\dot{E}_0=\dot{U}_{N\phi}+\mathrm{j}\dot{I}x_t=380/\sqrt{3}+57\times1.55\angle(90^{\circ}-36.87^{\circ})=282\angle 14.58^{\circ}$$

励磁电势

$$E_{0\phi}=282\mathrm{V},\quad E_{0L}=488\mathrm{V},\quad \theta=14.58^{\circ}$$

(2) 因

$$\theta=0,\quad \dot{U}_N=-\dot{E}_0+\mathrm{j}\dot{I}x_t \qquad [见图 16-17(a)]$$

$$-\mathrm{j}\dot{I}x_t=-\dot{E}_0-\dot{U}_N=282-220=62(\mathrm{V})$$

$$I=\frac{62}{x_t}=\frac{62}{1.55}=40(\mathrm{A})$$

(3) $P_{em}=\dfrac{mUE_0}{x_t}\sin\theta$，$P_{em}$不变，$\theta=14.58^{\circ}$，$I$ 的大小同(2)，即 $I=40\mathrm{A}$。电势相量图如图 16-17(b)所示。

(4) $$P_{mec}=P_2=S\cos\varphi=37.5\times0.8=30(\mathrm{kW})$$

不考虑损耗

$$P_{mec}=P_{em},\quad \cos\varphi=1,\quad P_{mec}=mUI\cos\varphi$$

$$I=\frac{P_{mec}}{mUI\cos\varphi}=\frac{30\times10^3}{3\times220\times1}=45(\mathrm{A})$$

$$-\dot{E}_0=\dot{U}-\mathrm{j}\dot{I}x_t=220-\mathrm{j}45\times1.55=231\angle -17.59^{\circ}(\mathrm{V})$$

如图 16-17(c)所示。

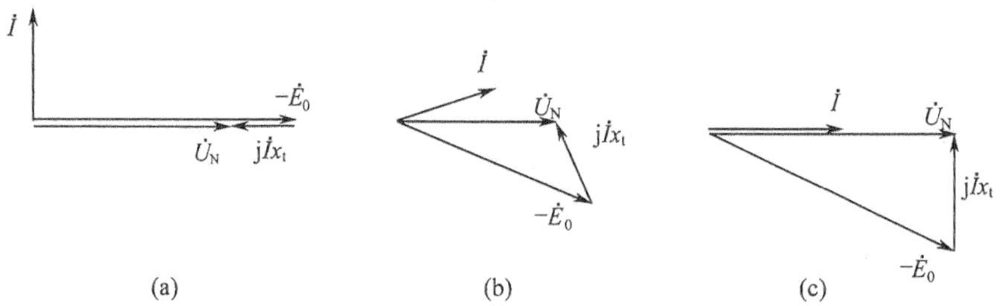

图 16-17　例 16-4 插图

例 16-5　一台三相隐极式同步电动机，过载能力 $k_M=2$。该机带额定负载，电枢电阻忽略不计，并保持激磁电流不变。试问当外加电压降至何值时，电动机将失步？

解　额定电磁转矩

$$T_N=\frac{mE_0U}{\Omega_1x_t}\sin\theta_N$$

最大电磁转矩

$$T_{max} = \frac{mE_0U}{\Omega_1 x_t}$$

过载能力

$$k_m = \frac{T_{max}}{T_N} = \frac{1}{\sin\theta_N} = 2, \quad \sin\theta_N = 0.5, \quad \theta_N = 30°$$

当电机端电压下降时

$$\frac{mU'E_0}{\Omega_1 x_t} = \frac{1}{2}\frac{mU_NE_0}{\Omega_1 x_t}, \quad U' = \frac{1}{2}U_N$$

可见，当电压下降到额定值的一半时，电动机将失步。

第四节　小　　结

一、同步发电机并联运行的条件

(1) 发电机端电压与电网电压大小相等。

(2) 发电机频率与电网频率相等。

(3) 发电机端电压与电网电压的相位相同。

(4) 发电机与电网相序一致。

(5) 发电机电压与电网电压波形相同。

二、投入并联的方法

(1) 准确同步法，灯光黑暗法和灯光旋转法。

(2) 自同步法。

三、同步发电机的功率角特性

1) 隐极同步电机的有功功率

$$P_2 = P_{em} = \frac{mE_0U}{x_t}\sin\theta$$

式中，P_2 为输出功率，P_{em}为电磁功率，m 为相数，E_0 为空载电势，U 为端电压，x_t 为同步电抗，θ 为功率角。

2) 隐极同步电机的无功功率

$$Q = \frac{mE_0U}{x_t}\cos\theta - \frac{mU^2}{x_t}$$

上式可由类似有功功率的功率角特性同样的方法导出。

3) 凸极同步电机的有功功率

$$P_2 = P_{em} = \frac{mE_0U}{x_d}\sin\theta + \frac{mU^2}{2}\left(\frac{1}{x_q} - \frac{1}{x_d}\right)\sin 2\theta$$

4）凸极式同步电机的无功功率

$$Q=\frac{mE_0U}{x_d}\cos\theta-\frac{mU^2}{2}\left(\frac{1}{x_d}+\frac{1}{x_q}\right)+\frac{mU^2}{2}\left(\frac{1}{x_q}-\frac{1}{x_d}\right)\cos2\theta$$

上式可由类似有功功率的功率角特性同样的方法导出。

四、同步发电机有功功率的调节

改变原动机供给的发电机的输入功率，将改变功率角 θ 的大小，从而调节发电机的有功功率的输出。对于隐极同步发电机，当功率角 $\theta=90°$ 时，有最大功率输出；对于凸极同步发电机，在 θ 略小于 90°时有最大功率输出。

表示发电机运行的稳定度用比整步功率 P_{syn}。

对于隐极同步电机，其静态过载倍数为

$$k_{\text{M}}=\frac{1}{\sin\theta_{\text{N}}}$$

式中，θ_{N} 为额定负载时 $\dot{E}_0$ 与 $\dot{U}$ 的夹角。

五、同步发电机无功功率的调节

在保持同步发电机输入有功功率不变的情况下，调节同步发电机的励磁电流可以改变发电机的无功功率输出。过激发电机输出感性无功功率；欠激发电机输出容性无功功率。当有功功率保持不变时，电机的定子电流 I 与激磁电流 I_{f} 之间的关系称 V 形特性曲线。

六、同步电机的电磁转矩

隐极机
$$T_{\text{em}}=\frac{mE_0U}{x_{\text{t}}\Omega_1}\sin\theta$$

凸极机
$$T_{\text{em}}=\frac{mE_0U}{x_d\Omega_1}\sin\theta+\frac{mU^2}{2\Omega_1}\left(\frac{1}{x_q}-\frac{1}{x_d}\right)\sin2\theta$$

习　　题

16-1　一台并联在大电网上运行的三相同步发电机，输出 $\cos\varphi=0.5$（滞后）的额定电流，现在要让它输出 $\cos\varphi=0.8$（滞后）的额定电流，则可以______。（选择：① 输入功率不变，增加励磁电流；② 增加输入功率，减少励磁电流；③ 减少输入功率，增加励磁电流）

16-2　凸极式同步发电机附加电磁功率产生的原因是______。（选择：① 交轴无励磁绕组；② 交轴上的磁阻比直轴上的磁阻大；③ 直轴上的磁阻比交轴磁阻大）

16-3　同步发电机与大电网并联时，并联条件除发电机电压小于电网电压 10%外，其他条件均已满足，此时若合闸并联，发电机将______。（选择：① 产生巨大电流，使发电机不能并网；② 产生不大电流，此电流是电感性输出电流；③ 产生不大的电流，此电流是电容性输出电流；

④ 产生不大电流，此电流是纯有功电流）

16-4　如果发电机和电网并联时，频率有少许相差，如发电机的频率 f 大于电网频率 f_1，其他并联条件均已满足，此时合闸发电机将______。（选择：① 产生巨大电流，使发电机不能并联；② 产生不太大的纯电容性电流；③ 产生不大的纯电感性电流；④ 产生不大的有功电流）

16-5　要增加并联在电网上运行的发电机的稳定性，可以______。（选择：① 增加励磁电流；② 减少励磁电流；③ 调节原动机输入功率）

16-6　要增加并联在电网上运行的发电机的有功输出，可以______。（选择：① 增加励磁电流，使 E_0 增加；② 加快原动机转速，使 $n>n_1$；③ 增加原动机的动力因素，使功率角增加）

16-7　同步发电机为了能具有较大的过载能力使稳定性能好，希望短路比______。（选择：① 较大；② 较小）

16-8　三相同步发电机在与电网并联时，必须满足一些条件，但首先必须绝对满足的条件是______。（选择：① 电压相等；② 频率相等；③ 相序相同）

16-9　同步发电机和电网并联运行时，在下列哪种情况下其稳定性较好______。（选择：① 短路比较小；② 欠励运行；③ 过励运行；④ 重载运行；⑤ 轻载运行；⑥ 通过电抗器接至电网）

16-10　同步发电机并入电网以后要调节其有功功率，必须______________，当只调节其无功功率，可______________________。

16-11　功率角 θ 在时间上表示______________________，在空间表示______________________。

16-12　当同步发电机空载电压大于电网电压 10%时，将发电机与电网并联（其他并联条件均已满足），此时发电机将向电网输出______性的电流。

16-13　同步发电机与大容量电网并联运行时，其功率因数决定于______________；单独运行时，其功率因数决定于______________________。

16-14　试画出凸极式同步发电机失磁（$I_f=0$）时的电势相量图，并说明此时 θ 角代表什么意义。

16-15　一台三相四极隐极式同步发电机与 50Hz 电网整步时，同步指示灯每 5s 亮一次，求该机此时的速度为多少？若采用直接接法整步却看到“灯光旋转”现象，试问是何原因？应如何处理？若采用交叉接法却发生三组相灯同时亮、暗，则是何原因？应如何处理？

16-16　一台三相隐极式同步发电机，并联在大电网上运行，Y 连接。$U_N=380V$，$I_N=84A$，$\cos\varphi_N=0.8$（滞后），定子绕组每相电势 $E_0=270V$，每相同步电抗 $x_t=1.5\Omega$ 时，若调节励磁电流及减少原动机的转矩，设使 $E_0'=300V$，$\theta'=8°$，不计定子绕组电阻。试求：

(1)调节励磁后，发电机向电网输出的电流 I_a 及 $\cos\varphi$；

(2)调节励磁及原动机转矩前后，发电机向电网输出的有功及无功功率各为多少？

16-17　一台三相隐极式同步发电机并联在额定电压的无穷大电网上，$\cos\varphi=0.8$（滞后），$x_t^*=1.0$，电枢电阻略去不计。不考虑磁路饱和的影响，试求：

(1) 保持额定运行时的励磁电流不变，在输出有功功率减半时的定子电流标幺值 I^* 和功率因数 $\cos\varphi$；

(2) 若输出有功功率为额定功率的一半，逐渐减小励磁到额定励磁电流的一半，则发电机能否静态稳定运行？为什么？此时 I^* 和功率因数 $\cos\varphi$ 各为多少？

16-18　一台三相隐极式同步发电机并联于无穷大电网，额定负载时功率角 $\theta=20°$，现因外线路发生故障，电网电压降为 $60\%U_N$，试求欲使 θ 角保持在 25°，应调节励磁使 E_0 为原来的多少倍？

16-19　一台三相隐极式同步发电机的数据如下：$S_N=31250\text{kV}\cdot\text{A}$，$U_N=10.5\text{kV}$，Y 连接，$\cos\varphi_N=0.8$(滞后)，定子每相同步电抗 $x_t=7.0\Omega$，定子电阻忽略不计，该发电机并联运行于无穷大电网，试求：

(1) 当发电机在额定状态下运行时的功率角 θ_N、电磁功率 P_{em}、比整步功率 P_{syn} 及过载能力 k_M；

(2) 若维持上述励磁电流不变而输出有功功率减半时，θ、P_{em}、P_{syn} 及 $\cos\varphi$；

(3) 发电机原来在额定状态下运行，现在仅将其励磁电流加大 10%，设磁路不饱和，这时的 θ、P_{em}、$\cos\varphi$ 和 I。

16-20　一台并联于无穷大电网上的三相凸极式同步发电机，5000kW、13800V，Y 连接、$\cos\varphi_N=0.8$(滞后)，已知 $r_a\approx0$，$x_d^*=1.15$，$x_q^*=0.7$，假定其空载特性为一直线。试求：

(1) 当输出功率为 10000kW、$\cos\varphi=1.0$ 时发电机的励磁电流 I_f^* 及功率角 θ；

(2) 若保持此输入有功功率不变，当发电机失去励磁时 θ 为多少？发电机能否稳定运行？此时的定子电流 I、$\cos\varphi$ 各为多少？

16-21　一台与大电网并联运行的三相隐极式同步发电机，$P_N=25000\text{kW}$，$U_N=10.5\text{kV}$，定子 Y 连接，$\cos\varphi_N=0.8$(滞后)，定子每相同步电抗标幺值 $x_t^*=1$，$r_a\approx0$，磁路不饱和。试求：

(1) 发电机输出有功功率为 $\frac{P_N}{2}$、功率因数 $\cos\varphi=0.8$(滞后)时励磁电势 E_0^*、功率角 θ 及输出的无功功率 Q_2；

(2) 保持此励磁电流不变，将输出有功功率提高为额定值 P_N，这时输出的无功功率 Q_2。

16-22　一台在无穷大电网上运行的水轮发电机，额定容量 $S_N=500\text{kV}\cdot\text{A}$。试验中测得额定输出有功功率为 300kW，电流额定功率角 $\theta=36.87°$，电势 $E_0^*=0.52$。磁路线性，不计枢路电阻。试求该电机失磁时能输出的最大有功功率。

第十七章　同步发电机对称运行时的特性

同步发电机在对称负载下的特性曲线有：

(1) 空载特性，即 $I=0$ 时，$E_0=f(I_f)$。

(2) 短路特性，即 $U=0$ 时，$I_k=f(I_f)$。

(3) 负载特性，即 $I=$常数，$\cos\varphi=$常数时，$U=f(I_f)$。

(4) 外特性，即 $I_f=$常数，$\cos\varphi=$常数时，$U=f(I)$。

(5) 调整特性，即 $U=$常数，$\cos\varphi=$常数时，$I_f=f(I)$。

这些特性曲线有着各自不同的用途。对于测定电机参数而言，最为实用的是空载特性、短路特性和零功率因数下的负载特性。当然，在讨论这些电机运行参数变化中的互相关系时，电机的转速（频率）始终保持额定状况不变。

第一节　同步发电机的空载特性

同步发电机转子主极绕组施加直流励磁，并由原动机拖动以同步速 n_1 旋转，定子电枢绕组开路，即为同步发电机的空载运行。同步发电机的空载运行时，电枢电流等于零，气隙中只有主极励磁电流 I_f 产生的旋转磁场。电枢绕组切割旋转磁场感应电势 E_0，电枢绕组开路时的端电压等于空载电势 E_0。当 $n=n_1$、$I=0$ 时的 $E_0=f(I_f)$称为同步发电机的空载特性。同步发电机的空载特性曲线可用计算方法得到，也可用实验方法测得。由于存在磁滞现象，实验时励磁电流在所测的最大点和最小点之间必须向一个方向从大到小依次递减或从小到大依次递增，不能半途插补漏测点。测得数据所绘制的是一条磁滞回线。通常用得较多的是以通过原点的校正曲线来作电机的空载特性 $E_0=f(I_f)$，如图 17-1 中线“1”所示，图中线“2”为其气隙线。

用标幺值表示为

$$E_0^* = f(I_f^*)$$

其中，电压量纲物理量的基值为 U_N（相电压的额定值），即

$$E_0^* = \frac{E_0}{U_N}$$

励磁电流的基值为 I_{f0}，即

$$I_f^* = \frac{I_f}{I_{f0}} \tag{17-1}$$

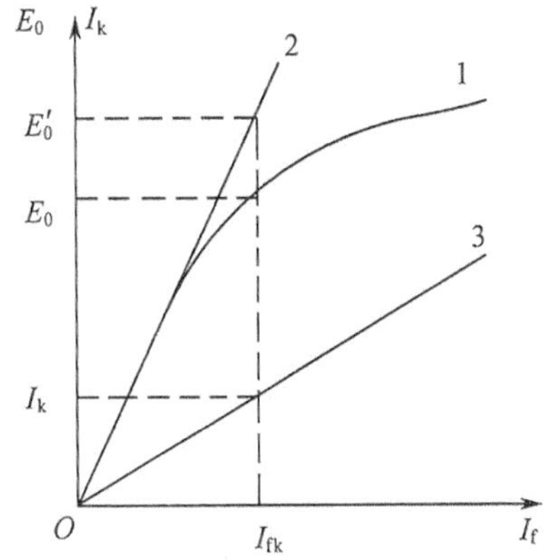

图 17-1　空载特性和短路特性

式中，I_{f0}——空载电压为额定值时的励磁电流。

显然，当 $I_f^*=1$ 时，$E_0^*=1$，故 $E_0^*=f(I_f^*)$ 为一条过点(1,1)的曲线。当磁路线性时，$E_0^*=I_f^*$。

第二节　同步发电机的短路特性

发电机在同步转速下出线端三相稳态短路时，电枢电流 I 即短路电流 I_k 与励磁电流 I_f 的关系称短路特性 $I_k=f(I_f)$，如图 17-1 中线“3”所示。

由于发电机的电枢电阻远小于同步电抗，可略去不计。短路电流可认为纯感性的，即 $\psi=90°$。于是，电枢磁势基本上是一个纯去磁作用的直轴磁势，即 $F_a=F_{ad}$。图 17-2 为短路时发电机的矢量图。

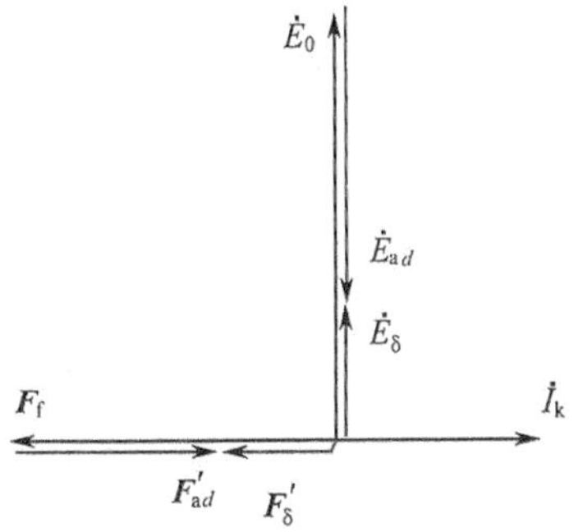

图 17-2　同步发电机短路时矢量图

由图可见，磁势矢量都在同一条直线上，合成磁势为 $F_\delta=F_f-F_{ad}'$。利用空载特性，即可由 F_δ 求出气隙合成电势 E_δ。在电势平衡方程式 $\dot{E}_\delta=\dot{U}+\dot{I}r_a+j\dot{I}x_\sigma$ 中，由于短路时 $\dot{U}=0$，且略去 r_a，故短路时电势平衡方程式为

$$\dot{E}_\delta = j\dot{I}_k x_\sigma \tag{17-2}$$

可见，短路时合成电势只等于漏电抗压降，其对应的气隙合成磁通很小，电机的磁路处于不饱和状态，同步电抗为常数，故对于凸极发电机

$$\dot{E}_0=j\dot{I}_k x_d \tag{17-3}$$

对于隐极发电机

$$\dot{E}_0 = \mathrm{j}\dot{I}_k x_t \tag{17-4}$$

因为有这些参数的正比关系，即 $I_k \propto E_0 \propto \phi_0 \propto I_f$，故短路特性是一条直线。

设短路时励磁电流为 I_{fk}，在短路特性曲线上可查得对应的短路电流 I_k。同时，由于磁路线性，则又可在空载特性的气隙线上查得对应励磁电流 I_{fk}时的空载励磁电势 E'_0，如图 17-1 所示。于是，对于凸极同步发电机

$$x_d = \frac{E'_0}{I_k} \tag{17-5}$$

用标幺值表示

$$x_d^* = \frac{E'^*_0}{I_k^*} \tag{17-6}$$

对于隐极同步发电机

$$x_t = \frac{E'_0}{I_k} \tag{17-7}$$

用标幺值表示

$$x_t^* = \frac{E'^*_0}{I_k^*} \tag{17-8}$$

由于磁路不饱和，所以 $x_d(x_t)$为不饱和同步电抗。

第三节　同步发电机的零功率因数负载特性

负载特性是在 $n=n_1$，$I=$常数，$\cos\varphi=$常数的条件下，端电压 U 与励磁电流 I_f 的关系曲线。其中，以零功率因数负载特性最为有用，如图 17-3 所示。

当忽略电枢电阻 r_a 时，由于 $\cos\varphi=0$，故有 $\psi=\varphi=90°$，电枢磁势基本上是一个纯去磁作用的直轴磁势，即 $F_a=F_{ad}$，$F_{aq}=0$。对应的电枢电流 $\dot{I}=\dot{I}_d$，$\dot{I}_q=0$。

因为端电压较高时，磁路已饱和，故须采用图 15-16 所示电势磁势时-空矢量图。零功率因数负载的时-空矢量图如图 17-4 所示。

可见，此时磁势之间的矢量关系均可简化为代数关系，即

$$\left.\begin{aligned} E_\delta &= U + Ix_\sigma \\ F_\delta &= F_f - F'_a \end{aligned}\right\} \tag{17-9}$$

对于隐极发电机

$$E_0 = U + Ix_t \tag{17-10}$$

对于凸极发电机

$$E_0 = U + I_d x_d \tag{17-11}$$

在图 17-3 中，令坐标原点为 O，$\overline{OK}$表示零功率因数负载时励磁电流 I_f，$\overline{KD}$表

示平衡电枢反应去磁磁势所需的励磁电流，以 I_{fa}表示，

$$I_{fa} = F'_a/N_f = k_{ad}F_a/N_f \tag{17-12}$$

$\overline{OD}$表示产生气隙合成磁势所需的励磁电流，以 $I_{f\delta}$表示，

$$I_{f\delta} = I_f - I_{fa} = \frac{F_\delta}{N_f} \tag{17-13}$$

$\overline{B'D}$表示 E_δ，$\overline{A'K}=U_N$，$\overline{B'C'}=\overline{B'D}-\overline{C'D}=\overline{B'D}-\overline{A'K}=E_\delta-U=Ix_\sigma$。

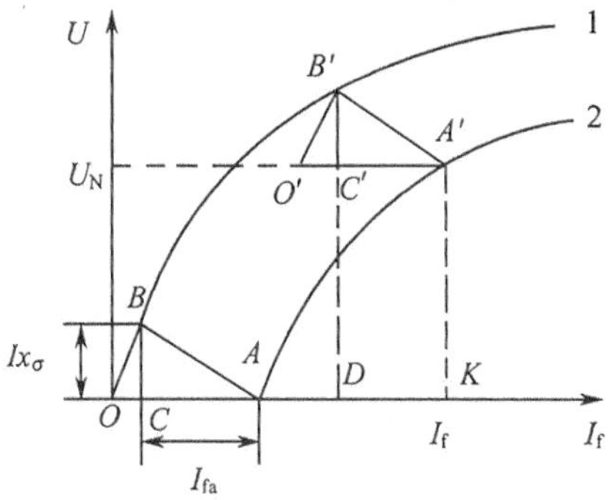

图 17-3　零功率因数负载特性

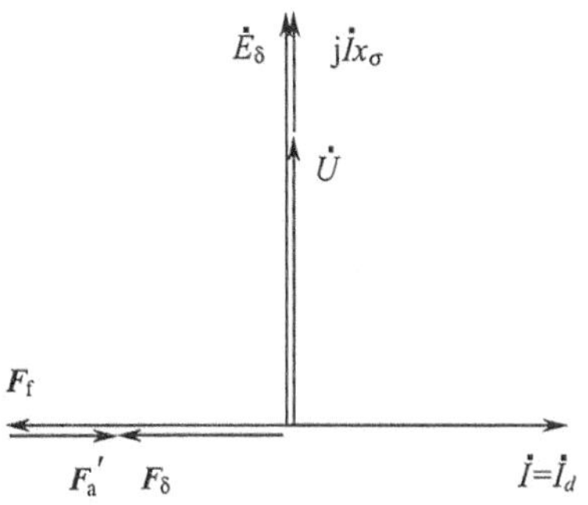

图 17-4　零功率因数负载的时-空矢量图

在直角$\triangle A'B'C'$中，当 $I=I_N=$常数时，三角形大小不变，称之为电抗三角形（或特性三角形）。若以电抗三角形顶点 B'沿着空载特性曲线将该三角形作平移，则其另一个顶点 A'的移动轨迹即为零功率因数负载特性曲线。

当空载特性和零功率因数负载特性曲线均已测定时，求 x_σ 的关键在于确定 A'点和 B'点。由图 17-3 可见，$\triangle ABC$ 与$\triangle A'B'C'$完全相等，$\triangle ABO$ 与$\triangle A'B'C'$完全相等。因此，根据 U_N 作横坐标轴线的平行线，交零功率因数负载特性曲线于 A'点，取$\overline{A'O'}=\overline{AO}$，过 O'点作空载特性气隙线的平行线，交空载特性于 B'点，再过 B'点作$\overline{A'O'}$的垂线，垂足为 C'点。$\overline{B'C'}=Ix_\sigma$，$\overline{B'C'}$与电流 I 的比值即为漏抗 x_σ。

在 $U=U_N$ 且漏抗压降为 I_Nx_σ 时的特性三角形又称保梯三角形。相应的定子漏抗 x_σ 称保梯电抗，记作 x_p，则

$$x_p = \frac{\overline{B'C'}}{I_N} \tag{17-14}$$

第四节　短路比及电压调整率

一、短路比 k_c

短路比是指同步发电机在能产生空载电压等于额定值的励磁电流作用下，发电机处于三相稳态短路时的短路电流 I_{k0}与额定电流 I_N 之比。由于短路特性是一

直线，由图 17-5 可得

$$k_c = \frac{I_{k0}}{I_N} = \frac{I_{f0(U=U_N)}}{I_{fk(I_k=I_N)}} \tag{17-15}$$

式中，I_{f0}——对应空载电压等于额定电压值时的励磁电流；

I_{fk}——对应稳态短路电流等于额定电流值时的励磁电流。

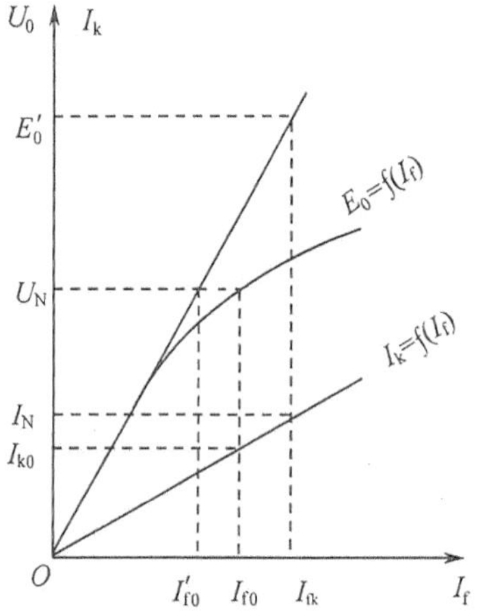

图 17-5　利用空载特性和短路特性确定短路比

设 I'_{f0} 为不饱和(即运行在气隙线上)时产生空载额定电压所需的励磁电流，并定义

$$k_\mu = \frac{I_{f0(U=U_N)}}{I'_{f0(U=U_N)}} \tag{17-16}$$

式中，k_μ——空载额定电压时主磁路的饱和系数，通常取 $k_\mu=1.1\sim1.25$ 。

于是，式(17-15)又可写成

$$\begin{aligned} k_c &= \frac{I_{f0(U=U_N)}}{I'_{f0(U=U_N)}} \times \frac{I'_{f0(U=U_N)}}{I_{fk(I_k=I_N)}} \\ &= k_\mu \frac{U_N}{E'_{0(I_f=I_{fk})}} = k_\mu \frac{U_N}{I_N x_{d(\text{不饱和})}} \\ &= k_\mu \frac{1}{x^*_{d(\text{不饱和})}} \end{aligned} \tag{17-17}$$

短路比是表征电机性能的一个参数，通常 $k_c=0.5\sim1.3$ 。其中，对于汽轮发电机，$k_c=0.5\sim0.7$；对于水轮发电机 $k_c=0.8\sim1.3$。短路比大，意味着 x_d^* 小，电机的过载能力就大。

二、电压调整率 ΔU

发电机在额定负载时有额定电压 U_N，对应的励磁电流保持不变，则卸去负载后发电机的端电压将上升至空载电势 E_0。电压调整率 ΔU 的定义为在额定转速下，保持额定负载时有额定电压 U_N 的励磁电流不变，对应空载电势 E_0 和额定电压 U_N 之差与额定电压 U_N 的比值。即

$$\Delta U = \frac{E_0 - U_N}{U_N} = E_0^* - 1 \tag{17-18}$$

电压调整率也是表征电机运行性能的一个参数。它反映了由于电机本身参数(如电抗)不同，负载时端电压变化的程度。

例 17-1 某三相水轮发电机参数为 $x_d^* = 0.845$，$x_q^* = 0.554$。试求该电机在额定电压下供给额定负载电流且 $\cos\varphi = 0.8$ (滞后)时的电压调整率，电枢电阻略去不计。

解 $\tan\psi = \dfrac{I^* x_q^* + U^* \sin\varphi}{U^* \cos\varphi} = \dfrac{1\times 0.554 + 1\times 0.6}{1\times 0.8} = 1.4425$

$\psi = 55.27°$，　$\cos\varphi = 0.8$，　$\varphi = 36.87°$

$$E_0^* = U^* \cos(\psi - \varphi) + I_d^* x_d^*$$
$$= \cos(55.27° - 36.87°) + \sin 55.27° \times 0.845 = 1.643$$

$$\Delta U = E_0^* - 1 = 1.643 - 1 = 0.643$$

例 17-2 一台二极汽轮发电机，25000kW，10.5kV，三相，Y 接法，$\cos\varphi_N = 0.8$(滞后)，50Hz。转子绕组每极 72 匝，转子磁场的波形系数 $k_f = 1.05$，定子电枢反应磁势 $F_a = 11.3I$。其空载试验和短路试验数据如下：

空载特性：

线电压 U_0/kV	6.2	10.5	12.3	13.46	14.1
励磁电流 I_f/A	77.5	155	232	310	388

短路特性：

电枢短路电流 I_k/A	860	1720
励磁电流 I_f/A	140	280

同时测得电枢绕组漏抗标幺值 $x_\sigma^* \approx x_p^* = 0.19$。电枢电阻 r_a 可忽略不计，试求：

(1) 不饱和同步电抗的标幺值 x_t^*；

(2) 当空载电压为额定值时，接上每相阻抗为 $Z_L = 2.82 + j2.115\Omega$ 的 Y 连接的三相负载，求负载电流及端电压；

(3) 为保证额定负载运行所需的励磁电流 I_{fN} 是多少？

(4) 在额定负载运行时，若开关跳闸甩负荷，求发电机的端电压及电压变化率 $\Delta U\%$。

解　(1) 任意取一励磁电流 $I_f=140A$，查短路特性得对应的 $I_k=860A$，并在空载特性的气隙线上查得线电势 $\sqrt{3}E'_0=11.2kV$，则同步电抗不饱和值为

$$x_t=\frac{E'_0}{I_k}=\frac{11.2\times10^3}{\sqrt{3}\times860}=7.52(\Omega)$$

其标幺值为

$$x_t^*=x_t\frac{I_N}{U_{N\phi}}=7.52\times\frac{1720\times\sqrt{3}}{10.5\times10^3}=2.133$$

(2) 根据负载呈感性，考虑到有去磁电枢反应，故先假设此时磁路为不饱和，则同步电抗不饱和值 $x_t=7.52\Omega$，由空载特性的气隙线上查得励磁电势为 $\sqrt{3}E'_0=12.5kV$。同步电机的电枢回路总阻抗

$$Z_L+jx_t=2.82+j2.115+j7.52=10\angle 73.7^\circ(\Omega)$$

故负载电流

$$I=\frac{E'_0}{|Z_L+jx_t|}=\frac{7.22\times10^3}{10}=722(A)$$

端电压 $U=\sqrt{3}U_\phi=\sqrt{3}I|Z_L|=\sqrt{3}\times722\times\sqrt{2.82^2+2.115^2}=4.41(kV)$，可见 U 远远小于 U_N，而 E_δ 比 U 不会大很多，故这时的磁路是不饱和的，上述假设正确。

(3) 由(1)解得 $\sqrt{3}E_\delta=11.8kV$，$\dot{E}_\delta$ 超前 $\dot{U}$ 的相位角 $\delta=7.77^\circ$，$I_{fa}=257.09A$，故 $\dot{E}_\delta$ 与 $\dot{I}$ 的相位角

$$\varphi'=\delta+\varphi=7.77^\circ+36.87^\circ=44.64^\circ$$

由 $\sqrt{3}E_\delta$ 值在空载特性上查得 $I_{f\delta}=250A$，可得

$$\begin{aligned}I_{fN}&=\sqrt{(I_{f\delta}+I_{fa}\sin\varphi')^2+(I_{fa}\cos\varphi')^2}\\&=\sqrt{(205+257.09\sin44.64)^2+(257.09\cos44.64)^2}\\&=427(A)\end{aligned}$$

(4) 由 I_{fN} 值在空载特性上查出甩负载后电压将升到 $E_0=14.4kV$，故电压变化率

$$\Delta U\%=\frac{E_0-U_N}{U_N}\times100\%=\frac{14.4-10.5}{10.5}\times100\%=37.1\%$$

第五节　小　　结

一、同步发电机在对称负载下的特性曲线

(1) 空载特性，即 $I=0$ 时，$E_0=f(I_f)$。

(2) 短路特性，即 $U=0$ 时，$I_k=f(I_f)$。

(3) 零功率因数负载特性，即 $I=$常数，$\cos\varphi=0$ 时，$U=f(I_f)$。

二、电抗三角形

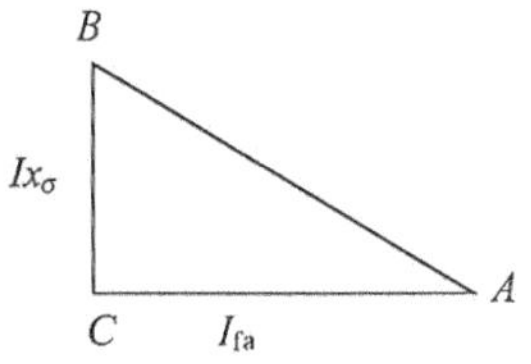

三、不饱和同步电抗的测定

对于凸极同步发电机

$$x_d = \frac{E'_0}{I_k}, \qquad x_d^* = \frac{E'^*_0}{I_k^*}$$

对于隐极同步发电机

$$x_t = \frac{E'_0}{I_k}, \qquad x_t^* = \frac{E'^*_0}{I_k^*}$$

四、短路比 k_c

$$k_c = \frac{I_{k0}}{I_N} = \frac{I_{f0(U=U_N)}}{I_{fk(I_k=I_N)}}$$

$$= k_\mu \frac{1}{x^*_{d(\text{不饱和})}}$$

五、电压调整率

$$\Delta U = E_0^* - 1$$

习　　题

17-1　同步发电机稳态短路电流不很大的原因是______。(选择:① 漏阻抗较大;② 短路电流产生去磁作用较强;③ 电枢反应产生增磁作用较强;④ 同步电抗较大)

17-2　测定同步发电机短路特性时,如果转速降低到 $0.8n_1$ 时,测得的短路特性______。(选择:① 不变;② 提高 0.8 倍;③ 降低 0.8 倍)

17-3　同步发电机短路特性是一条直线的原因是______。(选择:① 励磁电流较小磁路不饱和;② 电枢反应去磁作用使磁路不饱和;③ 短路时电机相当于在一个电阻为常数的电路中运行,所以 I_k 和 I_f 成正比)

17-4　有两台隐极式同步电机 A、B,气隙分别为 δ_A 和 δ_B,其他诸如绕组、磁路结构等都完全一样,已知 $\delta_A=2\delta_B$,现分别在两台电机上做短路实验,加同样大小的励磁电流,A 台电机短路电流为 I_{kA},B 台电机的短路电流为 I_{kB},此时______。(选择:① $I_{kA}=I_{kB}$;② $I_{kA}>I_{kB}$;③ $I_{kA}<I_{kB}$)

17-5　容量相近的同步发电机的电压调整率(负载为阻感性)比直流发电机要大,其原因是____。

17-6　一台同步发电机用一台转矩随转速增加而略有下降的原动机拖动,对一台功率相近的三相异步电动机供电。在不调节同步发电机的励磁电流前提下,当异步电动机的负载转矩增加时,同步发电机的电压将__________,频率将__________,输出电流将__________,输出功率将__________。

17-7　直轴同步电抗 x_d 在正常运行时通常应采用饱和值,但在短路时却采用不饱和值,为什么?

17-8　隐极同步发电机的短路比与凸极同步发电机的相比何者小?为什么?

17-9　一台三相二极 15000kW 隐极同步发电机,Y 连接,13.8kV,$f_N=50$Hz,$\cos\varphi_N=0.8$(滞后),已知 $x_t^*=0.25$,$I_{fN}=388$A,r_a 忽略不计,电机的空载特性(每相)如下:

U_0/V	2000	3600	6300	7800	8900	9550	10000
I_f/A	45	80	150	200	250	300	350

现电网需要该机在额定频率下发出滞后无功功率。求当转子励磁电流等于 I_{fN} 且输出有功功率为零的情况下,该机所发出的滞后无功功率为多少?

17-10　一台三相 72500kW 凸极同步发电机,Y 连接,$U_N=10.5$kV,$\cos\varphi_N=0.8$(滞后),$x_q^*=0.554$。电机的空载特性、短路特性和零功率因数负载特性如下:

空载特性:

U_0^*	0.55	1.0	1.21	1.27	1.33
I_f^*	0.52	1.0	1.51	1.76	2.09

短路特性:

I_k^*	0	1
I_f^*	0	0.965

零功率因数负载特性($I=I_N$ 时):

U^*	1
I_f^*	2.115

试求:(1) $x_{d(\text{不饱和值})}^*$ 和短路比;

(2) I_{fN}^* 和 $\Delta U\%$。

17-11　一台三相 8750kV·A 的凸极同步发电机,Y 连接,$U_N=11$kV,$\cos\varphi_N=0.8$(滞后)。已测知它的定子漏抗 $x_\sigma^*=0.21$,$x_q^*=0.455$,$r_a^*=0.011$,以励磁电流(按直轴折算)表示的额定电流对应的电枢磁势为 112A,电机的空载特性如下:

U_0^*	0.37	0.50	0.74	0.965	1.115	1.21	1.275	1.315
I_f/A	50	100	150	200	250	300	350	400

试求额定励磁电流及电压调整率。

17-12　一台三相 70000kV · A,60000kW 凸极同步发电机,Y 连接,$U_N=13.8$kV。试验测得空载特性为:

U_0^*	0.5	0.7	0.8	0.9	1.0	1.1	1.15	1.23
I_f/A	254	353	411	475	548	678	715	900

发电机的保梯电抗 $x_p^*=0.297$,短路比 $k_c=1.08$,$x_q^*=0.698$,求 I_{fN}^* 和 ΔU。

第十八章 同步电动机

同步电机和其他电机一样，它的运行状态也是可逆的，无论是发电机运行，还是电动机运行，其运行状态都是可以通过调节来改变的。对于同步电动机运行时的电磁平衡关系、功率和转矩等，都已在前面和同步发电机运行一起讨论过，本章仅对由发电机状态至电动机状态的过渡过程和同步电动机起动等问题进行论述。

第一节 由发电机状态至电动机状态的过渡

从传递能量角度看，同步发电机是向电网输出有功功率，即 $P>0$；同步电动机则是自电网吸收有功功率，即 $P<0$。这里，P 为同步电机向电网输出的有功功率。

假定原来有一台同步发电机接在恒压恒频的电网上，使它由发电机运行状态过渡到电动机运行状态的过程可分四个阶段。

(1) 发电机负载状态，如图 18-1(a)所示。

在这时，$\theta>0$，$P_{em}>0$，$P_2=UI\cos\varphi>0$（P_2 为同步电机的输出功率，这时电机输出的是电功率），$-\frac{\pi}{2}<\varphi<\frac{\pi}{2}$。

(2) 发电机空载状态，如图 18-1(b)所示。

逐步减少原动机输出，即减少同步发电机的输入功率，功率角 θ 将随之减小。直至 $\theta=0$ 时，发电机的电磁功率 P_{em} 也将同时减小，直至 $P_{em}=0$。这时，电机输入机械功率等于电机的空载损耗。

(3) 电动机空载状态，如图 18-1(c)所示。

将与同步发电机有机械连接的原动机脱开。由于，同步电机仍然接在电网上，即仍然保持电机定子绕组的端电压不变，气隙中仍然存在着旋转磁场。在电磁转矩的作用下，电机继续保持同步速旋转。由于电机的转轴上没有机械负载，所以，这时的同步电机为同步电动机空载运行状态。同步电动机运行的空载损耗由电网供给，故 $\theta<0$，$P_{em}<0$（即电机从电网吸收电功率），电机输入的电功率等于空载损耗。

(4) 电动机负载状态，如图 18-1(d)所示。

在同步电动机的转轴上加上机械负载，这时，功率角 $|\theta|$ 变得更大，电磁功率 $|P_{em}|$ 增大。功率平衡关系为 $P_1=P_0+P_2$。式中，P_2 为同步电机的输出功率，这时电机输出的是机械功率。

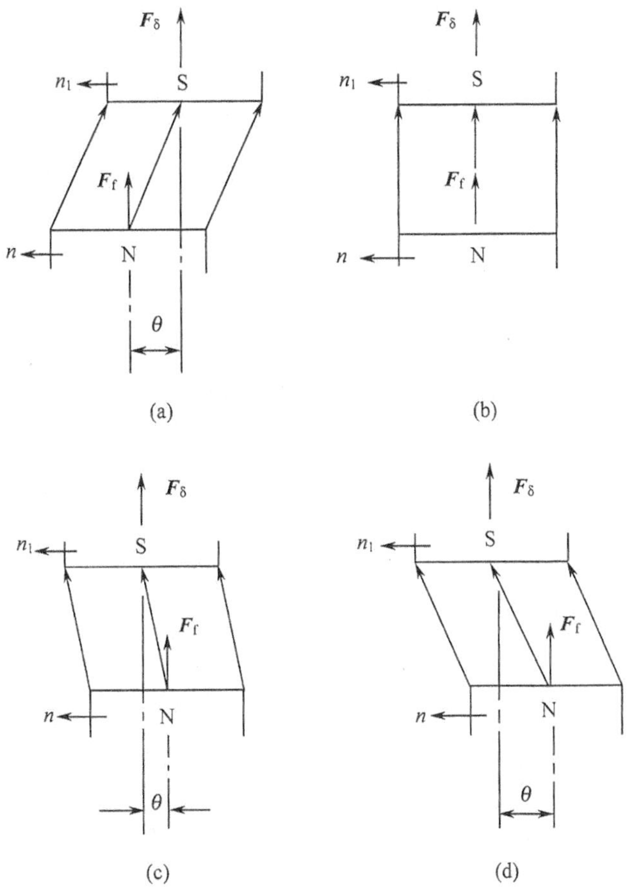

图 18-1　同步发电机过渡到同步电动机的过程

(a)发电机负载状态；(b)发电机空载状态；

(c)电动机空载状态；(d)电动机负载状态

第二节　同步电动机起动

同步电动机在有主极励磁情况下直接接通电源，气隙磁场瞬间产生三相合成旋转磁场，其转速即同步速 n_1。而转子因机械惯性尚未转动，定子旋转磁场与转子磁场之间出现速度为 n_1 的相对运动。这时磁场力的作用使转子受到方向不断迅速交变的脉振转矩，其平均值为零，电机不能起动。故此，须采用一定的方法来起动。同步电动机起动的方法有以下几种。

一、变频起动

为了避免出现迅速交变的脉振转矩，在有主极励磁情况下开始起动时，把加在定子上的电源电压频率调得很低，使三相合成旋转磁场的转速也很低，随着转子转速逐渐上升，逐步升高在定子上的电源电压的频率，直至额定值，同步电动机便牵入同步速。

二、辅助电动机起动

通常选用和同步电动机极数相同的异步电动机(容量为主机的5%～15%)作辅助电动机将同步电动机拖转至接近同步速，然后采用自整步法将同步电动机接入电网，再切断辅助电动机电源。该方法只适用于空载起动，其所需设备多、操作复杂。

三、异步起动

大多数同步电动机在转子上都装有类似异步电动机笼形绕组的起动绕组(即阻尼绕组)。在定子接通电源后，便能产生异步转矩，电机起动。当转速接近同步转速时，再加入励磁，即可牵入同步。

异步起动的过程是：

(1) 用电阻短路转子上的励磁绕组。如果起动时励磁绕组开路，由于励磁绕组的匝数很多，定子旋转磁场将在励磁绕组内感应很高的电压，可能损坏转子励磁回路的绝缘。如果起动时励磁回路直接短路，则在励磁绕组内将感生一单相电流。这一单相电流将产生一附加转矩，称为单轴转矩。单轴转矩会使同步电动机起动发生困难。因此，通常用一个阻值为励磁绕组本身阻值10倍左右的电阻来短路转子上的励磁绕组，则可使产生单轴转矩的影响削弱至很小。

(2) 定子绕组接通电源，产生三相合成旋转磁场。阻尼绕组内感应产生电流，载流的阻尼绕组在旋转磁场作用下受力旋转，直至其转速$n\approx95\%n_1$。

(3) 将励磁绕组与直流励磁电源接通，转子磁场与定子磁场间的磁拉力将转子牵入同步速。

习 题

18-1 从同步发电机过渡到电动机时，功率角θ、电流I、电磁转矩T_{em}的大小和方向有何变化?

18-2 同步电动机在异步起动时，磁极绕组必须与一电阻相接，其原因是______。(选择：① 避免励磁绕组两端感应高压；② 减少单轴转矩的影响，有利于起动过程；③ 励磁绕组中感生电流有利于拉入同步)

18-3 为什么同步电动机不能直接接通电源起动?

第十九章　同步电机的突然短路

当发电机定子出线端发生故障短路时，电机便处于突然短路的过渡过程中。这个过程虽很短暂，但短路电流的峰值却可达到额定电流的10倍以上。因而，在电机内产生很大的电磁力和电磁转矩，这将对电机工作产生不利影响。

由于在电机内部电磁场的能量不能突变，所以，电机的负载由一种状态转变到另一种状态就不可能即刻实现，而是需要有一个过渡过程。这里，突然短路是指这种过渡过程中的运行状态。过渡过程的终了，便是稳态短路运行。

在三相稳态短路时，电枢磁场是一个恒幅旋转磁场，并且它的转速与转子转速相同，故在转子的阻尼绕组和励磁绕组内都不会发生相应的电磁感应。

在三相突然短路时，电枢电流是个变值，因而，电枢磁势（磁通）亦相应发生变化。转子上各绕组如同变压器作用一样将发生相应的电势和电流的变化，这些变化反过来又影响电枢电流。因此，突然短路的过渡过程十分复杂。

第一节　突然短路物理过程分析的基础

磁链守恒原理是分析对称突然短路物理过程的基础。

图19-1是一个没有能源的超导体闭合回路。设原来和它交链的磁链为ψ_0。当因某种原因（如图示的外磁极移开）使ψ_0发生变化时，便在该回路中感应出一电势e_0，即

$$e_0 = -\frac{d\psi_0}{dt} \tag{19-1}$$

e_0在该回路所产生的短路电流i也伴随产生一自感磁链ψ_a和自感电势e_a，即

$$\left.\begin{aligned} \psi_a &= L_a i \\ e_a &= -\frac{d\psi_a}{dt} \end{aligned}\right\} \tag{19-2}$$

式中，L_a——回路的自感。

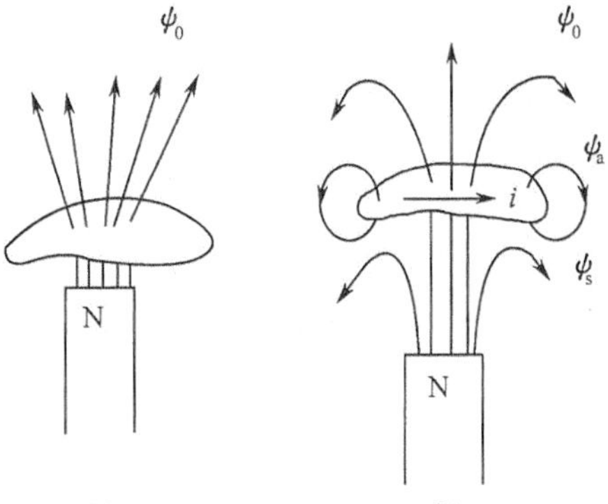

图19-1　超导体闭合回路磁链守恒原理

(a)磁极原来位置；(b)磁极移动后

由于，回路的电阻为零，则其电势方程式为

$$e_0 + e_a = -\frac{d\psi_0}{dt} - \frac{d\psi_a}{dt} = 0$$

即

$$\frac{\mathrm{d}}{\mathrm{d}t}(\psi_0 + \psi_a) = 0$$

则

$$\psi_0 + \psi_a = 常数 \tag{19-3}$$

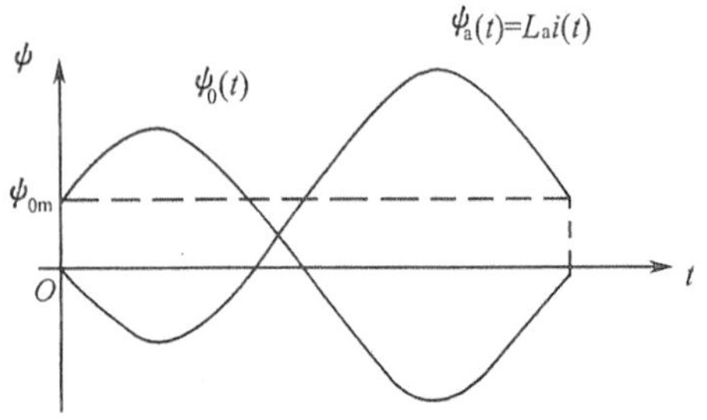

图 19-2　磁极移动在超导体闭路中引起超导体磁链的变化

式(19-3)表明，无论外磁场交链回路的磁链如何变化，由于感生电流所产生磁链的抵制作用，使交链该闭合回路的总磁链总是不变的。这就是超导体闭合回路的磁链守恒原理，如图 19-2 所示。

对于一个没有能源的非超导体的闭合回路，在外磁场与之交链的磁链发生变化的初始瞬间，交链该闭合回路的总磁链仍不变。但此后，随着能量逐渐在导体的电阻 r 上的消耗，i 将逐渐衰减。交链该闭合回路的总磁链则随之发生变化。i 衰减的速度取决于 L_a 和 r 的比值。

第二节　对称突然短路的物理过程

一、当 $\psi_A(0)=0$ 时三相突然短路

这里以 A 相绕组为讨论对象，为了突出物理现象的本质，设电机在短路前为空载运行，空载电压为额定值。电机的转速不变，磁路不饱和，励磁电流 I_f 不变。先假设电机的定、转子各绕组均为超导体，之后再考虑电阻的影响。

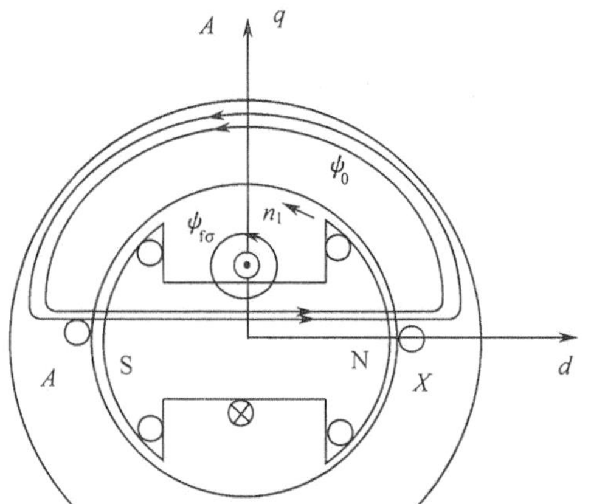

图 19-3　$\psi_A(0)=0$ 时刻三相突然短路

短路初瞬间时刻，A 相绕组的轴线(A 轴)在 q 轴上，故不和主极磁通相交链，即对 A 相绕组来说，$\psi_A(0)=0$。此时，A 相绕组的电势达最大值，即 $e_A=E_m$，如图 19-3 所示。对于 B 相绕组和 C 相绕组，此时磁链 $\psi_B(0)\neq 0$，$\psi_C(0)\neq 0$，其感应电势亦不为最大值，它们均与 A 相绕组的各量的变化相差 120°相位。故对于作为讨论对象的 A 相绕组，其短路的初始条件为：$t=0$，$\psi_A(0)=0$，$e=E_m$，$I=0$。发生短路

后，转子仍以转速 n_1 旋转。A 相绕组磁链变化为

$$\psi_A = \psi_0 \sin\omega t \tag{19-4}$$

式中，ψ_0——A 相绕组可交链主极磁通的最大磁链。

综观三相，有

$$\left.\begin{aligned} \psi_A &= \psi_0 \sin\omega t \\ \psi_B &= \psi_0 \sin(\omega t - 120^\circ) \\ \psi_C &= \psi_0 \sin(\omega t - 240^\circ) \end{aligned}\right\} \tag{19-5}$$

短路初瞬，$\omega t=0$ 时

$$\left.\begin{aligned} \psi_A(0) &= 0 \\ \psi_B(0) &= -0.866\psi_0 \\ \psi_C(0) &= +0.866\psi_0 \end{aligned}\right\}$$

为了维持各相绕组的磁链保持初始值，三相电流变化的效应将产生电枢磁链 $\psi_a(\psi_{ad}+\psi_{a\sigma})$，使 $\psi_a+\psi_A$ 等于初始值。对于 A 相绕组，即 $\psi_a+\psi_A=0$，也即 $\psi_a=-\psi_A$。在 $\omega t=T/4$ 时（T 为一个周期）转子转过 90°电角度后，$\psi_A=\psi_0$，如图19-4(a)所示。

电枢绕组感生短路电流 i_k 产生磁链 ψ_{ad} 和 $\psi_{a\sigma}$，且

$$\psi_{ad} + \psi_{a\sigma} + \psi_0 = 0$$

由于 ψ_{ad} 的出现，使主极励磁绕组和阻尼绕组交链的磁链发生变化。同样，在其绕组内也会出现相应的电流 Δi_f 和 i_{Dz}，对应产生 ψ_y 和 $\psi_{Dz\sigma}$ 来维持磁链守恒，如图 19-4(b)所示。这些磁链综合结果，将使电枢磁场的磁力线排挤到漏磁的路径上。但由于必须保持电枢绕组的磁链不变，故通过漏磁路径上的磁链 ψ''_{ad} 在数值上必须和通过转子铁心的磁链 ψ_{ad} 相等，即

$$\psi''_{ad} = \psi_{ad} \tag{19-6}$$

如图 19-4(c)所示。

因漏磁路径上具有极大的磁阻，所以产生 ψ''_{ad} 所需要的短路电流 i''_k（即为短路电流对应的安匝数）极大。故突然短路时的短路电流 i''_k 的幅值远大于稳态短路时短路电流 i_k 的幅值，即 $I''_{km} >> I_{km}$。

实际上各个绕组都存在着电阻。因此，磁链不变原则仅在 $\omega t=0$ 的初瞬才成立。此后，随着在电阻上能量的损耗，各绕组的磁链及维持该磁链所需的电流亦将逐渐衰减，最后才过渡到稳定的短路状态。

$\psi_A(0)=0$ 时突然短路将引起各绕组内电流变化如图 19-5 所示。各绕组内电流衰减的速度取决于该绕组的时间常数 $T\left(\text{时间常数 } T=\dfrac{L}{r}\right)$。由于，各绕组的等

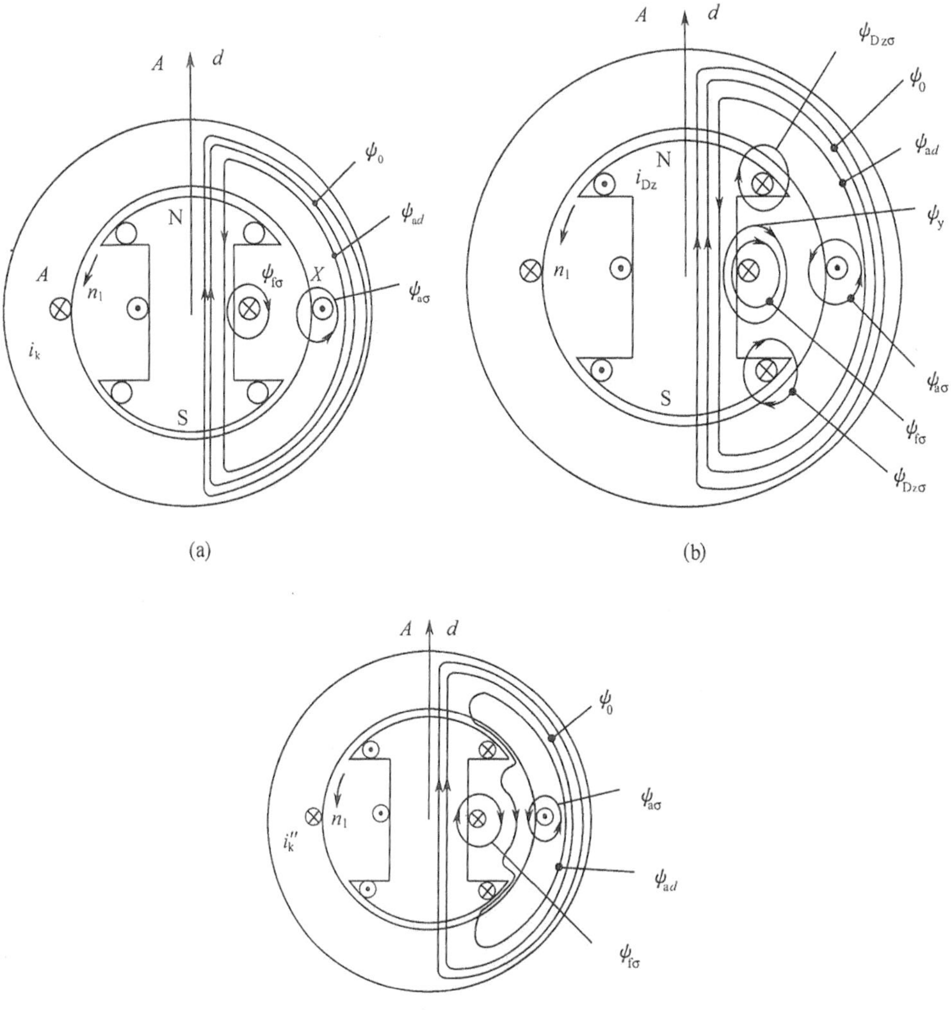

图 19-4 $\omega t = T/2$ 时磁链变化

(a)电枢磁链的产生;(b)主极励磁绕组和阻尼绕组交链的磁链变化;

(c)通过漏磁路径上的磁链

值电感 L 和等值电阻 r 各不相同,衰减速度也不相同。其中,阻尼绕组电感最小,故而衰减最快。衰减后,阻尼绕组便失去了"抵制"作用,电枢磁场的磁力线穿入主极极掌,如图 19-6 所示,其通过磁路的磁阻相应减小,电枢绕组内短路电流亦随之减小,如下所示:

$$\psi''_{ad} \rightarrow \psi'_{ad}$$
$$i''_{k} \rightarrow i'_{k}$$
$$x''_{d} \rightarrow x'_{d}$$

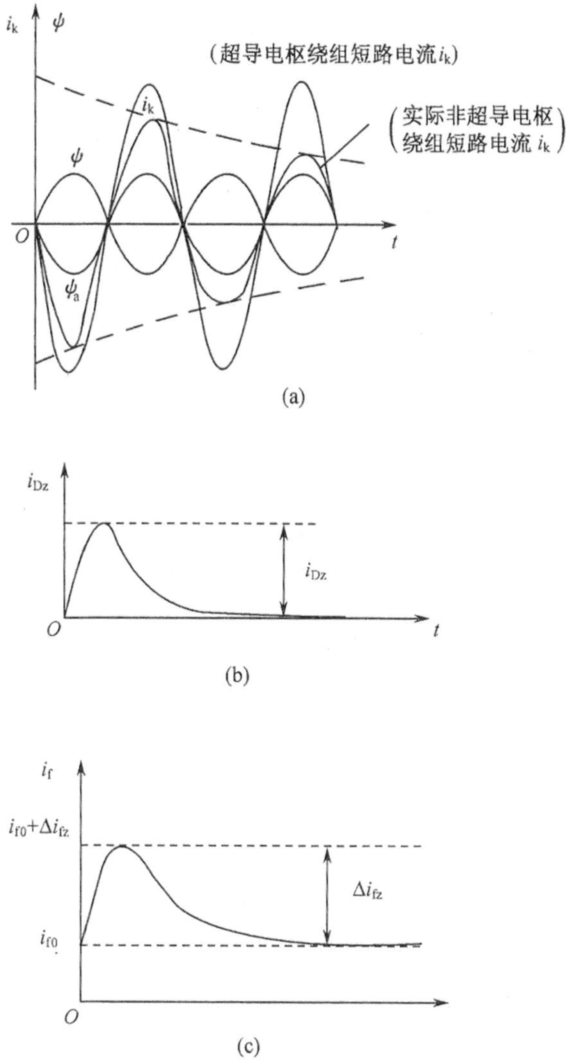

图 19-5　$\psi=0$ 时突然短路各绕组电流变化

(a)电枢电流；(b)阻尼电流；(c)励磁电流

再经过一段时间，励磁绕组内的电流 i_f 亦按时间常数衰减到短路前的原来值。于是，励磁绕组也失去了“抵制”作用。故电枢磁场的磁力线就全部穿过转子铁心，磁路磁阻进一步减小，使短路电流也进一步减小如下：

$$\psi'_{ad} \rightarrow \psi_{ad}$$

$$i'_k \rightarrow i_k$$

$$x'_d \rightarrow x_d$$

这时，由突然短路进而变为稳态短路。

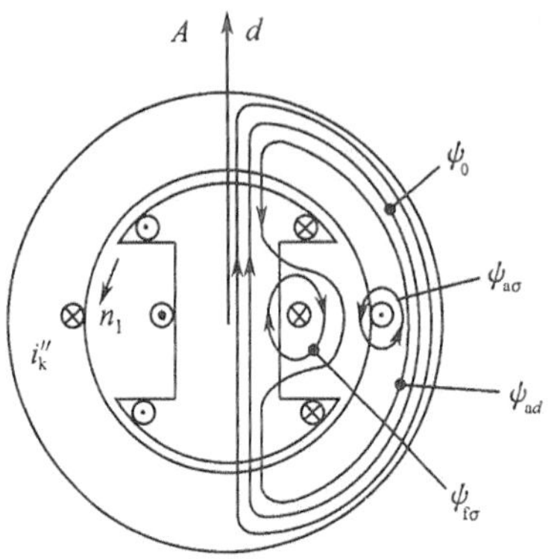

图 19-6　阻尼绕组电流衰减后的磁链

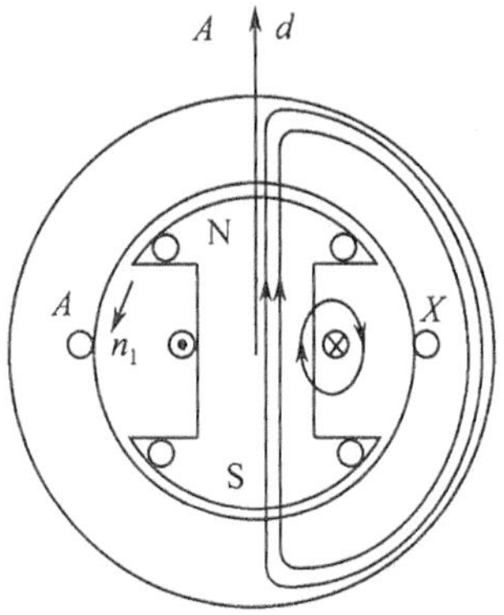

图 19-7　$\psi=\psi_0$ 时突然短路超导电枢绕组内电流

二、当 $\psi_A(0)=\psi_0$ 时三相突然短路

图 19-7 所示为当 $\psi_A(0)=\psi_0$ 时三相突然短路的状态。短路初瞬时刻 A 轴在 d 轴上，短路初始条件为：$t=0,\psi_A(0)=\psi_0,e_A=0,i_A=0$。随着转子旋转，$A$ 相绕组交链磁链变化为

$$\psi_A=\psi_0\cos\omega t=-\psi_0\sin\left(\omega t-\frac{\pi}{2}\right)\tag{19-7}$$

根据磁链守恒原理，电枢绕组内相应的出现短路电流 i_k 可分为两个分量：①直流分量 i_{dc}，它和 B 相、C 相的短路电流的直流分量共同作用在气隙空间，产生一个磁场来维持 A 相绕组，在任何时刻均有磁链 $\psi_A=\psi_0$；② 交流分量 i_{ac}，其作用如同 $\psi_A(0)=0$ 时刻突然短路的情况一样，产生一个磁场在任何时刻均抵消因转子旋转由主磁通引起的主磁链变化。即

$$i_k\begin{cases}\rightarrow i_{kdc}\rightarrow\psi_{adc}=\psi_0\\ \rightarrow i_{kac}\rightarrow\psi_{aac}=-\psi=\psi_0\sin\left(\omega t-\dfrac{\pi}{2}\right)\end{cases}$$

对于超导电枢绕组

$$\left.\begin{aligned}i_{kdc}&=I''_{km}\\ i_{kdc}&=I''_{km}\sin\left(\omega t-\frac{\pi}{2}\right)\end{aligned}\right\}\tag{19-8}$$

电枢总的短路电流 i_k（如图 19-8 所示）

$$\begin{aligned}i_k&=i_{kdc}+i_{kac}=I''_{km}\sin\left(\omega t-\frac{\pi}{2}\right)+I''_{km}\\ &=I''_{km}\left[\sin\left(\omega t-\frac{\pi}{2}\right)+1\right]\end{aligned}\tag{19-9}$$

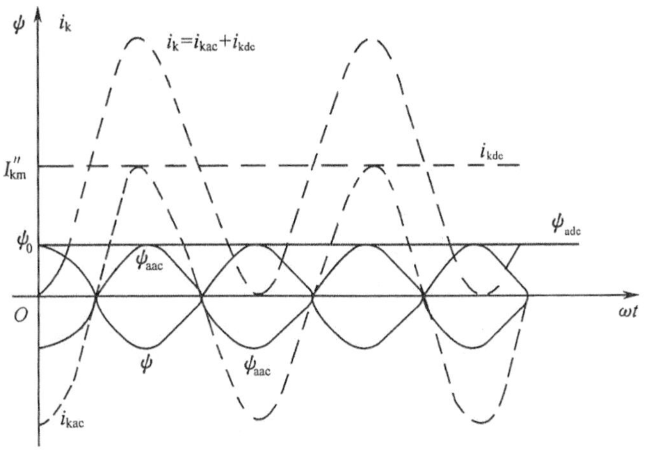

图 19-8　$\psi=\psi_0$ 时突然短路超导电枢绕组电流

当 $\omega t=\pi$ 瞬间，$i_k=2I''_{km}$。可见，$\psi_A(0)=\psi_0$ 时突然短路情况更严重(短路电流的峰值更大)。

对于实际非超导的各绕组内电流变化如图 19-9 所示。

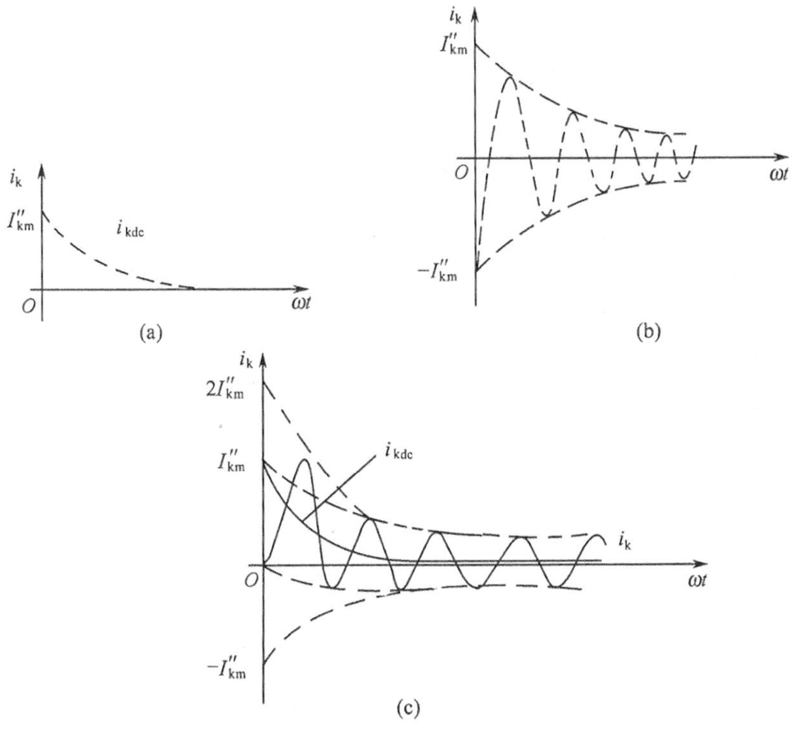

图 19-9　$\psi=\psi_0$ 时突然短路非超导各绕组电流

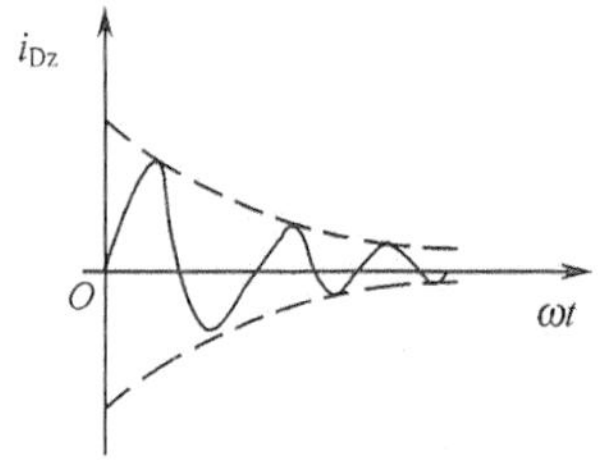

(d)

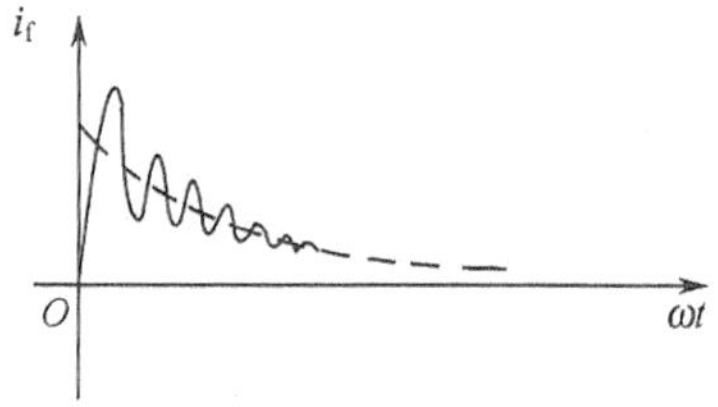

(e)

图 19-9 (续)

(a)电枢电流直流分量;(b)电枢电流交流分量;

(c)电枢电流 ;(d) 阻尼电流;(e)励磁电流

第三节 瞬变电抗和超瞬变电抗

根据短路时电势平衡方程式有

$$I_k = \frac{E_0}{x} \tag{19-10}$$

突然短路时的短路电流 I_k 的变化从电路上分析可解释为电抗变化所致。其变化可分三个阶段:

一、第一阶段——超瞬变电抗 x''_d

该阶段在短路初瞬磁通路径由三个串联磁阻组成:①电机直轴气隙的磁阻 R_{ad};②阻尼绕组的漏磁路径磁阻 R_D;③励磁绕组漏磁路径磁阻 R_f。可见这些磁阻远较常规运行时的磁阻大,所以相应的直轴超瞬变电抗 x''_d较直轴电抗 x_d 小得多。

直轴电枢反应磁通所经过磁路的总磁阻为

$$R''_{ad} = R_{ad} + R_D + R_f \tag{19-11}$$

对应的磁导

$$\lambda''_{ad} = \frac{1}{R_{ad} + R_D + R_f} = \frac{1}{\dfrac{1}{\lambda_{ad}} + \dfrac{1}{\lambda_D} + \dfrac{1}{\lambda_f}}$$

计及与 ϕ_{ad} 并联的定子漏磁通 ϕ_σ,直轴电枢总磁导为

$$\lambda''_d = \lambda_\sigma + \frac{1}{\dfrac{1}{\lambda_{ad}} + \dfrac{1}{\lambda_D} + \dfrac{1}{\lambda_f}}$$

对应直轴超瞬变电抗为

$$x''_d = x_\sigma + \frac{1}{\dfrac{1}{x_{ad}} + \dfrac{1}{x_{Ddc}} + \dfrac{1}{x_{f\sigma}}} = x_\sigma + x''_{ad} \tag{19-12}$$

式中，x_{ad}——直轴电枢反应电抗；

x_σ——定子漏电抗；

x_{Ddc}——已折算到定子侧的直轴阻尼绕组漏电抗；

$x_{f\sigma}$——已折算到定子侧的励磁绕组漏电抗；

x''_{ad}——直轴电枢反应超瞬变电抗。

图 19-10 是超瞬变电抗的等效电路图。

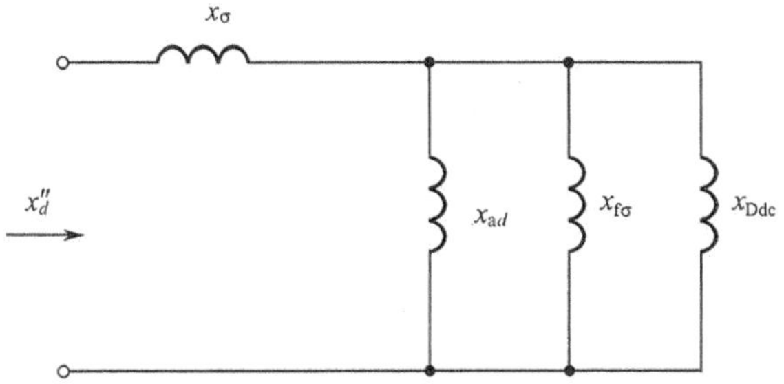

图 19-10　超瞬变电抗等效电路

二、第二阶段——瞬变电抗 x'_d

这是转子上无阻尼绕组或阻尼绕组内电流已衰减完毕的情况。此阶段 $i_{Dz}=0$，磁通穿入主极极掌，磁路磁阻减小，超瞬变电抗变为瞬变电抗

$$x'_d = x_\sigma + \frac{1}{\dfrac{1}{x_{ad}} + \dfrac{1}{x_{f\sigma}}} = x_\sigma + x'_{ad}$$

式中，x'_{ad}——直轴电枢反应瞬变电抗。

对应等效电路如图 19-11 所示。

三、第三阶段——稳态短路的直轴电抗 x_d

当励磁绕组内的电流 Δi_{fz} 衰减完毕后，磁通全部穿入转子铁心。这时

$$x_d = x_\sigma + x_{ad}$$

对应等效电路如图 19-12 所示。

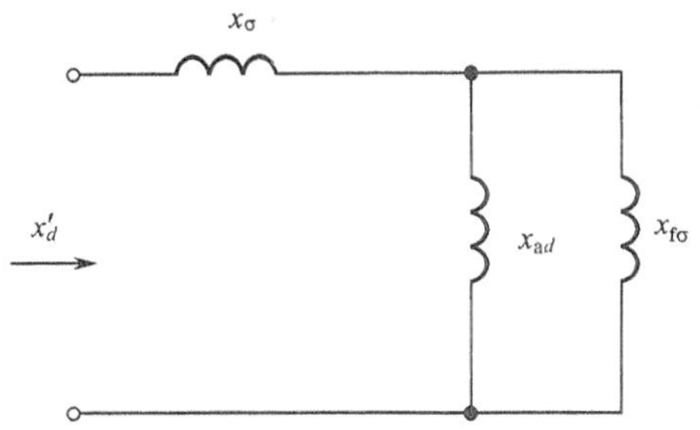

图 19-11　瞬变电抗等效电路

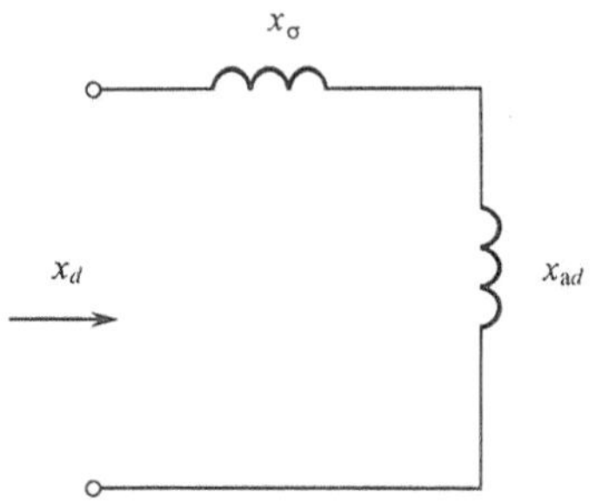

图 19-12　直轴电抗等效电路

第四节　小　　结

一、磁链守恒原理是对称突然短路物理过程分析的基础

对于一个没有能源的非超导体的闭合回路，在外磁场与之交链的磁链发生变化的初始瞬间，交链该闭合回路的总磁链仍不变。但此后，随着能量逐渐在导体的电阻 r 上的消耗，i 将逐渐衰减。交链该闭合回路的总磁链则随之发生变化。

二、当 $\psi_A(0)=0$ 时三相突然短路

电枢磁场的磁力线排挤到漏磁的路径上，因漏磁路径上具有极大的磁阻，所以产生 ψ''_{ad}所需要的短路电流 i''_k(即为短路电流对应的安匝数)极大，故突然短路时的短路电流 i''_k的幅值远大于稳态短路时短路电流 i_k 的幅值。

由于实际绕组均有电阻，故磁链不变原则仅在 $\omega t=0$ 的初瞬才成立。随着在电阻上能量的损耗，各绕组的磁链及维持该磁链所需的电流亦将逐渐衰减，最后才过渡到稳定的短路状态。

三、当 $\psi_A(0)=\psi_0$ 时三相突然短路

电枢绕组内相应的出现短路电流 i_k 可分为两个分量：①直流分量 i_{dc}，它和 B 相、C 相的短路电流的直流分量共同作用在气隙空间，产生一个磁场来维持 A 相绕组在任何时刻均有磁链 $\psi_A=\psi_0$；②交流分量 i_{ac}，其作用如同 $\psi_A(0)=0$ 时刻突然短路的情况一样，产生一个磁场在任何时刻均抵消因转子旋转由主磁通引起的主磁链变化。

四、瞬变电抗 x'_d和超瞬变电抗 x''_d

对应直轴超瞬变电抗为

$$x''_d = x_\sigma + \frac{1}{\frac{1}{x_{ad}} + \frac{1}{x_{Ddc}} + \frac{1}{x_{f\sigma}}} = x_\sigma + x''_{ad}$$

瞬变电抗

$$x'_d = x_\sigma + \frac{1}{\frac{1}{x_{ad}} + \frac{1}{x_{f\sigma}}} = x_\sigma + x'_{ad}$$

习　　题

19-1　凸极同步发电机突然短路时的超瞬态电流周期分量 i''_k 衰减到 i'_k 是由于______________。(选择:①阻尼绕组电阻的存在;②励磁绕组电阻的存在;③电枢绕组电阻的存在)

19-2　同步发电机直轴超瞬变电抗和交轴超瞬变电抗是很小的,其原因是______________。(选择:①磁路不饱和;②电枢磁通经过磁极绕组和阻尼绕组的漏磁路径,所以增加了磁阻;③电枢磁通经过磁极绕组和阻尼绕组的漏磁路径,所以减少了磁阻;④增加了励磁电流所致)

第五篇　直 流 电 机

第二十章　直流电机的工作原理和基本结构

第一节　直流电机的工作原理

直流电机的工作原理可见图 20-1 所示。图中恒定磁极 N、S 称主磁极，在主磁极之间有一个旋转线圈，该线圈通常嵌放在圆柱形铁心的最接近表面处，它们一起构成一个旋转体，称为转子，该线圈称电枢绕组。通过转子上转轴的伸出端可输入或输出机械能。线圈的两条有效边(切割磁力线的线圈边)设为 ab 和 cd 。线圈端部分别连接两片圆瓦形的换向片，电刷 A、B 与换向片之间互为滑动接触，在电刷 A、B 两端可以输出或输入电能。

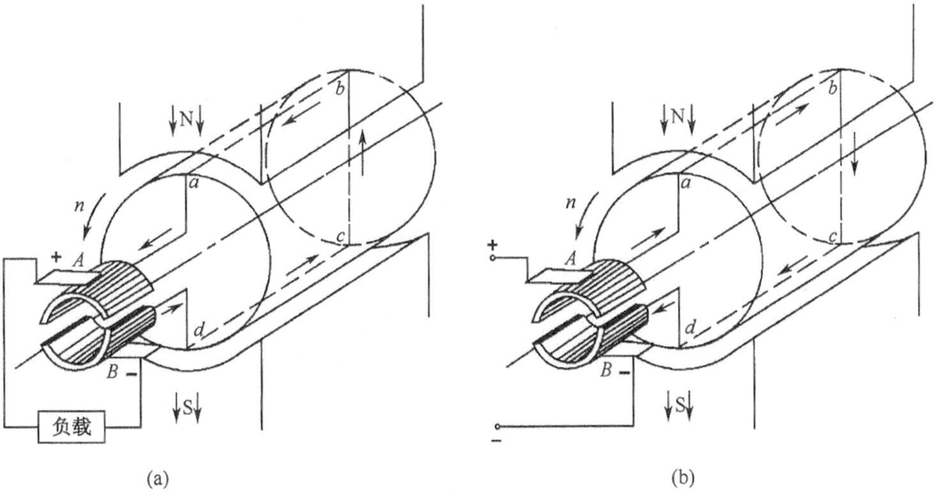

图 20-1　直流电机的工作原理

(a)直流发电机；(b)直流电动机

当转轴被机械动力装置驱动旋转，即机械能由转轴输入时，线圈的有效边交替在磁极极面下以图 20-1 所示转向及转速 n 经过，其切割磁力线在线圈中产生的感应电势方向如图 20-1(a)中所示。即当线圈的有效边 ab 在 N 极面下、cd 在 S 极面下经过时，线圈有效边感应电动势方向为由图 20-1(a)中 d 点指向 c 点、b 点指

向 a 点，b 点与 c 点以导线 bc 连接，该感应电势通过与之相连的换向片在电刷 A、B 两端产生电动势差，线圈 $abcd$ 中感应电动势方向及电刷 A、B 两端引出的端电势极性如表 20-1 中位置 1 所示。当线圈的有效边 ab 在 S 极面下、cd 在 N 极面下经过时，线圈有效边感应电势方向为由图 20-1(a)中 a 点指向 b 点、c 点指向 d 点。线圈 $abcd$ 中感应电动势方向及电刷 A、B 两端引出的端电势极性如表 20-1 中位置 2 所示。

表 20-1

	N 极下	S 极下	电势方向	A	B
位置 1	ab	cd	$a \leftarrow b \leftarrow - - c \leftarrow d$	+	−
位置 2	cd	ab	$a \rightarrow b - - \rightarrow c \rightarrow d$	+	−

由此可以得出以下结论：

(1)线圈内感应电势是交变的(即为交流电)。

(2)电刷端引出的电势极性不变(即为直流电)。

(3)由于换向片和电刷配合作用，才把线圈中的交流电势“换向”成引出端的直流电势，称机械换向。

(4)线圈的每条有效边感应电势的瞬时值为 $e=B_x lv$，电刷引出端电势的瞬时值为 $2e$，其中

l ——线圈的有效边长度，即切割磁力线的导体长度；

v ——导体切割磁力线的线速度；

B_x——导体即时所处位置 x 处的气隙磁通密度。

当 l、v 为常数时，e 正比于 B_x，其波形如图 20-2 所示。这是直流发电机的工作原理。

主磁极的形成可由二种途径：其一是在铁心极身上绕以线圈，该线圈称励磁线圈(即励磁绕组)。励磁线圈内通以直流电流，称励磁电流。直流励磁电流产生恒定磁极；其二是永磁材料经磁化(充磁)而成，这样的磁极称永久磁极，采用该形式主极的电机称永磁电机。

如果电刷引出端不是接负载而是接直流电源时，设电刷 A 接直流电源正极、电刷 B 接直流电源负极，当线圈处于图 20-1(b)所示位置时，则线圈内电流方向由图 20-1(b)中 a 点流向 b 点，经端部连线再由 c 点流向 d 点，根据左手定则可知线圈的有效边 ab 受到一个向左的电磁力，线圈的有效边 cd 受到一个向右的电磁力。在此力矩作用下，线圈按图 20-1(b)所示方向旋转。转子转过 180°后，即线圈边 cd 位于 N 极面下、ab 位于 S 极面下。由电刷引入的电流方向则由图 20-1(b)中 d 点流向 c 点，经端部连线再由 b 点流向 a 点。依据左手定则可知，作用于转子的电磁

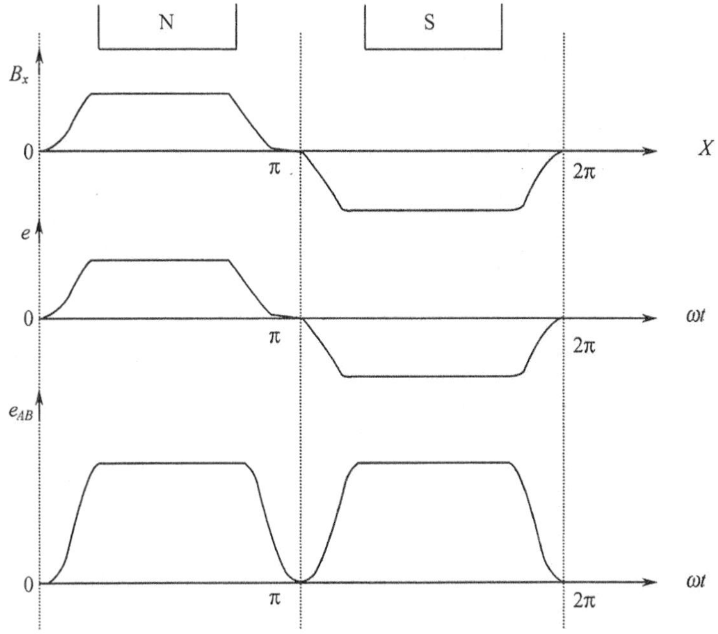

图 20-2　气隙中磁密分布及感应电势波形

转矩方向不变。转子在这一转向恒定的电磁转矩的驱动下持续旋转，这种状态下，通过转轴可输出机械能。这是直流电动机的工作原理。

第二节　直流电机的基本结构

从工作原理可以看出，直流电机由定子(固定部分)、转子(转动部分)和定、转子之间的空气隙组成。如下所示：

- 直流电机
  - 静止部分——定子(产生磁势)
    - 主磁极
    - 换向极
    - 机　座
  - 空气隙
  - 旋转部分——转子(产生能量)
    - 电枢铁心
    - 电枢绕组
    - 换向器

图 20-3 所示为直流电机的结构剖面图，图 20-4 所示为直流电机的磁极组成。

图 20-3　直流电机的结构剖面图

1—轴；2—端盖；3—风扇；4—励磁绕组；5—机座；6—磁极；7—电枢；8—电枢绕组；9—电刷；10—换向器；11—轴承

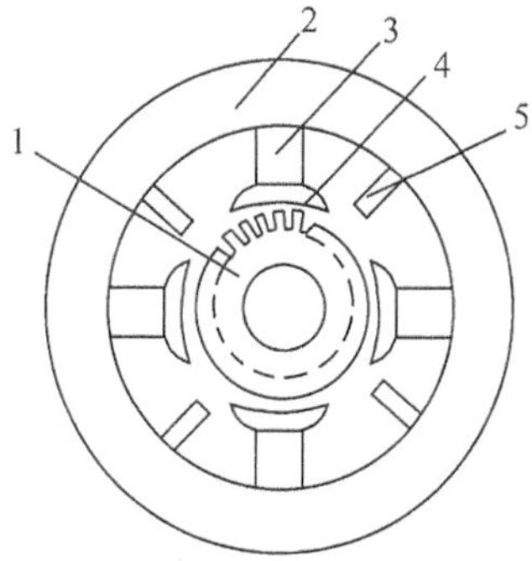

图 20-4　直流电机的磁极组成

1—电枢铁心；2—机座；3—主磁极铁心；4—主磁极极靴；5—换向极

直流电机定子的作用是用来产生磁场和作电机的机械支撑。它由主磁极、换向极和机座以及静止的电刷等组成。主磁极的作用是产生主磁场，它是由主极铁心和套在主磁极铁心上的励磁绕组两部分组成，如图 20-5 所示。主磁极铁心由 1.5mm 厚的钢板冲片叠压而成。铁心的下部做成弧形，称作极靴。励磁绕组用绝缘铜线或铝线绕制成形，再套在主极铁心上。螺钉把主磁极固定在机座上。换向极的作用是产生附加的换向磁场，改善电机的换向，它是由换向极铁心和换向极绕组两部分组成，如图 20-6 所示。换向极位于相邻两主磁极之间的中心线上，用螺钉固定在机座上，如图 20-4 所示。机座的作用是固定主磁极和换向极等部件，并成为电机磁路的组成部分，故又称磁轭。机座一般用铸钢或钢板制成，以保证其具

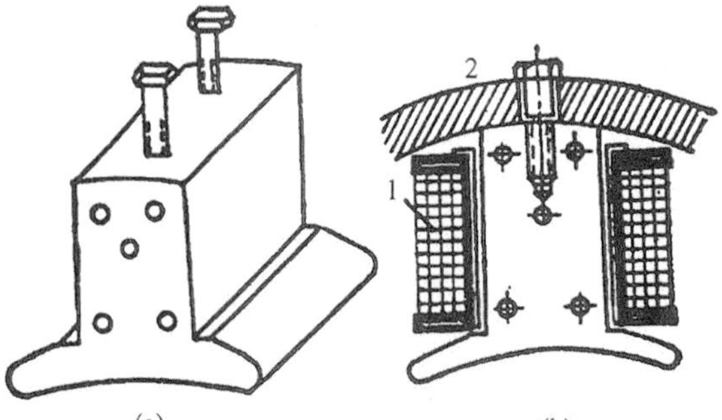

(a)　　　　(b)

图 20-5　直流电机的主磁极

(a)主磁极铁心；(b)固定在机座上的主磁极

1—绕组；2—机座

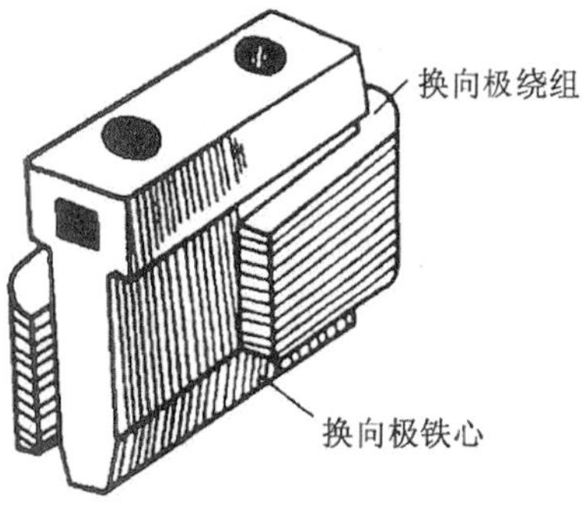

图 20-6　直流电机的换向极

有足够的机械强度和良好的导磁性能。此外，还有电刷及刷握等。电刷的作用是通过固定的电刷和旋转的换向器之间的滑动接触，将旋转的电枢绕组与静止的外电路相连接。通常，电刷被安放在刷握内，依靠机械弹力紧压在换向器上。电刷数一般等于主磁极的极数，各同极性的电刷经导线连接在一起，然后再引到出线盒内。在出线盒内还有励磁绕组的引出端。

直流电机转子的作用是用来实现机电能量转换。它包括电枢铁心、电枢绕组和换向器(由许多换向片集合而成)，图 20-7 所示为直流电机的转子。电枢铁心的作用是作为电机磁路的一个组成部分和嵌放电枢绕组。为了减少涡流损耗，电枢铁心用涂过绝缘漆的硅钢片叠压而成。图 20-8 所示为直流电机的电枢铁心冲片。电枢绕组嵌放在电枢铁心外圆均匀分布的槽内。为有利于电机的冷却，电枢铁心上开有轴向通风孔，较大容量的电机还有径向通风道，这时电枢铁心沿轴向分数段，每段长 4～10cm，段间空出 10mm 作为通风道。

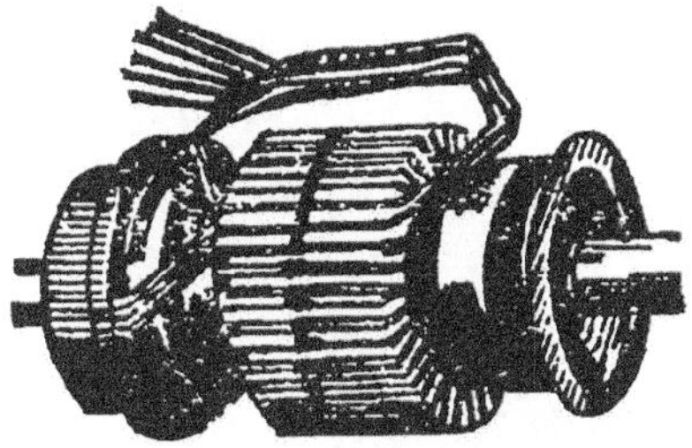

图 20-7　直流电机的转子

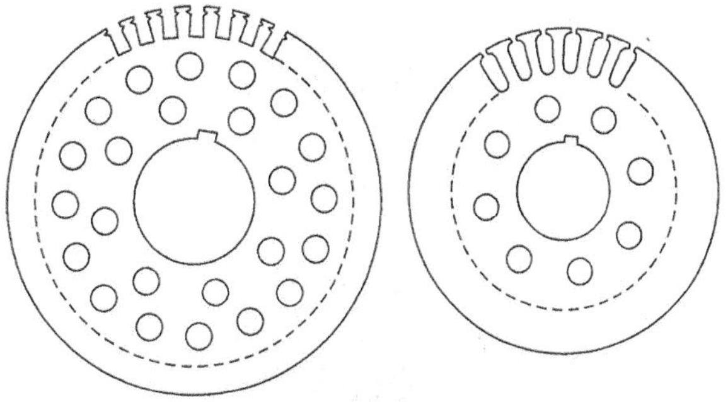

图 20-8　直流电机的电枢铁心冲片
(a)开口槽；(b)梨形槽

电枢绕组用来感应电势和通过电流，产生电磁转矩。电枢绕组由绝缘铜线绕成线圈后，按一定的规律嵌放在电枢铁心槽内，图 20-9 所示为电枢绕组在电枢铁心槽内的放置。每槽内可设计为放置一层线圈边，也可设计为放置二层线圈边。在线圈与铁心以及上下层线圈之间都必须妥善绝缘。在铁心槽口用竹料或胶木制成的槽楔封口，以防在电枢旋转时电枢绕组从槽内飞散出来，如图 20-10 所示。伸出铁心的端部用环氧酚醛无纬玻璃丝带或钢丝带扎紧，绕组的端接头按规律分别焊接在相应的换向片上，使绕组本身连成一个闭合回路。换向器的作用是通过与电刷的配合以实现电枢绕组内部的交流电与电刷端的直流电之间的转换。转动的换向器与静止的电刷通过滑动接触将旋转的电枢电路和静止的外电路相连接。换向器是由许多互相绝缘的换向片组成，如图 20-11 所示。

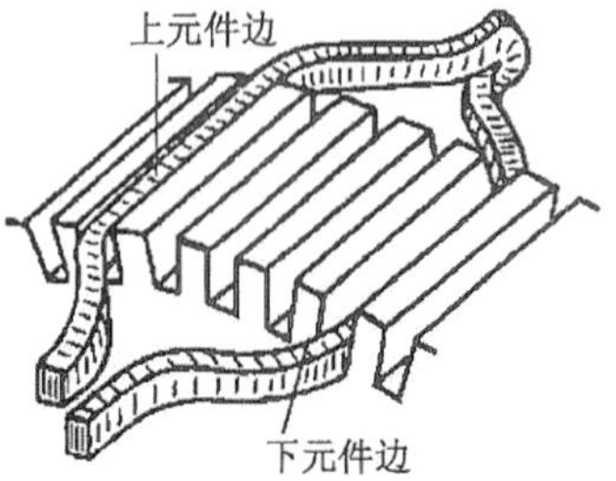

图 20-9　电枢绕组在电枢铁心槽内的放置

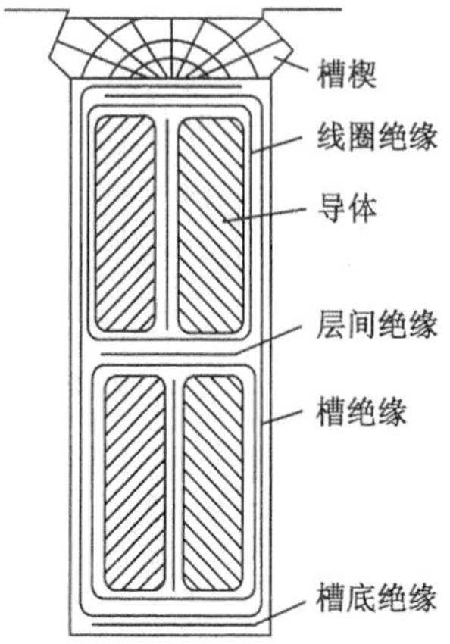

图 20-10　电枢槽内绝缘

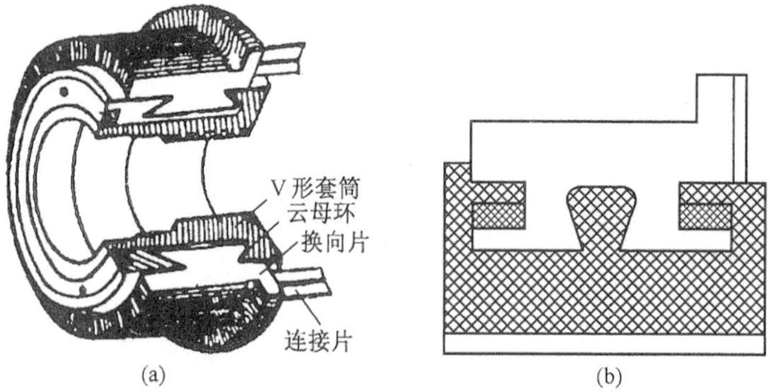

图 20-11　直流电机的换向器

(a)普通换向器;(b)换向片

第三节　直流电机的电枢绕组

一、基本要求

电枢绕组是直流电机的一个重要部件,它由 S 个线圈(又称元件)组成。这些线圈用表面包裹着绝缘材料的导线绕制而成,如图 20-12 所示。根据它在直流电机所要发挥的作用,在设计和制造时应满足下列的基本要求:

(1) 电刷端的电势要尽可能大。

(2) 各个线圈(或称元件)电流分配相同。

(3) 尽量利用电枢圆周表面,使绕组展开。

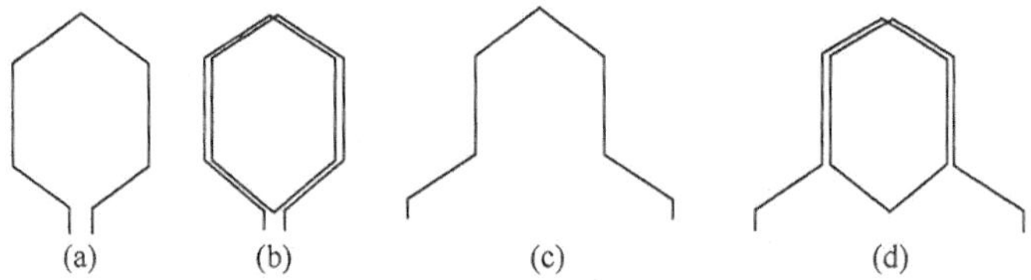

图 20-12　绕组元件

(a)单匝叠绕组元件；(b)二匝叠绕组元件；(c)单匝波绕组元件；(d)二匝波绕组元件

二、有关电枢绕组的几个基本概念

关于直流电机的电枢绕组，详细论述应包含较多的内容。这里仅简要地将本书后面要直接用到的几个基本概念作一介绍。

1. 主极极距

主极极距 τ 为相邻两主磁极对应点在电枢表面上的距离，即

$$\tau=\frac{\pi D_a}{2p} \tag{20-1}$$

式中，D_a——电枢铁心外径；

p——主磁极的极对数。

2. 单层绕组和双层绕组

电枢铁心槽内绕组的嵌放可采用单层或双层，每槽内只放置一层线圈边的称单层绕组，放置二层线圈边则称双层绕组，如图 20-13 所示。

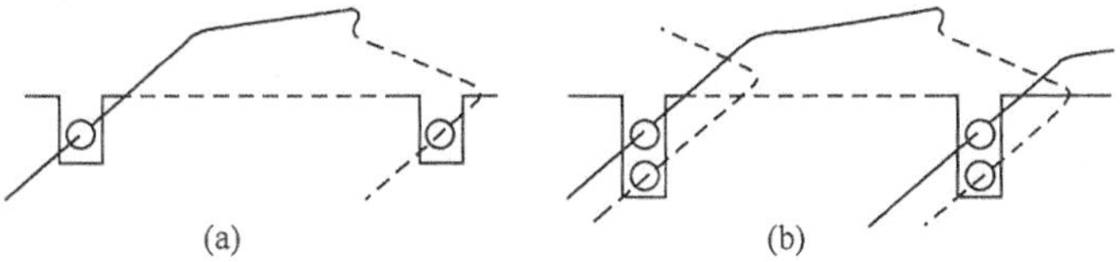

图 20-13　单层绕组和双层绕组

(a)单层绕组；(b)双层绕组

3. 实槽和虚槽

由于工艺原因，制造时将 u 个槽合并为一个槽，在其中放置的元件边应包含原来 u 个槽中的全部元件边。换言之，这一个槽为“实槽”，它所包含的 u 个槽为“虚槽”。图 20-14 所示为 $u=2$ 的槽内元件边放置图。在整个电枢圆周上，实槽数 Z 与虚槽数 Z_i 有关系式

$$Z_i = uZ \tag{20-2}$$

此处 u 即为每槽的元件边数。

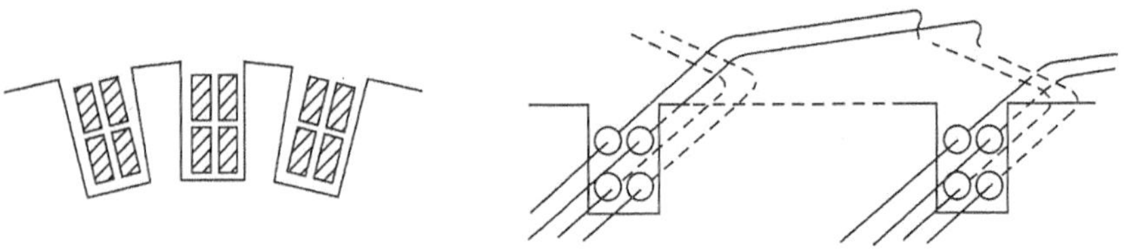

(a) (b)

图 20-14 $u=2$ 的槽内元件边放置图

4. 节距

(1) 第一节距 y_1，即每一个元件的两个元件边在电枢表面所跨的距离，称为绕组的第一节距，常用所跨的虚槽数来表示。如图 20-15 所示。

$$y_1 = \frac{Z_i}{2p} \mp \varepsilon = 整数$$

式中，ε——小于 1 的分数，用来把 y_1 凑成整数。

当 $y_1 < \frac{Z_i}{2p}$，称短距绕组；当 $y_1 > \frac{Z_i}{2p}$，称长距绕组。

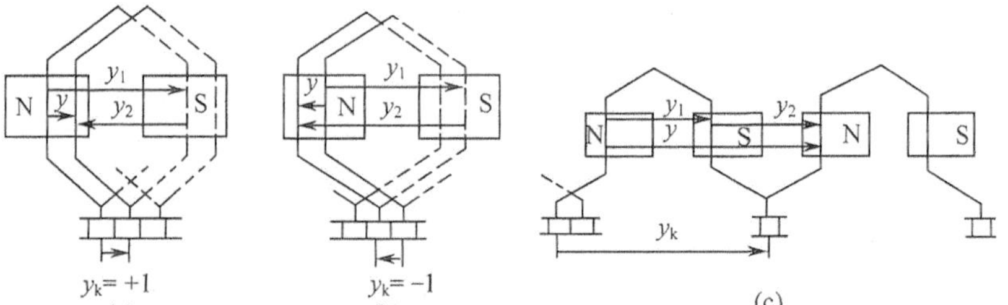

(a) (b) (c)

图 20-15 绕组的形式和节距

(a)右行叠绕组；(b)左行叠绕组；(c)波绕组

(2) 第二节距 y_2，即连接在同一个换向片上两个不同元件的元件边在电枢表面跨过的距离，称绕组的第二节距，也常用虚槽数表示。如图 20-15 所示。

(3) 合成节距 y，即相串联的两个元件的对应边在电枢表面跨过的距离，称绕组的合成节距，通常也是以虚槽数表示。如图 20-15 所示。

$$y = y_1 + y_2$$

(4) 换向片节距 y_k，即每一个元件的两端所连接的两片换向片之间在换向器表面上所跨过的距离，称换向器节距。如图 20-15 所示。组成换向器的总换向片数为 K。

5. 元件数 S、换向片数 K 和实槽数 Z 的关系

设组成电枢绕组的总元件数为 S，则

$$uZ = Z_i = \begin{cases} 2S = 2K & \text{（单层绕组）} \\ S = K & \text{（双层绕组）} \end{cases}$$

6. 绕组展开图

工程上实用的绕组结构分布图是绕组展开图。所谓绕组展开图即假设把电枢绕组从某一齿中间沿轴向切开而展开成一平面的绕组连接图。绕组展开依次向右走向的称右行绕组，如图 20-15(a)所示；反之，绕组展开依次向左走向的称左行绕组，如图 20-15(b)所示。

7. 绕组的型式

按照绕组的连接方法，直流电机的电枢绕组可分为五种型式：①单叠绕组；②复叠绕组；③单波绕组；④复波绕组；⑤蛙绕组。其中，单叠绕组和单波绕组是最基本的。

电枢绕组内任何两个串联的元件都是后一个叠在前一个的上面的称叠绕组，如图 20-15(a)和(b)所示。在叠绕组中，当 $y=1$ 时称单叠；当 $y=2$ 时称双叠。图 20-23 所示为单叠绕组展开图。双叠绕组的元件布置如图 20-16 所示，图 20-17 所示为双叠绕组展开图。

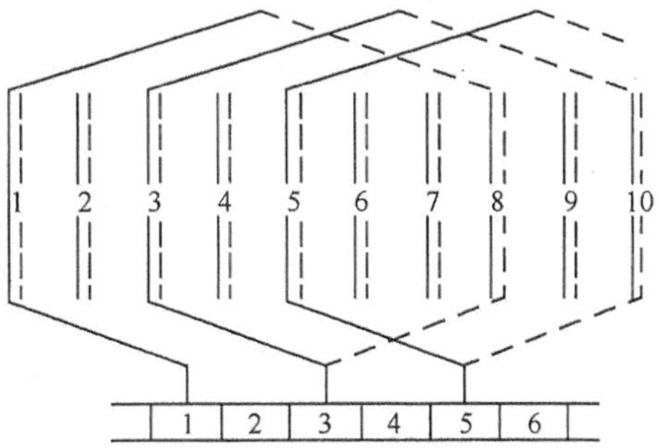

图 20-16　双叠绕组的元件布置

当两个相串联元件的对应边如图 20-15(c)放置，使合成节距 y 约等于两个极距(2τ)，其绕组展开图形似波浪形，这种绕组称为波绕组。在波绕组中，当 $y=\dfrac{Z_i \mp 1}{p}=$ 整数时，称单波绕组，如图 20-18所示；$y=\dfrac{Z_i \mp 2}{p}=$整数时，称双波绕组，如图 20-19 所示。

蛙绕组是由叠绕组与波绕组混合而成，故又称混合绕组，因其形似青蛙状而得名蛙绕组。图 20-20 所示为蛙绕组中叠绕组和波绕组元件的组合。

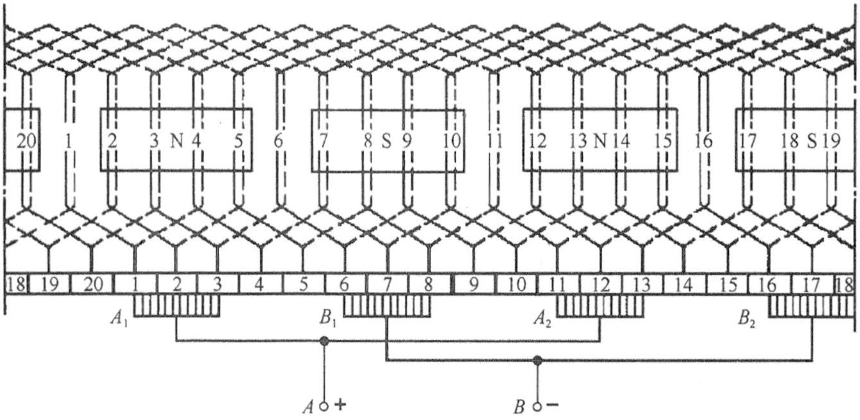

图 20-17　双闭路双叠绕组展开图

$2p=4, S=K=Z=20$

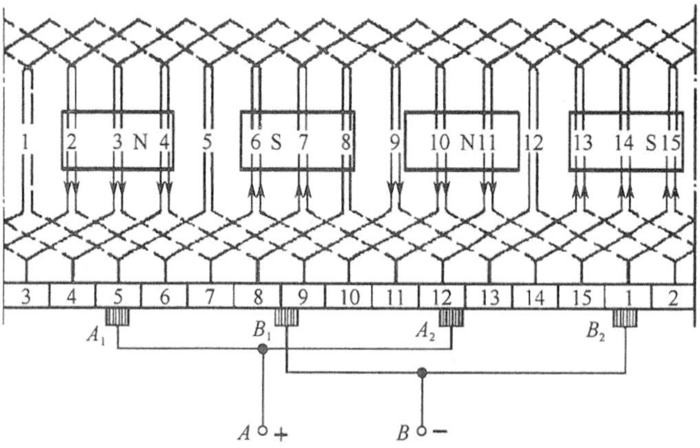

图 20-18　单波绕组展开图

$2p=4, S=K=Z=15$

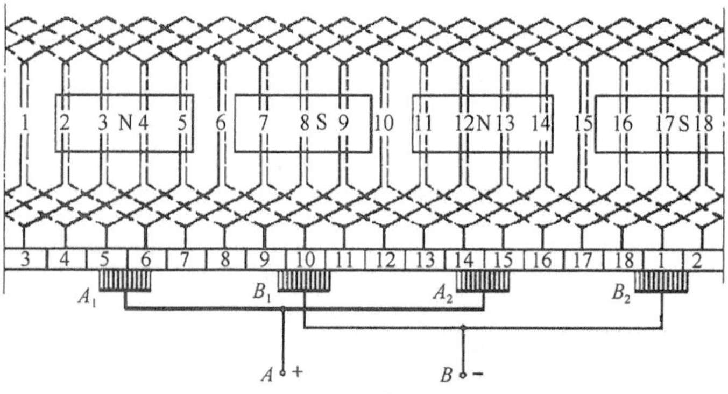

图 20-19　双波绕组展开图

$2p=4, S=K=Z=18$

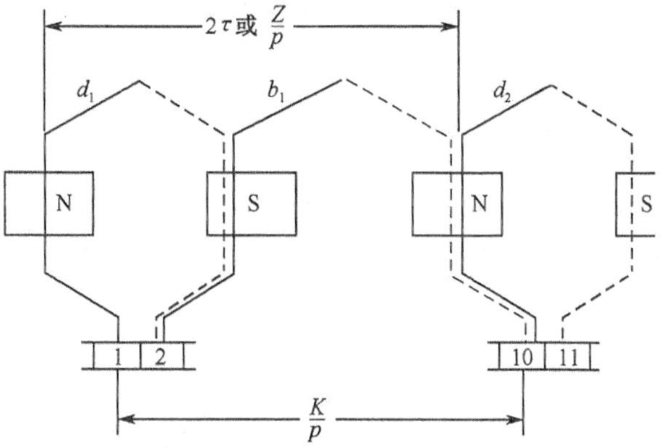

图 20-20　蛙绕组中叠绕组和波绕组元件的组合

8. 场移 m

即相串联的两个绕组(元件)的对应边在磁场位置中的相对位移,称场移。

9. 支路数 $2a$

各种绕组的特征在于连接规律的不同,因而形成了不同数目的并联支路。图 20-21是图 20-23 所示单叠绕组展开图的电路图,图 20-22 是图 20-18 所示单波绕组展开图的电路图。由该电路图可见:

(1) 整个电枢绕组是一个闭合回路,其感应电势之和为零。

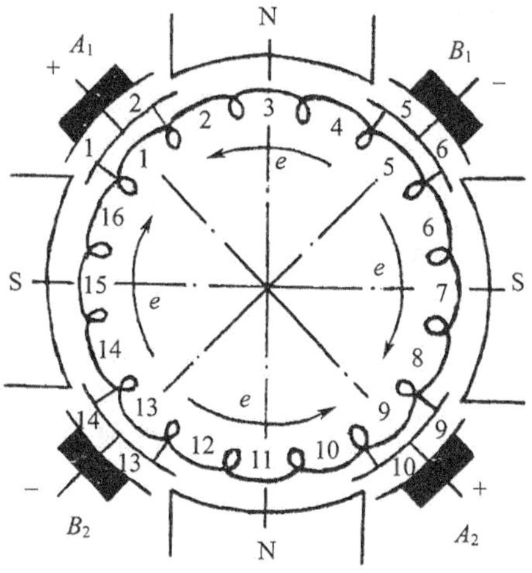

图 20-21　单叠绕组的电路图

(2) 在 $2p$ 个极下，转子每旋转一周，绕组内导体感应电势方向改变 $2p$ 次。

(3) 在两极中间处绕组导体不感应电势，亦是绕组电势方向交变处。

(4) 主磁极(N、S极)极间中心线称为几何中性线。电刷所接触的绕组有效边应在几何中心线处(简称为电刷放在几何中性线处)，以便最大限度引出电势。

(5) 安放的电刷数与磁极数相同。

(6) 电刷把闭合的电枢回路分割成 $2a$ 条支路，对于单叠绕组，$a=p$，对于单波绕组，$a=1$。

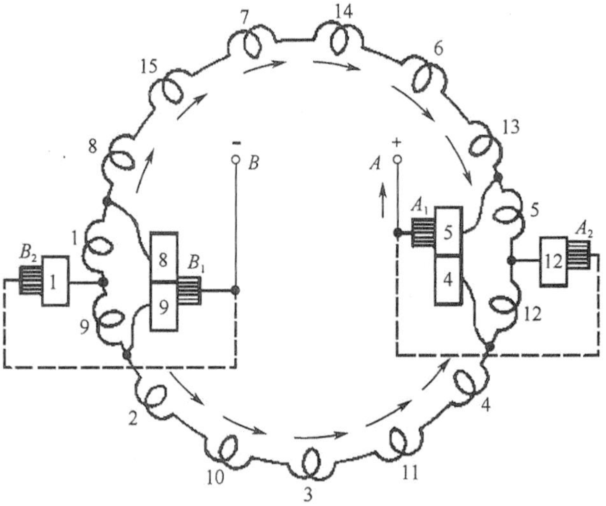

图 20-22　单波绕组的电路图

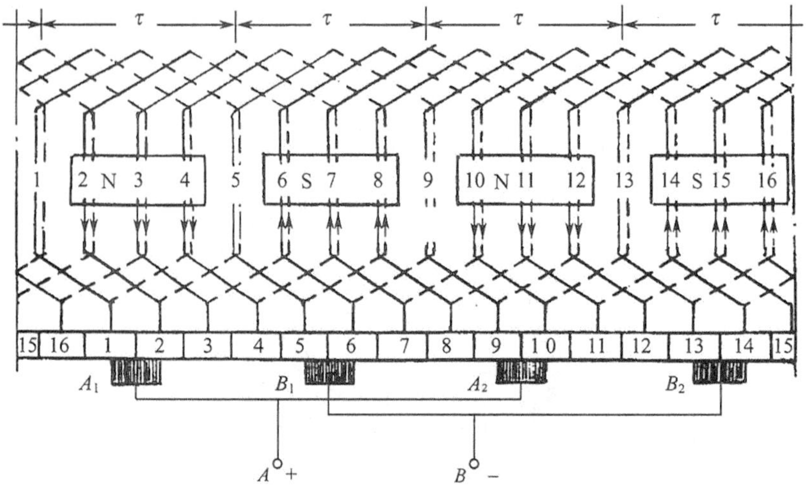

图 20-23　单叠绕组展开图

例 20-1　绘制单叠右行绕组展开图：$2p=4$，$Z_i=S=K=16$。

解　对于单叠右行，$y=y_k=1$

$$y_1=\frac{Z_i}{2p}\mp\varepsilon=\frac{16}{4}\mp 0=4$$

$$y_2=y-y_1=1-4=-3$$

作出绕组展开图，如图 20-23 所示。

第四节　直流电机的额定值

直流电机的额定值主要有以下几项：

(1) 额定功率 P_N(单位：W 或 kW)　额定功率(额定容量)是指电机允许的输出功率，对于发电机为电功率，对于电动机为机械功率。

(2) 额定电压 U_N(单位：V)。

(3) 额定电流 I_N(单位：A)。

(4) 额定转速 n_N(单位：r/min)。

(5) 额定效率 η_N。

第五节　直流电机的励磁方式

直流电机按励磁方式可分他励和自励两大类。他励指励磁电流由单独的直流电源供给，与电枢电路无直接电的联系，如图 20-24(a)；自励指励磁绕组与电枢绕

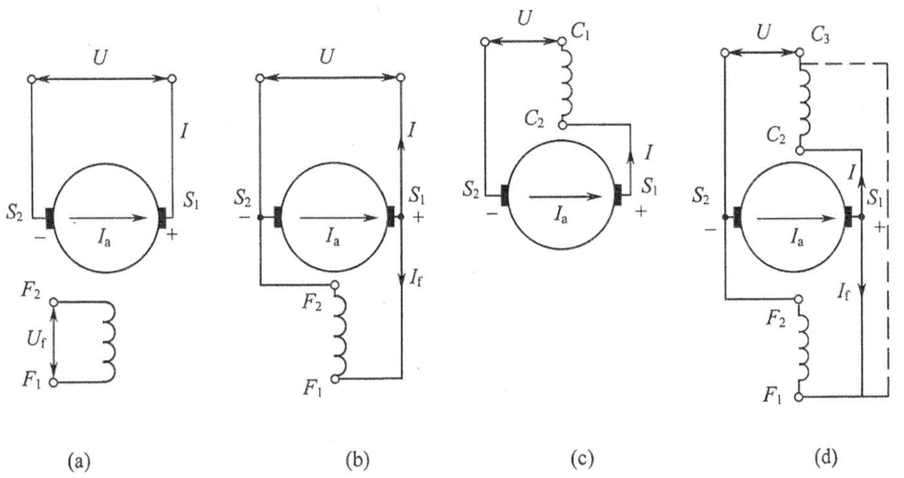

图 20-24　直流电机的励磁方式

(a)他励；(b)并励；(c)串励；(d)复励

组以一定方式直接连接。对发电机来说，励磁所需的励磁电流由该电机本身电枢供给。自励又分为并励、串励和复励三种，如图 20-24(b)、(c)、(d)。复励电机既有并励绕组又有串励绕组，它们套在同一主极铁心上。并励绕组和串励绕组的磁势互为相加的称积复励；反之，并励绕组和串励绕组的磁势互为相减的则称差复励。在图 20-24(d)中，若并励绕组按实线接法的称短复励，而按虚线接法的称长复励。

习　题

20-1　直流并励电动机的输出功率等于____________。(选择:① $U_N I_N \eta_N$;② $U_N(I_N - I_f)$;③ $U_N I_N$)

20-2　直流发电机电枢导体中的电流是____________。(选择:① 直流电;② 交流电;③ 脉动的直流)

20-3　要改变并励直流电动机的转向，可以____________。(选择:① 增大励磁;② 改变电源极性;③ 改接励磁绕组)

20-4　一台六极他励直流发电机，单叠绕组，额定电流为 150A，电枢绕组的支路电流为____________。(选择:① 12.5A;② 25A;③ 50A)

20-5　直流发电机的电磁转矩与转速的方向____________。(选择:① 相同;② 相反;③ 无关)

20-6　并励直流发电机希望改变它电枢两端的正负极性，采用的方法是____________。(选择:① 改变原动机的转向;② 改变励磁绕组的接法;③ 同时改变原动机的转向和励磁绕组的接法)

20-7　一台额定电压为 220V 的直流串励电动机，误接在交流 220V 的电源上，此时电动机将产生____________。(选择:① 方向交变的电磁转矩;② 方向恒定的电磁转矩;③ 不产生电磁转矩)

20-8　直流电机若磁极固定，电刷与电枢同时旋转，则电刷两端的电压是______电压。

20-9　直流电机若电枢固定，电刷与磁极同时旋转，则电刷两端的电压是______电压。

第二十一章　直流电机的电势、磁势和转矩

第一节　电枢绕组的感应电势

无论是叠绕组还是波绕组，电机正、负电刷间的电势就是电枢绕组支路的感应电势。

当电机空载运行时，电机气隙磁通密度 B_x 的分布曲线见图 21-1 所示。设电枢采用整距绕组，电刷放在几何中性线上。在电枢圆周表面 x 处的每根电枢绕组导体中感应电势为

$$e_x = B_x l v \tag{21-1}$$

式中，l——导体切割磁力线的有效长度；

v——导体切割磁力线的线速度。

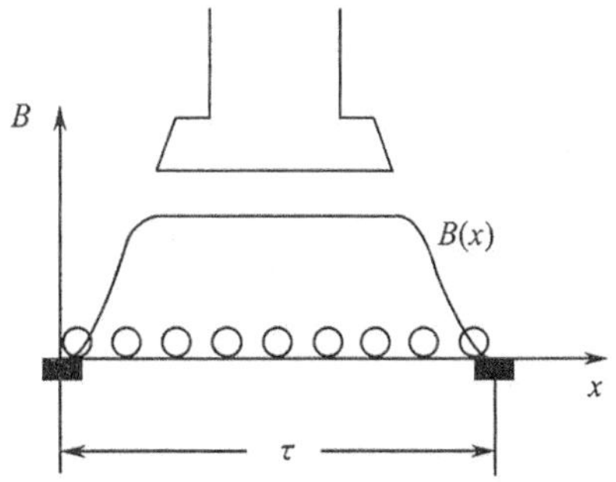

图 21-1　在空载时主极极面下的磁通密度分布

设电枢绕组的总导体数为 N，则每条支路的导体数为$\frac{N}{2a}$，在电枢圆周 $\mathrm{d}x$ 范围内有导体数$\frac{N}{2a}\cdot\frac{\mathrm{d}x}{\tau}$，$\mathrm{d}x$ 范围内电枢绕组电势和为

$$\mathrm{d}e_x = B_x l v\left(\frac{N}{2a}\cdot\frac{\mathrm{d}x}{\tau}\right)$$

正、负电刷端的电势（电枢电势）为

$$E = \int_0^{\tau}\mathrm{d}e_x = \frac{N}{2a}\cdot\frac{v}{\tau}\int_0^{\tau} l B_x \mathrm{d}x$$

式中，$\int_0^{\tau} l B_x \mathrm{d}x = \phi$，即每极极面下总磁通。

又有

$$v = \pi D_a \frac{n}{60} = 2p\tau \cdot \frac{n}{60}$$

即

$$\frac{v}{\tau} = \frac{2pn}{60}$$

所以，支路电势

$$E = \frac{N}{2a} \cdot \frac{2pn}{60} \cdot \phi = \frac{Np}{60a} n\phi$$

即

$$E = C_E n\phi \tag{21-2}$$

式中，C_E—— 电势常数，

$$C_E = \frac{Np}{60a} \tag{21-3}$$

当每极磁通 ϕ 的单位用 Wb、电机转速 n 的单位用 r/min 时，E 的单位为 V。

由于极间区域的磁通密度 B 比较小，对于接近整距的短距或长距绕组，上述结论仍可在工程误差范围内适用。

第二节　电枢绕组的磁势

一、电刷在几何中性线上时的电枢磁势

设 i_a 为电枢导体电流(即电枢支路电流)、I_a 为电枢电流。对于并联支路数为 $2a$ 的电枢绕组，有

$$I_a = 2a \cdot i_a$$

由于电机温升与电枢圆周表面电流分布情况有关，通常将沿电枢圆周单位长度上的总电流称为电枢的电负荷，以 A 表示

$$A = \frac{Ni_a}{\pi D_a} = \frac{NI_a}{2p\tau \cdot 2a} = \frac{NI_a}{4ap\tau}$$

把电枢外圆展开成一条直线，以主极轴线与电枢表面的交点 o 为原点，取坐标如图 21-2(b)所示。对于整距绕组，当忽略铁心中磁压降时，根据全电流定律，在距离原点 x 处每个气隙的电枢磁势为

$$F_{ax} = Ax \tag{21-4}$$

由图可见，电枢磁势沿空间的分布是三角形，在正、负两电刷之间的中心处为零，而在电刷处达到最大值

$$F_a = \frac{A\tau}{2} \quad (安匝 / 极) \tag{21-5}$$

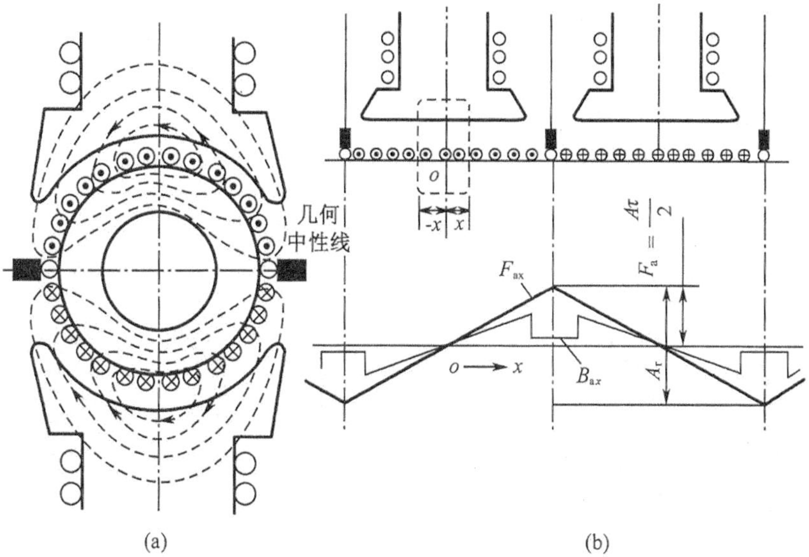

图 21-2　电刷在几何中性线上时的电枢磁势

(a)电枢磁场；(b)电枢磁势和磁通密度

通常，将主极中心轴线称直轴(d 轴)，与主极轴线正交(空间上相差 90°电角度)的轴线称交轴(q 轴)。当电刷放在几何中性线上时，电枢磁势最大值位置在交轴上，故称此电枢磁势为交轴电枢磁势，其最大值记为 F_{aq}。所以，当电刷放在几何中性线上时，

$$F_{aq}=F_a=\frac{A\tau}{2}\qquad(安匝/极)$$

以上所述是基于电枢铁心无齿槽且导体紧密均匀分布于电枢表面才会出现三角波 F_{ax}。实际上，电枢有槽，导体放在槽中，则 F_{ax} 的分布是一阶梯波，其最大值仍在交轴上，电枢磁势的基本特征与三角波一样。

由电枢磁势沿气隙的分布，可求得电枢磁场沿气隙的磁通密度分布为

$$B_{ax}=\mu_0 H_{ax}=\mu_0\frac{F_{ax}}{\delta'}=\mu_0\frac{Ax}{\delta'}\tag{21-6}$$

式中，μ_0——空气磁导率，其值等于 $0.4\pi\times10^{-6}$ H/m；

H_{ax}——在距原点 x 处气隙场强(单位：A/m)；

δ'——有效气隙长度，表示从计算气隙磁势等效的角度来看，实际气隙长度为 δ 的有槽电机可用一台无槽电机来替代，其气隙长度为 δ'，$\delta'=k_\delta\delta$，k_δ 为气隙系数。

当极面下气隙是均匀的时，B_{ax} 沿气隙的分布如图 21-2(b)所示，这是一个马鞍形。

二、电刷不在几何中性线上时的电枢磁势

设电刷偏离几何中性线的角度为 β，相当于在电枢表面移过弧长为 b_β 的距离，如图 21-3 所示。

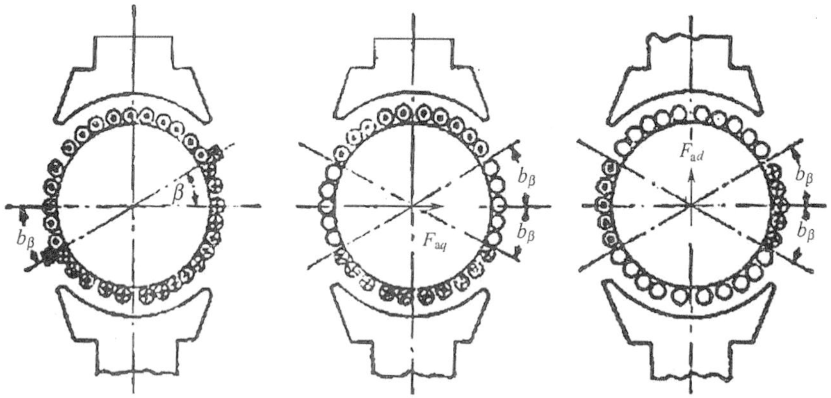

图 21-3　电刷不在几何中性线上时的电枢磁势
(a)电枢磁势；(b)交轴分量；(c)直轴分量

由于电刷仍为电枢支路电流方向改变的分界处，我们不妨把电枢磁势分为两部分来考虑：一部分为 2β 以外的 $\tau-2\beta$ 范围的导体电流产生与上述情况相似的交轴电枢磁势，如图 21-3(b)所示，其最大值为

$$F_{aq}=A\left(\frac{\tau}{2}-b_\beta\right)=F_a\left(\frac{\pi-2\beta}{\pi}\right)\quad（安匝 / 极）\qquad(21\text{-}7)$$

另一部分由 $2b_\beta$ 范围内的导体电流产生的磁势，其磁场轴线在直轴上，如图 21-3(c)所示，称直轴电枢磁势，其最大值为

$$F_{ad}=Ab_\beta=F_a\frac{2\beta}{\pi}\quad（安匝 / 极）\qquad(21\text{-}8)$$

这时，电枢磁势在空间分布如图 21-4 所示。

交轴分量 F_{aqx} 和直轴分量 F_{adx} 的分布曲线分别如图 21-4 中曲线 2 和曲线 3 所示。曲线 1 即为 F_{ax}，它是曲线 2 和曲线 3 之和。

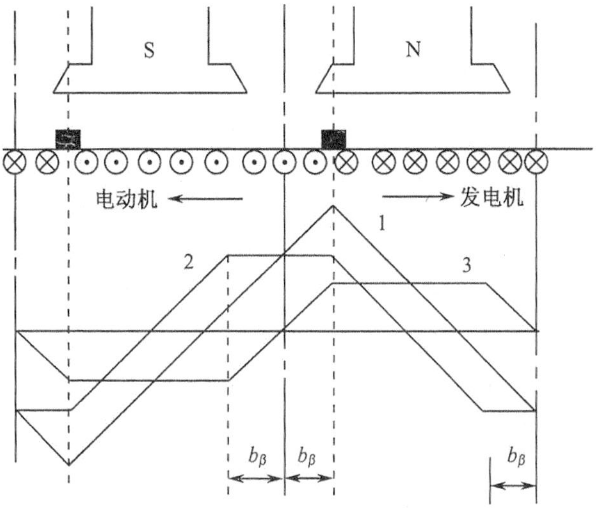

图 21-4　电刷不在几何中性线上时的电枢磁势分布曲线

第三节　电 枢 反 应

电枢磁势对主极磁场的影响称为电枢反应。对应交轴电枢磁势和直轴电枢磁势的电枢反应分别称为交轴电枢反应和直轴电枢反应。

一、交轴电枢反应

当电刷放在几何中性线上时，电枢磁势全部为交轴电枢磁势。此时，电机中的磁场由主极磁势和交轴电枢磁势共同建立，如图 21-5 所示。

由图可见：

(1) 电机中的磁场发生了畸变，每个主极面下的磁场一半被削弱，另一半被加强，如表 21-1 所列。

表 21-1

	电动机	发电机
前极尖	助　磁	去　磁
后极尖	去　磁	助　磁

(2) 电枢圆周上几何中性线处径向磁通密度不再为零，而实际的径向磁通密度为零的点偏移了一个 α 角。通过圆心和电枢圆周上径向磁通密度为零的点连接成的直线上称为物理中性线。对于发电机来说，其物理中性线是顺电枢旋转方向

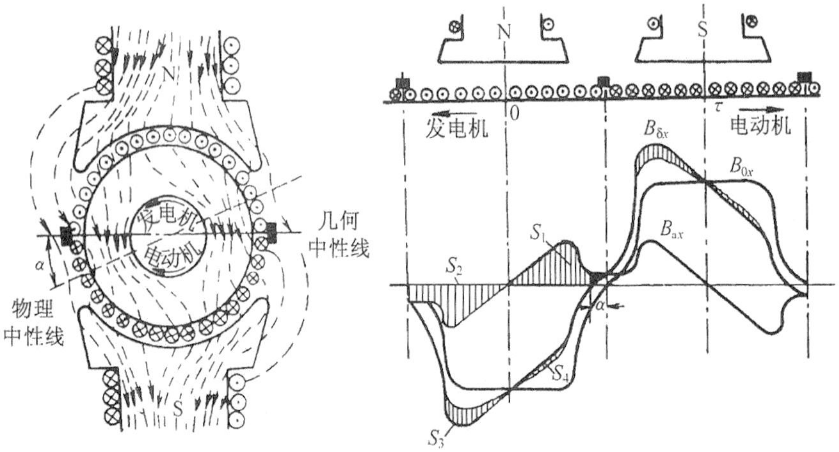

(a)　　　　　　　　　　　　　　(b)

图 21-5　交轴电枢反应

偏离几何中性线以 α 角；对于电动机来说，其物理中性线是逆电枢旋转方向偏离几何中性线以 α 角。

（3）当磁路线性时，每个主极面下磁场加强部分和削弱部分相等，每极总的主磁通不变。当磁路饱和时，对于被加强的一半来说，由于饱和的影响，使实际的主磁通密度曲线下降，如图 21-5(b)中虚线所示。因此，每极总的主磁通减少了。这种情况称为附加去磁效应。

二、直轴电枢反应

当电刷离开几何中性线时，将同时出现交轴电枢反应和直轴电枢反应。其交轴电枢反应的情况与以上的分析相同。

由于直轴电枢磁势的轴线与主极轴线重合，对于发电机来说，当电刷顺着电枢旋转方向从几何中性线移过一个角度 β 时，电枢磁势的直轴分量 F_{ad} 的方向与主极磁势相反，它使主极下磁通减少，起去磁作用。反之，当电刷逆电枢旋转方向从几何中性线移过一个角度 β 时，F_{ad} 与主极磁势同方向，它使主极下磁通增加，起助磁作用。对于电动机来说，可用同样的方法来分析。综合分析的结果，如表21-2所列。

表 21-2

	发电机	电动机
顺电枢转向移刷	去　磁	助　磁
逆电枢转向移刷	助　磁	去　磁

第四节　电磁转矩

通过电枢绕组的电流与气隙中的合成磁场相互作用而产生电磁转矩。设电枢绕组的任一导体所在处的气隙磁通密度的径向分量为 B_x，则该导体所受的切线方向的电磁力为

$$f_x = B_x l i_a$$

式中，i_a——导体内电流，即电枢绕组的支路电流。

该导体所受的电磁转矩

$$T_x = f_x \frac{D_a}{2} = B_x l i_a \frac{D_a}{2}$$

式中，D_a——电枢外直径。

在沿电枢圆周表面 dx 距离内有导体数为

$$\frac{N}{\pi D_a} dx$$

式中，N——电枢总导体数。

其电磁转矩之和为

$$dT_x = \left(B_x l i_a \frac{D_a}{2}\right) \cdot \left(\frac{N}{\pi D_a} \cdot dx\right)$$

电机的电磁转矩 T_{em} 为全部电枢导体转矩之总和，即

$$\begin{aligned} T_{em} &= \int_0^{\pi D_a} dT_x = 2p\int_0^{\tau} dT_x \\ &= 2p \frac{N}{2\pi} i_a \int_0^{\tau} B_x l\, dx = 2p \frac{N}{2\pi} \cdot \frac{I_a}{2a} \Phi \end{aligned}$$

即

$$T_{em} = 2p \frac{N}{2\pi} \cdot \frac{I_a}{2a} \Phi = C_T I_a \Phi \tag{21-9}$$

式中，C_T——转矩常数，对已制成电机来说为一常值，

$$C_T = \frac{pN}{2\pi a} \tag{21-10}$$

由此可见，直流电机的电磁转矩与每极磁通和电枢电流的乘积成正比。若 I_a 单位用 A，ϕ 单位用 Wb，则 T_{em} 单位为 N · m。

电磁转矩还可用另一形式表示：

$$T_{em} = \frac{pN}{2\pi a} I_a \Phi = C_E n \Phi I_a \frac{60}{2\pi n} = \frac{E I_a}{\Omega}$$

式中，Ω——电枢的机械角速度（单位：机械弧度/秒），

$$\Omega = \frac{2\pi n}{60}$$

电势常数 C_E 与转矩常数 C_T 有关系式

$$C_E = \frac{\pi}{30}C_T = 0.1047C_T$$

或

$$C_T = 9.55C_E$$

第五节　小　　结

一、直流电机的电势

$$E=C_E n\phi$$

二、直流电机的磁势

1）电刷在几何中性线上时，电枢磁势幅值位置在交轴上，称此电枢磁势为交轴电枢磁势，其幅值为

$$F_{aq} = F_a = \frac{A\tau}{2} \quad (\text{安匝} / \text{极})$$

2）电刷不在几何中性线上时，电枢磁势分为两部分，幅值位置在交轴上的交轴电枢磁势幅值为

$$F_{aq} = A\left(\frac{\tau}{2} - b_\beta\right) = F_a\left(\frac{\pi - 2\beta}{\pi}\right) \quad (\text{安匝} / \text{极})$$

幅值位置在直轴上的直轴电枢磁势幅值为

$$F_{ad} = Ab_\beta = F_a\frac{2\beta}{\pi} \quad (\text{安匝} / \text{极})$$

三、电枢反应

1）交轴电枢反应。①气隙磁场发生畸变；②使物理中心线偏离几何中心线一个 α 角；③磁路未饱和时，每极磁通不变；磁路饱和时，有附加去磁效应。

2）直轴电枢反应。直轴电枢反应发生在电刷移离几何中性线时，其作用为：

	发电机	电动机
顺电枢转向移刷	去　磁	助　磁
逆电枢转向移刷	助　磁	去　磁

四、电磁转矩

$$T_{em} = C_T I_a \phi$$

或

$$T_{em} = \frac{EI_a}{\Omega}$$

习　题

21-1 直流电机电枢磁势最大值的位置取决于______________。(选择:①主磁极的轴线;②电刷的位置;③电枢的转动方向;④换向极的极性)

21-2 一台串励直流电动机,若把电刷顺旋转方向偏离几何中心线一个角度,设电机的电枢电流保持不变,此时电动机的转速将______________。(选择:①降低;②升高;③保持不变)

21-3 直流电机电刷所接触的元件恰位于几何中心线上时,在几何中心线处电枢磁势产生的磁通并不大,其原因是______________。(选择:①此处磁势虽大但磁阻更大;②此处磁势并不大;③此处电枢磁势为磁极磁势所抵消;④此处磁势为换向极磁势所抵消)

21-4 一台四极直流电动机,有两个极的励磁绕组极性接反,使主磁极的极性变为 N—N—S—S,在这种情况下电机将______________。(选择:①产生电磁转矩;②不产生电磁转矩)

21-5 一台四极直流电动机,有两个极的励磁绕组极性接反,使主磁极的极性变为 N—N—S—S,将两 N 极间和两 S 极间的电刷拿掉,另外两个电刷端加直流电压,这时电机将______________。(选择:①产生电磁转矩;②不产生电磁转矩)

21-6 在直流电机中,公式 $E=C_E n\phi$ 和 $T_{em}=C_T I_a \phi$ 中的 ϕ 是______________。(选择:①每极合成磁通;②所有磁极的总磁通;③主磁极每极磁通)

21-7 一台直流发电机,由额定运行状态转速下降为原来的 30%,而励磁电流及电枢电流均不变,则______________。(选择:①E下降 30%;②T_{em}下降 30%;③E和 T_{em}都下降 30%;④端电压 U 下降 30%)

21-8 直流发电机的电磁转矩是________转矩,而直流电动机的电磁转矩是________转矩。

21-9 电磁功率与输入功率之差,对于直流发电机包括______________损耗,对于直流电动机是______________损耗。

21-10 并励直流电动机的外加电压 U 恒定不变,当负载转矩减小,且稳定后,电磁转矩 T_{em}、转速 n、输入功率 P_1 的变化分别为____________________。

21-11 如果把直流发电机的电刷顺电枢旋转方向移动一个角度,负载时的电枢反应是______________磁性的;如果把电枢反方向旋转,负载时的电枢反应是______________磁性的。

21-12 直流电机空载时损耗有__________________________________,它们分别是由____________________引起的。

21-13 直流电机负载时损耗有__________________________________;铁损耗和机械损耗在______________可看成是不变损耗。

21-14 磁通 ϕ_0 减小 10%时他励直流发电机的空载电势____________________;转速 n 增加 10%时他励直流发电机的空载电势______________;励磁电流 I_f 增加 10%时他励直流发电机的空载电势____________________。

21-15 一台直流发电机的转速由额定值下降为原来的 50%,而励磁电流 I_f、电枢电流 I_a 不变,则感应电势__________,电磁转矩______________。

21-16　一台二极直流发电机，空载时每极磁通 $\phi_0=0.3\text{Wb}$，每极励磁磁势 $F_f=3000\text{At}$，电负荷 $A=6366\text{A/m}$，电枢外径 $D_a=0.42\text{m}$，假设磁路线性。当电刷自几何中性线顺电枢转向前移 20°机械角度，求：

(1)直轴每极电枢磁势及合成磁势；

(2)交轴电枢磁势；

(3)每极下合成磁通。

21-17　一台四极直流电动机，$U_N=110\text{V}$，1500r/min，$I_{aN}=33.3\text{A}$。电枢单波绕组，总导体数 $N=540$，支路数 $2a=2$。电枢外径 $D_a=13.8\text{cm}$，电枢电阻 $r_a=0.30\Omega$，电刷位于几何中性线。磁路饱和产生的电枢反应等效去磁安匝数为交轴磁势安匝数的 12%。已知电机在 1500r/min 时的磁化曲线如下：

E/V	60	80	100	120	140
i_f/A	0.72	1.05	1.36	1.72	2.44

在额定运行时，励磁电流为 1.53A。试求：

(1)电枢的电负荷 A；

(2)交轴电枢反应磁势 F_{aq}；

(3)磁路饱和产生的电枢反应等效去磁磁势 F_{aqd}；

(4)励磁绕组每极匝数 N_f。

21-18　一台并励直流电动机，$P_N=20\text{kW}$，$U_N=220\text{V}$，$I_N=110\text{A}$，$n_N=980\text{r/min}$，电枢回路总电阻(包括电刷接触电阻)$R_a=0.18\Omega$，励磁回路总电阻 $R_f=44\Omega$，设磁路不饱和。试求：

(1)额定电磁转矩 T_N 及理想空载转速 n_0；

(2)在额定负载时，该电动机的输入功率 P_1、输出功率 P_2、电磁功率 P_{em} 及总损耗；

(3)在其他条件不变的情况下，若该电机输入电压为 200V 时电磁转矩为 $0.5T_N$，则转速 n 为多少？

第二十二章　直流发电机

第一节　并励发电机的电压建立

并励发电机是自励直流发电机中最常用的一种，其接线图如图 22-1 所示。

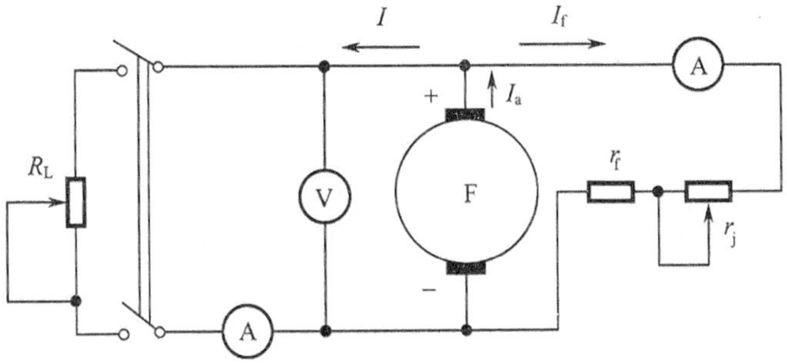

图 22-1　并励发电机的接线图

在并励励磁回路中，r_f 为并励绕组的电阻，r_j 为励磁回路中串入的调节电阻，则并励励磁回路的总电阻 $R_f=r_f+r_j$。当 r_j 不变时，励磁端电压 U_0 与励磁电流 I_f 成正比，其关系式为

$$U_0 = I_f R_f \tag{22-1}$$

这是一条直线方程，其斜率 $\tan\alpha=I_fR_f/I_f=R_f$，故称该直线为励磁回路电阻线，如图 22-2 中直线 1 所示。

当并励发电机空载时，电机端电压 U_0 与励磁电流 I_f 的关系式(22-2)称为发电机的空载特性，如图 22-2 中曲线 4 所示。

$$U_0 = f(I_f) \tag{22-2}$$

由于并励绕组端电压与电枢绕组端电压相等。所以，空载电压 U_0 和励磁电流 I_f 应是式(22-1)和式(22-2)的联立解。即并励发电机稳定工作点必须是空载特性与励磁回路电阻线的交点。该工作点所对应空载电压 U_0 的励磁电流为 I_{f0}，如图 22-2 中 P 点所示。

并励发电机电压建立的物理过程是：先将发电机由原动机拖动至额定转速。在电机磁路存在一定剩磁的条件下，设气隙剩磁磁通为 ϕ_{0r}，发电机电枢两端感应产生很小的剩磁电压 U_{0r}。该电压同时施加在并励绕组两端，使绕组内产生一个很

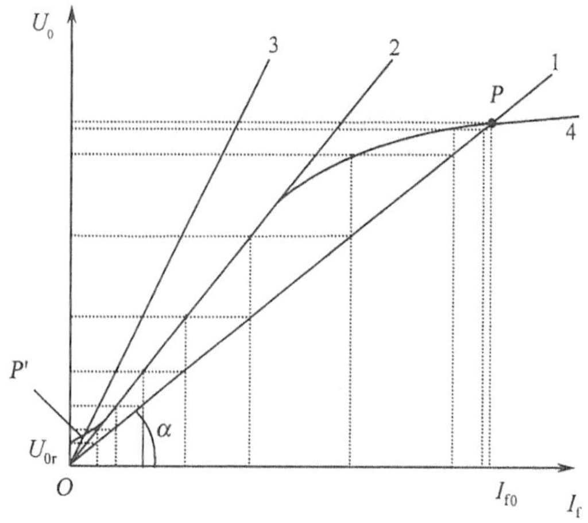

图 22-2　并励发电机的自励过程

小的励磁电流。只要并励绕组两端与电枢绕组两端的连接使该励磁电流建立的磁场方向与电机剩磁磁场方向一致，则气隙磁通将增大。于是，由该气隙磁通感应的端电压随之亦增大。从而，进一步增大励磁电流。如此反复作用，直至由励电流 I_{f0} 建立的磁场所感应的电枢端电压恰好等于励磁电流通过励磁回路电阻压降 $I_{f0}R_f$，如图 22-2 中的 P 点。此时，电枢电压和励磁电流不再增加，自励过程以达到稳态而结束。图 22-2 中直线 1 的斜率 $\tan\alpha$ 等于励磁回路总电阻 R_f 的值。

若通过调节 r_j 以增大励磁回路的总电阻 R_f，则电阻线的斜率将增大。当 R_f 增大至图 22-2 中电阻线 2 时，励磁回路的电阻线与空载特性相切而无确定的交点，故电机将没有稳定的工作点。此时的励磁回路电阻称为发电机自励时的励磁临界电阻，以 R_{fcr} 表示。当励磁回路电阻高于临界电阻时，电阻线 3 与空载特性的交点为 P'（见图 22-2）。显见，电机端电压 U_0 便与剩磁电压 U_{0r} 相差无几。

由上所述，并励发电机的自励条件可归纳如下：

(1) 并励发电机必须有剩磁存在，对于无剩磁的电机，可用外接直流电源向励磁绕组充磁建立以产生剩磁。

(2) 由剩磁电压产生励磁电流所建立的磁场必须与剩磁磁场方向一致，这可通过调整励磁绕组两连接端来满足。

(3) 励磁回路电阻 R_f 必须小于临界电阻 R_{fcr}。

第二节　直流发电机的基本方程式

以并励直流发电机为例，其端电压为 U、电流为 I、电枢电流 I_a、励磁电流为 I_f、电枢电势为 E、转速为 n，直流发电机与电网的连接如图 22-3 所示。

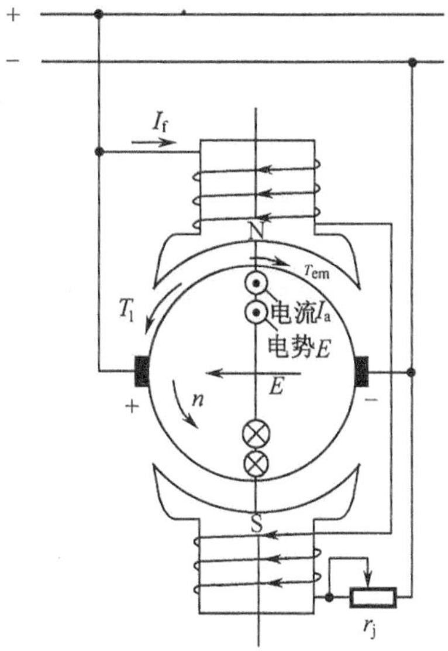

图 22-3　直流发电机与电网的连接

一、电势平衡方程式

当原动机带动电枢旋转时，电枢绕组即感应电势。空载时，$I_a=I_f$；在直流发电机接上负载后，便有电流 I 流过负载。这时，并励发电机的电枢电流

$$I_a = I + I_f \tag{22-3}$$

式中，I——由发电机流入负载的电流(负载电流)。

电枢电流 I_a 的方向与电势方向相同。在电枢回路中的电势平衡方程式由基尔霍夫第二定律可得

$$E = U + I_aR_a \tag{22-4}$$

式中，R_a——电枢回路的内电阻。

电枢回路内电阻压降I_aR_a由两部分组成：一部分为电枢绕组的总电阻压降$I_ar_{a75℃}$；另一部分为正、负一对电刷与换向器之间的接触电阻压降$2\Delta U_b$，即

$$I_aR_a = I_ar_{a75℃} + 2\Delta U_b = I_a\left(r_{a75℃} + \frac{2\Delta U_b}{I_a}\right) \tag{22-5}$$

式中，$r_{a75℃}$——电枢回路内电机的各种绕组(包括电枢绕组及与其串联的其他绕组，如串励绕组、或换向极绕组、或补偿绕组等)在75℃时的总电阻；

$2\Delta U_b$——正、负一对电刷与换向器之间的接触电阻压降。根据不同的电刷牌号，为0.6～2V。

可见电枢回路等效内电阻为

$$R_a = r_{a75℃} + \frac{2\Delta U_b}{I_a} \tag{22-6}$$

设励磁回路的总电阻为 R_f(通常包括并励绕组电阻和励磁调节电阻)，则励磁电流 $I_f = U/R_f$。

二、功率平衡方程式

直流电机负载运行时，电枢绕组感应电势 E 与电枢电流 I_a 的乘积，称为直流电机的电磁功率，即

$$P_{em} = EI_a \tag{22-7}$$

这是发电机电枢输出的电功率。

由式

$$EI_a = \left(\frac{pN}{60a}\Phi n\right)I_a = \frac{pN}{2\pi a}\Phi I_a \frac{2\pi n}{60} = T_{em}\Omega$$

得

$$P_{em} = T_{em}\Omega \tag{22-8}$$

式中，Ω——电机的角速度，$\Omega = 2\pi n/60$(机械弧度/秒)。

这也是原动机为克服制动作用的电磁转矩所需要输入到发电机的机械功率。

可见，原动机输入到发电机的机械功率被转换成发电机输出的电功率。所以说，电磁功率是指在能量转换过程中机械能与电能互相转换所对应的那部分功率。

在发电机的电势平衡方程式(22-4)的等号两边同时乘以电枢电流 I_a，且对于并励发电机 I_a 如式(22-3)，则得电枢电势的电磁功率

$$EI_a = UI + UI_f + I_a^2R_a$$

式中，EI_a——发电机的电磁功率，$EI_a = P_{em}$；

UI——发电机输出的电功率，$UI = P_2$；

UI_f——并励发电机励磁回路电阻损耗，$UI_f = p_{Cuf}$，而 $p_{Cuf} = UI_f = I_f^2R_f$，亦称并励绕组的铜损耗；

$I_a^2R_a$——发电机电枢回路内电阻损耗，$I_a^2R_a = p_{Cua}$，而 $p_{Cua} = I_a(I_aR_a) = I_a^2r_{a75℃} + 2\Delta U_bI_a$，它包括电枢回路各绕组电阻损耗 $I_a^2r_{a75℃}$ 与电刷的接触损耗，亦称电枢绕组铜损耗。

于是，可得

$$P_{em} = P_2 + p_{Cua} + p_{Cuf} \tag{22-9}$$

上式是发电机电枢回路的电功率平衡方程式。由式(22-8)可知，P_{em}是原动机由转轴输入发电机的机械功率 P_1 的一部分。当发电机电枢转动时，转动部分损耗如下：

(1) 机械损耗 p_{mec}。包括轴承摩擦损耗、电刷摩擦损耗、定转子与空气的摩擦及通风的风摩损耗。

(2) 铁损耗 p_{Fe}。电枢转动时主磁通在电枢铁心内变化，引起齿部及铁轭中的磁滞损耗和涡流损耗。

(3) 杂散损耗 p_{ad}。又称附加损耗。产生的原因很多，就直流电机来说，主要有：①电枢有齿槽存在，当电枢旋转时，气隙磁通的大小发生脉动，从而在主极铁心和电枢铁心中产生脉动损耗及极靴表面损耗；② 电枢反应使磁场畸变，引起的额外的电枢损耗；③电枢拉紧螺杆等在磁场内旋转所引起的铁损耗；④由换向电流产生的损耗，包括换向元件的铜损耗以及电流在电刷表面分布不均所引起的电刷接触损耗的增加。

于是，发电机的输入机械功率的平衡方程式为

$$P_1 = P_{em} + p_{mec} + p_{Fe} + p_{ad} = P_{em} + p_0 \tag{22-10}$$

式中，p_0——发电机空载时存在的损耗，称空载损耗，

$$p_0 = p_{mec} + p_{Fe} + p_{ad}$$

把式(22-9)代入式(22-10)得直流发电机的功率平衡方程式

$$P_1 = P_2 + \sum p \tag{22-11}$$

式中

$$\sum p = p_{Cua} + p_{Cuf} + p_{mec} + p_{Fe} + p_{ad} \tag{22-12}$$

称为并励发电机总损耗。

三、转矩平衡方程式

将发电机旋转时的功率平衡方程(22-10) 的等号两边均除以角速度 Ω，便可得

$$P_1/\Omega = P_{em}/\Omega + p_0/\Omega$$

式中，P_1/Ω——原动机输入发电机的驱动机械转矩，$P_1/\Omega = T_1$；

P_{em}/Ω——发电机电枢的电磁转矩，$P_{em}/\Omega = T_{em}$；

p_0/Ω——发电机的空载转矩，$p_0/\Omega = T_0$。

由此得直流发电机的转矩平衡方程式

$$T_1 = T_{em} + T_0 \tag{22-13}$$

上式表明，当发电机以角速度 Ω 稳定运行时，从原动机输入的驱动转矩 T_1 与发电

机内部的电磁制动转矩 T_{em} 和空载制动转矩 T_0 之和相平衡。

四、效率 η

电机的效率定义为

$$\eta=\frac{P_2}{P_1}=\frac{P_1-\sum p}{P_1} \tag{22-14}$$

空载损耗 p_0 可称为不变损耗，而随负载电流变化的铜损耗可称为可变损耗。可以证明，当电机中的可变损耗和不变损耗相等时，效率可达最大值。直流电机的效率最大值通常出现在功率为(0.75～1)P_N 的范围内。

通常直流电机(包括发电机和电动机)的效率额定值约为：10kW 以下的 η_N＝70％～85％；10～100kW 的 η_N＝80％～91％；100～1000kW 的 η_N＝86％～94％；1000～10000kW 的 η_N＝91％～96％。

第三节　直流发电机的工作特性

一、他励发电机的工作特性

这里讨论他励发电机的空载特性、负载特性、外特性和调节特性。

1. 空载特性 $U_0=f(I_f)$

当 n＝常值，I＝0 时，发电机空载端电压 U_0 与励磁电流 I_f 之间的函数关系称为空载特性。空载特性可用图 22-4 的实验线路直接测定。

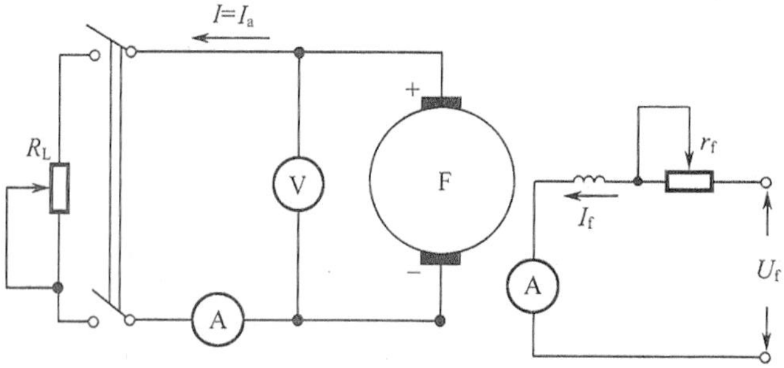

图 22-4　他励发电机接线图

因为铁心中存在磁滞回线的作用，实验时在保持 n＝常数情况下，须逐步调节励磁回路电阻 r_j，使 I_f 由零单调增长，直到 U_0 为(1.1～1.3)U_N 为止，然后使 I_f 单调减小到零。根据测试数据绘出的空载特性曲线如图 22-5 所示。由图可见，此曲线分成上下二支线，一般取其平均值(虚线)作为空载特性曲线。

在励磁电流 $I_f=0$ 时，由于电机有剩磁，发电机还有一个很小的电压，称为剩磁电压，以 U_{0r} 表示。考虑到 $E=C_e\phi n$ 和 $F_0=2I_fN_f$（式中 N_f 为每极励磁绕组匝数），故磁化曲线与空载特性实际只差一个比例常数。当 I_f 较小时，铁心磁路线性 $U_0=f(I_f)$ 为直线。当 I_f 较大时，铁心磁路进入饱和区，$U_0=f(I_f)$ 变曲。通常，为了提高电机的利用率和降低成本，电机的额定电压设计在空载特性曲线开始弯曲处，该处亦称膝点。

空载特性曲线是电机最基本的特性曲线，利用它可求出其他特性曲线。对于并励、复励等其他类型发电机的空载特性曲线亦可由上述他励的方法来测取。

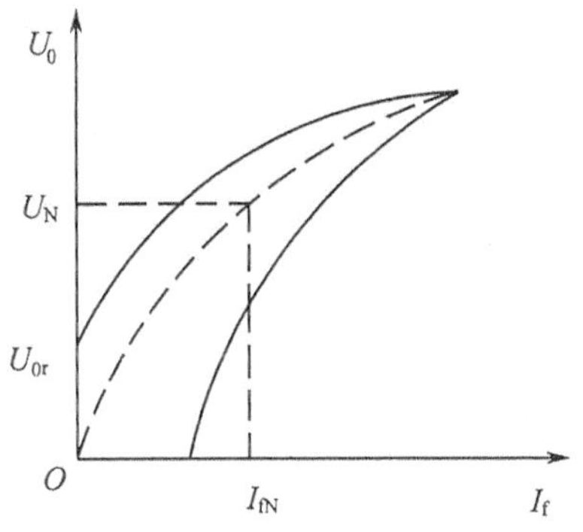

图 22-5　他励发电机的空载特性

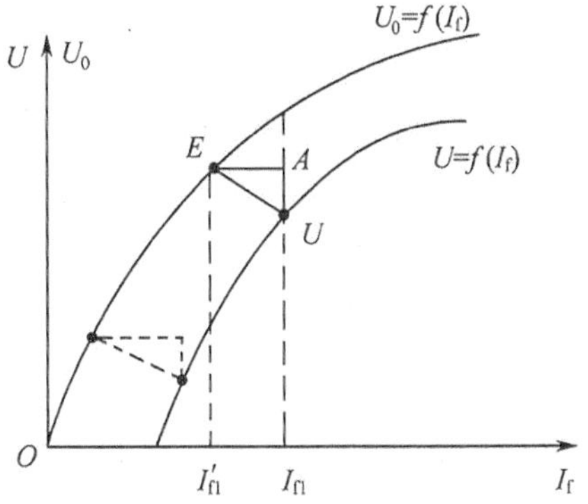

图 22-6　他励发电机的负载特性

2. 负载特性 $U=f(I_f)$

当 $n=$ 常值，$I=$ 常值时，发电机端电压 U 与励磁电流之间的函数关系称负载特性。负载特性可用图 22-4 所示线路测得。在实验过程中通过调节可调的负载电阻 R_L 在保持负载电流 I 为某一常数的情况下，逐点改变 I_f 之值，测取各对应的端电压 U，则可绘得如图 22-6 所示的他励发电机的负载特性曲线。

图 22-6 中还给出了空载特性曲线。由图可见，在同一励磁电流 I_{f1} 下，两条特性曲线对应的电机端电压不相等。这是因为：①负载后存在电枢反应去磁（或助磁）作用；②电枢回路总电阻引起电压降。若电流 I_a 一定，相应于电枢反应的去磁分量的励磁电流 $\overline{EA}$、电枢总电阻压降 $\overline{AU}$ 也一定。图中 ΔEAU 的大小亦一定，称 ΔEAU 为特性三角形。不同的负载电流下，特性三角形大小不同。由此可见，将特性三角形的顶点 E 沿空载特性曲线作平移，特性三角形的另一个顶点 U 的移动轨迹即为该负载电流下的负载特性曲线。考虑到磁路的饱和对交轴电枢反应去磁作用的影响，特性三角形在不同电压下是有变化的。但在作定性分析时常忽略不计。

3. 外特性 $U=f(I)$

当 $n=$ 常值，$I_f=$ 常值时，发电机端电压 U 与输出电流 I 之间的函数关系称外特性。

利用图 22-4 线路，将发电机与负载相接，在保持转速及励磁电流不变的情况下，调节负载电阻 R_L，使负载电流从零增加到额定值，并酌量过载，可测得他励发电机的外特性曲线 $U=f(I)$，如图 22-7 所示。

由图可见，该外特性曲线是一条随负载电流增加而下垂的曲线。分析原因：①电枢回路总电阻引起的电压降；②电枢反应的去磁效应。

当负载电流大大超过额定值时，发电机端电压将降得很低。在极端情况下，电压为零，此时短路电流 $I_k=E/R_a$。通常，R_a 的数值很小，故短路电流可达额定值的十几倍甚至二三十倍。这样大的短路电流将损坏电机。因此，发电机应有过电流保护装置。

发电机端电压随负载电流加大而变化的程度，通常用电压调整率来衡量。他励发电机的电压调整率是指在 $n=n_N$，$I_f=I_{fN}$ 时发电机从额定负载（$I=I_N$，$U=U_N$）过渡到空载（$I=0$，$U=U_0$）时，电压升高的数值对额定电压的百分比，即

$$\Delta U=\frac{U_0-U_N}{U_N}\times 100\% \tag{22-15}$$

一般他励发电机的电压调整率约为 5%～10%。

要注意，电枢电势与转速及励磁电流两者有关。因此，在转速和励磁电流不同时，将获得不同的外特性。

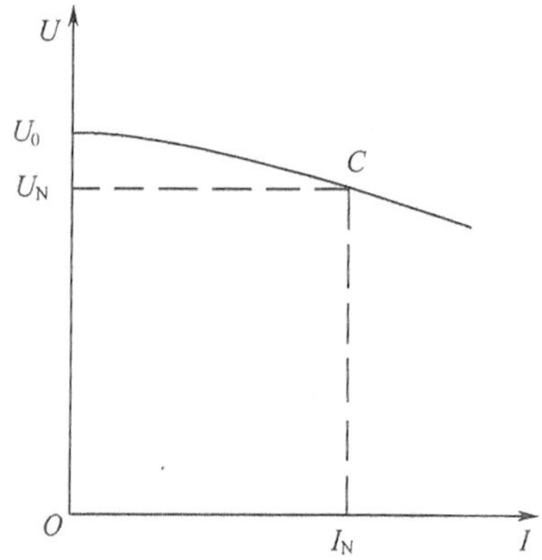

图 22-7　他励发电机的外特性

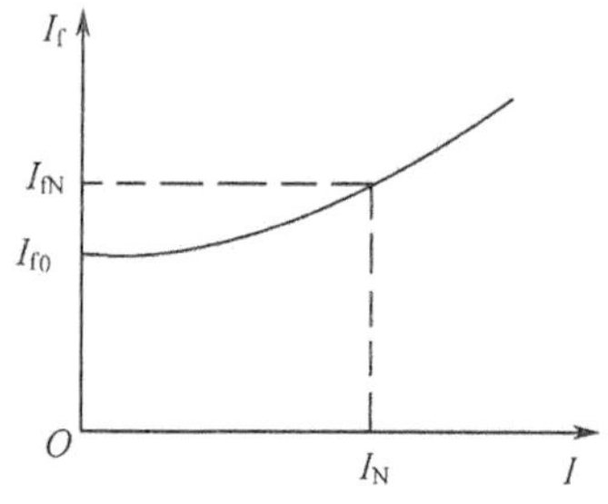

图 22-8　他励发电机的调节特性

4. 调节特性 $I_f=f(I)$

当 $n=$常值，$U=$常值时，励磁电流 I_f 与输出电流 I 之间的函数关系称为调节特性。它表明，当负载变化时，如何调节励磁电流才能维持发电机的端电压不变。用实验的方法测取调节特性时，应同时调节负载电阻和励磁电流，以使在不同负载

下保持端电压等于规定值。然后，读取 I 与 I_f 值，即得如图 22-8 所示的他励发电机的调节特性曲线。由图可见，调节特性曲线随负载电流增大而向上翘。其原因是负载电流增大时，要保持端电压不变，就必须增大励磁电流，以补偿电阻压降和电枢反应的去磁作用。

二、并励发电机的外特性

并励发电机的空载特性、调节特性等与他励发电机相似，这里仅讨论并励发电机的外特性 $U=f(I)$。

在 $n=$常值，$R_f=$常值条件下电机负载运行时端电压 U 与负载电流 I 的函数关系称为外特性。按图 22-1 接线，将电机两端接上可变负载 R_L。改变 R_L 的值测得 $U=f(I)$，如图 22-9 所示。

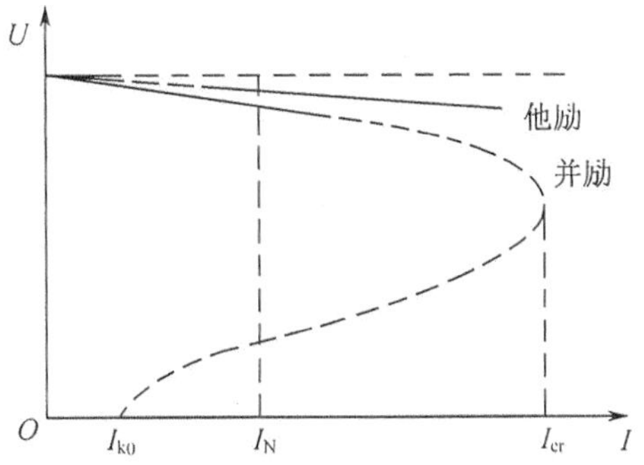

图 22-9　并励发电机的外特性

为了便于比较，图中还绘出了同一 U_0 时的他励发电机外特性。由图可见，在供给相同的负载电流时，并励发电机的端电压下降较他励发电机来得大。这是因为由负载电流引起端电压下降的原因有三：①电枢回路的总电阻压降；②电枢反应的去磁作用；③端电压下降致使励磁电流减小。前两项原因在他励发电机中也存在，最后一项原因则仅为并励发电机所独有。

由于第三个原因，并励发电机的电压变化率比他励发电机大。此外，负载电流还有“拐弯”现象。当减小负载电阻使负载电流有增大趋势时，因为励磁电流 I_f 随端电压 U 的下降而减小，从而使发电机的感应电势减小，导致负载电流下降的趋势。当端电压较高时，电机磁路处在较饱和区，励磁电流的变化对感应电势的影响不大，故负载电阻 R_L 减小，I 增大，U 下降；当 I 增大到 I_{cr}（称为临界电流）之后，U 和 I_f 的大小已使发电机进入低饱和以至不饱和区，I_f 的减小使 U 降低很快，从而导致 I 反而减小。一般并励发电机的 $I_{cr}\approx(2\sim3)I_N$。

并励发电机的稳定短路电流很小。因为，当负载短路时，$R_L=0$，$U=0$，励磁电

流 $I_f=0$,电枢只有剩磁电势 E_r,短路电流 $I_k=E_r/R_a$。但对于突然短路瞬间,由于励磁绕组电感很大,励磁电流及其所建立的磁通不能立即为零,突然短路电流最大值可达$(8\sim12)I_N$,故并励发电机仍需装置短路保护设备。

例 22-1 有一台并励发电机,额定数据如下:$U_N=220V$,$I_N=40A$,电枢绕组电阻 $r_a=0.25\Omega$,并励磁场电阻 $r_f=68\Omega$,$n_N=1000$ r/min,当额定转速时测得电机空载特性:

I_{f0}/A	0	0.5	1.0	1.5	2.0	2.5	3.0
U_0/V	5	90	177	195	215	230	268

不计电枢反应和电刷接触压降。试求:

(1) 当额定状态时,并励磁场所需的外加电阻;

(2) 当空载时,$U_0=220V$,并励磁场所需的外加电阻;

(3) 额定转速时的临界电阻。

解 (1) 额定时感应电势

$$E=U_N+I_Nr_a=220+0.25\times40=230(V)$$

查空载特性得励磁电流

$$I_{f0}=2.5A$$

并励回路电阻

$$r_f+r_\triangle=\frac{U_N}{I_N}=\frac{220}{2.5}=88(\Omega)$$

外加磁场电阻

$$r_\triangle=88-68=20(\Omega)$$

(2) 空载时 $U_0=E_0=220V$,查空载特性得

$$I_f=2.0+(2.5-2.0)\times\frac{220-215}{230-215}=2.17(A)$$

外加电场电阻

$$r_\triangle=\frac{220}{2.17}-68=33.4(\Omega)$$

(3) 临界电阻是指空载特性直线部分的斜率,由空载特性数据分析和作图,如可取第 2 点数据,临界电阻为

$$r_k=\frac{U_{02}}{I_{02}}=\frac{90}{0.5}=180(\Omega)$$

三、复励发电机的工作特性

图 22-10 为复励发电机的接线图,它既有并励绕组,又有串励绕组。

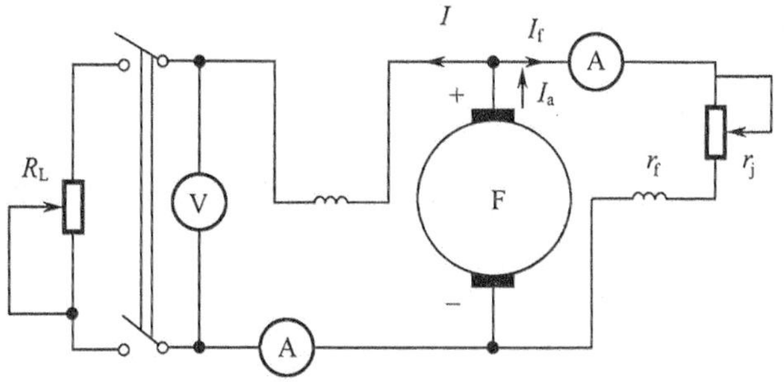

图 22-10　复励发电机的接线图

当串励绕组与并励绕组的磁场是相加时，称为积复励；反之称为差复励。在积复励发电机中，并励绕组起主要作用，以保证空载时能产生额定电压，串励绕组则用来补偿负载时电枢回路的电阻压降及电枢反应的去磁作用。若额定负载时端电压仍保持额定电压，则称平复励；若额定负载时端电压因串励绕组过度补偿而高于额定电压，则称过复励；反之，称欠复励。在差复励发电机中，由于负载时串励绕组的磁势使电机的气隙磁通和电势进一步减小，所以其外特性急剧下降，可作为恒电流电源使用，如直流电焊发电机。

复励发电机的外特性如图 22-11 所示。复励发电机的调节特性如图 22-12 所示。

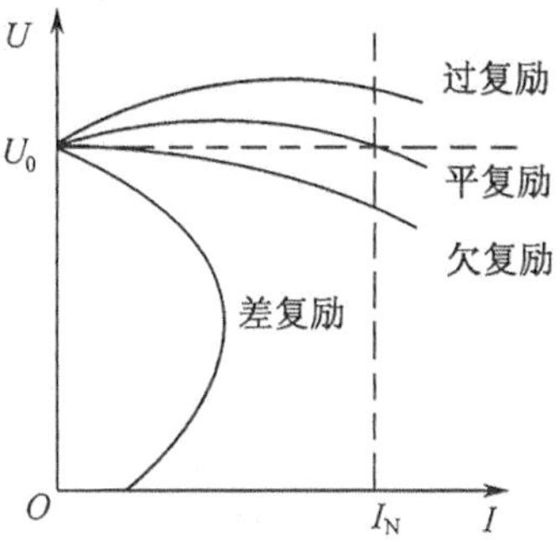

图 22-11　复励发电机的外特性

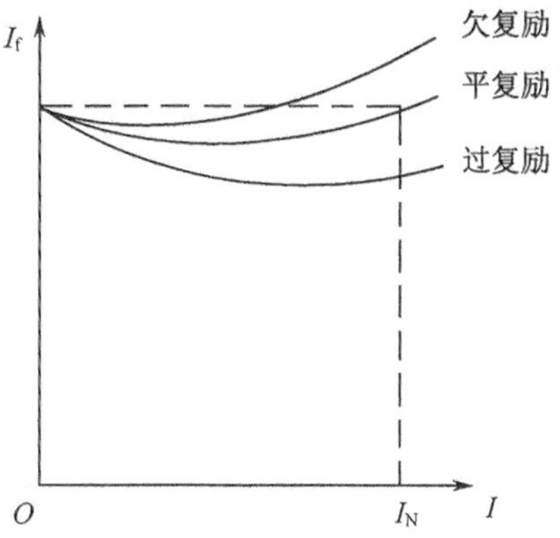

图 22-12　复励发电机的调节特性

例 22-2　一台平复励直流发电机，空载和满载电压均为 230V，额定转速 $n_N=1000$ r/min，并励绕组 1000 匝，串励绕组 10 匝，电枢回路总电阻 $R_a=0.2\Omega$（包括电刷接触电阻），满载时电枢电流 50A，电刷处在几何中性线上。其空载特性可用

式 $E_a=\frac{500I_f}{5+I_f}$表示。试求：

(1) 在满载时的电枢反应等效去磁安匝数；

(2) 如将发电机并联运行于 220V 的电网上，然后从轴上取去原动机，并加上机械负载，使其变为电动机运行状态，试分析它是何种励磁方式的电动机？其转向如何？在相同的满载电枢电流下，它的转速为多少？

解　(1) 空载时

$$U_0 = E_a = 230\text{V}$$

由空载特性求励磁电流

$$E_a = \frac{500I_f}{5+I_f}$$

即

$$230 = \frac{500I_f}{5+I_f}$$

得

$$I_f = 4.26\text{A}$$

并励绕组电阻

$$R_f = \frac{U}{I_f} = \frac{230}{4.26} = 54(\Omega)$$

并励磁势

$$N_fI_f = 1000\times 4.26 = 4260(\text{At})$$

满载时

$$E_a = U + I_aR_a = 230 + 50\times 0.2 = 240(\text{V})$$

故

$$240 = \frac{500I_{f0}}{5+I_{f0}}$$

有效励磁电流

$$I_{f0} = 4.615\text{A}$$

磁势平衡方程式为

$$I_{f0}N_f = N_fI_f + N_aI_a - F_{aqd}$$

电枢反应去磁安匝数(满载时)

$$F_{aqd} = 1000\times 4.26 + 10\times 50 - 4.615\times 1000 = 145(\text{At})$$

(2) 并联于电网，由发电机转为电动机，并励绕组电流方向不变，而电枢电流反向，则串励绕组电流方向亦相反，此时为差复励电动机，旋转方向不变。

并励绕组电流

$$I_f = \frac{U}{R_f} = \frac{220}{54} = 4.074(\text{A})$$

有效励磁电流

$$I_{f0}=\frac{I_fN_f-I_aN_a-\Delta F}{N_f}=\frac{1000\times4.074-10\times50-145}{1000}=3.421(\text{A})$$

原空载特性 $E_a=f(I_f)$ 可化成 $C_e\phi=f(I_f)$，故

$$C_e\phi=\frac{E_a}{n_N}=\frac{500I_f}{(5+I_f)n_N}=\frac{500\times3.421}{(5+3.421)\times1000}=0.2031$$

$$n=\frac{U-I_aR_a}{C_e\phi}=\frac{220-50\times0.2}{0.2031}=1034(\text{r/min})$$

第四节　小　　结

一、直流发电机稳态运行的基本原理基于电势平衡、转矩平衡和功率平衡

电势平衡方程式

$$E=U+I_ar_a+2\Delta U$$

转矩平衡方程式

$$T_1=T_{em}+T_0$$

功率平衡方程式

$$P_1=P_2+p_{Cu}+p_{Fe}+p_{mec}+p_{ad}$$

以上三式中，E 为电枢电势；U 为电枢端电压；I_a 为电枢电流；r_a 为电枢电阻；$2\Delta U$ 为电刷接触电阻压降；T_1 为输入转矩；T_{em} 为电磁转矩；T_0 为空载转矩；P_1 为输入功率；P_2 为输出功率；p_{Cu} 为铜损耗（包括电枢铜损耗 p_{Cua}，励磁铜损耗 p_{Cuf} 和电刷接触电损耗 p_{Cub}）；p_{Fe} 为铁损耗，p_{mec} 为机械损耗；p_{ad} 为附加损耗。

二、发电机自励必须满足下列三个条件

(1) 电机必须有剩磁。

(2) 励磁磁场方向必须与剩磁磁场方向相同。

(3) 励磁回路电阻必须小于临界电阻。

习　　题

22-1　一台并励直流发电机，在 500 r/min时建立空载电压 120V，若把转速提高到 1000 r/min，则该电机空载电压________________。（选择：①等于 240V；②大于 240V；③大于 120V 但小于 240V；④无法判断）

22-2　并励发电机的自励条件是什么？

22-3　为什么在供给相同的负载电流时，并励发电机的端电压下降比他励发电机的端电压大？

22-4　一台并励直流发电机正常运行后停机，现将原动机反转，希望能正常工作，应________________。（选择：①将并励绕组反接；②将电枢绕组反接；③将并励绕组和电枢绕组同时反接）

22-5　一台并励直流发电机，$U_N=230V$，$P_N=2500W$，$n_N=2850$ r/min。电枢回路绕组电阻 $r_{a75℃}=1.14\Omega$，正负一对电刷的接触电阻压降 $2\Delta U_b=2V$，并励绕组每极 4800 匝。额定负载时电枢反应去磁磁势 $F_{adq}=235$ 安匝/极。试验测得在 1500 r/min时的空载特性曲线如下：

I_f/A	0.10	0.22	0.32	0.40	0.55	0.70
U_0/V	50	100	120	130	140	147

试求：

(1)额定运行时的励磁电流及励磁回路总电阻；

(2)在保持题(1)所求得的励磁回路总电阻不变时发电机的空载电压；

(3)保持题(1)所求得的励磁回路总电阻不变，将并励改为他励，励磁电压$U_f=220V$时的空载电压及满载电压。

22-6　一台并励直流发电机，$U_N=115V$，$P_N=9000W$，电枢回路绕组电阻 $r_{a75℃}=0.07\Omega$，正负一对电刷的接触电阻压降 $2\Delta U_b=2V$，并励绕组每极 650 匝，并励回路总电阻 $R_f=33\Omega$。试验测得在额定转速时的空载特性曲线如下：

I_f/A	1.0	2.0	2.5	3.0	3.5	4.0	4.5
U_0/V	50	90	107	118	125.5	130	133

试求：

(1)空载电压；

(2)额定负载时电枢反应去磁安匝数；

(3)该发电机的电压调整率。

第二十三章　直流电动机

直流电动机的结构虽然较之交流电动机来得复杂，但由于其具有良好的起动性能和在宽广的范围内平滑而经济的调速性能，因而也获得了广泛的应用。作为拖动用的直流电动机，运行时的转矩 T_{em}、转速 n 和效率 η 与负载 P_2 大小的关系曲线，是直流电动机的工作特性。工作特性因励磁方式的不同而差异很大，它们可以用实验的方法或计算的方法来获得。

第一节　直流电动机的基本方程式

以并励直流电机为例，端电压为 U、电流为 I、电枢电流为 I_a、励磁电流为 I_f、电枢电势为 E、转速为 n，如图 23-1 所示。

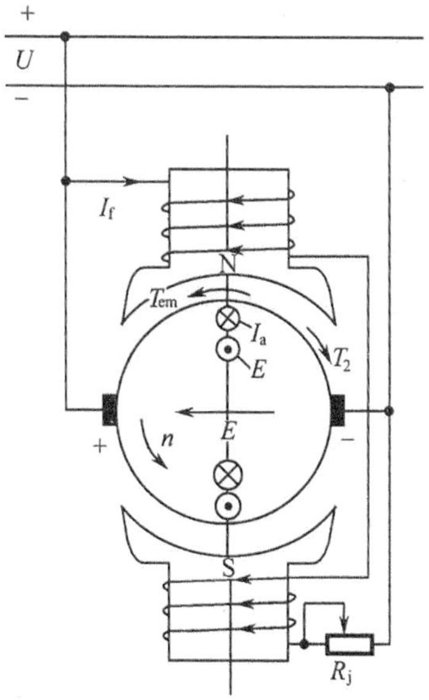

图 23-1　并励直流电动机接线图

一、电势平衡方程式

当电枢旋转时，电枢绕组产生的感应电势为

$$E = C_E \phi n$$

电动机外接电源电压 U，流入电动机的电流 I 分成电枢电流 I_a 与励磁电流 I_f 两条并联支路，即

$$I = I_a + I_f \tag{23-1}$$

励磁电流 $I_f = U/R_f$ 建立主磁场，电枢电流 I_a 与主磁场作用产生电磁转矩 T_{em}，驱动电动机旋转。电枢绕组感应电势 E 与电流 I_a 方向相反，称为反电势。则电枢回路电势平衡方程式为

$$U = E + I_a R_a \tag{23-2}$$

二、功率平衡方程式

当电源电压为 U、流入电动机的电流为 I 时，电源输入电动机的电功率为

$$P_1 = UI$$

对于并励电动机，考虑到式(23-1)和式(23-2)得

$$\begin{aligned} P_1 &= U(I_a + I_f) = UI_a + UI_f \\ &= (E + I_a R_a) I_a + UI_f \\ &= EI_a + I_a^2 R_a + UI_f \end{aligned}$$

即

$$P_1 = P_{em} + p_{Cua} + p_{Cuf} \tag{23-3}$$

这是电动机电枢回路的电功率平衡方程式。由式(22-8)可知 P_{em} 产生电磁转矩 T_{em} 将使电动机电枢旋转，并拖动机械负载。旋转引起的损耗有 $p_{mec} + p_{Fe} + p_{ad} = p_0$ 称为空载损耗，由电动机轴上输出的机械功率为 P_2，则

$$P_{em} = P_2 + p_{mec} + p_{Fe} + p_{ad}$$

即

$$P_{em} = P_2 + p_0 \tag{23-4}$$

上式是电动机转动时输出机械功率方面的功率平衡方程式。把式(23-4)代入式(23-3)得直流电动机的功率平衡方程式

$$P_1 = P_2 + \sum p \tag{23-5}$$

式中

$$\sum p = p_{Cua} + p_{Cuf} + p_{mec} + p_{Fe} + p_{ad} \tag{23-6}$$

称为并励电动机总损耗。

直流电动机的功率平衡方程与发电机有相同的形式，但前者输入功率 P_1 为电功率，后者输入为机械功率；前者输出功率 P_2 为机械功率，后者输出为电功率。这是电机可逆性在功率平衡方面的反映。

三、转矩平衡方程式

将电动机旋转时的机械功率平衡式(23-4)等号两边均除以机械角速度Ω得

$$\frac{P_{em}}{\Omega}=\frac{P_2}{\Omega}+\frac{p_0}{\Omega}$$

式中，P_{em}/Ω——电动机的电磁驱动转矩，$P_{em}/\Omega=T_{em}$；

P_2/Ω——电动机所拖动的机械负载反作用于电机转轴的制动转矩，$P_2/\Omega=T_2$，简称机械负载制动转矩；

p_0/Ω——电动机空载制动转矩，$p_0/\Omega=T_0$。

于是得

$$T_{em}=T_2+T_0 \tag{23-7}$$

这是直流电动机转矩平衡方程式。式(23-7)表明，当电动机以恒定转速旋转时，电磁驱动转矩T_{em}与机械负载制动转矩T_2及空载制动转矩T_0相平衡。

由于在直流电动机和被它拖动的机械负载所组成的机组中往往需要变速，变速时电动机的转子本身及被它拖动的机械负载均具有转动惯量。因此，转矩平衡方程式为

$$T_{em}=T_2+T_0+J\frac{d\Omega}{dt}=T_c+T_j \tag{23-8}$$

式中，J——机组旋转部分的转动惯量；

T_c——机组总负载制动转矩(简化总制动转矩)，$T_c=T_2+T_0$；

T_j——惯性转矩，$T_j=J\frac{d\Omega}{dt}$。

当转子加速时，$T_j>0$，为制动转矩

当转子减速时，$T_j<0$，为驱动转速

当转子匀速时，$T_j=0$，即式(23-7)

四、效率η

电动机的效率定义为

$$\eta=\frac{P_2}{P_1}=\frac{P_1-\sum p}{P_1} \tag{23-9}$$

第二节　直流电动机的工作特性

一、并励和他励电动机的工作特性

因为他励和并励电动机的工作特性基本相同，这里仅以并励电动机来论述。

1. 速率特性 $n=f(I_a)$

当电动机端电压 $U=U_N=$常值，励磁电流 $I_f=$常值时，电动机转 n 与负载(通常用负载时电枢电流 I_a 来表征)的函数关系 $n=f(I_a)$ 称速率特性。

将式(21-2)代入式(23-2)得电动机的速率公式

$$n=\frac{U-I_aR_a}{C_E\phi} \tag{23-10}$$

电动机空载时，空载电流引起的电枢压降及电枢反应去磁作用均可略去不计。故并励电动机的空载转速为 $n_0=\frac{U}{C_E\phi}$。速率特性曲线可由实验测取，如图 23-2 所示。

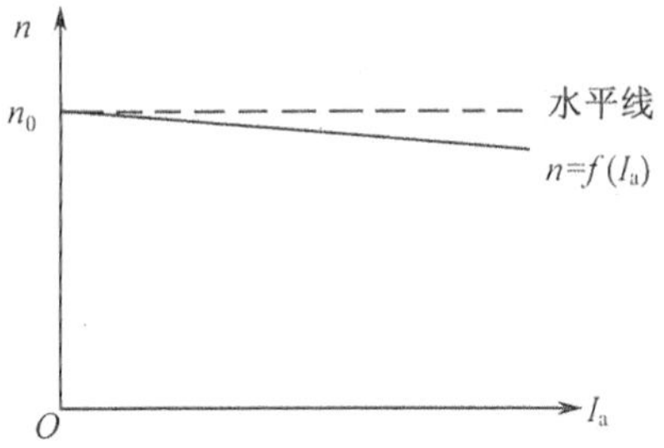

图 23-2　并励电动机的速率特性

从式(23-10)中可见，在 U 和 I_f 一定时，当负载电流增加时，I_aR_a 增大，使转速 n 下降。而电枢反应的去磁作用使每极磁通 ϕ 减小，这又导致转速 n 上升。故并励电动机在负载电流变化时，电动机转速 n 变化很小。一般来说，电枢回路电阻压降的影响较电枢反应的影响为大，故其速率特性曲线略向下倾斜。在 $I_f=I_{fN}=$常值时，电动机空载转速 n_0 与额定转速 n_N 之差相对额定转速的百分比称为电动机的转速调整率，以 Δn 表示

$$\Delta n=\frac{n_0-n_N}{n_N}\times 100\% \tag{23-11}$$

对于并励电动机，通常 $\Delta n=3\%\sim4\%$，基本上是一种恒速电动机。

并励电动机运行时，励磁绕组不能断路。若在重负载下发生励磁绕组断开，将导致 $T_{em}=C_T\phi I_a$ 减小，电动机停转，反电势为零，电枢电流非常大，电机过热以致烧毁；若在轻负载下发生励磁绕组断开，由式(23-10)可见，将导致电动机“飞速”，可能损坏电机。

2. 转矩特性 $T_{em}=f(I_a)$

当电动机端电压 $U=U_N=$常值，励磁电流 $I_f=$常值时，电动机的电磁转矩与负载(通常用负载时电枢电流 I_a 来表征)的函数 $T_{em}=f(I_a)$称转矩特性。

$$T_{em}=C_T\phi I_a$$

当 I_a 比较小时，电枢反应去磁作用影响较小，气隙磁通 ϕ 近似不变，$T_{em}=f(I_a)$呈线性关系；当 I_a 比较大时，电枢反应去磁作用增大，故 $T_{em}=f(I_a)$较原直线要向下弯曲，如图 23-3 所示。

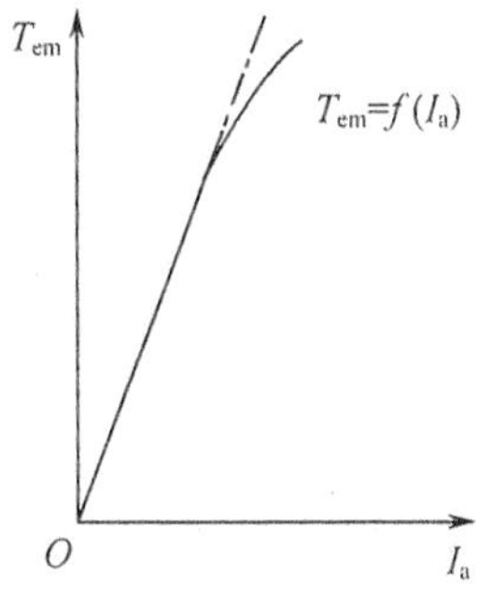

图 23-3　并励电动机的转矩特性

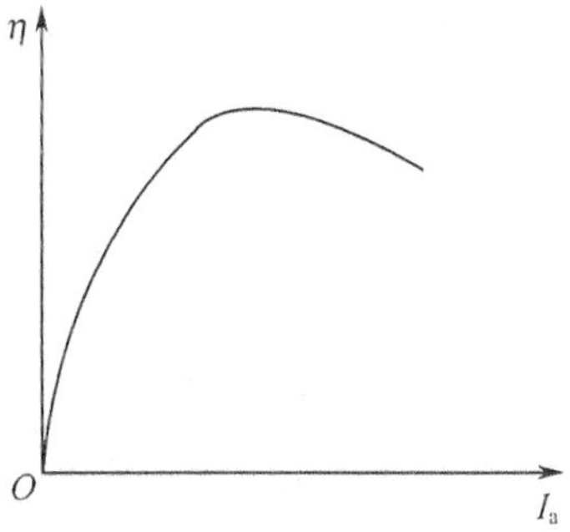

图 23-4　并励电动机的效率特性

3. 效率特性 $\eta=f(I_a)$

当 $U=U_N=$常值，$I_f=I_{fN}=$常值时，电机效率 η 与 P_2 的函数关系 $\eta=f(I_a)$称效率特性，如图 23-4 所示。

效率特性按式(23-9)的计算，或

$$\eta=\left(1-\frac{\sum p}{P_1}\right)\times 100\%$$
$$=\left(1-\frac{I_a^2 r_a+2\Delta U_b I_a+UI_f+p_{mec}+p_{Fe}+p_{ad}}{U(I_a+I_f)}\right)\times 100\%$$

4. 机械特性 $n=f(T_{em})$

直流电动机当端电压 $U=U_N=$常数、励磁回路和电枢回路电阻保持不变时，电动机的转速 n 与电磁转矩之间的关系曲线 $n=f(T_{em})$，称为直流电动机的机械特性。

图 23-5 中分别绘出了电枢回路不串调节电阻 R_j（即 $R_j=0$）和串入调节电阻 R_j（即 $R_j\neq 0$）时并励电动机的机械特性。前者称为自然机械特性，后者称为人工机械特性。

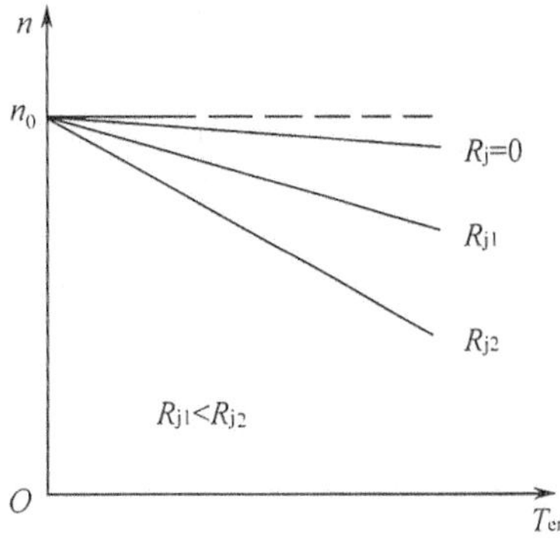

图 23-5　并励电动机电枢串电阻 R_j 时的机械特性

以 $I_a=T_{em}/(C_T\phi)$ 代入式(23-10)，并用 R_a+R_j 取代原式中的 R_a，得电动机机械特性的方程式

$$n=\frac{U}{C_E\phi}-\frac{R_a+R_j}{C_E C_T\phi^2}T_{em} \tag{23-12}$$

在并励电动机中，U 为常值，且励磁回路电阻不变时，I_f 不变。如果忽略电枢

反应的影响，则 ϕ 为常值。故 $n=f(T_{em})$ 为一条直线。由于，通常 $R_a \ll C_E C_T \phi^2$，故并励电动机的自然机械特性很接近水平线。这时，因 T_{em} 增加而引起 n 的下降并不多。这种特性称为硬特性。人工机械特性较自然机械特性软(即在同一电磁转矩时转速较低)，这是因为人工机械特性是在电枢回路内串入了电阻 R_j 的缘故。由于电阻上压降增加，实际加于电枢两端的电压减小。因此，同一电磁转矩(电枢电流)下的转速必然降低。

二、串励电动机的工作特性

串励电动机的特点为电枢电流 I_a 也是励磁电流 I_f，即 $I_a=I_f$，故气隙磁通 ϕ 随 I_a 变化较大。

串励电动机的工作特性是在 $U=U_N=$ 常值下求取的。n、T_{em}、η 与 P_2 的关系曲线可按图 23-6 的接线用试验方法求得，见图 23-7。这些特性可仿照上述方法分析，串励电动机的效率特性曲线与并励电动机的相仿，但速率特性、转矩特性则相差较大。

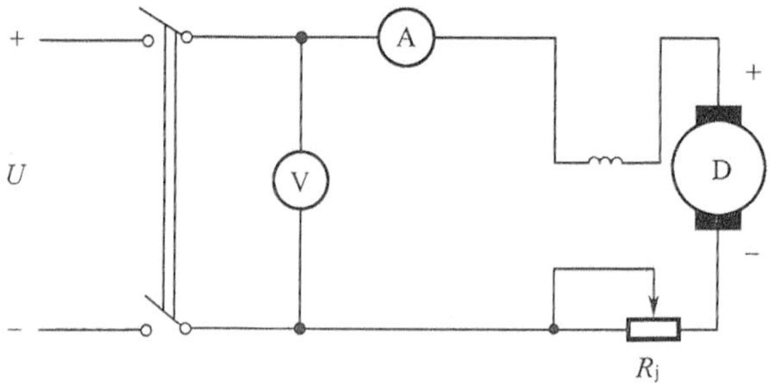

图 23-6　串励电动机的接线图

1. 速率特性 $n=f(I_a)$

串励电动机速率特性表达式与并励电动机(他励电动机) 的相同，即

$$n=\frac{U}{C_E\phi}-\frac{R_a}{C_E\phi}I_a$$

当电机磁路线性时，$\phi=C_\phi I_a$，I_a 与 ϕ 呈线性关系，则

$$n=\frac{U}{C_E C_\phi I_a}-\frac{R_a}{C_E C_\phi}$$

上式显见，n 与 I_a 成反比关系，即 $n=f(I_a)$ 为一条双曲线。

当电机磁路饱和时，ϕ 随 I_a 上升变缓，故 n 随 I_a 的增加而下降程度变小。

由此可见，串励电动机的一个特点是转速随负载的增加而下降得很快。

由于串励电动机在空载或轻载时，$I_f = I_a$很小，ϕ 随之也很小。由式(23-10)可见，将导致转速非常高，从而引起危险，俗称“飞车”。这种情况可从物理过程来分析：由于 ϕ 很小，根据关系式 $E = C_E\phi n$，电枢必须以非常高的转速才能产生足够的反电势，从而来与电网电压相平衡。因此，串励电动机不允许空载运行。通常规定串励电动机与生产机械连接时，不允许采用皮带等容易发生滑脱的传动机构，应使用齿轮等传动。

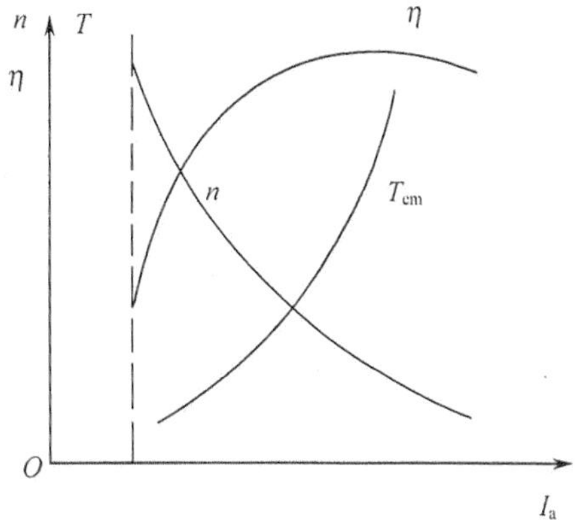

图 23-7　串励电动机的工作特性

由于串励电动机不允许空载运行，按 GB 755—1987 规定，串励电动机转速调整率定义为

$$\Delta n = \frac{n_{1/4} - n_N}{n_N} \times 100\% \tag{23-13}$$

式中，$n_{1/4}$——电动机负载 $P_2 = P_N/4$ 时的转速。

2. 转矩特性 $T_{em} = f(I_a)$

在串励电动机中，由于 $I_f = I_a$，当负载转矩增加时，P_1 和 I_a 随之增加，若磁路未饱和，磁通 $\phi \propto I_a$，$T_{em} = C_T\phi I_a \propto I_a^2$；若磁路高度饱和，则 ϕ 基本不变，$T_{em} \propto I_a$。可见，在一般情况下，电磁转矩按大于电流一次方的比例增加。电磁转矩 T_{em}将随 I_a 的增加而很快上升是串励电动机的又一个特点，如图 23-7 所示。这对串励电动机起动和过载能力有重要意义。

串励电动机具有较大的起动转矩。并且当发生过载时，转速 n 会自动下降，电动机的输出功率 $P_2 = T_2\Omega$ 因此变化不大，从而避免电动机受损。当负载减轻时，转速又会自动上升。串励电动机的这些特点特别适用于电力机车等场合。

为了克服空载时发生“飞车”现象，又保持串励电动机的优点，通常采用复励电动机。

3. 机械特性 $n = f(T_{em})$

以 $R_a + R_j$ 取代式(23-10)中的 R_a，即得

$$n = \frac{U - I_a(R_a + R_j)}{C_E\phi} \tag{23-14}$$

当电机磁路线性时，$\phi = C_\phi I_a$，则

$$T_{em} = C_T\phi I_a = C_T C_\phi I_a^2$$

即

$$I_a = \sqrt{\frac{T_{em}}{C_T C_\phi}}$$

代入式(23-14)得串励电动机的机械特性

$$n = \frac{1}{C_E}\sqrt{\frac{C_T}{C_\varphi}} \cdot \frac{U}{\sqrt{T_{em}}} - \frac{1}{C_E C_\varphi}(R_a + R_j)$$

$$= C_1 \frac{U}{\sqrt{T_{em}}} - C_2(R_a + R_j) \tag{23-15}$$

式中

$$C_1 = \frac{1}{C_E}\sqrt{\frac{C_T}{C_\varphi}},\quad C_2 = \frac{1}{C_E}\sqrt{\frac{C_T}{C_\varphi}}$$

这是一条双曲线。可见,当负载转矩增大时,转速下降很快。故串励电动机的机械特性很软;

当电机磁路饱和时,$\phi \neq C_\phi I_a$,则串励电动机的机械特性为

$$n = \frac{U}{C_E \phi} - \frac{R_a + R_j}{C_E \phi} \cdot \frac{T_{em}}{C_T \phi} \tag{23-16}$$

由上式可见,n 随 T_{em} 增加而下降的程度较未饱和时要减小,但其机械特性仍较软。

三、复励电动机的工作特性

图 23-8 和图 23-9 分别为复励电动机的接线图和速率特性。由于复励电动机同时具有并励绕组和串励绕组,故其工作特性介于并励和串励电动机两者之间。为避免运行时产生不稳定现象,通常采用积复励。

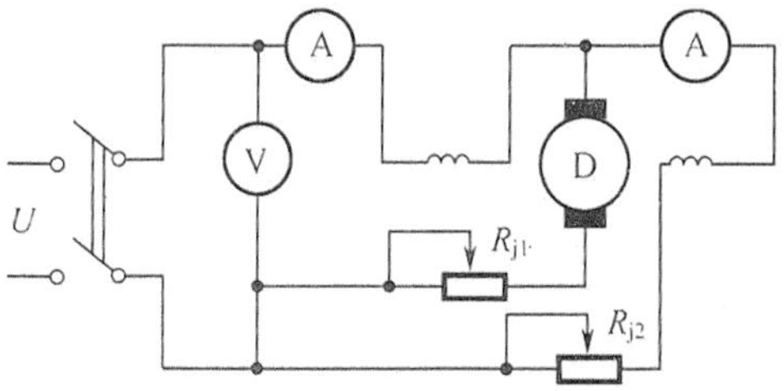

图 23-8　复励电动机的接线图

在复励电动机中,若并励绕组起主要作用时,其工作特性接近于并励电动机。但当电枢反应的去磁作用较强时,仍能获得下降的速率特性,以保证电动机的稳定运行。此时,称串励绕组为“稳定绕组”;若串联绕组起主要作用时,其工作特性接

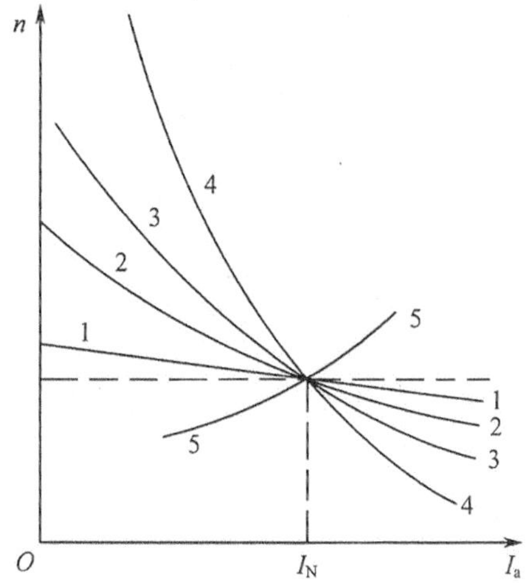

图 23-9　直流电动机的速率特性
1-并励电动机；2-并励为主的复励电动机；
3-串励为主的复励电动机；4-串励电动机；
5-差复励电动机

近于串励电动机。但空载时不会出现“飞车”危险。

第三节　直流电动机的起动

直流电动机的起动、调速与制动是电动机的三种运行状态。

对直流电动机起动的基本要求有：①有足够大的起动转矩；②起动电流限制在允许范围内；③起动时间要足够短；④起动设备要简单、经济、可靠等。

常用的起动方法有：

一、直接起动

不采取任何限流(限制电枢电流)措施，把静止的电枢直接投入额定电压的电网上起动，称直接起动。

以并励电动机为例，接线如图 23-10 所示。

并励电动机直接起动时电枢电流 i_a 和转速 n 的变化过程如图 23-11 所示。

起动瞬间最大的电枢电流称起动电流。直接起动时的起动电流为

$$I_{st}=\frac{U_N-e}{R_a}\approx\frac{U_N}{R_a} \tag{23-17}$$

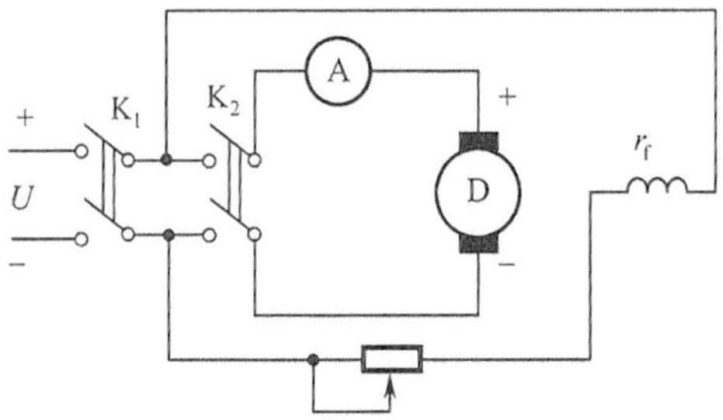

图 23-10　并励电动机直接起动时的接线图

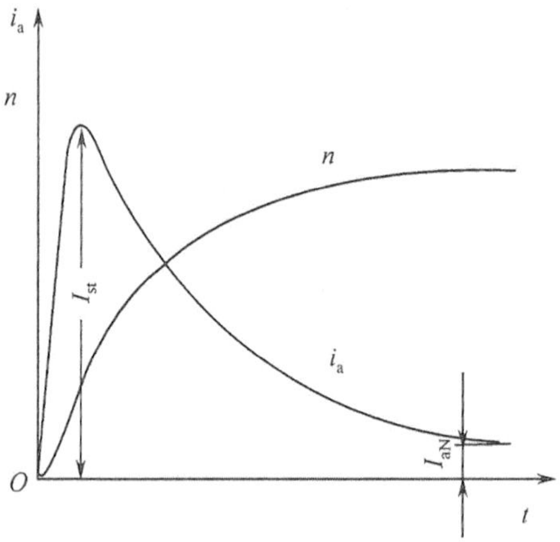

图 23-11　并励电动机直接起动时电枢电流和转速的变化过程

式中，e——电枢电流等于 I_{st} 时的反电势，起动瞬间由于惯性，$n\approx 0$，则 $e\approx 0$；

R_a——电枢回路总电阻，其值通常非常小。

对应的电磁转矩称为起动转矩。直接起动时的起动转矩为

$$T_{st}=C_T\phi I_{st} \tag{23-18}$$

直接起动的优点是不需另加起动设备、操作简便、起动转矩很大。严重的缺点是起动电流很大，一般电机可达 10～20 倍额定电流。如此大的电流，不但影响电网电压还使电机换向器产生强烈的火花等，故直接起动仅允许在容量很小的电机中采用。

二、电枢回路串接变阻器起动

为了限制起动电流，起动时可在电枢回路内串入一电阻，该电阻称为起动电

阻，以 R_{ast} 表示。随着转速的上升逐步切除串入的起动电阻。串变阻器时的起动电流为

$$I_{st}=\frac{U}{R_a+R_{ast}} \tag{23-19}$$

只要 R_{ast} 的数值选得适当，就能将起动电流限制在设定的允许范围内。

起动变阻器有很多类型。图 23-12所示为并励电动机常用的三点起动器。

起动时将手柄从触点 0 拉到触点 1 上，电机开始起动。此刻，三点起动器的全部电阻均串在电枢回路内。随着转速的上升，当手柄移至触点 2 时，接在触点 1、2 上的一段电阻被切除。当手柄移至触点 3 时，又继续将接在触点 2、3 上的一段电阻切除。如此直至手柄移至触点 5 时，三点起动器上的全部起动电阻均被切除。此时，手柄被电磁铁 DT 吸住。断开电源时，电磁铁 DT 失去吸力，手柄被所连接的弹簧拉回到起动前的原位。从而保证了在再次起动时能重复上述过程，即避免发生直接起动的情况。

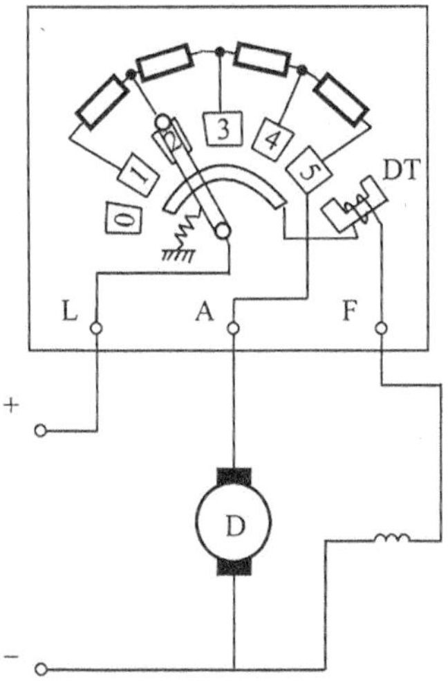

图 23-12　三点起动器

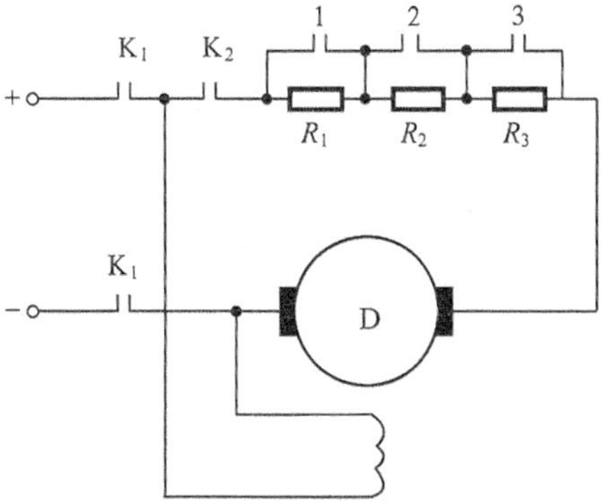

图 23-13　自动起动器

采用三点起动器在起动过程中励磁回路保持全电压，确保了励磁磁场及时建立和磁通最大。

三点起动器是人工手动操作起动，常用于小容量直流并励电动机中。图 23-13所示为采用电磁开关由控制电路操作的自动起动器，起动原理与三点起动器相同。

起动时电磁开关 K_1 先合上，以保证励磁磁场及时建立和磁通最大。此后，再合上电磁开关 K_2。此刻，由于惯性，$n\approx 0$，则 $e\approx 0$，起动电流为

$$I_{st\,max}=\frac{U}{R_a+R_1+R_2+R_3}$$

对应的起动转矩为

$$T_{st\,max}=C_T\phi I_{st\,max}$$

随着转速的上升,感应电势也增大,则电枢电流随之减小。当电枢电流等于设定值$I_{st\,min}$时,接通接触器1。因串入电枢回路的电阻减小,I_a便将增大。适当选择接通接触器1的时刻且选用合适的R_1、R_2、R_3,可使I_a增大为

$$I_{st\,max}=\frac{U-e}{R_a+R_2+R_3}$$

随着转速进一步的上升,逐级接通接触器2、3,电枢电流重复上述过程在$I_{st\,max}$与$I_{st\,min}$之间变化,直至稳态,如图23-14所示。这时电枢电流为

$$I_a=\frac{U-E}{R_a}$$

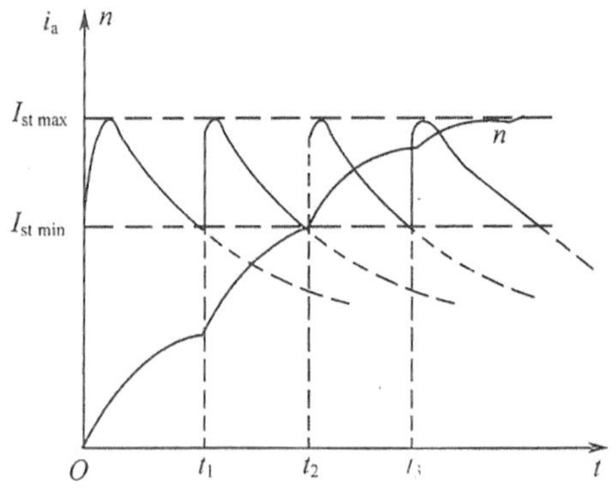

图23-14　枢路串变阻器起动时电枢电流和转速的变化过程

例23-1　一台并励直流电动机,$P_N=3kW$,$U_N=220V$,$\eta_N=0.8$。当额定负载时,电枢电流为17A,电枢电路铜损耗占电机总损耗的一半。现采用电枢回路串接变阻器起动,设定起动电流上下限为(2.5～1.25)I_{aN}。求起动变阻器的级数及每级的电阻值。

解

$$P_1=\frac{P_N}{\eta_N}=\frac{3000}{0.8}=3750(W)$$

$$I_N=\frac{P_1}{U_N}=\frac{3750}{220}=17.045(A)$$

$$I_{aN}^2R_a=0.5(U_NI_N-\eta_NU_NI_N)$$

即

$$R_a=\frac{(1-\eta_N)U_N I_N}{2I_{aN}^2}=\frac{(1-0.8)\times 220\times 17.045}{2\times 17^2}=1.298(\Omega)$$

$$I_{st\,max}=2.5I_{aN}=2.5\times 17=42.5(A)$$

$$I_{st\,min}=1.25I_{aN}=1.25\times 17=21.25(A)$$

接入电网时，电流第一次冲击达 $I_{st\,max}$值时，$n=0$，起动变阻器电阻总值为

$$(\sum R)_1=\frac{U_N-I_{st\,max}R_a}{I_{st\,max}}=\frac{220-42.5\times 1.298}{42.5}=3.88(\Omega)$$

随着 n 上升，电流减至 $I_{st\,min}$时电势为

$$E_1=U_N-I_{st\,min}\left[R_a+(\sum R)_1\right]$$
$$=220-21.25\times(1.298+3.88)=109.97(V)$$

此时切除第一级电阻 R_1，起动变阻器电阻总值变为

$$(\sum R)_2=\frac{U_N-E_1-I_{st\,max}R_a}{I_{st\,max}}$$
$$=\frac{220-109.97-42.5\times 1.298}{42.5}=1.291(\Omega)$$

同理，随着 n 继续上升，电流减至 $I_{st\,min}$时电势为

$$E_2=U_N-I_{st\,min}\left[R_a+(\sum R)_2\right]$$
$$=220-21.25\times(1.298+1.291)=164.98(V)$$

此时切除第二级电阻 R_2，起动变阻器电阻总值变为

$$(\sum R)_3=\frac{U_N-E_2-I_{st\,max}R_a}{I_{st\,max}}=\frac{220-164.98-42.5\times 1.298}{42.5}<0$$

所以，该起动变阻器分为二级，每级阻值分别为

$$R_1=(\sum R)_1-(\sum R)_2=3.88-1.291=2.589(\Omega)$$

$$R_2=(\sum R)_2-0=1.291-0=1.291(\Omega)$$

串接变阻器起动所需设备少，故广泛用于各种直流电动机中。但对大容量电动机，变阻器极为笨重，且频繁起动时电能消耗多。

三、降压起动

降压起动是通过降低电动机的电枢端电压来限制起动电流。

采用降压起动的电动机应选用他励，以使起动时电动机的励磁电流不受端电压变化的影响，保证足够的起动转矩。

降压起动需要有专用直流电源。起动时，电源电压由小增大，电动机转速以规定的加速度上升，避免了大的冲击电流。以前采用直流发电机作为专用直流电源，近代常采用可控硅整流电源，称整流器-电动机组。

降压起动的优点是：起动电流很小、起动过程中能量损耗少，且可实现正、反转。缺点是机组投资较大。因此，该方法只在需要经常起动或调速的大容量直流电动机中采用。

第四节　直流电动机的调速

当电枢回路串入调速电阻 R_j 时电机转速为

$$n=\frac{U-I_a(R_a+R_j)}{C_E\phi} \tag{23-20}$$

由此可见，直流电动机调速方法有以下三种：

一、改变励磁电流调速

由式(23-20)可见，当电枢端电压 U＝常值时，若仅减小励磁电流 I_f 使主磁通 ϕ 减少，则通常电机转速 n 上升；反之，电机转速 n 则下降。

对于恒转矩调速（调速过程中总负载转矩 T_2+T_0 保持不变），由于负载转矩不变，调速前后电磁转矩不变。即

$$T_{em}=C_T\phi_1 I_{a1}=C_T\phi_2 I_{a2}$$

故

$$I_{a2}=\left(\frac{\phi_1}{\phi_2}\right)I_{a1} \tag{23-21}$$

若由于电枢回路电压降 I_aR_a 很小而略去不计，则 $E\approx U$＝常值，有

$$E=C_E\phi_1 n_1=C_E\phi_2 n_2$$

故

$$n_2=\left(\frac{\phi_1}{\phi_2}\right)n_1 \tag{23-22}$$

当磁路未饱和时

$$n_2=\left(\frac{I_{f1}}{I_{f2}}\right)n_1 \tag{23-23}$$

二、改变电枢端电压调速

由式(23-20)可见，若仅升高电枢端电压 U，则电机转速 n 上升；反之，则电机转速 n 下降。

对于恒转矩调速，$T_{em}=C_T\phi_1 I_{a1}=C_T\phi_2 I_{a2}$。若励磁保持不变，$\phi_1=\phi_2$，则

$$I_{a2}=I_{a1} \tag{23-24}$$

因而

$$U_2-C_E\phi n_2=U_1-C_E\phi n_1$$

即

$$n_2 = \frac{U_2 - U_1}{C_E \phi} + n_1 \tag{23-25}$$

三、改变串入电枢回路电阻 R_j 调速

由式(23-20)可见，若仅增加电枢回路电阻 R_j，则电机转速下降；反之，电机转速 n 升高。

对于恒转矩调速，同理有

$$T_{em} = C_T \phi_1 I_{a1} = C_T \phi_2 I_{a2}$$

在励磁不变时，$\phi_1 = \phi_2$，则

$$I_{a2} = I_{a1} \tag{23-26}$$

又

$$\begin{aligned} E_2 &= U - I_{a2}(R_a + R_{j2}) \\ &= E_1 + I_{a1}(R_a + R_{j1}) - I_{a1}(R_a + R_{j2}) \\ &= E_1 + I_{a1}(R_{j1} - R_{j2}) \end{aligned}$$

以 $E_1 = C_E \phi_1 n_1$，$E_2 = C_E \phi_2 n_2$ 代入上式，且 $\phi_1 = \phi_2$，则

$$n_2 = n_1 + \frac{I_{a1}(R_{j1} - R_{j2})}{C_E \phi} \tag{23-27}$$

第五节　直流电动机的制动

制动的实质是电动机转轴上施加与旋转方向相反的转矩的一种运行状态。这个转矩若是电磁转矩，则称为电磁制动。这里介绍的电磁制动方法有：

一、能耗制动

如图 23-15 所示，制动时保持励磁电流不变，将电枢两端从电网断开，并立即接在制动电阻 R_L 上。这时，电机仍有磁场，电枢因转子惯性继续旋转。电动机变成他励发电机，其产生的电磁转矩的方向与转子转向相反，起制动作用。这时，转子的动能转换成电能，消耗在制动电阻及机组本体上，直至机组停转。

能耗制动的操作简便，利用机组动能来取得制动转矩。但低速时，制动转矩变得很小，停转较慢。

二、反接制动

在保持励磁电流不变的条件下，利用反向开关把电枢两端串入 R_L 后反接到电网上。这时，电网电压反过来与原来作为电动机运行时的反电势同方向，仍按电

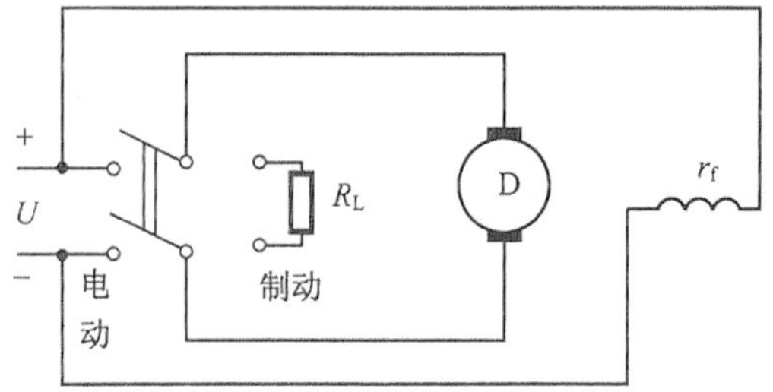

图 23-15　并联电动机能耗制动接线图

动机的正方向规定时，电枢电流 $I_a=-(U+E)/(R_a+R_L)$很大，并与原来电枢电流方向相反，随之产生很大的与电枢旋转方向相反的电磁转矩，起强烈的制动作用。其接线图如图 23-16 所示。

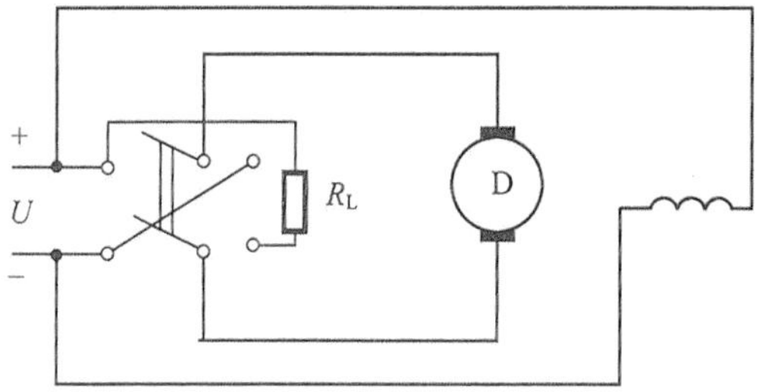

图 23-16　并联电动机反接制动接线图

反接制动的优点是能很快地使机组停转。缺点是电枢电流可能很大，对电机产生冲击，引起电网电压降低。为此，反接时必须串入足够的限流电阻 R_L，使 $I_a=-(U+E)/(R_a+R_L)$限制在允许值之下。这样，制动时电网所供给的功率与机组的动能全部消耗在电枢回路电阻及限流电阻上，很不经济。应当注意的是，当转速达到零值时，须及时切断电源，否则电动机将反转。

三、回馈制动

接在电网上的电动机因转速过高而使电机进入发电机运行状态。这时，电磁转矩起制动作用，所发出的电能回馈至电网。这种制动方法称回馈制动。例如，串励电动机拖动的电车或电力机车下坡时，如果不加以制动，则机车速度会越来越高以致达到危险数值。如果在这时，把串励改为并励或他励，以保证有适当的励磁电流，电枢仍接在电网上，则当转速高到某一数值时，电动机的反电势 $E>U$，电枢电流反向，电机进入发电机状态。这时，转矩起制动作用，限制转速继续上升，把下坡时机车的位能转换为电能而回馈给电网。

第六节 整流电源供电对直流电动机的影响

由于晶闸管整流电源比直流发电机经济、高效、方便，因此已广泛用于对直流电动机的供电。晶闸管整流电源一般是通过单相、三相或多相整流获得，尽管采用了滤波等措施，在它的输出电压、电流中除直流分量外，还存在着一定的交流分量，如图 23-17 所示。特别对于单相整流电路供电的直流电源，其输出的交流分量较大。

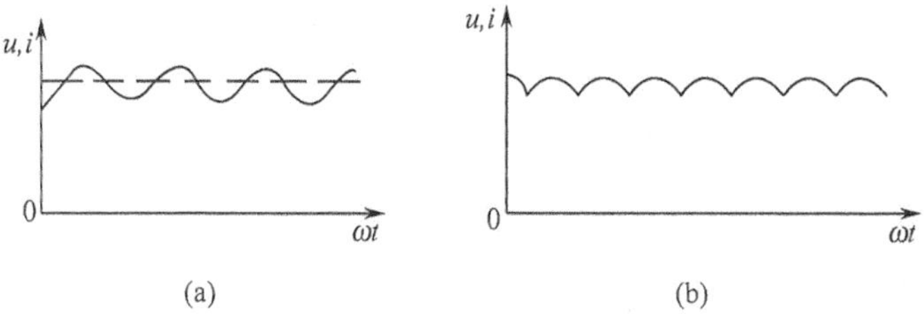

图 23-17 整流电源输出的波形

(a) 单相全波整流输出的电压波形；(b) 三相全波整流输出的电压波形

电源中的交流分量将使电机损耗和温升增加、效率降低、换向困难、噪声增大、振动加剧等。交流分量的大小与整流电路的形式以及控制角的大小有关。为此，对于采用整流电源供电的直流电动机在设计、应用时都必须予以考虑并采取相应的措施。整流电源供电对直流电动机的影响及其改善措施主要有：

(1) 电源输出电流的交流分量在主极绕组上形成交流分量磁势，并产生主磁通的交流分量，该分量在通过主极铁心和机座时产生涡流损耗从而使电机发热增加。采取的措施有：将主磁极、机座等导磁部分均采用薄钢板或硅钢片叠成。

(2) 交流分量电流在换向极铁心中产生涡流，使换向极磁通的变化滞后于电枢磁场的变化，以致换向极磁场不能完全补偿换向区域内的电枢磁场，造成电机换向恶化。采取的措施有：换向极铁心采用叠片结构，以减少涡流影响，改善电机换向。

(3) 在整流电源的输出端串接滤波电感(称平波电抗器)，以减小通过电动机的电流交流分量。如此，不仅可减少电动机的发热损耗、改善电机的换向，而且还将减少运行中的噪声及振动。

综上所述，对直流电动机用晶闸管整流电源供电，由于单相整流电路的交流分量电流大，三相全控整流电路的交流分量电流小。试验结果表明，在不加平波电抗器的情况下，对于一般结构的直流电动机，单相整流电路供电时电动机的功率仅达额定功率的一半左右，三相整流电路供电时则为 90%～95%。因此，在对容量较大的电动机采用晶闸管整流电源供电时，应规定波纹系数范围，超出该范围则必须加接平波电抗器。

第七节 小 结

一、直流电动机稳态运行的基本平衡方程式

电势平衡方程式 $U=E+I_a r_a+2\Delta U$

转矩平衡方程式 $T_{em}=T_2+T_0$

功率平衡方程式 $P_1=P_2+p_{mec}+p_{Fe}+p_{Cu}+p_{ad}$

直流电机的运行状态可通过比较 E_0 和 U 的大小、E_0 和 I_a 的方向来决定。当 $U>E_0$，E_0 和 I_a 方向相反时为电动机运行状态，反之为发电机状态。

二、并励和他励直流电动机的机械的特性

$$n=\frac{U}{C_E\phi}-\frac{R_a+R_j}{C_E C_T\phi^2}T_{em}$$

三、直流电动机使用注意事项

并励电动机励磁回路不允许开路，串励电动机不允许空载运行，这是因为此时每极磁通很小，转速过高，导致电机损坏。所以，常用复励电动机。

四、直流电动机的起动转矩与起动电流成正比

因此，起动性能比异步电机好。常用的起动方法有直接起动、电枢回路串变阻器和降压起动。

五、直流电动机具有良好的调速性能

电动机的转速公式为

$$n=\frac{U-I_a(R_a+R_j)}{C_E\phi}$$

常用的调速方法有：

(1) 改变励磁电流调速。调速前后各物理量的关系为

$$\frac{n_2}{n_1}=\frac{E_2}{E_1}\cdot\frac{\phi_1}{\phi_2}$$

(2) 调节外施电源电压 U。

(3) 电枢回路引入可调电阻 R_j，可以降低电机转速。此时，电枢电流在调速电阻上产生很大的铜损耗。因此，电动机效率下降，是一种不经济的调速方法。

六、直流电动机的制动，根据不同的应用场合，可采用能耗制动、回馈制动和反接制动

习　题

23-1　他励直流电动机空载运行时，若不慎将励磁回路断开，电机转速将__________。（选择：① 增至不允许的值，即"飞车"；② 升至新的值稳定运行；③ 减速直至停止）

23-2　一台串励直流电动机，若把电刷顺旋转方向偏离几何中心线一个角度，设电机的电枢电流保持不变，此时电动机的转速将__________。（选择：① 降低；② 升高；③ 保持不变）

23-3　一台积复励直流电动机，由直流电网供电拖动一台三相同步发电机，向三相交流电网供电。现欲将同步发电机改作电动机运行(转向及接线均不变)，由三相交流电网供电。直流电动机改作为积复励直流发电机运行(连接直流电网的极性不变)，则需要采取的措施是__________。（选择：① 反接直流电机串励绕组；② 反接直流电机的电枢绕组；③ 反接直流电机的并励绕组；④ 直流电机的串、并励绕组同时反接；⑤ 直流电机的所有绕组接法不变）

23-4　一台串励直流电动机拖动一恒定转矩的负载运行时，如果在励磁绕组两端并联一个适量的电阻，待稳定后，此时__________。（选择：① 电枢电流增大，转速上升；② 电枢电流增大，转速下降；③ 电枢电流减少，转速上升；④ 电枢电流减少，转速下降）

23-5　一台并励直流电动机，在保持负载转矩不变的条件下，如果电源电压 U 降为原电压的 1/2，此时电动机的转速__________。（选择：① 不变；② 降低为原转速的 1/2；③ 略有下降）（分析时假定磁路不饱和）

23-6　一台并励直流电动机，$P_N=3\text{kW}$，$U_N=220\text{V}$，$\eta_N=0.8$。当额定负载时，电枢电流为 17A，电枢电路铜损耗占电机总损耗的一半。现采用电枢回路串接变阻器起动，设定起动电流上下限为 $(2.0\sim1.25)I_{aN}$。求起动变阻器的级数及每级的电阻值。

23-7　一台并励电动机，$U_N=220\text{V}$，$I_N=22\text{A}$，电枢电阻 $r_a=0.82\Omega$，试设计一起动变阻器，起动电流限制在 26～40A，求该起动变阻器应有几级及每级的电阻值？

23-8　一台并励电动机，$U_N=220\text{V}$，$P_N=15\text{kW}$，$\eta_N=85.3\%$，电枢回路总电阻(包括电刷接触电阻)$R_a=0.2\Omega$，并励回路电阻 $R_f=44\Omega$。现采用电枢回路串接变阻器起动，限制起动电流为 $1.5I_N$。求：

(1)起动变阻器的阻值及电流容量；

(2)若直接起动，则起动电流为额定电流的多少倍？

23-9　一台 5.5kW 的并励电动机，额定运行时，$U_N=110\text{V}$，$I_N=58\text{A}$，$n_N=1470\text{ r/min}$。并励回路电阻 $R_f=138\Omega$，电枢回路总电阻(包括电刷接触电阻)$R_a=0.15\Omega$。今在额定负载时突然将 0.5Ω 电阻串入电枢回路内，电枢回路的电感和电枢反应的影响均忽略不计，试求此瞬间的

(1)电枢反电势；

(2)电枢电流；

(3)电磁转矩；

(4)当总制动转矩不变时达到稳定状态后的转速。

23-10 一台 96kW 的并励电动机，额定运行时，$U_N=440V$，$I_N=225A$，$I_{fN}=5A$，$n_N=500$ r/min。电枢回路总电阻(包括电刷接触电阻)$R_a=0.078\Omega$。试求：

(1)电动机的额定输出转矩；

(2)额定电流时的电磁转矩；

(3)电动机的空载转速；

(4)在总制动转矩不变的情况下，当电枢回路串入 0.1Ω 电阻后的稳态转速。

23-11 一台加复励直流电动机，额定电压 220V，额定电枢电流 20A，串励磁场绕组每极 5 匝，假设电机磁路线性。已知电机在并励状态、220V、20A 时的转速为 2100 r/min，理论空载转速 $n_0=2200$ r/min。现将电刷自几何中心线移开一个角度，则在并励、220V、20A 时的转速变为 2630 r/min。若此刻接入串励磁场绕组，转速又回到 2100 r/min，试问：

(1)移刷所产生的直轴电枢反应磁势是去磁还是助磁的？该电势每极多少安匝？欲使电刷移回几何中心线应如何移刷？

(2)设电刷已移回几何中心线，加复励运行，则在 220V、20A 时的转速为多少？

(3)第(2)小题状态下工作，但要使转速为 1500 r/min，则应在场路串入电阻还是在枢路串入电阻？其阻值为多少？

23-12 一台串励直流电动机工作在 110V 电压下，电枢回路总电阻(包括电刷接触电阻)$R_a=0.08\Omega$，串励绕组电阻为 0.02Ω，假设电机磁路线性，且不计电枢反应去磁效应。已知当某一负载转矩时电枢电流为 40A，转速为 1000 r/min。求当负载转矩增大到上述该负载转矩 4 倍时电枢电流和转速。

23-13 一台并励电动机，$U_N=220V$，电枢绕组电阻 $r_{a75℃}=0.026\Omega$，电刷接触压降 2V，场路总电阻 27.5Ω。该电机装于起重机上作动力，在提升重物时测得端电压为 220V，电枢电流为 350A，转速为 795 r/min。在下放重物时(负载阻转矩不变，电磁转矩也不变)测得端电压和励磁电流均不变，转速变为 100 r/min。求这时电枢电路中应串入多大电阻？(不计电枢反应效应)

23-14 上题的电动机，励磁电流不改变，在电枢电路两端接入电阻 R 采用能耗制动法以 100 r/min下放重物，求：

(1)这时的 R 值；

(2)改变 R 的数值，可获得一个最小的下放速度，求这个最小速度以及相应的 R 值。

第二十四章　直流电机的换向

本章所讨论的直流电机的换向是指当旋转的电枢绕组元件从一条支路经电刷下而进入另一条支路时，该元件中电流改变方向，称换向。

第一节　换向过程

图 24-1 表示一电枢绕组元件的换向过程。

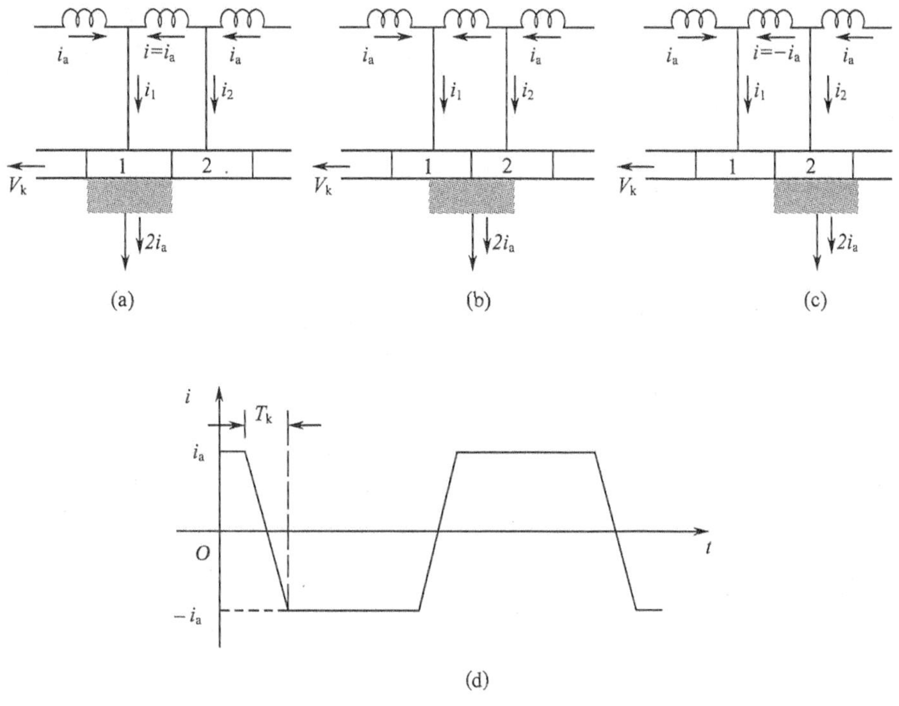

图 24-1　电枢绕组元件的换向过程

(a)换向开始；(b)换向过程中；(c)换向结束瞬间；(d)理想的元件电流变化过程

所谓换向过程，是电枢绕组元件在换向时经过被电刷短路而改变其中电流方向的过程。正在进行换向的元件称为换向元件，换向元件中的电流称为换向电流。所谓换向时间 T_k，即换向元件被电刷短路的时间。在换向过程中，换向元件的元件边在电枢表面上所移过的距离称为换向区域。

假设换向元件与两换向片相接的连线上通过的电流分别为 i_1、i_2，在换向开始瞬间，$i_1=2i_a$。如图 24-1(a) 所示；在换向过程中，$i_1=i_a+i$，$i_2=i_a-i$。式中，i_a 为电枢绕组支路电流，i 为换向元件在换向过程中的换向电流，如图 24-1(b)所示；在换向结束瞬间，$i_1=0$，$i_2=2i_a$，如图 24-1(c)所示。上述过程中，电刷引出的电流始终为 $2i_a$。理想的元件在换向过程中电流变化如图 24-1(d)所示。

第二节　换向的电磁理论

换向元件内有两种电势：

1. 旋转电势 e_k

在换向区域内存在可能是由主极、换向极和电枢反应(包括换向元件中的换向电流)的磁势所建的磁场，当电枢旋转时换向元件切割磁力线将感应电势，该电势称为旋转电势。一般情况下，

$$e_k = 2N_yB_klv_a \tag{24-1}$$

式中，N_y——换向元件的匝数；

B_k——换向区域内磁场的磁通密度；

l——每一条换向元件边的有效长度；

v_a——电枢表面的线速度(即换向元件切割换向区域磁场的线速度)。

2. 电抗电势 e_r

换向元件的电流在换向周期内从 $+i_a$ 变到 $-i_a$，导致与之相交链的漏磁通也随之变化，从而在换向元件中感应出电势，该电势称为电抗电势。电抗电势包括换向元件本身的漏磁自感电势 e_L 和同时进行换向的其他元件通过互感作用而感生的漏磁互感电势 e_M，其作用是阻碍换向元件中电流的变化。电抗电势为

$$e_r = e_L + e_M = -L\frac{di}{dt} - M\frac{di_x}{dt} = -L_r\frac{di}{dt} \tag{24-2}$$

式中，L——换向元件的自感；

M——换向元件的互感；

i_x——同时进行换向的其他换向元件中的电流；

L_r——换向元件的等效合成漏电感。

于是，换向元件中的合成电势 $\sum e = e_r + e_k$。

假设换向元件电阻为 r_y，换向元件与两换向片的连线电阻分别为 r_1 和 r_2。换向片 1 和换向片 2 与电刷的接触电阻分别为 r_{b1} 和 r_{b2}，如图 24-2 所示。

根据图 24-2 中所取电流和电势的正方向，按电路定律可得电势平衡方程式为

$$ir_y + i_1 r_{b1} + i_1 r_1 - i_2 r_{b2} - i_2 r_2 = \sum e \tag{24-3}$$

为了便于分析，假设：

(1) 一换向片与电刷之间是面接触，即在接触面上均匀流过电流。

(2) 换向片与电刷之间的接触电阻与接触面积成反比。

(3) 换向元件中的合成电势 $\sum e$ 在换向周期内保持不变，计算时取它在换向周期内的平均值。

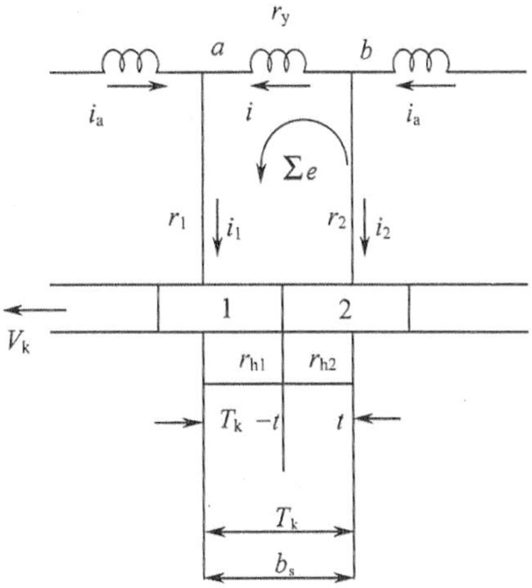

图 24-2　换向回路各部分电阻

这里仅讨论电刷宽度 b_s 与换向片宽度 b_k 相等的情况，且忽略换向片间的云母片厚度。设 S_b 和 r_b 为每一换向片当它与电刷完全接触时的接触面积和接触电阻，以此作为换向开始瞬间，如图 24-1(a)所示，并设为时间起点($t=0$)。S_{b1} 和 S_{b2} 分别表示时间为 t 时刻换向片 1 和 2 与电刷的接触面积，r_{b1} 和 r_{b2} 为相应的接触电阻，如图 24-2 所示，则可得

$$\frac{r_{b1}}{r_b} = \frac{S_b}{S_{b1}} = \frac{T_k}{T_k - t}$$

$$\frac{r_{b2}}{r_b} = \frac{S_b}{S_{b2}} = \frac{T_k}{t}$$

即

$$\left.\begin{aligned} r_{b1} &= r_b \frac{T_k}{T_k - t} \\ r_{b2} &= r_b \frac{T_k}{t} \end{aligned}\right\} \tag{24-4}$$

对于常用的碳质电刷，电阻 r_y、r_1、r_2 远小于换向片与电刷之间的接触电阻，故忽略之。则由式(24-3) 得

$$i_1 r_{b1} - i_2 r_{b2} = \sum e \tag{24-5}$$

以 $i_1 = i_a + i$，$i_2 = i_a - i$ 和式(24-4) 代入式(24-5)，对换向电流求解，便得

$$i = i_a\left(1 - \frac{2t}{T_k}\right) + \frac{\sum e}{r_{b1} + r_{b2}} = i_L + i_k \tag{24-6}$$

式中，i_L——直线换向电流；

i_k——附加换向电流。

换向电流的变化规律有以下三种情况：

1. $\sum e=0$ 时的换向——直线换向

当旋转电势与电抗电势大小相等、方向相反，它们互相抵消，即 $\sum e=0$ 时，在最理想的情况下，此时，换向电流随时间而变化的规律是线性的，称直线换向，又称电阻换向。这时，换向电流

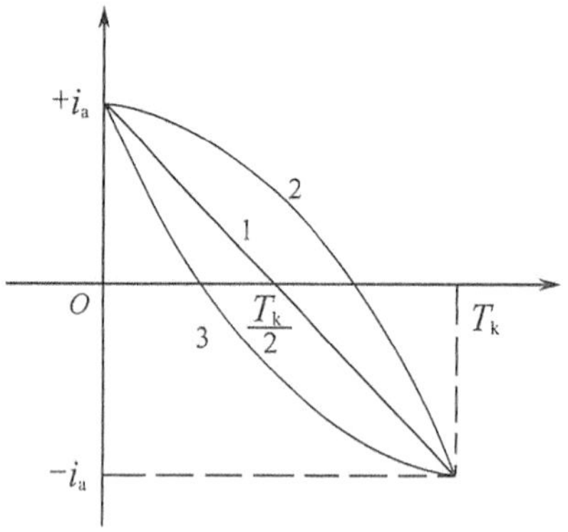

图 24-3　直线换向电流

$$i=i_L=i_a\left(1-\frac{2t}{T_k}\right) \qquad (24\text{-}7)$$

称直线换向电流。换向电流 i 与时间 t 为线性关系，见图 24-3 中直线 1 所示。

因 $\sum e=0$，由式(24-5)得

$$i_2 r_{b2}-i_1 r_{b1}=0$$

即

$$\frac{i_2}{i_1}=\frac{r_{b1}}{r_{b2}}=\frac{S_{b2}}{S_{b1}}$$

$$\frac{i_1}{S_{b1}}=\frac{i_2}{S_{b2}}$$

$$j_{b1}=j_{b2} \qquad (24\text{-}8)$$

式中，j_{b1}、j_{b2}——换向过程中电刷与换向片 1 和 2 接触面上的电流密度，

$$j_{b1}=\frac{i_1}{S_{b1}}, \qquad j_{b2}=\frac{i_2}{S_{b2}}$$

可见，直线换向的特点是换向电流 i 随电刷与换向片之间的移动均匀地从 $+i_a$ 变到 $-i_a$。在换向周期内的任一瞬间，电刷下的电流密度都是均匀分布、处处相等。这时，因换向而产生的损耗和发热较小，是一种理想的换向情况。

2. $\sum e>0$ 时的换向——延迟换向

当旋转电势 e_k 和电抗电势 e_r 不能互相抵消，即 $\sum e\neq0$ 时，若电抗电势 e_r 大于旋转电势 e_k，则 $\sum e>0$。由式(24-6)可见，这时换向元件中除了直线换向电流 i_L 外，还有附加换向电流 i_k 存在。附加换向电流 i_k 使后刷边(换向器在与电刷接触过程中的滑出边)的电流密度增大而前刷边(换向器在与电刷接触过程中的滑入边)的电流密度减小。电流密度分布不均匀是产生火花的主要原因。这时，后刷边的火花较前刷边的严重。换向电流 i 与时间 t 为非线性关系，见图 24-3 中曲线 2 所示。换向电流(曲线 2)改变方向的时刻比直线换向时(直线 1)延迟了一段时间，故称延迟换向。

3. $\sum e<0$ 时的换向——超越换向

若旋转电势 e_k 大于电抗电势 e_r，则 $\sum e<0$。这时，附加换向电流 i_k 的方向与上述延迟换向时的相反，换向电流 i 的曲线见图 24-3 中曲线 3 所示。换向电流改变方向的时刻比直线换向时超前，故称超越换向。其结果是，前电刷边的电流密度大于后电刷边的电流密度。因此，这时前刷边的火花较后刷边的严重。

由于在换向过程中可能会产生火花，导致损耗、发热、电磁干扰等不良因素，判断换向优劣现以电刷下火花为准。根据我国国标规定，电刷下的火花可分为 1 级、$1\frac{1}{4}$级、$1\frac{1}{2}$级、2 级、3 级五个等级。各级火花见表 24-1 所列。

表 24-1　电刷下火花的等级划分

火花等级	电刷下的火花程度	换向器及电刷的状态
1	无火花	换向器上没有黑痕及电刷上没有灼痕
$1\frac{1}{4}$	电刷下面有微弱的点状火花	
$1\frac{1}{2}$	电刷下面有轻微的火花	换向器上有发黑的痕迹出现，用汽油擦其表面，即能除去，同时在电刷上有灼痕
2	大部分电刷下面有较大的火花	换向器上有发黑的痕迹出现，用汽油不能擦除，同时电刷上有灼痕
3	全部电刷下面有强大的火花。同时有大火花飞出	换向器上的发黑的痕迹相当严重，用汽油不能擦除，同时电刷上有灼痕。如在这一火花等级下继续运行，则换向器上将出现灼痕，同时电刷将被烧焦及损坏

1 级、$1\frac{1}{4}$级和 $1\frac{1}{2}$级火花不影响换向器与电刷的连续工作。按我国国家技术标准的规定，如在该类型电机的标准或技术条件中无更高的要求时，在电机从空载到额定负载的所有情况下，火花均不应超过 $1\frac{1}{2}$级，在短时间的过载时火花应不超过 2 级。火花达 3 级则是"危险的火花"，仅在直接起动（即没有起动变阻器）或逆转的瞬间且换向器及电刷的状态仍能适用于工作的情况下才允许。

第三节　改善换向的方法

改善换向的目的在于消除电刷下的火花。这里，从消除产生火花的电磁原因方面来介绍常用的改善换向的方法。

一、装置换向极

装置换向极是改善换向的最有效的方法。除少数小容量电机外，现代直流电机几乎都装有换向极。

换向极装置在电枢的几何中性线上，电刷对应装置在换向器的几何中性线上，并始终保持在这个位置上。因此，这时换向区域就恰好在换向极下面，见图 24-4（图中把电刷直接画在电枢上）。换向极的作用是要产生一个换向磁场（F_k），以使换向元件切割该磁场产生一个与电抗电势 e_r 方向相反而大小相等的旋转电势 e_k，使换向元件内的合成电势为零，附加换向电流 i_k 也为零，从而改善电机的换向。

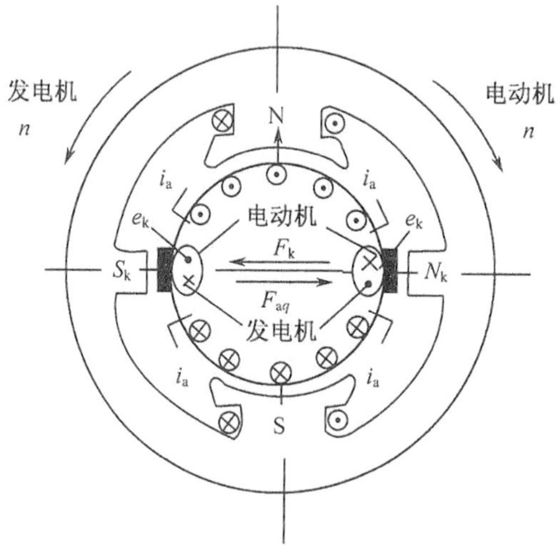

图 24-4　装置换向极改善换向

N、S-主极；　N_k、S_k-换向极

装置换向极极性的确定如下：

换向极磁场必须与交轴电枢反应磁场方向相反。对于发电机运行，应与顺电机转向前方主极的极性相同；对于电动机运行，应与逆电机转向前方主极的极性相同。换向极绕组应该和电枢绕组串联。

在负载变化剧烈的中大型电机中，则常采用与电枢绕组串联的补偿绕组，以尽可能消除电枢反应引起的气隙磁场畸变，以改善换向。

二、移动电刷位置

在未装置换向极的电机中，把电刷从换向器的几何中性线移开一个适当的角度，使换向区域随之从电枢上的几何中性线移开一个相应的角度而进入主极磁场之下，利用主极磁场来代替换向极所产生的换向磁场，同理可获得必要的旋转电势以抵消电抗电势。移刷方向确定如下：对于发电机运行，应顺电机旋转方向移过一个适当的角度；对于电动机运行，应逆电机旋转方向移过一个适当的角度，如图 24-5 所示。电刷移动角度 β 的大小，须使移刷后换向元件能产生适当的 e_k，以抵消 e_r。

用移刷来改善换向的方法存在两个严重缺点：其一，移刷后产生的直轴去磁电枢反应，将使发电机的电压降低，使电动机的转速升高；其二，因电抗电势 e_r 随负载而变化，故必须随着负载的变化不断地调节电刷的位置，这是很难实施的。因此，这种方法除在个别小容量直流电机外很少采用。

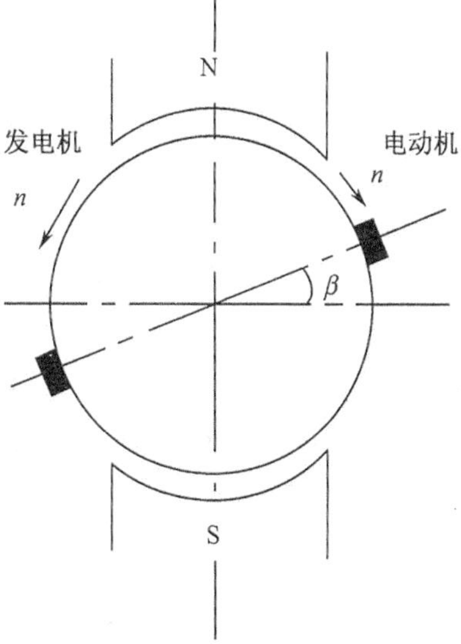

图 24-5　移刷以改善换向

三、选用合适的电刷

电刷是引导电枢电流的，减小电刷接触电阻可减小电刷接触电阻压降。但从改善换向的角度看，却要增加电刷接触电阻，故对不同的电机必须选用相应合适的电刷。

一般来说，对于换向并不太困难的中、小型电机，通常采用石墨电刷；对于换向比较困难的电机，常采用碳-石墨电刷；对于低压大电流电机，则常采用接触电压降较小的青铜-石墨电刷或紫铜-石墨电刷；对于换向问题严重的大型直流电机，电刷的选择应以长期试验和运行经验为依据。

第四节　小　　结

换向是直流电机的特殊问题。了解换向元件内感应电势以及换向电路的分析，依据换向元件内电流改变方向的规律，有直线换向、延迟换向和超越换向三种情况。换向不良是产生电刷下出现火花的主要电磁原因。改善换向的方法有放置换向极、移刷、选用合适的电刷。换向极绕组与电枢绕组串联，换向极磁路不饱和时，其磁势方向与交轴电枢磁势的方向相反。装置换向极极性的确定如下：对于发电机运行，应与顺电机转向前方主极的极性相同；对于电动机运行，应与逆电机转向前方主极的极性相同；移刷方向的确定如下：在发电机运行时，电刷应自几何中性线顺着电机旋转方向移过一个适当的角度；在电动机运行时，则应逆着电机旋转方向移过一个适当的角度。

习　题

24-1　在换向回路内有哪些电势？它们对换向的作用如何？

24-2　改善换向的方法有哪些？

24-3　在放置换向极时，其极性是如何确定的？

24-4　在采用移刷来改善移刷时，移刷的方向是如何确定的？

第二十五章　特种直流电机

第一节　无刷直流电动机

无刷电动机就广义上按其工作特性可以分为如下两类:①具有同步电动机特性的无刷电动机;②具有直流电动机特性的无刷直流电动机。前一类是采用直流电源,经逆变器将直流电逆变为交流电后驱动同步电动机。其定子绕组有二相和三相等形式。转子系永磁结构形式。它们具有电机结构和线路简单的优点,由于没有励磁电流和励磁损耗,故有明显的节能效果。第二类是电子换向式无刷直流电动机,简称无刷直流电动机。

如前所述,由于通过电刷和换向器的配合作用实现换向的直流电机(以下称机械换向或有刷直流电机)具有调速范围宽广、线性机械特性、控制电路简单、起动转矩大、效率较高等优点,因此在诸多领域中得到了广泛的应用;但它的电刷和换向器存在着可靠性较低、使用寿命较短、易产生火花等弊端。随着大功率电子器件、模拟和数字集成电路、高性能磁性材料的进步,采用电子换向的无刷直流电机与大功率电子器件、专用集成电路、微机、稀土永磁材料、新型控制理论及电机理论的发展紧密结合,得到了越来越广的应用。采用稀土永磁材料的无刷直流电动机具有工作特性好,结构简单,体积小,重量轻,可靠性高,维护方便,散热容易,转速不受机械换向限制,噪声小等优点。

一、结构形式和工作原理

无刷直流电动机在换向工作时需要提供一个转子位置检测信号。该信号可通过装置位置传感器(如目前广泛应用的霍尔传感器)获得,称有位置传感器无刷直流电动机;也可利用电枢绕组内的反电势作为转子位置检测信号,称无位置传感器无刷直流电动机。以有位置传感器无刷直流电动机为例,其结构主要由电动机本体、位置传感器和驱动控制电路三部分组成,如图 25-1 所示。

电动机本体在结构上与永磁同步电动机相似,但是没有笼形绕组和其他启动装置。其定子绕组一般有单相和多相(三相、四相、五相等),转子由永磁体按一定极对数($2p=2,4,\cdots$)组成。

图 25-2 所示为单相无刷直流电动机工作原理示意图。定子为双极性的单相绕组 N_1、N_2,转子为 N、S 极的永磁体构成。驱动控制电路如图 25-3 所示,其中位置传感器采用磁敏元件——霍尔集成电路 H(霍尔元件),霍尔元件放置于靠近转

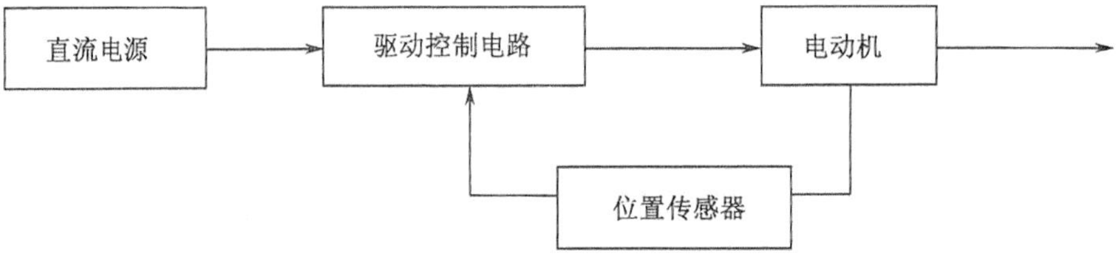

图 25-1　无刷直流电动机的原理框图

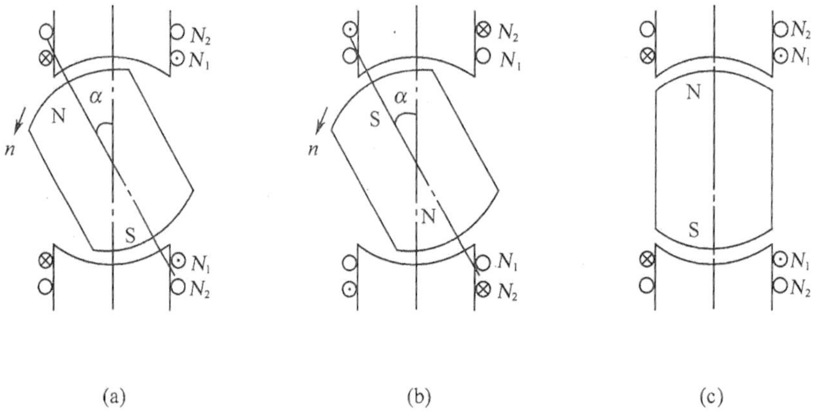

图 25-2　直流无刷电动机的工作原理示意图

子永磁磁极处。当转子的 N、S 极分别转过霍尔元件时，霍尔元件将受不同极性的磁感应由集成电路 2 端分别输出高电平或低电平。

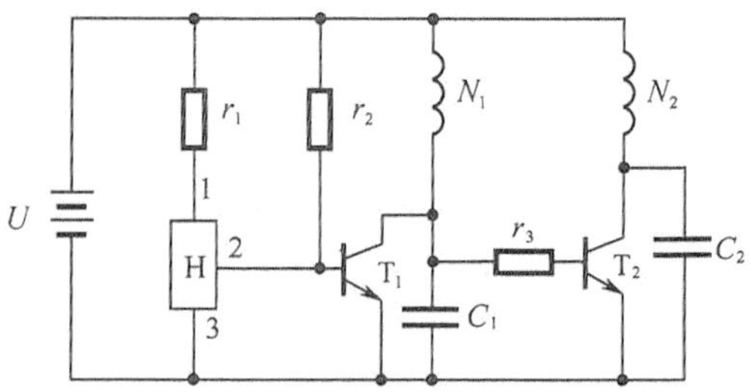

图 25-3　驱动控制电路

当转子在如图 25-2(a)所示位置时，集成电路 2 端输出高电平，晶体管 T_1 导通，定子绕组内通过电流，电流方向如图 25-2(a)所示，转子受到逆时针方向的电

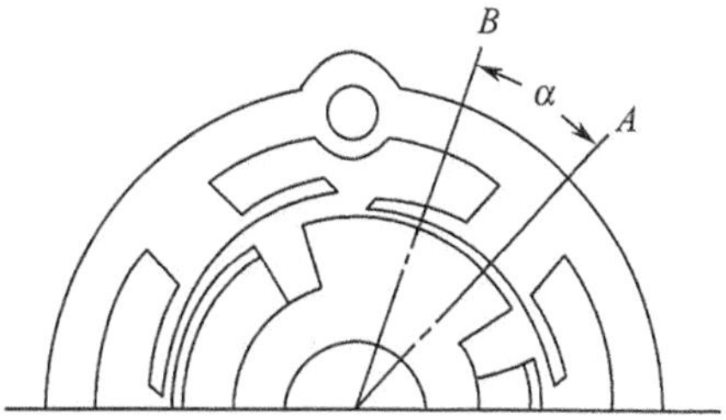

图 25-4　偏心气隙

磁转矩作用沿逆时针方向旋转。设定、转子磁极轴线之间的夹角为 α，该电磁转矩的作用范围为 $0<\alpha<\pi$。当转子转过 180°电角度后在如图 25-2(b)所示位置时，集成电路 2 端输出低电平，晶体管 T_2 导通，定子绕组内通过的电流方向如图 25-2(b)所示，转子仍受到逆时针方向的电磁转矩作用，电磁转矩的作用范围为 $\pi<\alpha<2\pi$，转子继续转过 180°电角度。如此重复，电机在电磁转矩作用下连续沿逆时针方向旋转。同理，改变电枢绕组的通电顺序，永磁转子将在顺时针方向的电磁转矩作用下连续沿顺时针方向旋转。只有当 $\alpha=0$ 瞬间，如图 25-2(c)所示，无论电枢绕组内电流方向如何，转子均不会旋转，该点成为电机运行中的死点。对于正在运转中的电机，死点将由于惯性而被克服，电机仍能连续运行；对于起动时的死点，可采用偏心气隙来克服，如图 25-4 所示。由于定子轴线 A 两侧气隙不均匀，磁阻不相等，在起动前，定子绕组零电流状态下，由于磁阻力矩的作用，转子偏向磁阻小的一侧。转子轴线 B 与定子轴线 A 之间形成的夹角为 α，也就是说在磁轴 A 与 B 重合的换向时刻，转子将受到定位力矩作用，从而克服了电机起动时的死点。α 的大小由起动力矩决定，通常取 $\alpha=45°$ 电角度可获得最大定位起动力矩。

考虑到提高电机的效率，霍尔元件输出的信号须为 180°电角度正负对称的方波信号，图 25-5 所示为四极电机中霍尔元件相对转子磁极极面位置的输出电平。

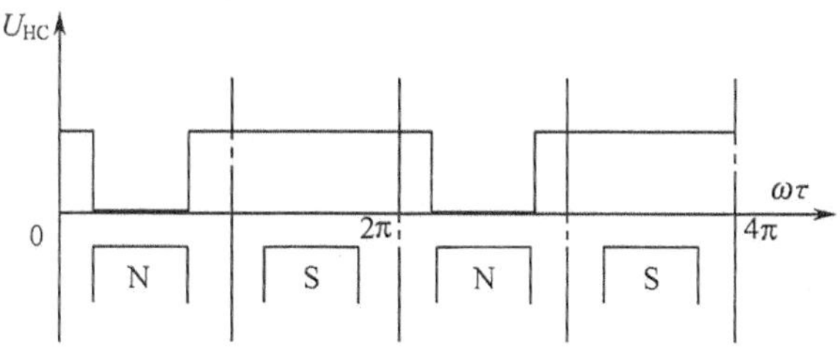

图 25-5　霍尔元件相对转子磁极极面位置的输出电平

图 25-6 为二相导通 Y 连接三相六状态无刷直流电动机的工作原理示意图。其主电路如图 25-7 所示。

当转子位于图 25-6(a)所示位置时，与电动机本体同轴连接的转子位置传感器 PS 输出磁极位置信号，经过控制电路进行逻辑变换后产生脉宽调制 PWM 信

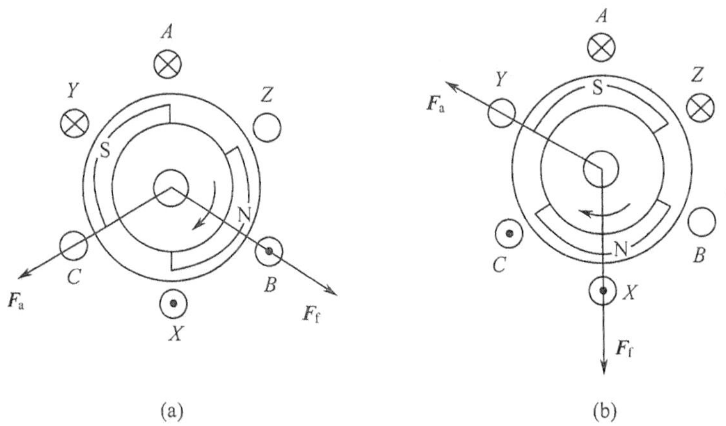

图 25-6　二相导通 Y 连接三相六状态无刷直流电动机的工作原理示意图

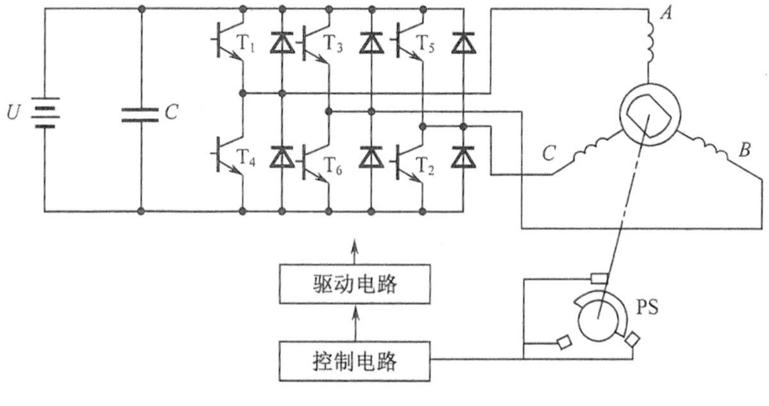

图 25-7　二相导通 Y 连接三相六状态无刷直流电动机的主电路

号，再经过驱动电路放大后送至逆变器，使功率开关管 T_1、T_6 导通，则绕组 A、B 通过电流，电流方向为 A 进 B 出，电流流过路径为：电源正极→T_1 管→A 相绕组→B相绕组→T_6 管→电源负极。电枢绕组在空间产生合成磁势 $\boldsymbol{F}_a$，如图 25-6(a)所示。在定、转子磁场相互作用下，转子受到顺时针方向的电磁转矩作用沿顺时针方向旋转。当转子转过 60°电角度，到达图 25-6(b)所示位置时，位置传感器输出的信号，经逻辑变换后使开关管 T_6 截止、T_2 导通。此时，T_1 仍然导通，则绕组 A、C 通过电流，电流方向为 A 进 C 出，电流流过路径为：电源正极→T_1 管→A 相绕组→C 相绕组→T_2 管→电源负极，电枢绕组在空间产生合成磁势 $\boldsymbol{F}_a$，如图 25-6(b)中所示。此时转子仍受到顺时针方向的电磁转矩作用继续沿顺时针方向转动。依此类推。当转子继续沿顺时针每转过 60°电角度时，功率开关管的依次导通的逻辑为 T_3、T_2→T_3、T_4→T_5、T_4→T_5、T_6→T_1、T_6……，转子始终受到顺时针方向的电磁转矩作用沿顺时针方向连续旋转。

在转子由图 25-6(a)至(b)的 60°电角范围内顺时针连续旋转过程中，转子磁势 $\boldsymbol{F}_f$ 随之同步旋转，而定子合成磁势 $\boldsymbol{F}_a$ 在空间始终保持图 25-6(a)的位置不动。直至当转子磁势转足 60°电角度到达图 25-6(b)中 $\boldsymbol{F}_f$ 的位置时，定子合成磁势 $\boldsymbol{F}_a$ 才从图 25-6(a)中 $\boldsymbol{F}_a$ 位置顺时针跃至图 25-6(b)中 $\boldsymbol{F}_a$ 的位置。可见，定子合成磁场在空间是一种跳跃式的步进旋转磁场，每个步进角为 60°电角度。

同时，当转子每转过 60°电角度时，逆变器的开关管之间即进行一次换流，定子磁场状态也即改变一次。如此，电机有 6 个磁场状态，每一状态都对应定子二相绕组导通，每相绕组内流过电流的时间相当于转子旋转 120°电角度，每个开关管的导通角为 120°，故该逆变器为 120°导通型。二相导通 Y 连接三相六状态无刷直流电动机的三相绕组与各开关管导通顺序的关系见表 25-1。

表 25-1　两相导通星形三相六状态时绕组和开关管导通顺序表

电角度	0°～60°	60°～120°	120°～180°	180°～240°	240°～300°	300°～360°
导通顺序	*A*		*B*		*C*	
	B	*C*		*A*		*B*

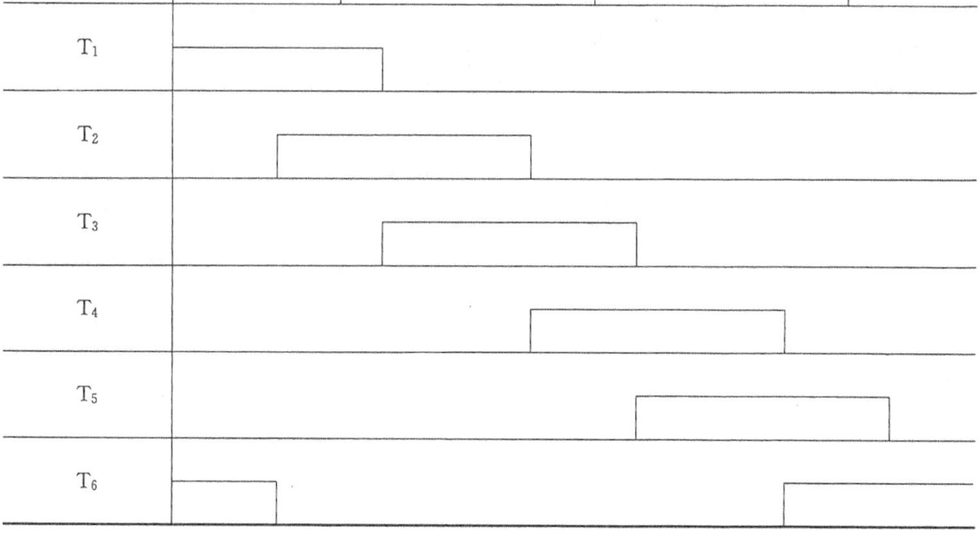

由于无刷直流电动机定子绕组串联了晶体开关管，转子采用了永久磁钢，因此，无刷直流电动机不能采用通常(有刷)直流电动机那样的改变电枢电源极性或改变磁场极性的方式来实现正、反转控制，而只能通过改变定子绕组磁势和转子磁

场相对关系，或者说通过得到时间相位上相差 180°的驱动信号去控制相应的绕组导通，以实现正反转控制。通常，采用改变逆变器开关管的逻辑关系，使电枢绕组各相导通顺序发生变化，从而来实现电机的正反转。

为了使电机正反转均能产生最大平均电磁转矩并保证对称运行，必须精确设计转子位置传感器与转子主磁极和定子各相绕组的相互位置关系，以及正确的逻辑关系。

无刷直流电动机转子常用的三种结构形式，如图 25-8 所示，其中图 25-8(a)所示为转子铁心外圆黏贴瓦片形稀土永磁体；图 25-8(b)所示为在转子铁心中嵌入矩形板状稀土永磁体。图 25-8(a)和(b)结构在高速运行的转子外径套有一个 0.3～0.8mm 的紧圈，以防电机在旋转过程中因离心力将永磁体甩出，同时在烟雾等恶劣环境中也对永磁体起保护作用。紧圈的材料通常采用不导磁的不锈钢，或用环氧无纬玻璃丝带缚扎。图 25-8(c)所示为在转子铁心外套上一个整体黏结稀土永磁环。这种结构适用于体积和功率均较小的稀土永磁无刷直流电动机，其转子的制造工艺性好。

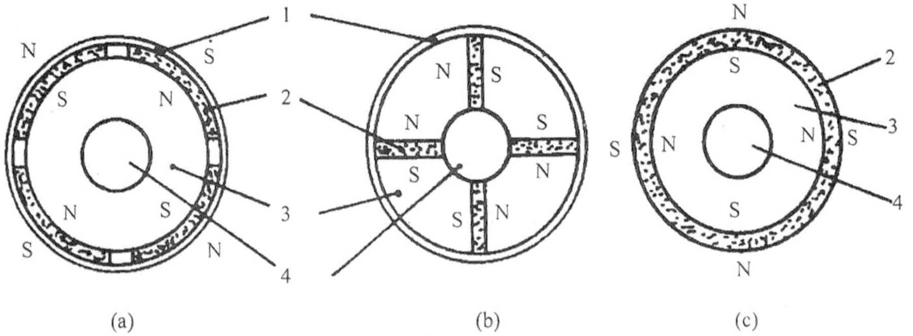

图 25-8　稀土永磁转子结构型式

(a)瓦形永磁体径向磁化；(b)矩形永磁体切向磁化；(c)环形永磁体径向磁化

1-紧圈；2-稀土永磁体；3-铁心；4-转轴

定子结构与普通的同步电动机及异步电动机相似，铁心中嵌放对称多相绕组，绕组可接成 Y 形或△形，并分别与逆变器中各开关管相连接。

此外，还有一种外转子结构。该结构将带有稀土永磁体磁极的转子放置在外面，而将嵌有绕组的定子放置在里面。电机运行时，外转子旋转。这种结构形式主要用于电动车、风机等的驱动。

无刷直流电动机的逆变器主电路有桥式和非桥式两种。电枢绕组与逆变器连接形式有多种多样，其中应用最广泛的是三相 Y 连接六状态和三相 Y 连接三状态。

如前所述,位置传感器在直流无刷电动机中起到检测转子磁极位置的作用,为逻辑开关电路提供准确的换向信号,即将转子永磁体磁极的位置信号转换成电信号,然后去控制定子绕组换向。位置传感器输出的开关状态必须满足以下两个条件:

(1) 位置传感器在一个电信号周期内所产生的开关状态是不重复的,每一个开关状态所占的电角度应相等。

(2) 位置传感器在一个电周期内所产生的开关状态数应和电动机的工作状态数相对应。

位置传感器种类较多,各具特点。目前在直流无刷电动机中常用的位置传感器有以下几种:

(1) 电磁式位置传感器。电磁式位置传感器是利用电磁效应来实现位置测量作用的。有开口变压器、铁磁谐振电路、接近开关等多种类型。在无刷直流电动机中,用的较多的是开口变压器。电磁式位置传感器具有输出信号大、工作可靠、寿命长、使用环境要求不高、适应性强、结构简单、紧凑等优点;但这种传感器信噪比较低,体积较大,同时其输出波形为交流,一般须经整流,滤波后方可使用。

(2) 光电式位置传感器。光电式位置传感器是利用光电效应制成的。由跟随电动机转子一起旋转的遮光板和固定不动的光源及光电管等部件组成。这类位置传感器性能较稳定,但存在输出信号信噪比较大、光源灯泡寿命短、使用环境要求高等弊端。若采用新型光电元件,则可克服上述不足之处。

(3) 磁敏式位置传感器。磁敏式位置传感器是指它的某些电参数按一定规律随周围磁场变化的半导体敏感元件,其基本原理为霍尔效应和磁阻效应。目前,常见的磁敏传感器有霍尔元件或霍尔集成电路、磁敏电阻器及磁敏二极管等多种。

有位置传感器无刷直流电动机对位置传感器的放置位置有一定的要求,因为它将影响电机的运行性能。

由于位置传感器的存在给无刷直流电动机的应用带来诸多不便,近一二十年来,无刷直流电动机的无位置传感器的控制一直是国内外的热门研究课题。针对不同的电动机性能和应用场合出现了很多不同的控制理论和实现方法,诸如,反电势法,续流二极管法,电感法等。所谓的无位置传感器控制,即无机械的位置传感器控制。在电机运转的过程中,作为逆变电路功率器件换向导通时序的转子位置信号仍然是需要的,只不过这种信号不再由位置传感器来提供,而应该由新的位置信号检测措施来代替,即以提高电路和控制的复杂性来降低电机结构的复杂性。

利用电动势作为转子位置信号以控制电机驱动电路换向并产生电磁转矩的无刷直流电机,也称电动势换向的无刷直流电机。但电机在开始起动时电动势为零,没有位置信号,也无法检测反电势的过零点,即没有换向信号,则电机不能自起动,必须外加起动信号使电机向某一方向具有一定的初始速度以步进方式起动,则绕组内产生反电势，在检测到反电势后，再用模拟开关切换到无刷电机控制方式，从而完成起动。电动势换向的无刷直流电机起动有外同步驱动方式和预定位方式起动两种。

这里介绍一种新型的反电势逻辑换相方法。

图 25-9 为无刷直流电动机正常运行时的反电势波形图，U_a、U_b、U_c 分别代表三相星形绕组端部检测到的反电势大小，ω 为角速度、t 为时间，则 ωt 轴为电动机转子各时刻所处的位置。V_{max} 为反电势的最大幅值，V_{min} 为反电势的最小幅值。one 和 zero 分别表示比 V_{max} 小 ΔV 和比 V_{min} 大 ΔV 的两个量。ΔV 值的确定十分重要，如若选得不当，则容易造成误操作，在不应换相的时刻换相。

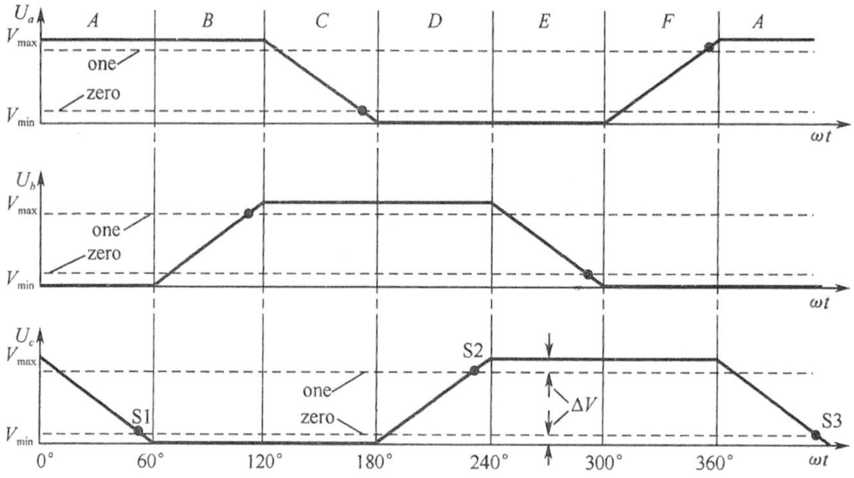

图 25-9　无刷直流电动机反电势波形图

图中，横坐标由 0°～360°为转子旋转一周的范围，将之划分为 A 至 F 六个连续的等分区间，分别表示 6 种不同的状态。在每一状态中，三相绕组的反电势总分别处于 V_{max}、V_{min} 及由 V_{min} 到 V_{max} 或由 V_{max} 到 V_{min} 的过渡过程中。显然，每种状态中电流均由处于反电势为 V_{max} 的一相流向反电势为 V_{min} 的一相。反电势处于变化过程中的一相无电流通过，也无外加电压。每次换相都发生在反电势处于过渡变化过程中的一相电压恰好达到 V_{min} 或 V_{max} 的一瞬间，各电势波形图上每一拐点都表示存在某一相的外加电压的一次切换。因此，只要能准确判断出这些拐点即可实现正确的换相。

上述六种状态中三相绕组的通电状况可用一组 000，001，…，111 逻辑向量来分别描述。每相绕组的通电状态处于逻辑 1 时表示：①其反电势处于最大电压值 V_{max}；②其反电势处于由 V_{max} 向 V_{min} 变化的过程中，且其值大于前面设定的 zero。每相绕组的通电状态处于逻辑 0 时则表示：①其反电势处于最小电压值 V_{min}；②其反电势处于由 V_{min} 向 V_{max} 变化的过程中，且其值小于前面设定的 one。000 和 111

在实际情况中并不存在。在电机旋转一周过程中每相绕组的逻辑量只变化两次，其跳变的位置如图 25-9 中黑点所示。U_C 波形图上由 S1 至 S2 范围内 C 相绕组处于逻辑 0，由 S2 至 S3 范围内 C 相绕组处于逻辑 1。电机正反转时各状态所处的逻辑表如表 25-2 所示。

表 25-2　无刷直流电机正反转状态逻辑表

状　　态	A	B	C	D	E	F
电流流向	$a\to b$	$a\to c$	$b\to c$	$b\to a$	$c\to a$	$c\to b$
逻辑量(正转)	101	100	110	010	011	001
正转时电流流向	$a\to b$	$a\to c$	$b\to c$	$b\to a$	$c\to a$	$c\to b$
CAPT(正转)	0	2	4	6	8	A
逻辑量(反转)	010	011	001	101	100	110
反转时电流流向	$b\to a$	$c\to a$	$c\to b$	$a\to b$	$a\to c$	$b\to c$
CAPT(反转)	6	8	A	0	2	4

电机正转时绕组状态依 $ABCDEF$ 顺序变化，电机反转时则依 $AFEDCB$ 顺序变化，三相绕组的通电按此顺序不断切换。相邻两状态的逻辑量只有一个发生逻辑跳变，利用 DSP 算出每一时刻所处的逻辑量值，推断此时各绕组所处的状态，以判断换相时刻及如何换相。表 25-2 中根据逻辑量和正反转信息对变量 CAPT 进行赋值，该变量在程序中起到换相识别作用。

这里采用 DSP 中的 AD 转换模块来检测三相绕组的反电势值。反电势值是相对于电源地的值。因此，得出的各相反电势一般都是大于 0。由于通过软件识别功能可把对反电势检测所取的相对电势点的要求放得很宽，故本方法的应用场合得以大大拓宽。

二、方波电动机的基本公式

无刷直流电动机的基本物理量有电磁转矩、电枢电流、反电势和转速等。这些物理量的表达式与电机气隙磁场分布、绕组形式有十分密切的关系。对于稀土永磁无刷直流电动机，其气隙磁场波形根据磁路结构和永磁体形状的不同而不同，可以为方波，也可以实现正弦波或梯形波。

对于径向励磁结构，稀土永磁体直接面向均匀气隙，由于稀土永磁体的取向性好，可以方便地获得具有较好的方波形状气隙磁场，其理想波形如图 25-10 所示。

对于采用非均匀气隙或非均匀磁化方向长度的永磁体的径向励磁结构，气隙磁场波形可以实现正弦分布。正弦波气隙磁场在永磁三相同步(伺服)电机中常用，而在稀土永磁无刷直流电动机中较少采用。

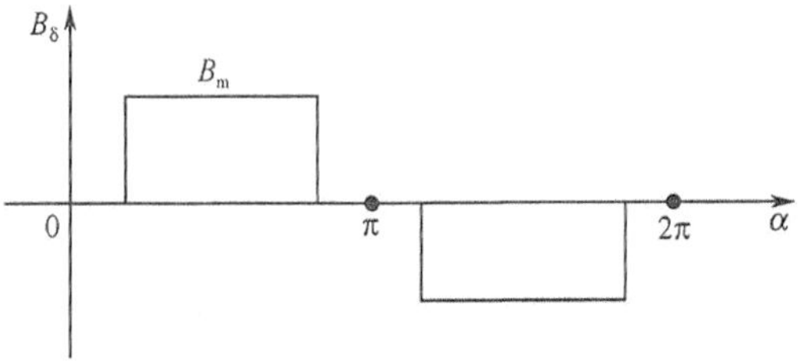

图 25-10 方波气隙磁场分布

对于方波气隙磁场，当定子绕组采用集中整距绕组，即每极每相槽数 $q=1$ 时，方波磁场在定子绕组中感应的电势为梯形波。

对于二相导通星形三相六状态稀土永磁无刷直流电动机，方波气隙磁感应强度在空间的宽度应大于 120°电角度，在定子电枢绕组中感应的梯形波反电势的平顶宽应大于 120°电角度。

这种具有方波气隙磁感应强度分布、梯形波反电势的无刷直流电动机称为方波电动机。

方波电动机通常采用方波电流驱动，即与 120°导通型三相逆变器相匹配，由逆变器向方波电动机提供三相对称的、宽度为 120°电角度的方波电流。方波电流应与电势同相位或位于梯形波反电势的平顶宽度范围内，如图 25-11 所示。为了获得梯形波反电势，电枢绕组应设计成集中绕组。

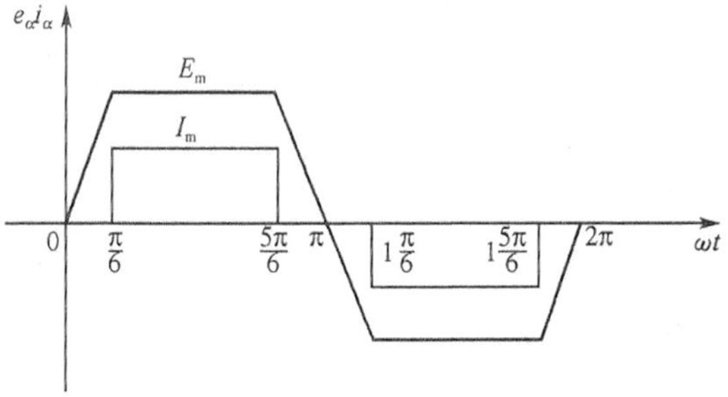

图 25-11 方波电流与电势波形

下面以二相导通星形三相六状态为例分析方波电动机的电磁转矩、电枢电流和反电势等特性。为了便于分析，假设不考虑开关管开关动作的过渡过程和电枢绕组的电感。

1. 电枢绕组感应电势

设方波气隙磁感应强度为 B_δ，对应的每极磁通为

$$\Phi_\delta = B_\delta \alpha_i \tau L \quad (\text{Wb}) \tag{25-1}$$

式中，α_i—— 计算极弧系数；

τ ——极距；

L——电枢导体的有效长度。

单根电枢导体在气隙磁场中感应电势为

$$e = B_\delta L v \quad (\mathrm{V}) \tag{25-2}$$

式中，v——电枢导体相对于磁场的线速度。

$$v = \frac{\pi D}{60} n = 2p\tau \frac{n}{60} \quad (\mathrm{m/s}) \tag{25-3}$$

式中，n——电机转速(r/min)；

D——电枢内径；

p——极对数。

将式(25-3)代入式(25-2)可得单根导体在气隙磁场中感应电势

$$e = B_\delta L 2p\tau \frac{n}{60} \quad (\mathrm{V}) \tag{25-4}$$

设电枢绕组每相串联匝数为 N_ϕ，则每相绕组的感应电势为

$$E_\phi = 2N_\phi e \quad (\mathrm{V}) \tag{25-5}$$

则单根电枢导体在气隙磁场中感应电势

$$e = 2p\Phi_\delta \frac{n}{60\alpha_i} \quad (\mathrm{V}) \tag{25-6}$$

将式(25-6)代入式(25-5)可得每相绕组感应电势

$$E_\phi = \frac{p}{15\alpha_i} N_\phi \Phi_\delta n \quad (\mathrm{V}) \tag{25-7}$$

电枢感应电势(即线电势)为

$$E = 2E_\phi = \frac{2p}{15\alpha_i} N_\phi \Phi_\delta n = C_\mathrm{E} \Phi_\delta n \quad (\mathrm{V}) \tag{25-8}$$

式中，C_E——电势常数，

$$C_\mathrm{E} = \frac{2p}{15\alpha_i} N_\phi \tag{25-9}$$

2. 电枢电流

在每个导通时间内的电压平衡方程式为

$$U - 2\Delta U = E + 2I_\mathrm{a} r_\mathrm{a}$$

式中，U——电源电压；

ΔU——开关管的饱和管压降；

I_a——每相绕组电流；

r_a——每相绕组电阻。

则电枢电流

$$I_a = \frac{U - 2\Delta U - E}{2r_a} \quad (A) \tag{25-10}$$

3．电磁转矩

两相绕组的合成磁场与转子永磁场相互作用产生的电磁转矩

$$T_{em} = \frac{2E_\phi I_a}{\Omega} = \frac{EI_a}{\Omega} \quad (N \cdot m) \tag{25-11}$$

式中，$\Omega=\frac{2\pi n}{60}$——电机的角速度。

将式(25-8)代入式(25-11)得

$$T_{em} = \frac{4p}{\pi\alpha_i} N_\phi \Phi_\delta I_a = C_T \Phi_\delta I_a \quad (N \cdot m) \tag{25-12}$$

式中，C_T——转矩常数，

$$C_T = \frac{4p}{\pi\alpha_i} N_\phi \tag{25-13}$$

4．转速

将式(25-8)代入式(25-10)可得电机转速

$$n = \frac{U - 2\Delta U - 2I_a r_a}{C_E \phi_\delta} \quad (r/min) \tag{25-14}$$

空载转速为

$$n_0 = \frac{U - 2\Delta U}{C_E \phi_\delta} = \frac{U - 2\Delta U}{\frac{2p}{15\alpha_i} N_\phi \phi_\delta}$$

$$= 7.5\alpha_i \frac{U - 2\Delta U}{p N_\phi \phi_\delta} \quad (r/min) \tag{25-15}$$

这里的 Φ_δ 为空载时每极磁通。

第二节　直流伺服电动机

一、概述

直流伺服电动机是一种将电信号(控制电压)转变为机械动作的直流电动机，如图 25-12 所示。直流伺服电机广泛应用于自动控制系统中。自动控制系统对直流伺服电动机的要求是：①电机对电信号反应的动作要迅速、准确；②电机运行要稳定、工作要可靠；③电机的控制功率要小、输出的机械功率要大；④机械特性和调速特性最好是线性的、单值的。

直流伺服电动机的结构与一般的小容量他励直流电动机相同，其作用原理也相同。但直流伺服电动机尚有其自身的特点，与普通直流电动机相比，直流伺服电动机的气隙较小，磁路应处于不饱和状态，磁通、励磁电流与励磁电压成正比；电枢电阻较大，机械特性较软；为减小转动惯量，电枢呈细长形；换向性能较好，无须装置换向极。

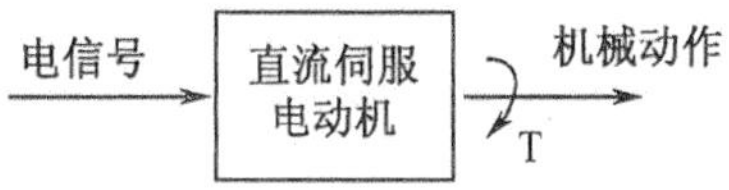

图 25-12　直流伺服电动机的作用

直流伺服电动机有他励式和永磁式两种，其输出的转速由信号电压来控制。直流伺服电动机的控制方法有：

(1) 电枢控制。控制信号电压 U_{k0} 加在电枢绕组两端，$U_a=U_{k0}$。

(2) 磁极控制。控制信号电压 U_{k0} 加在励磁绕组两端，$U_f=U_{k0}$。

电枢控制与磁极控制的直流伺服电动机工作原理，分别见图 25-13 与图 25-14 所示。

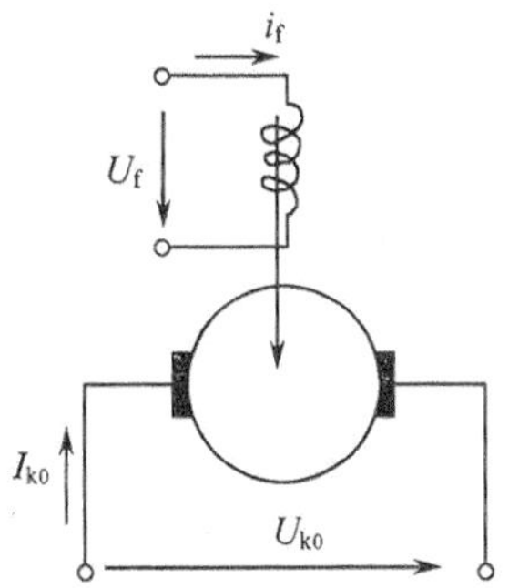

图 25-13　电枢控制的直流伺服电动机工作原理

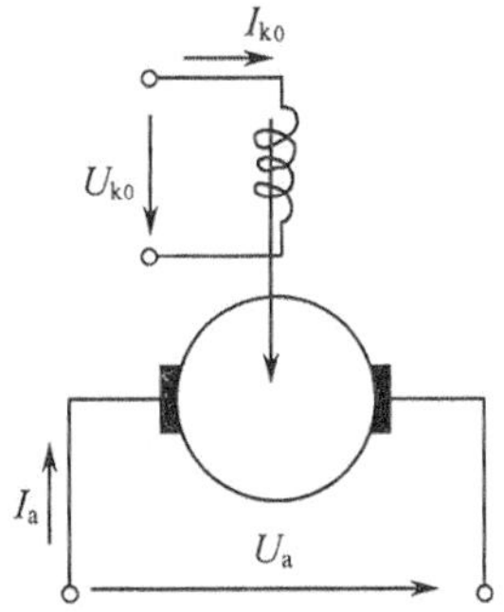

图 25-14　磁极控制的直流伺服电动机工作原理

用电枢控制时，U_f 始终保持恒值，当无控制信号电压，即 $U_a=U_{k0}=0$ 时，电枢电流 $I_{k0}=0$，电磁转矩 $T_{em}=0$，转子不转动；当出现控制信号电压，即 $U_a=U_{k0}\neq 0$ 时，电枢电流 $I_{k0}\neq 0$，产生电磁转矩，即 $T_{em}\neq 0$，转子转动；若 U_{k0} 反向(反接)，则转子反转。

用磁极控制时，U_a 始终保持恒值，当无控制信号电压，即 $U_f=U_{k0}=0$ 时，励磁电流 $I_f=0$，励磁磁通 $\phi_{k0}=0$，电磁转矩不能产生，即 $T_{em}=0$，转子不转动；当出现控制信号电压，即 $U_f=U_{k0}\neq 0$ 时，出现励磁电流 I_f，产生电磁转矩，即 $T_{em}\neq 0$，转子转动；同样，若 U_{k0} 反向(反接)，则转子反转。

一般直流电机的理论分析完全可以适用于直流伺服电动机，磁路饱和与电枢反应的影响可以略去不计。

直流伺服电动机的基本方程式与控制方法无关，无论电枢控制或磁极控制的直流伺服电机均适用。直流伺服电动机的基本方程式表达如下：

$$U_a = E + I_a R_a \tag{25-16}$$

$$E = C_e n \phi_0 \tag{25-17}$$

$$\phi_0 = C_\phi U_f \tag{25-18}$$

$$T_{em} = C_T \phi_0 I_a \tag{25-19}$$

式中，ϕ_0——励磁磁通。

二、直流伺服电动机的特性

1. 电枢控制直流伺服电动机的机械特性 $n=f(T_{em})$

由式(25-17)并结合式(25-16)、式(25-19)，可得电枢控制直流伺服电动机的机械特性为

$$\begin{aligned} n &= \frac{E}{C_e\phi_0} = \frac{U_{k0} - I_{k0}R_a}{C_e\phi_0} = \frac{U_{k0}}{C_e\phi_0} - \frac{R_a}{C_e C_T \phi_0^2} T_{em} \\ &= k' U_{k0} - k T_{em} \end{aligned} \tag{25-20}$$

由式(25-20)可见，对应每一给定的控制信号 U_{k0}，转速 n 与电磁转矩 T_{em} 成正比，即电枢控制直流伺服电动机的机械特性 $n=f(T_{em})$ 为一条直线。当 $T_{em}=0$ 时，$n=\dfrac{U_{k0}}{C_e\phi_0}=n_0$，为理想空载转速；当 $n=0$ 时，$T_{em}=C_T\phi_0\dfrac{U_{k0}}{R_a}=T_{st}$，为堵转矩。改变控制信号 U_{k0}，直线的截距随之改变，对应于不同的 U_{k0}，所得的机械特性为一簇平行的直线，如图 25-15 所示。

2. 电枢控制直流伺服电动机的调节特性 $n=f(U_{k0})$

电枢控制直流伺服电动机的调节特性与机械特性的表达式相同，即

$$n = \frac{U_{k0}}{C_e\phi_0} - \frac{R_a}{C_e C_T \phi_0^2} T_{em} = k' U_{k0} - k T_{em}$$

由上式可见，对应每一给定的 T_{em}，n 与 U_{k0} 成正比，即电枢控制直流伺服电动机的调节特性 $n=f(U_{k0})$ 为一条直线。对应于不同的 T_{em}，所得的调节特性为一簇平行的直线，如图 25-16 所示。

综上所述，电枢控制直流伺服电动机工作特性的特点有：①机械特性 $n=f(T_{em})$ 和调节特性 $n=f(U_{k0})$ 均为一条直线；②无控制信号 U_{k0} 而电枢不转动时，电枢无损耗，控制效率高；③控制电路时间常数小；④当存在负载转矩时，$T_{em}\neq 0$，由调节特性可见，即使 $U_{k0}\neq 0$，也有可能出现 $n=0$ 的情况，即有死区。

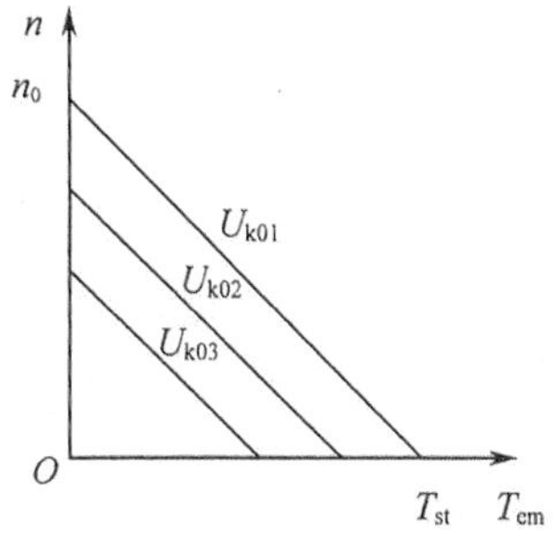

图 25-15　电枢控制直流伺服电动机的机械特性

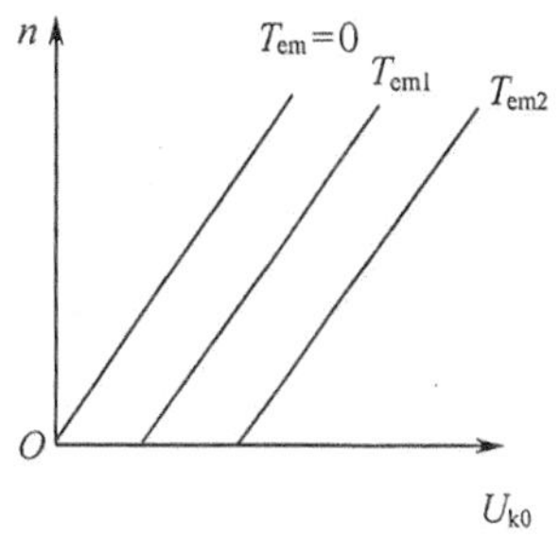

图 25-16　电枢控制直流伺服电动机的调节特性

3. 磁极控制直流伺服电动机的机械特性 $n=f(T_{em})$

同样，由式(25-17)并结合式(25-16)、式(25-19)，可得磁极控制直流伺服电动机的机械特性为

$$\begin{aligned} n &= \frac{U_a}{C_e \phi_{k0}} - \frac{R_a}{C_e C_T \phi_{k0}^2} T_{em} \\ &= \frac{U_a}{C_e C_\phi U_{k0}} - \frac{R_a}{C_e C_T C_\phi^2 U_{k0}^2} T_{em} \\ &= \frac{k_1}{U_{k0}} - k_2 \frac{1}{U_{k0}^2} T_{em} \end{aligned} \tag{25-21}$$

当 $T_{em}=0$ 时，$n_0=\dfrac{U_a}{C_e C_\phi U_{k0}}$ 正比于 $\dfrac{1}{U_{k0}}$；当 $n=0$ 时，$T_{st}=C_T C_\phi U_{k0} \cdot \dfrac{U_a}{R_a}$ 正比于 U_{k0}。

磁极控制直流伺服电动机的机械特性如图 25-17 所示，图中 $U_{k01}<U_{k02}<U_{k03}$。

4. 磁极控制直流伺服电动机的调节特性 $n=f(U_{k0})$

磁极控制直流伺服电动机的调节特性与机械特性的表达式相同，即

$$n=\frac{k_1}{U_{k0}} - k_2 \frac{1}{U_{k0}^2} T_{em}$$

这是一条二次曲线。

综上所述，磁极控制直流伺服电动机工作特性的特点有：①对应于不同的 U_{k0}，所得的机械特性 $n=f(T_{em})$ 为一簇交叉的直线，直线的斜率随 U_{k0} 变化；②调节特性 $n=f(U_{k0})$ 为二次曲线；③$n=0$时，电枢电流 $I_a\neq0$，有较大的功率损耗；④控制电路中的时间常数较大；⑤控制功率小。

由于电枢控制的直流伺服电动机的机械特性线性度较好、损耗较小，而且因电枢回路的电感较小，使其电磁惯性较小，故其响应速度比磁场控制的来得快，所以在工程上大多采用电枢控制。

直流伺服电动机的优点是具有线性的机械特性，起动转矩大，调速范围宽广而平滑，无自转现象，且与同容量的交流伺服电动机相比较，体积小，质量轻。其缺点是转动惯量大，灵敏度差；转速波动大，低速运转不平稳；换向火花大，寿命短，对无线电干扰大。

为了适应自动控制系统对伺服电动机快速响应性越来越高的要求，近年来，国内外已在传统直流伺服电动机的基础上，发展了低惯量的无槽电枢、空心杯电枢、印制绕组电枢和无刷直流伺服电动机。

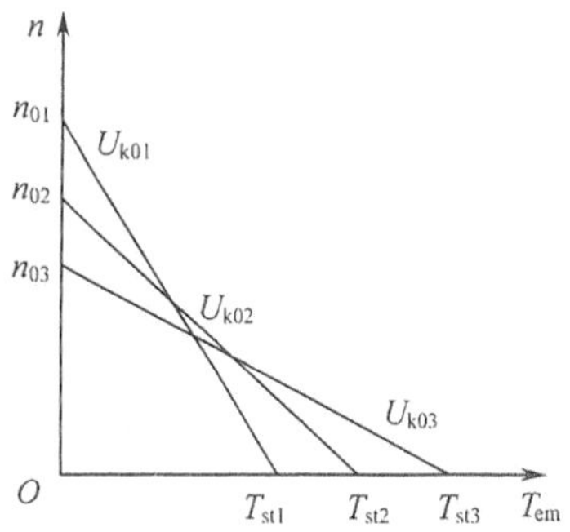

图 25-17　磁极控制直流伺服电动机的机械特性

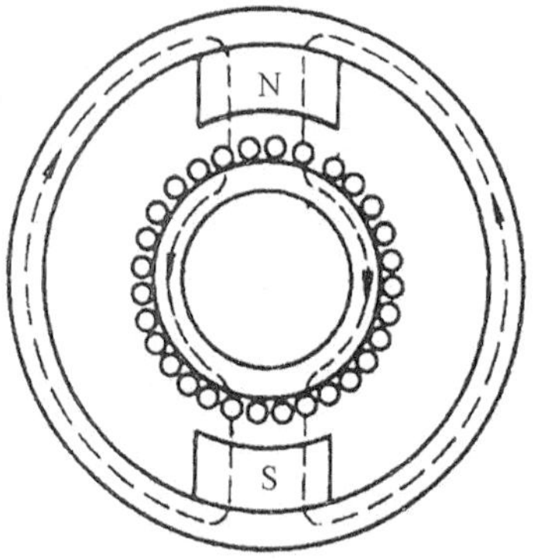

图 25-18　无槽电枢直流伺服电动机的结构

无槽电枢直流伺服电动机的电枢铁心上没有开槽，铁心为一个光滑的圆柱体，电枢绕组直接排列在铁心表面，再用环氧树脂将其与电枢铁心固化为一个整体，如图 25-18 所示。空心杯电枢直流伺服电动机的结构如图 25-19 所示。它有一个外定子和一个内定子，外定子通常由两个半圆形的永磁体组成。而内定子则为圆柱形的软磁材料制成，仅作为磁路的一个组成部分，以减小磁路磁阻。空心杯电枢上的绕组可以先绕成单个成型线圈，再将其沿圆周的轴向排列成空心杯形，而后用环氧树脂固化成型。空心杯电枢直接装在电机轴上，在内、外定子间的气隙中旋转，电枢绕组则接到换向器上，由电刷引出。印制绕组直流伺服电动机的结构如图 25-20所示。其转子呈薄片圆盘状，其厚度通常为 1.5～2mm。转子基片由环氧玻璃布胶板制成，基片两侧的铜箔用印刷电路的方法制成双面电枢绕组。这种伺服电机的定子磁极为永磁体，由于转子无铁心，故其转动惯量小，对控制信号的反应快速，适可用于起动频繁的系统中。

低惯量直流伺服电动机广泛应用于高精度的自动控制系统及测量装置中，如电视摄像机、x-y 函数记录仪及机床控制系统等方面。

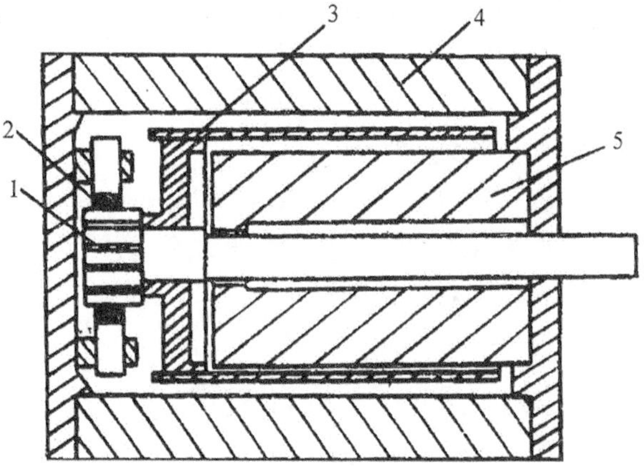

图 25-19　空心杯电枢永磁直流伺服电动机的结构

1-换向器；2-电刷；3-空心杯电枢；4-外定子；5-内定子

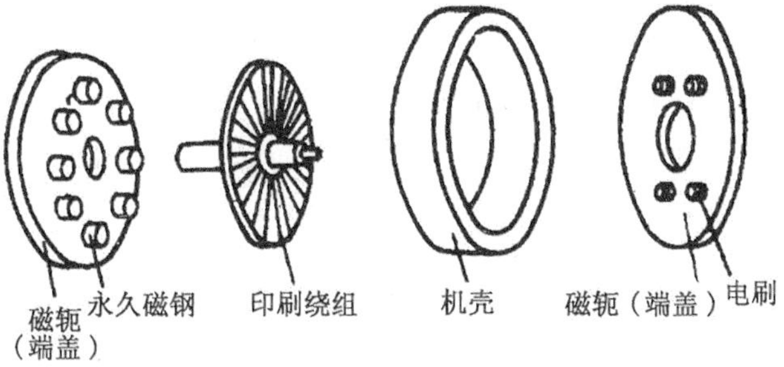

图 25-20　印制绕组直流伺服电动机

第三节　直流测速发电机

直流测速发电机用途为：①测量转速的元件；②产生加速及减速信号的校正元件。因此，直流测速发电机是将输入的机械转速信号转化为电信号输出，如图 25-21所示。

对直流测速发电机的要求有：①输出电压 U 应与转速 n 成正比，即 $U=k_{n}n$；②电机正、反转特性应一致；③输出电压的交流分量（电压脉动）要小；④温度变化对发电机输出特性的影响要小。

直流测速发电机有两种形式：①永磁式，即采用永磁体作磁极；②他励式，即采用他励励磁方式。

他励式直流测速发电机和直流伺服电机在结构形式上并无区别。

直流测速发电机的工作原理可用下式表示：

$$U_0 = C_e \phi_0 n$$

当励磁磁通 ϕ_0 保持恒值、磁路线性时，

$$U_0 = C_1 n$$

即直流测速发电机的空载电压 U_0 与转速 n 成正比。

影响直流测速发电机输出特性的因素有：

(1) 负载电阻的影响。

输出电压

$$U = I_a R_L = E - I_a R_a = E - \frac{U}{R_L} \cdot R_a$$

即

$$U = \frac{E}{1+\dfrac{R_a}{R_L}} = \frac{C_e \phi}{1+\dfrac{R_a}{R_L}} \cdot n = C_1 n$$

可见，在不计电枢反应和电刷接触电阻非线性的情况下，直流测速发电机输出电压 U 正比于转速 n，输出特性 $U=f(n)$ 呈线性关系，如图 25-22 中实线所示；随着负载电阻 R_L 的减少，斜率 C_1 亦减少，输出电压 U 降低，如图 25-22 中虚线所示。

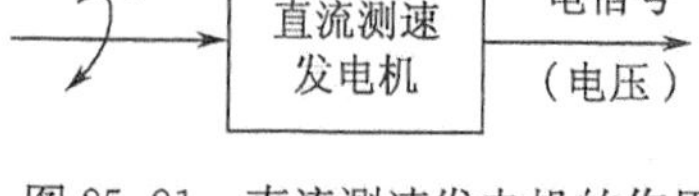

图 25-21　直流测速发电机的作用

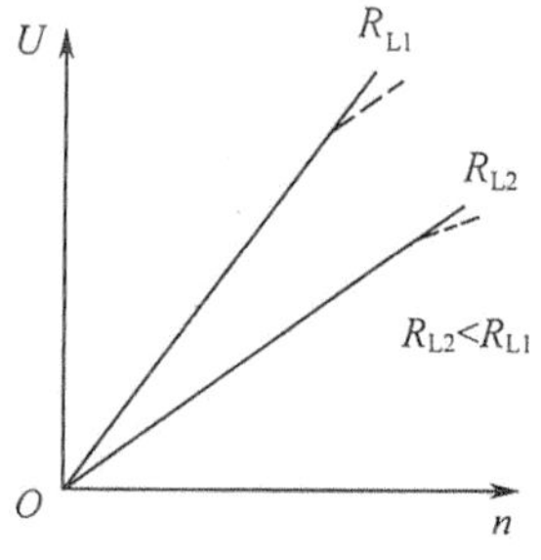

图 25-22　直流测速发电机的输出特性

(2) 电枢反应和电刷接触电阻的影响。

输出电压

$$\begin{aligned} U &= I_a R_L = E - I_a r_a - 2\Delta U \\ &= E - \frac{U}{R_L} \cdot r_a - 2\Delta U \end{aligned}$$

上式整理得

$$U=\frac{E-2\Delta U}{1+\frac{r_a}{R_L}}=\frac{C_e\phi_0 n-2\Delta U}{1+\frac{r_a}{R_L}}$$

由上式可见，转速增大时，电枢电势 E 和电流 I_a 随之增大，电枢反应去磁作用使 ϕ_0 减小，同时电刷接触电阻压降 $2\Delta U$ 增大，这些都使输出电压 U 减小。克服的办法有：采用含银的金属电刷、选择阻值大的负载电阻 R_L 及设计低磁密的磁路等。

此外，温度上升也会降低输出电压 U。

直流测速发电机的优点是：无相位误差、输出特性不随负载性质的改变而变化。其缺点是：结构较复杂、由于存在滑动接触，运行可靠性较差及产生电磁干扰。

习题答案

第一章

1-1 答：①主磁通同时和原、副绕组匝链，其作用是以它为媒介进行原、副边能量传递；②漏磁通只与产生该漏磁通的绕组相匝链，其作用是仅产生电压降

1-2 答：$I_{1N}=25A, I_{2N}=625A$

1-3 答：(1) $I_{1N}=288.68A, I_{2N}=458.21A$

(2) $U_{1N\phi}=5.77kV, U_{2N\phi}=6.3kV$；$I_{1N\phi}=288.68A, I_{2N\phi}=264.55A$

1-4 解：$k=U_{1N}/U_{2N}=35/6.6=5.3$；$U_{2N}=E_2=\sqrt{2}\pi f N_2 \Phi_m$

$$N_2=\frac{U_{2N}}{\sqrt{2}\pi f\phi_m}=\frac{6.6\times 10^3}{\sqrt{2}\pi\times 50\times 0.1624}=183(\text{匝})$$

原边匝数：$N_1=kN_2=5.3\times 183=970$(匝)

1-5 答：减小

（提示：在外接相同电压和频率的电源时，原副绕组匝数的增加，则使每匝的感应电势减少，即意味着铁心内磁通减少）

第二章

2-1 答：②

2-2 答：③

［提示：随着外接电源电压的增加，铁心内磁通亦增加（$U_1\approx E_1=4.44fN_1\phi_m$），在磁路饱和状态下，励磁电流以更大的比例增大，则励磁电抗变小］

2-3 答：②

2-4 答：17.01kW

2-5 解：$k=U_{1N}/U_{2N}=220/110=2$

$z_{m甲}=U_{1N}/I_{0甲}=220/0.4=550(\Omega)$

$z_{m乙}=U_{1N}/I_{0乙}=220/0.1=2200(\Omega)$

串联后，$I_0=2U_{1N}/(z_{m甲}+z_{m乙})=2U_{1N}/5z_{m甲}=(2/5)I_{0甲}=0.16A$

$U_{1甲}=I_0\, z_{m甲}=0.16\times 550=88(V)$

$U_{1乙}=I_0\, z_{m乙}=0.16\times 2200=352(V)$

$U_{2甲}=U_{1甲}/k=88/2=44(\text{V})$

$U_{2乙}=U_{1乙}/k=352/2=176(\text{V})$

2-6 答:③

(提示:$U_1 \approx E_1=\sqrt{2}\pi f N_1 \phi_m$)

2-7 答:③

2-8 答:不变;增加;增加

2-9 答:③

2-10 答:①

2-11 答:②③

2-12 答:②

(提示:磁路线性)

2-13 答:①

2-14 答:②

2-15 答:①

2-16 答:②

2-17 答:①

2-18 答:$I_1=24.223\text{A}$,$U_1=1115.95\text{V}$

2-19 答:(1)$\eta=98.1\%$;(2)$\beta_m=0.56$

2-20 答:$I_0=0.6\text{A}$,$p_0=140\text{W}$.

2-21 答:(1)$r_k=0.5083\Omega$,$x_k=1.4537\Omega$,$r_1=r_2'=0.2542\Omega$,$x_{1\sigma}=x_{2\sigma}'=0.7268\Omega$,$r_m=302.5\Omega$,$x_m=1184\Omega$;(2)$\eta_m=98\%$

2-22 答:电压变化率 $\Delta U=0.02=2\%$

效率 $\eta=0.9968=99.68\%$

2-23 解:先计算额定电流及变比。

$$I_{1N}=\frac{S_N}{U_{1N}}=\frac{10000}{380}=26.32\text{A};I_{2N}=\frac{S_N}{U_{2N}}=\frac{10000}{220}=45.45(\text{A})$$

$$k=\frac{U_{1N}}{U_{2N}}=\frac{380}{220}=1.727$$

用T形等效电路计算:

(1)电流、电压

$r_2'=k^2 r_2=1.727^2\times 0.035=0.1044\ (\Omega)$

$x_{2\sigma}'=k^2 x_{2\sigma}=1.727^2\times 0.055=0.164\ (\Omega)$

$Z_L'=k^2 Z_L=1.727^2\times(4+\text{j}3)=14.91\underline{/36.87^\circ}=11.93+\text{j}8.95$

$$Z_d=Z_1+\frac{1}{\dfrac{1}{Z_m}+\dfrac{1}{Z_2'+Z_L'}}=Z_1+\frac{Z_m(Z_2'+Z_L')}{Z_m+Z_2'+Z_L'}$$

$$=(0.14+j0.22)+\frac{(30+j310)(0.1044+j0.164+11.93+j8.95)}{30+j310+0.1044+j0.164+11.93+j8.95}$$

$$=11.47+j9.43=14.85\angle 39.43^\circ$$

令 $\dot{U}_1=U_1\angle 0^\circ$，则

$$\dot{I}_1=\frac{\dot{U}_1}{Z_d}=\frac{380\angle 0^\circ}{14.85\angle 39.43^\circ}=25.59\angle -39.43^\circ=19.77-j16.25$$

$$Z_1=0.14+j0.22=0.26\angle 57.53^\circ$$

$$-\dot{E}_1=\dot{U}_1-\dot{I}_1Z_1=380\angle 0^\circ-25.59\angle -39.43^\circ\times 0.26\angle 57.53^\circ$$

$$=373.68-j2.067=373.7\angle -0.317^\circ$$

$$-\dot{I}_2'=\frac{-\dot{E}_1}{Z_2'+Z_L'}=\frac{373.7\angle -0.317^\circ}{12.03+j9.114}=24.76\angle -37.47^\circ$$

$$\dot{I}_2'=-(-\dot{I}_2')=24.76\angle 142.53^\circ$$

$$I_2=kI_2'=1.727\times 24.76=42.76(\text{A})$$

$$\dot{U}_2'=\dot{I}_2'Z_L'=24.76\angle 142.53\times 14.91\angle 36.87^\circ=369.24\angle 179.4^\circ$$

$$U_2=\frac{U_2'}{k}=\frac{369.24}{1.727}=213.8(\text{V})$$

(2)功率因数、功率及效率

$\varphi_1=-39.4^\circ$，　　　$\cos\varphi_1=\cos(-39.4^\circ)=0.772$

$\cos\varphi_2=\cos 67.87^\circ=0.8$(滞后)

$P_1=U_1I_1\cos\varphi_1=380\times 25.59\times 0.772=7507.1(\text{W})$

$P_2=U_2I_2\cos\varphi_2=213.8\times 42.76\times 0.8=7313.7(\text{W})$

$$\eta=\frac{P_2}{P_1}=\frac{7313.7}{7507.1}=0.9742$$

(3)损耗

$$\dot{I}_m=\frac{-\dot{E}}{Z_m}=\frac{373.7\angle -0.317^\circ}{30+j310}=1.2\angle -84.79^\circ$$

$p_{Fe}=I_m^2r_m=1.2^2\times 30=43.2(\text{W})$

$p_{Cu1}=I_1^2r_1=25.59^2\times 0.14=91.7(\text{W})$

$p_{Cu2}=I_2^2r_2=42.76^2\times 0.035=64(\text{W})$

用 Γ 形近似等效电路计算：

$r_k=r_1+r_2'=0.14+0.1044=0.244$

$x_k=x_{1\sigma}+x_{2\sigma}'=0.22+0.164=0.384$

$Z_k=r_k+jx_k=0.244+j0.384=0.455\angle 57.57^\circ$

(1)电流、电压

$$\dot{I}_L=(-\dot{I}_2')=\frac{\dot{U}_1}{Z_k+Z_L}=\frac{380}{0.244+j0.384+11.93+j8.95}$$
$$=24.77\angle -37.48^\circ$$

$$\dot{I}_m=\frac{\dot{U}_1}{Z_m}=\frac{380}{31+j310}=1.22\angle -84.47^\circ$$

$$\dot{I}_1=\dot{I}_m+\dot{I}_L=1.22\angle -84.47^\circ+24.77\angle -37.48^\circ=25.62\angle -39.47^\circ$$

(2)功率因数、功率和效率

$\varphi_1=-39.47^\circ$

$\cos\varphi_1=\cos(-39.47^\circ)=0.772$(滞后)

$\cos\varphi_2=0.8$(滞后)

$P_1=U_1I_1\cos\varphi_1=380\times 25.62\times 0.772=7515.9(\text{W})$

$P_2=U_2I_2\cos\varphi_2=213.9\times 42.78\times 0.8=7320.5(\text{W})$

$$\eta=\frac{P_2}{P_1}=\frac{7320.5}{7515.9}=0.974$$

(3)损耗

$p_{Fe}=I_m^2r_m=1.22^2\times 30=44.65(\text{W})$

$p_{Cu}=I_L^2r_k=24.77^2\times 0.2444=149.9(\text{W})$

用简化电路计算:

二次侧电流和电压与Γ形近似电路的相同,一次侧电流等于二次侧电流。

$\varphi_1=-37.48^\circ$; $\cos\varphi_1=0.794$; $\cos\varphi_2=0.8$

$P_1=U_1I_1\cos\varphi_1=380\times 24.77\times 0.794=7473.6(\text{W})$

$P_2=U_2I_2\cos\varphi_2=P_{2r}=7320.5\text{W}$

$$\eta=\frac{P_2}{P_1}=\frac{7320.5}{7473.6}=0.9795$$

第三章

3-1 答:②③

3-2 答:②

3-3 答:②③

3-4 答:②

3-5 答:③

[提示:空载电流 I_0^* 约为 0.01~0.10(见本书第二章第三节)]

3-6 答:④

3-7 答:尖顶

3-8 答:①正弦波;②平顶波;③尖顶波;④正弦波

3-9 答:该三相变压器是三相组式变压器,各相之间的磁路是互相分开的,三次谐波磁通可以沿着基波磁通的路径流通,三次谐波电势有较大的幅值,基波电势和三次谐波电势叠加使相电压过高

3-10 答:①近似相同;②近似相同

3-11 答:①可以;②不

3-12 答:①相同;②没有关系

3-13 答:①尖顶;②正弦;③正弦

第四章

4-1 答:60; 50; 1/6

4-2 答:①$\frac{1}{k_a}$;②$1-\frac{1}{k_a}$

4-3 答:①4.55;②13.64;③9.09″

4-4 答:$S_{aN}=30\text{kV}\cdot\text{A}$

4-5 答:(1)$S_{aN}=8400\text{kV}\cdot\text{A}$;(2)$I_{1k}=4653.8\text{A}$;$I_{1ka}=7005.1\text{A}$

第五章

5-5 答:①

5-6 解:每相的总负载电流为

$$I=\frac{5500\times10^3}{3\times6.3\times10^3}=291.005(\text{A})$$

各变压器副方额定相电流为

$$I_{\text{N I}}=\frac{1000\times10^3}{3\times6.3\times10^3}=52.91(\text{A}),\quad I_{\text{N II}}=\frac{1800\times10^3}{3\times6.3\times10^3}=95.238(\text{A})$$

$$I_{\text{N III}}=\frac{3200\times10^3}{3\times6.3\times10^3}=169.312(\text{A})$$

$$\sum_{i=1}^{n}\frac{I_{\text{N}i}}{Z_{\text{k}i}^*}=\frac{52.91}{0.065}+\frac{95.238}{0.065}+\frac{169.312}{0.07}=4697.789$$

(1) 变比相等的 n 台变压器并联运行时,第 I 台变压器副方电流的标幺值为

$$\dot{I}_i^*=\frac{\dot{I}}{Z_{\text{k}i}^*\sum_{i=1}^{n}\frac{I_{\text{N}i}}{Z_{\text{k}i}^*}}$$

实际工作中,常用下式:

$$\dot{I}_i^* = \frac{I}{Z_{ki}^* \sum_{i=1}^{n} \frac{I_{Ni}}{z_{ki}^*}}$$

据以求得三台变压器副方电流的标幺值，即其负载系数

$$\beta_{\mathrm{I}} = I_{\mathrm{I}}^* = \frac{291.005}{0.065 \times 4697.789} = 0.953$$

$$\beta_{\mathrm{II}} = I_{\mathrm{II}}^* = \frac{291.005}{0.065 \times 4697.789} = 0.953$$

$$\beta_{\mathrm{III}} = I_{\mathrm{III}}^* = \frac{291.005}{0.07 \times 4697.789} = 0.885$$

由此得各变压器所供给的负载

$$S_{\mathrm{I}} = \beta_{\mathrm{I}} S_{\mathrm{NI}} = 0.953 \times 1000 = 953(\mathrm{kV \cdot A})$$

$$S_{\mathrm{II}} = \beta_{\mathrm{II}} S_{\mathrm{NII}} = 0.953 \times 1800 = 1715.4(\mathrm{kV \cdot A})$$

$$S_{\mathrm{III}} = \beta_{\mathrm{III}} S_{\mathrm{NIII}} = 0.885 \times 3200 = 2832(\mathrm{kV \cdot A})$$

(2) 为不使任一台过载而有最大输出时，短路阻抗标幺值最小的变压器达到满载，这里即是使 $\beta_{\mathrm{I}} = \beta_{\mathrm{II}} = 1$。利用上述计算 I_i^* 的公式，可得总负载电流

$$I = I_{\mathrm{I}}^* z_{k\mathrm{I}}^* \sum_{i=1}^{n} \frac{I_{Ni}}{z_{ki}^*} = 1 \times 0.065 \times 4697.789 = 305.356(\mathrm{A})$$

由此得三台变压器所能供给的最大负载

$$S = mU_{N2} I = 3 \times 6.3 \times 305.356 = 5771.2(\mathrm{kV \cdot A})$$

此时各变压器的负载系数为

$$\beta_{\mathrm{I}} = \beta_{\mathrm{II}} = 1$$

$$\beta_{\mathrm{II}} = I_{\mathrm{II}}^* = \frac{305.356}{0.07 \times 4697.789} = 0.929$$

而总装置容量的负载为

$$\beta = \frac{S}{S_{\mathrm{NI}} + S_{\mathrm{NII}} + S_{\mathrm{NIII}}} = \frac{5771.2}{1000 + 1800 + 3200} = 0.962$$

5-7 解答：二次侧 $I_c = 67.97\mathrm{A}$；一次侧 $I_{c\mathrm{I}} = 59.83\mathrm{A}, I_{c\mathrm{II}} = 58.85\mathrm{A}$

标幺值 $I_{c\mathrm{I}}^* = 0.111; I_{c\mathrm{II}}^* = 0.191$

5-8 解答：(1)$S_{\mathrm{I}} = 3065.6\mathrm{kV \cdot A}; S_{\mathrm{II}} = 4933.6\mathrm{kV \cdot A}$；(2)$S = 8352\mathrm{kV \cdot A}$

5-12 解答：

(1)$\dot{U}_{A+} = 211.6 \angle 3.5^\circ \mathrm{V}, \dot{U}_{A-} = 28.5 \angle 193.2^\circ \mathrm{V}, \dot{U}_{A0} = 37.3 \angle -10^\circ \mathrm{V}$;

$\dot{U}_{B+} = 211.6 \angle 243.5^\circ \mathrm{V}, \dot{U}_{B-} = 28.5 \angle 313.2^\circ \mathrm{V}, \dot{U}_{B0} = 37.3 - \angle 10^\circ \mathrm{V}$;

$\dot{U}_{C+} = 211.6 \angle 123.5^\circ \mathrm{V}, \dot{U}_{C-} = 28.5 \angle 73.2^\circ \mathrm{V}, \dot{U}_{C0} = 37.3 \angle -10^\circ \mathrm{V}$;

(2)$\dot{I}_{A+} = 200.2 \angle -10.6^\circ \mathrm{A}, \dot{I}_{A-} = 48.3 \angle 26.3^\circ \mathrm{A}, \dot{I}_{A0} = 25.3 \angle 142.9^\circ \mathrm{A}$;

$\dot{I}_{B+} = 200.2 \angle 229.4^\circ \mathrm{A}, \dot{I}_{B-} = 48.3 \angle 146.3^\circ \mathrm{A}, \dot{I}_{B0} = 25.3 \angle 142.9^\circ \mathrm{A}$;

$\dot{I}_{C+}=200.2\angle 109.4^\circ$A，$\dot{I}_{C-}=48.3\angle 266.3^\circ$A，$\dot{I}_{C0}=25.3\angle 142.9^\circ$A

5-14 解答：(1)$\dot{I}_A=3.111\angle -80.33^\circ$A，$\dot{I}_B=\dot{I}_C=1.556\angle 99.67^\circ$A；

(2)每相$\dot{U}_a=0.63\angle -0.063^\circ$V，$\dot{U}_b=395.8\angle 30.5^\circ$V，

$\dot{U}_c=394.4\angle -30.23^\circ$V；

(3)$U_{a0}=227.48$V/相

第七章

7-1 答：③

7-2 答：③

7-3 答：②

7-4 答：②

7-11 答：$F_1=9428.9$ 安匝/极，$F_5=69.786$ 安匝/极，$F_7=21.63$ 安匝/极

7-12 答：$k_{N1}=0.9577$

7-13 答：$k_{N1}=0.936$；$k_{N7}=0.0156$

7-14 解答：$z=36$ 槽，$\tau=9$ 槽，$\alpha=20^\circ$，$\beta=40^\circ$，$k_{N1}=0.902$，$N=48$ 匝。

(1)$F_1=2922.48$ 安匝/极，圆形旋转磁势；(2)$F=3374.70$ 安匝/极，脉振磁势；(3)磁势为零

第八章

8-1 答：③

8-2 答：①

8-3 答：相等；互差 α 电角度

8-4 答：8；0.951；−0.5878

8-5 解答：基波相电势 5335V；基波线电势 9240V；$\Phi_5=0.00592$Wb；五次谐波相电势−1.8V；五次谐波线电势−3.1V

8-6 解答：(1) $p=2$；(2) $Z_1=36$ 槽；(3) $k_{N1}=0.945$，$k_{N3}=0.578$，$k_{N5}=0.14$，$k_{N7}=-0.0605$；(4)相电势各谐波 $E_1=230$V，$E_3=149.67$V，$E_5=40.3$V，$E_7=-9.14$V，合成相电势 $E=277.5$V，线电势 $E_l=404.7$V

8-7 解答：①$E_1=8$V；②$E_5=1.6$V

第九章

9-2 解答：$I_N=102.6$A

9-3 解答：$p=3$；$s_N=0.03$

第十章

10-1 答:1000;1000;80

10-2 答:3.3Hz;100 r/min;1500 r/min

10-3 答:不能改变定子的电磁作用和定、转子之间的功率传递关系

10-4 答:随着负载增加,转速下降,转子电流增大,根据磁势平衡方程定子电流增加,输入功率会自动增加

10-5 答:略微有所减小

10-6 答:它所消耗的功率为电机所产生的总机械功率;不能

10-7 答:50Hz;50Hz;1.67Hz;1.67Hz

10-8 答:转子磁势

10-9 答:定子绕组磁势和转子绕组磁势共同产生

10-13 解答:(1)$I_{1N}=343A$;(2)$x_m=3.411\Omega$;(3)$r_2'=0.0182\Omega$,$x_{2\sigma}'=0.0793\Omega$

10-14 解答:(1)$p=2$;(2)$n_1=1500$ r/min;(3)$s_N=0.0493$,$f_2=2.467Hz$;

(4)$\dot{I}_1=6.39\angle{-33.41^\circ}A$,$\cos\varphi_1=0.837$,$P_1=6.0972kW$,

$\dot{I}_2'=5.81\angle{162.26^\circ}A$

10-15 解答:(1) T形:$\dot{I}_1=68.92\angle{-22.39^\circ}A$;$\cos\varphi_1=0.92$;$\eta=0.99$;

(2) 较准确Γ形:$\dot{I}_1=68.96\angle{-22.5^\circ}A$;$\cos\varphi_1=0.92$;$\eta=0.99$;

(3) 简化Γ形:$\dot{I}_1=70.98\angle{-22.24^\circ}A$;$\cos\varphi_1=0.93$;$\eta=0.96$

10-16 解答:(1)$E_{2S}=2.2V$;(2)$I_2=21.89A$

10-17 解答:$E_{2S}=6V$;$I_2=99.19A$;$f_2=2Hz$

第十一章

11-1 答:①

11-2 答:②

11-3 答:④

11-4 答:③

11-5 答:①

11-6 答:②

11-7 答:①

11-8 答:0.97

11-9 答:减小;减小;减小;增加;增加

11-13 解答:$r_2'=0.436\Omega$;$x_{2\sigma}'=1.86\Omega$;$r_m=3.49\Omega$;$x_m=38.54\Omega$

11-14 解答:$P_{em}=10050W$;$p_{Cu2}=291.5W$;$P_{mec}=9758.5W$

11-15　解答：$n=1455\ \text{r/min}$；$P_{em}=5980\text{W}$；$P_2=5500\text{W}$；
$T_2=36.12\ \text{N}\cdot\text{m}$；$\eta=84.6\%$

11-16　解：根据空载试验的数据可算出：

空载总电抗

$$x_0=x_{1\sigma}+x_m\approx\frac{U_1}{I_0}=\frac{380}{\sqrt{3}\times5.4}=40.628(\Omega)$$

空载时铁损耗

$$p_{Fe}=P_0-mI_0^2r_1-p_{mec}-p_{ad}$$
$$=425-3\times5.4^2\times0.5-80=301.26(\text{W})$$

激磁电阻

$$r_m=\frac{p_{Fe}}{mI_0^2}=\frac{301.26}{3\times5.4^2}=3.444(\Omega)$$

根据短路试验的数据可算出：

短路阻抗

$$z_k=\frac{U_k}{I_k}=\frac{130}{\sqrt{3}\times19.5}=3.849(\Omega)$$

短路电阻

$$r_k=\frac{p_k}{mI_k^2}=\frac{1180}{3\times19.5^2}=1.034(\Omega)$$

短路电抗

$$x_k=\sqrt{z_k^2-r_k^2}=\sqrt{3.849^2-1.034^2}=3.707(\Omega)$$

短路时可略去铁损耗 $r_m=0$，设 $x_{1\sigma}=x'_{2\sigma}$，则

$$z_k=r_1+\text{j}x_{1\sigma}+\frac{\text{j}x_m(r'_2+\text{j}x'_{2\sigma})}{r'_2+\text{j}(x_m+x'_{2\sigma})}=r_k+\text{j}x_k$$

以 $x_m=x_0-x_{1\sigma}$代入上式整理得：

转子电阻

$$r'_2=(r_k-r_1)\frac{x_0}{x_0-x_k}$$
$$=(1.034-0.5)\frac{40.628}{40.628-3.707}=0.578(\Omega)$$

定、转子漏抗

$$x_{1\sigma}=x'_{2\sigma}=x_0-\sqrt{\frac{x_0-x_k}{x_0}(r'^2_2+x^2_{2\sigma})}$$
$$=1.894\Omega$$

若认为 $z_m\gg z'_2$，短路时激磁支路可不计，则参数计算可简化为

$$r'_2=r_k-r_1=1.034-0.5=0.534(\Omega)$$

$$x_{1\sigma}=x'_{2\sigma}=\frac{1}{2}x_{\rm k}=\frac{1}{2}\times 3.707=1.8535(\Omega)$$

由此可见，两者相差并不大。

激磁电抗　$x_{\rm m}=x_0-x_{1\sigma}=40.628-1.894=38.734(\Omega)$

11-17　解：(1)$p=\frac{60f_1}{n_{\rm N}}=\frac{60\times 50}{970}=3.09$，取 $p=3$

$$n_1=\frac{60f_1}{p}=\frac{60\times 50}{3}=1000\ ({\rm r/min})$$

$$s_{\rm N}=\frac{n_1-n_{\rm N}}{n_1}=\frac{1000-970}{1000}=0.03$$

$$\frac{T_{\rm N}}{T_{\rm max}}=\frac{2}{\frac{s_{\rm N}}{s_{\rm m}}+\frac{s_{\rm m}}{s_{\rm N}}},\qquad \frac{1}{2.2}=\frac{2}{\frac{0.03}{s_{\rm m}}+\frac{s_{\rm m}}{0.03}}$$

解得 $s_{\rm m1}=0.12478$，$s_{\rm m2}=0.00721$（因为 $s_{\rm m2}<s_{\rm N}$，故舍），即得 $s_{\rm m}=0.12478$

(2)
$$\frac{T}{T_{\rm max}}=\frac{2}{\frac{s}{s_{\rm m}}+\frac{s_{\rm m}}{s}}=\frac{2}{\frac{0.1}{0.12478}+\frac{0.12478}{0.1}}=0.976$$

$$T=0.976T_{\rm max}=0.976\times 2.2T_{\rm N}=2.147T_{\rm N}$$

$$\Omega_1=\frac{2\pi n_1}{60}=104.7({\rm rad/s})$$

$$\Omega_{\rm N}=(1-S_{\rm N})\Omega_1=(1-0.03)\times 104.7=101.559({\rm rad/s})$$

$$T_{\rm N}=\frac{P_{\rm N}}{\Omega_{\rm N}}=\frac{2.5\times 10^3}{101.559}=24.62({\rm N\cdot m})$$

$$T=2.147T_{\rm N}=2.147\times 24.62=52.86({\rm N\cdot m})$$

11-18　解：总损耗 $\Sigma_p=p_{\rm mec}+p_{\rm cu1}+p_{\rm cu2}+p_{\rm Fe}=340+360+239+330=1269({\rm W})$

(1)输入功率

$$P_1=P_2+\Sigma_p=10\times 10^3+1269=11269({\rm W})$$

总机械功率

$$P_{\rm mec}=P_2+p_{\rm mec}=10\times 10^3+340=10340({\rm W})$$

电磁功率

$$P_{\rm em}=P_2+p_{\rm mec}+p_{\rm cu2}=P_{\rm mec}+p_{\rm cu2}=10340+239=10579({\rm W})$$

(2)额定转速

$$n_{\rm N}=n_1(1-S_{\rm N})=\frac{60f}{p}(1-S_{\rm N})$$
$$=(60\times 50/1)\cdot(1-0.0225)=2932.5({\rm r/min})$$

额定转矩

$$T_N = P_N/\Omega_N = \frac{P_N}{\frac{2\pi n_N}{60}} = \frac{60}{2\pi} \cdot \frac{10000}{2932.5} = 32.56(\text{N} \cdot \text{m})$$

额定效率

$$\eta_N = P_N/P_1 = 10 \times 10^3/11269 = 0.8874 = 88.74\%$$

11-19 解答:(1)$n_N=1479.3$ r/min;$T_{em}=1317.4$ N·m;$\eta=92.7\%$;(2)$k_M=2$;$k_{st}=0.6$

11-20 解答:(1)$s_m=0.15$;(2)$T_{em}=1921$N·m

11-21 解答:(1)$s=0.04$;(2)$f_2=2$Hz;(3)$p_{cu2}=315.94$W;(4)$\eta=87.17\%$;(5)$I_1=15.86$A

11-22 解答:(1)$P_{em}=18.116$kW;$T=115.212$N·m;$T_{em}=426.38$N·m,$s_m=0.3674$;(2)$\cos\varphi=0.8653$

11-23 解答:(1)$T=67.01$N·m;(2)$T_{em}=165.38$N·m;$s_m=0.1503$

第十二章

12-1 答:②

12-2 答:③

12-3 答:③

12-4 答:①

12-5 答:③

12-6 答:减小;增大;不变;增大

12-7 答:$k_a=1.732$ 的自耦变压器;173.2;1/3

12-8 答:(1)在转子绕组中串电阻;(2)提高电源电压

12-12 解答:(1)$I_{st}=304.56$A,$T_{st}=319.04$N·m;(2)$r_{st}=1.089\Omega$

12-13 解答:$r'_\triangle=0.38\Omega$

12-14 解答:$r_j=8.845\ \Omega$

12-15 解答:$I_{stY}=107.4$A

12-16 解:利用较准确 Γ 形等效电路

$$I_{st线} = I_{st相} = \frac{U_N/\sqrt{3}}{\sqrt{[\sigma_1 r_1 + \sigma_1^2(r'_2 + r'_\triangle)]^2 + (\sigma_1 x_{1\sigma} + \sigma_1^2 x'_{2\sigma})^2}} = 3I_N$$

$$\frac{380/\sqrt{3}}{\sqrt{[1\times 0.012 + 1^2(0.012 + r'_\triangle)]^2 + (1\times 0.06 + 1^2 \times 0.06)^2}} = 3\times 294$$

得转子回路串入起动电阻为

$$r'_\triangle = 0.194\Omega$$

则

$$r_{\triangle}=\frac{1}{k_e k_i}\cdot r'_{\triangle}=\frac{0.194}{1.2\times1.2}=0.135(\Omega)$$

这时的起动转矩为

$$T_{st}=\frac{m_1 p(U_N/\sqrt{3})^2(r'_2+r'_{\triangle})}{2\pi f_1[(r_1+\sigma_1 r'_2+\sigma_1 r'_{\triangle})^2+(x_{1\sigma}+\sigma_1 x'_{2\sigma})^2]}$$

$$=\frac{3\times2\times(380/\sqrt{3})^2(0.012+0.194)}{2\pi\times50[(0.012+1\times0.012+1\times0.194)^2+(0.06+1\times0.06)^2]}$$

$$=3058.1272(N\cdot m)$$

第十五章

15-1 答:①②

15-2 答:③

15-3 答:②

15-5 答:②

15-7 答:①

15-9 答:①

15-10 答:①

15-11 答:②

15-12 答:③

15-13 答:②

15-14 答:$E_0=20357.74V,\psi=76.22°$

15-15 答:$I_d=8.66A,I_q=5A,x_d=22.66\Omega,x_q=17.93\Omega$

15-16 解答:$E_0=17.25kV;\psi=73.67°$

15-17 解答:$E_0=10.73kV;\theta=18.4°$

15-18 解答:$E_0=6474V$

第十六章

16-1 答:②

16-2 答:②

16-3 答:③

16-4 答:④

16-5 答:①③

16-6 答:③

16-7 答:①

16-8 答:③

16-9 答:③⑤

16-10 答:①调节同步发电机原动机输入功率;②调节同步发电机的励磁电流

16-11 答:①感应电势 E_0 同端电压 U_1 之间的夹角;②转子磁极的轴线与合成磁场轴线的夹角

16-12 答:电感

16-13 答:① 同步发电机的励磁电流;②负载的性质

16-16 解答:(1)$I_a=58.44\text{A}$,$\cos\varphi=0.4762$;(2)调节前 $P=44.231\text{kW}$,$Q=33.173\text{kvar}$;调节后 $P=18.317\text{kW}$,$Q=33.823\text{kvar}$

16-19 解答:(1)$\theta_N=35.93°$;$P_{em}=25000976\text{W}$;$P_{syn}=34499450\text{W}$;$k_M=1.7$;
(2)$\theta=17.06°$;$P_{em}=12500488\text{W}$;$P_{syn}=40734683\text{W}$;$\cos\varphi=0.45$;
(3)$\theta=32.24°$;$P_{em}=25001708\text{W}$;$\cos\varphi=0.723$;$I=1901.43\text{A}$

16-20 解:

(1)$S_N=P_N/\cos\varphi_N=5000\times10^3/0.8=62500(\text{kV}\cdot\text{A})$

$P^*=P/S_N=10000/62500=0.16$

$$I^*=\frac{P^*}{U^*\cos\varphi}=\frac{0.16}{1\times1.0}=0.16$$

$$\psi=\arctan\frac{I^*x_q^*}{U^*}=\arctan\frac{0.16\times0.7}{1}=6.39°$$

因为 $\varphi=0$,所以

$$\theta=\psi=6.39°$$

$I_d^*=I^*\sin\psi=0.16\times\sin6.39°=0.0178$

$E_0^*=U^*\cos\psi+I_d^*x_d^*=1\times\cos6.39°+0.0178\times1.15=1.014$

所以

$$I_f^*=E_0^*=1.014$$

(2)因为 $E_0^*=0$,所以

$$P_{em}^*=\frac{U^{*2}}{2}\left(\frac{1}{x_q^*}-\frac{1}{x_d^*}\right)\sin2\theta=\frac{1^2}{2}\left(\frac{1}{0.7}-\frac{1}{1.15}\right)\sin2\theta=0.16$$

即

$$0.2795\sin2\theta=0.16$$

得

$$\theta=\frac{1}{2}\arcsin\frac{0.16}{0.2795}=17.46°$$

因为 $\theta<45°$,所以电机仍能稳定运行。

$$I_d^*=\frac{U^*\cos\theta}{x_d^*}=\frac{1\times\cos17.46°}{1.15}=0.83$$

$$I_q^*=\frac{U^*\sin\theta}{x_q^*}=\frac{1\times\sin17.46°}{0.7}=0.43$$

$$I^* = \sqrt{I_d^{*2} + I_q^{*2}} = \sqrt{0.83^2 + 0.43^2} = 0.93$$

$$I = \frac{S_N}{\sqrt{3}U_N} = \frac{62500}{\sqrt{3} \times 13.8} = 4529(\text{A})$$

$$I = I^* \cdot I_N = 0.93 \times 4529 = 4212(\text{A})$$

$$\cos\varphi = \frac{P^*}{U^* I^*} = \frac{0.16}{1 \times 0.93} = 0.172$$

16-22 解：$S_N = 500\text{kV} \cdot \text{A}$，$P_2 = 300\text{kW}$

$$P_2^* = \frac{300}{500} = 0.6$$

又 $$P_2^* = U_N^* I_N^* \cos\varphi = 1 \times 1 \times \cos\varphi = 0.6$$

则 $$\cos\varphi = 0.6, \quad \varphi = 53.13°$$

因 $E_0^* = 0.52 < U^* = 1$，故电机欠激运行。

令 $\dot{U}^* = 1.0\angle 0°$，则 $\dot{I}_N^* = 1.0\angle 53.13°$，如下图，有

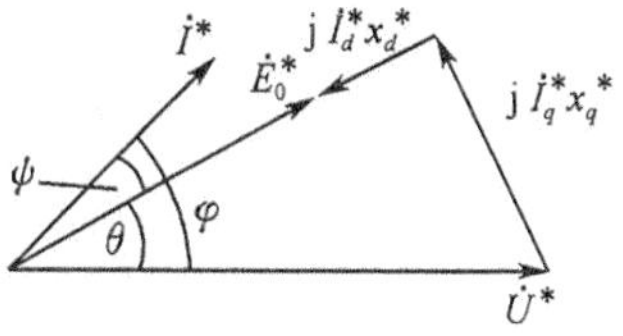

$$\psi = \varphi - \theta = 53.13° - 36.87° = 16.26°$$

$$I_d^* = I^* \sin\psi = 1.0 \times \sin 16.26° = 0.28, I_q^* = I^* \cos\psi = 1.0 \times \cos 16.26° = 0.96$$

$$\begin{cases} I_q^* x_q^* = U^* \sin\theta \\ I_d^* x_d^* = U^* \cos\theta - E_0^* \end{cases}, 即 \begin{cases} 0.96 x_q^* = 1.0 \times \sin 36.87° \\ 0.28 x_d^* = 1.0 \times \cos 36.87° - 0.52 \end{cases}$$

得 $$\begin{cases} x_q^* = 0.625 \\ x_d^* = 1 \end{cases}$$

电机失磁时 $$P_{em}^* = \frac{U^{*2}}{2}\left(\frac{1}{x_q^*} - \frac{1}{x_d^*}\right)\sin 2\theta$$

当 $\theta = 45°$ 时 $$P_{em}^* = \frac{1}{2}\left(\frac{1}{0.625} - \frac{1}{1}\right) = 0.3$$

$$P_{em} = P_{em}^* S_N = 0.3 \times 500 = 150(\text{kW})$$

第十七章

17-1 答：②④

17-2 答：①

17-3 答：②

17-4 答：③

17-5　答:直流发电机中只有电阻压降,同步发电机中除电阻压降外还有电抗压降

17-6　答:①降低;②降低;③增加;④增加

17-10　答案:(1)$x^*_{d(不饱和)}=1.02$;$k_c=1.036$;(2)$I^*_{fN}=1.79$;$\Delta U\%=27.57\%$

17-11　答案:$I_{fN}=349.786A$;$\Delta U\%=27.5\%$

17-12　答案:$I^*_{fN}=1.8654$;$\Delta U=28.3\%$

第十八章

18-2　答:①②

第十九章

19-1　答:①

19-2　答:②

第二十章

20-1　答:①

20-2　答:②

20-3　答:③

20-4　答:②

20-5　答:②

20-6　答:③

20-7　答:②

20-8　答:交变

20-9　答:直流

第二十一章

21-1　答:②

21-2　答:①

21-3　答:④

21-4　答:②

21-5　答:①

21-6　答:①

21-7　答:①

21-8　答:制动;驱动

21-9　答:机械损耗和铁损耗;励磁损耗、电枢铜损耗和电刷接触电阻损耗

21-10 答：T_{em}减小，n 升高，P_1 减小

21-11 答：去磁；助磁

21-12 答：机械损耗、铁心损耗、励磁损耗；机械摩擦，电枢铁心相对磁场运动，励磁绕组铜损耗

21-13 答：电枢回路电阻上的损耗及电刷与换向器表面的接触电阻上的损耗；负载变化时

21-14 答：减小 10%；增加 10%；上升，但上升幅度小于 10%

21-15 答：下降 50%；保持不变

21-16 解答：(1)$F_{ad}=466.7$ 安匝/极；$F_{\delta d}=2533.3$ 安匝/极；(2)$F_{aq}=1633.3$ 安匝/极；(3)$\phi_\delta=0.253$ Wb

21-17 解答：(1)$A=207.5$ A/cm；(2)$F_{aq}=1123.88$ 安匝/极；(3)$F_{aqd}=134.9$ 安匝/极；(4)$N_f=793$ 安匝/极

21-18 解答：(1)$T_N=205.6$ N·m；$n_0=1073$ r/min；(2)$P_1=24.2$ kW；

$P_2=P_N=20$ kW；$P_{em}=21.1$ kW；$\sum p=4.2$ kW；(3)$n=1017$ r/min

第二十二章

22-1 答：②

22-4 答：①②

22-5 答(1)$I_{fN}=0.438$ A；$R_f=525\Omega$；(2)$U_0=260$ V；(3)$U_0=249.4$ V；

$U_N=225.6$ V

22-6 答：(1)$U_0=129.25$ V；(2)$F_{adq}=110.5$ 安匝/极；(3)$\Delta U=12.39\%$

第二十三章

23-1 答：①

23-2 答：①

23-3 答：①

23-4 答：①

23-5 答：③

23-6 解答：该起动变阻器分为四级，每级阻值分别为

$$R_1=(\sum R)_1-(\sum R)_2=5.1726-2.746=2.427(\Omega)$$

$$R_2=(\sum R)_2-(\sum R)_3=2.746-1.229=1.517(\Omega)$$

$$R_3=(\sum R)_3-(\sum R)_4=1.229-0.28=0.949(\Omega)$$

$$R_4=(\sum R)_4-0=0.28-0=0.28(\Omega)$$

23-7 解答：起动变阻器应分为 5 级。第一级：$R_1=1.925\Omega$；第二级：$R_2=1.251\Omega$；第三级：$R_3=0.814\Omega$；第四级：$R_4=0.528\Omega$；第五级：$R_5=0.612\Omega$

23-8 解答：(1)起动变阻器的阻值 $R\mathrm{j}=1.63\Omega$；电流容量 $I\geqslant I_{st}=119.9$ A；(2)$k=13.76$ 倍

23-9 解答：(1)$E_t=101.42$ V；(2)$I_{at}=13.2$ A；(3)$T_t=0.8697$ kg·m；(4)$n_2=1056$ r/min

23-10 解答：(1)$T_N=1833.46$N·m；(2)$T_{em}=1776.6$ N·m；(3)$n_0=520$ r/min；(4)$n=473.8$ r/min

23-11 解答：(1)移刷所产生的直轴电枢反应磁势是去磁的；该磁势每极 125 安匝；欲使电刷移回几何中心线应顺电动机转向移动电刷，带负载调节电刷至 220V、25A、并励状态时 $n=2100$ r/min为止；(2)$n=1750$ r/min；(3)应在枢路串入电阻，其阻值为 $r_c=1.2\Omega$(功率应大于 750W)

23-12 解答：80A；481 r/min

23-13 解答：$R_j=0.67\Omega$

23-14 解答：(1)$R=0.043\Omega$；(2)$n=-42.2$ r/min，$R=0\Omega$

模拟试卷及解答

模拟试卷一

一、填空题

1. 直流电动机负载运行，电源电压与负载电流均维持不变，若转速上升 20%，则当磁路线性时，励磁电流是原来的________倍。

2. 一台三相异步电动机，采用 Y-△起动，则起动转矩为直接起动（△接法）时的________倍；电网供给的起动电流为直接起动时的________倍。若采用自耦变压器降压起动，电压下降到额定电压的 80%，则起动转矩下降到直接起动时的________倍，电网供给起动电流为直接起动时的________倍。

3. 一台三相汽轮发电机，已知其同步电抗 $x_t^*=1.25$，电机磁路不饱和，则电机的短路比为________。

4. 一台 10kV・A，短路电压 $u_k=5\%$，$N_1=1760$ 匝，$N_2=440$ 匝的单相双绕组变压器，现接成自耦变压器使用。已知其输出电压为输入电压 80%，若改接前后每匝绕组外施电压不变，则这台自耦变压器的额定容量 $S_{Na}=$________kV・A；直接传导能量 $S'=$________kV・A；耦合传导能量 $S''=$________kV・A；短路电压 $u_{ka}=$________%。

二、计算题

1. 并励直流电动机，额定电压 220V，枢路电阻为 0.048Ω（包括电刷接触电阻）。该电机装于起重机上作动力，在重物恒速提升时测得电机端电压为 220V，枢流 250A，转速为 832 r/min，当不计电枢反应时，试求：

(1)在重物恒速放下时（负载转矩不变，电磁转矩不变），测得电压和激磁电流均不变，转速变为 100 r/min，则枢路中应串入多大电阻？

(2)若激磁电流不变，在电枢回路内串入电阻 R，采用能耗制动法以 100 r/min 速度下放重物，则 R 应为何值？

2. 有一台三相异步电动机，过载能力 $k_M=1.6$，运行于额定电压下，输出转矩为额定。现由于某种原因，电网电压突然下降 22%，此时负载转矩仍不变，试通过计算回答电机能否继续稳定运行。

3. 有两台隐极同步发电机，枢阻可不计，额定容量与电压均相同，额定状态的功率因数也均为0.8(滞后),仅同步电抗标幺值不同。一台为1.0,另一台为0.8,求两机过载能力k_M。

4. 有一台单相双绕组变压器,额定电压$U_{1N}/U_{2N}=220/110V$,额定容量$S_N=10kVA$。今欲将这台变压器改接为330/220V的自耦变压器,试求改接后变压器的容量。

模拟试卷二

一、填空题

1. 为了得到随时间正弦变化的感应电势,当变压器铁心饱和时,空载电流应呈________波形。

2. 一台额定频率为60Hz的变压器,现将它接到50Hz的电源上,若电压与线圈匝数均不变,则其磁通为原值的________;若要此磁通维持不变而改变输入电压,则电压应是原值的________;如果改变匝数,则匝数应是原值的________。

3. 对称的三相绕组通以三相对称的正弦交变电流,电流的有效值为8.165A。在某一瞬间,基波旋转磁势的幅值空间位置恰在未到C相轴线30°电角度处。此时,各相电流的瞬时值为$i_A=$______A;$i_B=$______A;$i_C=$______A。

4. 频率为50Hz,极数$2p=4$的异步电动机,以转差率$s=0.02$运行时,转子电流频率为________Hz;定子电流产生的基波旋转磁场以________r/min速度切割定子绕组,以________r/min速度切割转子。由转子电流产生的旋转磁场以________r/min切割定子绕组,以________r/min切割转子。

5. 一台四极三相绕线式异步电动机,额定转速为1440 r/min,若在转子回路中每相串入一个与转子绕组每相电阻相同的附加电阻,则转速为________r/min(负载转矩不变,电网频率为50Hz)。

6. 并励直流发电机的电压建立条件为________________。

7. 直流并励电动机改变转向的方法有________________。

8. 直流电动机调速时,在励磁回路中增加调节电阻,可使转速________,而在电枢回路中增加调节电阻,可使转速________。

二、计算题

1. 一台三相变压器,额定容量$S_N=100kV\cdot A$,频率$f=50Hz$,Y/△连接,额定电压$U_{1N}/U_{2N}=6300/230V$。经空载试验和短路试验测得数据如下:

空载试验:低压侧加额定电压时测得$I_{0线}=17.5A$,$p_0=600W$;

短路试验:高压侧加短路电压$U_{k线}=234V$,短路电流为额定值,测得短路损耗为$p_k=2250W$。试求:

(1)折算到高压侧的 r_m、x_m、z_m 及 r_k、x_k、z_k；

(2)短路参数 r_k、x_k、z_k 的标幺值；

(3)额定负载，且供给功率因数为 0.8 滞后时的电压调整率及效率。

2. 一台三相异步电动机，定子△连接，$U_{1N}=380V$，$f=50Hz$，$P_N=7.5kW$，$n_N=960$ r/min，额定负载时 $\cos\varphi_1=0.824$。定子铜损耗 474W，铁损耗 231W，机械损耗 45W，附加损耗 37.5W。试求在额定负载时：

(1)转差率；

(2)转子电流频率；

(3)转子铜损耗；

(4)效率；

(5)定子电流。

3. 一台三相汽轮发电机数据如下：$S_N=54000kV\cdot A$，$U_{1N}=13.8kV$，Y 连接，$x_t=7.0\Omega$(不饱和值)，$\cos\varphi=0.8$(滞后)，电枢电阻略去不计。此发电机并联在无穷大电网上运行，试求当发电机输出为额定负载时不饱和的空载电势 E_0、功率角 θ、电磁功率 P_{em}、过载能力 k_M，并画出简化矢量图。

模拟试卷三

一、填空题

一台 Y 连接的三相四极 50Hz 隐极同步电机，额定容量为 3kV·A，额定电压为 380V，$x_t^*=1.0$，电枢电阻不计。今与他励直流电机同轴连接，直流电机接 220V 直流电源以电动机起动。在接近同步速且同步电机的空载电势 E_0 等于额定电压 U 时将同步电机并入线电压为 380V 电网。并网后同步电机电枢电流为零，直流电机电枢电流 $I_a=2.4A$，电阻 $R_a=1\Omega$。

请选用适当词组填入以下空格内，如是数字的则计算后填入。

1. 并网后仅减小直流电机的励磁电流，机组转速应__________1500 r/min，直流电机电枢电流应__________2.4A。此时直流电机按__________机方式运行，同步电机以__________机方式运行。同步电机相量 $\dot{E}_0$ 的相位应__________于 $\dot{U}$，相量 $\dot{I}$ 的相位则应__________于 $\dot{E}_0$ 并__________于 $\dot{U}$。如同步电机电枢电流达额定值时，则应有功率角 $\theta=$__________，$\dot{I}$ 与 $\dot{E}_0$ 之间相角 $\psi=$__________，$\varphi=$__________。

2. 并网后如仅减小同步电机的励磁电流，则直流电机电枢电流变化应__________，同步电机电枢电流则__________。此时，同步电机将作__________机运行。直流电机为__________机运行。同步电机相量 $\dot{E}_0$ 的相位应__________于

$\dot{U}$,相量 $\dot{I}$ 的相位则应__________于 $\dot{E}_0$ 并__________于 $\dot{U}$,各个角度数值为 $\theta=$__________,$\psi=$__________,$\varphi=$__________。同步电机电枢反应性质有__________磁作用。

3. 并网后如__________直流电机的励磁电流,则可调节到直流电机的电枢电流 $I_a=0$ 状态。此时,同步电机的运行状态为__________机,功率角 $\theta=$__________,$\varphi=$__________,$\psi=$__________,同步电机的每相电流 $I=$__________A。同步电机从电网上吸收的功率为__________W。

二、计算题

1. 一台并励直流发电机额定电压 $U_N=230V$,额定电流 $I_N=15A$,额定转速 $n_N=1515$ r/min,电枢回路电阻 $r_a=1.035\Omega$,一对电刷接触压降 $2\Delta U_b=2V$,励磁回路总电阻 $R_f=500\Omega$,每极的励磁绕组匝数 $N_f=500$ 匝,电刷位于几何中性线上,额定负载时每极交轴电枢反应等效去磁安匝 $F_p=150$ 安匝。现把发电机作为电动机而装在起重机上,外施电压 $U=220V$,励磁回路电阻不变。试求:

(1)当提升某重物时,电动机电枢电流正好等于发电机状态额定负载运行时的电枢电流,这时电动机的转速是多少?(设 F_p 不变,且饱和系数相同于发电机。)

(2)保持端电压 $U=220V$,$R_f=500\Omega$,而在电枢回路串入电阻 R_j 使电动机以100 r/min的转速将该重物下放,问此 R_j 应为多少?(假设电动机在提升及下放时,机组的空载转矩都等于该重物的重力转矩的 10%,而且设下放重物的$F_p=150$安匝不变。)

2. 一台 Y/△-11 三相变压器,$S_N=75kV\cdot A$,$U_{1N}/U_{2N}=6000/400V$,测得试验数据如下:

试验名称	线电压/V	线电流/A	三相功率/W	备注
空载试验	400	8.55	934	电压加在低压绕组
短路试验	426.5	6.35	1742	电压加在高压绕组

(1)试画出用标幺值表示的励磁支路直接前移的 Γ 形等效电路;

(2)根据上述 Γ 形等效电路,求在 $U_1=U_{1N}$,$I_2=I_{2N}$,$\cos\varphi_2=0.8$(滞后)时的 U_2^*,I_1^* 及 $\cos\varphi_1$。

3. 一台三相四极 Y 连接绕线式异步电动机,额定功率 $P_N=150kW$,额定电压 $U_N=380V$,额定频率 $f_N=50Hz$。已知电机参数 $r_1=r'_2=0.024\Omega$,$x_{1\sigma}=x'_{2\sigma}=0.114\Omega$,校正系数 $\sigma_1=1.0$。额定运行时转子铜损耗 $p_{Cu2}=3.16kW$,机械损耗$p_{mec}=3.34kW$,附加损耗 $p_{ad}=1.5kW$。

(1) 求额定运行时的转差率 s_N、转速 n_N、电磁功率 P_{emN}和电磁转矩 T_{emN};

(2) 求电动机的最大转矩和产生最大转矩的转差率;

(3) 若要以最大转矩起动，求转子每相串入电阻应是转子绕组电阻的多少倍？

(4) 若转子每相串入电阻是转子绕组电阻的 10 倍，电动机产生的电磁转矩与额定运行时相同，求此时的转差率 s、转速 n 及转子铜损耗 p_{Cu2}。

模拟试卷四

一、填空题

1. 一台变压器，原设计的频率为 50Hz，现接在 60Hz 的电网上运行。额定电压数值不变，励磁电流将__________；铁损耗将__________。(选择：不变；增大；减小)

2. 一台变比为 $k=10$ 的变压器，从低压侧做空载试验求得副边的励磁阻抗标幺值为 16，则原边的励磁阻抗标幺值为________。(选择：16；1600；0.16)

3. 变压器的额定容量 $S_N=320\text{kV}\cdot\text{A}$，空载损耗 $p_0=21\text{kW}$，如果电压下降 10%，变压器的空载损耗将为________。

4. 某收音机中功率放大器要求匹配的阻抗为 512Ω，但喇叭的阻抗只有 8Ω，如果在功率放大器与喇叭之间接入一输出变压器，则该输出变压器的变比应为________。(选择：8；64；0.8；6.4)

5. 如果电源电压为平顶波形，将此电压施加于一个单相变压器，则该变压器铁心中的磁通波形为________。(选择：尖顶波；平顶波；正弦波)

6. 当变压器副边电流增加到额定值时，若要保持副边电压不变，即 $\Delta U\%=0$，那么副边负载阻抗的性质是________。(选择：感性；纯电阻；容性)

7. 一台 10kV·A，短路电压 $u_k=5\%$，$N_1=1760$ 匝，$N_2=440$ 匝的单相双绕组变压器，现接成自耦变压器使用。已知其输出电压为输入电压的 80%。若改接前后每匝绕组外施电压不变，则这台自耦变压器的额定容量 $S_{Na}=$________kV·A；直接传导能量 $S'=$________kV·A；耦合传导能量 $S''=$________kV·A；短路电压 $u_{ka}=$________%。

8. 如图 T.1 所示，有 Y/△－11 和 Y/△－3 甲乙两台不同连接组别、相同变比的变压器，试将乙台正确接到电网上。

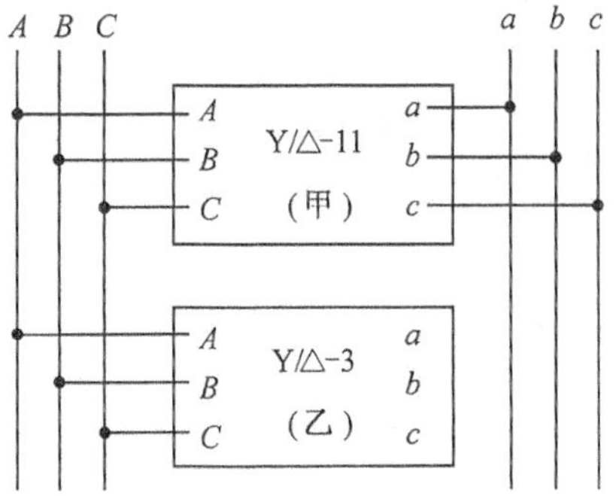

图 T.1

二、计算题

1. 额定电压 220V，枢流 20A 的加复励直流电动机，磁路线性，串励磁场绕组每极 5 匝，该电机在并励状态、220V、20A 时的转速为 2100 r/min，理论空载转速 n_0=2200 r/min。今使电刷自几何中性线移开一个角度，则在并励 220V、20A 时的转速为 2630 r/min。若此刻接入串励磁场绕组，转速又回到 2100 r/min。试问：

(1)移刷所产生的直轴电枢反应磁势是去磁还是助磁的？此磁势每极多少安匝？欲使电刷移回中线应如何移刷？

(2)设电刷已移回几何中性线，加复励运行，求 220V、20A 时的转速；

(3)第(2)题状态下工作，但要使转速为 1500 r/min，则应在场路中串入电阻还是应在枢路中串入电阻？电阻数值应多大？

2. 起重机上的绕线式异步电动机，三相，六极，50Hz，$P_N=7.5$kW，$n_N=$960r/min，过载能力 $k_M=2.6$，转子电阻 $R_2=0.8\Omega$，试用转矩的简化计算公式求：

(1)转子短路且出现最大转矩时的转速，直接起动时的起动转矩及其倍数；

(2)带额定转矩负载，以转速为 100 r/min 起吊和下放时在转子回路中需分别串入电阻。

3. 一台在无穷大电网上运行的水轮发电机，额定容量 S_N=500kV·A。试验中测得输出有功功率为 300kW，电流额定功率角 $\theta=36.87°$，电势 $E_0^*=0.52$。磁路线性，不计枢路电阻。试求该电机失磁时能输出的最大有功功率。

模拟试卷五

一、填空题

1. 一台串励直流电动机，若把电刷顺旋转方向偏离几何中心线一个角度，设电机的电枢电流保持不变，此时电动机的转速将__________。(选择：降低；升高；保持不变)

2. 一台积复励直流电动机，由直流电网供电拖动一台三相同步发电机，向三相交流电网供电。现欲将同步发电机改作电动机运行(转向及接线均不变)，由三相交流电网供电。直流电动机作积复励直流发电机运行(直流电网极性不变)，则需要采取的措施是______________________________。(选择：反接直流电机的电枢绕组；反接直流电机串励绕组；反接直流电机的并励绕组；直流电机的串并励绕组同时反接；直流电机的所有绕组接法不变)

3. 一台他励直流发电机，额定电压为 110V，4 极，电枢为单叠绕组，额定支路电流为 100A，额定功率为__________。(选择：44kW；22kW；11kW；88kW)

4. 一台并励直流电动机拖动一台他励直流发电机。当电动机的外加电压，励磁回路电阻均不变时，增加发电机的负载，电动机的电枢电流 I_a 和转速 n 将____________________。(选择：I_a 增大，n 降低；I_a 减小，n 增高；I_a 增大，n 增高；I_a 减小，n 降低)

5. 一台并励直流电动机，如果电源电压 U 和励磁电流 I_f 保持不变，加上恒定转矩 T_z 的负载以后，发现电枢电流 I_a 超过额定电流。有人企图在电枢回路中串接一电阻来限制电枢电流。串入电阻后电动机电枢电流将__________。（选择：减小；增加；不变）

6. 一台他励直流电动机拖动一台他励直流发电机在额定转速下运行，当发电机的电枢电流减小时，电动机的电枢电流将__________。（选择：增大；减小；不变）

7. 并励直流电动机，当电枢电流 I_a 增加时，电枢反应使转速 n __________；转矩 T 将__________。

8. 一台并励直流发电机经标正常运行后，停机片刻。然后再使原动机反转，并达到额定转速，此时该发电机的端电压将__________。

9. 对于任何一台直流发电机，在给定运行情况下，总可以利用电势平衡方程 $E_a=U+I_aR_a$ 得感应电势 E_a。为什么利用磁化曲线求出对应 E_a 的电流 I_f 并非该运行状态的实际励磁电流，其原因是____。

二、计算题

1. 有一线电压为 66kV 的三相电源，经过二台容量为 1500kV·A 的三相变压器二次降压后供给一线电压为 400V 的负载。二台变压器均采用△/Y 连接，第一台变压器的额定电压为 66/6.3kV，第二台变压器的额定电压为 6300/400V。当二台变压器多在 6300V 侧测得短路试验的数据如下：

变压器	外施线电压/V	短路线电流/A	总功率/kW
Ⅰ	334	130	14
Ⅱ	382	135	15

第一台变压器的空载损耗为 10kW，第二台变压器的空载损耗为 12kW。试求负载电压额定、负载电流为 2000A、功率因数为 0.9（滞后）时每台变压器的效率 η_{I}、η_{II} 及二台变压器的总效率 η_{Σ}。

2. 一台三相异步电动机，380V、50Hz、1450 r/min、△连接，定子与转子的参数在折算到同一侧时相等，$r_1=r_2'=0.724\Omega$，每相漏抗的每相电阻的 4 倍，校正系数取 $\sigma_1=1+\dfrac{x_{1\sigma}}{x_m}=1.04$，$r_m=9\Omega$。试求：

(1) 在额定运行时输入功率 P_1、电磁功率 P_{em}、总机械功率 P_{mec} 以及励磁支路损耗 p_m、铜损耗 p_{Cu}；

(2)最大电磁转矩、过载能力以及出现最大电磁转矩时的转差率；

(3)为要在启动时获得最大转矩，在转子回路中应接入的每相电阻。

3. 两台相同的汽轮发电机 A、B 由同一汽轮机同轴驱动并联运行，Y 连接，电枢电阻 $R_a=0.42\Omega$，同步电抗 $x_t=12.4\Omega$，并联运行时保持线电压 6300V 不变。输出总功率为 1500kW，$\cos\varphi=0.83$(滞后)不变。现调节励磁使原来均分负载的两机的空载电势变为 $E_{0A}=1.5E_{0B}$。求调节后两机的输出功率、电流及功率角。

模拟试卷六

一、额定电压 115V，额定电流 20A，四极，1500 r/min的直流发电机。电枢回路电阻(包括电刷接触电阻)$R_a=0.23\Omega$。激磁绕组单路串联，每极匝数 $N_f=550$ 匝/极，磁场绕组总电阻 $r_f=102\Omega$。在他激空载额定电压时的场流 i_{f0} 0.6A。以 i_{f0} 为磁场电流基值，U_N 为电压基值，得以标幺值表示的空载特性为

$$E^*=\frac{2i_f^*}{1+i_f^*}\qquad 或 \qquad i_f^*=\frac{E^*}{2-E^*}$$

试解下列各题：

(1)作他激发电机，激磁电压为 115V。已知满载时电枢反应的去磁磁势为 33 安匝/极，求额定状态下的激磁电流 i_f、场路的串入电阻 r_j 及满载调压率 ΔU；

(2)作并激发电机，求满载调压率 ΔU；

(3)加串激绕组作加复激发电机，要求 $U_0=U_N=115V$，求串激绕组每极匝数 N_s 及并激磁场回路的外加串联电阻 R_j。

二、一台三相降压变压器，Y/△－11 连接，每相线圈匝数比 $k=N_1/N_2=1.5$，$S_N=1800kV\cdot A$，在高压端 A、B、C 接 6kV 对称的额定电压下，有三种运行状态如下：① 低压端 a、b、c 开路，每相输入电流 13.86A，输入总功率为 40.32kW；② 低压端 a、b、c 接对称纯电感负载，在 50%额定电流时输出电压 $U_2^*=0.93$；③ 低压端 a、b、c 接对称可变电阻，发现 $I^*=0.64$ 时效率最大。试求：

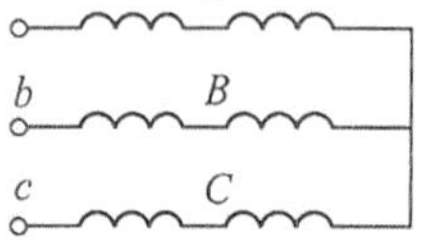

图 T.2

(1)各阻抗欧姆值 r_m、x_m、r_k、x_k；

(2)改接成降压自耦变压器如图 T.2 所示，维持 A、B、C 端的线电压 6kV 不变，求线电压 U_{ab}；

(3)以上降压自耦变压器输出端 A、B、C 开路，则由输入端 a、b、c 输入的空载电流 I_0 为多少？

(4)以上降压自耦变压器可以传递多大容量？

三、一台鼠笼式异步电动机，$U_N=380V$，$f_N=50Hz$，过载能力为 2.5，额定转速为 960 r/min。当电源电压和频率不变时逐渐增加机械负载使电机转速下降，试求电动机能稳定运行的最低转速。如该电动机铭牌标注为△接法，则能否带额定负载转矩用 Y-△变换起动？

四、A、B 两台隐极式同步电动机，转子同轴连接且主极磁场轴线位置相同。其中一台的定子可以前后移转 90°电角度，初始状态两电机定子对应轴线重合。现分别接在频率为 60Hz 及 50Hz 的大容量电网上。试求：

(1)该机组的最高转速；

(2)今欲自 50Hz 电网向 60Hz 电网输送有功功率，应如何调整电机？

(3)设电机的额定功率为 6.7kW，额定功率因数为 0.8(滞后)。空载特性为直线，在 $E_0=U_N$ 时励磁电流为 10A；在 $I_k=I_N$ 时励磁电流为 15A。今将两机的励磁电流调到 12A，问如何实现自 50Hz 电网向 60Hz 电网输送有功功率 3.35kW。

模拟试卷七

一、两台完全相同的并励直流电机，均接在电压为 230V 的同一电网上，且机械上同轴连接，轴上不带任何负载。在 1000 r/min时的空载特性如下：

i_f/A	1.3	1.4
E_0/V	186.7	195.9

现电机 A 的励磁电流为 1.4A，电机 B 的励磁电流为 1.3A，电枢电阻(包括电刷接触电阻)均为 0.1Ω，转速为 1200 r/min，不计电枢反应，求此时：

(1)A、B 两台电机的运行状态；

(2)两台电机总的机械损耗与铁损耗之和；

(3)保持转速不变，只调节励磁电流能否改变两台电机的运行状态？为什么？

(4)在 1200 r/min时，两台电机能否同时从电网吸收功率或向电网输出功率？为什么？

二、某线电压为 66kV 的三相电源，经 A、B 二台容量均为 1500kV·A，△/Y 连接的三相变压器二次降压后供给一线电压为 400V 的负载。A 台变压器的额定电压为 66/6.3kV，B 台变压器的额定电压为 6300/400V。当二台变压器在 6300V 侧作短路试验时测得数据如下：

变压器	外施线电压/V	短路电流/A	三相总功率/kW
A	334	130	14
B	300	124	12

A 台变压器的空载损耗为 10kW，B 台变压器的空载损耗为 12kW。试求：

(1)在额定电压下负载电流为 2000A 且功率因数为 0.9(滞后)时每台变压器的效率 η_A、η_B 及二台变压器的总效率 η_Σ；

(2)每台变压器有最大效率时的负载系数 β_{mA}、β_{mB} 及两台变压器总效率最大时的负载系数$\beta_{m\Sigma}$；

(3)在额定负载、功率因数为0.9(滞后)时总的电压调整率。

三、一台Y接法三相四极绕线式异步电动机，$f_1=50\text{Hz}$，$P_N=150\text{kW}$，$U_N=380\text{V}$，额定负载时测得$p_{Cu2}=2210\text{W}$，$p_{mec}+p_{ad}=3640\text{W}$，已知电机参数$x_{1\sigma}=x'_{2\sigma}=0.012\Omega$，$x_{1\sigma}=x'_{2\sigma}=0.06\Omega$，不计$z_m$，试求：

(1)额定运行时电磁功率P_{em}，转差率s_N，转速n_N，电磁转矩T_{em}；

(2)负载转矩不变时，在转子回路串入电阻$R'_s=0.1\Omega$，此时的转差率s和转速n；

(3)转子不串电阻时产生最大转矩的转差率s_m；

(4)要使起动时产生的转矩为最大转矩，应在转子回路中串入的每相电阻值(折算值)。

四、一台三相汽轮发电机，50Hz，2极。略去电枢电阻r，在2000 r/min时进行空载试验和短路试验。已知：空载试验时，励磁电流标幺值(下同)$I^*_{fN}=1.0$，空载电势$E^*_0=\frac{2}{3}$；短路试验时，励磁电流$I^*_{fN}=1.0$，短路电流$I^*_k=1.0$，现发电机与$U^*=1.0$的无穷大电网并联运行。试求：

(1)同步电抗(直轴同步电抗)x^*_t；

(2)同步转速时电枢电流$I^*=1.0$，负载功率因数$\cos\varphi_N=0.866$(滞后)时发电机的功率角θ；

(3)过载能力k_M。

模拟试卷八

一、A、B两台相同的串激电动机，其电枢电路总电阻R_a均为0.3Ω，仅空气隙大小略有差别。当二机分别接在600V电源上运行，负载电流均为100A时，A机转速为1200 r/min，B机转速为1000 r/min。今将两机的转轴互相耦接在一起，且电枢互相串联后再接到600V电源上，负载电流为100A。假设电机磁路线性，不计激磁绕组电压降，试求：

(1)此时的转速；

(2)哪台电机气隙较大？此时其端电压为多少？

二、A、B二台三相变压器，A台：$S_N=120\text{kV·A}$，$U_{1N}/U_{2N}=6300/400\text{V}$，Y/△-11连接组；$B$台：$S_N=100\text{kV·A}$，$U_{1N}/U_{2N}=6300/404\text{V}$，Y/△-3连接组，短路电压$u_k=7.2\%$，短路功率因数与$A$台相同。$A$台得原边接额定电压，副边若开路，原边输入电流为0.55A；副边若接三相对称的R、L负载，负载电流为额定值，$\cos\varphi_2=0.8$时，$U_{ab}=372\text{V}$；副边若接三相对称的纯电阻负载，改变阻值使负载

电流达$\frac{1}{\sqrt{2}}$额定值时效率最大，此时$U_{ab}=392\text{V}$。试求：

(1)在图 T.3 所示的 A、B 两台变压器并联运行接线图中画出 B 台变压器的正确接线，并作相量图以示接线无误；

(2)上述并联系统内有否环流 I_C？试计算证明之；

(3)上述并联系统总输出为 200kV·A，则 A、B 二台分别承担的千伏安数各为多少？

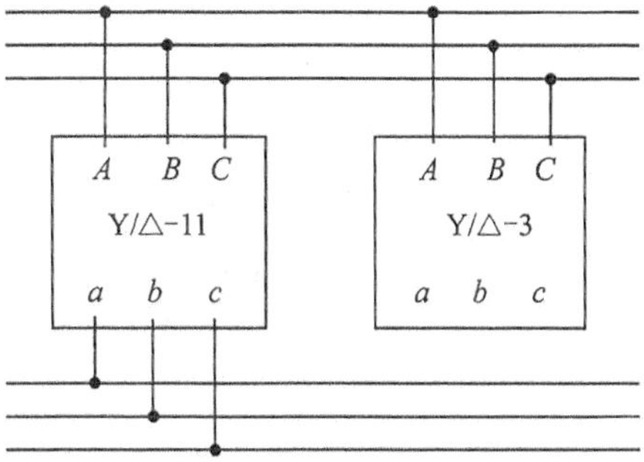

图 T.3

三、一台四极三相△连接的绕线式异步电动机，额定数据为 $P_N=30\text{kW}$，$U_N=380\text{V}$，$f_N=50\text{Hz}$，$n_N=1470\text{ r/min}$，$\cos\varphi_N=0.87$，$\eta_N=0.912$，定子绕组每相电阻 $r_1=0.25\Omega$，机械损耗与速度的平方成正比，额定运行时机械损耗为 1.0kW；附加损耗为输入功率的 0.5%。试求：

(1)额定运行时定子铜损耗 p_{Cu1}，转子铜损耗 p_{Cu2} 及定子铁损耗 p_{Fe}；

(2)电动机以额定转矩、1200 r/min将重物上提时，在转子电路内串入电阻 r_t 应为转子绕组电阻 r_2 的几倍？这时电机的输出功率为多少？(电机的附加损耗不变)

(3)电动机以额定电磁转矩，900 r/min将重物下放时，在转子电路内串入电阻 r_t' 应为转子绕组电阻 r_2 的几倍？转子铜损耗为多少？

四、三相凸极同步发电机，1000kV·A，400V，Y 接法，不计电枢电阻。现接在大电网上工作，运行状态为输出功率 500kW，枢流额定，功率角 $\theta=11.75°$，电势标幺值 $E_0^*=2$。试求：

(1)该机额定功率因数 $\cos\varphi_N=0.8$(滞后)，求额定状态时的 E_0^* 及 θ_N；

(2)失励运行，问能输出功率的极限值多大？此时 I^* 又多大？若限定 $I^*=1.0$，则失励运行能输出的功率极限值是多少？

(3)要求输出 500kW 功率，以不失步为限，求最小励磁所对应的 E_0^*，此时 I^* 多大？

(4)要求输出 500kW 功率，以 $I^*=1.0$ 为限，求最小励磁对应的 E_0^*，此刻的静态过载能力 k_M 多大？

模拟试卷一解答

一、填空题

1. 5/6

2. 1/3；1/3；0.64；0.64

3. 0.8

4. 50；40；10；1

二、计算题

1. 解：重物提升时

$$E = U_N - I_a R_a = 220 - 250 \times 0.048 = 208(\mathrm{V})$$

$$C_e \phi = \frac{E}{n} = \frac{208}{832} = 0.25$$

(1)重物下放时

$$T_{em} = C_T \phi I_a = \text{常数}，\text{即 } I_a = \text{常数}$$

$$E' = C_e \phi n = 0.25 \times (-100) = -25(\mathrm{V})$$

枢路中应串入电阻

$$R_j = \frac{U - E' - I_a R_a}{I_a} = \frac{220 + 25 - 250 \times 0.048}{250} = 0.932(\Omega)$$

(2)　$E'' = C_e \phi n = E' = -25$

$$R = \frac{U - E'' - I_a R_a}{I_a} = \frac{0 + 25 - 250 \times 0.048}{250} = 0.052(\Omega)$$

2. 解：$k_M = \frac{T_{max}}{T_N} = 1.6$，即 $T_{max} = 1.6 T_N$，因为

$$T_{max} = \frac{m_1 p U^2}{4\pi f_1 \sigma_1 \left[r_1 + \sqrt{r_1^2 + (x_{1\sigma} + \sigma_1 x'_{2\sigma})^2} \right]} \propto U^2$$

所以　$\frac{T'_{max}}{T_{max}} = \frac{(1-0.22)^2}{1^2} = 0.6084$，　即　$T'_{max} = 0.6084 T_{max}$

$$k'_M = \frac{T'_{max}}{T_N} = \frac{0.6084 T_{max}}{T_N} = 0.6084 k_M = 0.6084 \times 1.6 = 0.97344 < 1$$

所以电机不能稳定运行

3. 解：同步电抗标幺值为 1.0 的一台有

$$\dot{E}_0^* = \dot{U}^* + \mathrm{j} \dot{I}^* x_t^* = 1.0 + \mathrm{j}(0.8 - \mathrm{j}0.6) \times 1.0$$

$$= 1.6 + \mathrm{j}0.8 = 1.789 \angle 26.565^\circ$$

则　$k_M = \frac{1}{\sin 26.565^\circ} = 2.236$

同步电抗标幺值为 0.8 的一台有

$$\dot{E}_0^* = \dot{U}^* + j\dot{I}^* x_t^* = 1.0 + j(0.8 - j0.6) \times 0.8$$
$$= 1.48 + j0.64 = 1.612 \angle 23.385^\circ$$

则 $$k_M = \frac{1}{\sin 23.385^\circ} = 2.519$$

4. 解： $$k' = \frac{N_2}{N_1} = \frac{110}{220} = 0.5$$

$$S_{aN} = S\left(1 + \frac{1}{k'}\right) = 10 \times 10^3 \times \left(1 + \frac{1}{0.5}\right) = 30(\text{kV} \cdot \text{A})$$

模拟试卷二解答

一、填空题

1. 尖顶
2. 6/5;5/6;6/5
3. －10;0;＋10
4. 1;1500;30;1500;30
5. 1380
6. (1)有剩磁;(2)励磁方向与剩磁方向相同;(3)并励场阻须小于临界电阻
7. (1)并励绕组反接;(2)电枢绕组反接
8. 上升;下降

二、计算题

1. 解:(1)$U_k^* = \frac{U_{k1}}{U_{N1}} = \frac{284}{6300} = 0.045, I_k^* = \frac{I_{k1}}{I_{N1}} = 1$

$$U_{kr}^* = p_k^* = \frac{p_k}{S_N} = \frac{2250}{100 \times 10^3} = 0.0225$$

$$U_{kx}^* = \sqrt{U_k^{*2} - U_{kr}^{*2}} = \sqrt{0.045^2 - 0.0225^2} = 0.03897$$

$$U_0^* = U_0/U_{N2} = 1, I_0^* = I_0/I_{N2} = \frac{\sqrt{3}U_N I_0}{S_N} = 0.0697$$

$$r_m^* = p_0^*/I_0^{*2} = 1.235, x_m^* = \sqrt{Z_m^{*2} - r_m^{*2}} = 14.29$$

$$z_{1N} = U_{N1}^2/S_N = 396.9\Omega, z_m = z_m^* z_{1N} = 5694.3\Omega$$

$$r_m = r_m^* z_{1N} = 490.17\Omega, x_m = x_m^* z_{1N} = 5671.7\Omega$$

(2)$z_k^* = U_k^* = 0.045, z_k = z_k^* z_{1N} = 17.86\Omega$

$$r_k^* = p_k^* = 0.0225, r_k = r_k^* z_{1N} = 8.93\Omega$$

$$x_k^* = u_{kx}^* = 0.03897, x_k = x_k^* z_{1N} = 15.467\Omega$$

(3)$\Delta U = r_k^* \cos\varphi_2 + x_k^* \sin\varphi_2$

$$= 0.0225 \times 0.8 + 0.03897 \times 0.6 = 0.0414 = 4.14\%$$

$$\eta = \frac{I^* \cos\varphi_2}{I^* \cos\varphi_2 + p_0^* + p_{kN}^*} = \frac{1 \times 0.8}{1 \times 0.8 + 0.006 + 0.0225}$$

$$= 96.56\%$$

2. 解：(1)$s_N = \frac{n_1 - n_N}{n_1} = \frac{1000 - 960}{1000} = 0.04$

(2)$f_2 = s_N f_1 = 0.04 \times 50 = 2(\text{Hz})$

(3)$P_{mec} = P_2 + p_{ad} + p_{mec} = 7.5 + 0.0375 + 0.045 = 7.5825(\text{kW})$

$$P_{em} = \frac{P_{mec}}{1 - s_N} = \frac{7.5825}{1 - 0.04} = 7.8984(\text{kW})$$

$$p_{Cu2} = \frac{s_N}{1 - s_N} P_{mec} = \frac{0.04}{1 - 0.04} \times 7.5825 = 0.3159(\text{kW})$$

(4)$P_1 = P_{em} + p_{Fe} + p_{Cu1} = 7.8984 + 0.231 + 0.474 = 8.6034(\text{kW})$

$$\eta = P_N / P_1 = \frac{7.5}{8.6034} = 0.871 = 87.1\%$$

(5)$I_{1L} = \frac{P_1}{\sqrt{3} U_1 \cos\varphi_1} = \frac{8603.4}{\sqrt{3} \times 380 \times 0.824} = 15.86(\text{A})$

$$I_{1\phi} = I_{1L} / \sqrt{3} = 15.86 / \sqrt{3} = 9.16(\text{A})$$

3. 解：如图 T.4。设 $\dot{U}^* = 1.0 \angle 0°$，则 $\dot{I}^* = 1.0 \angle -36.87°$，

$$z_N = \frac{U_N^2}{S_N} = \frac{13.8^2 \times 10^6}{54000 \times 10^3} = 3.527(\Omega)$$

$$x_t^* = \frac{x_t}{z_N} = \frac{7}{3.527} = 1.985$$

$$\dot{E}_0^* = \dot{U}^* + j\dot{I}^* x_t^* = 1.0 + j(0.8 - j0.6) \times 1.985$$

$$= 2.191 + j1.588 = 2.7 \angle 35.9°$$

$\theta_N = 35.9°$，　$E_0^* = 2.7$，　$E_{0L} = E_0^* U_N = 2.7 \times 13.8 = 37.3(\text{kV})$

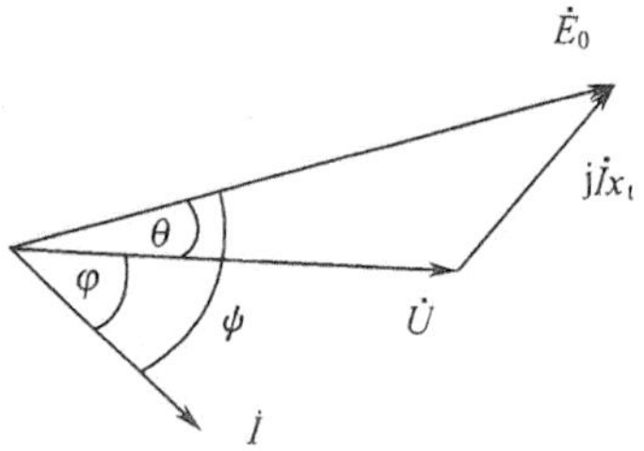

图 T.4

$$E_{0\phi} = 37.3/\sqrt{3} = 21.5(\text{kV})$$

$$P_{em} = \frac{mE_{0\phi}U_{N\phi}}{x_t}\sin\theta_N = \frac{3 \times 21.5 \times 13.8}{\sqrt{3} \times 7}\sin 35.9° = 43121(\text{kW})$$

$$k_M = \frac{1}{\sin\theta_N} = \frac{1}{\sin 35.9°} = 1.705$$

模拟试卷三解答

一、填空题

1. 等于;大于;电动;发电;超前;滞后;超前;60°;30°;30°
2. 不变;增大;调相;电动;同相;超前;超前;0°;90°;90°;助
3. 增加;电动;10.137°;5.068°;5.068°;0.8054;528

二、计算题

1. 解:(1)求电动机转速 n。

发电机运行时

$$I_{fN} = \frac{U_N}{R_f} = \frac{230}{500} = 0.46(\text{A})$$

$$I_{aN} = I_N + I_{fN} = 15 + 0.46 = 15.46(\text{A})$$

$$E_N = U_N + I_{aN}r_a + 2\Delta U_b = 230 + 15.46 \times 1.035 + 2 = 248(\text{V})$$

$$C_e\phi_N = \frac{E_N}{n_N} = \frac{248}{1515} = 0.1637$$

$$F_{\delta N} = N_f I_{fN} - F_p = 5000 \times 0.46 - 150 = 2150(\text{安匝/极})$$

电动机运行时

$$I_f = \frac{U}{R_f} = \frac{220}{500} = 0.44(\text{A}), \qquad I_a = I_{aN} = 15.46(\text{A})$$

$$E = U - I_a r_a - 2\Delta U_b = 220 - 15.46 \times 1.035 - 2 = 202(\text{V})$$

$$F_\delta = N_f I_f - F_p = 5000 \times 0.44 - 150 = 2050(\text{安匝/极})$$

因为题意发电机与电动机运行时饱和系数相同,即磁导未变,故有 $\frac{C_e\phi}{C_e\phi_N} = \frac{F_\delta}{F_{\delta N}}$,即

$$C_e\phi = \frac{F_\delta}{F_{\delta N}}C_e\phi_N = \frac{2050}{2150} \times 0.1637 = 0.1561$$

$$n = \frac{E}{C_e\phi} = \frac{202}{0.1561} = 1294\ (\text{r/min})$$

(2) $I_f = 0.44\text{A}$, $n = 100\ \text{r/min}$。

因为

$$T_{em}=\frac{EI_{aN}}{2\pi n/60}=\frac{202\times 15.46}{2\pi\times 1294/60}=23.88(\text{N}\cdot\text{m})$$

又

$$T_{em}=T_2+T_0=1.1T_2$$

故

$$T_2=\frac{23.88}{1.1}=21.7(\text{N}\cdot\text{m})$$

因为 F_δ=2050 安匝，所以对应 $C_e\phi$=0.1561。

下放时

$$E'=C_e\phi n'=0.1561\times 100=15.61(\text{V})$$

$$T'_{em}=T_2-T_0=0.9T_2=0.9\times 21.7=19.5$$

$$I'_a=\frac{T'_{em}2\pi n'/60}{E'}=\frac{19.5\times 2\pi\times 100/60}{15.61}=13.08(\text{A})$$

$$R_j=\frac{U+E'-2\Delta U_b}{I'_a}-r_a=\frac{220+15.61-2}{13.08}-1.035=16.8(\Omega)$$

2. 解：变比

$$k=\frac{U_{1N\phi}}{U_{2N\phi}}=\frac{6000/\sqrt{3}}{400}=8.66$$

(1)由空载试验，励磁参数在低压侧之值为

$$z'_m=\frac{U_{1\phi}}{I_{0\phi}}=\frac{400}{8.55/\sqrt{3}}=81.03(\Omega)$$

$$r'_m=\frac{p_{0\phi}}{I_{0\phi}^2}=\frac{934/3}{(8.55/\sqrt{3})^2}=12.78(\Omega)$$

$$x'_m=\sqrt{z'^2_m-r'^2_m}=\sqrt{81.03^2-12.78^2}=80.02(\Omega)$$

折算到高压侧为

$$z_m=k^2z'_m=8.66^2\times 81.03=6076.89(\Omega)$$

$$r_m=k^2r'_m=8.66^2\times 12.78=958.44(\Omega)$$

$$x_m=k^2x'_m=8.66^2\times 80.02=6001.15(\Omega)$$

由短路试验计算时，因 $z_{1\sigma}\ll z_m$，略去励磁电流，则得

$$z_k=\frac{U_{k\phi}}{I_{k\phi}}=\frac{426.5/\sqrt{3}}{6.35}=38.78(\Omega)$$

$$r_k=\frac{p_{k\phi}}{I_{k\phi}^2}=\frac{1742/3}{6.35^2}=1.44(\Omega)$$

$$x_k=\sqrt{z_k^2-r_k^2}=\sqrt{38.78^2-14.4^2}=36.01(\Omega)$$

Γ形等值电路图如图 T.5 所示。

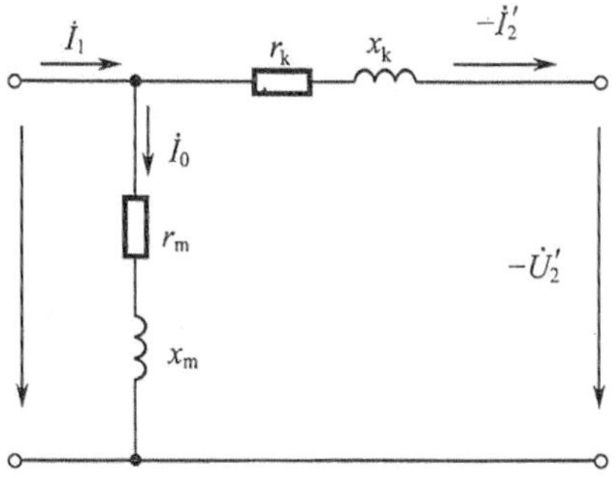

图 T.5

(2) $z_{1N}=\dfrac{U_{1N\phi}^2}{S_{N\phi}}=\dfrac{(6000/\sqrt{3})^2}{(75/3)\times 10^3}=480(\Omega)$

$$r_k^*=\frac{r_k}{z_{1N}}=\frac{14.4}{480}=0.03,\qquad x_k^*=\frac{x_k}{z_{1N}}=\frac{36.01}{480}=0.075$$

$$r_m^*=\frac{r_m}{z_{1N}}=\frac{958.44}{480}=1.997=2.00,\qquad x_m^*=\frac{x_m}{z_{1N}}=\frac{6001.15}{480}=12.5$$

设 $\dot{U}_2^*=U_2^*\angle 0^\circ$，则 $\dot{I}_2^*=1\angle -36.87^\circ$，

$$\dot{U}_1^*=-\dot{U}_2^*+(-\dot{I}_2^*)(r_k^*+jx_k^*)$$

$$1\angle\theta=U_2^*\angle 0^\circ+1\angle -36.87^\circ\times(0.03+j0.075)$$

$$1\angle\theta=(U_2^*+0.069)j0.042$$

$$1\angle\theta=\sqrt{(U_2^*+0.069)^2+0.042^2}\ \angle\arctan\frac{0.042}{(U_2^*+0.069)}$$

$$\begin{cases}(U_2^*+0.069)^2+0.042^2=1^2\\ \theta=\arctan\dfrac{0.042}{U_2^*+0.069}\end{cases}$$

解得

$$U_2^*=0.9301,\quad \theta=2.41^\circ$$

$$\dot{I}_0^*=\frac{\dot{U}_1^*}{z_m^*}=\frac{1\angle 2.41^\circ}{2+j12.5}=0.079\angle -78.5^\circ$$

$$\dot{I}_1^*=\dot{I}_0^*+\dot{I}_2^*=0.079\angle -78.5^\circ+1\angle -36.87^\circ$$

$$=0.81575-j0.6774=1.0603\angle -39.71^\circ$$

$$\cos\varphi_1=\cos(2.41^\circ+39.71^\circ)=0.7417(\text{滞后})$$

答案归纳：$U_2^*=0.9301$，$I_1^*=1.0603$，$\cos\varphi_1=0.7417$（滞后）

3. 解：(1)求 S_N、n_N、P_{emN}、T_{emN}。

额定功率

$$P_N = 150 \times 10^3 \mathrm{W}$$

机械功率

$$P_{mec} = P_N + p_{mec} + p_{ad} = (150 + 3.34 + 1.5) \times 10^3 = 158 \times 10^3 (\mathrm{W})$$

电磁功率

$$P_{emN} = P_{mec} + p_{Cu2} = (154.84 + 3.16) \times 10^3 = 158 \times 10^3 (\mathrm{W})$$

$$s_N = \frac{p_{Cu2}}{P_{emN}} = \frac{3.16}{158} = 0.02$$

$$n_1 = \frac{60 f_N}{p} = \frac{60 \times 50}{2} = 1500\ (\mathrm{r/min})$$

$$n_N = (1 - s_N) n_1 = (1 - 0.02) \times 1500 = 1470\ (\mathrm{r/min})$$

$$T_{emN} = \frac{60 P_{emN}}{2\pi n_1} = \frac{60 \times 158 \times 10^3}{2\pi \times 1500} = 1005.859 (\mathrm{N \cdot m})$$

或

$$T_{emN} = \frac{P_{mec}}{\Omega_N} = \frac{60 P_{mec}}{2\pi n_N} = \frac{60 \times 154.84 \times 10^3}{2\pi \times 1470} = 1005.859 (\mathrm{N \cdot m})$$

(2)求 $T_{em\,max}$、s_m。

$$s_m = \frac{\sigma_1 r'_2}{\sqrt{r_1^2 + (x_{1\sigma} + \sigma_1 x'_{2\sigma})^2}}$$

$$= \frac{1.0 \times 0.024}{\sqrt{0.024^2 + (0.114 + 1.0 \times 0.114)^2}} = 0.1047$$

$$T_{em\,max} = \frac{m_1 p U_1^2}{4\pi f_1 \sigma_1 \left[r_1 + \sqrt{r_1^2 + (x_{1\sigma} + \sigma_1 x'_{2\sigma})^2} \right]}$$

$$= \frac{3 \times 2 \times \left(\frac{380}{\sqrt{3}} \right)^2}{4\pi \times 50 \times 1.0 \times \left[0.024 + \sqrt{0.024^2 + (0.114 + 1.0 \times 0.114)^2} \right]}$$

$$= 1814.894 (\mathrm{N \cdot m})$$

(3) $$s_m = \frac{\sigma_1 (r'_2 + R'_j)}{\sqrt{r_1^2 + (x_{1\sigma} + \sigma_1 x'_{2\sigma})^2}} = 1.0$$

即

$$1.0 \times (0.024 + R'_j) = \sqrt{0.024^2 + (0.114 + 1.0 \times 0.114)^2}$$

解得

$$R'_j = 0.2053\Omega$$

$$k = \frac{R'_j}{r'_2} = \frac{0.2053}{0.024} = 8.552 (倍)$$

(4) $R'_j = 10 r'_2 = 10 \times 0.024 = 0.24 (\Omega)$

$$R_2' = r_2' + R_j' = 0.024 + 0.24 = 0.264(\Omega)$$

$$T_{em} = T_{emN} = 1005.859\text{Nm} = 102.6\text{kgm}$$

$$T_{em} = \frac{m_1 p U_1^2 \dfrac{R_2'}{s}}{2\pi f_1 \left[\left(r_1 + \sigma_1 \dfrac{R_2'}{s}\right)^2 + (x_{1\sigma} + \sigma_1 x_{2\sigma}')^2\right]}$$

即

$$1005.859 = \frac{3 \times 2 \times \left(\dfrac{380}{\sqrt{3}}\right)^2 \times \dfrac{0.264}{s}}{2\pi \times 50 \times \left[\left(0.024 + 1.0 \times \dfrac{0.264}{s}\right)^2 + (0.114 + 1.0 \times 0.114)^2\right]}$$

解得

$$s_1 = 0.329901928, s_2 = 4.019459377 > 1(\text{舍})$$

取

$$s = 0.33$$

$$n = (1 - s)n_1 = (1 - 0.33) \times 1500 = 1005\ (\text{r/min})$$

因为

$$P_{em} = T_{em}\Omega_1 = T_{emN}\Omega_1 = P_{emN}$$

所以

$$p_{Cu2} = sP_{em} = sP_{emN} = 0.33 \times 158 = 51.14(\text{kW})$$

模拟试卷四解答

一、填空题

1. 减小;减小
2. 16
3. 17.01kW
4. 8
5. 尖顶波
6. 容性
7. 50;40;10;1
8. 见图 7.6

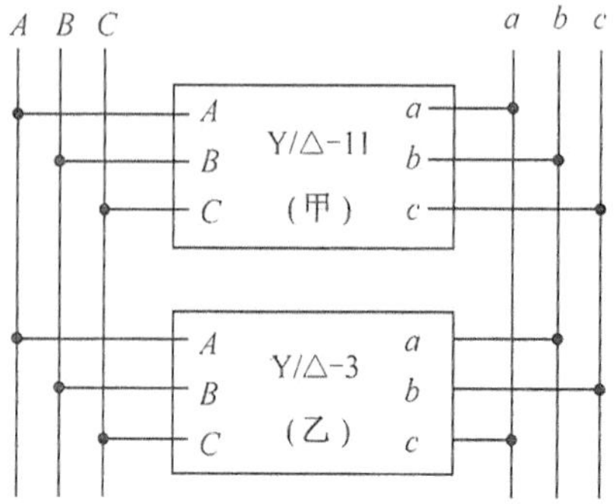

图 T. 6

二、计算题

1. 解：(1)对于并励电动机 $n=\dfrac{U-I_aR_a}{C_e\phi}$，现已知道 $U=220\text{V}$，$I_a=20\text{A}$ 均未变，而由于移刷使转速由 2100 r/min上升到 2630 r/min，则可见 ϕ 减少了。因此，移刷产生直轴去磁电枢反应。串励磁场绕组每极磁势为 20×5=100(安匝)。接入串励绕组后，转速回复到 2100 r/min，即串励助磁等于直轴去磁，故移刷产生的 $F_{ad}=$ 100 安匝/极。对于电动机，电刷逆转向移离中线时产生直轴去磁电枢反应，欲使电刷移回中线，则应顺转向移动，直至 220V、20A，并励状态，$n=2100$ r/min。

(2)并励、电刷在中线时

$$C_e\phi=\frac{U_N}{n_0}=\frac{220}{2200}=0.1$$

$$E_N=C_e\phi n_N=0.1\times2100=210(\text{V})$$

并励、移刷后　$E_N=U_N-I_{aN}\sum R_a$

U_N、I_{aN}未变，则 E_N 不变，

$$(C_e\phi)_1=\frac{E_N}{n_1}=\frac{210}{2630}=0.08$$

去磁 $\Delta(C_e\phi)=C_e\phi-(C_e\phi)_1=0.1-0.08=0.02$，即串励助磁的 $\Delta(C_e\phi)$。

加复励、电刷在中线时 $(C_e\phi)_2=C_e\phi+\Delta(C_e\phi)=0.1+0.02=0.12$

不计串励场阻及其压降时，感应电势仍不变，故

$$n=\frac{E_N}{(C_e\phi)_2}=\frac{210}{0.12}=1750\ (\text{r/min})$$

(3)加复励、电刷在中线、$n=1500$ r/min时，因为要使转速从 1750 r/min下降至 1500 r/min，串入电阻只能加在枢路中。

设串入电阻为 r_j，则原电枢回路电阻

$$\sum R_a=\frac{U_N-E_N}{I_{aN}}=\frac{220-210}{20}=0.5(\Omega)$$

$U_N=220V, I_{aN}=20A$ 时，有

$$I_{aN}(\sum R_a+r_j)=U_N-E=U_N-(C_e\phi)_2 n$$
$$=220-0.12\times 1500=40(V)$$

所以，串入电阻

$$r_j=\frac{40}{I_{aN}}-\sum R_a=\frac{40}{20}-0.5=1.5(\Omega)$$

在 r_j 上消耗的功率 $p_c=I_{aN}^2 r_j=20^2\times 1.5=600(W)$

因此，应选一个 600W 以上，1.5Ω 的电阻串入枢路。

2. 解：$n_1=\frac{60f}{p}=\frac{60\times 50}{3}=1000\ (r/min)$

$$s_N=\frac{n_1-n_N}{n_1}=\frac{1000-960}{1000}=0.04$$

(1) $s_m=s_N(k_M+\sqrt{k_M^2-1})=0.04\times(2.6+\sqrt{2.6^2-1})=0.2$

出现最大转矩时转速

$$n_m=(1-s_m)n_1=(1-0.2)\times 1000=800\ (r/min)$$

起动时 $s=1$，由转矩简化公式得

$$2\frac{T_{max}}{T_{st}}=s_m+\frac{1}{s_m}=0.2+\frac{1}{0.2}=5.2,\ 即\frac{T_{max}}{T_{st}}=2.6$$

$$k_{st}=\frac{T_{st}}{T_N}=\frac{T_{max}/T_N}{T_{max}/T_{st}}=\frac{2.6}{2.6}=1$$

$$T_{st}=k_{st}T_N=k_{st}\frac{P_N}{\Omega_N}=1\times\frac{7.5\times 10^3}{2\pi 960/60}=74.6(N\cdot m)$$

(2) 起吊：$s_1=\frac{1000-100}{1000}=0.9$；下放：$s_2=\frac{1000-(-100)}{1000}=1.1$

$$\frac{s_N}{R_2}=\frac{s_1}{R_2+R_{j1}}$$

$$R_{j1}=\left(\frac{s_1}{s_N}-1\right)R_2=\left(\frac{0.9}{0.04}-1\right)\times 0.8=17.2(\Omega)$$

$$R_{j2}=\left(\frac{s_2}{s_N}-1\right)R_2=\left(\frac{1.1}{0.04}-1\right)\times 0.8=21.2(\Omega)$$

3. 解：$s_N=500kV\cdot A, P_2=300kW$

$$P_2^*=\frac{300}{500}=0.6$$

又

$$P_2^*=U_N^* I_N^*\cos\varphi=1\times 1\times\cos\varphi=0.6$$

则

$$\cos\varphi=0.6,\quad \varphi=53.13^\circ$$

因 $E_0^* = 0.52 < U^* = 1$，故电机欠激运行。

令 $\dot{U}^* = 1.0 \angle 0°$，则 $\dot{I}_N^* = 1.0 \angle 53.13°$，如图 T.7，有

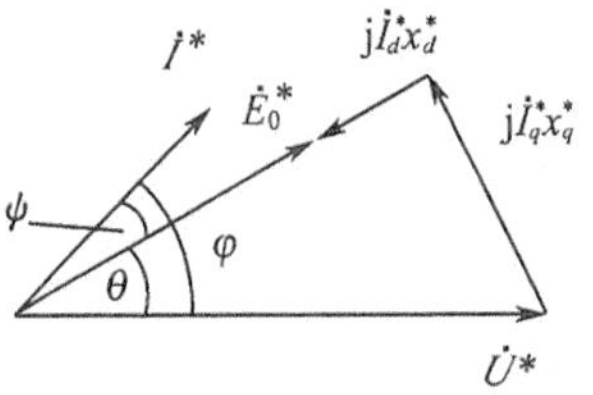

图 T.7

$$\psi = \varphi - \theta = 53.13° - 36.87° = 16.26°$$

$$I_d^* = I^* \sin\psi = 1.0 \times \sin 16.26° = 0.28$$

$$I_q^* = I^* \cos\psi = 1.0 \times \cos 16.26° = 0.96$$

$$\begin{cases} I_q^* x_q^* = U^* \sin\theta \\ I_d^* x_d^* = U^* \cos\theta - E_0^* \end{cases}$$

即

$$\begin{cases} 0.96 x_q^* = 1.0 \times \sin 36.87° \\ 0.28 x_d^* = 1.0 \times \cos 36.87° - 0.52 \end{cases}$$

得

$$\begin{cases} x_q^* = 0.625 \\ x_d^* = 1 \end{cases}$$

电机失磁时

$$P_{em}^* = \frac{U^{*2}}{2}\left(\frac{1}{x_q^*} - \frac{1}{x_d^*}\right)\sin 2\theta$$

当 $\theta = 45°$ 时　　$P_{em}^* = \frac{1}{2}\left(\frac{1}{0.625} - \frac{1}{1}\right) = 0.3$

$$P_{em} = P_{em}^* S_N = 0.3 \times 500 = 150(\text{kW})$$

模拟试卷五解答

一、填空题

1. 降低

2. 反接直流电机串励绕组

3. 44kW

4. I_a 增大，n 降低

5. 不变

6. 减小

7. 呈上升的趋势;呈下降的趋势

8. 不能建立

9. 电势平衡方程式求得的 E_a 为气隙合成磁通所产生，既有励磁磁势作用，还有电枢反应磁势的作用，而利用磁化曲线求出对应于 E_a 的电流，没有考虑电枢反应磁势的作用

二、计算题

1. 解:第一台变压器的额定(线)电流(二次侧)

$$I_{2N\,\mathrm{I}}=\frac{S_{N\,\mathrm{I}}}{\sqrt{3}U_{2N\,\mathrm{I}}}=\frac{1500\times10^3}{\sqrt{3}\times6300}=137.46(\mathrm{A})$$

第二台变压器的额定(线)电流(一次侧和二次侧)

$$I_{1N\,\mathrm{II}}=\frac{S_{N\,\mathrm{II}}}{\sqrt{3}U_{1N\,\mathrm{II}}}=\frac{1500\times10^3}{\sqrt{3}\times6300}=137.46(\mathrm{A})$$

$$I_{2N\,\mathrm{II}}=\frac{S_{N\,\mathrm{II}}}{\sqrt{3}U_{2N\,\mathrm{II}}}=\frac{1500\times10^3}{\sqrt{3}\times400}=2165(\mathrm{A})$$

二台变压器空载损耗标幺值

$$p_{0\,\mathrm{I}}^*=p_{0\,\mathrm{I}}/S_{N\,\mathrm{I}}=10\times10^3/1500\times10^3=0.0067$$

$$p_{0\,\mathrm{II}}^*=p_{0\,\mathrm{II}}/S_{N\,\mathrm{II}}=12\times10^3/1500\times10^3=0.008$$

短路试验的负载系数

$$\beta_{k\,\mathrm{I}}=I_{k\,\mathrm{I}}/I_{2N\,\mathrm{I}}=130/137.46=0.946$$

$$\beta_{k\,\mathrm{II}}=I_{k\,\mathrm{II}}/I_{1N\,\mathrm{II}}=135/137.46=0.982$$

额定短路损耗(三相)

$$p_{kN\,\mathrm{I}}=p_{kN}/\beta_{k\,\mathrm{I}}^2=14\times10^3/0.946^2=15.64\times10^3(\mathrm{W})$$

$$p_{kN\,\mathrm{II}}=p_{kN}/\beta_{k\,\mathrm{II}}^2=15\times10^3/0.982^2=15.55\times10^3(\mathrm{W})$$

$$p_{kN\,\mathrm{I}}^*=p_{kN\,\mathrm{I}}/S_{N\,\mathrm{I}}=15.64\times10^3/1500\times10^3=0.01043$$

$$p_{kN\,\mathrm{II}}^*=p_{kN\,\mathrm{II}}/S_{N\,\mathrm{II}}=15.55\times10^3/1500\times10^3=0.01037$$

负载电流为 2000A 对应的负载系数

$$\beta_{\mathrm{II}}=I_{2\,\mathrm{II}}/I_{2N\,\mathrm{II}}=200/2165=0.924$$

$$\beta_{\mathrm{I}}=I_{2\,\mathrm{I}}/I_{2N\,\mathrm{I}}=I_{1\,\mathrm{II}}/I_{1N\,\mathrm{II}}=\beta_{\mathrm{II}}=0.924$$

负载电流为 2000A 时效率

$$\eta_{\mathrm{I}}=\frac{\beta_{\mathrm{I}}\cos\varphi_2}{\beta_{\mathrm{I}}\cos\varphi_2+p_{0\,\mathrm{I}}^*+\beta_{\mathrm{I}}^2p_{kN\,\mathrm{I}}^*}$$

$$=\frac{0.924\times0.9}{0.924\times0.9+0.0067+0.924^2\times0.01043}=0.982$$

$$\eta_{\mathrm{II}}=\frac{\beta_{\mathrm{II}}\cos\varphi_2}{\beta_{\mathrm{II}}\cos\varphi_2+p_{0\,\mathrm{II}}^*+\beta_{\mathrm{II}}^2p_{kN\,\mathrm{II}}^*}$$

$$=\frac{0.924\times0.9}{0.924\times0.9+0.008+0.924^2\times0.01037}=0.98$$

$$\eta_\Sigma=\eta_{\mathrm{I}}\eta_{\mathrm{II}}=0.982\times0.98=0.962$$

2. 解：$r_1=0.724\Omega, x_{1\sigma}=4r_1=4\times0.724=2.896$

$$x'_{2\sigma}=4r'_2=4\times0.724=2.896$$

$$z_1=r_1+\mathrm{j}x_{1\sigma}=0.724+\mathrm{j}2.896=2.986\underline{/75.964^\circ}$$

$$p=\frac{60f_1}{n_1}\approx\frac{60f_1}{n_\mathrm{N}}=\frac{60\times50}{1450}=2.068$$

取 $p=2$，则

$$n_1=\frac{60f_1}{p}=\frac{60\times50}{2}=1500\ (\mathrm{r/min})$$

$$s_\mathrm{N}=\frac{1500-1450}{1500}=\frac{1}{30},\quad \frac{r'_2}{s_\mathrm{N}}=\frac{0.724}{1/30}=21.72$$

(1)求额定运行时多功率和损耗。

在额定转速时

$$Z'_{2s}=\frac{r'_2}{s_\mathrm{N}}+\mathrm{j}x'_{2\sigma}=21.72+\mathrm{j}2.896=21.912\underline{/7.595^\circ}$$

$$x_\mathrm{m}=\frac{x_{1\sigma}}{\sigma_1-1}=\frac{2.896}{1.04-1}=72.4$$

$$Z_1+Z_\mathrm{m}=(0.792+\mathrm{j}2.896)+(9+\mathrm{j}72.4)=9.724+\mathrm{j}75.296$$
$$=75.92\underline{/82.64^\circ}$$

$$\sigma_1Z_1+\sigma_1^2Z'_{2s}=1.04\times(0.724+\mathrm{j}2.896)+1.04^2\times(21.72+\mathrm{j}2.896)$$
$$=24.245+\mathrm{j}6.144=25\underline{/14.22^\circ}$$

根据较准确 Γ 形等效电路，取定子额定电压为参考矢量，则额定运行时的定转子每相电流为

$$\dot{I}'_\mathrm{m}=\frac{\dot{U}_1}{Z_1+Z_\mathrm{m}}=\frac{380\underline{/0^\circ}}{75.92\underline{/82.64^\circ}}=5\underline{/-82.64^\circ}=0.6405+\mathrm{j}4.9588$$

$$\dot{I}''_2=\frac{\dot{U}_1}{\sigma_1Z_1+\sigma_1^2Z'_{2s}}=\frac{380\underline{/0^\circ}}{25\underline{/14.22^\circ}}=15.2\underline{/-14.22^\circ}=14.7343-\mathrm{j}3.7338$$

$$\dot{I}_{1\mathrm{N}}=\dot{I}'_\mathrm{m}+\dot{I}''_2=0.6405-\mathrm{j}4.9588+14.7343-\mathrm{j}3.7338$$
$$=17.662\underline{/-29.483^\circ}$$

输入功率

$$P_1=mU_{1\mathrm{N}}I_{1\mathrm{N}}\cos\varphi=3\times380\times15.3748=17.5273(\mathrm{kW})$$

励磁支路损耗

$$p_\mathrm{m}=mI'^2_\mathrm{m}(r_1+r_\mathrm{m})=3\times5^2\times(0.724+9)=0.7293(\mathrm{kW})$$

铜损耗

$$p_{Cu} = mI''^2_2(\sigma_1 r_1 + \sigma_1^2 r'_2) = mI''^2_2 \sigma_1 r_1 (1+\sigma_1)$$
$$= 3 \times 15.2 \times 1.04 \times 0.724 \times (1+1.04) = 1.0647(\text{kW})$$

总机械功率

$$P_{mec} = P_1 - p_m - p_{Cu} = 17.5273 - 0.7293 - 1.0647$$
$$= 15.733(\text{kW})$$

电磁功率

$$P_{em} = mI''^2_2(\sigma_1^2 r'_2/s_N) = 3 \times 15.2^2 \times (1.04^2 \times 0.724 \times 30) = 16.283(\text{kW})$$

(2)求 T_{max}、k_m、s_m。

额定电磁转矩

$$T_N = \frac{P_{mec}}{\Omega} = \frac{P_{mec}}{(2\pi n_N/60)} = \frac{15.733 \times 10^3}{(2\pi \times 1450/60)} = 103.61(\text{N}\cdot\text{m})$$

$$T_{max} = \frac{mpU_1^2}{4\pi f \sigma_1 \left[r_1 + \sqrt{r_1^2 + (x_{1\sigma} + \sigma_1 x'_{2\sigma})^2}\right]}$$
$$= \frac{3 \times 2 \times 380^2}{4\pi \times 50 \times 1.04 \times \left[0.724 + \sqrt{0.724^2 + (2.896 + 1.04 \times 2.896)^2}\right]}$$
$$= 198.61(\text{N}\cdot\text{m})$$

过载能力

$$k_M = \frac{T_{max}}{T_N} = \frac{20.266}{10.57} = 1.92$$

出现最大电磁转矩时的转差率

$$s_m = \frac{\sigma_1 r'_2}{\sqrt{r_1^2 + (x_{1\sigma} + \sigma_1 x'_{2\sigma})^2}}$$
$$= \frac{1.04 \times 0.724}{\sqrt{0.724^2 + (2.896 + 1.04 \times 2.896)^2}} = 0.127$$

(3)求 R'_{st}。

$$R'_{st} = (1/\sigma_1)\sqrt{r_1^2 (x_{1\sigma} + \sigma_1 x'^2_{2\sigma})^2} - r'_2$$
$$= (1/1.04) \times \sqrt{0.724^2 + (2.896 + 1.04 \times 2.896)^2} - 0.724 = 4.999\Omega$$

3. 解:每相,$U = U_N/\sqrt{3} = 6300/\sqrt{3} = 3637.3(\text{V})$

$$Z_t = R_a + \text{j}x_t = 0.42 + \text{j}12.4 = 12.41 \underline{/88.1^\circ}$$

设参考矢量

$$\dot{U} = 3637.3 \underline{/0^\circ}$$

调节前

$$mUI_A \cos\varphi = mUI_B \cos\varphi = 0.5P$$

则

$$I_A = I_B = \frac{0.5P}{mU\cos\varphi} = \frac{0.5 \times 1500 \times 10^3}{3 \times \dfrac{6300}{\sqrt{3}} \times 0.83} = 82.8(\mathrm{A})$$

$$\varphi = \arccos 0.83 = 33.9^\circ$$

两机总电流

$$\dot{I} = \dot{I}_A + \dot{I}_B = 2 \times 82.8 \underline{/-33.9^\circ} = 165.6 \underline{/-33.9^\circ} = 137.45 - \mathrm{j}92.36$$

空载电势

$$\dot{E}_{0A} = \dot{U} + \dot{I}_1(R_a + \mathrm{j}x_t) = 3637.3 \underline{/0^\circ} + 82.8 \underline{/-33.9^\circ} \times 12.41 \underline{/88.1^\circ}$$
$$= 4238.96 + \mathrm{j}832.99 = 4320 \underline{/11.12^\circ}$$

$$\dot{E}_{0B} = \dot{U} + \dot{I}_B(R_a + \mathrm{j}x_t) = \dot{E}_{0A} = 4238.96 + \mathrm{j}832.99 = 4320 \underline{/11.12^\circ}$$

调节后，$E_{0A}=1.5E_{0B}$，即

$$\dot{U} + \dot{I}_1 Z_t = 1.5[\dot{U} + (\dot{I} - \dot{I}_1)Z_t]$$

$$\dot{I}_A = \frac{\dot{U} + 3\dot{I}Z_t}{5Z_t} = \frac{3637.3 \underline{/0^\circ} + 3 \times 165.6 \underline{/-33.9^\circ} \times 12.41 \underline{/88.1^\circ}}{5 \times 12.41 \underline{/88.1^\circ}}$$
$$= 141.85 \underline{/-53.48^\circ} = 84.42 - \mathrm{j}114$$

$$\dot{I}_B = \dot{I} - \dot{I}_A = 137.45 - \mathrm{j}92.36 - 84.42 + \mathrm{j}114$$
$$= 57.28 \underline{/22.19^\circ} = 53.03 + \mathrm{j}21.64$$

两机的输出功率

$$P_A = \sqrt{3}U_N I_A \cos\varphi_A = \sqrt{3} \times 6300 \times 84.42 = 921.18(\mathrm{kW})$$
$$P_B = \sqrt{3}U_N I_B \cos\varphi_B = \sqrt{3} \times 6300 \times 53.03 = 578.66(\mathrm{kW})$$

两机的励磁电势

$$\dot{E}_{0A} = \dot{U} + \dot{I}_A Z_t = 3637.3 \underline{/0^\circ} + 141.85 \underline{/-53.48^\circ} \times 12.41 \underline{/88.1^\circ}$$
$$= 5085.97 + \mathrm{j}1000.11 = 5165.98 \underline{/11.12^\circ}$$

$$\dot{E}_{0B} = \dot{U} + \dot{I}_B Z_t = 3637.3 \underline{/0^\circ} + 57.28 \underline{/22.19^\circ} \times 12.41 \underline{/ /0^\circ}$$
$$= 3390.8 + \mathrm{j}666.74 = 3455.73 \underline{/11.12^\circ}$$

得功率角　$\theta_A = 11.12^\circ$，$\theta_B = 11.12^\circ$

模拟试卷六解答

一、解：(1)他激。

阻抗基值

$$Z_N = \frac{U_N}{I_{aN}} = \frac{115}{20} = 5.75(\Omega)$$

去磁等效场流

$$i_{fa}=\frac{F_a}{N_f}=\frac{33}{550}=0.06\text{A},\quad i_{fa}^*=\frac{i_{fa}}{i_{f0}}=\frac{0.06}{0.6}=0.1$$

枢路电阻

$$R_a^*=\frac{R_a}{Z_N}=\frac{0.23}{5.75}=0.04$$

满载电势

$$E_N^*=U_N^*+I_{aN}^*R_a^*=1.0+1.0\times0.04=1.04$$

对应有效场流

$$i_{f\delta}^*=\frac{E_N^*}{2-E_N^*}=\frac{1.04}{2-1.04}=1.0834$$

实际场流

$$i_f^*=i_{f\delta}^*+i_{fa}^*=1.0834+0.1=1.1834$$

$$i_f=i_f^*i_{f0}=1.1834\times0.6=0.71(\text{A})$$

场路得串入电阻

$$r_j=\frac{U_N}{i_f}-r_f=\frac{115}{0.71}-102=60(\Omega)$$

空载电势

$$E_0^*=\frac{2i_f^*}{1+i_f^*}=\frac{2\times1.1834}{1+1.1834}=1.084$$

满载调压率

$$\Delta U=E_0^*-U_N^*=1.084-1=8.4\%$$

(2)并激。

场路总电阻

$$R_f=r_j+r_f=60+102=162(\Omega)$$

$$R_f^*=\frac{R_f}{U_N/i_{f0}}=\frac{162}{115/0.6}=0.845$$

联解方程

$$\begin{cases}E^*=\dfrac{2i_f^*}{1+i_f^*}\\E^*=R_f^*i_f^*=0.845i_f^*\end{cases}$$

得

$$E_0^*=1.155$$

满载调压率

$$\Delta U=E_0^*-U_N^*=1.155-1.0=0.155=15.5\%$$

(3)复激。

由于$U_0=U_N=115\text{V}$,故为平复激。

并激场路总电阻

$$R_f = \frac{U_0}{i_{f0}} = \frac{115}{0.6} = 191.67(\Omega)$$

并激场路的外加串联电阻

$$R_j = R_f - r_f = 191.67 - 102 = 89.67(\Omega)$$

并激场流标幺值

$$i_f^* = 1.0$$

已求得满载电势及对应有效场流标幺值

$$E_N^* = 1.04,\quad i_{f\delta}^* = 0.1$$

已求得去磁等效场流标幺值

$$i_{fa}^* = 0.1$$

串激磁势折算到并激场流标幺值

$$i_s^* = i_{f\delta}^* + i_{fa}^* - i_f^* = 1.0834 + 0.1 - 1.0 = 0.1834$$

串激绕组匝数　$N_s = i_s^* i_{f0} N_f / I_{aN} = 0.1834 \times 0.6 \times 550/20 = 3$(匝/极)

二、解：$U_{1N} = 6\text{kV}, U_{1N\phi} = \frac{U_{1N}}{\sqrt{3}} = \frac{6}{\sqrt{3}} = 3463.1(\text{V})$

$$z_{1N} = \frac{U_{1N\phi}}{S_N/3} = \frac{3463.1^2}{1800 \times 10^3/3} = 20(\Omega)$$

(1)求 r_m, x_m, r_k, x_k。

$$I_0 = 13.86\text{A},\quad p_0 = 40.32\text{kW}$$

由状态①可得

$$z_m = \frac{U_{1N\phi}}{I_0} = \frac{3464.1}{13.86} = 249.9(\Omega)$$

$$r_m = \frac{p_0/3}{I_0^2} = \frac{40.32 \times 10^3/3}{13.86^2} = 69.964(\Omega)$$

$$x_m = \sqrt{z_m^2 - r_m^2} = \sqrt{249.9^2 - 69.964^2} = 239.9(\Omega)$$

由状态③可得效率最大时 $p_{Fe} = p_0 = 40.32\text{kW}$

$$p_{Cu} = 3\left(I^* \frac{S_N}{\sqrt{3}U_{1N}}\right)^2 r_k = p_0$$

$$3 \times \left(0.64 \times \frac{1800 \times 10^3}{\sqrt{3} \times 6 \times 10^3}\right)^2 r_k = 40.32 \times 10^3$$

得

$$r_k = 1.09\Omega,\quad r_k^* = \frac{r_k}{z_{1N}} = \frac{1.09}{20} = 0.0545$$

由状态②可得

$$U^* \underline{/\theta} = I^* \underline{/-90^\circ} z_k^* + U_2^* \underline{/0^\circ}$$

$$1\angle\theta = -\mathrm{j}0.5\times(0.0545+\mathrm{j}x_k^*)+0.93$$

则

$$1=\sqrt{(0.5x_k^*+0.93)^2+0.027^2}$$

解得

$$x_k^*=0.1393$$

$$x_k=x_k^* z_{1N}=0.1393\times 20=2.786(\Omega)$$

(2)$U_{ab}=\sqrt{3}(U_{A\phi}+U_{a\phi})=\sqrt{3}\left(\dfrac{U_{1N}}{\sqrt{3}}+\dfrac{U_{1N}}{\sqrt{3}k}\right)=\sqrt{3}\times\left(\dfrac{6}{\sqrt{3}}+\dfrac{6}{1.5\sqrt{3}}\right)=10(\mathrm{kV})$

(3)A,B,C 开路,a、b、c 输入电压为额定,则磁通值与改接前相等。根据磁势平衡关系有

$$I_0(N_1+N_2)=13.86N_1$$

$$I_0=\frac{13.86N_1}{N_1+N_2}=\frac{13.86N_1}{N_1+N_1/1.5}=\frac{13.86\times 1}{1+1/1.5}=8.316(\mathrm{A})$$

(4)根据改接后的自耦变压器,对应的双绕组(改接前)变压器变 $k'=N_1/N_2=1/1.5$,则可传递容量为

$$S_a=(1+1/k')S=(1+1.5)\times 1800=4500(\mathrm{kV\cdot A})$$

三、解:$p\approx\dfrac{60f}{n}=\dfrac{60\times 50}{960}=3.125$,取 $p=3$

$$n_1=\frac{60f}{p}=\frac{60\times 50}{3}=1000\ (\mathrm{r/min}),\quad s_N=\frac{n_1-n}{n_1}=\frac{1000-960}{1000}=0.04$$

$$\frac{T_{max}}{T_N}=k_M=2.5,\quad \frac{T_N}{T_{max}}=\frac{2}{\dfrac{s_N}{s_m}+\dfrac{s_m}{s_N}}$$

即

$$s_m^2-2k_M s_N s_m+s_N^2=0$$

$$s_m^2-2\times 2.5\times 0.04s_m+0.04^2=0$$

解得

$$s_{m1}=0.3833,\quad s_{m2}=0.0167(\text{因为 } s_{m2}<s_N\text{,故舍})$$

对应 s_m 时转速即所要求的最低转速

$$n=(1-s_m)n_1=(1-0.3833)\times 1000=616.7\ (\mathrm{r/min})$$

对于定子每相绕组

$$U_{stY}=\frac{1}{\sqrt{3}}U_{st\triangle}=\frac{1}{\sqrt{3}}U_N$$

因为 $T_{max}\propto U^2$($f_1=f_N$ 不变时),当采用 Y-△起动时

$$T_{maxY}=\left(\frac{1}{\sqrt{3}}\right)^2 T_{max\triangle}=\left(\frac{1}{\sqrt{3}}\right)^2 T_{max}$$

$$=\left(\frac{1}{\sqrt{3}}\right)^2(k_M T_N)=\left(\frac{1}{\sqrt{3}}\right)^2\times 2.5T_N=0.833T_N<T_N$$

所以不能带额定负载起动。

四、解:(1)根据题意设 A、B 两台电机,$f_A=60\text{Hz}$,$f_B=50\text{Hz}$,则

$$n_A=\frac{60f_A}{p_A}=n_B=\frac{60f_B}{p_B}$$

则

$$\frac{p_A}{p_B}=\frac{f_A}{f_B}=\frac{60}{50}=\frac{6}{5}$$

得最少(整数)极对数　　　$p_A=6,\quad p_B=5$

则

$$n=60f_A/p_A=60\times 60/6=600\ (\text{r/min})$$

(2)欲自 50Hz 电网向 60Hz 电网输送有功功率,则须使 50Hz 电网的电机为电动机(即这里所设的 B 台电机),而接 60Hz 电网的电机为发电机(即这里所设的 A 台电机)。故应取定子可移转的电机接 50Hz 电网,并顺转向移转定子以 2θ 电角度

(3)$U_0=U_N$ 时,$I_{f0}=10\text{A}$。

当 $I_k=I_N$ 时,$I_{fkN}=15\text{A}$;$I_{fkN}^*=I_{fkN}/I_{f0}=15/10=1.5$

当 $I_f=12\text{A}$,即 $I_f^*=I_f/I_{f0}=12/10=1.2$ 时,$E_0^*=I_f^*=1.2$

由图 T.8 可得

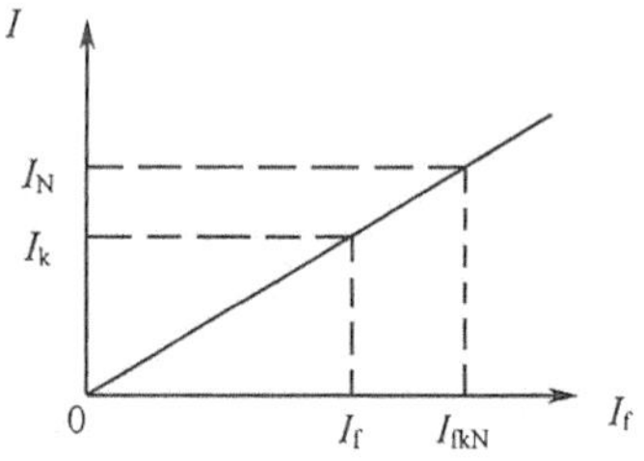

图 T.8

$$I_k^*=\frac{I_f^*I_N^*}{I_{fkN}^*}=\frac{1.2\times 1}{1.5}=\frac{1.2}{1.5}$$

$$x_t^*=\frac{E_0^*}{I_k^*}=\frac{1.2}{1.2/1.5}=1.5$$

$$P^*=\frac{P}{S_N}=\frac{P}{P_N/\cos\varphi}=\frac{3.35}{6.7/0.8}=0.4$$

$$P^* = \frac{E_0^* U_N^*}{x_t^*}\sin\theta$$

$$\sin\theta = \frac{P^* x_t^*}{E_0^* U_N^*} = \frac{0.4\times 1.5}{1.2\times 1} = 0.\dot{5}, \quad \theta = 30^\circ$$

所以,应将接于 50Hz 电网的电机定子顺转向移转 $2\theta=60^\circ$电角度。

模拟试卷七解答

一、解:(1)1200 r/min时空载特性$\left(\frac{E_{1000}}{1000}=\frac{E_{1200}}{1200}\right)$

i_f/A	1.3	1.4
E_0/V	224.04	235.08

对于电机 A,$i_{fA}=1.4\text{A}$,$E_A=235.08\text{V}$

$$I_{aA} = \frac{U_N - E_A}{R_a} = \frac{230-235.08}{0.1} = -50.8(\text{A})$$

所以,电机 A 为发电机运行状态。

对于电机 B,$i_{fB}=1.3\text{A}$,$E_B=224.04\text{V}$

$$I_{aB} = \frac{U_N - E_B}{R_a} = \frac{230-224.04}{0.1} = 59.6(\text{A})$$

所以,电机 B 为电动机运行状态。

(2)输入电机的功率

$$P_1 = U_N I_{aB} = 230\times 59.6 = 13708(\text{W})$$

输出至电网的功率

$$P_2 = U_N I_{aA} = 230\times 50.8 = 11684(\text{W})$$

两台电机的电枢铜损耗

$$p_{CuA} = I_{aA}^2 R_a = 50.8^2\times 0.1 = 258(\text{W})$$

$$p_{CuB} = I_{aB}^2 R_a = 59.6^2\times 0.1 = 355(\text{W})$$

二台电机总的机械损耗与铁损耗之和

$$p_{mec} + p_{Fe} = P_1 - P_2 - p_{CuA} - p_{CuB} = 13708 - 11684 - 258 - 355 = 1411(\text{W})$$

(3)维持转速不变,只调节两电机的励磁可以改变两机的运行情况。例如,减少电机 A 的励磁(如等于 1.3A),增大电机 B 的励磁(如等于 1.4A),可以使电机 A 为电动机,电机 B 为发电机。

(4)由于除两电机外,没有其他驱动原动机,故两台电机不能同时向电网输出功率。

两台电机同时作为电动机从电网吸收功率在理论上是可以的,但它们分担总的损耗，在实际调整中很困难，容易产生振荡过程，而且很难保持所要求的转速。

二、解：

$$I_{2NA}=\frac{S_{NA}}{\sqrt{3}U_{2NA}}=\frac{1500\times10^3}{\sqrt{3}\times6300}=137.46(\text{A})$$

$$I_{1NB}=\frac{S_{NB}}{\sqrt{3}U_{1NB}}=\frac{1500\times10^3}{\sqrt{3}\times6300}=137.46(\text{A})$$

$$I_{2NB}=\frac{S_{NB}}{\sqrt{3}U_{2NB}}=\frac{1500\times10^3}{\sqrt{3}\times400}=2165(\text{A})$$

(1) 求 η_A、η_B、η_Σ。

两台变压器的空载损耗标幺值

$$p_{0A}^*=p_{0A}/S_{NA}=10\times10^3/1500\times10^3=0.0067$$

$$p_{0B}^*=p_{0B}/S_{NB}=12\times10^3/1500\times10^3=0.008$$

短路试验的负载系数

$$\beta_{kA}=\frac{I_{kA}}{I_{2NA}}=\frac{130}{137.46}=0.946$$

$$\beta_{kB}=\frac{I_{kB}}{I_{1NB}}=\frac{124}{137.46}=0.9$$

额定短路损耗

$$p_{kNA}=\frac{p_{kA}}{\beta_{kA}^2}=\frac{14\times10^3}{0.946^2}=15.64\times10^3(\text{W})$$

$$p_{kNB}=\frac{p_{kB}}{\beta_{kB}^2}=\frac{12\times10^3}{0.90^2}=14.815\times10^3(\text{W})$$

$$p_{kNA}^*=\frac{p_{kNA}}{S_{NA}}=\frac{15.64\times10^3}{1500\times10^3}=0.01043$$

$$p_{kNB}^*=\frac{p_{kNB}}{S_{NB}}=\frac{14.815\times10^3}{1500\times10^3}=0.00988$$

负载电流为 2000A 对应的负载系数

$$I_{1A}^*=I_{2B}^*$$

即

$$\beta_A=\beta_B=\frac{I_{2B}}{I_{2NB}}=\frac{2000}{2165}=0.924$$

负载电流为 2000A 时效率

$$\eta_A=\frac{\beta_A\cos\varphi_2}{\beta_A\cos\varphi_2+p_{0A}^*+\beta_A^2p_{kNA}^*}$$

$$=\frac{0.924\times0.9}{0.924\times0.9+0.0067+0.924^2\times0.01043}=0.982$$

$$\eta_B=\frac{\beta_B\cos\varphi_2}{\beta_B\cos\varphi_2+p_{0B}^*+\beta_B^2p_{kNB}^*}$$

$$=\frac{0.924\times0.9}{0.924\times0.9+0.008+0.924^2\times0.00988}=0.98$$

$$\eta_\Sigma=\eta_A\eta_B=0.982\times0.98=0.962$$

(2)求 β_{mA}、β_{mB}、$\beta_{m\Sigma}$。

$$\beta_{mA}=\sqrt{\frac{p_{0A}^*}{p_{kNA}^*}}=\sqrt{\frac{0.0067}{0.01043}}=0.801$$

$$\beta_{mB}=\sqrt{\frac{p_{0B}^*}{p_{kNB}^*}}=\sqrt{\frac{0.008}{0.00988}}=0.9$$

$$\beta_\Sigma=\sqrt{\frac{p_{0A}^*+p_{0B}^*}{p_{kNA}^*+p_{kNB}^*}}=\sqrt{\frac{0.0067+0.008}{0.01043+0.00988}}=0.851$$

(3)求 ΔU。

$$\cos\varphi_2=0.9,\quad \sin\varphi_2=0.435$$

额定阻抗

$$z_{NA}=\frac{U_{2NA}/\sqrt{3}}{I_{2NA}}=\frac{6.3\times10^3/\sqrt{3}}{137.46}=26.4607(\Omega)$$

$$z_{NB}=\frac{U_{1NB}}{I_{1NB}/\sqrt{3}}=\frac{6.3\times10^3}{137.46/\sqrt{3}}=79.38(\Omega)$$

短路电阻

$$r_{kA}=\frac{p_{kA}/3}{I_{kA}^2}=\frac{14\times10^3}{130}=0.276(\Omega)$$

$$r_{kB}=\frac{p_{kB}/3}{\left(\frac{I_{kB}}{\sqrt{3}}\right)^2}=\frac{12\times10^3/3}{\left(\frac{124}{\sqrt{3}}\right)^2}=0.78(\Omega)$$

$$r_{kA}^*=\frac{r_{kA}}{Z_{NA}}=\frac{0.276}{26.4607}=0.01043$$

$$r_{kB}^*=\frac{r_{kB}}{Z_{NB}}=\frac{0.78}{79.38}=0.00983$$

短路阻抗

$$z_{kA}=\frac{U_{kA}/\sqrt{3}}{I_{kA}}=\frac{334/\sqrt{3}}{130}=1.483(\Omega)$$

$$z_{kB}=\frac{U_{kB}}{I_{kB}/\sqrt{3}}=\frac{300}{124/\sqrt{3}}=4.19(\Omega)$$

$$z_{kA}^*=\frac{z_{kA}}{z_{NA}}=\frac{1.483}{26.4607}=0.056$$

$$z_{kB}^*=\frac{z_{kB}}{z_{NB}}=\frac{4.19}{79.38}=0.0528$$

短路电抗

$$x_{kA}^* = \sqrt{z_{kA}^{*2} - r_{kA}^{*2}} = \sqrt{0.056^2 - 0.01043^2} = 0.055$$

$$x_{kB}^* = \sqrt{z_{kB}^{*2} - r_{kB}^{*2}} = \sqrt{0.0528^2 - 0.00983^2} = 0.0519$$

$$u_a = r_{kA}^* + r_{kB}^* = 0.01043 + 0.00983 = 0.02026$$

$$u_r = x_{kA}^* + x_{kB}^* = 0.055 + 0.0519 = 0.1069$$

$$\Delta U = \beta(u_a\cos\varphi_2 + u_r\sin\varphi_2) = 1\times(0.02026\times 0.9 + 0.1069\times 0.435) = 0.0647 = 6.47\%$$

三、解：(1) $P_{em} = P_N + p_{mec} + p_{ad} + p_{Cu2} = 150\times 10^3 + 3640 + 2210 = 155850(W)$

$$s_N = \frac{p_{Cu2}}{P_{em}} = \frac{2210}{155850} = 0.01418$$

$$n_N = (1 - s_N)n_1 = (1 - s_N)\frac{60f}{p} = (1 - 0.01418)\times\frac{60\times 50}{2} = 1479\ (r/min)$$

$$T_{em} = \frac{60}{2\pi}\frac{P_{em}}{n_1} = \frac{60}{2\pi}\frac{155850}{1500} = 992.2(N\cdot m)$$

(2) $$\frac{r_2'}{s_N} = \frac{r_2' + R_s'}{s'}$$

$$s' = \frac{r_2' + R_s'}{r_2'}s_N = \frac{0.012 + 0.1}{0.012}\times 0.01418 = 0.1323$$

$$n = (1 - s')n_1 = (1 - 0.1323)\times 1500 = 1301.5\ (r/min)$$

(3) $s_m = \dfrac{r_2'}{x_k} = \dfrac{0.012}{0.12} = 0.1$

(4)令 $s_m' = 1$

$$\frac{r_2'}{s_m} = \frac{r_2' + R_s'}{s_m'}$$

$$R_s' = \left(\frac{s_m'}{s_m} - 1\right)r_2' = \left(\frac{1}{0.1} - 1\right)\times 0.012 = 0.108(\Omega)$$

四、解：(1)同步电机的电枢电势与电枢转速成正比。当电枢转速为 $n = 2000r/min$ 进行空载试验时，$I_{fN}^* = 1.0$，$E_0^* = \dfrac{2}{3}$，现电枢转速为同步速 $n_1 = 3000\ r/min$，则 $I_{fN}^* = 1.0$ 时，$E_0^* = \dfrac{2}{3}\times\dfrac{3000}{2000} = 1.0$；短路试验时励磁不变，则电势($E$ 正比与 f)与电抗(x 正比与 f)均和频率(转速)成正比，故同步速 $n_1 = 3000\ r/min$。$I_{fN}^* = 1.0$ 时，$I_k^* = 1.0$(不变)，所以，同步电抗标幺值　$x_t^* = x_d^* = \dfrac{E_0^*}{I_k^*} = \dfrac{1.0}{1.0} = 1.0$

(2) $I^* = 1.0$，$\cos\varphi = 0.866$(滞后)并在大电网上运行。

空载电势

$$\dot{E}_0^* = \dot{U}^* + \mathrm{j}\dot{I}^* x_t^* = 1.0 + \mathrm{j}\,\underline{/-\varphi}$$
$$= (1.0 + 0.5) + \mathrm{j}0.866 = 1.732\,\underline{/30^\circ}$$

发电机输出功率

$$P_2^* = U^* I^* \cos\varphi = P_{em}^* = 0.866$$

又可以

$$P_{em}^* = \frac{U^* E_0^*}{x_t^*}\sin\theta = 0.866$$

解得

$$\theta = 30^\circ$$

(3)过载能力

$$k_M = \frac{1}{\sin\theta} = \frac{1}{0.5} = 2.0$$

模拟试卷八解答

一、解：串激、磁路线性

$$\phi_A = k_A I_A, \quad \phi_B = k_B I_B$$
$$E_A = C_{eA}\phi_A n_A = C_{eA} k_A I_A n_A$$
$$E_B = C_{eB}\phi_B n_B = C_{eB} k_B I_B n_B$$

令

$$C_{eA} k_A = C_A, \quad C_{eB} k_B = C_B$$

则

$$E_A = C_A I_A n_A, \quad E_B = C_B I_B n_B$$

二机分别接电源时

$$E_A = E_B = U - I_a R_a = 600 - 100 \times 0.3 = 570(\mathrm{V})$$
$$\frac{E_A}{E_B} = \frac{C_A I_A n_A}{C_B I_B n_B} = \frac{C_A n_A}{C_B n_B} = 1$$
$$\frac{C_A}{C_B} = \frac{n_A}{n_B} = \frac{1000}{1200} = \frac{5}{6}$$
$$C_A + C_B = \frac{E_A}{I_A n_A} + \frac{E_B}{I_B n_B} = \frac{E_A}{I_A}\left(\frac{1}{n_A} + \frac{1}{n_B}\right)$$
$$= \frac{570}{100}\left(\frac{1}{1200} - \frac{1}{1000}\right) = 0.01045$$

二机连轴串枢接电源时

$$U = E_A + E_B + 2I_a R_a = (C_A + C_B) I_a n + 2I_a R_a$$

(1)求转速 n

$$n=\frac{U-2I_aR_a}{(C_A+C_B)I_a}=\frac{600-2\times100\times0.3}{0.01045\times100}=516.7\ (\text{r/min})$$

(2)求较大气隙电机的端电压。

A 机气隙较大

$$E_A+E_B=U-2I_aR_a=600-2\times100\times0.3=540(\text{A})$$

$$E_A/E_B=C_A/C_B=5/6$$

$$E_A=245.45,U_A=E_A+I_aR_a$$

$$=245.45+100\times0.3=275.45(\text{V})$$

二、解:A 台变压器

$$z_N=\frac{(U_{1N}/\sqrt{3})^2}{S_N/3}=\frac{U_{1N}^2}{S_N}=\frac{6300^2}{120\times10^3}=330.75(\Omega)$$

接纯电阻负载且效率最大时 $\beta=\frac{1}{\sqrt{2}}$,则 $\beta^2p_{kN}=p_0$,所以 $p_{kN}=2p_0$

$$U_{ab}^*=U_{ab}/U_{abN}=392/400=0.98$$

$$\Delta U=1-U_{ab}^*=1-0.98=0.02=\beta r_k^*$$

得

$$r_k^*=\frac{\Delta U}{\beta}=\frac{0.02}{1/\sqrt{2}}=0.028=p_{kN}^*$$

接 R、L 负载时,$\beta=1$,$\cos\varphi_2=0.8$(滞后),$\sin\varphi_2=0.6$

$$U_{ab}^*=U_{ab}/U_{abN}=372/400=0.93$$

$$\Delta U=1-U_{ab}^*=1-0.93=0.07$$

又

$$\Delta U=\beta(r_k^*\cos\varphi_2+x_k^*\sin\varphi_2)=1\times(0.028\times0.8+x_k^*0.6)$$

得

$$x_k^*=0.079$$

$$z_k^*=\sqrt{r_k^{*2}+x_k^{*2}}=\sqrt{0.028^2+0.079^2}=0.0838=u_k$$

$$z_k=z_k^*z_N=0.0838\times330.75=27.717(\Omega)$$

(1)如图 T.9 所示。

(2)变比。

A 台　$$k_A=\frac{U_{1N}/\sqrt{3}}{U_{2N}}=\frac{6300/\sqrt{3}}{400}=9.09$$

B 台　$$k_B=\frac{U_{1N}/\sqrt{3}}{U_{2N}}=\frac{6300/\sqrt{3}}{404}=9$$

折算到副边的短路阻抗

A 台　$$z_{kA}=\frac{z_k}{k_z^2}=\frac{27.717}{9.09^2}=0.3354(\Omega)$$

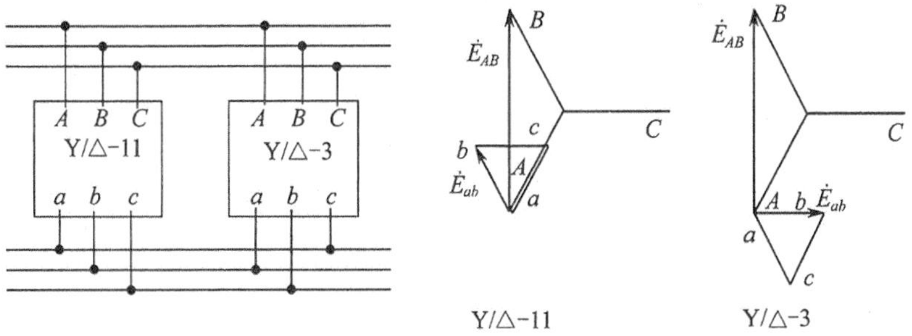

图 T.9

B 台 $z_{kB}=u_{kB}z_{kB}=u_{kB}\dfrac{3U_{2N}^2}{S_N}=0.072\times\dfrac{3\times404^2}{100\times10^3}=0.3525(\Omega)$

因为 A、B 二台变压器的短路功率因数相同，所以

$$z_{kA}+z_{kB=}0.3354+0.3525=0.6879(\Omega)$$

于是每相有

$$I_C=\frac{U_{2NB}-U_{2NA}}{z_{kA}+z_{kB}}=\frac{404-400}{0.6879}=5.815(\text{A})$$

(3)
$$S_A=\frac{\sum S\dfrac{S_{NA}}{u_{kA}}}{\dfrac{S_{NA}}{u_{kA}}+\dfrac{S_{NB}}{u_{kB}}}=\frac{200\times\dfrac{120}{0.0838}}{\dfrac{120}{0.0838}+\dfrac{100}{0.072}}=101.528(\text{kV}\cdot\text{A})$$

$$S_B=\frac{\sum S\dfrac{S_{NB}}{u_{kB}}}{\dfrac{S_{NA}}{u_{kA}}+\dfrac{S_{NB}}{u_{kB}}}=\frac{200\times\dfrac{100}{0.072}}{\dfrac{120}{0.0838}+\dfrac{100}{0.072}}=98.472(\text{kV}\cdot\text{A})$$

三、解：输入功率　$P_1=\dfrac{P_N}{\eta_N}=\dfrac{30}{0.912}=32.895(\text{kW})$

输入电流

$$I_N=\frac{P_N}{\sqrt{3}U_N\cos\varphi_N\eta_N}=\frac{30\times10^3}{\sqrt{3}\times380\times0.87\times0.912}=57.45(\text{A})$$

或解作

$$I_N=\frac{P_1}{\sqrt{3}U_N\cos\varphi_N}=\frac{32.895\times10^3}{\sqrt{3}\times380\times0.87}=57.45(\text{A})$$

同步速

$$n_1=\frac{60f_N}{p}=\frac{60\times50}{2}=1500\ (\text{r/min})$$

额定转差率

$$s_N = \frac{n_1 - n}{n_1} = \frac{1500 - 1470}{1500} = 0.02$$

附加损耗

$$p_{ad} = 0.005P_1 = 0.005 \times 32.895 = 0.1645(\text{kW})$$

(1)求额定运行时的铜损耗与铁损耗。

定子铜损耗

$$p_{Cu1} = mI_{N\phi}^2 r_1 = 3 \times \left(\frac{I_N}{\sqrt{3}}\right)^2 r_1 = I_N^2 r_1 = 57.45^2 \times 0.25 = 825(\text{W})$$

转子机械功率

$$P_{mec} = P_N + p_{mec} + p_{ad} = 30 + 1.0 + 0.1645 = 31.1645(\text{kW})$$

转子铜损耗

$$p_{Cu2} = P_{mec}\frac{s_N}{1 - s_N} = 31.1645 \times \frac{0.02}{1 - 0.02} = 0.636(\text{kW})$$

电磁功率

$$P_{em} = P_{mec} + p_{Cu2} = 31.1645 + 0.636 = 31.8(\text{kW})$$

或解作

$$P_{em} = \frac{p_{Cu2}}{s_N} = \frac{0.636}{0.02} = 31.8(\text{kW})$$

定子铁损耗

$$p_{Fe} = P_1 - P_{em} - p_{Cu1} = 32.895 - 31.8 - 0.825 = 0.27(\text{kW})$$

(2)重物上提时

$$n = 1200\ \text{r/min}, \quad s = \frac{n_1 - n}{n_1} = \frac{1500 - 1200}{1500} = 0.2$$

因为上提重物时 T_{emN}不变,则$\frac{r_2 + r_t}{s} = \frac{r_2}{s_N}$不变,故

$$r_t = \left(\frac{s}{s_N} - 1\right)r_2 = \left(\frac{0.2}{0.02} - 1\right)r_2 = 9r_2$$

又因为 $T_{em} = T_{emN}$不变,Ω_1 未变,所以 $P_{em} = T_{em}\Omega_1 = 31.8\text{kW}$ 未变。

转子铜损耗

$$p'_{Cu2} = sP_{em} = \left(\frac{1200}{1470}\right)^2 \times 1.0 = 0.6664(\text{kW})$$

这时输出功率为

$$\begin{aligned} P_2 &= P_{em} - p'_{Cu2} - p'_{mec} - p_{ad} \\ &= 31.8 - 6.36 - 0.6664 - 0.1645 = 24.61(\text{kW}) \end{aligned}$$

(3)重物下放时

$$n' = -900\ \text{r/min}, s' = \frac{n_1 - n}{n_1} = \frac{1500 - (-900)}{1500} = 1.6$$

因为下放重物时 T_{emN}不变，则$\frac{r_2+r_t}{s}=\frac{r_2}{s_N}$不变，故

$$r'_t=\left(\frac{s'}{s_N}-1\right)r_2=\left(\frac{1.6}{0.02}-1\right)r_2=79r_2$$

$$p'_{Cu2}=s'P_{em}=1.6\times31.8=50.88(kW)$$

四、解：求参数 x_q^*、x_d^*

因为$U^*=1$，$E_0^*=2>1$ 故运行为过激状态，φ 为滞后角。枢流额定，即$I^*=1$，则

$$I_q^*=I^*\cos\psi=\cos\psi,\quad I_d^*=I^*\sin\psi=\sin\psi$$

$$P_2^*=U^*I^*\cos\varphi=1\times1\times\cos\varphi=\frac{P_2}{S_N}=\frac{500}{10^3}=0.5$$

得

$$\varphi=60°$$

$$\psi=\varphi+\theta=60°+11.75°=71.75°$$

又

$$I_q^*x_q^*=U^*\sin\theta,\quad U^*=1$$

即

$$\sin\theta=x_q^*\frac{I_q^*}{U^*}=x_q^*\cos\psi$$

$$x_q^*=\frac{\sin\theta}{\cos\psi}=\frac{\sin11.75°}{\cos11.75°}=0.65$$

又

$$I_d^*x_d^*=E_0^*-U^*\cos\theta$$

即

$$x_d^*\sin\psi=E_0^*-\cos\theta$$

$$x_d^*=\frac{E_0^*-\cos\theta}{\sin\psi}=\frac{2-\cos11.75°}{\sin71.75°}=1.075$$

(1)求额定状态时 E_0^*、θ_N。

令 $\dot{I}^*=1.0\angle0°$，则 $\dot{U}^*=1.0\angle36.87°=0.8+j0.6$

$$\dot{E}_Q^*=\dot{U}^*+j\dot{I}^*x_q^*=0.8+j0.6+j0.65=1.484\angle57.38°$$

$$\psi=57.38°(\text{滞后})$$

$$E_0^*=E_Q^*+(x_d^*-x_q^*)I^*\sin\psi$$

$$=1.484+(1.075-0.65)\times1\times\sin57.38°=1.842$$

$$\theta_N=\psi-\varphi_N=57.38°-36.87°=20.51°$$

(2)失励，求最大输出及 I^*。

失励时

$$P_{em}^* = \frac{U^*}{2}\left(\frac{1}{x_q^*} - \frac{1}{x_d^*}\right)\sin 2\theta$$

当 $\theta=45°$时有最大功率

$$P_{em\,max}^* = \frac{1}{2}\left(\frac{1}{0.65} - \frac{1}{1.075}\right) = 0.3041$$

$$P_{2max} = P_{em\,max} = P_{em\,max}^* S_N = 0.3041 \times 10^3 = 304.1(\text{kW})$$

$$I_q^* x_q^* = \sin\theta$$

$$I_q^* = \frac{\sin\theta}{x_q^*} = \frac{\sin 45°}{0.65} = 1.0879$$

$$I_d^* x_d^* = \cos\theta$$

$$I_d^* = \frac{\cos\theta}{x_d^*} = \frac{\cos 45°}{1.075} = 0.6578$$

$$I^* = \sqrt{I_q^{*2} + I_d^{*2}} = \sqrt{1.0879^2 + 0.6578^2} = 1.2713$$

若限定 $I^*=1.0$，失励

$$E_0^* = 0$$

$$\begin{cases} x_d^* I_d^* = U^* \cos\theta \\ x_q^* I_q^* = U^* \sin\theta \end{cases}$$

$$U^* = 1.0,\quad I^* = 1.0$$

则

$$\begin{cases} x_d^* \sin\psi = \cos\theta \\ x_q^* \cos\psi = \sin\theta \end{cases}$$

二式平方相加，整理可得

$$\sin^2\psi(x_d^* - x_q^*) = 1 - x_q^{*2}$$

$$\sin\psi = \sqrt{\frac{1 - x_q^{*2}}{x_d^{*2} - x_q^{*2}}} = \sqrt{\frac{1 - 0.65^2}{1.075^2 - 0.65^2}} = 0.8875$$

$$\psi = 62.57°$$

$$\cos\theta = x_d^* \sin\psi = 1.075 \times \sin 62.57° = 0.9541$$

$$\theta = 17.43°$$

因为失励为欠励的特例，即 ψ、φ 均为超前角，故

$$\varphi = \psi + \theta = 62.57° + 17.43° = 80°$$

$$P_{2max}^* = U^* I^* \cos\varphi = 1.0 \times 1.0 \times \cos 80° = 0.1736\text{W}$$

$$P_{2max} = P_{2max}^* S_N = 0.1736 \times 10^3 = 173.6(\text{kW})$$

(3) $P_2=500\text{kW}$，$P_2^* = \frac{P_2}{S_N} = \frac{500}{10^3} = 0.5$，据计算式

$$P_{em}^* = \frac{U^* E_0^*}{x_d^*}\sin\theta + \frac{U^{*2}}{2}\left(\frac{1}{x_q^*} - \frac{1}{x_d^*}\right)\sin 2\theta$$

$U^*=1$ 时，

$$P_{em}^*=\frac{E_0^*}{x_d^*}\sin\theta+\frac{1}{2}\left(\frac{1}{x_q^*}-\frac{1}{x_d^*}\right)\sin2\theta$$

即

$$E_0^*=\frac{P_{em}^*x_d^*}{\sin\theta}-\frac{x_d^*-x_q^*}{x_q^*}\cos\theta$$

以不失步为限求最小励磁对应的电势 E_0^*，并令 $\frac{dE_0^*}{d\theta}=0$，则

$$\frac{x_d^*-x_q^*}{x_q^*}\sin\theta-\frac{P_{em}^*x_d^*\cos\theta}{\sin^2\theta}=0$$

$$\tan\theta\sin^2\theta=\frac{0.5\times1.075\times0.65}{1.075-0.65}$$

得 $\theta=52.535°$，并得出对应的 $E_0^*=0.2795$。

$$I_q^*x_q^*=U^*\sin\theta$$

$$I_q^*=\frac{U^*\sin\theta}{x_q^*}=\frac{1\times\sin52.535°}{0.65}=1.2211$$

又

$$I_d^*x_d^*=U^*\cos\theta-E_0^*$$

$$I_d^*=\frac{U^*\cos\theta-E_0^*}{x_d^*}=\frac{1\times\cos52.535°-0.2795}{1.075}=0.3058$$

$$I^*=\sqrt{I_d^{*2}+I_q^{*2}}=\sqrt{0.3058^2+1.2211^2}=1.2588$$

(4) $P_2=500\text{kW}, P_2^*=\frac{P_2}{S_N}=\frac{500}{10^3}=0.5, I^*=1.0$

此时欠激，φ、ψ 均为超前角，

$$P_2^*=U^*I^*\cos\varphi=1.0\times1.0\times\cos\varphi=0.5$$

则

$$\varphi=60°(\text{超前})$$

$$\dot{E}_Q^*=\dot{U}^*+j\dot{I}^*x_q^*=1.0\angle-60°+j1.0\times0.65=0.5-j0.216$$

$$=0.5447\angle-23.37°$$

$$\psi=23.37°(\text{超前})$$

$$\theta=\varphi-\psi=60°-23.37°=36.63°$$

$$I_d^*=I^*\sin\psi=1.0\times\sin23.37°=0.3967$$

$$E_0^*=E_Q^*-I_d^*(x_d^*-x_q^*)$$

$$=0.5447-0.3967\times(1.075-0.65)=0.3761$$

下面求过载能力 k_M。

$$P_{em}^*=\frac{U^*E_0^*}{x_d^*}\sin\theta+\frac{U^{*2}}{2}\left(\frac{1}{x_q^*}-\frac{1}{x_d^*}\right)\sin2\theta$$

$$=\frac{1.0\times0.3761}{1.075}\sin\theta+0.5\left(\frac{1}{0.65}-\frac{1}{1.075}\right)\sin2\theta$$

$$=0.3499\sin\theta+0.3\sin2\theta$$

令$\frac{\mathrm{d}P_{\mathrm{em}}^*}{\mathrm{d}\theta}=0$，即

$$0.3499\cos\theta+0.3\times2\times\cos2\theta=0$$

$$0.3499\cos\theta+0.6\cos2\theta=0$$

$$0.3499\cos\theta+0.6(2\cos^2\theta-1)=0$$

$$1.2\cos^2\theta+0.3499\cos\theta-0.6=0$$

$$\cos\theta=\frac{-0.3499\pm\sqrt{0.3499^2+4\times1.2\times0.6}}{2\times1.2}=\begin{cases}0.5762\\-0.8678\end{cases}$$

$$\theta=\begin{cases}54.82^\circ\\150.2^\circ（舍）\end{cases}$$

$$P_{\mathrm{em\,max}}^*=0.3499\sin\theta+0.3\sin2\theta$$

$$=0.3499\sin54.82^\circ+0.3\sin(2\times54.82^\circ)=0.57$$

$$k_{\mathrm{M}}=\frac{P_{\mathrm{em\,max}}^*}{P_2^*}=\frac{0.57}{0.5}=1.14$$

参考文献

胡虔生. 1996. 电机学例题与习题教程 . 北京：中国水利水电出版社

李钟明，刘卫国等. 1999. 稀土永磁电机 . 北京：国防工业出版社

汤蕴璆，史乃. 1993. 电机学. 西安：西安交通大学出版社

吴大榕. 1979. 电机学. 北京：中国水利水电出版社

许实章. 1996. 电机学. 北京：机械工业出版社

周顺荣. 2006. 电磁场与机电能量转换. 上海：上海交通大学出版社

周顺荣，王敏. 2003. 采用反电势逻辑换向方法的无刷直流电动机. 微特电机，(6)

周顺荣，顾其善，王庆文，赵继敏. 1996. 爪极式直流无刷电动机. 电工技术杂志，(1)

附录　电机学相关常用单位

物理量	符号	定义公式	SI,MKSA(或 MKS)制		习用单位		备注
			单位	代号	单位	代号	
电流	I		安培(安)	A			
电压(电位差)	U		伏特(伏)	V			
频率	f	$f=1/t$	赫兹(赫)	Hz			
电阻	R,r	$R=U/I$	欧姆(欧)	Ω			
电阻率	ρ	$\rho=RS/l$	欧·米	Ω·m			S—面积; l—长度
电导	G	$G=1/R$	西门子(西)	S			
电导率	γ	$\gamma=G/l$	西/米	S/m			
电容	C	$C=Q/U$	法拉(法)	F			
电量,电荷	Q	$Q=It$	库仑(库)	C			
功	W	$W=Fl$	焦耳	J			
功率	P	$P=W/t$	瓦特(瓦)	W			
有功功率	P	$P=UI\cos\varphi$	瓦特(瓦)	W			
无功功率	Q	$Q=UI\sin\varphi$	乏	var			
容量(视在功率)	S	$S=UI$	伏安	V·A			
磁通[量]	Φ	$E=-\mathrm{d}\Phi/\mathrm{d}t$	韦伯	Wb	麦克斯韦(麦)	Mx	$1\mathrm{Wb}=10^8\mathrm{Mx}$
磁感应[强度] 磁通密度	B	$B=\Phi_m/S$	韦伯/米^2 =特斯拉	$\mathrm{Wb/m^2}$ $=\mathrm{T}$	麦/厘米^2 =高斯(高)	$\mathrm{Mx/cm^2}$ $=\mathrm{Gs}$	$1\mathrm{T}=10^4\mathrm{Gs}$ $1\mathrm{Gs}=10^{-4}\mathrm{Wb/m^2}$ $1\mathrm{Gs}=1\mathrm{Mx/cm^2}$
磁[动]势	F,F_m	$F=NI$	安匝(安)	A			
磁阻	R_m	$R_m=F_m/\Phi$	1/亨利	1/H			
磁导率	μ	$\mu=B/H$	亨/米	H/m			
真空磁导率	μ_0	$\mu_0=4\pi\times10^{-7}$	亨/米	H/m			
转速	n				转/分	r/min	
角速度	Ω,ω	$\Omega=2\pi n/60$ $\omega=2\pi f$	弧度/秒	rad/s			
力	F,f	$F=ma$	牛顿	N			$1\mathrm{N}=1\mathrm{m}\cdot\mathrm{kg}\cdot\mathrm{s}^{-2}$
转矩	T	$T=Fl$	牛顿·米	N·m			

读者意见反馈表

衷心感谢您选择科学出版社出版的教材！

科学出版社一直致力于以优质的教材产品服务于我国高等教育，并努力为教师提供完整的教学解决方案。为了进一步提升教材的质量，为高校教师教学提供完善的服务，我们希望广大的教师对本书多提宝贵的意见和建议。

为了方便您填写本反馈表，本表可以在科学出版社网站：www.sciencep.com “教材天地” 栏目下载。

您的任何意见和建议都将是我们不断进步的动力！

您认为本书的不足之处有：

____

____

____

您认为本书的优点和特色有：

____

____

您是否还有其他意见和建议：

____

____

您的个人情况：

姓名：________ 性别：______ 出生年月：__________

职称：________ 职务：______ 授课年限：__________

电话：________ 手机：______ E-mail：__________

您最近是否有写书的计划：______________________

联系方式：

地　址：北京东城区东黄城根北街 16 号 （100717）

科学出版社 高教中心 工科出版分社

联系人：段博原

Tel：010-6403 3891　　6403 4725（Fax）

E-mail：gk@mail.sciencep.com